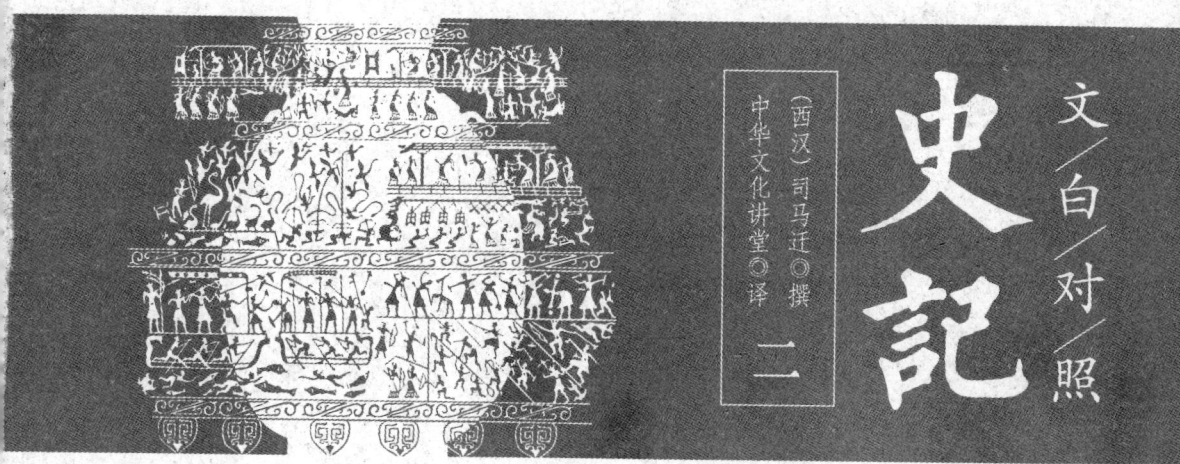

史記

文/白/对/照

（西汉）司马迁 ◎ 撰
中华文化讲堂 ◎ 译

二

中国华侨出版社

世家

吴太伯世家第一

吴太伯，太伯弟仲雍，皆周太王之子，而王季历之兄也。季历贤，而有圣子昌，太王欲立季历以及昌，于是太伯、仲雍二人乃奔荆蛮，文身断发，示不可用，以避季历。季历果立，是为王季，而昌为文王。太伯之奔荆蛮，自号句吴。荆蛮义之，从而归之千余家，立为吴太伯。

太伯卒，无子，弟仲雍立，是为吴仲雍。仲雍卒，子季简立。季简卒，子叔达立。叔达卒，子周章立。是时周武王克殷，求太伯、仲雍之后，得周章。周章已君吴，因而封之。乃封周章弟虞仲于周之北故夏虚，是为虞仲，列为诸侯。

周章卒，子熊遂立，熊遂卒，子柯相立。柯相卒，子强鸠夷立。强鸠夷卒，子余桥疑吾立。余桥疑吾卒，子柯卢立。柯卢卒，子周繇立。周繇卒，子屈羽立。屈羽卒，子夷吾立。夷吾卒，子禽处立。禽处卒，子转立。转卒，子颇高立。颇高卒，子句卑立。是时晋献公灭周北虞公，以开晋伐虢也。句卑卒，子去齐立。去齐卒，子寿梦立。寿梦立而吴始益大，称王。

自太伯作吴，五世而武王克殷，封其后为二：其一虞，在中国；其一吴，在夷蛮。十二世而晋灭中国之虞。中国之虞灭二世，而夷蛮之吴兴。大凡从太伯至寿梦十九世。

王寿梦二年，楚之亡大夫申公巫臣怨楚将子反而奔晋，自晋使吴，教吴用兵乘车，令其子为吴行人，吴于是始通于中国。吴伐楚。十六年，楚共王伐吴，至衡山。

二十五年，王寿梦卒。寿梦有子四人，长曰诸樊，次曰馀祭，次

吴太伯和他的弟弟仲雍，都是周太王的儿子，周王季历的哥哥。季历德才兼备，还有一个德才出众的儿子昌，太王打算立季历为王，以便传位给昌，于是太伯、仲雍二人就逃往荆蛮，随当地习俗在身上刺满花纹、剪断头发，以示不能够再被任用，借以避让季历。后来季历果然被立为国君，就是王季，他的儿子昌就是周文王。太伯逃到荆蛮后，自称其部落为"句吴"。荆蛮百姓认为他很有节义，追随归顺他的有一千余家，拥立他为吴太伯。

太伯死后，没有儿子，他的弟弟仲雍即位，就是吴仲雍。仲雍死后，他的儿子季简继位。季简死后，他的儿子叔达继位。叔达死后，他的儿子周章继位。那时正值周武王战胜殷纣王，寻找太伯、仲雍的后代，找到了周章。周章已经是吴国国君了，因此周武王便正式封他为吴国国君。又把周章之弟虞仲封在周朝北边的夏都的故址，这便是虞仲，位列诸侯。

周章死后，他的儿子熊遂继位。熊遂死后，他的儿子柯相继位。柯相死后，他的儿子强鸠夷继位。强鸠夷死后，他的儿子余桥疑吾继位。余桥疑吾死后，他的儿子柯卢继位。柯卢死后，他的儿子周繇继位。周繇死后，他的儿子屈羽继位。屈羽死后，他的儿子夷吾继位。夷吾死后，他的儿子禽处继位。禽处死后，他的儿子转继位。转死后，他的儿子颇高继位。颇高死后，他的儿子句卑继位。这时晋献公灭掉了周北面的虞公，为晋国攻打虢国打通了道路。句卑死后，他的儿子去齐继位。去齐死后，他的儿子寿梦继位。寿梦继位后吴国日益强大，从此便自称为王。

从太伯建立吴国开始，到第五代时周武王灭掉殷朝，吴太伯的后代被分封在两个地方：其一是虞国，在中原地区；另一个是吴国，在夷蛮地带。到第十二代时晋国灭掉了中原地区的虞国。又过了两代，夷蛮地区的吴国兴盛起来。从太伯到寿梦总共传了十九代。

吴王寿梦继位后的第二年，楚国逃亡的大夫申公巫臣因与楚国大将子反结怨而逃到晋国，后又从晋出使吴国，教给吴国用兵之术和车战之法，让他的儿子做吴国的外交官。从此，吴国开始与中原各国交往。吴国在这一年派兵征伐楚国。寿梦十六年，楚共王出兵征伐吴国，一直打到吴国衡山。

吴王寿梦继位二十五年之后去世。寿梦有四个儿子，长子叫诸樊，次子叫馀

曰馀眛，次曰季札。季札贤，而寿梦欲立之，季札让不可，于是乃立长子诸樊，摄行事当国。

王诸樊元年，诸樊已除丧，让位季札。季札谢曰："曹宣公之卒也，诸侯与曹人不义曹君，将立子臧，子臧去之，以成曹君，君子曰'能守节矣'。君义嗣，谁敢干君！有国，非吾节也。札虽不材，愿附于子臧之义。"吴人固立季札，季札弃其室而耕，乃舍之。秋，吴伐楚，楚败我师。四年，晋平公初立。

十三年，王诸樊卒。有命授弟馀祭，欲传以次，必致国于季札而止，以称先王寿梦之意，且嘉季札之义，兄弟皆欲致国，令以渐至焉。季札封于延陵，故号曰延陵季子。

王馀祭三年，齐相庆封有罪，自齐来奔吴。吴予庆封朱方之县，以为奉邑，以女妻之，富于在齐。

四年，吴使季札聘于鲁，请观周乐。为歌周南、召南。曰："美哉，始基之矣，犹未也。然勤而不怨。"歌邶、鄘、卫。曰："美哉，渊乎，忧而不困者也。吾闻卫康叔、武公之德如是，是其卫风乎？"歌王。曰："美哉，思而不惧，其周之东乎？"歌郑。曰："其细已甚，民不堪也，是其先亡乎？"歌齐。曰："美哉，泱泱乎大风也哉。表东海者，其太公乎？国未可量也。"歌豳。曰："美哉，荡荡乎，乐而不淫，其周公之东乎？"歌秦。曰："此之谓夏声。夫能夏则大，大之至也，其周之旧乎？"歌魏。曰："美哉，沨沨乎，大而宽，俭而易，行以德辅，此则盟主也。"歌唐。曰："思深哉，其有陶唐氏之遗风乎？不然，何忧之远也？非令德之后，谁能若是！"歌陈。曰："国无主，其能久乎？"自郐以下，无讥焉。歌小雅。曰："美哉，思而不贰，怨而不言，其周德之衰乎？犹有先

祭，三子叫馀眛，四子叫季札。季札最有才能，寿梦便想立他为王，但季札避让不接受，于是只好仍让长子诸樊继位，总理诸事务，代理执掌国政。

吴王诸樊元年，服丧期满之后，他就把王位让给季札。季札推辞说："曹宣公死后，各国诸侯和曹国的人们都认为新立的曹成公不义，想立子臧为曹君，子臧离开曹国，最终成全了曹成公做国君的愿望。人们都称赞子臧是个能遵守节义的人。作为长子您本就是理所当然的继承人，谁敢反对您呢！让我做国君，这不是我应有的节操。我虽无能，但是愿学习子臧那样的义举。"吴国人坚持要立季札，他就抛弃了家室财产去当了农民，吴人只好放弃。秋天，吴又征伐楚国，楚军打败了吴军。诸樊四年，晋平公继位。

诸樊在位十三年后去世，立遗嘱要将王位传给他的弟弟馀祭，目的是想按次序以兄传弟，最终还是要把王位传给季札，来满足先王寿梦的遗愿。而且因为他们几个兄弟也都赞赏季札让国的高风亮节，都想把国君之位传给他，想用这种渐进的方法达到目的。季札被封在延陵，因此人们称其为延陵季子。

吴王馀祭三年，齐国相庆封因获罪从齐国逃到吴国。吴王把朱方县赏赐给他作为奉邑，并把自己的女儿嫁给了他，结果庆封比原先在齐国还富有。

馀祭四年，吴国派季札到鲁国访问。到鲁国后，季札请求观赏周王室的音乐，乐工们为他演唱《周南》《召南》。季札说："美啊，开始奠定基础了，还未达到完善的程度。但是可以看出百姓勤劳而无怨言。"乐工们又演唱《邶风》《鄘风》《卫风》。季札说："美啊，深沉哪，虽遭坎坷但不会陷于困顿颓唐。我听说卫康叔、卫武公的德行就是如此。这应该是《卫风》吧？"乐工们又演唱《王风》。季札说："美啊，思虑但不恐惧，这应是周王室东迁以后的歌曲吧？"又演唱《郑风》。季札说："太过琐碎了，人民将会难以忍受的，这个国家恐怕要率先灭亡吧？"又演唱《齐风》。季札说："美啊，乐曲宏大深远，真有大国之风。堪为东海一方的表率，这不正是姜太公的国家吗？国家的前途无可限量啊！"又演唱《豳风》。季札说："美啊，宽阔无边，欢快而又不过分，这应是周公东征的歌曲吧？"又演唱《秦风》。季札说："这就是人们所说的夏声吧，能做夏声事业就能发展，且能发展到极点，这应是周室旧地的乐曲吧？"又演唱《魏风》。季札说："美啊，婉转悠扬，洪亮柔和，朴实平易，如能施行德政，就能成为天下盟主。"又演唱《唐风》。季札说："思虑深远啊，这是陶唐氏的遗韵吧？不然，怎能如此忧思深远呢？若不是具有美德之人的后代，谁能够做到这样！"又演唱《陈风》。季札说："国家若无良君，能够长久得了吗？"《邻风》以后的乐曲，季札就没有再加以评论了。当乐师们演唱到《小雅》时，季札说："美啊，满怀忧思但无二心，虽有怨怒但不露于言表，这应是周德衰微

王之遗民也。"歌大雅。曰："广哉，熙熙乎，曲而有直体，其文王之德乎？"歌颂。曰："至矣哉，直而不倨，曲而不诎，近而不逼，远而不携，而迁不淫，复而不厌，哀而不愁，乐而不荒，用而不匮，广而不宣，施而不费，取而不贪，处而不底，行而不流。五声和，八风平，节有度，守有序，盛德之所同也。"见舞象箾、南籥者，曰："美哉，犹有感。"见舞大武，曰："美哉，周之盛也其若此乎？"见舞韶濩者，曰："圣人之弘也，犹有惭德，圣人之难也！"见舞大夏，曰："美哉，勤而不德！非禹其谁能及之？"见舞招箾，曰："德至矣哉，大矣，如天之无不焘也，如地之无不载也，虽甚盛德，无以加矣。观止矣，若有他乐，吾不敢观。"

　　去鲁，遂使齐。说晏平仲曰："子速纳邑与政。无邑无政，乃免于难。齐国之政将有所归；未得所归，难未息也。"故晏子因陈桓子以纳政与邑，是以免于栾高之难。

　　去齐，使于郑。见子产，如旧交。谓子产曰："郑之执政侈，难将至矣，政必及子。子为政，慎以礼。不然，郑国将败。"去郑，适卫。说蘧瑗、史狗、史鰌、公子荆、公叔发、公子朝曰："卫多君子，未有患也。"

　　自卫如晋，将舍于宿，闻钟声，曰："异哉！吾闻之，辩而不德，必加于戮。夫子获罪于君以在此，惧犹不足，而又可以畔乎？夫子之在此，犹燕之巢于幕也。君在殡而可以乐乎？"遂去之。文子闻之，终身不听琴瑟。

　　适晋，说赵文子、韩宣子、魏献子曰："晋国其萃于三家乎！"将去，谓叔向曰："吾子勉之！君侈而多良，大夫皆富，政将在三家。吾子直，必思自免于难。"

时的乐曲吧？但还有先王的遗民之情啊。"又演唱《大雅》。季札说："宏伟啊，如此和谐安乐，旋律曲折委婉但基调仍刚直强劲，这就是周文王美德的象征吧？"又演唱《颂》。季札说："达到极致了。曲调刚直有力却不傲慢，旋律婉曲优美却不卑微，亲近却不紧迫，疏远却不离叛，节奏富于变化却不乱，回还反复却不会让人厌倦，虽哀伤却不愁苦，虽有欢乐却不荒淫，不断运用而不会匮乏，广博宏阔而又不自显，施恩但不会浪费，求取而不陷贪婪，静止而不拘滞，行进而不漫流。五声和谐，八音适度，节奏有度数，旋律有规则，圣德之人都是这个样子的。"季札观看了乐工表演的《象箾》《南籥》之舞，说："很美啊，但仍有少许缺憾。"看到舞《大武》，说："很美啊，周朝强盛的时候大概就像这样吧？"看到舞《韶濩》，说："圣人之德大概就像这样恢宏吧，但还觉得有不足的地方，做圣人真是太难啊。"看到舞《大夏》，说："很美啊，辛劳而不居功自傲，除了大禹还有谁能达到这种境界呢？"看到舞《招箾》，说："品德之高已经达到顶点了，太伟大了，如上天覆盖万物，如大地无不承载，虽然再有好的圣德，也无以复加了。到这里可以停止了，即使还有其他的乐、舞，我也不敢再欣赏了。"

季札离开鲁国，出使到齐国。他劝晏婴说："你快些交出你的封邑和政权。没有这些东西，你才能免于祸患。齐国的政权很快就要另有归属，在还没有改变之前，国家祸乱不会平息的。"因此，晏婴通过陈桓子交出了封邑与政权，所以在栾、高二氏相互攻杀的祸难中他才得以幸免。

季札离开齐国，又出使郑国。见到子产，就像见到了故人。他对子产说："郑国执掌政权的人奢侈，灾难就要降临了，政权一定会落在您的身上。您当权之后，要谨慎小心，以礼治理国事。不然，郑国将要衰败！"离开郑国之后，季札又来到卫国。他非常欣赏蘧瑗、史狗、史䲡、公子荆、公叔发、公子朝这些人，他说："卫国君子很多，因此国家不会有问题。"

从卫国到晋国，季札准备留宿在戚邑，听到鼓钟作乐之声，说："奇怪！我听说有雄辩之才却无德行，那样只会招致灾祸。孙文子得罪卫君逃到这里，小心翼翼尚恐不够，还有心思玩乐吗？孙文子在这里，就如燕子将巢筑在帷幕之上那样危险。而且国君尚在棺中停殡未葬，难道可以作乐吗？"于是他赶紧离开戚邑。孙文子听说这事后，一辈子不再听音乐。

季札到晋国，很喜欢赵文子、韩宣子、魏献子，对他们说："晋国政权将要集中到这三家吧。"他离开晋国时，对叔向说："你要勉力而行啊！晋国国君奢纵，但良臣还有很多，大夫很富裕，政权将要落于韩、赵、魏三家手中。你为人正直，一定要思虑如何让自己免于祸患。"

季札之初使，北过徐君。徐君好季札剑，口弗敢言。季札心知之，为使上国，未献。还至徐，徐君已死，于是乃解其宝剑，系之徐君冢树而去。从者曰："徐君已死，尚谁予乎？"季子曰："不然。始吾心已许之，岂以死倍吾心哉！"

七年，楚公子围弑其王夹敖而代立，是为灵王。十年，楚灵王会诸侯而以伐吴之朱方，以诛齐庆封。吴亦攻楚，取三邑而去。十一年，楚伐吴，至雩娄。十二年，楚复来伐，次于乾溪，楚师败走。

十七年，王馀祭卒，弟馀眛立。王馀眛二年，楚公子弃疾弑其君灵王代立焉。

四年，王馀眛卒，欲授弟季札。季札让，逃去。于是吴人曰："先王有命，兄卒弟代立，必致季子。季子今逃位，则王馀眛后立。今卒，其子当代。"乃立王馀眛之子僚为王。

王僚二年，公子光伐楚，败而亡王舟。光惧，袭楚，复得王舟而还。

五年，楚之亡臣伍子胥来奔，公子光客之。公子光者，王诸樊之子也。常以为吾父兄弟四人，当传至季子。季子即不受国，光父先立。即不传季子，光当立。阴纳贤士，欲以袭王僚。

八年，吴使公子光伐楚，败楚师，迎楚故太子建母于居巢以归。因北伐，败陈、蔡之师。九年，公子光伐楚，拔居巢、钟离。初，楚边邑卑梁氏之处女与吴边邑之女争桑，二女家怒相灭，两国边邑长闻之，怒而相攻，灭吴之边邑。吴王怒，故遂伐楚，取两都而去。

伍子胥之初奔吴，说吴王僚以伐楚之利。公子光曰："胥之父兄为僇于楚，欲自报其仇耳。未见其利。"于是伍员知光有他志，乃求勇士专诸，见之光。光喜，乃客伍子胥。子胥退而耕于野，以待专诸

季札开始出使时，北行路过徐国，拜访了徐国国君。徐君喜欢季札的宝剑，但嘴里没好意思说出来。季札心里明白徐君之意，但因还要去出使中原各国，因此没把宝剑送给徐君。出使归来时又经徐国，这时徐君已死，季札解下腰间的宝剑，挂在徐君坟前的树木之上方才离开。随从人员说："徐君已死，那宝剑还留下来给谁呀？"季札说："不能这样说，当初我在心里已答应了他，怎能因为徐君已死就违背我自己的意愿呢！"

吴王馀祭七年，楚国公子围杀死了楚王夹敖而自立为王，这便是灵王。馀祭十年，楚灵王与诸侯会盟，并率领诸侯征伐吴国朱方，出师理由是诛惩齐国乱臣庆封。同年，吴国也攻打楚国，占领楚国三个城邑后离开。馀祭十一年，楚国征伐吴国，一直打到雩娄。馀祭十二年，楚国再次征伐吴国，在乾溪驻军数日，结果被吴国打败。

馀祭十七年，吴王馀祭死去，其弟馀眜继位。馀眜二年，楚国的公子弃疾杀死楚灵王，自己代立为君。

馀眜四年，吴王馀眜死，想传位给弟弟季札。季札推让，便逃离了。于是吴人说："先王有遗嘱，哥哥死后由弟弟继位，一定要传国给季札。季札现在逃走了，那吴王馀眜成为兄弟中最后一个当国君的人。现在他死了，他的儿子应代其为王。"于是立馀眜的儿子僚为吴王。

吴王僚二年，公子光率兵征伐楚国，打了败仗，把吴先王的船也丢了。公子光害怕因此获罪，就偷袭楚军，又夺回了王舟，返回吴国。

吴王僚五年，楚国流亡之臣伍子胥来到吴国，公子光以客礼接待他。公子光是王诸樊的儿子。他一直认为："我父亲兄弟四人，（依次相传）现在应该传到季札。但季札现在不愿当国君，我父亲是最先被立为王的。既然季札不愿接受王位，那便应当传给我。"于是，他在暗中招纳贤士，准备刺杀吴王僚。

吴王僚八年，吴王派公子光再次征伐楚国，大败楚军，把原楚太子建之母从居巢接到吴国。他又乘势北伐，打败陈、蔡的军队。九年，公子光又征伐楚国，攻克居巢、钟离二城。当初，楚国边城卑梁氏有少女与吴国边城女子争抢桑叶，两个家族互相攻击。两国边邑的官长听说此事，也愤怒起来，互相攻杀，楚国边邑灭亡了吴国的边邑。吴王听到后非常生气，所以出兵伐楚，攻取居巢、钟离两个县城。

伍子胥刚到吴国时，就曾用伐楚的好处来劝说吴王僚攻打楚国。公子光说："子胥的父、兄是被楚王杀害的，他劝您伐楚是为了报自己的私仇，对吴国并无好处。"伍子胥这才明白公子光别有目的，于是便找来了一个勇士专诸，介绍给公子光。公子光十分高兴，就用客礼对待伍子胥。伍子胥退居郊野耕作度日，暗

之事。

十二年冬，楚平王卒。十三年春，吴欲因楚丧而伐之，使公子盖馀、烛庸以兵围楚之六、灊。使季札于晋，以观诸侯之变。楚发兵绝吴兵后，吴兵不得还。于是吴公子光曰："此时不可失也。"告专诸曰："不索何获！我真王嗣，当立，吾欲求之。季子虽至，不吾废也。"专诸曰："王僚可杀也。母老子弱，而两公子将兵攻楚，楚绝其路。方今吴外困于楚，而内空无骨鲠之臣，是无奈我何。"光曰："我身，子之身也。"四月丙子，光伏甲士于窟室，而谒王僚饮。王僚使兵陈于道，自王宫至光之家，门阶户席，皆王僚之亲也，人夹持铍。公子光佯为足疾，入于窟室，使专诸置匕首于炙鱼之中以进食。手匕首刺王僚，铍交于匈，遂弑王僚。公子光竟代立为王，是为吴王阖庐。阖庐乃以专诸子为卿。

季子至，曰："苟先君无废祀，民人无废主，社稷有奉，乃吾君也。吾敢谁怨乎？哀死事生，以待天命。非我生乱，立者从之，先人之道也。"复命，哭僚墓，复位而待。吴公子烛庸、盖馀二人将兵遇围于楚者，闻公子光弑王僚自立，乃以其兵降楚，楚封之于舒。

王阖庐元年，举伍子胥为行人而与谋国事。楚诛伯州犁，其孙伯嚭亡奔吴，吴以为大夫。

三年，吴王阖庐与子胥、伯嚭将兵伐楚，拔舒，杀吴亡将二公子。光谋欲入郢，将军孙武曰："民劳，未可，待之。"四年，伐楚，取六与灊。五年，伐越，败之。六年，楚使子常囊瓦伐吴。迎而击之，大败楚军于豫章，取楚之居巢而还。

九年，吴王阖庐请伍子胥、孙武曰："始子之言郢未可入，今果如何？"二子对曰："楚将子常贪，而唐、蔡皆怨之。王必欲大伐，必得唐、蔡乃可。"阖庐从之，悉兴师，与唐、蔡西伐楚，至于汉水。楚亦发兵拒吴，夹水陈。吴王阖庐弟夫概欲战，阖庐弗许。夫概曰："王已属臣

中观察等待着专诸大事成功。

　　吴王僚十二年冬，楚平王去世。十三年春，吴王想乘着楚国治丧期间起兵伐楚，派公子盖馀、烛庸带兵包围楚国的六、灊二邑，派季札出使晋国，以观察中原诸侯的动静。谁知楚国派奇兵切断吴军后路，吴兵被阻不能回国。这时吴公子光说，"机不可失。"告诉专诸说："没有追求就没有收获。我是真正的王位继承人，应当即位，我打算谋取王位。季札即使回国，也不会废掉我的。"专诸说："杀死王僚的条件已经具备，国内只有他的老母幼子，而他两个弟弟率兵攻楚，被阻绝了归路。现在吴王境外被楚国所困扰，国内没有刚直忠诚之臣，他拿我们没什么办法。"公子光说："我的身体，就是你的身体，祸福与共。"四月丙子日，公子光把甲士埋伏于地下室之中，然后请王僚来宴饮。王僚派兵列于道旁，从王宫到公子光之家，直至光家的大门、台阶、屋门、坐席旁，布满王僚的亲兵，人人手执利剑。王僚来到后，公子光假装脚疼，藏进了地下室，派专诸将匕首藏于烤全鱼的腹中，伪装上菜。专诸将鱼送至王僚前时，从鱼腹中取出匕首刺向王僚，左右卫士急用剑刺入专诸胸膛，但王僚已被杀死。公子光果真代立为吴王，就是吴王阖闾。阖闾任命专诸之子为卿。

　　季札回到吴国，说："只要对先君的祭祀不废止，人民不至于没有国君，社稷之神得到奉祀，那就是我的国君。我敢怨责谁呢？我只有哀悼死者，侍奉生者，来对待天命安排。祸乱不是自己制造，就应听从新立之君，这是先人的原则啊。"于是季札到王僚的墓上，汇报了自己完成外交任务的经过，痛哭王僚一番，之后回到朝廷中等待新君之命。吴国公子盖馀、烛庸带兵在楚军围困之中，听说公子光杀死王僚自立为王，就带领军队投降了楚国，楚王把他们封在舒地。

　　吴王阖闾元年，任命伍子胥担任行人之官并参政议国事。楚王杀死了伯州犁，其孙伯嚭逃亡到吴国，吴王任命他为大夫。

　　三年，吴王阖闾与伍子胥、伯嚭领兵征伐楚国，攻取舒邑，杀了吴国逃亡的公子盖馀、烛庸。阖闾计划顺势进攻楚国都城郢，将军孙武劝告说："军民征战已很劳顿，现在不能攻打郢都，要等待时机成熟。"四年，吴又伐楚，攻下六邑与灊邑。五年，吴伐越，打败越军。六年，楚国派子囊瓦征伐吴国，吴军迎头痛击，在豫章大败楚军，攻下楚国居巢才班师回吴。

　　阖闾九年，吴王阖闾询问伍子胥和孙武说："当初你们说不能攻打郢都，现在情况如何？"二人回答说："楚国大将子常贪婪，唐国、蔡国都恨他。大王您如一定大举伐楚，必须联合唐、蔡二国才能成功。"阖闾听从他们的意见，出动全部军队，与唐国蔡国一道西进伐楚，来到了汉水边上。楚国也发兵抵拒，双方隔水列阵。吴王阖闾之弟夫概欲战，阖闾不许。夫概说："大王已把军队

兵,兵以利为上,尚何待焉?"遂以其部五千人袭冒楚,楚兵大败,走。于是吴王遂纵兵追之。比至郢,五战,楚五败。楚昭王亡出郢,奔郧。郧公弟欲弑昭王,昭王与郧公奔随。而吴兵遂入郢。子胥、伯嚭鞭平王之尸以报父仇。

十年春,越闻吴王之在郢,国空,乃伐吴。吴使别兵击越。楚告急秦,秦遣兵救楚击吴,吴师败。阖庐弟夫概见秦越交败吴,吴王留楚不去,夫概亡归吴而自立为吴王。阖庐闻之,乃引兵归,攻夫概。夫概败奔楚。楚昭王乃得以九月复入郢,而封夫概于堂溪,为堂溪氏。十一年,吴王使太子夫差伐楚,取番。楚恐而去郢徙鄀。

十五年,孔子相鲁。

十九年夏,吴伐越,越王句践迎击之欈李。越使死士挑战,三行造吴师,呼,自刭。吴师观之,越因伐吴,败之姑苏,伤吴王阖庐指,军却七里。吴王病伤而死。阖庐使立太子夫差,谓曰:"尔而忘句践杀汝父乎?"对曰:"不敢!"三年,乃报越。

王夫差元年,以大夫伯嚭为太宰。习战射,常以报越为志。二年,吴王悉精兵以伐越,败之夫椒,报姑苏也。越王句践乃以甲兵五千人栖于会稽,使大夫种因吴太宰嚭而行成,请委国为臣妾。吴王将许之,伍子胥谏曰:"昔有过氏杀斟灌以伐斟寻,灭夏后帝相。帝相之妃后缗方娠,逃于有仍而生少康。少康为有仍牧正。有过又欲杀少康,少康奔有虞。有虞思夏德,于是妻之以二女而邑之于纶,有田一成,有众一旅。后遂收夏众,抚其官职。使人诱之,遂灭有过氏,复禹之绩,祀夏配天,不失旧物。今吴不如有过之强,而句践大于少康。今不因此而灭之,又将宽之,不亦难乎!且句践为人能辛苦,今不灭,后必悔之。"吴王不听,听太宰嚭,卒许越平,与盟而罢兵去。

七年,吴王夫差闻齐景公死而大臣争宠,新君弱,乃兴师

委托于我，作战要抓住有利时机才是上策，还等什么！"于是带领其部五千人突袭楚军，楚军大败奔逃。吴王纵兵追击。及至郢都，一共交战五次，楚兵五次被打败。楚昭王逃出郢都，跑到鄙县。鄙公之弟想杀死昭王，昭王又与鄙公逃到随国。吴兵进入郢都。伍子胥、伯嚭从墓中挖出楚平王尸体加以鞭打，来报杀父之仇。

阖闾十年春，越王听说吴王兵驻郢都，国内空虚，举兵伐吴。吴国派另一支军队抗击越兵。楚国向秦国告急，秦国派兵救楚击吴，吴军败北。阖闾之弟夫概看到秦兵越兵同时打败吴兵，吴王又留在楚国不归，夫概就跑回吴国自立为吴王。阖闾闻知后，就领兵回吴，攻打夫概。夫概兵败逃往楚国。楚昭王才得以于九月返回郢都，而把夫概封在堂溪，就是堂溪氏。十一年，吴王命太子夫差伐楚，攻取番邑。楚王恐惧，把国都从郢迁到鄀。

十五年，孔子担任鲁国国相。

十九年夏，吴兵伐越，越王勾践带兵在槜李抗击。越兵派遣敢死队挑战，三次冲向吴阵，高呼口号，自杀于阵前。吴兵被这种奇怪的进攻方式惊呆了，放松了防备，越兵趁势攻击，在姑苏大败吴兵。吴王脚趾被越军击伤，军队退却七里。吴王因此伤重而死。临死前吴王阖闾命立太子夫差为王，对夫差说："你能忘记勾践杀死了你的父亲吗？"夫差回答说："不敢忘！"过了三年，吴终于报复了越国。

吴王夫差元年，任命大夫伯嚭为太宰。吴国坚持军事训练，一直心怀报复越国之志。二年，吴王出动全部精兵伐越，在夫椒大败越军，终于报了姑苏失败之仇。越王勾践只得带五千甲兵躲进会稽山，派出大夫文种通过吴国太宰伯嚭请求媾和，愿将越国作为吴国的奴仆之国。吴王想允许，伍子胥劝谏说："从前有过氏杀了斟灌氏又征伐斟寻氏，灭掉夏王帝相。帝相的妻子后缗正在怀孕，逃到有仍国生下少康。少康当了有仍国的牧正之官。有过氏又想杀死少康，少康逃到有虞国，有虞氏怀念夏之恩德，于是把两个女儿嫁给少康并封给他纶邑，当时少康只有方圆十里的土地，只有五百部下。但以后少康聚集夏之遗民，整顿官职制度，派人打入有过氏内部，终于消灭了有过氏，恢复了夏禹的业绩，祭祀时以夏祖配享天帝，夏代丢失的全部故物都收复如初。现在吴国不如当年有过氏那么强大，而勾践的实力大于当年的少康。现在不借此时机彻底消灭越国力量，反而又要宽恕他们，不是为以后找麻烦吗！而且勾践为人能坚忍吃苦，现在不消灭他，将来后悔不及。"吴王不听子胥之计，而听从太宰嚭之言，终与越国停战，两国订立和平盟约后，吴国撤军回国。

七年，吴王夫差听说齐景公死后大臣争夺权力，新立之君幼小无势，于是兴

北伐齐。子胥谏曰："越王句践食不重味，衣不重采，吊死问疾，且欲有所用其众。此人不死，必为吴患。今越在腹心疾而王不先，而务齐，不亦谬乎！"吴王不听，遂北伐齐，败齐师于艾陵。至缯，召鲁哀公而征百牢。季康子使子贡以周礼说太宰嚭，乃得止。因留略地于齐鲁之南。九年，为驺伐鲁，至，与鲁盟乃去。十年，因伐齐而归。十一年，复北伐齐。

越王句践率其众以朝吴，厚献遗之，吴王喜。唯子胥惧，曰："是弃吴也。"谏曰："越在腹心，今得志于齐，犹石田，无所用。且盘庚之诰有颠越勿遗，商之以兴。"吴王不听，使子胥于齐，子胥属其子于齐鲍氏，还报吴王。吴王闻之，大怒，赐子胥属镂之剑以死。将死，曰："树吾墓上以梓，令可为器。抉吾眼置之吴东门，以观越之灭吴也。"

齐鲍氏弑齐悼公。吴王闻之，哭于军门外三日，乃从海上攻齐。齐人败吴，吴王乃引兵归。

十三年，吴召鲁、卫之君会于橐皋。

十四年春，吴王北会诸侯于黄池，欲霸中国以全周室。六月子，越王句践伐吴。乙酉，越五千人与吴战。丙戌，虏吴太子友。丁亥，入吴。吴人告败于王夫差，夫差恶其闻也。或泄其语，吴王怒，斩七人于幕下。七月辛丑，吴王与晋定公争长。吴王曰："于周室我为长。"晋定公曰："于姬姓我为伯。"赵鞅怒，将伐吴，乃长晋定公。吴王已盟，与晋别，欲伐宋。太宰嚭曰："可胜而不能居也。"乃引兵归国。国亡太子，内空，王居外久，士皆罢敝，于是乃使厚币以与越平。

十五年，齐田常杀简公。

十八年，越益强。越王句践率兵伐败吴师于笠泽。楚灭陈。

二十年，越王句践复伐吴。二十一年，遂围吴。二十三年十一月丁卯，越败吴。越王句践欲迁吴王夫差于甬东，予百家居之。吴王

兵北伐齐国。伍子胥劝谏说："越王勾践吃饭不设两样以上的菜肴，穿衣不用两种以上的颜色，吊唁死者，慰问病者，这是想利用民众伐吴报仇啊。勾践不死，必为吴国大患。现在越国是我国的心腹大患，您却不注重，反而把力量用于齐国，岂非大错特错！"吴王不听，北伐齐国，在艾陵大破齐兵。兵至缯邑，召见鲁哀公并索取百牢。季康子派子贡列举周礼来劝说太宰伯嚭，吴王才停止。于是吴王肆意略取齐、鲁两国南疆的土地。九年，吴国为驺国讨伐鲁国，到鲁国后，直到与鲁定盟后才离开。十年，吴王趁势伐齐而归。十一年，又一次北伐齐国。

越王勾践带领越国群臣朝拜吴王，献上丰厚贡礼，吴王大喜。只有伍子胥心中害怕，说："他这是要灭掉吴国啊。"于是劝谏吴王说："越国近在腹心之地，现在我国虽能战胜齐国，好比石头田地，没有用处。而且《盘庚之诰》说，乱妄之人只有消灭干净，商王朝才能兴旺。"吴王不听，派伍子胥出使齐国，伍子胥把自己的儿子托付给齐国鲍氏，然后只身回到吴国。吴王听说后大怒，赐给伍子胥属镂之剑，令其自杀。伍子胥临死时说："你们在我坟上种上梓树，当它们生长到可以制器的时候吴国就要灭亡了。把我的眼睛挖出来放在吴都东门上，让我看到越国怎样灭掉吴国。"

齐国大夫鲍氏杀死齐悼公。吴王闻说，在军门外痛哭三日，乃从海上运兵攻齐。齐人打败吴军，吴王只得领兵回国。

十三年，吴王召集鲁、卫二国国君在橐皋盟会。

十四年春，吴王北上与诸侯会盟于黄池，想称霸中原保全周室。六月十一日，越王勾践伐吴。二十日，越兵五千人与吴兵交战。丙戌，俘获吴国太子友。二十二日，越军进入吴国。吴人向夫差报告失败的消息，吴王担心会盟的诸侯听到这个消息，怕有人泄露消息，于是将帐前七人斩杀了。七月初七，吴王与晋定公争夺盟主之位。吴王说："在周室宗族中我的祖先排行最大。"晋定公说："在姬姓诸国中只有我晋国当过霸主。"晋国大夫赵鞅发怒，准备攻击吴王，吴王这才让晋定公当了盟主。吴王盟会已毕，与晋定公分手，想伐宋国。太宰伯嚭说："你能打败宋国，但你不能留下来占有它。"于是领兵归国。吴国没有了太子，国内空虚，吴王在外很久，士卒疲惫，于是就派使者带上厚礼与越国媾和。

十五年，齐大夫田常杀死了齐简公。

十八年，越国更加强大。越王勾践率兵伐吴，大败吴兵于笠泽。楚国灭了陈国。

二十年，越王勾践再次伐吴。二十一年，越兵围困吴国。二十三年十一月二十七日，越国打败吴国。越王勾践想把吴王夫差流放甬东，给他百户人家，让他住在那里。吴王说："我老了，不能再侍奉越王。我后悔不听子胥之言，让自

曰:"孤老矣,不能事君王也。吾悔不用子胥之言,自令陷此。"遂自刭死。越王灭吴,诛太宰嚭,以为不忠,而归。

太史公曰:孔子言"太伯可谓至德矣,三以天下让,民无得而称焉"。余读春秋古文,乃知中国之虞与荆蛮句吴兄弟也。延陵季子之仁心,慕义无穷,见微而知清浊。呜呼,又何其闳览博物君子也!

已沦落到这个地步。"于是自杀而死。越王灭掉吴国，杀死了太宰伯嚭，因为他不忠于主上，然后引兵归国。

  太史公说：孔子说过"太伯的德行可以说是至高无上了，曾三度将天下让给季历，百姓都不知用什么言辞来称赞他才好"。我读《春秋》古文，才知道中原的虞国和荆蛮的句吴是兄弟啊。延陵季子的仁爱心怀，向慕道义终生不止，能够见微知著，辨别清浊。啊，又是多么见多识广、博学多知的君子啊！

齐太公世家第二

太公望吕尚者,东海上人。其先祖尝为四岳,佐禹平水土甚有功。虞夏之际封于吕,或封于申,姓姜氏。夏商之时,申、吕或封枝庶子孙,或为庶人,尚其后苗裔也。本姓姜氏,从其封姓,故曰吕尚。

吕尚盖尝穷困,年老矣,以渔钓奸周西伯。西伯将出猎,卜之,曰"所获非龙非螭,非虎非罴;所获霸王之辅"。于是周西伯猎,果遇太公于渭之阳,与语大说,曰:"自吾先君太公曰'当有圣人适周,周以兴'。子真是邪?吾太公望子久矣。"故号之曰"太公望",载与俱归,立为师。

或曰,太公博闻,尝事纣。纣无道,去之。游说诸侯,无所遇,而卒西归周西伯。或曰,吕尚处士,隐海滨。周西伯拘羑里,散宜生、闳夭素知而招吕尚。吕尚亦曰"吾闻西伯贤,又善养老,盍往焉"。三人者为西伯求美女奇物,献之于纣,以赎西伯。西伯得以出,反国。言吕尚所以事周虽异,然要之为文武师。

周西伯昌之脱羑里归,与吕尚阴谋修德以倾商政,其事多兵权与奇计,故后世之言兵及周之阴权皆宗太公为本谋。周西伯政平,及断虞芮之讼,而诗人称西伯受命曰文王。伐崇、密须、犬夷,大作丰邑。天下三分,其二归周者,太公之谋计居多。

文王崩,武王即位。九年,欲修文王业,东伐以观诸侯集否。师行,师尚父左杖黄钺,右把白旄以誓,曰:"苍兕苍兕,总尔众庶,与尔舟楫,后至者斩!"遂至盟津。诸侯不期而会者八百诸侯。诸侯皆曰:"纣可伐也。"武王曰:"未可。"还师,与太公作此太誓。

太公望吕尚，是东海边之人。他的先祖曾经担任过四岳之官，协助夏禹治理水土有大功。舜、禹时其后人有的被封在吕地，有的被封在申地，姓姜。夏、商两朝，申、吕有的封给旁支子孙，也有的后代成为平民，吕尚是他们的后代。吕尚本姓姜，用他的封地为姓，因此叫作吕尚。

吕尚曾经很贫困，年老时，借钓鱼的机会才见到了周西伯。西伯在一次外出狩猎之前，占卜了一卦，卦辞说："所得猎物不是龙也不是螭，不是虎也不是熊；所获得的乃是成就霸王之业的辅臣。"于是西伯出猎，果然在渭河的南岸碰到了太公。与太公相谈后西伯大喜，说："自我国先君太公就说过：'必有圣人来周，周会由此兴旺。'说的就是您吧？我们太公盼望您已经很久了。"所以称吕尚为"太公望"。二人一块儿乘车而归，吕尚被尊为太师。

有人说，太公博识多学，曾经侍奉过商纣王。商纣王无道，于是太公就离去了。他四处游说列国诸侯，但没有碰到知遇之君，最后西行归依了周西伯。有人说，吕尚是一个隐居不仕的隐士，隐居在海滨。周西伯被囚禁在羑里时，西伯的大臣散宜生、闳夭素闻吕尚的美名，因此去邀请他。吕尚也因"听闻西伯贤德，又向来尊重关心老年人，因而前往"，于是三人为西伯寻找美女珍宝，献给纣王，以赎取西伯。西伯因此得以释放回国。虽然对于吕尚归周的说法各不相同，但普遍都认为他是文王、武王的太师。

周西伯姬昌从羑里脱身回国后，私下与吕尚商议如何推行德政，以推翻商纣的政权。其中很多是用兵的谋略和奇计，所以后世在谈论用兵之道和周朝的隐秘权术之时，都遵法太公的基本谋略。周西伯为政清明，特别在明断虞、芮二国的国土争讼后，有诗人称其为膺受天命的文王。西伯在征讨了崇国、密须和犬夷后，大规模地建造丰邑。天下三分之二的诸侯都归向了周，这多数是出于太公的谋略。

文王去世后，武王即位。九年，武王想完成文王的大业，于是进行了一次东征商纣的演习，察看诸侯是否会响应。军队出征之际，太师尚父左手握黄钺，右手持白旄进行了誓师。他说："苍兕，集合所有兵众，集结一切船只，迟到者斩首。"于是率兵到达盟津。各国诸侯不召自来有八百之众。诸侯都说："可以征讨商纣了。"武王说："还不行。"于是班师回朝，和太公写下了《太誓》。

居二年，纣杀王子比干，囚箕子。武王将伐纣，卜，龟兆不吉，风雨暴至。群公尽惧，唯太公强之劝武王，武王于是遂行。十一年正月甲子，誓于牧野，伐商纣。纣师败绩。纣反走，登鹿台，遂追斩纣。明日，武王立于社，群公奉明水，卫康叔封布采席，师尚父牵牲，史佚策祝，以告神讨纣之罪。散鹿台之钱，发钜桥之粟，以振贫民。封比干墓，释箕子囚。迁九鼎，修周政，与天下更始。师尚父谋居多。

于是武王已平商而王天下，封师尚父于齐营丘。东就国，道宿行迟。逆旅之人曰："吾闻时难得而易失。客寝甚安，殆非就国者也。"太公闻之，夜衣而行，犁明至国。莱侯来伐，与之争营丘。营丘边莱。莱人，夷也，会纣之乱而周初定，未能集远方，是以与太公争国。

太公至国，修政，因其俗，简其礼，通商工之业，便鱼盐之利，而人民多归齐，齐为大国。及周成王少时，管蔡作乱，淮夷畔周，乃使召康公命太公曰："东至海，西至河，南至穆陵，北至无棣，五侯九伯，实得征之。"齐由此得征伐，为大国。都营丘。

盖太公之卒百有余年，子丁公吕伋立。丁公卒，子乙公得立。乙公卒，子癸公慈母立。癸公卒，子哀公不辰立。

哀公时，纪侯谮之周，周烹哀公而立其弟静，是为胡公。胡公徙都薄姑，而当周夷王之时。

哀公之同母少弟山怨胡公，乃与其党率营丘人袭攻杀胡公而自立，是为献公。献公元年，尽逐胡公子，因徙薄姑都，治临淄。

九年，献公卒，子武公寿立。武公九年，周厉王出奔，居彘。十年，王室乱，大臣行政，号曰"共和"。二十四年，周宣王初立。

二十六年，武公卒，子厉公无忌立。厉公暴虐，故胡公子复入齐，齐人欲立之，乃与攻杀厉公。胡公子亦战死。齐人乃立厉公子赤为君，是为文公，而诛杀厉公者七十人。

两年后，商纣王杀害了王子比干，囚禁了箕子。武王准备征讨商纣，卜了一卦，龟兆显示不吉利，将会有风雨突降。群臣因此害怕，只有太公强劝武王出兵，武王于是率军出征。十一年正月甲子日，在牧野誓师，征讨商纣。商纣军队大败。商纣回身逃跑，登上鹿台，于是被追兵所杀。第二天，武王站在社坛之上，群臣手捧祭祀用的净水，卫康叔封铺上彩席，太师尚父牵着祭祀的牲畜，史官按照策书祷告，向神祇昭告纣王的罪行。武王散发商纣聚集在鹿台的钱币，发放商纣屯积在钜桥的粮食，用以赈济百姓；增高了比干的墓，释放了被囚禁的箕子；把象征天下最高权势的九鼎迁往周国，并修治周朝政务，与天下之人一起开创新时代。这些事大多是太师尚父的谋略。

这时武王已经平定了商纣，成为了天下之王，他把齐国营丘封给太师尚父。尚父便东去自己的封国，一路行止速度很慢。客舍中的人说："我听说机会难得却容易失去。这位客人睡得如此安稳，估计不是去封国就任的吧。"太公听了此言，连夜穿衣上路，黎明就到达了齐国。当时莱侯正好带兵来犯，想与太公争抢营丘。营丘位于莱国边境。莱人是夷族，当时正值商纣之乱，而周朝又刚安定，无力安定远方，所以想和太公争夺国土。

太公到齐国后，修明政事，按当地习俗简化了礼仪，开放了工商业，发展渔业盐业的优势，因此人民多归附齐国，使齐国成为了大国。周成王年幼登基之时，管蔡叛变，淮夷也背叛了周朝，成王便派召康公对太公说："东到大海，西到黄河，南到穆陵，北到无棣，天下诸侯，如果有罪，你都可以征讨。"齐因此征讨各国，成为大国，定都营丘。

太公去世之时已一百多岁，其子丁公吕伋继位。丁公去世后，其子乙公继位。乙公去世后，其子癸公慈母继位。癸公去世后，其子哀公不辰继位。

哀公时，纪侯向周王污蔑哀公，周王用大鼎烹煮了哀公，然后立他的弟弟静为齐君，这就是胡公。胡公把都城迁到了薄姑，当时正值周夷王在位。

哀公的同母少弟山怨恨胡公，便与自己的党徒带领营丘人突袭杀死胡公自立为齐君，这就是献公。献公元年，献公把胡公所有的儿子驱逐出境，并因此把国都从薄姑迁到临淄。

九年，献公去世，其子武公寿继位。武公九年，周厉王逃亡，住在彘邑。武公十年，周王室发生内乱，由大臣们主持国事，号称"共和"。武公二十四年，周宣王即位。

武公二十六年，武公去世，其子厉公无忌即位。厉公凶残暴虐，所以胡公的儿子又回到齐国，齐人意立胡公之子为君，于是便一起攻杀了厉公。胡公之子也战死。齐人于是立厉公的儿子赤为齐君，这就是文公。文公即位后杀掉了七十多

文公十二年卒，子成公脱立。成公九年卒，子庄公购立。

庄公二十四年，犬戎杀幽王，周东徙雒。秦始列为诸侯。五十六年，晋弑其君昭侯。

六十四年，庄公卒，子釐公禄甫立。

釐公九年，鲁隐公初立。十九年，鲁桓公弑其兄隐公而自立为君。

二十五年，北戎伐齐。郑使太子忽来救齐，齐欲妻之。忽曰："郑小齐大，非我敌。"遂辞之。

三十二年，釐公同母弟夷仲年死。其子曰公孙无知，釐公爱之，令其秩服奉养比太子。

三十三年，釐公卒，太子诸儿立，是为襄公。

襄公元年，始为太子时，尝与无知斗，及立，绌无知秩服，无知怨。

四年，鲁桓公与夫人如齐。齐襄公故尝私通鲁夫人。鲁夫人者，襄公女弟也，自釐公时嫁为鲁桓公妇，及桓公来而襄公复通焉。鲁桓公知之，怒夫人，夫人以告齐襄公。齐襄公与鲁君饮，醉之，使力士彭生抱上鲁君车，因拉杀鲁桓公，桓公下车则死矣。鲁人以为让，而齐襄公杀彭生以谢鲁。

八年，伐纪，纪迁去其邑。

十二年，初，襄公使连称、管至父戍葵丘，瓜时而往，及瓜而代。往戍一岁，卒瓜时而公弗为发代。或为请代，公弗许。故此二人怨，因公孙无知谋作乱。连称有从妹在公宫，无宠，使之间襄公，曰"事成以女为无知夫人"。冬十二月，襄公游姑棼，遂猎沛丘。见彘，从者曰"彭生"。公怒，射之，彘人立而啼。公惧，坠车伤足，失屦。反而鞭主屦者茀三百。茀出宫。而无知、连称、管至父等闻公伤，乃遂率其众袭宫。逢主屦茀，茀曰："且无入惊宫，惊宫未易入也。"无知弗信，茀示之创，乃信之。待宫外，令茀先入。茀先入，即匿襄公户间。良久，无知等恐，遂入宫。茀反与宫中及公之幸臣攻

个攻杀厉公的人。

文公十二年死，其子成公脱即位。成公九年去世，其子庄公购即位。

庄公二十四年，犬戎击杀了周幽王，周王室被迫向东迁都到洛邑。秦国从此位列诸侯。五十六年，晋人杀掉了他们的国君晋昭侯。

六十四年，庄公去世，其子釐公禄甫即位。

釐公九年，鲁隐公登基即位。十九年，鲁桓公杀死自己的兄长隐公，自立为鲁君。

二十五年，北戎国攻打齐国。郑国派太子忽来援助齐国，齐釐公想把女儿嫁给他。太子忽说："郑国小齐国大，我不配。"于是婉拒了。

三十二年，釐公同母弟弟夷仲年去世。其子名叫公孙无知，釐公很是喜爱他，使他的待遇与太子一样。

三十三年，釐公去世，太子诸儿即位，这就是襄公。

襄公元年，襄公还是太子时，曾与公孙无知争斗，所以即位后，便降低了公孙无知的俸禄车马服饰级别，公孙无知因此心中怨恨。

四年，鲁桓公与夫人来到齐国。齐襄公过去曾与鲁夫人有奸情。鲁夫人是襄公的妹妹，在齐釐公时嫁给了鲁桓公。这次与鲁桓公来齐国，又与襄公私通。鲁桓公发现此事后，怒斥夫人，夫人把这事告诉了齐襄公。齐襄公与鲁桓公饮酒，将鲁桓公灌醉了，便派大力士彭生把鲁桓公抱上了车，趁机打断了桓公的肋骨杀死了他，当桓公被抬下车时已死掉了。鲁国人因此而责备齐国，齐襄公于是杀掉了彭生，以向鲁国谢罪。

八年，齐国攻打纪国，纪国被迫迁都避难。

十二年，起初，襄公派连称、管至父戍守葵丘，七月瓜熟的时候前往，约定第二年瓜熟时派人去替换他们。他们前去戍守了一年，瓜熟时期已过，但襄公仍未派人前去替换他们。有人向襄公提议派人前去替换他们，但襄公不同意。二人因此很生气，便联合公孙无知策划叛乱。连称有个堂妹在襄公宫内，不被宠爱，就让她刺探襄公的情况，对她说事成后让她做无知的夫人。这年冬十二月，襄公去姑棼游玩，于是到沛丘打猎。打猎时见一头大猪，侍从说是"彭生"。襄公大怒，用箭射猪，大猪像人一样站立并哭啼。襄公惊惧，从车上掉了下来摔伤了脚，连鞋子也掉了。返回宫中后将管鞋的茀鞭打了三百下。茀因此离开了宫中。而无知、连称、管至父等人听说襄公受伤了，便率领徒众准备前往宫中偷袭襄公。途中正好遇上管鞋的茀，茀说："先不要进去以免惊动宫中卫士，惊动了宫中卫士就不易攻进去了。"无知不信此话，茀让他验看自己的伤痕，这才相信。他们等在宫外，让茀先进去打探情况。茀先进去后，便马上将襄公藏在门后。过

无知等，不胜，皆死。无知入宫，求公不得。或见人足于户间，发视，乃襄公，遂弑之，而无知自立为齐君。

桓公元年春，齐君无知游于雍林。雍林人尝有怨无知，及其往游，雍林人袭杀无知，告齐大夫曰："无知弑襄公自立，臣谨行诛。唯大夫更立公子之当立者，唯命是听。"

初，襄公之醉杀鲁桓公，通其夫人，杀诛数不当，淫于妇人，数欺大臣，群弟恐祸及，故次弟纠奔鲁。其母鲁女也。管仲、召忽傅之。次弟小白奔莒，鲍叔牙傅之。小白母，卫女也，有宠于釐公。小白自少好善大夫高傒。及雍林人杀无知，议立君，高、国先阴召小白于莒。鲁闻无知死，亦发兵送公子纠，而使管仲别将兵遮莒道，射中小白带钩。小白佯死，管仲使人驰报鲁。鲁送纠者行益迟，六日至齐，则小白已入，高傒立之，是为桓公。

桓公之中钩，佯死以误管仲，已而载温车中驰行，亦有高、国内应，故得先入立，发兵距鲁。秋，与鲁战于乾时，鲁兵败走，齐兵掩绝鲁归道。齐遗鲁书曰："子纠兄弟，弗忍诛，请鲁自杀之。召忽、管仲仇也，请得而甘心醢之。不然，将围鲁。"鲁人患之，遂杀子纠于笙渎。召忽自杀，管仲请囚。桓公之立，发兵攻鲁，心欲杀管仲。鲍叔牙曰："臣幸得从君，君竟以立。君之尊，臣无以增君。君将治齐，即高傒与叔牙足也。君且欲霸王，非管夷吾不可。夷吾所居国国重，不可失也。"于是桓公从之。乃佯为召管仲欲甘心，实欲用之。管仲知之，故请往。鲍叔牙迎受管仲，及堂阜而脱桎梏，斋祓而见桓公。桓公厚礼以为大夫，任政。

桓公既得管仲，与鲍叔、隰朋、高傒修齐国政，连五家之兵，伸

了好久，无知等人担心发生意外，便闯进宫去。莆反而和宫中卫士连同襄公的亲信之臣反攻无知等人，未能取胜，全部都战死了。无知进宫后，找不到襄公。有人见屋门下露出了一只脚，开门一看，原来正是襄公，于是杀死了襄公，而无知自立为齐君。

桓公元年春，齐君无知到雍林游玩。雍林人曾有怨恨无知的，等到无知去游玩时，雍林人袭击杀死了无知，并向齐国大夫通告说："无知杀死了襄公自立为君，我已将他处死。请大夫们改立其他公子中可以即位的，我等一定服从命令。"

起初，襄公将鲁桓公灌醉杀掉，并与其夫人通奸，还屡次杀害不当杀的人，沉迷女色，多次欺骗大臣，他的众多兄弟担心被祸及，所以二弟公子纠逃往了鲁国，因他的母亲是鲁国诸侯之女，管仲、召忽随行协助他。三弟小白逃到了莒国，鲍叔牙随行协助他。小白的母亲是卫国诸侯之女，很得齐釐公宠幸。小白从小与齐国大夫高傒友好。雍林人杀死公子无知，商讨立新君之时，高氏、国氏便暗中抢先从莒国接回了小白。鲁国听闻无知已死后，也派兵护送公子纠回齐，并命管仲另带军队前往莒国通道阻拦公子小白回国。管仲一箭射中了小白衣带钩，小白躺地佯装死亡，管仲因此派人飞报鲁国，鲁国护送公子纠的部队因此也就放慢了行进速度，六天后才回到齐国，而这时小白已先到了齐国，高傒立其为君，这就是桓公。

桓公当时被射中衣带钩之后，装死骗过了管仲，然后躺在蓬车里快速疾行，也因为高氏、国氏二大家族在国内策应，因此得以捷足先登，并发兵抵御鲁军。这年秋天，齐、鲁两国在乾时交战，鲁军败逃，齐军又断绝了鲁军的退路。齐桓公写信给鲁庄公说："公子纠是我兄弟，我不忍亲手害他，请鲁国将他处死。召忽、管仲是我的仇人，请将他们活着交给我，我要把他们剁成肉酱才甘心。否则，齐军将围攻鲁国。"鲁庄公害怕，就在笙渎杀死了公子纠。召忽自杀而死，管仲甘愿被囚禁。桓公登基时派兵攻鲁，本想杀死管仲。鲍叔牙说："我有幸得以跟从您，您终于当上了国君。您的地位尊贵，我已无法再协助您提高。您如果只想治理齐国，那么有高傒和我就够了。如果您想成就霸王之业，就非管夷吾不行。夷吾所治理的国家，其国必强，我们不能失去这个人才啊。"桓公听取了鲍叔牙的话。于是他假装要把管仲抓回来以报仇雪恨，实际是想任用他。管仲心里清楚，因此要求返齐。鲍叔牙迎接管仲，一到齐国境内的堂阜就将管仲的枷锁除去，让他斋戒沐浴后去见桓公。桓公厚礼以待，封管仲为大夫，主持齐国政务。

桓公得到管仲后，与鲍叔牙、隰朋、高傒一起治理齐国政事，实行以五家为基层单位的兵役制度，发展商业流通、渔业及盐业的优势，以所得钱财来赈济贫

轻重鱼盐之利，以赡贫穷，禄贤能，齐人皆说。

二年，伐灭郯，郯子奔莒。初，桓公亡时，过郯，郯无礼，故伐之。

五年，伐鲁，鲁将师败。鲁庄公请献遂邑以平，桓公许，与鲁会柯而盟。鲁将盟，曹沫以匕首劫桓公于坛上，曰："反鲁之侵地！"桓公许之。已而曹沫去匕首，北面就臣位。桓公后悔，欲无与鲁地而杀曹沫。管仲曰："夫劫许之而倍信杀之，愈一小快耳，而弃信于诸侯，失天下之援，不可。"于是遂与曹沫三败所亡地于鲁。诸侯闻之，皆信齐而欲附焉。七年，诸侯会桓公于甄，而桓公于是始霸焉。

十四年，陈厉公子完，号敬仲，来奔齐。齐桓公欲以为卿，让；于是以为工正。田成子常之祖也。

二十三年，山戎伐燕，燕告急于齐。齐桓公救燕，遂伐山戎，至于孤竹而还。燕庄公遂送桓公入齐境。桓公曰："非天子，诸侯相送不出境，吾不可以无礼于燕。"于是分沟割燕君所至与燕，命燕君复修召公之政，纳贡于周，如成康之时。诸侯闻之，皆从齐。

二十七年，鲁湣公母曰哀姜，桓公女弟也。哀姜淫于鲁公子庆父，庆父弑湣公，哀姜欲立庆父，鲁人更立釐公。桓公召哀姜，杀之。

二十八年，卫文公有狄乱，告急于齐。齐率诸侯城楚丘而立卫君。

二十九年，桓公与夫人蔡姬戏船中。蔡姬习水，荡公，公惧，止之，不止，出船，怒，归蔡姬，弗绝。蔡亦怒，嫁其女。桓公闻而怒，兴师往伐。

三十年春，齐桓公率诸侯伐蔡，蔡溃。遂伐楚。楚成王兴师问曰："何故涉吾地？"管仲对曰："昔召康公命我先君太公曰：'五侯九伯，若实征之，以夹辅周室。'赐我先君履，东至海，西至河，南至穆陵，北至无棣。楚贡包茅不入，王祭不具，是以来责。昭王南

民，奖励贤能之才，齐国人人都欢欣不已。

二年，齐国消灭了郯国，郯国国君逃到了莒国。当初，齐桓公逃亡国外时，曾路过郯国，郯国国君对桓公无礼，所以才征讨它。

五年，齐国攻打鲁国，鲁军眼看就要失败。于是鲁庄公请求献出遂邑来讲和，齐桓公同意了，于是与鲁庄公在柯地会盟。就在两国将要盟誓之际，鲁将曹沫跳上祭坛用匕首挟持了齐桓公，说："请您归还所占领的鲁国土地！"桓公同意了。然后曹沫扔掉匕首，回到面向北方的臣子之位。桓公过后想反悔，不想归还侵占的鲁国领土，并要杀死曹沫。管仲说："如果被挟持时答应了人家的要求，然后又背弃诺言并杀死人家，这虽可满足于一时的快意，但会在诸侯中失去诚信，这样也就会失去了天下人的支持，不能这样做。"桓公因此便把曹沫三次战败所丢的领土全部归还给了鲁国。各诸侯听说后，都认为齐国守信而愿意亲近。七年，各诸侯与齐桓公在甄地会盟，齐桓公从此成为天下霸主。

十四年，陈厉公的儿子陈完，号敬仲，逃到齐国。齐桓公想任命他为卿，他推让不肯；于是让他做了主管百工的工正。他就是田成子田常的先祖。

二十三年，山戎国侵略燕国，燕向齐国求救。齐桓公派兵救燕，于是出兵讨伐山戎，到达孤竹后才回师。燕庄公将齐桓公送入齐国边境。桓公因此说："除了天子，诸侯之间相送不出自己边境，我不能对燕侯无礼。"于是把燕庄公所走过的齐国领土用沟分开送给燕国，让燕君重新实行召公的政策，按时向周王室进贡，就像周成王、康王时代一样。各国诸侯听说后，都服从齐国。

二十七年，鲁湣公的母亲叫哀姜，是齐桓公的妹妹。哀姜与鲁公子庆父通奸，庆父杀害了鲁湣公，哀姜想要立庆父为国君，但鲁人改立了釐公。桓公把哀姜召回齐国，并杀掉了她。

二十八年，卫文公遭狄人攻击，于是向齐国求救。齐国率领诸侯在楚丘筑起了城墙，扶立了卫君。

二十九年，桓公与夫人蔡姬乘船戏水。蔡姬熟悉水性，故意摇晃船只颠簸桓公。桓公害怕，命她停止，蔡姬仍不停止，下船之后，桓公大怒，把蔡姬送回了娘家，但没有断绝婚姻关系。蔡国对此也十分气愤，就把蔡姬又嫁给了别人。桓公听说后怒不可遏，于是兴兵伐蔡。

三十年春，齐桓公率各诸侯讨伐蔡国，蔡军溃败。于是齐国又南伐楚国。楚成王兴兵来问："为何进入我的国土？"管仲回答说："过去召康公诏告我国先君太公：'五等诸侯，各地守官，你有权讨伐，以辅佐周室。'允许我先君讨伐的疆界，东至大海，西至黄河，南至穆陵，北至无棣。楚国应该进贡的包茅没有进贡，天子祭祀用品不全，所以我们来督责。昭王南征时死于南方没有回来，

征不复，是以来问。"楚王曰："贡之不入，有之，寡人罪也，敢不贡乎！昭王之出不复，君其问之水滨。"齐师进次于陉。夏，楚王使屈完将兵捍齐，齐师退次召陵。桓公矜屈完以其众。屈完曰："君以道则可；若不，则楚方城以为城，江、汉以为沟，君安能进乎？"乃与屈完盟而去。过陈，陈袁涛涂诈齐，令出东方，觉。秋，齐伐陈。是岁，晋杀太子申生。

三十五年夏，会诸侯于葵丘。周襄王使宰孔赐桓公文武胙、彤弓矢、大路，命无拜。桓公欲许之，管仲曰"不可"，乃下拜受赐。秋，复会诸侯于葵丘，益有骄色。周使宰孔会。诸侯颇有叛者。晋侯病，后，遇宰孔。宰孔曰："齐侯骄矣，弟无行。"从之。是岁，晋献公卒，里克杀奚齐、卓子，秦穆公以夫人入公子夷吾为晋君。桓公于是讨晋乱，至高梁，使隰朋立晋君，还。

是时周室微，唯齐、楚、秦、晋为强。晋初与会，献公死，国内乱。秦穆公辟远，不与中国会盟。楚成王初收荆蛮有之，夷狄自置。唯独齐为中国会盟，而桓公能宣其德，故诸侯宾会。于是桓公称曰："寡人南伐至召陵，望熊山；北伐山戎、离枝、孤竹；西伐大夏，涉流沙；束马悬车登太行，至卑耳山而还。诸侯莫违寡人。寡人兵车之会三，乘车之会六，九合诸侯，一匡天下。昔三代受命，有何以异于此乎？吾欲封泰山，禅梁父。"管仲固谏，不听；乃说桓公以远方珍怪物至乃得封，桓公乃止。

三十八年，周襄王弟带与戎、翟合谋伐周，齐使管仲平戎于周。周欲以上卿礼管仲，管仲顿首曰："臣陪臣，安敢！"三让，乃受下卿礼以见。三十九年，周襄王弟带来奔齐。齐使仲孙请王，为带谢。襄王怒，弗听。

四十一年，秦穆公虏晋惠公，复归之。是岁，管仲、隰朋皆卒。

所以前来问罪。"楚王说："没有进献贡品，这事确实有，这是我的罪过，今后不敢不进。至于说昭王南行没有返回，并没有在我楚国领土，请您到汉水边上去问罪。"齐军驻扎在陉地。这年夏天，楚王派屈完率兵抗齐，齐军退驻到召陵。桓公见屈完后向其炫耀自己兵多将广。屈完说："您以道义来服人是可以的，否则，楚国将以方城山为城墙，以长江、汉水为护城河，您怎么能推进呢？"于是齐桓公便与屈完订立了盟约，而后率军返回了齐国。路过陈国时，陈国大夫袁涛涂欺骗桓公，让齐军走东面难行之路而不穿过陈国，被齐国发现了。这年秋天，齐国因此讨伐陈国。这一年，晋献公杀死了其太子申生。

三十五年夏，齐桓公与各诸侯在葵丘会盟。周襄王派宰孔赏赐给桓公祭祀文王武王的祭肉、丹彩装饰的弓箭、天子乘坐的车乘，并且特许桓公不必下拜谢恩。桓公本想同意，管仲却说"不可以"，于是桓公下拜接受了赏物。这年秋天，桓公又一次与各诸侯在葵丘会盟，慢慢地面上有了傲慢之色。周王派宰孔参加了会盟。各诸侯见桓公这样，有些人便有了叛心。晋献公因为病重，迟到了，正好遇上宰孔。宰孔说："齐桓公傲慢了，您不必去了。"晋献公听了此言因此没有去参加盟会。这一年，晋献公去世，里克杀死了献公少子奚齐和卓子，秦穆公因为自己夫人是晋公子夷吾的姐姐，因此护送夷吾返回晋国即位。桓公因此讨伐晋国内乱，到达高粱，命隰朋立夷吾为晋国君，然后撤兵。

这时周朝王室衰微，天下只有齐、楚、秦、晋四国强大。晋国刚刚参加盟会，晋献公便死去了，国内混乱。秦穆公因地处偏远，不参加中原诸侯的会盟。楚成王刚刚将荆蛮之地占为己有，自认为是夷狄之邦。唯独齐国能够召集中原诸侯会盟，齐桓公又充分宣示了其盛德，因此各诸侯都宾服来会。齐桓公因此宣称："寡人南征至召陵，望到了熊耳山；北征山戎、离枝、孤竹国；西伐大夏，远涉流沙；包缠马蹄，挂牢战车，登上了太行险道，直达卑耳山而归。诸侯没有违背寡人的。寡人三次召集军事会盟，六次和平会盟，九次与诸侯相会，一次匡正周天下。以前夏、商、周三代的开国天子，与这有什么不同呢！我想要封祭泰山，禅祭梁父山。"管仲力谏，桓公没有听；于是管仲便说封禅之礼要等远方的各种奇珍异物齐全了才能进行，桓公才作罢。

三十八年，周襄王的弟弟叔带与戎人、翟人共同谋划攻打周，齐国派管仲到周去平息戎、翟之乱。周天子想用上卿之礼来招待管仲，管仲叩头辞谢说："我只是诸侯之臣，怎么敢受此礼遇！"再三推让后，管仲以下卿之礼拜见了天子。三十九年，周襄王的弟弟叔带逃到齐国。齐国派仲孙恳求周襄王，替叔带谢罪。周襄王很气愤，没有答应。

四十一年，秦穆公虏获了晋惠公，又放他回国了。这一年，管仲、隰朋都去

管仲病，桓公问曰："群臣谁可相者？"管仲曰："知臣莫如君。"公曰："易牙如何？"对曰："杀子以适君，非人情，不可。"公曰："开方如何？"对曰："倍亲以适君，非人情，难近。"公曰："竖刁如何？"对曰："自宫以适君，非人情，难亲。"管仲死，而桓公不用管仲言，卒近用三子，三子专权。

四十二年，戎伐周，周告急于齐，齐令诸侯各发卒戍周。是岁，晋公子重耳来，桓公妻之。

四十三年。初，齐桓公之夫人三：曰王姬、徐姬、蔡姬，皆无子。桓公好内，多内宠，如夫人者六人，长卫姬，生无诡；少卫姬，生惠公元；郑姬，生孝公昭；葛嬴，生昭公潘；密姬，生懿公商人；宋华子，生公子雍。桓公与管仲属孝公于宋襄公，以为太子。雍巫有宠于卫共姬，因宦者竖刁以厚献于桓公，亦有宠，桓公许之立无诡。管仲卒，五公子皆求立。冬十月乙亥，齐桓公卒。易牙入，与竖刁因内宠杀群吏，而立公子无诡为君。太子昭奔宋。

桓公病，五公子各树党争立。及桓公卒，遂相攻，以故宫中空，莫敢棺。桓公尸在床上六十七日，尸虫出于户。十二月乙亥，无诡立，乃棺赴。辛巳夜，敛殡。

桓公十有余子，要其后立者五人：无诡立三月死，无谥；次孝公；次昭公；次懿公；次惠公。孝公元年三月，宋襄公率诸侯兵送齐太子昭而伐齐。齐人恐，杀其君无诡。齐人将立太子昭，四公子之徒攻太子，太子走宋，宋遂与齐人四公子战。五月，宋败齐四公子师而立太子昭，是为齐孝公。宋以桓公与管仲属之太子，故来征之。以乱故，八月乃葬齐桓公。

六年春，齐伐宋，以其不同盟于齐也。夏，宋襄公卒。七年，晋文公立。

十年，孝公卒，孝公弟潘因卫公子开方杀孝公子而立潘，是为昭公。昭公，桓公子也，其母曰葛嬴。

世了。管仲病重之后，齐桓公问他："您之后，群臣中谁可做相国？"管仲说："了解臣子的莫过于君王您啊。"桓公说："易牙这人怎么样？"管仲回答说："他为迎合国君而杀死了自己的儿子，这不合人性，不能重用。"桓公问："开方这人如何？"管仲回答说："他为迎合国君而抛弃了双亲，这不合人性，不能亲近。"桓公说："竖刁这人如何？"管仲回答说："他阉割了自己来迎合国君，不合人情，这样的人不可相信。"管仲去世后，桓公没有听管仲的话，最后还是重用了这三人，三人因此专权。

四十二年，戎人侵犯周境，周王向齐国求救，齐国命各诸侯分别发兵保卫周王室。这一年，晋公子重耳到了齐国，齐桓公将本族之女嫁给了重耳。

四十三年。当初，齐桓公有三位夫人，分别是王姬、徐姬、蔡姬，都没有生儿子。桓公好色，有很多宠爱的妾，其中地位如同夫人的就有六个：长卫姬，生了无诡；少卫姬，生了惠公元；郑姬，生了孝公昭；葛嬴，生了昭公潘；密姬，生了懿公商人；宋华子，生了公子雍。齐桓公和管仲曾把孝公昭托付给宋襄公，立他为太子。雍巫受到长卫姬的宠爱，通过宦者竖刁给桓公送了厚礼，所以也受到桓公宠爱，桓公答应立无诡为太子。管仲去世后，五位公子都请求立为太子。这年冬天十月乙亥日，齐桓公去世。易牙进宫，与竖刁凭借宫内宠臣身份杀害诸大夫，而扶立公子无诡为齐君。太子昭逃到宋国。

桓公生病时，五个公子各自结党争立太子。到桓公去世后，他们便相互攻击，以致宫中无人，没人敢把桓公装殓入棺。桓公的尸体在床上放了六十七天，蛆虫爬满了尸体，甚至爬到了门外。十二月乙亥日，无诡登基，这才将桓公的尸体装棺并向各国报丧。辛巳日夜里，才为桓公穿衣入殓，停柩于灵堂。

桓公有十几个儿子，前后有五人曾登君位：无诡登基三个月后死去，没有谥号；然后是孝公；接着是昭公；再接下去是懿公；最后是惠公。孝公元年三月，宋襄公率诸侯军队送齐太子昭归国并讨伐齐国。齐人恐慌，因而杀死了君主无诡。齐人将要立太子昭为齐君时，其余四个公子的徒众又进攻太子，太子逃到宋国，宋国因此与齐国四公子的部队交战。五月，宋军战胜了四公子并扶立太子昭为君，就是齐孝公。宋国由于曾受桓公与管仲之托照顾太子，所以前来征讨。由于战乱，直到八月才安葬了齐桓公。

六年春，齐国征讨宋国，因为宋国没有参加在齐国的盟会。这年夏天，宋襄公死。七年，晋文公登基。

十年，孝公去世，孝公之弟潘让卫国公子开方杀害了孝公之子，因而得以立为齐君，这就是昭公。昭公是桓公的儿子，他的母亲名叫葛嬴。

昭公元年，晋文公败楚于城濮，而会诸侯践土，朝周，天子使晋称伯。六年，翟侵齐。晋文公卒。秦兵败于肴。十二年，秦穆公卒。

十九年五月，昭公卒，子舍立为齐君。舍之母无宠于昭公，国人莫畏。昭公之弟商人以桓公死争立而不得，阴交贤士，附爱百姓，百姓说。及昭公卒，子舍立，孤弱，即与众十月即墓上弑齐君舍，而商人自立，是为懿公。懿公，桓公子也，其母曰密姬。

懿公四年春，初，懿公为公子时，与丙戎之父猎，争获不胜，及即位，断丙戎父足，而使丙戎仆。庸职之妻好，公内之宫，使庸职骖乘。五月，懿公游于申池，二人浴，戏。职曰："断足子！"戎曰："夺妻者！"二人俱病此言，乃怨。谋与公游竹中，二人弑懿公车上，弃竹中而亡去。

懿公之立，骄，民不附。齐人废其子而迎公子元于卫，立之，是为惠公。惠公，桓公子也。其母卫女，曰少卫姬，避齐乱，故在卫。

惠公二年，长翟来，王子城父攻杀之，埋之于北门。晋赵穿弑其君灵公。

十年，惠公卒，子顷公无野立。初，崔杼有宠于惠公，惠公卒，高、国畏其逼也，逐之，崔杼奔卫。

顷公元年，楚庄王强，伐陈；二年，围郑，郑伯降，已复国郑伯。

六年春，晋使郤克于齐，齐使夫人帷中而观之。郤克上，夫人笑之。郤克曰："不是报，不复涉河！"归，请伐齐，晋侯弗许。齐使至晋，郤克执齐使者四人河内，杀之。八年。晋伐齐，齐以公子强质晋，晋兵去。十年春，齐伐鲁、卫。鲁、卫大夫如晋请师，皆因郤克。晋使郤克以车八百乘为中军将，士燮将上军，栾书将下军，以救鲁、卫，伐齐。六月壬申，与齐侯兵合靡笄下。癸酉，陈于鞍。逢丑父为齐顷公右。顷公曰："驰之，破晋军会食。"射伤郤克，流

昭公元年，晋文公在城濮打败了楚军，并在践土召集了诸侯盟会，朝拜周天子，天子让晋国当了诸侯的霸主。六年，翟人侵犯齐国。这年晋文公去世。秦兵在崤地被打败。十二年，秦穆公去世。

十九年五月，齐昭公去世，其子舍被立为齐君。舍的母亲不被昭公宠幸，因此齐国人都不怕他。昭公之弟商人因为桓公死后争夺君位失败，便暗中结交贤士，抚恤爱护百姓，因此得到百姓拥护。等到昭公去世后，其子舍继位，势孤力弱，这年十月，商人便与众党徒在昭公坟前杀死了舍，商人自立为君，这就是懿公。懿公，也是桓公的儿子，他的母亲名叫密姬。

懿公四年春，当初懿公还是公子的时候，有一次与丙戎的父亲一起打猎，相互争夺猎物而没有争到，等到即位以后，懿公便砍断了丙戎父亲的脚，又让丙戎为自己驾车。庸职的妻子美丽，懿公便将她抢入宫中，而让庸职做陪乘。五月，懿公在申池游乐，丙戎和庸职在洗澡，他们互相开玩笑。庸职称丙戎是"断脚人的儿子"，丙戎称庸职是"被人夺妻的丈夫"。两人都为这些话感到羞耻，因此都痛恨懿公。于是策划与懿公共同到竹林中游玩，二人在车上把懿公杀了，并把尸体抛在竹林中而逃走了。

懿公登基后，骄横无礼，因此百姓不拥护他。齐国人废黜了懿公之子而从卫国接回了公子元，立他为国君，就是惠公。惠公，是桓公之子。他的母亲是卫国之女，名叫少卫姬，因逃避齐国内战，所以逃到了卫国。

惠公二年，长翟攻打齐国，王子城父攻打并杀了他们的首领，把他埋在北门。这年，晋国大夫赵穿杀死了国君晋灵公。

十年，惠公去世，其子顷公无野即位。当初，崔杼曾得到惠公宠幸，等到惠公去世后，高氏、国氏担心受他威胁，便把崔杼驱逐出国，崔杼逃到了卫国。

顷公元年，楚庄王强大起来，征讨陈国；二年（前597年），围攻郑国，郑伯投降，后又让郑伯回国。

六年春，晋国派郤克出使齐国，齐君让夫人坐在帷幕中偷看。郤克上殿，夫人笑话他。郤克说："此辱不报，誓不再渡黄河！"归国后，恳求晋君伐齐，晋君没有答应。齐国使者到了晋国，郤克在河内捉住了齐国的四个使者，并全部杀了他们。八年，晋国征伐齐国，齐国让公子强到晋国做人质，晋军才离开。十年春，齐国征讨鲁国、卫国。鲁、卫二国大夫到晋国求救，都是通过郤克。晋国派郤克为中军之将，统率战车八百乘，士燮率领上军，栾书指挥下军，来救鲁、卫，征讨齐国。六月壬申日，晋军与齐军在靡笄山下交战。癸酉日，两军列阵于鞍地。逢丑父是齐顷公的车右武士。顷公说："前进，打败晋军后聚餐。"齐军射伤了郤克，血流到脚。郤克想撤回营垒，为他驾战车的驭手说："我从进入战

血至履。克欲还入壁，其御曰："我始入，再伤，不敢言疾，恐惧士卒，原子忍之。"遂复战。战，齐急，丑父恐齐侯得，乃易处，顷公为右，车絓于木而止。晋小将韩厥伏齐侯车前，曰"寡君使臣救鲁、卫"，戏之。丑父使顷公下取饮，因得亡，脱去，入其军。晋郤克欲杀丑父。丑父曰："代君死而见僇，后人臣无忠其君者矣。"克舍之，丑父遂得亡归齐。于是晋军追齐至马陵。齐侯请以宝器谢，不听；必得笑克者萧桐叔子，令齐东亩。对曰："叔子，齐君母。齐君母亦犹晋君母，子安置之？且子以义伐而以暴为后，其可乎？"于是乃许，令反鲁、卫之侵地。

十一年，晋初置六卿，赏鞍之功。齐顷公朝晋，欲尊王晋景公，晋景公不敢受，乃归。归而顷公弛苑囿，薄赋敛，振孤问疾，虚积聚以救民，民亦大说。厚礼诸侯。竟顷公卒，百姓附，诸侯不犯。

十七年，顷公卒，子灵公环立。

灵公九年，晋栾书弑其君厉公。十年，晋悼公伐齐，齐令公子光质晋。十九年，立子光为太子，高厚傅之，令会诸侯盟于钟离。二十七年，晋使中行献子伐齐。齐师败，灵公走入临淄。晏婴止灵公，灵公弗从。曰："君亦无勇矣！"晋兵遂围临淄，临淄城守不敢出，晋焚郭中而去。

二十八年，初，灵公取鲁女，生子光，以为太子。仲姬，戎姬。戎姬嬖，仲姬生子牙，属之戎姬。戎姬请以为太子，公许之。仲姬曰："不可。光之立，列于诸侯矣，今无故废之，君必悔之。"公曰："在我耳。"遂东太子光，使高厚傅牙为太子。灵公疾，崔杼迎故太子光而立之，是为庄公。庄公杀戎姬。五月壬辰，灵公卒，庄公即位，执太子牙于句窦之丘，杀之。八月，崔杼杀高厚。晋闻齐乱，伐齐，至高唐。

斗后已两次受伤,不敢说疼痛,担心士卒因此恐惧,请您也忍痛继续战斗。"郤克又加入了战斗。战斗继续进行,齐军危急。逢丑父担心齐顷公被活捉,就与他交换了位置,顷公为车右武士,战车因绊在树上而抛锚了。晋国小将韩厥跪拜在齐顷公战车之前,说"我们晋君派我来援助鲁、卫",这样来嘲笑顷公。丑父扮成顷公,让装成车右武士的顷公下车取水来喝,顷公借机得以逃脱,跑回了齐军阵中。晋国的郤克要杀丑父,丑父说:"我替国君死而被杀戮,以后做臣子的就不会有忠于君主的了。"郤克赦免了他,丑父因此得以逃回齐军阵中。晋军追击齐军直到马陵。齐顷公请求用宝器谢罪,晋国没有答应,一定要得到耻笑郤克的萧桐叔子,还命令齐国把田垄统一改成东西方向,以便日后晋国兵车方便进入齐国。齐人答复说:"萧桐叔子,是齐顷公的母亲。齐君的母亲就如同晋君的母亲一样,您如何处置她?而且您是以正义之师伐齐,最后却做出暴虐无礼之事,这难道可以吗?"于是郤克同意了齐顷公的请求,只让齐国归还了侵占鲁、卫二国的领土。

十一年,晋国开始设置六卿制,用以封赏在鞍地战争中立功的人员。齐顷公朝拜晋君,想用朝拜天子的礼节拜见晋景公,晋景公不敢接受,齐顷公于是回国了。回国后顷公开放自己游猎的园林,减轻了百姓赋税,并赈济孤寡,慰问残疾,把国家的积蓄拿出来解救百姓,百姓也十分高兴。齐顷公还送给诸侯大礼。直到齐顷公死后,百姓仍归附于齐,诸侯没有侵犯齐国的。

十七年,齐顷公去世,其子灵公环即位。

灵公九年,晋大夫栾书杀了国君晋厉公。十年,晋悼公攻打齐国,齐让公子光到晋国做人质。十九年,立公子光为太子,让高厚教导他,派他到钟离出席诸侯盟会。二十七年,晋国派中行献子攻打齐国。齐军惨败,灵公跑进临淄城。晏婴劝阻灵公,灵公没有听。晏子说:"我们的国君没有勇气啊。"晋兵于是包围了临淄,齐人守在城内不敢出击,晋军焚烧了外城后离去。

二十八年,当初灵公娶了鲁国之女,生了儿子光,立为太子。后又娶了仲姬、戎姬。戎姬受宠幸,仲姬生了儿子牙,把他委托给戎姬抚养。戎姬请求立牙为太子,灵公答应了。仲姬说:"不行。光立为太子,早就名列诸侯,现在无故废黜他,您肯定会后悔。"灵公说:"废立都在于我。"于是把太子光迁往东部,让高厚辅助牙为太子。后来灵公患病,崔杼迎接原来的太子光立为国君,就是庄公。庄公杀掉了戎姬。五月壬辰日,灵公去世,庄公即位,在句窦丘抓住了太子牙并杀死了他。八月,崔杼杀死高厚。晋国得知齐国内乱,于是出兵讨伐齐国,军队到达了高唐。

庄公三年，晋大夫栾盈奔齐，庄公厚客待之。晏婴、田文子谏，公弗听。四年，齐庄公使栾盈间入晋曲沃为内应，以兵随之，上太行，入孟门。栾盈败，齐兵还，取朝歌。

六年，初，棠公妻好，棠公死，崔杼取之。庄公通之，数如崔氏，以崔杼之冠赐人。待者曰："不可。"崔杼怒，因其伐晋，欲与晋合谋袭齐而不得间。庄公尝笞宦者贾举，贾举复侍，为崔杼间公以报怨。五月，莒子朝齐，齐以甲戌飨之。崔杼称病不视事。乙亥，公问崔杼病，遂从崔杼妻。崔杼妻入室，与崔杼自闭户不出，公拥柱而歌。宦者贾举遮公从官而入，闭门，崔杼之徒持兵从中起。公登台而请解，不许；请盟，不许；请自杀于庙，不许。皆曰："君之臣杼疾病，不能听命。近于公宫。陪臣争趣有淫者，不知二命。"公逾墙，射中公股，公反坠，遂弑之。晏婴立崔杼门外，曰："君为社稷死则死之，为社稷亡则亡之。若为己死己亡，非其私匿，谁敢任之！"门开而入，枕公尸而哭，三踊而出。人谓崔杼："必杀之。"崔杼曰："民之望也，舍之得民。"

丁丑，崔杼立庄公异母弟杵臼，是为景公。景公母，鲁叔孙宣伯女也。景公立，以崔杼为右相，庆封为左相。二相恐乱起，乃与国人盟曰："不与崔庆者死！"晏子仰天曰："婴所不获，唯忠于君利社稷者是从！"不肯盟。庆封欲杀晏子，崔杼曰："忠臣也，舍之。"齐太史书曰"崔杼弑庄公"，崔杼杀之。其弟复书，崔杼复杀之。少弟复书，崔杼乃舍之。

景公元年，初，崔杼生子成及强，其母死，取东郭女，生明。东郭女使其前夫子无咎与其弟偃相崔氏。成有罪，二相急治之，立明为太子。成请老于崔，崔杼许之，二相弗听，曰："崔，宗邑，不

庄公三年，晋国大夫栾盈逃到齐国，齐庄公以盛大客礼接待了他。晏婴、田文子谏阻，庄公不听。四年，齐庄公派栾盈偷偷潜入晋国曲沃做内应，齐国大军跟随其后，登上太行山，进入孟门关口。栾盈行迹败露，齐军回师，顺道攻占了朝歌城。

六年，当时，棠公的妻子很漂亮，棠公死后，崔杼娶了她。庄公又与她通奸，多次到崔杼家，还把崔杼的帽子赐给别人。庄公的随从说："不能这样。"崔杼十分恼怒，借庄公讨伐晋国的机会，想与晋国同谋袭击庄公，却没有机会。庄公以前鞭打过宦官贾举，后来又任用贾举为内侍，贾举因此得以为崔杼寻找报仇的机会。五月，莒国的国君来朝拜齐君，齐庄公在甲戌日宴请了莒君。崔杼佯称有病没去上朝。乙亥日，庄公来看望崔杼的病情，接着追嬉崔杼的妻子。崔妻进入内室，与崔杼一起将屋门关上不出来，庄公在前堂抱柱唱歌。此时宦官贾举把庄公的侍从拦在外面，而自己进入了院子，将院门从里边关上。崔杼埋伏的徒众手持兵器一拥而上。庄公登上庭台请求和解，众人不同意；庄公又请求签订誓约，众人也不同意；庄公最后请求回到自己的祖庙去自杀，众人仍没有准许。大家说："国君的臣子崔杼病重，不能听您的吩咐。这里离宫廷很近，我们只管捉拿淫乱之人，没接到其他的命令。"庄公想跳墙逃跑，被人射中了大腿，坠在墙里，于是被杀了。晏婴站在崔杼府邸大门之外，说："如果国君为社稷而死，那么臣子应为他殉死；如果国君为社稷而逃亡，那么臣子应随他流亡。国君为了自己的私利而死或逃跑，除了他的宠臣，别人是不会为此殉死或逃亡的。"大门打开后，晏子进入院中，将庄公的尸体枕放在自己的大腿上抚尸而哭，起来后三次顿足以表哀痛，然后离开了。有人对崔杼说："一定杀死晏婴！"崔杼说："他深得众望，放了他，我们会获取民心。"

丁丑日，崔杼扶立庄公的异母弟弟杵臼为君，就是景公。景公的母亲，是鲁国大夫叔孙宣伯的女儿。景公登基后，以崔杼为右相，庆封为左相。二位国相担心国内动乱不稳，就同国人盟誓说："不附从崔杼、庆封的就要死！"晏子仰天长叹说："我做不到，我只跟随忠君利国的人！"不肯盟誓。庆封想杀晏子，崔杼说："他是忠臣，放了他。"齐太史在简策上记录说"崔杼杀庄公"，崔杼因此杀了太史。他的弟弟又写，崔杼又把他杀了。太史的小弟又写，崔杼于是放过了他。

景公元年，那时崔杼生了儿子成与强，他们的生母死了，崔杼又娶了东郭氏之女，生下了明。东郭氏女让她前夫的儿子无咎与她自己的弟弟东郭偃担任家相协助崔杼。崔成犯了过错，无咎和东郭偃两位家相马上严治成，把崔明立为太子。崔成请求到崔邑去养老，崔杼同意了，但二人不同意，说："崔邑是崔氏宗

可。"成、强怒,告庆封。庆封与崔杼有郤,欲其败也。成、强杀无咎、偃于崔杼家,家皆奔亡。崔杼怒,无人,使一宦者御,见庆封。庆封曰:"请为子诛之。"使崔杼仇卢蒲嫳攻崔氏,杀成、强,尽灭崔氏,崔杼妇自杀。崔杼毋归,亦自杀。庆封为相国,专权。

三年十月,庆封出猎。初,庆封已杀崔杼,益骄,嗜酒好猎,不听政令。庆舍用政,已有内郤。田文子谓桓子曰:"乱将作。"田、鲍、高、栾氏相与谋庆氏。庆舍发甲围庆封宫,四家徒共击破之。庆封还,不得入,奔鲁。齐人让鲁,封奔吴。吴与之朱方,聚其族而居之,富于在齐。其秋,齐人徙葬庄公,僇崔杼尸于市以说众。

九年,景公使晏婴之晋,与叔向私语曰:"齐政卒归田氏。田氏虽无大德,以公权私,有德于民,民爱之。"十二年,景公如晋,见平公,欲与伐燕。十八年,公复如晋,见昭公。二十六年,猎鲁郊,因入鲁,与晏婴俱问鲁礼。三十一年,鲁昭公辟季氏难,奔齐。齐欲以千社封之,子家止昭公,昭公乃请齐伐鲁,取郓以居昭公。

三十二年,彗星见。景公坐柏寝,叹曰:"堂堂!谁有此乎?"群臣皆泣,晏子笑,公怒。晏子曰:"臣笑群臣谀甚。"景公曰:"彗星出东北,当齐分野,寡人以为忧。"晏子曰:"君高台深池,赋敛如弗得,刑罚恐弗胜,茀星将出,彗星何惧乎?"公曰:"可禳否?"晏子曰:"使神可祝而来,亦可禳而去也。百姓苦怨以万数,而君令一人禳之,安能胜众口乎?"是时景公好治宫室,聚狗马,奢侈,厚赋重刑,故晏子以此谏之。

四十二年,吴王阖闾伐楚,入郢。

四十七年,鲁阳虎攻其君,不胜,奔齐,请齐伐鲁。鲍子谏景公,乃囚阳虎。阳虎得亡,奔晋。

四十八年,与鲁定公好会夹谷。犁鉏曰:"孔丘知礼而怯,请令

庙所在之地，崔成不能去。"崔成、崔强听后很愤怒，将此事告诉了庆封。庆封与崔杼有隔阂，希望崔氏败落。崔成、崔强在崔杼家中杀死了无咎、东郭偃，家人到处逃窜。崔杼大怒，但没有家人，只好让一个宦官为他驾车，去见庆封。庆封说："让我为您杀死崔成、崔强吧。"因此派崔杼的仇人卢蒲嫳进攻崔氏，杀死了崔成、崔强，灭掉了崔氏一族，崔杼之妻自杀。崔杼无家可归，也自杀。庆封当上相国，独自专权。

三年十月，庆封外出打猎。当初，庆封杀死崔杼以后变得越发骄横，喜欢喝酒打猎，不理政事。其子庆舍管理政务，父子间已有矛盾。田文子对田桓子说："内乱将起。"田、鲍、高、栾四家族共同谋划准备消灭庆氏。庆舍派出甲兵包围了庆封的宫室，四家族的徒众一起攻破了庆氏之家。庆封回来，不能进家，便逃跑到了鲁国。齐国责备鲁国，庆封又逃到吴国。吴国把朱方之地赏给庆封，庆封同族人居住在这儿，比在齐国时还富有。这年秋，齐国人移葬庄公，而把崔杼的尸体摆放在市场上示众，以泄民怨。

九年，景公派晏婴出使晋国，晏婴私下对叔向说："齐国的政权最终将归田氏。田氏虽然没有大的功劳，但能借公事施私恩，对百姓有恩德，人民拥护他。"十二年，景公到晋国，拜见晋平公，想一起攻打燕国。十八年，景公又到晋国，会见晋昭公。二十六年，景公到鲁国郊外打猎，顺道进入鲁国，与晏婴一起咨询鲁国的礼制。三十一年，鲁昭公因逃避季氏叛乱，逃亡至齐国。景公想将千社人家连同土地封给昭公，子家阻止了昭公，昭公于是请求齐国征讨鲁国，攻下了郓城，让昭公居住在那里。

三十二年，有彗星出现。景公坐在柏寝台上叹气说："富丽堂皇的亭台，最后落于谁手呢？"群臣黯然泪下。晏子反而笑起来，景公很生气。晏子说："我笑群臣太谄媚了。"景公说："彗星出现在东北天空，对应的正是齐国地域，寡人因此担忧。"晏子说："您修高台凿深池，担心赋税收得少，唯恐刑罚不严苛，最凶的茀星将要出现，彗星又有什么好怕的呢？"景公说："可以用祭祀和祷告消灾吗？"晏子说："如果祝祷可以让神明降临，那么祈禳也可以让它离去。百姓愁苦怨恨的数以万计，您让一个人去祈禳，怎么能胜得过众人的怨声呢？"当时景公喜欢修建宫室，聚养狗马，很是奢侈，税重而刑酷，晏子因此借机劝谏他。

四十二年，吴王阖闾攻打楚国，攻占了楚国国都郢。

四十七年，鲁国大夫阳虎围攻鲁君，失败了，逃跑到齐国，请求齐国攻打鲁国。鲍子谏止景公，景公于是囚禁了阳虎。阳虎逃跑了，逃到了晋国。

四十八年，景公同鲁定公在夹谷友好相会。犁鉏对景公说："孔丘深通礼

莱人为乐，因执鲁君，可得志。"景公害孔丘相鲁，惧其霸，故从犁鉏之计。方会，进莱乐，孔子历阶上，使有司执莱人斩之，以礼让景公。景公惭，乃归鲁侵地以谢，而罢去。是岁，晏婴卒。

五十五年，范、中行反其君于晋，晋攻之急，来请粟。田乞欲为乱，树党于逆臣，说景公曰："范、中行数有德于齐，不可不救。"及使乞救而输之粟。

五十八年夏，景公夫人燕姬適子死。景公宠妾芮姬生子荼，荼少，其母贱，无行，诸大夫恐其为嗣，乃言原择诸子长贤者为太子。景公老，恶言嗣事，又爱荼母，欲立之，惮发之口，乃谓诸大夫曰："为乐耳，国何患无君乎？"秋，景公病，命国惠子、高昭子立少子荼为太子，逐群公子，迁之莱。景公卒，太子荼立，是为晏孺子。冬，未葬，而群公子畏诛，皆出亡。荼诸异母兄公子寿、驹、黔奔卫，公子驵、阳生奔鲁。莱人歌之曰："景公死乎弗与埋，三军事乎弗与谋，师乎师乎，胡党之乎？"

晏孺子元年春，田乞伪事高、国者，每朝，乞骖乘，言曰："子得君，大夫皆自危，欲谋作乱。"又谓诸大夫曰："高昭子可畏，及未发，先之。"大夫从之。六月，田乞、鲍牧乃与大夫以兵入公宫，攻高昭子。昭子闻之，与国惠子救公。公师败，田乞之徒追之，国惠子奔莒，遂反杀高昭子。晏圉奔鲁。八月，齐秉意兹。田乞败二相，乃使人之鲁召公子阳生。阳生至齐，私匿田乞家。十月戊子，田乞请诸大夫曰："常之母有鱼菽之祭，幸来会饮。"会饮，田乞盛阳生橐中，置坐中央，发橐出阳生，曰："此乃齐君矣！"大夫皆伏谒。将与大夫盟而立之，鲍牧醉，乞诬大夫曰："吾与鲍牧谋共立阳生。"鲍牧怒曰："子忘景公之命乎？"诸大夫相视欲悔，阳生前，顿首曰："可则立之，否则已。"鲍牧恐祸起，乃复曰："皆景公子也，

仪但懦弱不刚,请您让莱人表演歌舞,借机捉住鲁君,可以让鲁满足我们的要求。"景公担忧孔子做鲁相,担心鲁国成就霸业,所以听从了犁钼的计策。盟会时,齐国献上莱人乐舞,孔子快步登上台阶,命相关人员将莱人抓住斩首,并以礼仪责备景公。景公惭愧,便归还了侵占的鲁国领土来谢罪,然后离开了。这一年,婴晏去世。

五十五年,晋国大夫范氏、中行氏背叛他们的国君,晋君反攻得很猛烈,二氏到齐国借粮。田乞当时想叛乱,与叛臣结成党羽,因此劝景公说:"范氏、中行氏屡次对齐国有恩,不可不救。"景公于是让田乞去援助并供给他们粮食。

五十八年夏,景公夫人燕姬的嫡子死了。景公的宠妾芮姬生了儿子荼,荼年幼,其母出身卑微,荼又行为不端,诸位大夫担心他成为太子,于是都说愿意在诸公子中选年长贤德的人做太子。景公由于年老,厌恶提立太子的事,又宠爱荼的母亲,便想立荼为太子,但又怕群臣反对,不愿主动提及,就对大夫们说:"及时行乐吧,还担心国家没有君主吗?"秋天,景公病重,命令国惠子、高昭子立幼子荼为太子,放逐了其他公子,将他们迁居到莱地。景公去世后,太子荼为国君,就是晏孺子。这年冬,齐景公还未下葬,其他公子担心被杀,都逃亡到国外。荼的异母兄弟寿、驹、黔逃到了卫国,公子驵、阳生逃到了鲁国。莱人因此歌唱道:"景公死了不能举行葬礼,三军之事不能参与谋划。众公子的追随者呀,哪里是你们的归宿呢?"

晏孺子元年春,田乞假装侍奉高氏、国氏,每次田乞都作为陪乘陪二氏上朝,并说:"您得到君王信任,诸大夫都人人自危,想图谋叛变。"然后又对诸大夫说:"高昭子太可怕了,趁他还没开始加害我们前,我们先杀掉他。"大夫们听从了他的意见。六月,田乞、鲍牧与众大夫率兵攻入宫中,想攻打高昭子。高昭子听说后,与国惠子共同救援晏孺子。晏孺子兵败,田乞等人追赶,国惠子逃亡到莒国,于是田乞返回来杀了高昭子。晏圉逃到鲁国。八月,齐大夫秉意兹也逃到鲁国。田乞打败高、国二相后,就派人到鲁国迎回公子阳生。阳生到齐后,躲藏在田乞家中。十月戊子日,田乞邀请各位大夫说:"田常的母亲今天在家操持了简单的祭祀,希望大家能光临饮几杯。"会餐饮酒时,田乞事先把阳生装在大口袋里,放在座席中间,然后解开袋口放出阳生,说:"这是齐国的君主!"众大夫听了都跪拜在地。接着田乞想与众大夫宣誓,立阳生为君。这时鲍牧已喝醉了,田乞便蒙骗大家说:"我和鲍牧准备立阳生为君。"鲍牧生气地说:"您忘记景公立荼为君的遗嘱了吗?"众大夫面面相觑,想要反悔,这时阳生上前,叩头拜谢说:"大家如果认为我具备当君王的条件就立我吧,要不就作罢。"鲍牧因为怕惹起祸端,便又说道:"都是景公的儿子,有什么不可的。"

何为不可！"乃与盟，立阳生，是为悼公。悼公入宫，使人迁晏孺子于骀，杀之幕下，而逐孺子母芮子。芮子故贱而孺子少，故无权，国人轻之。

悼公元年，齐伐鲁，取讙、阐。初，阳生亡在鲁，季康子以其妹妻之。及归即位，使迎之。季姬与季鲂侯通，言其情，鲁弗敢与，故齐伐鲁，竟迎季姬。季姬嬖，齐复归鲁侵地。

鲍子与悼公有郤，不善。四年，吴、鲁伐齐南方。鲍子弑悼公，赴于吴。吴王夫差哭于军门外三日，将从海入讨齐。齐人败之，吴师乃去。晋赵鞅伐齐，至赖而去。齐人共立悼公子壬，是为简公。

简公四年春，初，简公与父阳生俱在鲁也，监止有宠焉。及即位，使为政。田成子惮之，骤顾于朝。御鞅言简公曰："田、监不可并也，君其择焉。"弗听。子我夕，田逆杀人，逢之，遂捕以入。田氏方睦，使囚病而遗守囚者酒，醉而杀守者，得亡。子我盟诸田于陈宗。初，田豹欲为子我臣，使公孙言豹，豹有丧而止。后卒以为臣，幸于子我。子我谓曰："吾尽逐田氏而立女，可乎？"对曰："我远田氏矣。且其违者不过数人，何尽逐焉！"遂告田氏。子行曰："彼得君，弗先，必祸子。"子行舍于公宫。

夏五月壬申，成子兄弟四乘如公。子我在幄，出迎之，遂入，闭门。宦者御之，子行杀宦者。公与妇人饮酒于檀台，成子迁诸寝。公执戈将击之，太史子余曰："非不利也，将除害也。"成子出舍于库，闻公犹怒，将出，曰："何所无君！"子行拔剑曰："需，事之贼也。谁非田宗？所不杀子者有如田宗。"乃止。子我归，属徒攻闱与大门，皆弗胜，乃出。田氏追之。丰丘人执子我以告，杀之郭关。成子将杀大陆子方，田逆请而免之。以公命取车于道，出雍门。田豹与之车，弗受，曰："逆为余请，豹与余车，余有

就与众宣誓，立阳生为齐君，这就是齐悼公。悼公入宫后，派人将晏孺子流放到骀，并将他杀死在帐篷里；接着又驱逐了晏孺子的母亲芮子。芮子本来就出身卑微而孺子又幼小，所以无权势，国人都看不起他们。

悼公元年，齐国征伐鲁国，攻占了讙、阐二地。当初，阳生逃亡到鲁时，季康子将妹妹嫁给了他。阳生回国登基后，便派人来迎接妻子。他的妻子季姬与季鲂侯通奸，向家人说出了实情，鲁国不敢将季姬送到齐国，所以齐国讨伐鲁国，最终将季姬接回了齐国。季姬受到悼公宠幸，齐国便归还了占领的鲁国土地。

鲍子与悼公有矛盾，关系不和。四年，吴国、鲁国攻打齐国南部。鲍子杀掉了悼公，向吴国报丧。吴王夫差听闻后按礼节在军门外哭吊了三日，决定从海路进军讨伐齐国。齐军打败了吴军，吴军于是撤了回来。晋国的赵鞅率兵攻打齐国，打到赖地后才撤军。齐国人一致拥立悼公的儿子壬为齐君，这便是简公。

简公四年春，当初，齐简公和其父悼公都在鲁国，大夫监止受到宠幸。简公登基后，让监止掌管政务。田成子对此感到担忧，在上朝时总是警戒地回头看他。简公的仆御田鞅向简公进言说："田、监二人不能共存，您只能选择其中一个。"简公不听。监止一次晚朝时，正好碰见田逆杀了人，就把田逆抓了起来。田氏宗族这时特别团结，就让被囚禁的田逆假装病重，借机由家人探监时送酒给看守喝，看守醉后被杀死，田逆因此逃跑了。监止与田氏在田氏宗祠宣誓和解此事。当初，田豹想给监止当家臣，让大夫公孙转达田豹的意思，正逢田豹家里有丧事而中止。后来田豹还是做了监止的家臣，并且受到监止的宠幸。监止对田豹说："我把田氏全部驱赶走而让你当田氏之长，可以吗？"田豹回答说："我不过是田氏族中的疏远旁支而已，并且田氏族中不服从您的不过几个人，何必全都驱赶呢！"于是田豹将这一情况告知了田氏。子行说："他正得君主宠幸，如不先下手，你必遭其祸。"子行于是住在了简公宫中，以便接应。

夏五月十三日，田常兄弟乘四辆车去见简公。监止正在简公帏帐里，便出来迎接他们，他们一进去就把宫门关了。宦官们反抗他们，子行便将宦官们杀了。简公正在檀台上与妻妾喝酒，田成子把他们带到寝宫。简公拿起戈要刺田成子，太史子余说："他不是要谋杀您，而是要为您除害。"田成子出宫住进武库，听说简公还在生气，就准备逃走，并说："哪儿没有国君！"子行拔剑说："犹豫不决最是坏事。这儿的人谁不是田氏成员？你如果懦弱出逃不顾大家，我要不杀你，历代祖宗都不饶。"田成子这才留下。监止跑回家，聚集党众攻打宫门与王宫大门，都没有成功，就逃走了。田氏众人紧紧追赶。丰丘有人抓住了监止并报告了田氏，田氏便在郭门杀掉了监止。田成子要杀大陆子方，田逆为他求情才被豁免。大陆子方便以简公的名义在路上拦车，出了雍门。田豹曾给他车，他没有

私焉。事子我而有私于其仇，何以见鲁、卫之士？"

庚辰，田常执简公于徐州。公曰："余蚤从御鞅言，不及此。"甲午，田常弑简公于徐州。田常乃立简公弟骜，是为平公。平公即位，田常相之，专齐之政，割齐安平以东为田氏封邑。

平公八年，越灭吴。二十五年卒，子宣公积立。

宣公五十一年卒，子康公贷立。田会反廪丘。

康公二年，韩、魏、赵始列为诸侯。十九年，田常曾孙田和始为诸侯，迁康公海滨。

二十六年，康公卒，吕氏遂绝其祀。田氏卒有齐国，为齐威王，强于天下。

太史公曰：吾适齐，自泰山属之琅邪，北被于海，膏壤二千里，其民阔达多匿知，其天性也。以太公之圣，建国本，桓公之盛，修善政，以为诸侯会盟，称伯，不亦宜乎？洋洋哉，固大国之风也！

接受，说："田逆为我求情，田豹给我车辆，人家会认为我与田氏有私交。我是监止的家臣却与他的仇家有交往，有什么面目去见鲁、卫的士人呢？"

二十一日，田常在徐州抓住了简公。简公说："我要是早听从田鞅的话，也不会走到今天这个地步了。"二十四日，田常在徐州杀害了简公。田常于是拥立简公的弟弟骜为国君，这就是齐平公。平公登基后，田常辅佐他，掌控了齐国大权，将齐国安平以东的广大国土割给田氏作为封邑。

平公八年，越国消灭了吴国。二十五年，平公去世，其子宣公积继位。

宣公五十一年去世，其子康公贷继位。田会在廪丘谋反。

康公二年，韩、赵、魏成为诸侯。十九年，田常的曾孙田和被封为诸侯，把康公放逐到海滨。

二十六年，康公去世，吕氏的祭祀从此断绝。田氏最终占有了齐国，到齐威王时，称霸天下。

太史公说：我到齐国，从泰山山脉延伸出来的琅玡山，向北一直到大海，其沃土两千里，其人民心胸宽广而又深沉多智，他们的天性就是这样。依赖太公的圣明，奠定了立国根基；因为桓公的盛德，施行仁政，因此主持诸侯会盟，成为了天下霸主，这不是顺理成章吗？齐国盛大呀，这确实是大国风范啊！

鲁周公世家第三

　　周公旦者，周武王弟也。自文王在时，旦为子孝，笃仁，异于群子。及武王即位，旦常辅翼武王，用事居多。武王九年，东伐至盟津，周公辅行。十一年，伐纣，至牧野，周公佐武王，作《牧誓》。破殷，入商宫。已杀纣，周公把大钺，召公把小钺，以夹武王，衅社，告纣之罪于天，及殷民。释箕子之囚。封纣子武庚禄父，使管叔、蔡叔傅之，以续殷祀。遍封功臣同姓戚者。封周公旦于少昊之虚曲阜，是为鲁公。周公不就封，留佐武王。

　　武王克殷二年，天下未集，武王有疾，不豫，群臣惧，太公、召公乃缪卜。周公曰："未可以戚我先王。"周公于是乃自以为质，设三坛，周公北面立，戴璧秉圭，告于太王、王季、文王。史策祝曰："惟尔元孙王发，勤劳阻疾。若尔三王是有负子之责于天，以旦代王发之身。旦巧能，多材多艺，能事鬼神。乃王发不如旦多材多艺，不能事鬼神。乃命于帝庭，敷佑四方，用能定汝子孙于下地，四方之民罔不敬畏。无坠天之降葆命，我先王亦永有所依归。今我其即命于元龟，尔之许我，我以其璧与圭归，以俟尔命。尔不许我，我乃屏璧与圭。"周公已令史策告太王、王季、文王，欲代武王发，于是乃即三王而卜。卜人皆曰吉，发书视之，信吉。周公喜，开籥，乃见书遇吉。周公入贺武王曰："王其无害。旦新受命三王，维长终是图。兹道能念予一人。"周公藏其策金縢匮中，诫守者勿敢言。明日，武王有瘳。

　　其后武王既崩，成王少，在强葆之中。周公恐天下闻武王崩而畔，周公乃践阼代成王摄行政当国。管叔及其群弟流言于国曰："周公将不利于成王。"周公乃告太公望、召公奭曰："我之所以弗

周公旦，是周武王的弟弟。文王还在世时，旦作为儿子就特别孝顺，忠厚仁爱，超过了其他兄弟。到武王即位后，旦便经常辅佐武王，许多政务都是他在处理。武王九年时，亲自东征至盟津，周公随军陪同前往。十一年，武王率军征讨商纣王，进军到牧野，周公帮助武王发表了动员战斗的《牧誓》。周军攻破了殷都，闯进了殷王宫。在杀掉殷纣以后，周公手握大斧，召公手持小斧，两人一左一右陪伴武王，举行了祭社大礼，向上天与殷民昭告商纣王的罪状。武王把箕子从囚笼中释放了出来，又封纣的儿子武庚禄父为诸侯，命管叔、蔡叔在一旁监督他，以继承殷朝的祭祀。接着遍封功臣、同姓及亲戚。封周公于东方帝王少昊的故墟曲阜，这便是鲁公。周公没有去自己的封国，而是留在朝廷继续辅助武王。

　　武王灭殷纣后的第二年，天下尚未统一，武王得病了，身体不舒服，群臣恐惧，太公和召公于是虔诚地进行了占卜。周公说："这样还不可以让我先王动心。"于是周公以自身作为供品，设置了三个祭坛，自己面向神台站立，捧璧持圭，向太王、王季、文王的灵位祷告。命史官作册文祝告说："你们的子孙周王姬发，现劳累成疾。假如三位先王欠上天一个儿子，请让旦代替周王发吧。旦聪明能干，多才多艺，能侍奉鬼神。周王姬发不如旦心灵手巧，不会侍奉鬼神。但周王发秉受天命，要普济天下，并且他能让你们在人世的子孙过上稳定的生活，而且天下的人民也都敬畏他。不能使天赐宝运中途断绝，我们的先王也能因姬发在位而得以永享奉祀。现在我通过占卜的大龟听命于先王，你们如能同意我的要求，我将圭璧献上，听从你们的安排。你们若不同意，我就把圭璧收藏起来。"周公命史官作册文向太王、王季、文王祷告，要替代武王去死，然后到三王祭坛前占卜。卜人都说吉利，周公特别高兴，打开藏在柜中的占卜书察看，果然是吉象。周公便进宫向武王庆贺说："大王没有灾难，我刚收到三位先王命令，让您只需考虑如何保持周室天下的长久统治。这是上天让您考虑如何行使好天子之职。"周公把册文收进金丝缠束的柜中密藏，警告守柜者不许泄露。第二天，武王果然痊愈了。

　　后来武王逝世，成王年幼，还在襁褓之中。周公担心天下人因听说武王死了而背叛朝廷，便登位代替成王处理朝政，执掌国家大权。管叔和他的诸弟在国中散布流言说："周公将对成王不利。"周公就告诉太公望、召公奭说："我之所

辟而摄行政者，恐天下畔周，无以告我先王太王、王季、文王。三王之忧劳天下久矣，于今而后成。武王蚤终，成王少，将以成周，我所以为之若此。"于是卒相成王，而使其子伯禽代就封于鲁。周公戒伯禽曰："我文王之子，武王之弟，成王之叔父，我于天下亦不贱矣。然我一沐三捉发，一饭三吐哺，起以待士，犹恐失天下之贤人。子之鲁，慎无以国骄人。"

管、蔡、武庚等果率淮夷而反。周公乃奉成王命，兴师东伐，作《大诰》。遂诛管叔，杀武庚，放蔡叔。收殷馀民，以封康叔于卫，封微子于宋，以奉殷祀。宁淮夷东土，二年而毕定。诸侯咸服宗周。

天降祉福，唐叔得禾，异母同颖，献之成王，成王命唐叔以馈周公于东土，作《馈禾》。周公既受命禾，嘉天子命，作《嘉禾》。东土以集，周公归报成王，乃为诗贻王，命之曰《鸱鸮》。王亦未敢训周公。

成王七年二月乙未，王朝步自周，至丰，使太保召公先之洛相土。其三月，周公往营成周洛邑，卜居焉，曰吉，遂国之。

成王长，能听政。于是周公乃还政于成王，成王临朝。周公之代成王治，南面倍依以朝诸侯。及七年后，还政成王，北面就臣位，躬躬如畏然。

初，成王少时，病，周公乃自揃其蚤沈之河，以祝于神曰："王少未有识，奸神命者乃旦也。"亦藏其策于府。成王病有瘳。及成王用事，人或谮周公，周公奔楚。成王发府，见周公祷书，乃泣，反周公。

周公归，恐成王壮，治有所淫佚，乃作《多士》，作《毋逸》。《毋逸》称："为人父母，为业至长久，子孙骄奢忘之，以亡其家，为人子可不慎乎！故昔在殷王中宗，严恭敬畏天命，自度治民，震惧不敢荒宁，故中宗飨国七十五年。其在高宗，久劳于外，为与小人，作其即位，乃有亮暗，三年不言，言乃欢，不敢荒宁，密靖殷国，至于

以不避嫌疑代理朝政,是担心天下人背叛周室,无法向我们的先王太王、王季、文王交代。三位先王为天下之业忧劳这么久,到现在才刚成功。武王早逝,成王年少,为了完成安定周朝的大业,我才这样做。"于是最终继续留下来辅佐成王,而命自己的长子伯禽代自己去了鲁国封邑。周公告诫伯禽说:"我是文王的儿子、武王的弟弟、成王的叔父,我在国家中的地位不算低了。但是我却经常在洗一次头时要三次握起头发,吃一顿饭时要三次吐出正在口中的食物,起身来接待贤士,这样还怕失去天下的贤人。你去鲁国后,一定不要因为自己是国君而怠慢他人。"

管叔、蔡叔、武庚等人果然率领淮夷造反了。周公于是奉成王之令,率军东讨,出发前发表了《大诰》。最终诛杀了管叔,处死了武庚,放逐了蔡叔。后来将殷朝的遗民集中到卫地,封康叔为卫侯,封微子为宋侯,让他承续殷朝的祭祀。平定淮夷及东部其他地区,前后用了二年时间。从此,天下诸侯都归顺周王朝。

天降福瑞,唐叔得到二茎共生一穗的禾苗,将它贡献给成王,成王命唐叔将它送给正在东部征讨的周公,写了《馈禾》。周公接受后,赞颂天子之命,写了《嘉禾》。东方稳定后,周公回报成王,并作了首诗赠予成王,诗名为《鸱鸮》。成王不以为然,但也不敢责怪周公。

成王七年二月乙未日,成王在镐京拜谒武王庙,随后步行至丰京朝拜文王庙,命太保召公先行到洛邑考察地形。三月,周公去洛邑指导成周京城的营建工作,对洛邑是否适合建都进行了占卜,得象大吉,因此就以洛邑为国都。

成王长大,能够自己处理朝政了。于是周公就把政权交还给成王,成王开始临朝听政。过去周公代替成王治理天下时,面向南方,背靠绘有斧形图案的屏风,接受诸侯朝拜。七年之后,还政于成王,周公便面向北而立,站在臣子的位上,仍是一副小心恭敬、战战兢兢的样子。

当初,成王年幼,得了病,周公就剪下自己的指甲扔入河中,向河神祷告说:"王年幼不懂事,触犯了神灵的是旦。"他把这祝告册文也藏于秘府。成王的病果然痊愈了。到成王当朝后,有人说周公坏话,周公逃到了楚国。后来成王打开秘密档案,发现了周公当年的祈祷册文,感动得泪流满面,便立即接回了周公。

周公回来后,担心成王年少气盛,治国中会有荒淫放荡的行为,就写了《多士》,又作了《毋逸》。《毋逸》中写道:"做父母的,要经过长时期的创业才能成功,其子孙骄奢淫佚,忘掉了祖先的艰辛,以至于毁败了家业,做儿子的能不小心吗?所以过去殷王中宗,庄重恭敬地畏惧天命,治民时严以律己,兢兢业业不敢荒废事业、自图享乐,因此中宗享有君位七十五年之久。在殷高宗时,他长期在民间劳碌,与平民百姓一起生活,在他登基后,便遇上了丧事,三年没有说话,一发表言论便得到了臣民的拥戴。他不敢荒淫享乐,使殷国家安定,平民

小大无怨，故高宗飨国五十五年。其在祖甲，不义惟王，久为小人于外，知小人之依，能保施小民，不侮鳏寡，故祖甲飨国三十三年。"《多士》称曰："自汤至于帝乙，无不率祀明德，帝无不配天者。在今后嗣王纣，诞淫厥佚，不顾天及民之从也。其民皆可诛。""文王日中昃不暇食，飨国五十年。"作此以诫成王。

成王在丰，天下已安，周之官政未次序，于是周公作《周官》，官别其宜，作《立政》，以便百姓。百姓说。

周公在丰，病，将没，曰："必葬我成周，以明吾不敢离成王。"周公既卒，成王亦让，葬周公于毕，从文王，以明予小子不敢臣周公也。

周公卒后，秋未获，暴风雷，禾尽偃，大木尽拔。周国大恐。成王与大夫朝服以开金縢书，王乃得周公所自以为功代武王之说。二公及王乃问史百执事，史百执事曰："信有，昔周公命我勿敢言。"成王执书以泣，曰："自今后其无缪卜乎！昔周公勤劳王家，惟予幼人弗及知。今天动威以彰周公之德，惟朕小子其迎，我国家礼亦宜之。"王出郊，天乃雨，反风，禾尽起。二公命国人，凡大木所偃，尽起而筑之。岁则大孰。于是成王乃命鲁得郊祭文王。鲁有天子礼乐者，以褒周公之德也。

周公卒，子伯禽固已前受封，是为鲁公。鲁公伯禽之初受封之鲁，三年而后报政周公。周公曰："何迟也？"伯禽曰："变其俗，革其礼，丧三年然后除之，故迟。"太公亦封于齐，五月而报政周公。周公曰："何疾也？"曰："吾简其君臣礼，从其俗为也。"及后闻伯禽报政迟，乃叹曰："呜呼，鲁后世其北面事齐矣！夫政不简不易，民不有近；平易近民，民必归之。"

伯禽即位之后，有管、蔡等反也，淮夷、徐戎亦并兴反。于是伯禽率师伐之于肸，作《肸誓》，曰："陈尔甲胄，无敢不善。无敢伤牿。马牛其风，臣妾逋逃，勿敢越逐，敬复之。无敢寇攘，逾墙垣。

大臣都没有怨言，因此高宗得以享有国家五十五年。到了殷王祖甲，他觉得自己并非长子，不适合当王，因此长时间躲避于民间，深知人民需要，他能够保护并施德于民，不侮慢鳏寡孤独，所以祖甲拥有国家三十三年。"《多士》中写道："自汤到帝乙，无不遵循礼制祭祀，勉力修德，历代诸王都能上配天命。后来殷纣即位，其荒淫享乐，不顾天意民心，他的百姓都认为他该杀。""周文王每天忙到太阳偏西了还顾不上吃饭，因此享有君位五十年。"周公写了这些用来告诫成王。

成王居于丰都，那时天下虽已经安定，但周朝的官职制度尚未完善，于是周公写了《周官》，规定了百官职责；写了《立政》，以便百姓，百姓都很高兴。

周公在丰都，生病了，在临终前，他对身边人说："一定要把我埋葬在成周，以表明我不会离开成王。"周公去世后，成王谦让地将周公葬在了毕原，意思是让他陪伴着文王，来表示成王不敢视周公为臣。

周公去世那年，正是秋天，庄稼还未收割，突然刮起了暴风，雷霆大作，庄稼全都倒伏在地，大树也被连根拔起。王都的人十分害怕。成王同众大夫穿好朝服打开用金丝封缄的祭神册文，看到了周公愿以己身替武王去死的祷文。太公、召公和成王因此问史官和有关人员，他们说："确有此事，不过以前周公命令我们不许说出去。"成王手执册文而哭，说："恐怕以后再也没有这样的祷文了！过去周公为王室如此辛劳，只是我年幼无知不理解。现在上天发威来彰显周公之德，我应设祭迎其神，这也符合我们国家的礼仪。"成王因此来到郊外，举行了郊祀，天下起了雨，而风向也反转了，倒伏的庄稼全部立起。太公、召公命令国人，凡倒下的大树都扶起，培实土基。当年获得了大丰收。于是成王特准鲁国可以在南郊祭祀文王。所以鲁国有一套天子使用的礼乐，是因为褒奖周公的品行而特别赏赐的。

周公去世，其长子伯禽之前本来已经受封，便是鲁公。鲁公伯禽当初受封到鲁国，三年过后才向周公汇报施政情况。周公说："为什么这么晚呢？"伯禽说："转变当地风俗，改变当地礼制，要等服丧三年除服之后才能看到成果，所以迟了。"当时太公受封于齐国，五个月后就向周公汇报了施政情况。周公说："为什么会这么快？"太公说："我简化了当地的君臣礼仪，一切顺从当地的风俗去做，所以如此快。"当听闻伯禽汇报政情迟缓的原因后，周公叹气说："唉！鲁国以后将要成为齐国之臣了！为政不简约易行，百姓就不会亲近；统治者平易近人，百姓必然会归顺他。"

伯禽做鲁公之后，发生了管、蔡等反叛的事，淮夷、徐戎也一起兴兵造反。于是伯禽率军到肸邑征讨他们，写了《肸誓》，说："准备你们的战甲和头盔，看谁敢不准备好。不许毁坏牛栏马圈。如果马牛走失、奴隶逃脱，军士不得擅离职守去抓捕，抓获别人的马、牛、奴隶要归还。不许劫掠侵扰，不许翻墙入室盗

鲁人三郊三隧，峙尔刍茭、糗粮、桢干，无敢不逮。我甲戌筑而征徐戎，无敢不及，有大刑。"作此誓，遂平徐戎，定鲁。

鲁公伯禽卒，子考公酋立。考公四年卒，立弟熙，是谓炀公。炀公筑茅阙门。六年卒，子幽公宰立。幽公十四年。幽公弟姬沸杀幽公而自立，是为魏公。魏公五十年卒，子厉公擢立。厉公三十七年卒，鲁人立其弟具，是为献公。献公三十二年卒，子真公濞立。

真公十四年，周厉王无道，出奔彘，共和行政。二十九年，周宣王即位。三十年，真公卒，弟敖立，是为武公。

武公九年春，武公与长子括、少子戏，西朝周宣王。宣王爱戏，欲立戏为鲁太子。周之樊仲山父谏宣王曰："废长立少，不顺；不顺，必犯王命；犯王命，必诛之：故出令不可不顺也。令之不行，政之不立；行而不顺，民将弃上。夫下事上，少事长，所以为顺。今天子建诸侯，立其少，是教民逆也。若鲁从之，诸侯效之，王命将有所壅；若弗从而诛之，是自诛王命也。诛之亦失，不诛亦失，王其图之。"宣王弗听，卒立戏为鲁太子。夏，武公归而卒，戏立，是为懿公。

懿公九年，懿公兄括之子伯御与鲁人攻弑懿公，而立伯御为君。伯御即位十一年，周宣王伐鲁，杀其君伯御，而问鲁公子能道顺诸侯者，以为鲁后。樊穆仲曰："鲁懿公弟称，肃恭明神，敬事耆老；赋事行刑，必问于遗训而咨于固实；不干所问，不犯所咨。"宣王曰："然，能训治其民矣。"乃立称于夷宫，是为孝公。自是后，诸侯多畔王命。

孝公二十五年，诸侯畔周，犬戎杀幽王。秦始列为诸侯。二十七年，孝公卒，子弗湟立，是为惠公。惠公三十年，晋人弑其君昭侯。四十五年，晋人又弑其君孝侯。

四十六年，惠公卒，长庶子息摄当国，行君事，是为隐公。初，

窃。鲁国西、南、北三方近郊和远郊的人，备办干草、干粮和木桩，不许缺少。我将在甲戌日修建工事征讨徐戎，不许届时不至，否则将处以极刑。"发布《肸誓》后，最终平息了徐戎之乱，安定了鲁国。

鲁公伯禽去世后，其子考公酋继位。考公四年后去世，立他的弟弟熙为君，这就是炀公。炀公修建了茅阙宫门。六年后炀公去世，其子幽公宰继位。幽公十四年，幽公的弟弟姬沸杀害了幽公，自立为君，就是魏公。魏公五十年后去世，其子厉公擢登基。厉公三十七年后去世，鲁人立他的弟弟具为君，这便是献公。献公三十二年后去世，其子真公濞继位。

真公十四年，周厉王当政无道，逃到了彘地，周公、召公共同执政。二十九年，周宣王即位。三十年，真公去世，他的弟弟敖继位，这就是武公。

武公九年春，武公和长子括、少子戏西行入都朝见周宣王。宣王喜爱戏，想立戏为鲁国太子。周大夫樊仲山父劝谏宣王说："废弃长子而立少子，不符合礼制；不符合礼制，必然会触犯君王命令；触犯君王命令，必然会被诛杀。所以，发令不可以违背礼制。如果命令得不到执行，那么政令的威严就难以建立；如果命令被执行但不符合礼制，百姓将会背离主上。下级侍奉上级，年轻者服侍年长者，这才符合礼制。现在天子确立诸侯继承人，却立其少子为继承人，这是教百姓做不合礼制的事。如果鲁国遵从了您的命令，其他的诸侯也会效仿，那么先王的遗命必然会阻塞难行；如果鲁国因不遵从您的命令而遭受惩罚，您就等于是自己在违背先王的遗命。那时您惩罚鲁国有错，不惩罚鲁国也有错，请您认真考虑。"宣王没有听，最终立戏为鲁太子。这年夏天，武公回鲁国后去世，戏继位，这就是懿公。

懿公九年，懿公兄长括的儿子伯御和鲁国人刺杀了懿公，拥立伯御为鲁君。伯御在位十一年后，周宣王征伐鲁国，杀死了国君伯御，并询问鲁国公子中谁有能力管理国家，让他做鲁国国君。樊穆仲说："鲁懿公的弟弟称，敬奉神灵庄重认真，且敬重长者；处理政务执行法规时，必定遵照先王的遗训和过去的经验，不违先王的遗训，不抵触正确经验。"宣王说："好，这样就能教导和治理好民众了。"因此在夷宫立称为鲁君，就是孝公。从这以后，诸侯经常违抗王命。

孝公二十五年，诸侯背叛周室，犬戎人杀死了幽王。秦国自此被封为诸侯。二十七年，孝公去世，其子弗湟继位，这就是惠公。惠公三十年，晋人杀害了自己的国君昭侯。四十五年，晋人又杀害自己的国君孝侯。

四十六年，惠公去世，长庶子息代理朝政，执掌君权，这就是隐公。当初，

惠公適夫人无子，公贱妾声子生子息。息长，为娶于宋。宋女至而好，惠公夺而自妻之。生子允。登宋女为夫人，以允为太子。及惠公卒，为允少故，鲁人共令息摄政，不言即位。

隐公五年，观渔于棠。八年，与郑易天子之太山之邑祊及许田，君子讥之。

十一年冬，公子挥谄谓隐公曰："百姓便君，君其遂立。吾请为君杀子允，君以我为相。"隐公曰："有先君命。吾为允少，故摄代。今允长矣，吾方营菟裘之地而老焉，以授子允政。"挥惧子允闻而反诛之，乃反谮隐公于子允曰："隐公欲遂立，去子，子其图之。请为子杀隐公。"子允许诺。十一月，隐公祭钟巫，齐于社圃，馆于蒍氏。挥使人杀隐公于蒍氏，而立子允为君，是为桓公。

桓公元年，郑以璧易天子之许田。二年，以宋之赂鼎入于太庙，君子讥之。

三年，使挥迎妇于齐为夫人。六年，夫人生子，与桓公同日，故名曰同。同长，为太子。十六年，会于曹，伐郑，入厉公。

十八年春，公将有行，遂与夫人如齐。申繻谏止，公不听，遂如齐。齐襄公通桓公夫人。公怒夫人，夫人以告齐侯。夏四月丙子，齐襄公飨公，公醉，使公子彭生抱鲁桓公，因命彭生折其胁，公死于车。鲁人告于齐曰："寡君畏君之威，不敢宁居，来修好礼。礼成而不反，无所归咎，请得彭生除丑于诸侯。"齐人杀彭生以说鲁。立太子同，是为庄公。庄公母夫人因留齐，不敢归鲁。

庄公五年冬，伐卫，内卫惠公。

八年，齐公子纠来奔。九年，鲁欲内子纠于齐，后桓公，桓公发兵击鲁，鲁急，杀子纠。召忽死。齐告鲁生致管仲。鲁人施伯曰："齐欲得管仲，非杀之也，将用之，用之则为鲁患。不如杀，以其尸与之。"庄公不听，遂囚管仲与齐。齐人相管仲。

惠公的正妻没有儿子，他的姬妾声子生了儿子息。息长大后，娶了个宋国女子。宋女来到鲁国后，惠公看她长得漂亮便夺过来做了自己的妻子，并生下了儿子允。惠公将宋女升为正妻，立允为太子。到惠公去世后，由于允太幼小，鲁人便推选息代理朝政，不说是即位。

隐公五年，到棠地观看捕鱼。八年，同郑国交换天子祭祀泰山的汤沐邑祊和许田，君子讥讽这件事。

十一年冬天，公子挥向隐公进谗言说："百姓认为您当国君对民有利，您就正式登基做国君吧。请允许我为您杀掉太子允，事成后请您让我当国相。"隐公说："先君有遗命。我因为允年幼，所以才代理国政。现在允已长大，我正想营造菟裘这个地方准备养老，再把国政交给子允。"公子挥担心子允听到自己的话而杀他，于是反过来向子允污蔑隐公，他对子允说："隐公想正式登基即位，将杀掉你，你要考虑此事。请让我为你杀死隐公。"子允答应了。十一月，隐公准备祭祀钟巫之神，在社圃斋戒，住在芳氏家中。公子挥派人在芳氏家杀害了隐公，而立子允为鲁君，这就是桓公。

桓公元年，郑国用玉璧换取了天子赏给鲁的封邑许田。二年，鲁君令把宋国贿送的鼎放入太庙，君子讥讽这件事。

三年，派公子挥到齐国迎娶齐国女子为夫人。六年，夫人生下了一子，因其生日与桓公相同，因此起名叫"同"。同长大后，被立为太子。十六年，桓公同诸侯在曹国盟会，攻打郑国，并将郑厉公送回国。

十八年春，桓公准备外出远行，便与夫人一起到齐国去。申繻上书劝阻，桓公没有听，最终还是去了齐国。齐襄公与桓公的夫人私通。桓公知道后很生夫人的气，夫人把此事告诉了齐侯。夏四月初十日，齐襄公宴请鲁桓公，桓公酒醉后，齐襄公命公子彭生抱住桓公，并趁机折断了桓公的肋骨，桓公死在了车中。鲁人告诉齐人说："我们国君敬畏您的威严，不敢安居，到齐国修订两国友好之盟。盟礼完成了而人却没有回来，我们不知该追究谁的罪责，只希望得到彭生，以消除在诸侯中产生的不好影响。"齐国人杀了彭生以安抚鲁国。鲁国人立太子同为君，这就是庄公。庄公的母亲因此留在了齐国，不敢回鲁国。

庄公五年冬，鲁国伐卫，送卫惠公回国执政。

八年冬，齐公子纠逃到了鲁国。九年，鲁国准备武力护送公子纠返齐国为君，但落后于齐桓公。齐桓公派兵攻打鲁国，鲁国危难，只能杀了公子纠。其臣召忽自杀而死。齐人告诉鲁国，说想要活捉管仲。鲁人施伯说："齐国想得到管仲，并不是想杀他，而是将要重用他，他被任用后必定会成为鲁国的大患。不如杀了管仲，把他的尸首给齐国。"庄公没有听，于是将管仲押送到齐。齐人任管仲为相。

十三年，鲁庄公与曹沫会齐桓公于柯，曹沫劫齐桓公，求鲁侵地，已盟而释桓公。桓公欲背约，管仲谏，卒归鲁侵地。十五年，齐桓公始霸。二十三年，庄公如齐观社。

三十二年，初，庄公筑台临党氏，见孟女，说而爱之，许立为夫人，割臂以盟。孟女生子斑。斑长，说梁氏女，往观。圉人荦自墙外与梁氏女戏。斑怒，鞭荦。庄公闻之，曰："荦有力焉，遂杀之，是未可鞭而置也。"斑未得杀。会庄公有疾。庄公有三弟，长曰庆父，次曰叔牙，次曰季友。庄公取齐女为夫人曰哀姜。哀姜无子。哀姜娣曰叔姜，生子开。庄公无適嗣，爱孟女，欲立其子斑。庄公病，而问嗣于弟叔牙。叔牙曰："一继一及，鲁之常也。庆父在，可为嗣，君何忧？"庄公患叔牙欲立庆父，退而问季友。季友曰："请以死立斑也。"庄公曰："曩者叔牙欲立庆父，奈何？"季友以庄公命命牙待于针巫氏，使针季劫饮叔牙以鸩，曰："饮此则有后奉祀；不然，死且无后。"牙遂饮鸩而死，鲁立其子为叔孙氏。八月癸亥，庄公卒，季友竟立子斑为君，如庄公命。侍丧，舍于党氏。

先时庆父与哀姜私通，欲立哀姜娣子开。及庄公卒而季友立斑，十月己未，庆父使圉人荦杀鲁公子斑于党氏。季友奔陈。庆父竟立庄公子开，是为湣公。

湣公二年，庆父与哀姜通益甚。哀姜与庆父谋杀湣公而立庆父。庆父使卜齮袭杀湣公于武闱。季友闻之，自陈与湣公弟申如邾，请鲁求内之。鲁人欲诛庆父。庆父恐，奔莒。于是季友奉子申入，立之，是为釐公。釐公亦庄公少子。哀姜恐，奔邾。季友以赂如莒求庆父，庆父归，使人杀庆父，庆父请奔，弗听，乃使大夫奚斯行哭而往。庆父闻奚斯音，乃自杀。齐桓公闻哀姜与庆父乱以危鲁，及召之邾而杀之，以其尸归，戮之鲁。鲁釐公请而葬之。

十三年，鲁庄公和大夫曹沫在柯地与齐桓公会盟，曹沫挟持了齐桓公，索要鲁国被齐占领的土地，盟誓后才放了齐桓公。事后桓公想毁约，管仲谏止了他，最终归还了鲁国的被侵之地。十五年，齐桓公开始称霸于诸侯。二十三年，庄公到齐国观看社祭活动。

三十二年，当初，庄公修建一台子时曾到过党氏之家，见到了党氏之女孟任，十分喜欢，应允立她为夫人，他们割破胳膊订了誓约。孟女生了儿子斑。斑长大后，喜欢梁氏之女，前去她家看望她。养马人荦正好从墙外与梁氏之女嬉戏。斑见后很是恼怒，便用鞭子抽打了荦。庄公听说此事后说："荦很有膂力，应该杀掉他，这人不能打完后就放了他。"斑没来得及杀荦。正好庄公生病了。庄公有三个弟弟，长名庆父，次名叔牙，幼名季友。庄公娶了齐国女子为夫人，名叫哀姜。哀姜没有儿子，哀姜的妹妹叫叔姜，生了个儿子叫开。庄公正夫人没有儿子，又喜爱孟女，因此想立其子斑为太子。庄公生病后，向其弟叔牙询问谁可继承君位。叔牙说："父死子继，兄死弟及，这是鲁国的规矩。庆父还在，可为嗣君，您担心什么呢？"庄公担心叔牙想立庆父，叔牙退下后他又问季友。季友说："我誓死也要立斑为君主。"庄公曰："刚才叔牙想立庆父，如何是好？"季友就以庄公名义让叔牙在针巫氏家中待命，派针季逼迫叔牙喝毒酒，并对叔牙说："你喝了这个，可以不杀你的后人；不然，你死了，而且你的后人也将被杀死。"叔牙于是喝下毒酒而死，鲁国立叔牙的儿子为叔孙氏。八月初五日，庄公去世，季友最终扶立子斑为君，符合庄公的遗命。子斑因为有丧在身，住在党氏家中。

早先庆父与哀姜私通，他想立哀姜妹妹的儿子开为君。结果庄公去世后季友立斑为君，十月初二日，庆父派养马官荦在党氏家谋杀了鲁公子斑。季友逃到了陈国。庆父最终扶立庄公的儿子开为君，这就是湣公。

湣公二年，庆父与哀姜私通更加频繁。哀姜与庆父谋划，想杀死湣公后立庆父为鲁君。庆父派卜齮在武闱袭击谋杀了湣公。季友听说后，与湣公的弟弟申从陈国赶到邾国，请求鲁人接他们回国。鲁人想要杀庆父，庆父害怕，逃到了莒国。于是季友送子申回到鲁国，立他为君，这就是釐公。釐公也是庄公的小儿子。哀姜害怕，逃到了邾国。季友送给莒人礼物要求引渡庆父，庆父被送回，季友想要派人杀庆父。庆父请求放过他，让他流亡国外，季友没有同意，于是派了大夫奚斯哭着前去。庆父听到奚斯的哭声，心中清楚，便自杀了。齐桓公听到哀姜与庆父淫乱祸害鲁国，便从邾国将哀姜召了回来并杀了她，然后把她的尸体送回了鲁国，陈尸示众。鲁釐公恳请埋葬了哀姜。

季友母陈女，故亡在陈，陈故佐送季友及子申。季友之将生也，父鲁桓公使人卜之，曰："男也，其名曰'友'，间于两社，为公室辅。季友亡，则鲁不昌。"及生，有文在掌曰"友"，遂以名之，号为成季。其后为季氏，庆父后为孟氏也。

釐公元年，以汶阳鄪封季友。季友为相。

九年，晋里克杀其君奚齐、卓子。齐桓公率釐公讨晋乱，至高梁而还，立晋惠公。十七年，齐桓公卒。二十四年，晋文公即位。三十三年，釐公卒，子兴立，是为文公。

文公元年，楚太子商臣弑其父成王，代立。三年，文公朝晋襄公。

十一年十月甲午，鲁败翟于咸，获长翟乔如，富父终甥舂其喉，以戈杀之，埋其首于子驹之门，以命宣伯。

初，宋武公之世，鄋瞒伐宋，司徒皇父帅师御之，以败翟于长丘，获长翟缘斯。晋之灭潞，获乔如弟棼如。齐惠公二年，鄋瞒伐齐，齐王子城父获其弟荣如，埋其首于北门。卫人获其季弟简如。鄋瞒由是遂亡。

十五年，季文子使于晋。

十八年二月，文公卒。文公有二妃：长妃齐女为哀姜，生子恶及视；次妃敬嬴，嬖爱，生子俀。俀私事襄仲，襄仲欲立之，叔仲曰不可。襄仲请齐惠公，惠公新立，欲亲鲁，许之。冬十月，襄仲杀子恶及视而立俀，是为宣公。哀姜归齐，哭而过市，曰："天乎！襄仲为不道，杀適立庶！"市人皆哭，鲁人谓之"哀姜"。鲁由此公室卑，三桓强。

宣公俀十二年，楚庄王强，围郑。郑伯降，复国之。

十八年，宣公卒，子成公黑肱立，是为成公。季文子曰："使我杀適立庶失大援者，襄仲。"襄仲立宣公，公孙归父有宠。宣公欲去三桓，与晋谋伐三桓。会宣公卒，季文子怨之，归父奔齐。

季友的母亲是陈国女子，因此季友逃亡时去了陈国，陈国因此协助他，把他和子申送回了鲁国。季友即将出生时，桓公让人为他占卜，卜辞说："这是一个男孩，他的名叫作'友'，将来位于两社之间，将成为公室的重臣。季友去世后，鲁国将衰败。"到出生时，他手掌中的纹路形成"友"字，因此以友命名，取号叫成季。他的后人就是季氏，庆父的后人为孟氏。

釐公元年，把汶阳与鄪邑赏赐给季友。季友为鲁相。

九年，晋大夫里克杀害了国君奚齐、卓子。齐桓公率领鲁釐公一起讨伐晋国之乱，一直打到高梁才回师，拥立晋惠公为君。十七年，齐桓公去世。二十四年，晋文公即位。三十三年，釐公去世，其子兴继位，就是文公。

文公元年，楚国太子商臣杀害了自己的父亲成王，自立为君。三年，文公拜会晋襄公。

十一年十月甲午日，鲁人在咸打败了翟人，抓获了翟人首领乔如，鲁大夫富父终甥用戈刺乔如的咽喉，杀死了他，将乔如的头颅埋在子驹门，并以"乔如"二字为宣伯命名。

当初，宋武公在世时，鄋瞒攻打宋国，司徒皇父率军抵抗，在长丘击败了翟人，俘获了长翟首领缘斯。晋国消灭路国时，抓获了乔如的弟弟焚如。齐惠公二年，鄋瞒攻打齐，齐王子城父抓获了他的弟弟荣如，将他的首级埋在北门。卫人抓获了他的弟弟简如。鄋瞒自此最终灭亡了。

十五年，季文子出使晋国。

十八年二月，鲁文公去世。文公有两个妃子：长妃是齐女哀姜，生了儿子恶和视；次妃敬嬴，备受文公宠爱，生有儿子俀。俀暗中拉拢襄仲，襄仲想立俀为君，叔仲说不可以。襄仲求助于齐惠公，因为齐惠公刚刚登基，想亲近鲁国，所以便答应了。这年冬季十月，襄仲杀害了恶与视，并立俀为鲁君，就是宣公。哀姜回到齐国，大哭着经过闹市，说："天哪！襄仲大逆不道，杀害了嫡子而立了庶子！"街市上的民众听了都跟着哭泣，鲁国人因此称她为"哀姜"。鲁国公室从此衰败，而"三桓"的势力日渐强大。

宣公俀十二年，楚庄王强盛，包围了郑国。郑伯投降，后来楚庄王又恢复了郑伯的国家。

十八年，宣公去世，他的儿子成公黑肱继位，就是成公。季文子说："让我国杀嫡立庶失去诸侯支持的，就是襄仲。"襄仲扶立宣公后，他的儿子公孙归父备受宣公宠爱。宣公想除去三桓，便与晋国商量征讨三桓的事。不久宣公去世了，季文子痛恨公孙归父，公孙归父因此逃到齐国。

成公二年春，齐伐取我隆。夏，公与晋郤克败齐顷公于鞍，齐复归我侵地。四年，成公如晋，晋景公不敬鲁。鲁欲背晋合于楚，或谏，乃不。十年，成公如晋。晋景公卒，因留成公送葬，鲁讳之。十五年，始与吴王寿梦会钟离。

十六年，宣伯告晋，欲诛季文子。文子有义，晋人弗许。十八年，成公卒，子午立，是为襄公。是时襄公三岁也。

襄公元年，晋立悼公。往年冬，晋栾书弑其君厉公。四年，襄公朝晋。

五年，季文子卒。家无衣帛之妾，厩无食粟之马，府无金玉，以相三君。君子曰："季文子廉忠矣。"九年，与晋伐郑。晋悼公冠襄公于卫，季武子从，相行礼。

十一年，三桓氏分为三军。十二年，朝晋。十六年，晋平公即位。二十一年，朝晋平公。二十二年，孔丘生。二十五年，齐崔杼弑其君庄公，立其弟景公。

二十九年，吴延陵季子使鲁，问周乐，尽知其意，鲁人敬焉。

三十一年六月，襄公卒。其九月，太子卒。鲁人立齐归之子裯为君，是为昭公。

昭公年十九，犹有童心。穆叔不欲立，曰："太子死，有母弟可立，不即立长。年钧择贤，义钧则卜之。今裯非適嗣，且又居丧意不在戚而有喜色，若果立，必为季氏忧。"季武子弗听，卒立之。比及葬，三易衰。君子曰："是不终也。"

昭公三年，朝晋至河，晋平公谢还之，鲁耻焉。四年，楚灵王会诸侯于申，昭公称病不往。七年，季武子卒。八年，楚灵王就章华台，召昭公。昭公往贺，赐昭公宝器；已而悔，复诈取之。十二年，朝晋至河，晋平公谢还之。十三年，楚公子弃疾弑其君灵王，代立。十五年，朝晋，晋留之葬晋昭公，鲁耻之。二十年，齐景公与晏子狩

成公二年春，齐国侵占了鲁国的隆邑。这年夏天，成公与晋国大夫郤克联军在鞍地战胜了齐顷公的军队，齐国归还了侵占的鲁国土地。四年，成公去晋国，晋景公不敬重成公。成公想背叛晋国与楚国联盟，有人因此谏阻成公，这才作罢。十年，成公前往晋国。正好晋景公去世，晋人因此留成公送葬，鲁人忌讳谈这件事。十五年，鲁首次与吴王寿梦在钟离会盟。

十六年，宣伯告诉晋国，想让晋国杀季文子。因为季文子是讲道义的人，晋人没有同意。十八年，成公去世，他的儿子午继位，这就是襄公。这时襄公才三岁。

襄公元年，晋人拥立悼公为君。去年的冬天，晋国大夫栾书杀害了晋厉公。四年，襄公到晋国拜见晋悼公。

五年，季文子去世。家中妻妾没有人穿丝绸做的衣服，马棚中没有吃谷子的马匹，府中没有金银玉器，就这样连续担任了三代国君的相。有君子说："季文子真是廉洁忠诚啊！"九年，鲁国与晋国共同攻打郑国。晋悼公在卫国为襄公举行了加冠礼，季武子随从，辅助举行加冠礼仪式。

十一年，三桓将鲁国军队分成三支，各率一军。十二年，朝见晋君。十六年，晋平公即位。二十一年，朝见晋平公。二十二年，孔子出生。二十五年，齐国大夫崔杼杀害了齐庄公，立庄公的弟弟景公为齐君。

二十九年，吴国的延陵季子出使鲁国，有人向他求问周乐，他能全部解说其意，鲁人特别敬重他。

三十一年六月，襄公去世。这年九月，太子去世。鲁人立襄公夫人妹齐归的儿子裯为鲁君，这就是昭公。

昭公时年十九岁，还有些幼稚。穆叔不想立他，说："太子去世，他的同母胞弟可立为君，如果没有同母胞弟，才立庶子中的长子。年龄相同的便选择有才能的，才能也相同则通过占卜来决定。现在裯不是嫡出，并且居丧期间不忧伤，反有喜色，如果真的立了他，必定成为季氏的忧患。"季武子不听，最终立裯为君。等到襄公安葬时，裯已更换了三件丧服。有君子说："这人不得善终。"

昭公三年，昭公到黄河边朝见晋君，晋平公婉言谢绝，让昭公返回，鲁人以此感到耻辱。四年，楚灵王召集各诸侯到申地会盟，昭公称生病没有去。七年，季武子去世。八年，楚灵王建成章华台，召见昭公。昭公前往庆贺，灵王赏给昭公宝器；没多久便反悔，又将宝器骗了回去。十二年，昭公到黄河边朝见晋君，晋平公又推谢，让昭公返回。十三年，楚公子弃疾杀害了楚灵王，自立为楚王。十五年，昭公去朝见晋君，晋人留下他为晋昭公送葬，鲁人以此为耻。二十年，齐景公与晏子在国境巡狩，顺便到鲁国咨询礼制。二十一年，昭公至黄河朝见晋

竟，因入鲁问礼。二十一年，朝晋至河，晋谢还之。

二十五年春，鸲鹆来巢。师己曰："文成之世童谣曰'鸲鹆来巢，公在乾侯。鸲鹆入处，公在外野'。"

季氏与郈氏斗鸡，季氏芥鸡羽，郈氏金距。季平子怒而侵郈氏，郈昭伯亦怒平子。臧昭伯之弟会伪谗臧氏，匿季氏，臧昭伯囚季氏人。季平子怒，囚臧氏老。臧、郈氏以难告昭公。昭公九月戊戌伐季氏，遂入。平子登台请曰："君以谗不察臣罪，诛之，请迁沂上。"弗许。请囚于鄪，弗许。请以五乘亡，弗许。子家驹曰："君其许之。政自季氏久矣，为徒者众，众将合谋。"弗听。郈氏曰："必杀之。"叔孙氏之臣戾谓其众曰："无季氏与有，孰利？"皆曰："无季氏是无叔孙氏。"戾曰："然，救季氏！"遂败公师。孟懿子闻叔孙氏胜，亦杀郈昭伯。郈昭伯为公使，故孟氏得之。三家共伐公，公遂奔。己亥，公至于齐。齐景公曰："请致千社待君。"子家曰："弃周公之业而臣于齐，可乎？"乃止。子家曰："齐景公无信，不如早之晋。"弗从。叔孙见公还，见平子，平子顿首。初欲迎昭公，孟孙、季孙后悔，乃止。

二十六年春，齐伐鲁，取郓而居昭公焉。夏，齐景公将内公，令无受鲁赂。申丰、汝贾许齐臣高龁、子将粟五千庾。子将言于齐侯曰："群臣不能事鲁君，有异焉。宋元公为鲁如晋，求内之，道卒。叔孙昭子求内其君，无病而死。不知天弃鲁乎？抑鲁君有罪于鬼神也？愿君且待。"齐景公从之。

二十八年，昭公如晋，求入。季平子私于晋六卿，六卿受季氏赂，谏晋君，晋君乃止，居昭公乾侯。二十九年，昭公如郓。齐景公使人赐昭公书，自谓"主君"。昭公耻之，怒而去乾侯。三十一年，晋欲内昭公，召季平子。平子布衣跣行，因六卿谢罪。六卿为言曰："晋欲内昭公，众不从。"晋人止。三十二年，昭公卒于乾侯。鲁人

君，晋君辞谢，昭公返回。

二十五年春，有鸲鹆鸟到鲁国巢居。师已说："文公和成公时有童谣说：'鸲鹆来巢时，国君出居乾侯。鸲鹆来定居时，国君住在野外。'"

季氏与郈氏斗鸡，季平子给鸡穿上了护甲，郈昭伯则给鸡爪套上了金属套。季平子愤怒之下侵犯郈氏，郈氏也痛恨季平子。臧昭伯的弟弟臧会曾造假陷害臧氏，藏在季氏家里，臧昭伯因此拘捕了季氏家人。季平子大怒，便囚禁了臧氏的家臣。臧氏与郈氏便向昭公申诉。昭公于九月十一日讨伐季氏，攻入了季氏家中。季平子登台请求说："君王您因听信谗言而没有了解情况，就来讨伐我，请允许我迁居到沂上。"昭公没有答应。季平子又请求将自己囚禁到鄪邑，仍不同意。季平子又恳请带五辆车流亡国外，昭公仍不同意。子家驹说："国君您答应他吧。国家的政权被季氏掌控很长时间了，他的徒党众多，这些人将会联合起来对抗您。"昭公没有听。郈氏说："一定杀了季平子。"叔孙氏家臣戾对他的党众说："有季氏或没有季氏，哪种情况对我们有利？"大家都回答："没有了季氏，叔孙氏也不会存在。"戾说："对，大家援助季氏！"于是他们击败了昭公的军队。孟懿子听闻叔孙氏战胜，也杀掉了郈昭伯。郈昭伯正作为昭公的使节前往孟氏，因此孟氏抓住了他。孟孙、叔孙、季孙三家共同讨伐昭公，昭公于是只得逃跑出国。十二日，昭公到了齐国。齐景公说："请让我给你两万五千户人及土地。"子家说："放弃周公的大业而做齐国臣子，可以吗？"于是昭公没有接受。子家说："齐景公不讲诚信，不如早点去晋国。"昭公没有听从。叔孙会见昭公后回国，就去见季平子，平子叩头表示愧疚。开始时他们想迎回昭公，但孟孙、季孙后来又反悔了，于是只得作罢。

二十六年春天，齐国攻打鲁国，夺取了郓邑让鲁昭公居住。这年夏天，齐景公想武力护送昭公回国，命部下不得接受鲁国的礼物。鲁大夫申丰、汝贾承诺给齐大夫高龁、子将粟米八万斗。子将便向齐侯说："鲁国众臣不服从鲁君，有怪异现象出现。宋元公为了鲁昭公到晋国去求援，想帮助昭公回国，死于途中。叔孙昭子请求让鲁君回国，也无病而死。不知是上天抛弃了鲁君，还是鲁君得罪了鬼神？请您再等等看吧。"齐景公听从了他的意见。

二十八年，昭公前往晋国，请求晋国协助他回国。季平子私下行贿晋国的六卿，六卿收取了季氏的礼物，因此谏阻晋君，晋君于是不再坚持，只让昭公居住在乾侯。二十九年，昭公到郓邑。齐景公派人送给昭公一封信，信中自称为"主君"。昭公认为受了屈辱，一怒之下离开了乾侯。三十一年，晋君想协助昭公回鲁，召见季平子。季平子身穿布衣赤脚而行，通过六卿向晋君谢罪。六卿帮季平子求情说："晋国虽支持昭公，但鲁人不愿意。"晋君于是作罢。三十二年，昭

共立昭公弟宋为君，是为定公。

定公立，赵简子问史墨曰："季氏亡乎？"史墨对曰："不亡。季友有大功于鲁，受鄪为上卿，至于文子、武子，世增其业。鲁文公卒，东门遂杀適立庶，鲁君于是失国政。政在季氏，于今四君矣。民不知君，何以得国！是以为君慎器与名，不可以假人。"

定公五年，季平子卒。阳虎私怒，囚季桓子，与盟，乃舍之。七年，齐伐我，取郓，以为鲁阳虎邑以从政。八年，阳虎欲尽杀三桓適，而更立其所善庶子以代之；载季桓子将杀之，桓子诈而得脱。三桓共攻阳虎，阳虎居阳关。九年，鲁伐阳虎，阳虎奔齐，已而奔晋赵氏。

十年，定公与齐景公会于夹谷，孔子行相事。齐欲袭鲁君，孔子以礼历阶，诛齐淫乐，齐侯惧，乃止，归鲁侵地而谢过。十二年，使仲由毁三桓城，收其甲兵。孟氏不肯堕城，伐之，不克而止。季桓子受齐女乐，孔子去。

十五年，定公卒，子将立，是为哀公。哀公五年，齐景公卒。六年，齐田乞弑其君孺子。

七年，吴王夫差强，伐齐，至缯，征百牢于鲁。季康子使子贡说吴王及太宰嚭，以礼诎之。吴王曰："我文身，不足责礼。"乃止。

八年，吴为邹伐鲁，至城下，盟而去。齐伐我，取三邑。十年，伐齐南边。十一年，齐伐鲁。季氏用冉有有功，思孔子，孔子自卫归鲁。

十四年，齐田常弑其君简公于徐州。孔子请伐之，哀公不听。十五年，使子服景伯、子贡为介，适齐，齐归我侵地。田常初相，欲亲诸侯。十六年，孔子卒。

二十二年，越王句践灭吴王夫差。

二十七年春，季康子卒。夏，哀公患三桓，将欲因诸侯以劫之，

公死于乾侯。鲁人共同立昭公的弟弟宋为国君，这就是定公。

定公登基时，赵简子问史墨说："季氏会灭亡吗？"史墨回答说："不会。季友为鲁国立过大功，受封于鄪，是国之上卿，至季文子、季武子时，累世扩大家业。鲁文公去世，东门遂杀嫡立庶，鲁君丧失了国家权力。政权掌握在季氏手中，至今已经历四代国君了。百姓不知道自己的国君，这样的国君如何能掌握国家！所以做国君的一定要慎重掌握政权和爵号，不可以交于别人。"

定公五年，季平子去世。阳虎为泄私愤，拘禁了季桓子，季桓子与他订立盟约后，才被释放。七年，齐国讨伐鲁国，攻占了郓邑，后又还给鲁国，作为阳虎的封邑，让他管理那里的政务。八年，阳虎想把三桓嫡子全部除掉，改立与他关系密切的庶子代替三桓；阳虎派车接季桓子想要杀死他，季桓子使用诈术得以脱身。三桓共同攻打阳虎，阳虎驻扎到阳关。九年，鲁军征讨阳虎，阳虎逃亡到了齐，后又投奔晋国的赵氏。

十年，定公与齐景公在夹谷会盟，孔子为鲁国相。齐人想偷袭定公，孔子按照礼仪一步一阶，拾阶而上，诛杀了齐国弹奏淫乐的人，齐侯恐慌，不敢轻举妄动，并且归还了鲁国被侵占的土地来谢罪。十二年，派仲由拆除了三桓的城墙，没收了他们的铠甲武器。孟氏不肯拆毁其城，定公发兵攻打，因没能攻下而作罢。季桓子接受了齐国送给他的女乐，孔子因此离开了鲁国。

十五年，定公去世，他的儿子将继位，就是哀公。哀公五年，齐景公去世。六年，齐大夫田乞杀害了国君齐孺子。

哀公七年，吴王夫差开始强大，他率兵攻打齐国，一直打到缯地，又向鲁国索要牛、羊、猪各一百头。季康子派子贡游说吴王和吴太宰伯嚭，用礼仪斥责他们。吴王说："我们是文身的蛮夷之人，不懂得中原的礼仪。"于是不再向鲁国索要礼物。

八年，吴国因为邹国而攻打鲁国，到达鲁国城下后，与鲁国订立了盟约而离去。同年齐国攻打鲁国，占领了鲁国三座城邑。十年，鲁国进攻齐国的南部国境。十一年，齐国又攻打鲁国。季氏任用冉有，冉有立有战功，季氏因此怀念孔子，孔子从卫国返回鲁国。

十四年，齐国大夫田常在徐州杀害了齐简公。孔子请求哀公出兵讨伐田常，哀公不同意。十五年，哀公派子服景伯、子贡为使，出使齐国，齐国归还了所占鲁国领地。因为田常刚刚当上齐相，想亲睦各诸侯。十六年，孔子去世。

二十二年，越王勾践打败了吴王夫差并消灭了吴国。

二十七年春，季康子去世。这年夏天，哀公担心三桓势力太强，想借诸侯之

三桓亦患公作难，故君臣多间。公游于陵阪，遇孟武伯于街，曰："请问余及死乎？"对曰："不知也。"公欲以越伐三桓。八月，哀公如陉氏。三桓攻公，公奔于卫，去如邹，遂如越。国人迎哀公复归，卒于有山氏。子宁立，是为悼公。

悼公之时，三桓胜，鲁如小侯，卑于三桓之家。十三年，三晋灭智伯，分其地有之。

三十七年，悼公卒，子嘉立，是为元公。元公二十一年卒，子显立，是为穆公。穆公三十三年卒，子奋立，是为共公。共公二十二年卒，子屯立，是为康公。康公九年卒，子匽立，是为景公。景公二十九年卒，子叔立，是为平公。是时六国皆称王。

平公十二年，秦惠王卒。二十年，平公卒，子贾立，是为文公。文公元年，楚怀王死于秦。二十三年，文公卒，子雠立，是为顷公。

顷公二年，秦拔楚之郢，楚顷王东徙于陈。十九年，楚伐我，取徐州。二十四年，楚考烈王伐灭鲁。顷公亡，迁于下邑，为家人，鲁绝祀。顷公卒于柯。

鲁起周公至顷公，凡三十四世。

太史公曰：余闻孔子称曰"甚矣鲁道之衰也！洙泗之间龂龂如也"。观庆父及叔牙湣公之际，何其乱也？隐桓之事；襄仲杀適立庶；三家北面为臣，亲攻昭公，昭公以奔。至其揖让之礼则从矣，而行事何其戾也？

力解除三桓武装，三桓也担心哀公发难，因此君臣之间的隔阂更深。一次哀公去陵阪游玩，在街上遇到孟武伯，哀公说："请问我能得到善终吗？"孟武伯回答说："不知道。"哀公想借助越国的力量征讨三桓。八月，哀公到陉氏家去。三桓攻打哀公，哀公逃到了卫国，然后又去了邹，最终到了越国。鲁人又接哀公回国，最后死在有山氏家中。他的儿子宁继位，这就是悼公。

悼公时代，三桓势力强大，鲁国君反而像小诸侯，比三桓地位还要低下。十三年，韩、赵、魏三家灭掉了智伯，瓜分了他的土地。

三十七年，悼公去世，其儿子嘉登基，这就是元公。元公二十一年逝世，其儿子显继位，这就是穆公。穆公三十三年去世，其儿子奋继位，就是共公。共公二十二年去世，其儿子屯继位，这就是康公。康公九年去世，其儿子匽继位，这就是景公。景公二十九年去世，其儿子叔继位，这就是平公。此时有六国都称王了。

平公十二年，秦惠王去世。二十年，平公去世，其儿子贾继位，这就是文公。文公元年，楚怀王在秦国去世。二十三年，文公去世，其儿子雠继位，这就是顷公。

顷公二年，秦国攻占了楚国都城郢，楚顷王向东逃到了陈国。十九年，楚国攻打鲁国，夺取了徐州。二十四年，楚国考烈王消灭了鲁国。顷公逃跑，迁居到了下邑，成为平民百姓，鲁国的祭祀至此灭绝。顷公最后死于柯邑。

鲁国自周公至顷公，共计经历了三十四代。

太史公说：我曾听孔子说"鲁国的道德实在是太败落了！洙水与泗水之间的人们为了小事也会争论计较不休"。看看庆父、叔牙和湣公等在登基之时，鲁国是多么混乱！隐公、桓公交替之事，襄仲杀嫡立庶，孟孙、叔孙、季孙三家本是臣子，却亲自率兵攻打昭公，以致昭公逃亡他国。至于揖让的礼节他们还是遵循的，但实际上他们做事又那么暴戾！

燕召公世家第四

召公奭与周同姓，姓姬氏。周武王之灭纣，封召公于北燕。

其在成王时，召公为三公：自陕以西，召公主之；自陕以东，周公主之。成王既幼，周公摄政，当国践祚，召公疑之，作《君奭》。《君奭》不说周公。周公乃称"汤时有伊尹，假于皇天；在太戊时，则有若伊陟、臣扈，假于上帝，巫咸治王家；在祖乙时，则有若巫贤；在武丁时，则有若甘般：率维兹有陈，保乂有殷"。于是召公乃说。

召公之治西方，甚得兆民和。召公巡行乡邑，有棠树，决狱政事其下，自侯伯至庶人各得其所，无失职者。召公卒，而民人思召公之政，怀棠树不敢伐，哥咏之，作《甘棠》之诗。

自召公已下九世至惠侯。燕惠侯当周厉王奔彘，共和之时。

惠侯卒，子釐侯立。是岁，周宣王初即位。釐侯二十一年，郑桓公初封于郑。三十六年，釐侯卒，子顷侯立。

顷侯二十年，周幽王淫乱，为犬戎所弑。秦始列为诸侯。

二十四年，顷侯卒，子哀侯立。哀侯二年卒，子郑侯立。郑侯三十六年卒，子缪侯立。

缪侯七年，而鲁隐公元年也。十八年卒，子宣侯立。宣侯十三年卒，子桓侯立。桓侯七年卒，子庄公立。

庄公十二年，齐桓公始霸。十六年，与宋、卫共伐周惠王，惠王出奔温，立惠王弟颓为周王。十七年，郑执燕仲父而内惠王于周。二十七年，山戎来侵我，齐桓公救燕，遂北伐山戎而还。燕君送齐桓公出境，桓公因割燕所至地予燕，使燕共贡天子，如成周时职；使燕复修召公之法。三十三年卒，子襄公立。

召公奭和周王族同姓，姓姬。周武王在灭掉商纣王后，把召公封在北燕。

在周成王的时候，召公位列三公：从陕地往西，由召公主管；自陕地以东，由周公主管。当成王还小的时候，由周公代为主持朝政，掌管国家大权。召公怀疑周公的作为，召公因此写了《君奭》一文，文中对周公很不满，于是周公说："商汤时有伊尹，治理国家功德感通了上天；太戊时，则有伊陟、臣扈这样的人，治理国家功德感通了上帝，并有巫咸治理王室；到祖乙时，就有像巫贤那样的人；到武丁时，就有像甘般那样的人：这些大臣都在自己的职位上各尽其能，使殷王朝得到了治理和安定。"召公听了这才高兴起来。

召公治理西部一带，很受广大民众的拥戴。召公到乡村城镇去巡察，村镇中有一棵棠树，他就在树下判决官司，处理政事。从侯爵、伯爵到百姓都得到了适当的安置，没有失业的。召公去世后，百姓怀念他的德政，珍爱着那棵棠树，不舍得砍伐，于是作了《甘棠》这首诗来歌咏它。

自召公以下，经过九代传到惠侯。燕惠侯在位时，正是周厉王逃跑到彘，周定公和召穆公共同执政的时候。

惠侯去世后，他的儿子釐侯即位。这一年，周宣王刚刚即位。釐侯二十一年，郑桓公方刚被分封于郑。三十六年，釐侯去世，他的儿子顷侯即位。

顷侯二十年，周幽王因为淫乱，被犬戎攻破国都所杀。秦国从这时起被封为诸侯。

二十四年，顷侯去世，他的儿子哀侯继位。哀侯第二年（前765年）便去世了，他的儿子郑侯继位。郑侯三十六年去世，他的儿子缪侯即位。

缪侯七年，正是鲁隐公元年。缪侯十八年去世，他的儿子宣侯登基。宣侯十三年去世，他的儿子桓侯即位。桓侯七年去世，他的儿子庄公继位。

庄公十二年，齐桓公开始称霸。十六年，庄公和宋国、卫国一起攻打周惠王，惠王逃到了温，他们拥立惠王的弟弟颓为周王。十七年，郑国拘捕了燕仲父，并把惠王接回到京城。二十七年，山戎侵犯燕国，齐桓公派兵来救援，率兵北上攻打了山戎，然后才回国。燕庄公恭送齐桓公出了国境，齐桓公用剑划沟把燕庄公所到的地方割让给燕国，让燕庄公和诸侯一道向天子进贡，就像周成王时的燕召公一样尽职；又让燕庄公重新遵循燕召公时实行的法度。三十三年，庄公去世，他的儿子襄公继位。

襄公二十六年，晋文公为践土之会，称伯。三十一年，秦师败于殽。三十七年，秦穆公卒。四十年，襄公卒，桓公立。

桓公十六年卒，宣公立。宣公十五年卒，昭公立。昭公十三年卒，武公立。是岁晋灭三郤大夫。

武公十九年卒，文公立。文公六年卒，懿公立。懿公元年，齐崔杼弑其君庄公。四年卒，子惠公立。

惠公元年，齐高止来奔。六年，惠公多宠姬，公欲去诸大夫而立宠姬宋，大夫共诛姬宋，惠公惧，奔齐。四年，齐高偃如晋，请共伐燕，入其君。晋平公许，与齐伐燕，入惠公。惠公至燕而死。燕立悼公。

悼公七年卒，共公立。共公五年卒，平公立。晋公室卑，六卿始强大。平公十八年，吴王阖闾破楚入郢。十九年卒，简公立。简公十二年卒，献公立。晋赵鞅围范、中行于朝歌。献公十二年，齐田常弑其君简公。十四年，孔子卒。二十八年，献公卒，孝公立。

孝公十二年，韩、魏、赵灭知伯，分其地，三晋强。

十五年，孝公卒，成公立。成公十六年卒，湣公立。湣公三十一年卒，釐公立。是岁，三晋列为诸侯。

釐公三十年，伐败齐于林营。釐公卒，桓公立。桓公十一年卒，文公立。是岁，秦献公卒。秦益强。

文公十九年，齐威王卒。二十八年，苏秦始来见，说文公。文公予车马金帛以至赵，赵肃侯用之。因约六国，为从长。秦惠王以其女为燕太子妇。

二十九年，文公卒，太子立，是为易王。

易王初立，齐宣王因燕丧伐我，取十城；苏秦说齐，使复归燕十城。十年，燕君为王。苏秦与燕文公夫人私通，惧诛，乃说王使齐为反间，欲以乱齐。易王立十二年卒，子燕哙立。

燕哙既立，齐人杀苏秦。苏秦之在燕，与其相子之为婚，而苏代与子之交。及苏秦死，而齐宣王复用苏代。燕哙三年，与楚、三晋攻

襄公二十六年，晋文公召集各诸侯在践土会盟，成为霸主。三十一年，秦国军队在崤山被晋军打败。三十七年，秦穆公去世。四十年，襄公去世，桓公登基。

桓公十六年去世，宣公即位。宣公十五年去世，昭公即位。昭公十三年去世，武公即位。这一年晋国诛灭了三位郤姓大夫。

武公在位十九年后去世，文公即位。文公在位六年后去世，懿公即位。懿公元年，齐国大夫崔杼杀死了齐庄公。四年懿公去世，他的儿子惠公继位。

惠公元年，齐国的高止前来投奔燕国。六年，惠公有许多宠姬，他打算废黜众大夫而立宠姬宋，大夫们一起诛杀了姬宋。惠公害怕，逃到了齐国。四年，齐国派高偃到晋国去，请求联合讨伐燕国，送燕惠公回国。晋平公答应了，和齐国一起讨伐燕国，把燕惠公送回了燕国。惠公刚到燕国时就去世了。燕国人立悼公为君。

悼公七年去世，共公继位。共公五年去世，平公继位。这时候晋国的君权变得衰弱，六卿开始变得强大起来。平公十八年，吴王阖闾攻入了楚国郢都。十九年平公去世，简公继位。简公十二年去世，献公继位。晋国的赵鞅把范氏、中行氏围困在朝歌。献公十二年，齐国的田常杀死了齐简公。十四年，孔子去世。二十八年，献公去世，孝公即位。

孝公十二年，韩、魏、赵三家灭掉了智伯，瓜分了他的封地，这三家开始变得强大起来。

十五年，孝公去世，成公继位。成公十六年去世，湣公继位。湣公三十一年去世，釐公即位。这一年，韩、赵、魏三国被列为诸侯。

釐公三十年，燕国在林营打败了齐国。这年釐公去世，桓公继位。桓公十一年去世，文公继位。这一年，秦献公去世，秦国变得更加强大。

文公十九年，齐威王去世。二十八年，苏秦初次来燕国拜见，并游说文公。文公赠给他车辆、马匹、黄金和绢帛，让他到赵国去，赵肃侯重用了他。苏秦因此邀请六国结成联盟共同抗秦，燕国因此成了联盟的领导者。此时秦惠王把女儿嫁给了燕太子做妻子。

二十九年，文公去世，太子即位，这就是易王。

易王刚刚即位，齐宣王因此趁着燕国给文公办丧事的机会来攻打燕国，攻占了十座城池；苏秦游说齐王，说服齐国把十座城池归还给了燕国。十年，燕国国君称王。苏秦和燕文公的夫人通奸，害怕被杀，于是游说易王派他出使齐国行反间计，想因此扰乱齐国。易王在位十二年后去世，他的儿子燕哙继位。

燕哙即位后，齐国人杀掉了苏秦。苏秦在燕国的时候，和国相子之结成了儿女亲家，而苏秦的弟弟苏代和子之也关系密切。等到苏秦死后，齐宣王又重用了

秦，不胜而还。子之相燕，贵重，主断。苏代为齐使于燕，燕王问曰："齐王奚如？"对曰："必不霸。"燕王曰："何也？"对曰："不信其臣。"苏代欲以激燕王以尊子之也。于是燕王大信子之。子之因遗苏代百金，而听其所使。

鹿毛寿谓燕王："不如以国让相子之。人之谓尧贤者，以其让天下于许由，许由不受，有让天下之名而实不失天下。今王以国让于子之，子之必不敢受，是王与尧同行也。"燕王因属国于子之，子之大重。或曰："禹荐益，已而以启人为吏。及老，而以启人为不足任乎天下，传之于益。已而启与交党攻益，夺之。天下谓禹名传天下于益，已而实令启自取之。今王言属国于子之，而吏无非太子人者，是名属子之而实太子用事也。"王因收印自三百石吏已上而效之子之。子之南面行王事，而哙老不听政，顾为臣，国事皆决于子之。

三年，国大乱，百姓恫恐。将军市被与太子平谋，将攻子之。诸将谓齐湣王曰："因而赴之，破燕必矣。"齐王因令人谓燕太子平曰："寡人闻太子之义，将废私而立公，饬君臣之义，明父子之位。寡人之国小，不足以为先后。虽然，则唯太子所以令之。"太子因要党聚众，将军市被围公宫，攻子之，不克。将军市被及百姓反攻太子平，将军市被死，以徇。因构难数月，死者数万，众人恫恐，百姓离志。孟轲谓齐王曰："今伐燕，此文、武之时，不可失也。"王因令章子将五都之兵，以因北地之众以伐燕。士卒不战，城门不闭，燕君哙死，齐大胜。燕子之亡二年，而燕人共立太子平，是为燕昭王。

燕昭王于破燕之后即位，卑身厚币以招贤者。谓郭隗曰："齐因孤之国乱而袭破燕，孤极知燕小力少，不足以报。然诚得贤士以共国，以雪先王之耻，孤之愿也。先生视可者，得身事之。"郭隗曰：

苏代。燕王哙三年，燕国与楚国、韩、赵、魏一起攻打秦国，没有取胜便撤军回国了。当时子之为燕国的国相，位高权重，掌管国家大权。苏代作为齐国使臣出使燕国，燕王问他："齐王这个人怎么样？"苏代回答说："肯定不能称霸。"燕王问："为什么呢？"苏代回答说："因为他不信任自己的大臣。"苏代其实是想用这些话来刺激燕王，使他尊重子之。于是燕王更加信任子之。子之因此送给苏代黄金百镒，任他使用。

鹿毛寿对燕王说："您不如把国家让给国相子之吧。人们之所以说尧圣贤，是因为他把天下让给了许由，而许由没有接受，因此有了让天下的美名但实际上又没有失去天下。大王如果现在把国家让给子之，子之必定不敢接受，这样大王您就和尧有了同样的德行了。"燕王于是把国家托付给子之，子之的地位变得更加尊贵。有人对燕王说："大禹举荐了伯益，却任用启的人为官。等到大禹年老后，又认为启不足以担当天下重任，便把君位传给了伯益。不久，启就和同党攻打伯益，夺走了君位。天下人都说大禹名义上是把天下传给了伯益，而实际上是让启自己去夺回天下。现在大王说是把国家托付给了子之，但当官的没有一个不是太子的臣子，这正是名义上把国家托付给子之，而实际上是由太子在执政啊。"燕王于是把俸禄三百石以上官吏的印信都收起来交给了子之。子之于是面向南行使王权，燕王哙因年老不再处理政务，反而成了臣子，国事都由子之处理。

三年后，燕国大乱，百官人人恐惧。将军市被和太子平谋划，准备攻打子之。齐国众将对齐湣王说："趁这个机会出兵燕国，一定能攻破燕国。"齐湣王因此派人对燕太子平说："我听说太子深明大义，将要废私立公，整顿君臣关系，明确父子位序。我的国家很小，不足以帮助您。虽然这样，我还是愿意听从太子的差遣。"太子平因此邀集党羽徒众，将军市被包围了王宫，攻打子之，没有成功。将军市被和百官又反过头来攻打太子平，结果将军市被战死，被陈尸示众。这样动乱了几个月，死去的人有好几万，大家都非常恐惧，百官们离心离德。孟轲对齐王说："现在去攻打燕国，这是周文王、武王讨伐纣那样的好时机，千万不能错失啊。"齐王于是命令章子率领五都的军队，并且集结北方边境的军队一起攻打燕国。燕国的士兵不迎战，也不关闭城门，燕君哙被杀，齐军大胜。燕子之死后两年，燕国人共同拥立太子平为王，这就是燕昭王。

燕昭王是在燕国被攻破后登基的，他放下身份带着丰厚的礼物向社会招揽贤才。他对郭隗说："齐国趁我国内乱时攻破了燕国，我深知燕国国小力弱，不足以报复齐国。然而如果能得到贤士一起来治理国家，雪洗先王的耻辱，这是我的愿望啊。先生认为有这样合适的人才，我愿意亲自侍奉他。"郭隗说："大王

"王必欲致士，先从隗始。况贤于隗者，岂远千里哉！"于是昭王为隗改筑宫而师事之。乐毅自魏往，邹衍自齐往，剧辛自赵往，士争趋燕。燕王吊死问孤，与百姓同甘苦。

二十八年，燕国殷富，士卒乐轶轻战，于是遂以乐毅为上将军，与秦、楚、三晋合谋以伐齐。齐兵败，湣王出亡于外。燕兵独追北，入至临淄，尽取齐宝，烧其宫室宗庙。齐城之不下者，独唯聊、莒、即墨，其余皆属燕，六岁。

昭王三十三年卒，子惠王立。

惠王为太子时，与乐毅有隙；及即位，疑毅，使骑劫代将。乐毅亡走赵。齐田单以即墨击败燕军，骑劫死，燕兵引归，齐悉复得其故城。湣王死于莒，乃立其子为襄王。

惠王七年卒。韩、魏、楚共伐燕。燕武成王立。

武成王七年，齐田单伐我，拔中阳。十三年，秦败赵于长平四十余万。十四年，武成王卒，子孝王立。

孝王元年，秦围邯郸者解去。三年卒，子今王喜立。

今王喜四年，秦昭王卒。燕王命相栗腹约欢赵，以五百金为赵王酒。还报燕王曰："赵王壮者皆死长平，其孤未壮，可伐也。"王召昌国君乐闲问之。对曰："赵四战之国，其民习兵，不可伐。"王曰："吾以五而伐一。"对曰："不可。"燕王怒，群臣皆以为可。卒起二军，车二千乘，栗腹将而攻鄗，卿秦攻代。唯独大夫将渠谓燕王曰："与人通关约交，以五百金饮人之王，使者报而反攻之，不祥，兵无成功。"燕王不听，自将偏军随之。将渠引燕王绶止之曰："王必无自往，往无成功。"王蹶之以足。将渠泣曰："臣非以自为，为王也！"燕军至宋子，赵使廉颇将，击破栗腹于鄗。乐乘破卿秦于代。乐闲奔赵。廉颇逐之五百余里，围其国。燕人请和，赵人不许，必令将渠处和。燕相将渠以处和。赵听将渠，解燕围。

如果想要得到贤士，那就先从我郭隗开始吧。如此那些比我贤能的人，难道还会因为距离千里之远而不来吗？"昭王于是给郭隗改建了住宅，并以老师礼节服侍他。不久乐毅从魏国来，邹衍从齐国来，剧辛从赵国来，贤士们争相投奔燕国。燕昭王祭吊死者，慰问孤寡，和百姓们同甘共苦。

二十八年，燕国变得殷实富足了，士兵都愿意出兵征战。燕王于是任命乐毅为上将军，与秦国、楚国以及赵、魏、韩等国合谋讨伐齐国。齐国战败，齐湣王逃往他国。燕军独自追击败军，攻入了齐都临淄，夺取了齐国所有的宝物，烧毁了齐国的宫室宗庙。齐国没有被攻下的城池，只剩下了聊城、莒城和即墨，其余的全部被燕国占领，达六年之久。

昭王三十三年去世，他的儿子惠王继位。

惠王在做太子时，与将军乐毅有隔阂；即位以后，他不信任乐毅，让骑劫取代乐毅为将军。乐毅因此投奔到赵国。齐国田单凭着即墨城的兵力，打败了燕军，骑劫战死，燕军撤退回国，齐国收复了原有的全部城池。齐湣王在莒去世，齐国人立他的儿子为襄王。

惠王七年去世，韩、魏、楚三国联合一起攻打燕国。燕武成王继位。

武成王七年，齐国田单征伐燕国，占领了中阳。十三年，秦国在长平打败了赵国的四十万大军。十四年，武成王去世，他的儿子孝王继位。

孝王元年，秦国围困邯郸的军队撤离。孝王三年去世，他的儿子燕王喜继位。

燕王喜四年，秦昭王去世。燕王派国相栗腹和赵国结盟，用五百金给赵王置酒祝寿。栗腹回国向燕王报告说："赵国的壮年人都战死在了长平，他们的孩子还没有长大，可以攻打赵国。"燕王召来昌国君乐闲询问此事。乐闲回答说："赵国是个四面受敌的国家，其百姓都熟悉战争，不可以攻打。"燕王说："我们是以五倍于他们的人去攻打他们。"乐闲还是回答说："不可以。"燕王听了很生气，这时众大臣都认为可以发兵攻打。最后燕国派出两路大军，兵车二千辆，栗腹率领一路攻打鄗，卿秦率领一路攻打代。唯独大夫将渠对燕王说："和人家互通了关卡，签订了盟约，还拿出五百金给人家君王祝酒，使者一回来就反过来进攻人家，这不吉祥，这次出战不会胜利。"燕王没有听，亲自率领侧翼部队随军出发。将渠拉住燕王的腰带阻止他说："大王一定不要亲自前往，去了不会成功！"燕王用脚踢他。将渠哭泣说："我不是为了自己，而是为了大王啊！"燕军到达宋子，赵国派廉颇为将，率军在鄗击败了栗腹。乐乘也在代打败了卿秦。乐间投奔到了赵国。廉颇率兵追击燕军，追出了五百多里，包围了燕国都城。燕王派人请求议和，赵国没有答应，一定要将渠出面主持议和。燕王便命将渠为国相，前去议和。赵国听从了将渠的话，撤除了对燕国的包围。

六年，秦灭东周，置三川郡。七年，秦拔赵榆次三十七城，秦置大原郡。九年，秦王政初即位。十年，赵使廉颇将攻繁阳，拔之。赵孝成王卒，悼襄王立。使乐乘代廉颇，廉颇不听，攻乐乘，乐乘走，廉颇奔大梁。十二年，赵使李牧攻燕，拔武遂、方城。剧辛故居赵，与庞煖善，已而亡走燕。燕见赵数困于秦，而廉颇去，令庞煖将也，欲因赵弊攻之。问剧辛，辛曰："庞煖易与耳。"燕使剧辛将击赵，赵使庞煖击之，取燕军二万，杀剧辛。秦拔魏二十城，置东郡。十九年，秦拔赵之邺九城。赵悼襄王卒。二十三年，太子丹质于秦，亡归燕。二十五年，秦虏灭韩王安，置颍川郡。二十七年，秦虏赵王迁，灭赵。赵公子嘉自立为代王。

燕见秦且灭六国，秦兵临易水，祸且至燕。太子丹阴养壮士二十人，使荆轲献督亢地图于秦，因袭刺秦王。秦王觉，杀轲，使将军王翦击燕。二十九年，秦攻拔我蓟，燕王亡，徙居辽东，斩丹以献秦。三十年，秦灭魏。

三十三年，秦拔辽东，虏燕王喜，卒灭燕。是岁，秦将王贲亦虏代王嘉。

太史公曰：召公奭可谓仁矣！甘棠且思之，况其人乎？燕迫蛮貉，内措齐、晋，崎岖强国之间，最为弱小，几灭者数矣。然社稷血食者八九百岁，于姬姓独后亡，岂非召公之烈邪！

燕王喜六年，秦国灭掉了东周，设置了三川郡。七年，秦国攻占了赵国榆次等三十七座城，设置了太原郡。九年，秦王嬴政登基。十年，赵国派廉颇率军攻打魏国的繁阳，并攻占了它。这年赵孝成王去世，悼襄王继位。悼襄王派乐乘前去接替廉颇统兵，廉颇没听从命令，而是攻打乐乘，乐乘逃走了，廉颇也投奔了魏都大梁。十二年，赵国派李牧进攻燕国，攻占了武遂、方城。剧辛过去住在赵国时，和庞煖关系很密切，后来他逃到了燕国。燕王看到赵国屡次被秦兵围困，而且廉颇也离开了赵国，又让庞煖为将，因此想趁赵国疲惫时攻打它。燕王询问剧辛，剧辛说："庞煖很好对付。"燕王就派剧辛率军攻赵，赵国派庞煖迎战，俘获了燕军两万人，杀掉了剧辛。这时秦国又攻占了魏国二十座城池，设置了东郡。十九年，秦国攻取了赵国的邺等九座城池。赵悼襄王去世。二十三年，燕太子丹被送到秦国做人质，他又逃回了燕国。二十五年，秦国俘虏了韩王安，灭掉了韩国，设置了颍川郡。二十七年，秦国俘虏了赵王迁，灭掉了赵国。赵国公子嘉自立为代王。

燕国见秦国即将要灭掉六国，且秦军已经到达了易水，即将威胁到燕国。燕太子丹私自养了二十名勇士，他派荆轲把督亢地区的地图献给秦王，并乘机刺杀秦王。秦王发觉了，杀死了荆轲，派将军王翦率军攻打燕国。二十九年，秦军攻占了燕国都城蓟，燕王逃走了，移居到了辽东，杀了太子丹并把他献给了秦国。三十年，秦国灭掉了魏国。

三十三年，秦军攻占了辽东，俘虏了燕王喜，最终灭掉了燕国。这一年，秦国将军王贲也俘虏了代王嘉。

太史公说：召公奭可称得上是有仁德的人了！那棵甘棠树，人们尚且怀念，何况是召公本人呢？燕国外受蛮貊等域外部族逼迫，内又与齐、晋等国领土相互交错，艰难地生存在强国之间，实力最为弱小，好几次都差点被灭掉。然而国家一直延续了八九百年，在姬姓封国中是最后灭亡的，这难道不是召公的功德吗？

管蔡世家第五

　　管叔鲜、蔡叔度者，周文王子而武王弟也。武王同母兄弟十人。母曰太姒，文王正妃也。其长子曰伯邑考，次曰武王发，次曰管叔鲜，次曰周公旦，次曰蔡叔度，次曰曹叔振铎，次曰成叔武，次曰霍叔处，次曰康叔封，次曰冉季载。冉季载最少。同母昆弟十人，唯发、旦贤，左右辅文王，故文王舍伯邑考而以发为太子。及文王崩而发立，是为武王。伯邑考既已前卒矣。

　　武王已克殷纣，平天下，封功臣昆弟。于是封叔鲜于管，封叔度于蔡：二人相纣子武庚禄父，治殷遗民。封叔旦于鲁而相周，为周公。封叔振铎于曹，封叔武于成，封叔处于霍。康叔封、冉季载皆少，未得封。

　　武王既崩，成王少，周公旦专王室。管叔、蔡叔疑周公之为不利于成王，乃挟武庚以作乱。周公旦承成王命伐诛武庚，杀管叔，而放蔡叔，迁之，与车十乘，徒七十人从。而分殷余民为二：其一封微子启于宋，以续殷祀；其一封康叔为卫君，是为卫康叔。封季载于冉。冉季、康叔皆有驯行，于是周公举康叔为周司寇，冉季为周司空，以佐成王治，皆有令名于天下。

　　蔡叔度既迁而死。其子曰胡，胡乃改行，率德驯善。周公闻之，而举胡以为鲁卿士，鲁国治。于是周公言于成王，复封胡于蔡，以奉蔡叔之祀，是为蔡仲。余五叔皆就国，无为天子吏者。

　　蔡仲卒，子蔡伯荒立。蔡伯荒卒，子宫侯立。宫侯卒，子厉侯立。厉侯卒，子武侯立。武侯之时，周厉王失国，奔彘，共和行政，诸侯多叛周。

　　武侯卒，子夷侯立。夷侯十一年，周宣王即位。二十八年，夷侯卒，子釐侯所事立。

　　釐侯三十九年，周幽王为犬戎所杀，周室卑而东徙。秦始得列为诸侯。

管叔鲜和蔡叔度，都是周文王的儿子、周武王的弟弟。武王有一母同胞的兄弟十人。他们的母亲名叫太姒，是周文王的正妻。她的长子叫伯邑考，然后依次是武王姬发、管叔鲜、周公旦、蔡叔度、曹叔振铎、成叔武、霍叔处、康叔封、冉季载。冉季载最小。兄弟十人中，只有武王姬发和周公旦贤德，是文王的左膀右臂，所以文王舍弃了伯邑考而立姬发为太子。在文王去世后，太子姬发继位，就是武王。伯邑考在这以前已去世了。

武王打败了商纣王，平定了天下，便分封功臣和众多同姓兄弟。于是把叔鲜分封在管地，把叔度分封在蔡地，并且让二人辅助纣王之子武庚禄父，共同治理殷族遗民；把鲁地分封给叔旦，同时让叔旦担任周王朝的相国，称为周公；将叔振铎分封在曹地，叔武分封在成地，叔处分封在霍。康叔封和冉季载因为年龄幼小，没有得到分封。

武王去世后，成王还很年幼，周公旦代为执掌国家大权。管叔和蔡叔怀疑周公这样做不利于成王，于是扶持武庚一起叛乱。周公旦奉成王命令征讨诛杀武庚，杀死了管叔，放逐了蔡叔，给了他十辆马车、随从七十人。又把商朝遗民分为两部分：一部分跟随微子启封在宋地，以延续殷人香火；另一部分随康叔分封在卫地，康叔为卫国君，这就是卫康叔。将季载分封在冉地。冉季、康叔都品德美善，所以周公举荐康叔为周王朝的司寇、冉季为司空，辅佐成王治理国家，他们的美誉都传颂于天下。

蔡叔度被放逐后不久便去世了。他的儿子叫胡，胡一改其父旧行，崇德向善。周公听说后，便举荐胡做了鲁国的卿士，鲁国因此得到了很好的治理。于是周公向成王提议，又把胡封在蔡地，来继承蔡叔的祭祀，这就是蔡仲。武王其他的五兄弟各自去了封地，没有在周朝廷做官的。

蔡仲去世，其儿子蔡伯荒继位。蔡伯荒去世，他的儿子宫侯继位。宫侯去世，他的儿子厉侯继位。厉侯去世，其子武侯继位。武侯时，周厉王失去了王位，逃到了彘地，由周公、召公共同执政，许多诸侯背叛了周朝。

武侯去世后，其子夷侯继位。夷侯十一年，周宣王即位。二十八年，夷侯去世，他的儿子釐侯所事继位。

釐侯三十九年，周幽王被犬戎人杀死，周王室衰败被迫东迁。秦国开始被封为诸侯。

四十八年，釐侯卒，子共侯兴立。共侯二年卒，子戴侯立。戴侯十年卒，子宣侯措父立。

宣侯二十八年，鲁隐公初立。三十五年，宣侯卒，子桓侯封人立。桓侯三年，鲁弑其君隐公。二十年，桓侯卒，弟哀侯献舞立。

哀侯十一年，初，哀侯娶陈，息侯亦娶陈。息夫人将归，过蔡，蔡侯不敬。息侯怒，请楚文王："来伐我，我求救于蔡，蔡必来，楚因击之，可以有功。"楚文王从之，虏蔡哀侯以归。哀侯留九岁，死于楚。凡立二十年卒。蔡人立其子肸，是为缪侯。

缪侯以其女弟为齐桓公夫人。十八年，齐桓公与蔡女戏船中，夫人荡舟，桓公止之，不止，公怒，归蔡女而不绝也。蔡侯怒，嫁其弟。齐桓公怒，伐蔡；蔡溃，遂虏缪侯，南至楚邵陵。已而诸侯为蔡谢齐，齐侯归蔡侯。二十九年，缪侯卒，子庄侯甲午立。

庄侯三年，齐桓公卒。十四年，晋文公败楚于城濮。二十年，楚太子商臣弑其父成王代立。二十五年，秦缪公卒。三十三年，楚庄王即位。三十四年，庄侯卒，子文侯申立。

文侯十四年，楚庄王伐陈，杀夏徵舒。十五年，楚围郑，郑降楚，楚复释之。二十年，文侯卒，子景侯固立。

景侯元年，楚庄王卒。四十九年，景侯为太子般娶妇于楚，而景侯通焉。太子弑景侯而自立，是为灵侯。

灵侯二年，楚公子围弑其王郏敖而自立，为灵王。九年，陈司徒招弑其君哀公。楚使公子弃疾灭陈而有之。十二年，楚灵王以灵侯弑其父，诱蔡灵侯于申，伏甲饮之，醉而杀之，刑其士卒七十人。令公子弃疾围蔡。十一月，灭蔡，使弃疾为蔡公。

楚灭蔡三岁，楚公子弃疾弑其君灵王代立，为平王。平王乃求蔡景侯少子庐，立之，是为平侯。是年，楚亦复立陈。楚平王初立，欲亲诸侯，故复立陈、蔡后。

四十八年，釐侯去世，他的儿子共侯兴继位。共侯二年去世，他的儿子戴侯继位。戴侯十年去世，他的儿子宣侯措父继位。

宣侯二十八年，鲁隐公登基。三十五年，宣侯去世，他的儿子桓侯封人继位。桓侯三年，鲁国人杀死了鲁隐公。二十年，桓侯去世，他的弟弟哀侯献舞继位。

哀侯十一年，当初哀侯娶了陈国女子为夫人，而息侯也娶了陈国女子为夫人。息侯夫人准备回国省亲，经过蔡国，哀侯对她不尊重。息侯因此发怒，他向楚文王请求说："您带兵来攻打我国，我向蔡国求救，蔡兵必来救援，楚国趁机攻打蔡国，必获胜利。"楚文王听从了他的计划，俘获了哀侯回到楚国。哀侯被扣留在楚国九年，最后死在了楚国。他在位共计二十年。蔡人拥立哀侯的儿子肸为国君，这就是缪侯。

缪侯将妹妹嫁给齐桓公做夫人。十八年，齐桓公和夫人蔡女乘船游玩，夫人使劲摇船，桓公让她停下来，她还是摇不停。桓公愤怒，把她送回娘家却并不断绝关系。蔡缪侯因此也很生气，便将妹妹又嫁给了别人。齐桓公大怒，出兵讨伐蔡国；蔡国大败，缪侯被抓，齐国向南打到了楚国的邵陵。后来各诸侯替蔡侯向齐桓公道歉，齐桓公才放蔡侯回国。二十九年，缪侯去世，他的儿子庄侯甲午继位。

庄侯三年，齐桓公去世。十四年，晋文公在城濮打败楚军。二十年，楚国太子商臣杀害了自己的父亲楚成王，取代他自立为王。二十五年，秦缪公去世。三十三年，楚庄王即位。三十四年，庄侯去世，他的儿子文侯继位。

文侯十四年，楚庄王攻打陈国，杀了夏徵舒。十五年，楚国围攻郑国，郑国投降，楚国又放了郑君。二十年，文侯去世，他的儿子景侯固继位。

景侯元年，楚庄王去世。四十九年，景侯给太子般娶了个楚国媳妇，景侯又与儿媳私通，太子杀了景侯自立为君，这就是灵侯。

灵侯二年，楚公子围杀害了国君郏敖自立为王，这就是楚灵王。九年，陈国的司徒招杀了陈哀公。楚国派公子弃疾灭掉了陈国。十二年，楚灵王借口蔡灵侯杀了自己的父亲，诱骗蔡灵侯到申地，预先埋伏了甲兵，设宴款待灵侯，趁灵侯醉酒后杀了他，跟随灵侯的七十名士兵也遭杀害。楚灵王又命公子弃疾围攻蔡国。这年十一月，楚国消灭了蔡国，委任公子弃疾做了蔡公。

楚灭掉蔡国三年后，楚国公子弃疾杀死了楚灵王而自立为王，这就是楚平王。平王找到蔡景侯的小儿子庐，立他为蔡国国君，这就是平侯。这一年，楚国也恢复了陈国。因为楚平王刚登基，想要亲近诸侯，因此才恢复陈国、蔡国后人的君位。

平侯九年卒，灵侯般之孙东国攻平侯子而自立，是为悼侯。悼侯父曰隐太子友。隐太子友者，灵侯之太子，平侯立而杀隐太子，故平侯卒而隐太子之子东国攻平侯子而代立，是为悼侯。悼侯三年卒，弟昭侯申立。

昭侯十年，朝楚昭王，持美裘二，献其一于昭王而自衣其一。楚相子常欲之，不与。子常谗蔡侯，留之楚三年。蔡侯知之，乃献其裘于子常；子常受之，乃言归蔡侯。蔡侯归而之晋，请与晋伐楚。

十三年春，与卫灵公会邵陵。蔡侯私于周苌弘以求长于卫；卫使史鰌言康叔之功德，乃长卫。夏，为晋灭沈，楚怒，攻蔡。蔡昭侯使其子为质于吴，以共伐楚。冬，与吴王阖闾遂破楚入郢。蔡怨子常，子常恐，奔郑。十四年，吴去而楚昭王复国。十六年，楚令尹为其民泣以谋蔡，蔡昭侯惧。二十六年，孔子如蔡。楚昭王伐蔡，蔡恐，告急于吴。吴为蔡远，约迁以自近，易以相救；昭侯私许，不与大夫计。吴人来救蔡，因迁蔡于州来。二十八年，昭侯将朝于吴，大夫恐其复迁，乃令贼利杀昭侯；已而诛贼利以解过，而立昭侯子朔，是为成侯。

成侯四年，宋灭曹。十年，齐田常弑其君简公。十三年，楚灭陈。十九年，成侯卒，子声侯产立。声侯十五年卒，子元侯立。元侯六年卒，子侯齐立。

侯齐四年，楚惠王灭蔡，蔡侯齐亡，蔡遂绝祀。后陈灭三十三年。

伯邑考，其后不知所封。武王发，其后为周，有本纪言。管叔鲜作乱诛死，无后。周公旦，其后为鲁，有世家言。蔡叔度，其后为蔡，有世家言。曹叔振铎，有后为曹，有世家言。成叔武，其后世无所见。霍叔处，其后晋献公时灭霍。康叔封，其后为卫，有世家言。冉季载，其后世无所见。

平侯九年去世，蔡灵侯般的孙子东国打败了平侯的儿子，自立为国君，这就是悼侯。悼侯的父亲是隐太子友。隐太子友本是灵侯时的太子，平侯登基后杀了隐太子。所以平侯死后，隐太子的儿子东国就攻击了平侯的儿子，自立为君，这就是悼侯。悼侯三年去世，他的弟弟昭侯申继位。

昭侯十年时，前去朝拜楚昭王，随身带了两件漂亮的皮衣，将一件献给了昭王，而另一件自己穿。楚国令尹子常想要一件，昭侯没有给。子常因此向楚昭王说昭侯的坏话，把昭侯扣留在楚国三年。后来蔡昭侯得知了原因，于是把自己的那件皮衣献给了子常；子常收下皮衣后，才向楚昭王提议放昭侯回国。蔡侯回国后赶到晋国，请求晋国一起攻打楚国。

十三年春天，昭侯与卫灵公在邵陵会盟。蔡侯私下请求周大夫苌弘把蔡国的位次排在卫国前面，卫国则派史䲡陈说卫康叔的功德，认为卫国的位次应该排在前面。这年夏天，蔡国为晋国消灭了沈国，楚王大怒，发兵攻打蔡国。蔡昭侯让自己的儿子到吴国去当人质，请吴国发兵共同抗击楚国。这年冬天，蔡侯与吴王阖闾攻入了楚都城郢。蔡侯怨恨子常，子常害怕，逃到了郑国。十四年，吴国撤军，楚昭王光复楚国。十六年，楚国令尹在楚国民众面前泣不成声，谋划讨伐蔡国，蔡昭侯听后很担心。二十六年，孔子去蔡国。楚昭王征讨蔡国，蔡侯恐慌，向吴国求救。吴王觉得蔡国都城离吴国太远，便让蔡侯自己将国都迁得离吴国近一点，以方便出兵相救；蔡昭侯私下同意了，没有与大夫商议。吴国出兵前来相救，便把蔡国都城迁到了州来。二十八年，昭侯准备去拜见吴王，大夫们担心他再次迁都，便指使一个名叫"利"的盗贼杀了昭侯，然后又杀死了利来开脱罪名，于是拥立昭侯的儿子朔为国君，这就是成侯。

成侯四年，宋国灭了曹国。十年，齐国的田常杀了齐简公。十三年，楚国消灭了陈国。十九年，成侯去世，他的儿子声侯产继位。声侯十五年去世，他的儿子元侯继位。元侯在位六年后去世，他的儿子侯齐继位。

侯齐四年，楚惠王灭掉了蔡国，侯齐逃往国外，蔡国的祭祀自此断绝。蔡国比陈国灭亡晚三十三年。

伯邑考，他的后人不知分封在什么地方。武王姬发的后人是周王，《本纪》有记载。管叔鲜因叛乱被杀，没有留下后代。周公旦，他的后人是鲁国君主，《世家》有记载。蔡叔度，他的后人是蔡国君主，《世家》有记载。曹叔振铎，他的后人是曹国君主，《世家》有记载。成叔武，他的后人下落无人知晓。霍叔处，他的后人分封在霍地，后被晋献公消灭。康叔封，他的后人是卫国君主，《世家》有记载。冉季载，他的后代世人不清楚。

太史公曰：管蔡作乱，无足载者。然周武王崩，成王少，天下既疑，赖同母之弟成叔、冉季之属十人为辅拂，是以诸侯卒宗周，故附之世家言。

曹叔振铎者，周武王弟也。武王已克殷纣，封叔振铎于曹。

叔振铎卒，子太伯脾立。太伯卒，子仲君平立。仲君平卒，子宫伯侯立。宫伯侯卒，子孝伯云立。孝伯云卒，子夷伯喜立。

夷伯二十三年，周厉王奔于彘。

三十年卒，弟幽伯强立。幽伯九年，弟苏杀幽伯代立，是为戴伯。戴伯元年，周宣王已立三岁。三十年，戴伯卒，子惠伯兕立。

惠伯二十五年，周幽王为犬戎所杀，因东徙，益卑，诸侯畔之。秦始列为诸侯。

三十六年，惠伯卒，子石甫立，其弟武杀之代立，是为缪公。缪公三年卒，子桓公终生立。

桓公三十五年，鲁隐公立。四十五年，鲁弑其君隐公。四十六年，宋华父督弑其君殇公，及孔父。五十五年，桓公卒，子庄公夕姑立。

庄公二十三年，齐桓公始霸。

三十一年，庄公卒，子釐公夷立。釐公九年卒，子昭公班立。昭公六年，齐桓公败蔡，遂至楚召陵。九年，昭公卒，子共公襄立。

共公十六年，初，晋公子重耳其亡过曹，曹君无礼，欲观其骈胁。釐负羁谏，不听，私善于重耳。二十一年，晋文公重耳伐曹，虏共公以归，令军毋入釐负羁之宗族闾。或说晋文公曰："昔齐桓公会诸侯，复异姓；今君囚曹君，灭同姓，何以令于诸侯？"晋乃复归共公。

二十五年，晋文公卒。三十五年，共公卒，子文公寿立。文公二十三年卒，子宣公强立。宣公十七年卒，弟成公负刍立。

成公三年，晋厉公伐曹，虏成公以归，已复释之。五年，晋栾

太史公说：管叔、蔡叔作乱，没有什么值得记载的。但周武王死后，成王年幼，天下人都不相信周公，全仗同母兄弟成叔、冉季等十人辅佐，所以天下诸侯才共尊周室，因此我把他们的事情附记在《世家》里。

曹叔振铎，是周武王的弟弟。武王打败商纣后，将叔振铎分封在曹地。

叔振铎去世后，他的儿子太伯脾继位。太伯去世后，他的儿子仲君平继位。仲君平去世后，其子宫伯侯继位。宫伯侯去世后，其子孝伯云继位。孝伯云去世后，其子夷伯喜继位。

夷伯二十三年，周厉王逃往彘地。

夷伯三十年去世，他的弟弟幽伯强继位。幽伯九年，他的弟弟苏杀死幽伯自立为君，这就是戴伯。戴伯元年，周宣王已登基三年。戴伯三十年去世，他的儿子惠伯兕继位。

惠伯二十五年，周幽王被犬戎人所杀，周王室东迁，更加衰落，诸侯因此纷纷背叛。秦国这一年因救周有功被封为诸侯。

三十六年，惠伯去世，他的儿子石甫继位，他的弟弟武杀了石甫自立为君，这就是缪公。缪公三年去世，他的儿子桓公终生登基。

桓公三十五年，鲁隐公登基。四十五年，鲁人杀了自己的国君隐公。四十六年，宋国的华父督杀了宋殇公和大夫孔父。五十五年，桓公去世，他的儿子庄公夕姑继位。

庄公二十三年，齐桓公成为诸侯盟主，开始称霸天下。

三十一年，庄公去世，他的儿子釐公夷继位。釐公在位九年后去世，他的儿子昭公班登基。昭公六年，齐桓公打败蔡国，顺势攻到了楚国的邵陵。九年，昭公去世，他的儿子共公襄继位。

共公十六年，当初晋公子重耳逃亡时曾路过曹国，共公对待他不礼，甚至想看他的骈肋。曹国大夫釐负羁劝阻，共公不听，釐负羁只得私底下对重耳表示善意。二十一年，晋文公重耳讨伐曹国，把曹共公抓回了晋国，却命令军队不得骚扰釐负羁的宗族所居之地。有人劝晋文公说："当年齐桓公与诸侯会盟，帮助异姓国家复国；现在您却拘禁了曹君，是灭同姓国家。这样以后怎能号令诸侯？"于是晋文公才放回了曹共公。

二十五年，晋文公去世。三十五年，曹共公去世，他的儿子文公寿继位。文公二十三年去世，他的儿子宣公强登基。宣公十七年去世，他的弟弟成公负刍继位。

成公三年，晋厉公攻打曹国，擒获了曹成公回国，不久又放回了他。五年，

书、中行偃使程滑弑其君厉公。二十三年，成公卒，子武公胜立。武公二十六年，楚公子弃疾弑其君灵王代立。二十七年，武公卒，子平公须立。平公四年卒，子悼公午立。是岁，宋、卫、陈、郑皆火。

悼公八年，宋景公立。九年，悼公朝于宋，宋囚之；曹立其弟野，是为声公。悼公死于宋，归葬。

声公五年，平公弟通弑声公代立，是为隐公。隐公四年，声公弟露弑隐公代立，是为靖公。靖公四年卒，子伯阳立。

伯阳三年，国人有梦众君子立于社宫，谋欲亡曹；曹叔振铎止之，请待公孙强，许之。旦，求之曹，无此人。梦者戒其子曰："我亡，尔闻公孙强为政，必去曹，无离曹祸。"及伯阳即位，好田弋之事。六年，曹野人公孙强亦好田弋，获白雁而献之，且言田弋之说，因访政事。伯阳大说之，有宠，使为司城以听政。梦者之子乃亡去。

公孙强言霸说于曹伯。十四年，曹伯从之，乃背晋干宋。宋景公伐之，晋人不救。十五年，宋灭曹，执曹伯阳及公孙强以归而杀之。曹遂绝其祀。

太史公曰：余寻曹共公之不用僖负羁，乃乘轩者三百人，知唯德之不建。及振铎之梦，岂不欲引曹之祀者哉？如公孙强不修厥政，叔铎之祀忽诸。

晋国大夫栾书、中行偃指使程滑杀死了晋厉公。二十三年，成公去世，他的儿子武公胜继位。武公二十六年，楚公子弃疾杀死了楚灵王自立为王。二十七年，武公去世，他的儿子平公须继位。平公四年去世，他的儿子悼公午登基。这一年，宋、卫、陈、郑四国都发生了火灾。

悼公八年，宋景公继位。九年，曹悼公去宋国朝会，被宋拘禁；曹人立悼公的弟弟野为君，这就是声公。悼公最终死在宋国，归葬于曹国。

声公五年，曹平公的弟弟通杀了声公自立为君，这就是隐公。隐公四年，曹声公的弟弟露杀了隐公自立为君，这就是靖公。靖公四年去世，他的儿子伯阳继位。

伯阳三年，曹国有个人梦见许多贵族君子站在土地庙里，商量着要灭掉曹国；曹叔振铎阻止了他们，让他们等待公孙强，众君子答应了曹叔振铎。天亮后，做梦者找遍了曹国，也没有找到公孙强这个人。做梦者就告诫自己的儿子："我死以后，你如果听说是公孙强执掌朝政时，必须离开曹国，否则必遭祸端。"伯阳即位后，喜好射猎。六年，曹国的一个农夫公孙强也喜欢射猎，猎得白雁后献给了伯阳，且大谈射猎的道理，伯阳因此向他请教政事。伯阳听后非常高兴，特别宠爱公孙强，任命他做司城参与政务。做梦者的儿子得知后，于是逃离了曹国。

公孙强向曹伯述说称霸的主张。十四年，曹伯听从了公孙强的主张，于是叛离了晋国，并进犯宋国。宋景公派军攻打曹国，晋国没有来救援。十五年，宋国消灭曹国，将曹伯阳和公孙强抓回了宋国并处死，曹国因此灭亡。

太史公说：我通过探究曹共公不用贤人釐负羁，却让后宫三百美女乘坐轩车的事，知道共公不能树立德政。到曹叔振铎托梦于人时，这难道不是想延长曹国的祭祀吗？如果公孙强没有推行他的政策，曹叔振铎的祭祀香火也不会突然断绝。

陈杞世家第六

陈胡公满者，虞帝舜之后也。昔舜为庶人时，尧妻之二女，居于妫汭，其后因为氏姓，姓妫氏。舜已崩，传禹天下，而舜子商均为封国。夏后之时，或失或续。至于周武王克殷纣，乃复求舜后，得妫满，封之于陈，以奉帝舜祀，是为胡公。

胡公卒，子申公犀侯立。申公卒，弟相公皋羊立。相公卒，立申公子突，是为孝公。孝公卒，子慎公圉戎立。慎公当周厉王时。慎公卒，子幽公宁立。

幽公十二年，周厉王奔于彘。

二十三年，幽公卒，子釐公孝立。釐公六年，周宣王即位。三十六年，釐公卒，子武公灵立。武公十五年卒，子夷公说立。是岁，周幽王即位。夷公三年卒，弟平公燮立。平公七年，周幽王为犬戎所杀，周东徙。秦始列为诸侯。

二十三年，平公卒，子文公圉立。

文公元年，取蔡女，生子佗。十年，文公卒，长子桓公鲍立。

桓公二十三年，鲁隐公初立。二十六年，卫杀其君州吁。三十三年，鲁弑其君隐公。

三十八年正月甲戌己丑，桓公鲍卒。桓公弟佗，其母蔡女，故蔡人为佗杀五父及桓公太子免而立佗，是为厉公。桓公病而乱作，国人分散，故再赴。

厉公二年，生子敬仲完。周太史过陈，陈厉公使以周易筮之，卦得观之否："是为观国之光，利用宾于王。此其代陈有国乎？不在此，其在异国？非此其身，在其子孙。若在异国，必姜姓。姜姓，太岳之后。物莫能两大，陈衰，此其昌乎？"

陈胡公满，是虞帝舜的后代。过去舜还是平民时，尧帝把自己的两个女儿嫁给了他，住在妫汭，他的后代因此就以这个地方名作为姓氏，姓妫。舜去世后，将天下传给了禹，而舜的儿子商均被封为诸侯，建立了诸侯国。夏朝时，舜后人的侯位断断续续。到了周武王战胜殷纣后，才重新寻找舜的后人，找到了妫满，将他封在陈国，来供奉帝舜的祭祀，这就是陈胡公。

胡公死后，他的儿子申公犀侯继位。申公死后，他的弟弟相公皋羊继位。相公死后，国人立申公的儿子突为君，这就是孝公。孝公死后，他的儿子慎公圉戎继位。慎公在位时正是周厉王时期。慎公死后，他的儿子幽公宁继位。

幽公二十年时，周厉王逃到彘地。

二十三年时，幽公去世，他的儿子釐公孝继位。釐公六年，周宣王即位。三十六年，釐公去世，他的儿子武公灵继位。武公十五年去世，他的儿子夷公说继位。这一年，周幽王即位。夷公三年时去世，他的弟弟平公燮继位。平公七年，周幽王被犬戎人杀死，周王朝首都东迁至洛邑。秦国被封为诸侯国。

二十三年时，平公逝世，他的儿子文公圉继位。

文公元年时，娶了蔡国女子为妻，生下了儿子佗。十年，文公去世，他的长子桓公鲍继位。

桓公二十三年，鲁隐公即位。二十六年，卫人杀死了卫君州吁。三十三年，鲁人杀死了鲁隐公。

三十八年正月甲戌己丑日，桓公鲍去世。桓公的弟弟佗的母亲，因为是蔡国女子，蔡国人因此为佗杀了五父和桓公太子免，而立佗为国君，这就是厉公。桓公病重，国内大乱，国人四处逃散，所以两次发布讣告。

厉公二年时，生下了儿子敬仲完。正好周太史路过陈国，陈厉公让他用《周易》为儿子卜卦，获得的卦象由《观》卦变《否》卦，卦爻的意思是："这可以看到国家的荣光，对做天子的宾客有好处。这是他会取代陈国而自己据有国家吧？不是在陈国，是在别的国家吧？这事不在他本人的身上发生，而是在他的子孙后代身上发生。如果是发生在别国，一定是在姜姓国家。姜姓，因为是太岳的后代。事物不能同时在两个方面强大，可能要等到陈国衰亡后，他的后代才会昌盛吧？"

厉公取蔡女，蔡女与蔡人乱，厉公数如蔡淫。七年，厉公所杀桓公太子免之三弟，长曰跃，中曰林，少曰杵臼，共令蔡人诱厉公以好女，与蔡人共杀厉公而立跃，是为利公。利公者，桓公子也。利公立五月卒，立中弟林，是为庄公。庄公七年卒，少弟杵臼立，是为宣公。

宣公三年，楚武王卒，楚始强。十七年，周惠王娶陈女为后。

二十一年，宣公后有嬖姬生子款，欲立之，乃杀其太子御寇。御寇素爱厉公子完，完惧祸及己，乃奔齐。齐桓公欲使陈完为卿，完曰："羁旅之臣，幸得免负檐，君之惠也，不敢当高位。"桓公使为工正。齐懿仲欲妻陈敬仲，卜之，占曰："是谓凤皇于飞，和鸣锵锵。有妫之后，将育于姜。五世其昌，并于正卿。八世之后，莫之与京。"

三十七年，齐桓公伐蔡，蔡败；南侵楚，至召陵，还过陈。陈大夫辕涛涂恶其过陈，诈齐令出东道。东道恶，桓公怒，执陈辕涛涂。是岁，晋献公杀其太子申生。

四十五年，宣公卒，子款立，是为缪公。缪公五年，齐桓公卒。十六年，晋文公败楚师于城濮。是岁，缪公卒，子共公朔立。共公六年，楚太子商臣弑其父成王代立，是为缪王。十一年，秦缪公卒。十八年，共公卒，子灵公平国立。

灵公元年，楚庄王即位。六年，楚伐陈。十年，陈及楚平。

十四年，灵公与其大夫孔宁、仪行父皆通于夏姬，衷其衣以戏于朝。泄冶谏曰："君臣淫乱，民何效焉？"灵公以告二子，二子请杀泄冶，公弗禁，遂杀泄冶。十五年，灵公与二子饮于夏氏。公戏二子曰："徵舒似汝。"二子曰："亦似公。"徵舒怒。灵公罢酒出，徵舒伏弩厩门射杀灵公。孔宁、仪行父皆奔楚，灵公太子午奔晋。徵舒自立为陈侯。徵舒，故陈大夫也。夏姬，御叔之妻，舒之母也。

成公元年冬，楚庄王为夏徵舒杀灵公，率诸侯伐陈。谓陈曰："无惊，吾诛徵舒而已。"已诛徵舒，因县陈而有之，群臣毕贺。申

厉公娶了蔡国之女，蔡女与一蔡国人通奸，厉公也多次到蔡国淫乐。七年，被厉公所杀的桓公太子免的三个兄弟，大的叫跃，中间的叫林，最小的叫杵臼，一起让蔡人用美女勾引厉公，然后与蔡人一起杀掉了厉公，拥立跃为国君，这就是利公。利公是桓公的儿子。利公即位五个月就去世了，弟弟林继位，这就是庄公。庄公七年时去世，小弟弟杵臼继位，这就是宣公。

宣公三年，楚武王去世，楚国开始强大起来。十七年，周惠王娶陈君之女为王后。

二十一年，宣公后来有一个宠妃生了个儿子款，宣公想立他为太子，就杀了原太子御寇。御寇一直喜欢厉公的儿子陈完，陈完害怕受牵连，便逃到了齐国。齐桓公想任用陈完做卿，陈完说："我是寄居在外的臣子，有幸能免受劳役之苦，就已是您给了我恩惠，我不敢担任高官。"桓公让他做了工正之官。齐懿仲想把自己的女儿嫁给陈敬仲，先算了一卦，卦上说："这好比是凤凰双飞，鸣声相和，清脆有力。妫姓的后人，会在姜姓之国繁育昌盛。五代以后就能发达，地位与正卿一样。八代以后，就无人能与之相比了。"

三十七年，齐桓公征讨蔡国，蔡国战败；齐军趁势入侵楚国，向南直至召陵，返回时经过了陈国。陈国大夫辕涛涂不想让齐军经过陈国境内，便欺骗齐军说由东路沿海岸返回齐国更好。东面的道路险恶难走，齐桓公明白真相后很是生气，把辕涛涂抓了起来。这一年，晋献公杀死了自己的太子申生。

四十五年，宣公去世，他的儿子款继位，这就是缪公。缪公五年，齐桓公去世。十六年，晋文公在城濮打败了楚军。这一年，陈缪公去世，他的儿子共公朔继位。共公六年，楚国太子商臣杀了自己的父亲楚成王自立称王，这就是楚缪王。十一年，秦缪公去世。十八年，共公去世，儿子灵公平国继位。

灵公元年，楚庄王即位。六年，楚国攻打陈国。十年，陈国与楚国讲和。

十四年，灵公与大夫孔宁、仪行父都与夏姬通奸，他们贴身穿着夏姬的衣服在朝中嬉戏。大夫泄冶劝谏说："君臣如此淫乱，让国民如何学习？"灵公将这话告诉了孔宁、仪行父两人，二人请求杀死泄冶，灵公没有制止他们，二人于是杀死了泄冶。十五年，灵公与孔宁、仪行父在夏姬家饮酒。灵公与两人开玩笑说："夏徵舒长得和你们很像。"二人也说："他长得也很像您。"夏徵舒听了很愤怒。灵公喝完酒出来，徵舒在马棚门口埋伏用弓箭射杀了灵公。孔宁、仪行父吓得逃到了楚国，灵公太子午也逃到了晋国。夏徵舒自立为陈侯。夏徵舒，以前陈国的大夫。夏姬，是御叔的妻子，夏徵舒的母亲。

陈成公元年冬天，楚庄王以夏徵舒杀死了陈灵公为借口，率领诸侯讨伐陈国。他对陈国人说："不要害怕，我只是来诛杀夏徵舒而已。"但是在杀了夏徵

叔时使于齐来还,独不贺。庄王问其故,对曰:"鄙语有之,牵牛径人田,田主夺之牛。径则有罪矣,夺之牛,不亦甚乎?今王以徵舒为贼弑君,故征兵诸侯,以义伐之,已而取之,以利其地,则后何以令于天下!是以不贺。"庄王曰:"善。"乃迎陈灵公太子午于晋而立之,复君陈如故,是为成公。孔子读史记至楚复陈,曰:"贤哉楚庄王!轻千乘之国而重一言。"

八年,楚庄王卒。二十九年,陈倍楚盟。三十年,楚共王伐陈。是岁,成公卒,子哀公弱立。楚以陈丧,罢兵去。

哀公三年,楚围陈,复释之。二十八年,楚公子围弑其君郏敖自立,为灵王。

三十四年,初,哀公娶郑,长姬生悼太子师,少姬生偃。二嬖妾,长妾生留,少妾生胜。留有宠哀公,哀公属之其弟司徒招。哀公病,三月,招杀悼太子,立留为太子。哀公怒,欲诛招,招发兵围守哀公,哀公自经杀。招卒立留为陈君。四月,陈使使赴楚。楚灵王闻陈乱,乃杀陈使者,使公子弃疾发兵伐陈,陈君留奔郑。九月,楚围陈。十一月,灭陈。使弃疾为陈公。

招之杀悼太子也,太子之子名吴,出奔晋。晋平公问太史赵曰:"陈遂亡乎?"对曰:"陈,颛顼之族。陈氏得政于齐,乃卒亡。自幕至于瞽瞍,无违命。舜重之以明德。至于遂,世世守之。及胡公,周赐之姓,使祀虞帝。且盛德之后,必百世祀。虞之世未也,其在齐乎?"

楚灵王灭陈五岁,楚公子弃疾弑灵王代立,是为平王。平王初立,欲得和诸侯,乃求故陈悼太子师之子吴,立为陈侯,是为惠公。惠公立,探续哀公卒时年而为元,空籍五岁矣。

十年,陈火。十五年,吴王僚使公子光伐陈,取胡、沈而去。

舒后，顺势将陈国作为楚国的一个县而强占了，楚国群臣因此都向楚庄王道贺。这时申叔时从齐国出使回来，只他一人没有表示祝贺。楚庄王问他缘故，他回答说："常言有说，牵牛践踏了他人的田地，而田地的主人则把牛抢过去占为己有。践踏了他人的田地虽然有罪，但因此就抢夺了别人的牛，不也很过分吗？现在大王认为夏徵舒杀害了自己的君王不义，因此征集诸侯军队，以申张正义之名讨伐夏徵舒，接着却贪图人家的土地，把陈国占为己有，那么今后还如何号令天下呢！所以我不恭贺。"楚庄王听后说："说得好！"于是把陈灵公的太子妫午从晋国接回来，立为陈君，像过去一样治理陈国，这就是陈成公。孔子在读史书时看到楚国恢复陈国主权一段，说："楚庄王真是贤德啊。他轻视千乘之国而重视一句合乎道义的话。"

八年，楚庄王去世。二十九年，陈国背弃与楚国的盟约。三十年，楚共王讨伐陈国。这一年，陈成公去世，他的儿子哀公弱继位。楚王因陈国有丧事，撤军回国。

哀公三年，楚军围攻陈国，然后又解除了包围。二十八年，楚国公子围杀死楚王郏敖自立为王，这就是楚灵王。

三十四年，当初哀公娶了郑国女子为妻，长姬生了悼太子师，少姬生了偃。哀公还有两名宠妾，长妾生了留，少妾生了胜。哀公最喜欢留，将他托付给自己的弟弟司徒招照顾。哀公生病了，这年三月，司徒招杀了悼太子，立留为太子。哀公非常生气，想要杀司徒招，司徒招发兵囚禁了哀公，哀公自缢而死。司徒招最终还是立了留为国君。四月，陈国派使臣去楚国报丧。楚灵王听说陈国内乱，便杀死了陈国使者，派公子弃疾率军讨伐陈国，陈君留逃往了郑国。九月，楚军包围了陈。十一月，灭掉了陈国。楚灵王命楚公子弃疾为陈公。

司徒招杀死悼太子后，悼太子的儿子吴逃到了晋国。晋平公问太史赵说："陈国终于要灭亡了吗？"太史赵答道："陈国是颛顼的后代。等陈氏取得齐国政权以后，陈国才算是最终灭亡。陈国祖先从幕到瞽瞍，从没有违背天命。舜又增加了美德。一直到遂，世世代代都恪守其道。到了胡公后，周天子赐给他姓，让他祭祀舜帝。况且具有大功德的人，必定能享受百代的祭祀。虞舜享有的祭祀还不到百代之数，大概会在齐国继续享祀吧？"

楚灵王灭陈后的第五年，楚国公子弃疾杀了楚灵王，自立为王，这就是楚平王。楚平王刚刚即位，想亲睦各诸侯，于是便找到原陈国悼太子师的儿子吴，立他为陈侯，这就是陈惠公。惠公即位后，追溯到哀公逝世那年为惠公元年，陈国君位间断了五年。

十年，陈国发生了火灾。十五年，吴王僚派公子光讨伐陈国，攻占了胡、沈两地后回国。二十八年，吴王阖闾和伍子胥打败了楚国进入郢都。这一年，陈惠

二十八年，吴王阖闾与子胥败楚入郢。是年，惠公卒，子怀公柳立。

怀公元年，吴破楚，在郢，召陈侯。陈侯欲往，大夫曰："吴新得意；楚王虽亡，与陈有故，不可倍。"怀公乃以疾谢吴。四年，吴复召怀公。怀公恐，如吴。吴怒其前不往，留之，因卒吴。陈乃立怀公之子越，是为湣公。

湣公六年，孔子适陈。吴王夫差伐陈，取三邑而去。十三年，吴复来伐陈，陈告急楚，楚昭王来救，军于城父，吴师去。是年，楚昭王卒于城父。时孔子在陈。十五年，宋灭曹。十六年，吴王夫差伐齐，败之艾陵，使人召陈侯。陈侯恐，如吴。楚伐陈。二十一年，齐田常弑其君简公。二十三年，楚之白公胜杀令尹子西、子綦，袭惠王。叶公攻败白公，白公自杀。

二十四年，楚惠王复国，以兵北伐，杀陈湣公，遂灭陈而有之。是岁，孔子卒。

杞东楼公者，夏后禹之后苗裔也。殷时或封或绝。周武王克殷纣，求禹之后，得东楼公，封之于杞，以奉夏后氏祀。

东楼公生西楼公，西楼公生题公，题公生谋娶公。谋娶公当周厉王时。谋娶公生武公。武公立四十七年卒，子靖公立。靖公二十三年卒，子共公立。共公八年卒，子德公立。德公十八年卒，弟桓公姑容立。桓公十七年卒，子孝公匄立。孝公十七年卒，弟文公益姑立。文公十四年卒，弟平公郁立。平公十八年卒，子悼公成立。悼公十二年卒，子隐公乞立。七月，隐公弟遂弑隐公自立，是为釐公。釐公十九年卒，子湣公维立。湣公十五年，楚惠王灭陈。十六年，湣公弟阏路弑湣公代立，是为哀公。哀公立十年卒，湣公子敕立，是为出公。出公十二年卒，子简公春立。立一年，楚惠王之四十四年，灭杞。杞后陈亡三十四年。杞小微，其事不足称述。

舜之后，周武王封之陈，至楚惠王灭之，有世家言。禹之后，周武王封之杞，楚惠王灭之，有世家言。契之后为殷，殷有本纪言。殷

公死,他的儿子怀公柳继位。

怀公元年,吴王攻占楚国后,驻扎在郢都,在此召见陈怀公。怀公准备前往,有大夫劝道:"吴王最近志得意满,不过楚王虽然逃亡,但与陈国有旧交,我们不能背叛楚国。"怀公就以身体有病为由推辞了。四年,吴王又召见怀公。怀公心里害怕,只好前往吴国。吴王气愤怀公上次不来,扣留了他,最终死在了吴国。陈国人于是拥立怀公的儿子越为国君,这就是湣公。

湣公六年,孔子来到了陈国。吴王夫差讨伐陈国,攻占了三座城邑后离去。十三年,吴国又来攻打陈国,陈国向楚国告急求援,楚昭王率军前来援救,驻扎在城父,吴军撤兵离去。这一年,楚昭王在城父去世。当时孔子还在陈国。十五年,宋国灭掉了曹国。十六年,吴王夫差北上讨伐齐国,在艾陵打败了齐军,他又派人召见陈侯。湣公害怕,前往吴国。楚国因此讨伐陈国。二十一年,齐国大夫田常杀死了齐简公。二十三年,楚国的白公胜杀死了令尹子西和子綦,并攻击楚惠王。楚国叶公击败了白公胜,白公胜自杀身亡。

二十四年,楚惠王恢复了国土,举兵北伐,杀死了陈湣公,最终灭掉了陈国并占为己有。这一年,孔子去世。

杞国的东楼公,是夏朝大禹的后代子孙。商朝时其封国断断续续。周武王打败殷纣王后,寻求禹的后代,找到了东楼公,将他分封在杞地,让他供奉夏禹的祭祀。

东楼公生了个儿子西楼公,西楼公生了个儿子题公,题公生了个儿子谋娶公。谋娶公时正是周厉王时代。谋娶公生了儿子武公。武公在位四十七年后去世,他的儿子靖公继位。靖公在位二十三年后去世,他的儿子共公继位。共公在位八年去世,他的儿子德公继位。德公在位十八年去世,他的弟弟桓公姑容继位。桓公在位十七年后去世,他的儿子孝公匄继位。孝公在位十七年后去世,他的弟弟文公益姑继位。文公在位十四年后去世,他的弟弟平公郁继位。平公在位十八年后去世,他的儿子悼公成继位。悼公十二年去世,他的儿子隐公乞继位。这年七月,隐公的弟弟遂杀了隐公自立为君,这就是釐公。釐公在位十九年后去世,他的儿子湣公维继位。湣公十五年,楚惠王灭掉了陈国。十六年,湣公的弟弟阏路杀了湣公自立为君,这就是哀公。哀公在位十年后去世,湣公的儿子敕继位,这就是出公。出公在位十二年后去世,他的儿子简公春继位。即位一年后,也就是楚惠王四十四年,楚国灭掉了杞国。杞国比陈国晚灭亡三十四年。杞国弱小,其他的事不值得称述。

舜的后人,周武王将其分封在陈,到楚惠王时被灭掉,《世家》有记载。禹的后代,周武王将其分封在杞,被楚惠王灭掉了,在《世家》中有记载。契的后

破，周封其后于宋，齐湣王灭之，有世家言。后稷之后为周，秦昭王灭之，有本纪言。皋陶之后，或封英、六，楚穆王灭之，无谱。伯夷之后，至周武王复封于齐，曰太公望，陈氏灭之，有世家言。伯翳之后，至周平王时封为秦，项羽灭之，有本纪言。垂、益、夔、龙，其后不知所封，不见也。右十一人者，皆唐虞之际名有功德臣也；其五人之后皆至帝王，余乃为显诸侯。滕、薛、驺，夏、殷、周之间封也，小，不足齿列，弗论也。

周武王时，侯伯尚千余人。及幽、厉之后，诸侯力攻相并。江、黄、胡、沈之属，不可胜数，故弗采著于传。

太史公曰：舜之德可谓至矣！禅位于夏，而后世血食者历三代。及楚灭陈，而田常得政于齐，卒为建国，百世不绝，苗裔兹兹，有土者不乏焉。至禹，于周则杞，微甚，不足数也。楚惠王灭杞，其后越王句践兴。

代是殷商王族，在《本纪》中有记载。殷朝灭亡后，周朝将其后代分封在宋，后来被齐湣王灭掉了，在《世家》中有记载。后稷的后代是周朝王族，后来被秦昭王灭掉了，在《本纪》中有记载。皋陶的后代，有的被封在英、六这些地方，被楚穆王灭掉了，没有书谱记载。伯夷的后人，在周武王时又被封在齐，叫作太公望，被陈氏灭了，在《世家》中有记载。垂、益、夔、龙，他们的后代不知道所封的地方，没有见过记载。以上十一个人，都是尧、舜时著名的有功德之臣；其中五人的后人都当过帝王，其他的则是著名诸侯。滕、薛、驺，是在夏、商、周三代时所封的侯国，很小，不足挂齿，就不加论述了。

周武王时，受封为侯为伯的还有一千多人。等到周幽王、周厉王之后，诸侯之间相互争斗相互吞并。像江、黄、胡、沈之类的小国，不计其数，所以就不采录了。

太史公曰：舜的德行可以说是达到极点了！他禅位给夏，而后代享受的祭祀经历了夏、商、周三个朝代。陈国被楚灭掉之后，田常又夺取了齐国的政权，最终建立了国家，祭祀仍世代不绝，子孙昌盛，被分封赐地的人不少。至于禹，他的后代在周时是杞国之君，很弱小，不值得一说。楚惠王灭掉杞后，禹的后人越王勾践又振兴了起来。

卫康叔世家第七

卫康叔名封，周武王同母少弟也。其次尚有冉季，冉季最少。

武王已克殷纣，复以殷余民封纣子武庚禄父，比诸侯，以奉其先祀勿绝。为武庚未集，恐其有贼心，武王乃令其弟管叔、蔡叔傅相武庚禄父，以和其民。武王既崩，成王少。周公旦代成王治，当国。管叔、蔡叔疑周公，乃与武庚禄父作乱，欲攻成周。周公旦以成王命兴师伐殷，杀武庚禄父、管叔，放蔡叔，以武庚殷余民封康叔为卫君，居河、淇间故商墟。

周公旦惧康叔齿少，乃申告康叔曰："必求殷之贤人君子长者，问其先殷所以兴，所以亡，而务爱民。"告以纣所以亡者以淫于酒，酒之失，妇人是用，故纣之乱自此始。为梓材，示君子可法则。故谓之康诰、酒诰、梓材以命之。康叔之国，既以此命，能和集其民，民大说。

成王长，用事，举康叔为周司寇，赐卫宝祭器，以章有德。

康叔卒，子康伯代立。康伯卒，子考伯立。考伯卒，子嗣伯立。嗣伯卒，子疌伯立。疌伯卒，子靖伯立。靖伯卒，子贞伯立。贞伯卒，子顷侯立。

顷侯厚赂周夷王，夷王命卫为侯。顷侯立十二年卒，子釐侯立。

釐侯十三年，周厉王出奔于彘，共和行政焉。二十八年，周宣王立。

四十二年，釐侯卒，太子共伯余立为君。共伯弟和有宠于釐侯，多予之赂；和以其赂赂士，以袭攻共伯于墓上，共伯入釐侯羡自杀。

卫康叔的名字叫封，是周武王的同母弟弟，他还有一个弟弟名叫冉季，年龄最小。

周武王灭了纣王后，又把商朝的遗民封给了纣王的儿子武庚禄父，地位等同于诸侯，以便让他们的先祖世代得享奉祀。因为武庚没有完全归顺，武王担心他有反叛之心，便安排自己的弟弟管叔、蔡叔做他的师傅和国相来辅佐他，使百姓安定。武王去世后，成王年幼。周公旦便暂代成王治理国事，执掌国政。管叔、蔡叔怀疑周公旦的用心，便与武庚禄父发动叛乱，想攻打成周。周公旦奉成王的命令率军讨伐叛乱的殷民，杀死了武庚禄父和管叔，放逐了蔡叔，把殷朝的遗民封给康叔，封康叔为卫国君主，居住在黄河与淇水之间原来商的旧都殷墟。

周公旦担心康叔年轻，便反复告诫康叔说："你一定要找殷朝那些有才德、有威望、有经验的人，向他们询问殷朝所以兴衰、成败的原因，并且一定要关心爱护自己的百姓。"又告诫康叔纣王灭亡是因为他一味饮酒作乐，沉湎于女色，所以纣王时的混乱就是从这时开始的。周公旦还撰写了《梓材》，当作治国者效法的法则。所以，这些又被称为《康诰》《酒诰》《梓材》。康叔的国家，因为使用了这些法典，因此得以和睦与安定，国民都非常高兴。

成王长大成人后，亲自掌管了国政，他任命康叔为周朝的司寇，赐给卫国许多宝器祭器，以此来表彰他的德行。

康叔去世后，他的儿子康伯继位。康伯去世后，儿子考伯继位。考伯去世后，其儿子嗣伯被立为国君。嗣伯去世后，其儿子㡩伯继位。㡩伯去世后，他的儿子靖伯继位。靖伯去世后，他的儿子贞伯继位。贞伯去世后，他的儿子顷侯继位。

因顷侯用厚礼贿赂周夷王，周夷王将卫封为侯爵。顷侯在位十二年后去世，他的儿子釐侯继位。

釐侯十三年时，周厉王逃跑到彘地，由召公和周公共同执掌国政，号为"周召共和"。釐侯二十八年时，周宣王登基。

釐侯在位四十二年后去世，太子共伯余继位。共伯的弟弟和曾很受釐侯宠爱，赐给了他很多财物；和便用这些财物收买武士，在釐侯的墓地偷袭共伯余，共伯被逼逃入釐侯的墓道而自杀。卫人便把共伯埋葬在釐侯的墓旁，谥为共伯，

卫人因葬之釐侯旁，谥曰共伯，而立和为卫侯，是为武公。

武公即位，修康叔之政，百姓和集。四十二年，犬戎杀周幽王，武公将兵往佐周平戎，甚有功，周平王命武公为公。五十五年，卒，子庄公扬立。

庄公五年，取齐女为夫人，好而无子。又取陈女为夫人，生子，蚤死。陈女女弟亦幸于庄公，而生子完。完母死，庄公令夫人齐女子之，立为太子。庄公有宠妾，生子州吁。十八年，州吁长，好兵，庄公使将。石碏谏庄公曰："庶子好兵，使将，乱自此起。"不听。二十三年，庄公卒，太子完立，是为桓公。

桓公二年，弟州吁骄奢，桓公绌之，州吁出奔。十三年，郑伯弟段攻其兄，不胜，亡，而州吁求与之友。十六年，州吁收聚卫亡人以袭杀桓公，州吁自立为卫君。为郑伯弟段欲伐郑，请宋、陈、蔡与俱，三国皆许州吁。州吁新立，好兵，弑桓公，卫人皆不爱。石碏乃因桓公母家于陈，佯为善州吁。至郑郊，石碏与陈侯共谋，使右宰丑进食，因杀州吁于濮，而迎桓公弟晋于邢而立之，是为宣公。

宣公七年，鲁弑其君隐公。九年，宋督弑其君殇公，及孔父。十年，晋曲沃庄伯弑其君哀侯。

十八年，初，宣公爱夫人夷姜，夷姜生子伋，以为太子，而令右公子傅之。右公子为太子取齐女，未入室，而宣公见所欲为太子妇者好，说而自取之，更为太子取他女。宣公得齐女，生子寿、子朔，令左公子傅之。太子伋母死，宣公正夫人与朔共谗恶太子伋。宣公自以其夺太子妻也，心恶太子，欲废之。及闻其恶，大怒，乃使太子伋于齐而令盗遮界上杀之，与太子白旄，而告界盗见持白旄者杀之。且行，子朔之兄寿，太子异母弟也，知朔之恶太子而君欲杀之，乃谓太子曰："界盗见太子白旄，即杀太子，太子可毋行。"太子曰："逆父命求生，不可。"遂行。寿见太子不止，乃盗其白旄而先驰至界。

而立和为卫侯,这就是武公。

武公即位后,重新执行康叔的政令,百姓和乐安定。四十二年,犬戎人杀死了周幽王,武公亲自率军辅佐周天子平定犬戎之乱,建了大功,周平王因此赐武公为公。在位五十五年后,武公去世,他的儿子庄公扬继位。

庄公五年时,娶了齐国的女子为夫人,齐女貌美但没能生子。庄公便又娶了陈国女子为妻子,陈女生了个儿子,但夭折了。陈女的妹妹也受庄公宠爱,生了儿子完。完的母亲死后,庄公让齐女抚养完,并立完为太子。庄公还有个宠妾,生了个儿子叫州吁。庄公十八年时,州吁长成大人,喜好军事,庄公便任他为将领。上卿石碏向庄公进谏说:"妾生的儿子喜好军事,您又让他做将领,祸乱将从此开始。"庄公没有听取他的意见。二十三年,庄公去世,太子完继位,这就是桓公。

桓公二年,桓公的弟弟州吁骄奢淫逸,桓公罢免了他,州吁逃到了国外。十三年,郑伯的弟弟段攻击兄长,没能成功,逃走了,而州吁便请求与他结交为友。十六年,州吁纠集逃亡的卫国人偷袭杀害了桓公,州吁自立为君。因为郑伯的弟弟段想要攻打郑国,州吁请求宋、陈、蔡三国共同讨伐郑国,三国答应了州吁。州吁刚即位,又爱好战争、杀了桓公,卫国人都不喜欢他。石碏因为桓公母亲的娘家在陈国,便假装与州吁友善。当卫国军队到了郑国郊外时,石碏与陈侯共同商量计策,派右宰丑向州吁进献食品,并趁机在濮杀掉了州吁,而从邢地把桓公的弟弟晋接回来立为国君,这就是宣公。

宣公七年,鲁人杀死了鲁隐公。九年,宋督杀了自己的国君宋殇公和大夫孔父。十年,晋国曲沃庄伯杀了晋哀侯。

十八年,当初宣公宠幸夫人夷姜,她生了个儿子伋,被立为太子。宣公派右公子做他的师傅。右公子为太子娶了个齐国女子,齐女还没有和伋成亲,宣公看见了,他见齐国女子长得好看,很是喜欢,便自己娶了这个女子,而另为太子娶了个女子。宣公娶了齐女后,齐女生下了儿子子寿、子朔,宣公派左公子做他们的师傅。太子伋的母亲逝世后,宣公的正夫人与子朔在宣公面前说太子伋的坏话。宣公因自己抢夺了太子的妻子,心中不喜欢太子,想把他废掉。现在又听到有人说太子的坏话,大怒,便令太子伋出使齐国,而暗中派刺客在边境上截杀他。宣公给了太子白旄,而告诉在边境上的刺客说只要见到手持白旄符节的人就把他杀掉。太子伋将要动身时,子朔的哥哥子寿,也就是太子的异母弟,知道子朔憎恨太子而君王也想除掉太子,便对太子说:"边境上的刺客只要见到太子手拿白旄,便会杀了你,太子不要去!"太子说:"违抗父命而保全自己,这不可以。"于是毅然前往。子寿见太子不听劝,便偷了他的白旄符节先赶到了边境。

界盗见其验，即杀之。寿已死，而太子伋又至，谓盗曰："所当杀乃我也。"盗并杀太子伋，以报宣公。宣公乃以子朔为太子。十九年，宣公卒，太子朔立，是为惠公。

左右公子不平朔之立也，惠公四年，左右公子怨惠公之谗杀前太子伋而代立，乃作乱，攻惠公，立太子伋之弟黔牟为君，惠公奔齐。

卫君黔牟立八年，齐襄公率诸侯奉王命共伐卫，纳卫惠公，诛左右公子。卫君黔牟奔于周，惠公复立。惠公立三年出亡，亡八年复入，与前通年凡十三年矣。

二十五年，惠公怨周之容舍黔牟，与燕伐周。周惠王奔温，卫、燕立惠王弟颓为王。二十九年，郑复纳惠王。三十一年，惠公卒，子懿公赤立。

懿公即位，好鹤，淫乐奢侈。九年，翟伐卫，卫懿公欲发兵，兵或畔。大臣言曰："君好鹤，鹤可令击翟。"翟于是遂入，杀懿公。

懿公之立也，百姓大臣皆不服。自懿公父惠公朔之谗杀太子伋代立至于懿公，常欲败之，卒灭惠公之后而更立黔牟之弟昭伯顽之子申为君，是为戴公。

戴公申元年卒。齐桓公以卫数乱，乃率诸侯伐翟，为卫筑楚丘，立戴公弟毁为卫君，是为文公。文公以乱故奔齐，齐人入之。

初，翟杀懿公也，卫人怜之，思复立宣公前死太子伋之后，伋子又死，而代伋死者子寿又无子。太子伋同母弟二人：其一曰黔牟，黔牟尝代惠公为君，八年复去；其二曰昭伯。昭伯、黔牟皆已前死，故立昭伯子申为戴公。戴公卒，复立其弟毁为文公。

文公初立，轻赋平罪，身自劳，与百姓同苦，以收卫民。

十六年，晋公子重耳过，无礼。十七年，齐桓公卒。二十五年，文公卒，子成公郑立。

成公三年，晋欲假道于卫救宋，成公不许。晋更从南河度，救宋。征师于卫，卫大夫欲许，成公不肯。大夫元咺攻成公，成公出奔。晋文公重耳伐卫，分其地予宋，讨前过无礼及不救宋患也。卫成

刺客见到事先说好的标志，就杀了他。子寿被杀后，太子伋也赶到了，对刺客说："你们要杀的应当是我！"刺客于是便又杀了太子伋，然后回去报告了宣公。宣公于是便立子朔做了太子。十九年，宣公去世，太子朔继位，这就是惠公。

左右两公子对朔成为国君感到气愤不平。惠公四年，左右两公子因怨恨惠公中伤并谋杀了太子伋而自立为君，因此发动叛乱，率人攻打惠公，立太子伋的弟弟黔牟为国君，惠公逃亡到了齐国。

卫君黔牟八年时，齐襄公奉周天子之命率领各诸侯讨伐卫国，送卫惠公回国，杀死了左右公子。卫君黔牟逃到了周，惠公再次登上君位。惠公成为国君后三年逃亡，逃亡八年后再次回国，前后共计十三年。

二十五年，惠公怨恨周接纳安顿黔牟，便与燕国一起讨伐周。周惠王逃到了温，卫、燕一起立惠王弟弟颓为王。二十九年，郑国又护送惠王回周。三十一年，卫惠公去世，他的儿子懿公赤继位。

懿公即位后，喜欢养鹤，奢侈淫逸。九年，翟人攻打卫国，卫懿公出兵抵御，但有些士兵背叛了他。大臣们说："君王喜欢鹤，可派鹤去抗击翟人！"翟人于是攻入了卫国，杀死了懿公。

懿公成为国君，百姓和大臣们都不信服。自懿公的父亲惠公朔谗言杀害了太子伋自立为君到懿公，百姓和大臣们常想着推翻他们，最终他们灭了惠公的后人，而改立黔牟的弟弟昭伯顽的儿子申为国君，这就是戴公。

戴公申在登基的第一年便去世了。齐桓公因卫国多次动乱，于是率领诸侯讨伐翟人，为卫国修建了楚丘城，立戴公的弟弟毁为卫国国君，这就是文公。文公因卫动乱而逃往齐国，齐人又把他送回了卫国。

当初，翟人杀死懿公后，卫人可怜他，想再立以前被宣公谋害的太子伋的后代为君，但伋的儿子已去世了，而代伋赴死的子寿又没有儿子。太子伋有两个同母弟弟：一个叫黔牟，黔牟曾代替惠公成为国君，八年后被惠公赶出了卫国；另一个叫昭伯。昭伯、黔牟都已经去世了，所以卫人立了昭伯的儿子申为戴公，戴公去世后，卫人又立他的弟弟毁为文公。

文公刚刚即位，就减轻了百姓的赋税，断案公平，并亲自劳作，与百姓同甘共苦，以此以来收服百姓。

十六年，晋公子重耳逃亡时经过卫国，文公没有礼待他。十七年，齐桓公去世。在位二十五年后文公去世，他的儿子成公郑继位。

成公三年，晋国想从卫国借道救援宋国，成公没有同意。晋国便改道向南渡过黄河，救了宋国。晋国想在卫国征兵，卫国大夫想答应，但成公不同意。大夫元咺率人攻打成公，成公逃到了国外。晋文公重耳讨伐卫国，并将卫国的土地分给了

公遂出奔陈。二岁，如周求入，与晋文公会。晋使人鸩卫成公，成公私于周主鸩，令薄，得不死。已而周为请晋文公，卒入之卫，而诛元咺，卫君瑕出奔。七年，晋文公卒。十二年，成公朝晋襄公。十四年，秦穆公卒。二十六年，齐邴歜弑其君懿公。三十五年，成公卒，子穆公遬立。

穆公二年，楚庄王伐陈，杀夏徵舒。三年，楚庄王围郑，郑降，复释之。十一年，孙良夫救鲁伐齐，复得侵地。穆公卒，子定公臧立。定公十二年卒，子献公衎立。

献公十三年，公令师曹教宫妾鼓琴，妾不善，曹笞之。妾以幸恶曹于公，公亦笞曹三百。十八年，献公戒孙文子、宁惠子食，皆往。日旰不召，而去射鸿于囿。二子从之，公不释射服与之言。二子怒，如宿。孙文子子数侍公饮，使师曹歌巧言之卒章。师曹又怒公之尝笞三百，乃歌之，欲以怒孙文子，报卫献公。文子语蘧伯玉，伯玉曰："臣不知也。"遂攻出献公。献公奔齐，齐置卫献公于聚邑。孙文子、宁惠子共立定公弟秋为卫君，是为殇公。

殇公秋立，封孙文子林父于宿。十二年，宁喜与孙林父争宠相恶，殇公使宁喜攻孙林父。林父奔晋，复求入故卫献公。献公在齐，齐景公闻之，与卫献公如晋求入。晋为伐卫，诱与盟。卫殇公会晋平公，平公执殇公与宁喜而复入卫献公。献公亡在外十二年而入。

献公后元年，诛宁喜。

三年，吴延陵季子使过卫，见蘧伯玉、史䲡，曰："卫多君子，其国无故。"过宿，孙林父为击磬，曰："不乐，音大悲，使卫乱乃此矣。"是年，献公卒，子襄公恶立。

襄公六年，楚灵王会诸侯，襄公称病不往。

九年，襄公卒。初，襄公有贱妾，幸之，有身，梦有人谓曰："我康叔也，令若子必有卫，名而子曰'元'。"妾怪之，问孔成

宋国，因以前他过卫国时卫君对他无礼，而成公又不许他借道卫国救宋。卫成公最后逃到了陈国。两年后，成公向周天子请求协助回国，与晋文公盟会。晋派人想用毒酒害死成公，成公买通了周王室下毒的人，让他少下些毒，得以活命。不久周王向晋文公替成公求情，成公最终得以回到卫国，杀死了元咺，卫君瑕逃往了国外。七年，晋文公去世。十二年，成公朝见了晋襄公。十四年，秦穆公去世。二十六年，齐邴歜杀死了齐懿公。三十五年，成公去世，他的儿子穆公邀继位。

穆公二年，楚庄王讨伐陈国，杀死了夏徵舒。三年，楚庄王围攻郑国，郑君投降了，后来楚庄王又放了他。十一年，孙良夫为救鲁国而攻打齐国，再次夺回了被侵占的领地。穆公去世后，他的儿子定公臧继位。定公在位十二年后逝世，他的儿子献公衎继位。

献公十三年时，他让乐师曹教宫女弹琴，宫女弹得不好，曹鞭打了宫女。宫女因受献公宠幸，便向献公说曹的坏话，献公也鞭打了曹三百下。十八年时，献公告诉孙文子、宁惠子一起前来进餐，两人都来了。但天很晚了献公还没有请他们，而是到园林中射大雁。两人只好跟着，献公没有脱射服就跟他们谈话，两人因此很生气，便去了宿邑。孙文子的儿子多次陪献公喝酒，献公让乐师曹唱《小雅·巧言》的最后一章。乐师曹还记恨献公以前曾鞭打了他三百下，于是唱了这章诗，想以此来激怒孙文子，报复卫献公。文子向卫大夫蘧伯玉请教这件事，蘧伯玉说："我不清楚。"于是孙文子赶跑了献公。献公逃到了齐国，齐国把他安置在聚邑。孙文子、宁惠子共同拥立定公的弟弟秋为君，这就是殇公。

殇公秋即位后，将孙文子林父封在宿地。十二年，宁喜同孙林父因争宠而相互争斗，殇公派宁喜攻打孙林父。孙林父逃到了晋国，又请求晋国护送卫献公回国。当时献公在齐国，齐景公听说此事后，与卫献公一起到晋国请求晋国协助卫献公回国。晋国为了攻打卫国，便诱使卫国与晋结盟。卫殇公前去会见晋平公，平公扣押了殇公与宁喜，而将卫献公送回了卫国。献公逃亡在外十二年后再次回国为君。

献公后元年，杀掉了宁喜。

三年，吴国延陵季子出使经过卫国，拜访了蘧伯玉和史鳅，他说："卫国的君子多，国家不会有什么事。"他经过宿地时，孙林父为他击磬，他听后说："不开心，乐声太过悲哀，使卫国混乱的就是这个！"这一年，献公去世，他的儿子襄公恶继位。

襄公六年，楚灵王召集各诸侯会盟，襄公推托有病没有去。

九年，襄公去世。当初，襄公有个地位低下的小妾，很受宠爱，有了身孕后，梦见有人对她说："我是康叔，一定会让你的儿子成为卫君，给你儿子取

子。成子曰："康叔者，卫祖也。"及生子，男也，以告襄公。襄公曰："天所置也。"名之曰元。襄公夫人无子，于是乃立元为嗣，是为灵公。

灵公五年，朝晋昭公。六年，楚公子弃疾弑灵王自立，为平王。十一年，火。

三十八年，孔子来，禄之如鲁。后有隙，孔子去。后复来。

三十九年，太子蒯聩与灵公夫人南子有恶，欲杀南子。蒯聩与其徒戏阳遫谋，朝，使杀夫人。戏阳后悔，不果。蒯聩数目之，夫人觉之，惧，呼曰："太子欲杀我！"灵公怒，太子蒯聩奔宋，已而之晋赵氏。

四十二年春，灵公游于郊，令子郢仆。郢，灵公少子也，字子南。灵公怨太子出奔，谓郢曰："我将立若为后。"郢对曰："郢不足以辱社稷，君更图之。"夏，灵公卒，夫人命子郢为太子，曰："此灵公命也。"郢曰："亡人太子蒯聩之子辄在也，不敢当。"于是卫乃以辄为君，是为出公。

六月乙酉，赵简子欲入蒯聩，乃令阳虎诈命卫十余人衰绖归，简子送蒯聩。卫人闻之，发兵击蒯聩。蒯聩不得入，入宿而保，卫人亦罢兵。

出公辄四年，齐田乞弑其君孺子。八年，齐鲍子弑其君悼公。

孔子自陈入卫。九年，孔文子问兵于仲尼，仲尼不对。其后鲁迎仲尼，仲尼反鲁。

十二年，初，孔圉文子取太子蒯聩之姊，生悝。孔氏之竖浑良夫美好，孔文子卒，良夫通于悝母。太子在宿，悝母使良夫于太子。太子与良夫言曰："苟能入我国，报子以乘轩，免子三死，毋所与。"与之盟，许以悝母为妻。闰月，良夫与太子入，舍孔氏之外圃。昏，二人蒙衣而乘，宦者罗御，如孔氏。孔氏之老栾宁问之，称姻妾以告。遂入，适伯姬氏。既食，悝母杖戈而先，太子与五人介，舆猳从之。伯姬劫悝于厕，强盟之，遂劫以登台。栾宁将饮酒，炙未熟，闻

名'元'。"妾醒后很诧异，便询问孔成子。孔成子说："康叔，是卫国的祖先。"等到孩子出生后，果然是个男孩，小妾便将这个梦告诉了襄公。襄公说："这是上天的安排！"便给男孩取名元。襄公的夫人没有生儿子，于是便立元为太子，这就是灵公。

五年，灵公前往拜见了晋昭公。六年，楚公子弃疾杀了楚灵王自立为王，便是楚平王。十一年，卫国发生了火灾。

三十八年，孔子周游到了卫国，灵公给了他在鲁国时一样的俸禄。后来孔子与灵公之间产生了矛盾，便离开了。不久又返回了卫国。

三十九年，太子蒯聩同灵公夫人南子有仇，想杀了南子。蒯聩与他的家臣戏阳遫商量，朝会时，让他杀了南子。后来戏阳后悔，没有动手。蒯聩几次使眼色暗示他，被南子发现了，她十分害怕，大声呼叫说："太子想要杀我！"灵公大怒，太子蒯聩逃往了宋国，不久又投奔了晋国赵氏。

四十二年春，灵公去郊外游玩，让子郢驾车。郢，是灵公的小儿子，字子南。灵公记恨太子逃跑，便对郢说："我将要立你为太子。"郢回答道："郢不能够承担这个重任而使国家辱没，您再考虑其他人吧！"这年夏天，灵公去世，夫人让子郢为太子，说："这是灵公的命令！"郢答道："逃亡的太子蒯聩的儿子辄还在，我不敢担此重任。"于是卫人便立辄为国君，这便是出公。

六月十七日，赵简子想送蒯聩回国，便让阳虎派十多个人扮成卫国人身着丧服来接卫太子蒯聩回国，简子陪同护送。卫国人听说后，派军队攻打蒯聩。蒯聩没能入城，便进入宿地自保，卫人也停止了攻击。

出公辄四年，齐国的田乞杀了国君孺子。八年，齐鲍子杀了国君齐悼公。

孔子从陈国来到卫国。九年，孔文子向孔子请教军事，孔子没有答复。之后，鲁国派人来接孔子，孔子返回了鲁国。

十二年，当时孔圉文子娶了太子蒯聩的姐姐，生了悝。孔文子的仆人浑良夫英俊潇洒，孔文子逝世后，浑良夫与悝的母亲私通。太子蒯聩在宿地时，悝的母亲便让浑良夫来到太子这里。太子对浑良夫说："如果你能帮助我回国，我将让你做大夫，免除你的三次死罪，没别的可给了。"于是二人订立了盟约，太子还答应将悝的亲母给浑良夫做妻子。闰月，浑良夫与太子进了城，暂住孔府的外园。傍晚，两人身着女人衣服，蒙着头巾坐上了车，由宦人罗驾车，到孔家去。孔氏的家臣栾宁上前询问，他们自称是姻戚家的侍妾。于是他们顺利进入孔家，到了伯姬的住所。饭后，孔悝的母亲手持长戈当先而行，太子与五人身披甲胄，抬着猪随后而行。伯姬把孔悝逼到了墙角，强迫他订立了盟约，并挟持他登上高台。栾宁正准备饮酒，肉还没烤熟，就听说了变乱，便派人告诉了子路。召护驾

乱，使告仲由。召护驾乘车，行爵食炙，奉出公辄奔鲁。

仲由将入，遇子羔将出，曰："门已闭矣。"子路曰："吾姑至矣。"子羔曰："不及，莫践其难。"子路曰："食焉不辟其难。"子羔遂出。子路入，及门，公孙敢阖门，曰："毋入为也！"子路曰："是公孙也？求利而逃其难。由不然，利其禄，必救其患。"有使者出，子路乃得入。曰："太子焉用孔悝？虽杀之，必或继之。"且曰："太子无勇。若燔台，必舍孔叔。"太子闻之，惧，下石乞、盂黡敌子路，以戈击之，割缨。子路曰："君子死，冠不免。"结缨而死。孔子闻卫乱，曰："嗟乎！柴也其来乎？由也其死矣。"孔悝竟立太子蒯聩，是为庄公。

庄公蒯聩者，出公父也，居外，怨大夫莫迎立。元年即位，欲尽诛大臣，曰："寡人居外久矣，子亦尝闻之乎？"群臣欲作乱，乃止。

二年，鲁孔丘卒。

三年，庄公上城，见戎州。曰："戎虏何为是？"戎州病之。十月，戎州告赵简子，简子围卫。十一月，庄公出奔，卫人立公子斑师为卫君。齐伐卫，虏斑师，更立公子起为卫君。

卫君起元年，卫石曼尃逐其君起，起奔齐。卫出公辄自齐复归立。初，出公立十二年亡，亡在外四年复入。出公后元年，赏从亡者。立二十一年卒，出公季父黔攻出公子而自立，是为悼公。

悼公五年卒，子敬公弗立。敬公十九年卒，子昭公纠立。是时三晋强，卫如小侯，属之。

昭公六年，公子亹弑之代立，是为怀公。怀公十一年，公子颓弑怀公而代立，是为慎公。慎公父，公子适；适父，敬公也。慎公四十二年卒，子声公训立。声公十一年卒，子成侯遫立。

成侯十一年，公孙鞅入秦。十六年，卫更贬号曰侯。

二十九年，成侯卒，子平侯立。平侯八年卒，子嗣君立。

着车，一边喝着酒一边吃着烤肉，护送着出公辄逃往了鲁国。

子路听到报告后，刚要进入孔宅，便遇到子羔刚从孔家逃出。子羔说："门已经关闭了。"子路说："我且先去看看。"子羔说："来不及了，不要去招惹灾祸了。"子路说："享受了他的俸禄，怎么能看他受难不救。"子羔于是逃走了。子路进去来到门前，公孙敢关上大门，说："不要进去了！"子路说："你是公孙敢吧？拿别人的利禄却逃避危难。我不这样，享用了人家的俸禄，一定要挽救人家的危难。"这时正好有使者出来，子路才得以进入。子路说："太子怎么用得上孔悝帮忙呢？即使你杀了他，也一定有人接替他。"又说："太子缺乏勇气。如果火烧高台，一定会放了孔叔。"太子听了，很是担心，让石乞、盂黡下台阻挡子路，用戈击打他，砍掉了子路的帽缨。子路说："君子就是死，也不能让帽子掉到地上。"将帽缨绑好后便死去。孔子听说卫国的变乱后说："唉！子羔会回来吗？可是子路却死了。"孔悝最后同意立太子蒯聩为君，这就是庄公。

庄公蒯聩，是出公的父亲，逃亡在外时，记恨大夫没迎立他为国君。元年即位后，他想杀死所有的大臣，他说："我在外很长时间了，你们也曾经听说了吧？"大臣们想发动叛乱，庄公这才停了下来。

二年，鲁国的孔子逝世。

三年，庄公登上城墙，望着戎州，说："戎州人为什么要修建城邑？"戎州人听了他的话十分担心。这年十月，戎州人将这事告诉了赵简子，简子出兵包围了卫。十一月，庄公逃亡到国外，卫人立公子斑师为国君。齐国出兵攻打卫国，俘虏了斑师，又改立公子起为国君。

卫君起元年，卫石曼尃驱逐了起，起逃到了齐国。卫出公辄从齐国返回重登君位。那时，出公登基十二年后逃亡，在外四年后重新返回。出公后元年，赏赐了跟他一起逃亡的人。出公前后执政二十一年后去世，他的叔父黔赶走了出公的儿子而自立为君，这就是悼公。

悼公五年去世，他的儿子敬公弗继位。敬公在位十九年后去世，他的儿子昭公纠继位。这时韩、赵、魏三晋开始强大起来，卫国就像小诸侯，从属于赵国。

昭公六年，公子亹杀了昭公自立为君，这就是怀公。怀公十一年，公子颓杀了怀公自立为君，这就是慎公。慎公的父亲，就是公子适；公子适的父亲，便是敬公。慎公在位四十二年后去世，他的儿子声公训继位。十一年，声公去世，他的儿子成侯遫继位。

成侯十一年，公孙鞅来到秦国。十六年，卫被贬爵号为侯。

二十九年，成侯去世，他的儿子平侯继位。平侯在位八年后去世，他的儿子嗣君继位。

嗣君五年，更贬号曰君，独有濮阳。

四十二年卒，子怀君立。怀君三十一年，朝魏，魏囚杀怀君。魏更立嗣君弟，是为元君。元君为魏婿，故魏立之。元君十四年，秦拔魏东地，秦初置东郡，更徙卫野王县，而并濮阳为东郡。二十五年，元君卒，子君角立。

君角九年，秦并天下，立为始皇帝。二十一年，二世废君角为庶人，卫绝祀。

史公曰：余读世家言，至于宣公之太子以妇见诛，弟寿争死以相让，此与晋太子申生不敢明骊姬之过同，俱恶伤父之志。然卒死亡，何其悲也！或父子相杀，兄弟相灭，亦独何哉？

嗣君即位五年后，又被贬爵号为君，只剩下了濮阳一地。

四十二年，嗣君去世，他的儿子怀君继位。怀君三十一年时前往魏国朝拜，魏国囚禁并杀死了怀君。魏改立嗣君的弟弟为君，这便是元君。元君是魏国的女婿，因此魏国立他为君。元君十四年时，秦国攻占了魏国东部，秦国开始在这一带设置了东郡，又把卫君迁徙到野王县，而把濮阳并入东郡。二十五年，元君逝世，他的儿子君角继位。

君角九年时，秦国吞并了天下，嬴政自称为始皇帝。二十一年，秦二世将君角废黜为平民，卫国的祭祀完全断绝。

太史公说：我读《世家》，读到卫宣公的太子因为女人而被杀，弟弟子寿却与太子争着去死，这与晋太子申生不敢言明骊姬的过错一样，都是担心伤了父亲的心。但是最终都死了，这是多么可悲啊！有的父子相互残杀，兄弟相互毁灭，这又是为了什么呢？

宋微子世家第八

　　微子开者，殷帝乙之首子而帝纣之庶兄也。纣既立，不明，淫乱于政，微子数谏，纣不听。及祖伊以周西伯昌之修德，灭阢国，惧祸至，以告纣。纣曰："我生不有命在天乎？是何能为！"于是微子度纣终不可谏，欲死之。及去，未能自决，乃问于太师、少师曰："殷不有治政，不治四方。我祖遂陈于上，纣沉湎于酒，妇人是用，乱败汤德于下，殷既小大好草窃奸宄，卿士师师非度，皆有罪辜，乃无维获。小民乃并兴，相为敌仇。今殷其典丧！若涉水无津涯。殷遂丧，越至于今。"曰："太师，少师，我其发出往？吾家保于丧？今女无故告予，颠跻，如之何其？"太师若曰："王子，天笃下灾亡殷国，乃毋畏畏，不用老长。今殷民乃陋淫神祇之祀。今诚得治国，国治身死不恨。为死，终不得治，不如去。"遂亡。

　　箕子者，纣亲戚也。纣始为象箸，箕子叹曰："彼为象箸，必为玉杯；为杯，则必思远方珍怪之物而御之矣。舆马宫室之渐自此始，不可振也。"纣为淫泆，箕子谏，不听。人或曰："可以去矣。"箕子曰："为人臣谏不听而去，是彰君之恶而自说于民，吾不忍为也。"乃被发佯狂而为奴。遂隐而鼓琴以自悲，故传之曰《箕子操》。

　　王子比干者，亦纣之亲戚也。见箕子谏不听而为奴，则曰："君有过而不以死争，则百姓何辜！"乃直言谏纣。纣怒曰："吾闻圣人之心有七窍，信有诸乎？"乃遂杀王子比干，刳视其心。

微子开，是商朝帝乙的长子，帝纣的同父异母兄弟。纣王登基后，政治昏庸，国政败坏，骄奢淫逸，微子多次进谏，纣王都听不进。等到祖伊因为周西伯姬昌修行德政，灭了阢国后，担心灾祸降临，便将这事报告给纣王。纣王却说："我生来有命，难道不是在天吗？他能把我怎么样？"微子因此猜想纣王是怎么都劝说不了，便打算以死报国。离开纣王后，他又犹豫不决，便去请教太师和少师说："殷朝已经没有清明的政治，不能治理天下。我们的先人在过去取得了很多成就，但纣王现在却沉溺于酒，唯妇人之言是从，扰乱败坏了成汤的德政。殷朝上下大大小小都成了草野盗贼，作奸犯法。王朝的卿士也相互效仿，不守法度，使得人人都有罪过，他们的爵禄都无法维持下去。百姓见此，便也纷纷效仿，四处作乱，相互为敌。现在殷朝已丧失了国典，如同乘船渡河却找不到靠岸的地方。殷朝的灭亡，就在现在了。"微子又说："太师，少师，我是逃亡外地呢，还是留下来保护家园使它免遭灭亡？你们现在不告诫我，如果我陷于不义，那么该怎么办呢？"太师说："王子啊，上天降下灾祸要灭亡殷朝，殷纣却不畏天威，又不听取长者的意见。如今，殷朝的臣民竟然敢亵渎天地神灵。现在如果留下来真能够治理好国家，那么即便自己死了也没有遗恨了。如果死了而国家又得不到治理，那还不如远走他乡。"微子听后，最终离开了殷朝。

箕子，是纣王的亲戚。纣王最初制作象牙筷时，箕子就哀叹说："他现在制作象牙筷，以后一定会制作玉杯；制作了玉杯，便一定会想着把别处的稀世珍宝拿来自己享用。追求车马、宫室的奢侈豪华也必定会从这里开始，国家肯定无法振兴了。"纣王的生活奢淫无度，箕子劝谏，纣王不听。有人对箕子说："可以离开了。"箕子说："做臣子的向君主进谏而君主没有采纳，臣子便因此而离开，这是宣扬君主的恶行而自己博悦于百姓，我不忍心这样做。"于是箕子披头散发、假装疯癫而做了奴隶。最终隐居不出，只能借弹琴来抒发自己内心的伤悲，后世将他弹奏的曲子称为《箕子操》。

王子比干，也是纣王的亲戚。他看到箕子进谏，因纣王不听而去做了奴隶，便说："臣子见君主有过失而不能用死直言相劝，那么百姓有什么罪过而要遭受灾祸呢！"于是就直言进谏纣王。纣王大怒说："我听说圣人的心有七个窍，真是这样吗？"于是就诛杀了比干，并挖出了他的心来验看。

微子曰："父子有骨肉，而臣主以义属。故父有过，子三谏不听，则随而号之；人臣三谏不听，则其义可以去矣。"于是太师、少师乃劝微子去，遂行。

周武王伐纣克殷，微子乃持其祭器造于军门，肉袒面缚，左牵羊，右把茅，膝行而前以告。于是武王乃释微子，复其位如故。

武王封纣子武庚禄父以续殷祀，使管叔、蔡叔傅相之。

武王既克殷，访问箕子。

武王曰："於乎！维天阴定下民，相和其居，我不知其常伦所序。"

箕子对曰："在昔鲧堙鸿水，汩陈其五行，帝乃震怒。不从鸿范九等，常伦所斁。鲧则殛死，禹乃嗣兴。天乃锡禹鸿范九等，常伦所序。

"初一曰五行；二曰五事；三曰八政；四曰五纪；五曰皇极；六曰三德；七曰稽疑；八曰庶征；九曰乡用五福，畏用六极。

"五行：一曰水，二曰火，三曰木，四曰金，五曰土。水曰润下，火曰炎上，木曰曲直，金曰从革，土曰稼穑。润下作咸，炎上作苦，曲直作酸，从革作辛，稼穑作甘。

"五事：一曰貌，二曰言，三曰视，四曰听，五曰思。貌曰恭，言曰从，视曰明，听曰聪，思曰睿。恭作肃，从作治，明作智，聪作谋，睿作圣。

"八政：一曰食，二曰货，三曰祀，四曰司空，五曰司徒，六曰司寇，七曰宾，八曰师。

"五纪：一曰岁，二曰月，三曰日，四曰星辰，五曰历数。

"皇极：皇建其有极，敛时五福，用傅锡其庶民，维时其庶民于女极，锡女保极。凡厥庶民，毋有淫朋，人毋有比德，维皇作极。凡厥庶民，有猷有为有守，女则念之。不协于极，不离于咎，皇则受

微子说："父子是骨肉之情，而君臣是忠义之属。所以如果父亲有过，儿子多次劝谏不听，便应号哭继续进谏；人臣如果多次劝谏而君主不听，那么从义理上讲人臣可以离开。"于是太师、少师就奉劝微子离开，微子便离开了。

周武王讨伐纣王、战胜殷朝后，微子便手握祭器来到了武王的军门，袒露上身，两手绑在背后，左边派人牵着羊，右边派人拿着茅，跪在地上前行求告武王。于是武王就给他解开了绳子，恢复了他以前的爵位。

武王封了纣王的儿子武庚禄父，让他来承续殷朝的祭祀，并派管叔、蔡叔作为师傅和国相来辅助他。

武王灭亡了殷朝后，便去拜访箕子。

武王说："唉！上天默默地庇护着黎民百姓，让他们安居乐业，我却不懂得管理百姓的常理次序。"

箕子回答说："过去鲧治理洪水用堵塞的办法，扰乱了五行规律，上天因此大怒。他没有按九类大法来治国，天道伦常从此败坏。鲧被处死后，禹便代他继续治水。上天赐给禹九种天道大法，天道伦常因此有了顺序。

"这九种大法，第一叫五行，第二叫五事，第三叫八政，第四叫五纪，第五叫皇极，第六叫三德，第七叫稽疑，第八叫庶征，第九是赐福运用五福，让人畏惧用六极。

"五行，一是水，二是火，三是木，四是金，五是土。水向下滋润世间万物，火向上燃烧升腾，木可以弯曲可以变直，金可以销熔变形，土可耕种收获。向下滋润的水有咸味，向上燃烧的火有苦味，可曲可直的木有酸味，可以熔铸变形的金有辣味，种植收获的百谷有甜味。

"五事，一是仪容，二是言语，三是观察，四是倾听，五是思考。仪容应该严肃恭敬，言语应该符合道理，观察要清晰细致，倾听要聪敏以明辨是非，思考要周密而达事理。仪表恭敬，百姓就严肃；言语有理让人信服，国家就能治理；观察细致便能明察秋毫，不会轻易受骗；听闻聪敏，便能做出正确的谋断；思维通达，便能成就圣功。

"八政，一是粮食生产，二是手工业和商业贸易，三是祭祀，四是内务民政，五是教化，六是司法，七是外交事务，八是军事。

"五种纪时方法，一是年，二是月，三是日，四是星辰，五是历法。

"君王的法则：天子的政权应该建立法则，集聚了五福，将五福布施给自己的臣民，臣民们便会拥护天子建立的法则，天子也能要求臣民遵守这些法则。凡是臣民都不可以结党营私，人们不得相互勾结，这样就会维护天子制定的最高法则。臣民中，有些人有计谋有作为有操守，你可以考虑让他们为天子办事。有些臣民的作为有时与你的法则不符，但只要没有达到犯罪程度，你就要容忍他们。

之。而安而色，曰予所好德，女则锡之福。时人斯其维皇之极，毋侮鳏寡而畏高明。人之有能有为，使羞其行，而国其昌。凡厥正人，既富方谷。女不能使有好于而家，时人斯其辜。于其毋好，女虽锡之福，其作女用咎。毋偏毋颇，遵王之义。毋有作好，遵王之道。毋有作恶，遵王之路。毋偏毋党，王道荡荡。毋党毋偏，王道平平。毋反毋侧，王道正直。会其有极，归其有极。曰王极之傅言，是夷是训，于帝其顺。凡厥庶民，极之傅言，是顺是行，以近天子之光。曰天子作民父母，以为天下王。

"三德：一曰正直，二曰刚克，三曰柔克。平康正直，强不友刚克，内友柔克，沉渐刚克，高明柔克。维辟作福，维辟作威，维辟玉食。臣有作福作威玉食，其害于而家，凶于而国，人用侧颇辟，民用僭忒。

"稽疑：择建立卜筮人。乃命卜筮，曰雨，曰济，曰涕，曰雾，曰克，曰贞，曰悔，凡七。卜五，占之用二，衍貣。立时人为卜筮，三人占则从二人之言。女则有大疑，谋及女心，谋及卿士，谋及庶人，谋及卜筮。女则从，龟从，筮从，卿士从，庶民从，是之谓大同，而身其康强，而子孙其逢吉。女则从，龟从，筮从，卿士逆，庶民逆，吉。卿士从，龟从，筮从，女则逆，庶民逆，吉。庶民从，龟从，筮从，女则逆，卿士逆，吉。女则从，龟从，筮逆，卿士逆，庶民逆，作内吉，作外凶。龟筮共违于人，用静吉，用作凶。

如果有人谦恭地说'我喜欢美德'，你就赐给他爵禄。这样，人们便会遵循你的准则。不虐待那些鳏寡孤独、无依无靠的人，敬畏那些高贵显明的人。对有能力有作为的人，你应当让他们施展才能，这样国家就会繁荣昌盛。凡是那些正直的人，都应让他们有爵禄，使他们富贵。如果你不能让官吏为国家作出贡献，这些人就会因此埋怨。对于那些不喜欢你制定的法则的人，你虽然给予他们幸福，他们也会让你的国家犯错。你不要有任何的偏颇，应遵循君王的法则办事。你不要有个人的好恶，应遵循君王的道路前进。你不要作恶，要遵循君王的正路。你不要有偏私，不要私结朋党，那么，圣王的道路就会宽广。不结党，不偏私，圣王的道路就会平坦。你不要违反王道，不要偏离准则，圣王的道路就正直。大家都按君王的法则办事，那么臣民们就都遵循君王的原则。这就是天子至高无上的统治法则，大家应当遵守，以天子的法则为常法、为教训，这也就符合上帝的意旨了。只要是臣民，都应当遵守天子宣布的法则，按照这个原则办事，以接近天子的光辉。所以说，天子应当像做百姓的父母一样，成为天下臣民的君王。

"三德，一是以正直的方式治国，二是以刚强来取胜，三是以柔和来取胜。要想让天下平安，必须采用正直的手段，对那些强硬不友善的人就应该用刚硬的态度来对待；对那些友好的人就应采用柔和态度来对待；对乱臣贼子，就一定要强硬；对高明君子，就一定要柔和。只有国君才能授人以爵禄，只有国君才能掌管刑罚，只有国君才能享受美食。臣子无权授人爵禄，无权主持刑罚，无权享受美食。假使臣子也能授人爵禄，也能主持刑罚，也能享有美食，就会给你的王室带来灾难，给你的国家带来祸害。人们就会因此背离王道，百姓就会因此犯上作乱。

"解决疑难的方法，是选择擅长卜筮的人。命令他们进行卜筮，卜筮的预兆有的像下雨，有的像雨后初晴，有的像云气连绵，有的像雾气蒙蒙，有的兆象阴阳交错，有的明正，有的隐晦，共有七种占卜方法。前五种用龟甲占卜，后两种用蓍草占卜，对复杂多变的卦象，都要进行推演研究。任用这些人卜筮，如果是三个人占卜，则相信两个人的结果。你如果遇到重大的疑难问题，需要先独自深思，然后再与大臣商量、与百姓商量，最后才用卜筮来决定。自己赞成，龟卜赞成，草占赞成，大臣赞成，百姓赞成，这就叫大同。你本人的身体会健康强壮，子孙也将大吉大利。你自己赞成，龟卜赞成，草占赞成，但大臣不赞成，百姓不赞成，这就是吉。大臣赞成，龟卜赞成，草占赞成，你不赞成，百姓不赞成，这也是吉。百姓赞成，龟卜赞成，草占赞成，你不赞成，大臣不赞成，这还是吉。你赞成，龟卜赞成，草占不赞成，大臣不赞成，百姓不赞成，在境内办事就会吉，在境外办事就会有凶险。龟卜、草占与人们的意见都相悖，静守就会吉利，行动就会有危险。

"庶征：曰雨，曰阳，曰奥，曰寒，曰风，曰时。五者来备，各以其序，庶草繁庑。一极备，凶。一极亡，凶。曰休征：曰肃，时雨若，曰治，时旸若；曰知，时奥若；曰谋，时寒若；曰圣，时风若。曰咎征：曰僭，常旸若；曰舒，常奥若；曰急，常寒若；曰雾，常风若。王眚维岁，师尹维日。岁月日时毋易，百谷用成，治用明，畯民用章，家用平康。日月岁时既易，百谷用不成，治用昏不明，畯民用微，家用不宁。庶民维星，星有好风，星有好雨。日月之行，有冬有夏。月之从星，则以风雨。

"五福：一曰寿，二曰富，三曰康宁，四曰攸好德，五曰考终命。六极：一曰凶短折，二曰疾，三曰忧，四曰贫，五曰恶，六曰弱。"

于是武王乃封箕子于朝鲜而不臣也。

其后箕子朝周，过故殷虚，感宫室毁坏，生禾黍，箕子伤之，欲哭则不可，欲泣为其近妇人，乃作《麦秀》之诗以歌咏之。其诗曰："麦秀渐渐兮，禾黍油油。彼狡僮兮，不与我好兮！"所谓狡童者，纣也。殷民闻之，皆为流涕。

武王崩，成王少，周公旦代行政当国。管、蔡疑之，乃与武庚作乱，欲袭成王、周公。周公既承成王命诛武庚，杀管叔，放蔡叔，乃命微子开代殷后，奉其先祀，作《微子之命》以申之，国于宋。微子故能仁贤，乃代武庚，故殷之余民甚戴爱之。

微子开卒，立其弟衍，是为微仲。微仲卒，子宋公稽立。宋公稽卒，子丁公申立。丁公申卒，子潜公共立。潜公共卒，弟炀公熙立。炀公即位，潜公子鲋祀弑炀公而自立，曰"我当立"，是为厉公。厉公卒，子釐公举立。

"各种预兆，分别是雨、晴、暖、寒、风。如果这五种自然现象都齐全，并能按一定规律出现，各种草木庄稼就会旺盛。如果其中一种过多发生，就会收成不好；如果一种现象缺少了，同样也会歉收。美好的征兆表现是，天子谦恭，天就会及时下雨；天子政务清明，阳光就会充裕；天子英明，温暖就会准时到来；天子深谋远虑，寒冷就会应时而生；天子通达，风就会准时而至。各种凶恶的预兆是，天子狂妄，降水就会过多；天子犯了过错，天就会大旱；天子贪图享乐，天气就会久旱不雨；天子暴虐急躁，天就会久寒不暖；天子昏暗不明，大风就刮个不止。天子决策有了失误，将影响整年；大臣管理有了过失，就会影响一整月；官吏办事出了过错，就会影响一整天。年、月、日、时都没有异样，百谷就会生长旺盛，政治就会清明，贤能的人就会得到重用，国家就会安定平稳。相反，年、月、日、时如果出现了异样，庄稼就会长不好，政治就会昏暗，贤能的人就会受到排挤，国家就会动乱。百姓就像星辰，有的星辰爱好风，有的星辰爱好雨。日月按规律运行，便有了冬天、夏天。月亮如果跟从星辰运行，那么就会刮风下雨。

"五种幸福，一是长寿，二是富有，三是健康安宁，四是遵行美德，五是长寿善终。六种灾祸，一是早死，二是多病，三是多愁，四是贫穷，五是丑陋，六是懦弱。"

武王听后就将箕子封到了朝鲜，没有让他做周的臣民。

后来箕子去拜见周王时，经过原来的商都殷墟，感伤宫室毁坏坍塌，禾苗乱长。箕子为此十分伤心，想大哭一场却又觉得不合适，想小声哭泣却又觉得像女人，于是触景生情作了《麦秀》这首诗，诗中说："麦芒吐穗啊，禾苗茂盛。那个俏美的少年啊，不跟我好啊！"所说的少年，就是纣王。殷的遗民听了这首诗，都为之伤心哭泣。

武王去世后，成王年幼，由周公旦代理执掌国政。管叔、蔡叔怀疑周公旦，就与武庚作乱，想要攻打成王、周公。周公奉成王的命令诛灭了武庚，杀了管叔，流放了蔡叔，便让微子开为殷人后裔，承续殷商的祭祀。并作了《微子之命》告诫他，让他在宋地建国。微子原本就仁义贤能，代替武庚后，殷的遗民十分拥护他。

微子开逝世后，宋人立他的弟弟衍为国君，这就是微仲。微仲逝世后，其儿子宋公稽继位。宋公稽逝世后，他的儿子丁公申继位。丁公申去世后，他的儿子湣公共继位。湣公共去世后，他的弟弟炀公熙继位。炀公即位后，湣公的儿子鲋祀杀死了炀公自立为君，并说"应当我继位"，这就是厉公。厉公逝世后，他的儿子釐公举继位。

釐公十七年，周厉王出奔彘。

二十八年，釐公卒，子惠公覸立。惠公四年，周宣王即位。三十年，惠公卒，子哀公立。哀公元年卒，子戴公立。戴公二十九年，周幽王为犬戎所杀，秦始列为诸侯。

三十四年，戴公卒，子武公司空立。武公生女为鲁惠公夫人，生鲁桓公。十八年，武公卒，子宣公力立。

宣公有太子与夷。十九年，宣公病，让其弟和，曰："父死子继，兄死弟及，天下通义也。我其立和。"和亦三让而受之。宣公卒，弟和立，是为穆公。

穆公九年，病，召大司马孔父谓曰："先君宣公舍太子与夷而立我，我不敢忘。我死，必立与夷也。"孔父曰："群臣皆原立公子冯。"穆公曰："毋立冯，吾不可以负宣公。"于是穆公使冯出居于郑。八月庚辰，穆公卒，兄宣公子与夷立，是为殇公。君子闻之，曰："宋宣公可谓知人矣，立其弟以成义，然卒其子复享之。"

殇公元年，卫公子州吁弑其君完自立，欲得诸侯，使告于宋曰："冯在郑，必为乱，可与我伐之。"宋许之，与伐郑，至东门而还。二年，郑伐宋，以报东门之役。其后诸侯数来侵伐。

九年，大司马孔父嘉妻好，出，道遇太宰华督，督说，目而观之。督利孔父妻，乃使人宣言国中曰："殇公即位十年耳，而十一战，民苦不堪，皆孔父为之，我且杀孔父以宁民。"是岁，鲁弑其君隐公。十年，华督攻杀孔父，取其妻。殇公怒，遂弑殇公，而迎穆公子冯于郑而立之，是为庄公。

庄公元年，华督为相。九年，执郑之祭仲，要以立突为郑君。祭仲许，竟立突。十九年，庄公卒，子湣公捷立。

湣公七年，齐桓公即位。九年，宋水，鲁使臧文仲往吊水。湣公自罪曰："寡人以不能事鬼神，政不修，故水。"臧文仲善此言。此言乃公子子鱼教湣公也。

釐公十七年，周厉王逃亡到彘地。

二十八年，釐公逝世，他的儿子惠公觟继位。惠公四年，周宣王即位。三十年，惠公逝世，他的儿子哀公继位。哀公于元年逝世，他的儿子戴公继位。戴公二十九年，周幽王被犬戎人所杀，秦国因功从此被列为诸侯。

三十四年，戴公逝世，他的儿子武公司空继位。武公生了个女儿做了鲁惠公的夫人，生下了鲁桓公。十八年，武公逝世，他的儿子宣公力继位。

宣公的太子名叫与夷。十九年，宣公生病了，把君位让给了弟弟和，说："父亲死了儿子继位，哥哥死了弟弟继位，这是天下的通义。我要立和为国君。"和多次推让，最终接受了。宣公逝世后，弟弟和继位，这就是穆公。

穆公于九年时，得了重病，便召来大司马孔父，对他说："先君宣公舍弃了太子与夷而把君位让给我，我永生不能忘记。我死后，必须立与夷为国君。"孔父却说："大臣们都希望立公子冯为君！"穆公说："不要立冯，我绝不能辜负宣公。"于是穆公让冯离开到郑国居住。八月庚辰日，穆公去世，其兄长宣公的儿子与夷继位，这就是殇公。君子听说这事后说："宋宣公可以说是知人善任了，立自己的弟弟为君保全了道义，然而最终自己的儿子也还是享有了国家。"

殇公元年，卫公子州吁谋害了自己的国君完自立为君，他想得到诸侯的支持，便派人告诉宋殇公说："冯在郑国，肯定会成为祸患，你可以和我共同讨伐他。"宋殇公答应了，便和卫一起攻打郑国，到郑国东门后便退兵了。第二年，郑国讨伐宋国，以报东门战役的仇恨。此后，诸侯多次侵犯宋国。

九年时，有一天大司马孔父美貌的妻子外出，在路上遇到了太宰华督。华督很是喜欢她，目不转睛地盯住她看。华督想霸占孔父的妻子，便让人在国中宣扬说："殇公即位十年，竟然发动了十一次战争，黎民苦不堪言，这都是孔父的过错，我要杀了孔父以让百姓安定。"这一年，鲁人杀自己的国君隐公。十年，华督杀了孔父，夺取了他的妻子。殇公大怒，于是华督又杀害了殇公，而从郑国接回穆公儿子冯并立他为国君，这就是庄公。

庄公元年，华督为国相。九年，囚禁了郑国的祭仲，要挟他立突做郑国国君。祭仲同意了，最终立突为郑君。十九年，庄公去世，他的儿子湣公捷继位。

湣公七年，齐桓公即位。九年，宋国遭遇洪灾，鲁国让臧文仲到宋国慰问，湣公自责说："由于我不懂事奉鬼神，政治不清明，所以发生了水灾。"臧文仲认为这话说得很对。这话其实是公子子鱼教给湣公的。

十年夏，宋伐鲁，战于乘丘，鲁生虏宋南宫万。宋人请万，万归宋。十一年秋，湣公与南宫万猎，因博争行，湣公怒，辱之，曰："始吾敬若；今若，鲁虏也。"万有力，病此言，遂以局杀湣公于蒙泽。大夫仇牧闻之，以兵造公门。万搏牧，牧齿著门阖死。因杀太宰华督，乃更立公子游为君。诸公子奔萧，公子御说奔亳。万弟南宫牛将兵围亳。冬，萧及宋之诸公子共击杀南宫牛，弑宋新君游而立湣公弟御说，是为桓公。宋万奔陈。宋人请以赂陈。陈人使妇人饮之醇酒，以革裹之，归宋。宋人醢万也。

桓公二年，诸侯伐宋，至郊而去。三年，齐桓公始霸。二十三年，迎卫公子毁于齐，立之，是为卫文公。文公女弟为桓公夫人。秦穆公即位。三十年，桓公病，太子兹甫让其庶兄目夷为嗣。桓公义太子意，竟不听。三十一年春，桓公卒，太子兹甫立，是为襄公。以其庶兄目夷为相。未葬，而齐桓公会诸侯于葵丘，襄公往会。

襄公七年，宋地霣星如雨，与雨偕下；六鹢退蜚，风疾也。

八年，齐桓公卒，宋欲为盟会。十二年春，宋襄公为鹿上之盟，以求诸侯于楚，楚人许之。公子目夷谏曰："小国争盟，祸也。"不听。秋，诸侯会宋公盟于盂。目夷曰："祸其在此乎？君欲已甚，何以堪之！"于是楚执宋襄公以伐宋。冬，会于亳，以释宋公。子鱼曰："祸犹未也。"十三年夏，宋伐郑。子鱼曰："祸在此矣。"秋，楚伐宋以救郑。襄公将战，子鱼谏曰："天之弃商久矣，不可。"冬，十一月，襄公与楚成王战于泓。楚人未济，目夷曰："彼众我寡，及其未济击之。"公不听。已济未陈，又曰："可击。"公曰："待其已陈。"陈成，宋人击之。宋师大败，襄公伤股。国人皆怨公。公曰："君子不困人于厄，不鼓不成列。"子鱼曰："兵以胜

十年夏季，宋国讨伐鲁国，双方在乘丘交战，鲁国活捉了宋国南宫万。宋人请求释放南宫万，南宫万得以回到宋国。十一年秋季，湣公与南宫万外出狩猎，因为下棋争道，湣公很气愤，侮辱了他，说："开始我敬重你，但是现在你只不过是鲁国的一个俘虏。"南宫万勇武有力，记恨湣公的话，于是抓起棋盘把湣公杀死在了蒙泽。大夫仇牧听说这件事后，携带武器来到湣公的宫门。南宫万迎击仇牧，使仇牧的门齿撞到了门板上死了。南宫万趁机又杀了太宰华督，就改立公子游为国君。各位公子逃亡到了萧邑，公子御说逃亡到亳邑。南宫万的弟弟南宫牛率军包围了亳邑。冬天，萧邑的大夫和宋国逃亡的各公子联合击杀了南宫牛，并杀死了新立的国君公子游，而立湣公弟弟御说为君，这就是桓公。南宫万逃到了陈国。宋国贿赂了陈国请求送回南宫万。陈国人便使美人计用酒灌醉了南宫万，用皮革把他包上，送回了宋国。宋国人把南宫万剁成了肉酱。

桓公二年，诸侯讨伐宋国，打到宋都郊外就撤离了。三年，齐桓公开始称霸。二十三年，卫国从齐国接回了公子毁，并立他为国君，这就是卫文公。卫文公的妹妹是宋桓公的妻子。这一年，秦穆公登基。三十年，宋桓公病重，太子兹甫将嗣君之位让给自己的庶兄目夷。桓公虽然认为太子的意愿合乎道义，但最后没有同意。三十一年春，桓公逝世，太子兹甫继位，这就是宋襄公。襄公让自己的哥哥目夷做国相。桓公还没有安葬时，齐桓公在葵丘会见各国诸侯，襄公前往赴会。

襄公七年，宋地上空陨星如雨，和雨一同降下；六只鹢鸟倒退着飞行，因为风太大了。

八年，齐桓公去世，宋国想召集各诸侯会盟。十二年春季，宋襄公想在鹿上召集各诸侯会盟，请求楚国向各诸侯提出要求，楚国答应了。公子目夷进谏说："小国争当盟首，是灾祸。"襄公没有听。这年秋，各诸侯在盂地与宋襄公聚会结盟。目夷说："灾祸就在此吗？国君的私欲太过分了，怎么能承受得了呢！"果然楚国抓住了宋襄公以讨伐宋国。这年冬，各诸侯再次在亳聚会，请楚释放宋公。子鱼说："灾祸还没有结束呢。"十三年夏天，宋国讨伐郑国。子鱼说："灾难就在这里了。"秋天时，楚国讨伐宋国以援助郑国。襄公即将出战，子鱼上书劝谏说："上天抛弃商很久了，不可以战。"冬季的十一月，襄公与楚成王在泓水作战。楚军还没有渡过河时，目夷就劝说："对方兵多我方兵少，要趁他们还没完全渡过河时攻打他们。"襄公没有听从目夷的意见。等到楚军渡完河还没有排列阵势时，目夷又建议："可以攻打了。"襄公却说："等他们摆好阵势再攻。"楚军摆好了阵势，宋军才出战。结果宋军大败，襄公大腿受伤。宋国人都怨恨襄公。襄公辩解说："君子不乘人之危，不能攻打未列阵的军队。"子鱼说："打仗以取胜为功

为功，何常言与！必如公言，即奴事之耳，又何战为？"

楚成王已救郑，郑享之；去而取郑二姬以归。叔瞻曰："成王无礼，其不没乎？为礼卒于无别，有以知其不遂霸也。"

是年，晋公子重耳过宋，襄公以伤于楚，欲得晋援，厚礼重耳以马二十乘。

十四年夏，襄公病伤于泓而竟卒，子成公王臣立。

成公元年，晋文公即位。三年，倍楚盟亲晋，以有德于文公也。四年，楚成王伐宋，宋告急于晋。五年，晋文公救宋，楚兵去。九年，晋文公卒。十一年，楚太子商臣弑其父成王代立。十六年，秦缪公卒。

十七年，成公卒。成公弟御杀太子及大司马公孙固而自立为君。宋人共杀君御而立成公少子杵臼，是为昭公。

昭公四年，宋败长翟缘斯于长丘。七年，楚庄王即位。

九年，昭公无道，国人不附。昭公弟鲍革贤而下士。先，襄公夫人欲通于公子鲍，不可，乃助之施于国，因大夫华元为右师。昭公出猎，夫人王姬使卫伯攻杀昭公杵臼。弟鲍革立，是为文公。

文公元年，晋率诸侯伐宋，责以弑君。闻文公定立，乃去。二年，昭公子因文公母弟须与武、缪、戴、庄、桓之族为乱，文公尽诛之，出武、缪之族。

四年春，楚命郑伐宋。宋使华元将，郑败宋，囚华元。华元之将战，杀羊以食士，其御羊羹不及，故怨，驰入郑军，故宋师败，得囚华元。宋以兵车百乘文马四百匹赎华元。未尽入，华元亡归宋。

十四年，楚庄王围郑。郑伯降楚，楚复释之。

十六年，楚使过宋，宋有前仇，执楚使。九月，楚庄王围宋。十七年，楚以围宋五月不解，宋城中急，无食，华元乃夜私见楚将子

绩，怎么能以常理来论呢！如果真按襄公说的做，就直接做奴隶服侍别人算了，又何必还要打仗呢？"

楚成王救了郑国后，郑国人设宴热情招待了他。楚成王离开时娶了郑君的两个女儿回国。叔瞻说："成王这样无礼，他能寿终正寝吗？受了别人的礼遇却不讲男女之别，从这里就能知道他绝对不能成就霸业了。"

这一年，晋公子重耳路过宋国，襄公因为被楚国打伤，想得到晋国援助，因此以厚礼以待重耳，赠送给他八十匹马。

十四年夏天，襄公最后因为泓水之战时的腿伤而死，他的儿子成公王臣继位。

成公元年，晋文公即位。三年，宋国背叛楚国盟约与晋国交好，因为宋国曾对文公有过恩惠。四年，楚成王讨伐宋国，宋国向晋国求援。五年，晋文公发兵援助宋国，楚军撤离。九年，晋文公去世。十一年，楚太子商臣杀死了父亲楚成王自立为君。十六年，秦缪公去世。

十七年，成公去世。他的弟弟御杀死了太子与大司马公孙固而自立为君。宋人一起杀死了国君御，拥立成公的小儿子杵臼为君，这就是昭公。

昭公四年，宋在长丘打败了长翟缘斯。七年，楚庄王即位。

九年，因昭公昏庸无道，国民不拥护他。昭公的弟弟鲍革贤良又能礼遇下士。以前，襄公夫人想与公子鲍私通，被拒绝，于是便帮助鲍在国内布施恩惠，利用大夫华元的关系让鲍担任了右师。一次昭公出去打猎，夫人王姬便派卫伯杀死了昭公杵臼。昭公的弟弟鲍革继位，这就是文公。

文公元年，晋国率领诸侯讨伐宋国，责问宋人杀死国君之事。但知道文公稳定了政局被立为国君后，就退兵了。二年，昭公的儿子凭借文公的同母弟弟须的关系，联合武公、缪公、戴公、庄公、桓公后代作乱，被文公全部诛杀，文公赶跑武公、缪公后人。

四年春季，楚让郑国讨伐宋国。宋国派华元为将抵抗，被郑国打败，华元被囚禁。华元战前曾经杀羊犒赏士兵，他的车夫因没有吃到羊肉汤，所以十分怨恨，便驾着车跑到了郑军中，导致宋军失败，而华元被囚禁。宋国用一百辆兵车、四百匹良马赎回了华元。这些东西还没有全部给郑国，华元就跑了回来。

十四年，楚庄王包围了郑国。郑伯投降了楚国，楚国又放他回去了。

十六年，楚国使者路过宋国，宋国因与楚有前仇，就拘捕了楚国使者。这年九月，楚庄王包围了宋都。十七年，楚军围困宋都长达五个月仍未撤军，宋都城内告急，无粮可吃，华元便在一天夜里暗中与楚国将领子反会见。子反向楚庄王

反。子反告庄王。王问："城中何如？"曰："析骨而炊，易子而食。"庄王曰："诚哉言！我军亦有二日粮。"以信故，遂罢兵去。

二十二年，文公卒，子共公瑕立。始厚葬。君子讥华元不臣矣。

共公十年，华元善楚将子重，又善晋将栾书，两盟晋楚。十三年，共公卒。华元为右师，鱼石为左师。司马唐山攻杀太子肥，欲杀华元，华元奔晋，鱼石止之，至河乃还，诛唐山。乃立共公少子成，是为平公。

平公三年，楚共王拔宋之彭城，以封宋左师鱼石。四年，诸侯共诛鱼石，而归彭城于宋。三十五年，楚公子围弑其君自立，为灵王。四十四年，平公卒，子元公佐立。

元公三年，楚公子弃疾弑灵王，自立为平王。八年，宋火。十年，元公毋信，诈杀诸公子，大夫华、向氏作乱。楚平王太子建来奔，见诸华氏相攻乱，建去如郑。十五年，元公为鲁昭公避季氏居外，为之求入鲁，行道卒，子景公头曼立。

景公十六年，鲁阳虎来奔，已复去。二十五年，孔子过宋，宋司马桓魋恶之，欲杀孔子，孔子微服去。三十年，曹倍宋，又倍晋，宋伐曹，晋不救，遂灭曹有之。三十六年，齐田常弑简公。

三十七年，楚惠王灭陈。荧惑守心。心，宋之分野也。景公忧之。司星子韦曰："可移于相。"景公曰："相，吾之股肱。"曰："可移于民。"景公曰："君者待民。"曰："可移于岁。"景公曰："岁饥民困，吾谁为君！"子韦曰："天高听卑。君有君人之言三，荧惑宜有动。"于是候之，果徙三度。

六十四年，景公卒。宋公子特攻杀太子而自立，是为昭公。昭公者，元公之曾庶孙也。昭公父公孙纠，纠父公子褍秦，褍秦即元公少子也。景公杀昭公父纠，故昭公怨杀太子而自立。

昭公四十七年卒，子悼公购由立。悼公八年卒，子休公田立。

汇报。庄王问："宋城中如何？"子反回答："城内人劈开人骨当柴来烧饭，交换幼子来充饥。"庄王说："这话是真的呀！我军也只有两天的口粮了。"因为讲求信义，楚国便撤兵离开了。

二十二年，文公逝世，他的儿子共公瑕继位。宋国第一次实行厚葬。君子嘲笑华元做事不符合大臣的职责。

共公十年，华元与楚将子重交好，又与晋将栾书友好，与晋、楚都结了盟约。十三年，共公逝世。当时华元为右师，鱼石为左师。司马唐山杀死了太子肥，又准备杀死华元，华元想逃往晋国，鱼石阻止他，到了黄河边又返回了宋，杀死了唐山。于是立共公的小儿子成为君，这就是平公。

平公三年，楚共王攻占了宋国的彭城，把彭城封给了宋国的左师鱼石。四年，各诸侯一起杀死了鱼石，将彭城交还给了宋国。三十五年，楚公子围杀死自己的国君自立为王，这就是灵王。四十四年，平公逝世，他的儿子元公佐继位。

元公三年，楚公子弃疾杀死了君楚灵王，自立为平王。八年，宋国发生火灾。十年，元公不讲信誉，要诈杀死了其他的公子。大夫华氏、向氏谋反作乱。楚平王的太子建逃到了宋国，看见华氏等人相互攻击，便离开宋国跑到了郑国。十五年，鲁昭公为躲避季氏在外居住，为让他回到鲁国，元公便替他四处奔走求情，最后在死半路上，他的儿子景公头曼继位。

景公十六年，鲁国的阳虎前来投奔，后又离开了。二十五年，孔子经过宋国，宋国司马桓魋厌恶他，想要杀死孔子，孔子换上了平民服装逃离了宋国。三十年，曹国背叛了宋国，又背叛了晋国。宋国讨伐曹国，晋国没有去救援，于是宋国灭亡并占据了曹国。三十六年，齐国的田常杀害了齐简公。

三十七年，楚惠王消灭了陈国，火星占据了心宿区。心宿区是宋国的分野，景公因此很担心。司星子韦说："可以把灾祸转移到相国身上。"景公说："不行，国相就像是我的手足。"子韦又说："可以转移到百姓身上。"景公说："也不行，国君倚仗的是百姓。"子韦又说："可以转到年岁收成上。"景公说："如果年成歉收，百姓因此贫困，谁还会支持我做国君！"子韦说："天虽高远，却能听到下界细小的声音。您说了这三句国君应当说的话，火星应该会移动了。"于是详细观测了火星一段时间，火星果然移动了三度。

六十四年，景公逝世。宋公子特杀死了太子自立为君，这就是昭公。昭公，是元公的曾庶孙。昭公的父亲是公孙纠，纠的父亲是公子褍秦，褍秦就是元公的小儿子。因为景公杀了昭公的父亲公孙纠，所以昭公怀恨杀死了太子自立为君。

昭公在位四十七年后去世，他的儿子悼公购由继位。悼公在位八年后逝世，他的儿子休公田继位。休公田在位二十三年后去世，他的儿子辟公辟兵继位。辟

休公田二十三年卒，子辟公辟兵立。辟公三年卒，子剔成立。剔成四十一年，剔成弟偃攻袭剔成，剔成败奔齐，偃自立为宋君。

君偃十一年，自立为王。东败齐，取五城；南败楚，取地三百里；西败魏军，乃与齐、魏为敌国。盛血以韦囊，县而射之，命曰"射天"。淫于酒妇人。群臣谏者辄射之。于是诸侯皆曰"桀宋"。"宋其复为纣所为，不可不诛。"告齐伐宋。王偃立四十七年，齐湣王与魏、楚伐宋，杀王偃，遂灭宋而三分其地。

太史公曰：孔子称"微子去之，箕子为之奴，比干谏而死，殷有三仁焉"。春秋讥宋之乱自宣公废太子而立弟，国以不宁者十世。襄公之时，修行仁义，欲为盟主。其大夫正考父美之，故追道契、汤、高宗，殷所以兴，作商颂。襄公既败于泓，而君子或以为多，伤中国阙礼义，褒之也，宋襄之有礼让也。

公在位三年后逝世，他的儿子剔成继位。剔成在位的四十一年，他的弟弟偃率人攻打剔成，剔成败逃齐国，偃自立为宋国国君。

君偃十一年时，自立称王。在东面战胜了齐国，占领了五座城；在南面打败了楚国，夺取了三百里地；在西面战胜了魏国，因此与齐、魏成为了敌国。君偃用皮袋盛着血，悬挂起来，然后朝皮袋射箭，称之为"射天"。君偃还沉迷于酒色。大臣中只要是向他劝谏的，都被他射死了。于是诸侯们都称他为"桀宋"。"宋君偃又犯下了与他先祖纣王同样的过错，不可不杀。"各诸侯请求齐国讨伐宋国。王偃在位的四十七年，齐湣王与魏国、楚国一起征讨宋国，杀死了王偃，最后灭了宋国，瓜分了宋地。

太史公说：孔子说过"微子走了，箕子当了奴隶，比干因劝谏而被杀，殷朝有三位仁人了"。《春秋》嘲讽宋国的混乱是从宣公废掉太子而立自己的弟弟为君开始的，国家因此不安定长达十代之久。襄公时，修行仁义，想做盟主。他的大夫正考父赞扬他，所以追述契、汤、高宗时代的政绩和殷朝兴盛的原因，作了《商颂》。宋襄公在泓水打了败仗之后，有的君子认为他值得表扬，这是因为当时中原地区的国家缺少礼节，所以表彰他，因为宋襄公具有礼让的精神。

晋世家第九

　　晋唐叔虞者，周武王子而成王弟。初，武王与叔虞母会时，梦天谓武王曰："余命女生子，名虞，余与之唐。"及生子，文在其手曰"虞"，故遂因命之曰虞。

　　武王崩，成王立，唐有乱，周公诛灭唐。成王与叔虞戏，削桐叶为圭以与叔虞，曰："以此封若。"史佚因请择日立叔虞。成王曰："吾与之戏耳。"史佚曰："天子无戏言。言则史书之，礼成之，乐歌之。"于是遂封叔虞于唐。唐在河、汾之东，方百里，故曰唐叔虞。姓姬氏，字子于。

　　唐叔子燮，是为晋侯。晋侯子宁族，是为武侯。武侯之子服人，是为成侯。成侯子福，是为厉侯。厉侯之子宜臼，是为靖侯。靖侯已来，年纪可推。自唐叔至靖侯五世，无其年数。

　　靖侯十七年，周厉王迷惑暴虐，国人作乱，厉王出奔于彘，大臣行政，故曰"共和"。

　　十八年，靖侯卒，子釐侯司徒立。釐侯十四年，周宣王初立。十八年，釐侯卒，子献侯籍立。献侯十一年卒，子穆侯费王立。

　　穆侯四年，取齐女姜氏为夫人。七年，伐条。生太子仇。十年，伐千亩，有功。生少子，名曰成师。晋人师服曰："异哉，君之命子也！太子曰仇，仇者仇也。少子曰成师，成师大号，成之者也。名，自命也；物，自定也。今適庶名反逆，此后晋其能毋乱乎？"

　　二十七年，穆侯卒，弟殇叔自立，太子仇出奔。殇叔三年，周宣王崩。四年，穆侯太子仇率其徒袭殇叔而立，是为文侯。

　　文侯十年，周幽王无道，犬戎杀幽王，周东徙。而秦襄公始列为诸侯。

晋国的唐叔虞，是周武王的儿子，周成王的弟弟。当初，周武王与叔虞的母亲交会时，其母梦见上天对周武王说："我让你生个儿子，名叫虞，我把唐赏给他。"待到叔虞的母亲生下孩子后，孩子的手掌纹路果真有个"虞"字，因此就给孩子取名为虞。

武王去世后，成王即位，唐国发生了叛乱，周公率兵灭了唐。一天，周成王和叔虞玩游戏，成王把一片桐树叶削成圭形送给叔虞，说："用这个分封你。"史佚于是请求选择一个吉日封叔虞为诸侯。周成王说："我和他只是玩游戏呢！"史佚说："天子无戏言。说了史官便要如实记载下来，按礼完成它，并奏乐咏颂它。"于是周成王就把唐地封给叔虞。唐地在黄河、汾河的东边，只有方圆百里的范围，因此又叫他唐叔虞。他本来姓姬，字子于。

唐叔的儿子燮，便是晋侯。晋侯的儿子宁族，就是武侯。武侯的儿子服人，就是成侯。成侯的儿子福，就是厉侯。厉侯的儿子宜臼，就是靖侯。靖侯以后，有年代可以推断。从唐叔到靖侯五代时，没有年代记载。

靖侯十七年，因周厉王凶暴狂虐，国人叛乱，厉王逃到了彘，由大臣周公、召公共同主持政务，所以叫"周召共和"。

十八年，靖侯去世，他的儿子釐侯司徒继位。釐侯十四年时，周宣王即位。十八年时，釐侯去世，他的儿子献侯籍继位。献侯在位十一年后逝世，他的儿子穆侯费王继位。

穆侯继位的第四年，娶了齐国女子姜氏为夫人。七年，穆侯讨伐条地。这年夫人生了太子仇。十年，讨伐千亩，建立了功绩。这年穆侯又生了小儿子，取名叫成师。晋人师服说："君王给孩子取的名字，真奇怪呀！太子叫仇，仇是怨恨的意思。小儿子却叫成师，成师是大名号，是成功的意思。称呼，可由自己来决定，但事物往往由其本质来决定。现在，嫡子与庶子取的名字正相反，这以后晋能不乱吗？"

二十七年，穆侯逝世，他的弟弟殇叔自立为君，太子仇逃亡。殇叔三年，周宣王去世。四年，穆侯的太子仇率领党徒袭击了殇叔自立为君，这就是文侯。

文侯十年，周幽王荒淫无道，被犬戎人杀死了，周王室被迫东迁。秦襄公因功开始被列为诸侯。

三十五年，文侯仇卒，子昭侯伯立。

昭侯元年，封文侯弟成师于曲沃。曲沃邑大于翼。翼，晋君都邑也。成师封曲沃，号为桓叔。靖侯庶孙栾宾相桓叔。桓叔是时年五十八矣，好德，晋国之众皆附焉。君子曰："晋之乱其在曲沃矣。末大于本而得民心，不乱何待！"

七年，晋大臣潘父弑其君昭侯而迎曲沃桓叔。桓叔欲入晋，晋人发兵攻桓叔。桓叔败，还归曲沃。晋人共立昭侯子平为君，是为孝侯。诛潘父。

孝侯八年，曲沃桓叔卒，子鳝代桓叔，是为曲沃庄伯。孝侯十五年，曲沃庄伯弑其君晋孝侯于翼。晋人攻曲沃庄伯，庄伯复入曲沃。晋人复立孝侯子郄为君，是为鄂侯。

鄂侯二年，鲁隐公初立。

鄂侯六年卒。曲沃庄伯闻晋鄂侯卒，乃兴兵伐晋。周平王使虢公将兵伐曲沃庄伯，庄伯走保曲沃。晋人共立鄂侯子光，是为哀侯。

哀侯二年曲沃庄伯卒，子称代庄伯立，是为曲沃武公。哀侯六年，鲁弑其君隐公。哀侯八年，晋侵陉廷。陉廷与曲沃武公谋，九年，伐晋于汾旁，虏哀侯。晋人乃立哀侯子小子为君，是为小子侯。

小子元年，曲沃武公使韩万杀所虏晋哀侯。曲沃益强，晋无如之何。

晋小子之四年，曲沃武公诱召晋小子杀之。周桓王使虢仲伐曲沃武公，武公入于曲沃，乃立晋哀侯弟缗为晋侯。

晋侯缗四年，宋执郑祭仲而立突为郑君。晋侯十九年，齐人管至父弑其君襄公。

晋侯二十八年，齐桓公始霸。曲沃武公伐晋侯缗，灭之，尽以其宝器赂献于周釐王。釐王命曲沃武公为晋君，列为诸侯，于是尽并晋地而有之。

曲沃武公已即位三十七年矣，更号曰晋武公。晋武公始都晋国，前即位曲沃，通年三十八年。

三十五年，文侯仇去世，他的儿子昭侯伯继位。

昭侯元年时，把文侯的弟弟成师封在曲沃。曲沃城比翼城要大。翼城，是晋国的都城。成师封在曲沃，被称为桓叔。靖侯的庶孙栾宾辅助桓叔。桓叔当时已经五十八岁了，崇尚美德，晋国的百姓都顺服他。有君子说："晋国的动乱就在曲沃呀。末梢比根还要大，并且赢得了民心，不乱还等什么！"

七年，晋国大臣潘父杀了国君昭侯，而准备迎立曲沃的桓叔。桓叔也准备去晋都，但晋人发兵攻打桓叔。桓叔大败，又回到了曲沃。晋人共同立昭侯的儿子平为国君，这就是孝侯。孝侯杀死了潘父。

孝侯八年时，曲沃桓叔去世，他的儿子鳝接替桓叔，这就是曲沃庄伯。孝侯十五年时，曲沃庄伯在翼城杀了国君晋孝侯。晋人攻打曲沃庄伯，庄伯再次回到曲沃。晋人又立孝侯的儿子郤为国君，这就是鄂侯。

鄂侯二年时，鲁隐公刚即位。

鄂侯于六年去世。曲沃庄伯听说晋鄂侯去世后，便兴兵讨伐晋都。周平王派虢公率领军队讨伐曲沃庄伯，庄伯逃回了曲沃防守。晋人共同立鄂侯的儿子光为国君，这就是哀侯。

哀侯二年时曲沃庄伯去世，他的儿子称接替了庄伯，这就是曲沃武公。哀侯六年，鲁人杀了自己的国君隐公。哀侯八年，晋国侵犯陉廷。陉廷人和曲沃武公一起谋划，九年时，他们在汾河畔攻打晋军，俘虏了哀侯。晋人于是立哀侯的儿子小子为国君，这就是小子侯。

小子元年，曲沃武公派韩万杀死了被抓的晋哀侯。曲沃更加强大了，但晋国对它没有办法。

晋小子在位的第四年，曲沃武公诱骗晋小子并杀死了他。周桓王派虢仲讨伐曲沃武公，武公逃回曲沃，于是立晋哀侯的弟弟缗为晋侯。

晋侯缗四年，宋国抓了郑国的祭仲而逼他立突为郑国国君。晋侯十九年（前688年），齐人管至父杀了自己的国君齐襄公。

晋侯二十八年，齐桓公开始称霸。这年曲沃武公攻打晋侯缗，灭了晋，并把晋国所有的宝器献给了周釐王。釐王便委任曲沃武公为晋君，封为诸侯，于是武公吞并了整个晋国的土地。

曲沃武公在位三十七年后，才改号为晋武公。晋武公此时才迁到晋国都城，加上以前在曲沃即位的时间，总计在位三十八年。

武公称者，先晋穆侯曾孙也，曲沃桓叔孙也。桓叔者，始封曲沃。武公，庄伯子也。自桓叔初封曲沃以至武公灭晋也，凡六十七岁，而卒代晋为诸侯。武公代晋二岁，卒。与曲沃通年，即位凡三十九年而卒。子献公诡诸立。

献公元年，周惠王弟颓攻惠王，惠王出奔，居郑之栎邑。

五年，伐骊戎，得骊姬、骊姬弟，俱爱幸之。

八年，士蒍说公曰："故晋之群公子多，不诛，乱且起。"乃使尽杀诸公子，而城聚都之，命曰绛，始都绛。九年，晋群公子既亡奔虢，虢以其故再伐晋，弗克。十年，晋欲伐虢，士蒍曰："且待其乱。"

十二年，骊姬生奚齐。献公有意废太子，乃曰："曲沃吾先祖宗庙所在，而蒲边秦，屈边翟，不使诸子居之，我惧焉。"于是使太子申生居曲沃，公子重耳居蒲，公子夷吾居屈。献公与骊姬子奚齐居绛。晋国以此知太子不立也。太子申生，其母齐桓公女也，曰齐姜，早死。申生同母女弟为秦穆公夫人。重耳母，翟之狐氏女也。夷吾母，重耳母女弟也。献公子八人，而太子申生、重耳、夷吾皆有贤行。及得骊姬，乃远此三子。

十六年，晋献公作二军。公将上军，太子申生将下军，赵夙御戎，毕万为右，伐灭霍，灭魏，灭耿。还，为太子城曲沃，赐赵夙耿，赐毕万魏，以为大夫。士蒍曰："太子不得立矣。分之都城，而位以卿，先为之极，又安得立！不如逃之，无使罪至。为吴太伯，不亦可乎，犹有令名。"太子不从。卜偃曰："毕万之后必大。万，盈数也；魏，大名也。以是始赏，天开之矣。天子曰兆民，诸侯曰万民，今命之大，以从盈数，其必有众。"初，毕万卜仕于晋国，遇《屯》之《比》。辛廖占之曰："吉。《屯》固《比》入，吉孰大焉。其后必蕃昌。"

十七年，晋侯使太子申生伐东山。里克谏献公曰："太子奉冢祀社稷之粢盛，以朝夕视君膳者也，故曰冢子。君行则守，有守则从，

武公称，是先君晋穆侯的曾孙、曲沃桓叔的孙子。桓叔，是最先被封于曲沃的。武公，是庄伯的儿子。从桓叔开始被封在曲沃到武公消灭晋国，共六十七年，而最终替代晋国成为了诸侯。武公取代晋君两年后逝世，加上在曲沃的时间，去世时总计在位三十九年。他的儿子献公诡诸继位。

献公元年，周惠王的弟弟颓攻打惠王，惠王出逃，住在郑国的栎邑。

五年，晋献公征讨骊戎，得到骊姬及骊姬的妹妹，对她们都很宠爱。

八年，晋大夫士蒍劝献公说："过去的晋国还有很多公子，不杀死他们将会产生祸乱。"于是献公派人去杀死所有原晋国的公子，并且在聚地修筑城邑，命名为绛，开始定都绛城。九年，原晋国的众多公子已逃到了虢，虢因此再次讨伐晋国，但未能取胜。十年，晋想攻打虢，士蒍说："先等它内部自乱吧！"

十二年，骊姬生下了奚齐。献公想要废掉太子，就说："曲沃是我们先祖的宗庙所在，而蒲地靠近秦国，屈地邻近翟人，如果不让众位儿子去镇守这地方，我很担忧。"于是派太子申生去驻守曲沃，公子重耳驻守蒲，公子夷吾驻守屈。献公和骊姬的儿子奚齐就驻守在绛。晋国人因此知道太子将不能继位了。太子申生的母亲是齐桓公的女儿，叫齐姜，很早就逝世了。申生同母的妹妹是秦穆公的夫人。重耳的母亲是翟人狐氏的女儿。夷吾的母亲是重耳母亲的妹妹。献公总共有八个儿子，而太子申生、重耳、夷吾都贤能，品德高尚。在得到骊姬后，献公便疏远了这三个儿子。

十六年，晋献公建立了两路大军。献公统领上军，太子申生统率下军，赵夙为献公驾御战车，毕万出任车右，相继攻打并消灭了霍、魏、耿。班师回国后，献公给太子在曲沃筑城，把耿地赐给了赵夙，把魏地赐给了毕万，让他们担任卿大夫。士蒍说："太子已经不能立为国君了。分给他先君的都城，享有卿的爵位，事先把太子的禄位提高到极点，又如何能再为君呢！太子不如逃走，免得大祸临头。像吴太伯那样，不也可以吗？那样还能落得个好名声。"太子没有听从。掌卜的大夫郭偃说："毕万的后人一定会壮大。万，是个满数；魏，又是个大的名字。把魏犒赏给毕万，是上天佑护他吧。天子有兆民，诸侯有万民，今天封给的国名是大名，人名又是满数，说明他肯定会有众多的人。"当初，毕万在晋国占卜自己的官运，遇到由《屯卦》演成了《比卦》。辛廖解释道："这是吉兆，《屯卦》象征坚固，《比卦》象征进入，没有比这更吉利的了。他的后人一定繁荣强盛。"

十七年，晋侯派太子申生征讨东山。里克劝谏献公说："太子是供奉宗庙祭祀、社稷祭品和早晚照看国君膳食的人，所以叫冢子。国君要外出，太子就应

从曰抚军，守曰监国，古之制也。夫率师，专行谋也；誓军旅，君与国政之所图也：非太子之事也。师在制命而已，禀命则不威，专命则不孝，故君之嗣適不可以帅师。君失其官，率师不威，将安用之？"公曰："寡人有子，未知其太子谁立。"里克不对而退，见太子。太子曰："吾其废乎？"里克曰："太子勉之！教以军旅，不共是惧，何故废乎？且子惧不孝，毋惧不得立。修己而不责人，则免于难。"太子帅师，公衣之偏衣，佩之金玦。里克谢病，不从太子。太子遂伐东山。

十九年，献公曰："始吾先君庄伯、武公之诛晋乱，而虢常助晋伐我，又匿晋亡公子，果为乱。弗诛，后遗子孙忧。"乃使荀息以屈产之乘假道于虞。虞假道，遂伐虢，取其下阳以归。

献公私谓骊姬曰："吾欲废太子，以奚齐代之。"骊姬泣曰："太子之立，诸侯皆已知之，而数将兵，百姓附之，奈何以贱妾之故废適立庶？君必行之，妾自杀也。"骊姬佯誉太子，而阴令人谮恶太子，而欲立其子。

二十一年，骊姬谓太子曰："君梦见齐姜，太子速祭曲沃，归釐于君。"太子于是祭其母齐姜于曲沃，上其荐胙于献公。献公时出猎，置胙于宫中。骊姬使人置毒药胙中。居二日，献公从猎来还，宰人上胙献公，献公欲飨之。骊姬从旁止之，曰："胙所从来远，宜试之。"祭地，地坟；与犬，犬死；与小臣，小臣死。骊姬泣曰："太子何忍也！其父而欲弑代之，况他人乎？且君老矣，旦暮之人，曾不能待而欲弑之！"谓献公曰："太子所以然者，不过以妾及奚齐之故。妾愿子母辟之他国，若早自杀，毋徒使母子为太子所鱼肉也。始君欲废之，妾犹恨之；至于今，妾殊自失于此。"太子闻之，奔新城。献公怒，乃诛其傅杜原款。或谓太子曰："为此药者乃骊姬也，太子何不自辞明之？"太子曰："吾君老矣，非骊姬，寝不安，食不甘。即辞之，君且怒之。不可。"或谓太子曰："可奔他国。"太子

留守，有人代为留守，太子就跟随国君，跟随国君叫抚军，留守叫监国，这是古代的制度。统率军队，必须要谋划决断；发号施令，是国君与正卿的专职，这不是太子的事情。统率军队在于控制命令，太子受命于国君则没有威严，如果独断专行又会不孝，所以国君的继位者不可以统率军队。这样国君没有了任命官职的准则，统帅也没有了威严，又要如何用他呢？"献公说："我有几个儿子，还不知道立谁为太子。"里克没有回答便退了出来，去见太子。太子问："我就要被废掉了吗？"里克说："太子努力吧，让您统领下军，担心的应该是不能完成任务，为什么废掉您呢？况且您担心的是不孝，不应担心能不能继位。注意自身修养，不去责难别人，就可以免除灾难。"太子指挥军队，献公让他穿上左右两色的衣服，戴上金玦。里克推说有病，没有跟随太子。太子于是出发征讨东山。

十九年，献公说："过去我们的先君庄伯、武公平息晋国战乱时，虢国常常帮助晋国攻打我们，又藏匿了晋国逃跑的公子，如今果真作乱。不去讨伐，将会给子孙留下后患。"于是派荀息驾着屈地产的驷马向虞借道。虞同意了借道，晋便讨伐虢国，攻下了下阳后才退兵回国。

献公私下对骊姬说："我想废掉太子，让奚齐替代他。"骊姬听后哭着说："申生被立为太子，诸侯们都已经知道了，而且他多次统率军队，百姓都归顺他，为什么要因为我而废掉嫡长子而立庶子？如果你这样做，我就自杀。"骊姬假装赞扬太子，但暗中却让人毁谤太子，想立自己的儿子为太子。

二十一年，骊姬对太子说："君王梦见齐姜了，太子应马上去曲沃祭祀母亲，回来后把胙肉献给君王。"于是太子赶往曲沃去祭祀母亲，回晋都后，把胙肉奉献给献公。献公当时出去打猎了，太子便把胙肉留在宫中。骊姬让人将毒药放在胙肉里。过了两天，献公打猎回朝，厨师把胙肉献给献公，献公正要享用，骊姬从旁阻止说："胙肉来自远方，应尝尝它。"厨师把肉汤倒在地上，地面凸了起来；厨师把胙肉丢给狗吃，狗吃后立即死了；厨师把胙肉给太监吃，太监也死了。骊姬哭着说："太子怎能这么凶残呢？连自己的父亲都想杀死而好接替其位，况且其他人呢？何况您已经年老了，已经有早没晚的人了，太子竟然迫不及待地想要杀死您！"骊姬又对献公说："太子之所以这样做，不过是因为我和奚齐的原因。我们母子愿意躲到他国，或是早早自杀，不要让我母子俩白白被太子当作鱼肉宰割。当初您说想废掉他，我还反对您；到了现在，我才明白我大错特错了。"太子听到这事后，逃到新城。献公非常生气，便杀死了太子的老师杜原款。有人对太子说："把毒药放到胙肉里的就是骊姬，太子怎么不去国君面前说清楚呢？"太子说："我父亲年纪大了，没有骊姬将会睡不安稳、饮食无味。如果我去说明白了，父亲将会对骊姬很气愤。不能这样。"又有人对太子说："那

曰："被此恶名以出，人谁内我？我自杀耳。"十二月戊申，申生自杀于新城。

此时重耳、夷吾来朝。人或告骊姬曰："二公子怨骊姬谮杀太子。"骊姬恐，因谮二公子："申生之药胙，二公子知之。"二子闻之，恐，重耳走蒲，夷吾走屈，保其城，自备守。初，献公使士蔿为二公子筑蒲、屈城，弗就。夷吾以告公，公怒士蔿。士蔿谢曰："边城少寇，安用之？"退而歌曰："狐裘蒙茸，一国三公，吾谁适从！"卒就城。及申生死，二子亦归保其城。

二十二年，献公怒二子不辞而去，果有谋矣，乃使兵伐蒲。蒲人之宦者履鞮命重耳促自杀。重耳逾垣，宦者追斩其衣祛。重耳遂奔翟。使人伐屈，屈城守，不可下。

是岁也，晋复假道于虞以伐虢。虞之大夫宫之奇谏虞君曰："晋不可假道也，是且灭虞。"虞君曰："晋我同姓，不宜伐我。"宫之奇曰："太伯、虞仲，太王之子也，太伯亡去，是以不嗣。虢仲、虢叔，王季之子也，为文王卿士，其记勋在王室，藏于盟府。将虢是灭，何爱于虞？且虞之亲能亲于桓、庄之族乎？桓、庄之族何罪，尽灭之。虞之与虢，唇之与齿，唇亡则齿寒。"虞公不听，遂许晋。宫之奇以其族去虞。其冬，晋灭虢，虢公丑奔周。还，袭灭虞，虏虞公及其大夫井伯、百里奚以媵秦穆姬，而修虞祀。荀息牵曩所遗虞屈产之乘马奉之献公，献公笑曰："马则吾马，齿亦老矣！"

二十三年，献公遂发贾华等伐屈，屈溃。夷吾将奔翟。冀芮曰："不可，重耳已在矣，今往，晋必移兵伐翟，翟畏晋，祸且及。不如走梁，梁近于秦，秦强，吾君百岁后可以求入焉。"遂奔梁。二十五年，晋伐翟，翟以重耳故，亦击晋于啮桑，晋兵解而去。

当此时，晋强，西有河西，与秦接境，北边翟，东至河内。

你逃到其他国家去吧。"太子说："带着这个罪名逃亡，谁能接受我呢？我自杀算了。"十二月二十一日，申生在新城自杀身亡。

此时重耳、夷吾来朝见国君。有人告诉骊姬说："这两位公子怨你诬陷杀死了太子。"骊姬十分恐慌，因此又诬陷二人说："申生把毒药放到胙肉中，两位公子事先都知道。"重耳、夷吾听到这消息后，很担心，于是重耳逃到了蒲，夷吾逃到了屈，各保城池，自我防卫。当初，献公让士蔿给两位公子建设蒲、屈城墙，没有修完。夷吾把这事报告了献公，献公对士蔿很生气。士蔿谢罪说："边城寇贼少，修城墙有什么用呢？"士蔿退下后唱歌道："狐皮袄的毛蓬松，一个国家有三个主，我将听谁的呢？"最后建好了城。等到申生去世后，两位公子也就各自回去防守自己的城池了。

二十二年，献公对两位公子不辞而别十分生气，认为他们真的有阴谋，就派军队征讨蒲城。蒲城有个叫履鞮的宦官让重耳尽快自杀。重耳翻越城墙逃走了，履鞮追赶，割下了重耳的衣袖。重耳逃到了翟。献公又派人讨伐屈，屈城人全力防守，没有被攻下。

这一年，晋国又向虞国借道讨伐虢国。虞国大夫宫之奇劝谏虞君说："不能借道给晋国，这样晋国会灭掉虞国。"虞君说："晋国与我同姓，应当不会攻打我国。"宫之奇说："太伯、虞仲都是太王的儿子，太伯逃跑，所以不能继承王位。虢仲、虢叔都是王季的儿子，是文王的大臣，他们的功勋都在王室中有记载，收藏在掌握盟约的官员手中。如今想要灭掉虢国，又怎么会爱惜虞国？何况晋国亲近虞国，能胜过亲近桓叔、庄伯的家族吗？桓叔、庄伯家族有什么罪过，晋君竟然全部杀害了他们？虞国与虢国的关系，就好像是唇与齿的关系，唇亡齿寒。"虞君没有听宫之奇的劝谏，于是同意了晋国的要求。宫之奇带着整个家族离开了虞国。这年冬天，晋国灭了虢国，虢公丑逃亡到了周京城。晋军返回时，偷袭灭了虞国，俘虏了虞公和他的大夫井伯、百里奚，把他作为献公女儿秦穆姬的陪嫁，并派人重修虞国的祭祀。荀息牵回了献公过去送给虞君的屈产的名马，将它们献给了献公，献公笑道："马还是我的马，只是老了啊！"

二十三年，献公派贾华等人进攻屈城，屈城溃败。夷吾打算逃往翟。冀芮说："不行，重耳已经在那里了。如果你今天也去，晋国肯定会攻打翟，翟害怕晋，大祸就会降临。不如逃往梁国，梁国接近秦国，且秦国强大，我们国君去世后，你就可以请求秦国帮助你回国。"于是，夷吾逃到了梁国。二十五年，晋国进攻翟国，翟国为重耳的原因，也从啮桑反攻晋国，结果晋军退兵离去。

这个时候，晋国强盛，向西占有河西，与秦国接壤；北边与翟国相邻，东边到达河内。

骊姬弟生悼子。

二十六年夏，齐桓公大会诸侯于葵丘。晋献公病，行后，未至，逢周之宰孔。宰孔曰："齐桓公益骄，不务德而务远略，诸侯弗平。君弟毋会，毋如晋何。"献公亦病，复还归。病甚，乃谓荀息曰："吾以奚齐为后，年少，诸大臣不服，恐乱起，子能立之乎？"荀息曰："能。"献公曰："何以为验？"对曰："使死者复生，生者不惭，为之验。"于是遂属奚齐于荀息。荀息为相，主国政。秋九月，献公卒。里克、邳郑欲内重耳，以三公子之徒作乱，谓荀息曰："三怨将起，秦、晋辅之，子将何如？"荀息曰："吾不可负先君言。"十月，里克杀奚齐于丧次，献公未葬也。荀息将死之，或曰不如立奚齐弟悼子而傅之，荀息立悼子而葬献公。十一月，里克弑悼子于朝，荀息死之。君子曰："诗所谓'白圭之玷，犹可磨也，斯言之玷，不可为也'，其荀息之谓乎！不负其言。"初，献公将伐骊戎，卜曰"齿牙为祸"。及破骊戎，获骊姬，爱之，竟以乱晋。

里克等已杀奚齐、悼子，使人迎公子重耳于翟，欲立之。重耳谢曰："负父之命出奔，父死不得修人子之礼侍丧，重耳何敢入！大夫其更立他子。"还报里克，里克使迎夷吾于梁。夷吾欲往，吕省、郤芮曰："内犹有公子可立者而外求，难信。计非之秦，辅强国之威以入，恐危。"乃使郤芮厚赂秦，约曰："即得入，请以晋河西之地与秦。"及遗里克书曰："诚得立，请遂封子于汾阳之邑。"秦缪公乃发兵送夷吾于晋。齐桓公闻晋内乱，亦率诸侯如晋。秦兵与夷吾亦至晋，齐乃使隰朋会秦俱入夷吾，立为晋君，是为惠公。齐桓公至晋之高梁而还归。

惠公夷吾元年，使邳郑谢秦曰："始夷吾以河西地许君，今幸得入立。大臣曰：'地者先君之地，君亡在外，何以得擅许秦者？'寡人争之弗能得，故谢秦。"亦不与里克汾阳邑，而夺之权。四月，周

骊姬的妹妹生下了悼子。

二十六年夏季，齐桓公在葵丘与诸侯会盟。晋献公因病去得晚，还没到达葵丘时，碰到了周朝的宰孔。宰孔说："齐桓公越来越骄横了，不修行德政却想远征，诸侯们心中都不平。您还是不要去了，齐桓公不会对晋国怎么样。"加上有病，献公听了便返回了晋国。没多久，献公病重，就对荀息说："我让奚齐继承王位，但是他还年幼，大臣们都不服，恐怕会起乱子，你能扶立他吗？"荀息说："能。"献公说："用什么来保证？"荀息回答说："即使您死而复生也不会后悔，而活着的我也不会感到惭愧，用这作凭证。"于是，献公把奚齐交付给荀息。荀息做国相，掌管国家政务。这年秋季九月时，献公去世。里克、邳郑想接回重耳，利用三位公子的党徒作乱，并对荀息说："三个方面的怨恨就要起来，外有秦国、内有晋国百姓帮助他们，你打算怎么办？"荀息说："我不能辜负对先君的承诺。"十月，里克在守丧之处杀死了奚齐，此时献公还没安葬。荀息准备自杀，有人对他说不如立奚齐的弟弟悼子为君并辅佐他。荀息便立悼子为君，并埋葬了献公。十一月，里克在朝堂上杀死了悼子，荀息也自杀了。有君子说："《诗经》所说的'白圭有了斑点，还可以磨亮；话要是说错了，就不能挽救了'，这说的不就是荀息吗？荀息没有违背自己的诺言。"当初，献公准备征讨骊戎时，龟卜时说"谗言为害"。等到战胜了骊戎，得到了骊姬，献公十分宠幸她，最终因此扰乱了晋国。

里克等人杀了奚齐、悼子后，派人到翟国迎接公子重耳，准备立他为君。重耳辞谢说："违背父命逃离晋国，父亲去世后又不能尽儿子的丧事之礼，我怎么敢回国！请大夫还是改立其他人吧。"派去的人回来禀告里克，里克派人去梁国迎接夷吾。夷吾准备回晋，吕省、郤芮劝道："国内还有公子可以继位，却到国外来找，难以让人相信。估计不去求助秦国，借助强国的势力回晋国，恐怕会很危险。"夷吾于是便让郤芮用厚礼贿赂秦国，约定说："如果我能回到晋国为君，愿把晋国河西的地方送给秦国。"夷吾写信给里克说："假使我真能即位，请让我把汾阳之城封给您。"秦缪公于是派军护送夷吾回到了晋国。齐桓公听说晋国内战，也率领诸侯来到晋国。秦军和夷吾此时也到达了晋国，齐国就让隰朋会同秦军一起送夷吾回晋国，立他为晋君，这就是惠公。齐桓公到达晋国的高梁时便返回了齐国。

惠公夷吾在元年时，派邳郑向秦国道歉说："那时我许诺把河西的地给您，现在有幸回国成了国君。大臣们说：'土地是先王留下来的，你逃亡在外，凭什么擅自许给秦国呢？'我极力争取也无用，因此来向秦道歉。"同时也没有把汾阳城封给里克，反而夺了他的大权。这年四月，周襄王让周公忌父约会齐国、秦

襄王使周公忌父会齐、秦大夫共礼晋惠公。惠公以重耳在外，畏里克为变，赐里克死。谓曰："微里子寡人不得立。虽然，子亦杀二君一大夫，为子君者不亦难乎？"里克对曰："不有所废，君何以兴？欲诛之，其无辞乎？乃言为此！臣闻命矣。"遂伏剑而死。于是邳郑使谢秦未还，故不及难。

晋君改葬恭太子申生。秋，狐突之下国，遇申生，申生与载而告之曰："夷吾无礼，余得请于帝，将以晋与秦，秦将祀余。"狐突对曰："臣闻神不食非其宗，君其祀毋乃绝乎？君其图之。"申生曰："诺，吾将复请帝。后十日，新城西偏将有巫者见我焉。"许之，遂不见。及期而往，复见，申生告之曰："帝许罚有罪矣，弊于韩。"儿乃谣曰："恭太子更葬矣，后十四年，晋亦不昌，昌乃在兄。"

邳郑使秦，闻里克诛，乃说秦缪公曰："吕省、郤称、冀芮实为不从。若重赂与谋，出晋君，入重耳，事必就。"秦缪公许之，使人与归报晋，厚赂三子。三子曰："币厚言甘，此必邳郑卖我于秦。"遂杀邳郑及里克、邳郑之党七舆大夫。邳郑子豹奔秦，言伐晋，缪公弗听。

惠公之立，倍秦地及里克，诛七舆大夫，国人不附。二年，周使召公过礼晋惠公，惠公礼倨，召公讥之。

四年，晋饥，乞籴于秦。缪公问百里奚，百里奚曰："天灾流行，国家代有，救灾恤邻，国之道也。与之。"邳郑子豹曰："伐之。"缪公曰："其君是恶，其民何罪！"卒与粟，自雍属绛。

五年，秦饥，请籴于晋。晋君谋之，庆郑曰："以秦得立，已而倍其地约。晋饥而秦贷我，今秦饥请籴，与之何疑？而谋之！"虢射曰："往年天以晋赐秦，秦弗知取而贷我。今天以秦赐晋，晋其可以逆天乎？遂伐之。"惠公用虢射谋，不与秦粟，而发兵且伐秦。秦大

国大夫，一块儿为晋惠公登基举行典礼。惠公因重耳逃亡在外，担心里克发动叛乱，便赐里克死，并对他说："没有你里克，我不可能被立为国君。即使这样，你也杀死了两位国君和一位大夫，做你的国君不也太难了吗？"里克回答说："前面的没有被废掉，你又怎么能兴起？想杀死我，难道还找不到借口吗？你竟然说出这种话！下臣遵命就是了。"于是便拔剑自杀。而这时邳郑却因为出使秦国道歉还没回来，所以没碰上这场灾难。

晋君按礼节改葬了太子申生。这年秋季，狐突到了陪都曲沃，碰到申生的鬼魂，申生让他一起乘车并对他说："夷吾无礼，我要向天帝请求，将整个晋国送给秦国，秦国将会祭祀我。"狐突回答说："我听说神是不享用不是自己宗族的祭祀的。您的祭祀不是断绝了吗？您要仔细考虑考虑！"申生说："好吧，我将再次请示天帝。十天后，在新城西边会有巫人显现我。"狐突答应了申生，申生就不见了。等到狐突按期赶往新城西，果然又见到了申生，申生告诉他说："天帝已同意我惩罚罪人了，他会在韩原大败。"于是儿童们唱起了歌谣说："恭太子改葬了，以后十四年，晋国不会昌盛了，昌盛的人是他兄长。"

邳郑出使秦国，听说里克被杀了，就对秦缪公说："吕省、郤称、冀芮的确不愿意以河西贿赂秦国。如果能够重礼贿赂他们，与他们商量，赶走晋君，送重耳回晋为君，事情肯定能成功。"秦缪公同意了他的意见，派人和他一同回晋国，用厚财贿赂了吕省、郤称、冀芮三人。三人说："财多话甜，肯定是邳郑将我们出卖给了秦国。"于是三人杀了邳郑，以及里克、邳郑的党众七舆大夫。邳郑的儿子豹逃到了秦国，请求秦攻打晋国，缪公没有同意。

惠公继位后，背弃了给秦国土地及封里克的诺言，又杀死了七舆大夫，晋国人都不顺服。二年，周王派召公按礼制见晋惠公，惠公傲慢无礼，召公讥笑了他。

四年，晋国出现了饥荒，向秦购买粮食。缪公因此咨询百里奚，百里奚说："天灾盛行，各国都可能出现，救助灾难，周济邻国，这是国家的道义。应当帮助晋国。"邳郑的儿子豹却说："攻打晋国。"缪公说："晋君确实有罪，但晋国百姓有什么罪？"最终卖给了晋国粮食，运粮的车队从秦都雍到晋绛一路源源不断。

五年，秦国出现了饥荒，向晋国请求购买粮食。晋君与大臣们商量此事，庆郑说："君王依靠秦国得以即位，后来我们又违背了给秦地的诺言。晋国发生饥荒而秦国卖给了我们粮食。今天秦国出现了饥荒，请求我们卖给他们粮食，这有什么疑问吗？还需要商议？"虢射说："去年上天把晋国赠给了秦国，秦国不知道夺取晋国，反而卖给了我们粮食。今天，上天又把秦国赠给了晋国，我们难道也要违背天意吗？应该攻打秦国。"惠公便采纳了虢射的建议，没有卖给秦国粮

怒，亦发兵伐晋。

六年春，秦缪公将兵伐晋。晋惠公谓庆郑曰："秦师深矣，奈何？"郑曰："秦内君，君倍其赂；晋饥秦输粟，秦饥而晋倍之，乃欲因其饥伐之：其深不亦宜乎！"晋卜御右，庆郑皆吉。公曰："郑不孙。"乃更令步阳御戎，家仆徒为右，进兵。九月壬戌，秦缪公、晋惠公合战韩原。惠公马鸷不行，秦兵至，公窘，召庆郑为御。郑曰："不用卜，败不亦当乎！"遂去。更令梁繇靡御，虢射为右，辂秦缪公。缪公壮士冒败晋军，晋军败，遂失秦缪公，反获晋公以归。秦将以祀上帝。晋君姊为缪公夫人，衰绖涕泣。公曰："得晋侯将以为乐，今乃如此。且吾闻箕子见唐叔之初封，曰'其后必当大矣'，晋庸可灭乎！"乃与晋侯盟王城而许之归。晋侯亦使吕省等报国人曰："孤虽得归，毋面目见社稷，卜日立子圉。"晋人闻之，皆哭。秦缪公问吕省："晋国和乎？"对曰："不和。小人惧失君亡亲，不惮立子圉，曰'必报仇，宁事戎、狄'。其君子则爱君而知罪，以待秦命，曰'必报德'。有此二故，不和。"于是秦缪公更舍晋惠公，馈之七牢。十一月，归晋侯。晋侯至国，诛庆郑，修政教。谋曰："重耳在外，诸侯多利内之。"欲使人杀重耳于狄。重耳闻之，如齐。

八年，使太子圉质秦。初，惠公亡在梁，梁伯以其女妻之，生一男一女。梁伯卜之，男为人臣，女为人妾，故名男为圉，女为妾。

十年，秦灭梁。梁伯好土功，治城沟，民力罢怨，其众数相惊，曰"秦寇至"，民恐惑，秦竟灭之。

十三年，晋惠公病，内有数子。太子圉曰："吾母家在梁，梁今秦灭之，我外轻于秦而内无援于国。君即不起，病大夫轻，更立他公

食，反而派兵攻打秦国。秦侯大怒，也发兵攻打晋国。

六年的春天，秦缪公率军讨伐晋国。晋惠公对庆郑说："秦军已深入到我国境内，该怎么办？"庆郑说："秦国护送您回国，您却背弃约定不给秦地；晋国发生饥荒时秦国立即运来粮食救助我们，而秦国出现饥荒时晋国不但不加援助，反而想借机攻打人家，今天秦军深入国境不也是应该的吗？"晋惠公占卜驾车与车右的人选，二者庆郑得的都是吉卦。惠公说："庆郑不归从。"就改让步阳驾车，家仆徒为车右，向秦军进攻。九月十三日，秦缪公、晋惠公在韩原交战。惠公的马陷在泥里跑不动了，秦兵赶来了，惠公十分困窘，叫庆郑来驾车。庆郑说："不照占卜去做，失败不也是应当的吗？"说完便离开了。惠公改派梁繇靡驾车，虢射为车右，迎击秦缪公。缪公的勇士冒死战胜了晋军，晋军大败，秦军抓获晋惠公带回秦国，准备杀死晋惠公来祭祀上天。晋惠公的姐姐是缪公夫人，她身穿丧服哭泣哀求。缪公说："抓获了晋侯应该是高兴的事，现在你竟悲痛起来。况且我听说箕子在唐叔刚受封时，说过'他的后人一定会繁荣强大'，晋国怎么会灭亡呢？"于是，与晋侯在王城签订盟约后，缪公同意让惠公返回晋国。惠公也派吕省等人回去向国人说："我虽然得以返回晋国，但也没有脸面重见百姓，选个吉日让子圉继位吧！"晋人听了这些话，都伤心地哭了。秦缪公问吕省："晋国人团结吗？"吕省回答说："不团结。老百性害怕失去国君、牺牲父母，不怕立子圉为君，都说'一定要报仇，宁可侍奉戎、狄'。但是那些君子却很拥护国君，知道他有罪，正等待秦送国君回去，他们说'一定要报答秦国对晋国的恩德'。因为这两种情形，所以晋国不团结。"于是秦缪公给晋惠公更换了住处，按诸侯礼节馈赠给晋惠公七牢。这年十一月，秦送回了晋惠公。晋惠公返回晋国后，杀死了庆郑，重新修整政务。他与大臣们商量说："重耳在外，诸侯大多想送他回国而因此获利。"于是想派人到狄杀重耳。重耳听到消息，跑到了齐国。

八年，晋惠公让太子圉到秦做人质。当初，惠公逃亡到梁国时，梁伯把自己的女儿嫁给了他，生下了一男一女。梁伯替他们占卜，男孩是做臣的命，女孩是做妾的命，因此给男孩取名为圉，给女孩取名为妾。

十年，秦国灭掉了梁国。梁伯喜欢大兴土木，修筑城池沟堑，百姓因此疲惫不堪，怨声载道，数次相互惊吓说"秦国的强盗来了"，百姓太过害怕，梁最终被秦国灭亡了。

十三年，晋惠公病了，他生有几个儿子。太子圉说："我母亲家在梁国，现在梁国被秦灭掉了，我外被秦国蔑视，内又没有援助。君王现在病重卧床不起，我担心晋国大夫轻看我而改立其他公子为太子。"于是太子圉与妻子商议一起逃回

子。"乃谋与其妻俱亡归。秦女曰:"子一国太子,辱在此。秦使婢子侍,以固子之心。子亡矣,我不从子,亦不敢言。"子圉遂亡归晋。十四年九月,惠公卒,太子圉立,是为怀公。

子圉之亡,秦怨之,乃求公子重耳,欲内之。子圉之立,畏秦之伐也。乃令国中诸从重耳亡者与期,期尽不到者尽灭其家。狐突之子毛及偃从重耳在秦,弗肯召。怀公怒,囚狐突。突曰:"臣子事重耳有年数矣,今召之,是教之反君也。何以教之?"怀公卒杀狐突。秦缪公乃发兵送内重耳,使人告栾、郤之党为内应,杀怀公于高梁,入重耳。重耳立,是为文公。

晋文公重耳,晋献公之子也。自少好士,年十七,有贤士五人:曰赵衰;狐偃咎犯,文公舅也;贾佗;先轸;魏武子。自献公为太子时,重耳固已成人矣。献公即位,重耳年二十一。献公十三年,以骊姬故,重耳备蒲城守秦。献公二十一年,献公杀太子申生,骊姬谗之,恐,不辞献公而守蒲城。献公二十二年,献公使宦者履鞮趣杀重耳。重耳逾垣,宦者逐斩其衣袪。重耳遂奔狄。狄,其母国也。是时重耳年四十三。从此五士,其余不名者数十人,至狄。

狄伐咎如,得二女:以长女妻重耳,生伯儵、叔刘;以少女妻赵衰,生盾。居狄五岁而晋献公卒,里克已杀奚齐、悼子,乃使人迎,欲立重耳。重耳畏杀,因固谢,不敢入。已而晋更迎其弟夷吾立之,是为惠公。惠公七年,畏重耳,乃使宦者履鞮与壮士欲杀重耳。重耳闻之,乃谋赵衰等曰:"始吾奔狄,非以为可用与,以近易通,故且休足。休足久矣,固原徙之大国。夫齐桓公好善,志在霸王,收恤诸侯。今闻管仲、隰朋死,此亦欲得贤佐,盍往乎?"于是遂行。重耳谓其妻曰:"待我二十五年不来,乃嫁。"其妻笑曰:"犁二十五年,吾冢上柏大矣。虽然,妾待子。"重耳居狄凡十二年而去。

过卫,卫文公不礼。去,过五鹿,饥而从野人乞食,野人盛土器中进之。重耳怒。赵衰曰:"土者,有土也,君其拜受之。"

去。妻子秦女说："您是一国的太子，在此受了污辱。秦君让我照顾您，为的是稳住您的心。您逃走吧，我不跟随您，但也不敢张扬出去。"太子圉于是跑回了晋国。十四年九月，晋惠公逝世，太子圉继位，这就是怀公。

太子圉逃跑后，秦缪公十分气愤，就寻找公子重耳，想送他回国为君。太子圉即位后，担忧秦国来攻打。于是他命令国内跟随重耳逃亡在外的人必须按期归晋，逾期未归的将被灭族。狐突的儿子狐毛和狐偃都跟随重耳在秦国，狐突不愿意让他们回来。怀公很生气，囚禁了狐突。狐突说："我的儿子侍奉重耳有许多年了，您现在命令他回来，这是让他们背叛自己的主子，我用什么来教导说服他们呢？"怀公最后杀死了狐突。秦缪公于是派军队护送重耳回晋国，派人先通知栾枝、郤縠的党徒作内应，在高梁杀死了怀公，迎回了重耳。重耳登基，这就是文公。

晋文公重耳，是晋献公的儿子。从小就喜好结交士人，十七岁时就有五个贤士跟随他，这五人分别是赵衰；狐偃咎犯，这是文公的舅舅；贾佗；先轸；魏武子。自献公做太子时，重耳就已是成人了。献公即位时，重耳二十一岁。献公十三年，由于骊姬的缘故，重耳驻守蒲城防备秦国。二十一年时，献公逼死了太子申生，骊姬又进谗言中伤重耳，重耳担心，因此不向献公辞别就逃回了蒲城据守。献公二十二年，献公让太监履鞮赶快杀了重耳。重耳翻墙逃走了，履鞮追上割掉了他的衣袖。重耳最后逃到了狄。狄国，是重耳母亲的祖国。当时重耳已四十三岁。自此后追随他的五位贤士，另外有不知名的几十人，都到了狄国。

狄国征讨咎如时，抓获了两位女子，把年长的女子嫁给了重耳，生下了伯儵、叔刘；把年少的嫁给了赵衰，生下了盾。重耳在狄生活了五年后晋献公就去世了，里克已杀死了奚齐、悼子，便让人来接重耳回国，想拥立他。重耳担心被杀，因此坚决谢绝了，不敢回晋。后来，晋国又迎重耳的弟弟夷吾回国并拥立他为君，这就是惠公。七年时，惠公因担心重耳，就让太监履鞮带着男士想杀掉重耳。重耳听到消息后，就与赵衰等人谋划说："我当初逃到狄，不是因为狄国可以帮助我，而是因为路途近且容易往来，所以暂时在此歇脚。休息的时间久了，本来就想迁到大国去。齐桓公喜欢行善，有志称霸，体恤诸侯。现在听说管仲、隰朋已去世了，齐也想寻找贤能之人辅佐，为什么不前往呢？"于是重耳就出发了。离开时重耳对妻子说："你等我二十五年，如果我没有回来，你就改嫁吧。"妻子笑着回答："等你二十五年，那时我坟上的柏树都长大了。尽管如此，我还是等着你。"重耳离开时已在狄国生活了十二年。

重耳路过卫国，卫文公不以礼相待。离开后，经过五鹿时，他因饥饿而向郊野的村民讨饭，郊野的村民将土放在容器中送给他们。重耳很生气。赵衰说："送给您土，象征着您将拥有土地，您应该行礼拜谢而接受它。"

至齐，齐桓公厚礼，而以宗女妻之，有马二十乘，重耳安之。重耳至齐二岁而桓公卒，会竖刁等为内乱，齐孝公之立，诸侯兵数至。留齐凡五岁。重耳爱齐女，毋去心。赵衰、咎犯乃于桑下谋行。齐女侍者在桑上闻之，以告其主。其主乃杀侍者，劝重耳趣行。重耳曰："人生安乐，孰知其他！必死于此，不能去。"齐女曰："子一国公子，穷而来此，数士者以子为命。子不疾反国，报劳臣，而怀女德，窃为子羞之。且不求，何时得功？"乃与赵衰等谋，醉重耳，载以行。行远而觉，重耳大怒，引戈欲杀咎犯。咎犯曰："杀臣成子，偃之愿也。"重耳曰："事不成，我食舅氏之肉。"咎犯曰："事不成，犯肉腥臊，何足食！"乃止，遂行。

过曹，曹共公不礼，欲观重耳骈胁。曹大夫釐负羁曰："晋公子贤，又同姓，穷来过我，奈何不礼！"共公不从其谋。负羁乃私遗重耳食，置璧其下。重耳受其食，还其璧。

去，过宋。宋襄公新困兵于楚，伤于泓，闻重耳贤，乃以国礼礼于重耳。宋司马公孙固善于咎犯，曰："宋小国新困，不足以求入，更之大国。"乃去。

过郑，郑文公弗礼。郑叔瞻谏其君曰："晋公子贤，而其从者皆国相，且又同姓。郑之出自厉王，而晋之出自武王。"郑君曰："诸侯亡公子过此者众，安可尽礼！"叔瞻曰："君不礼，不如杀之，且后为国患。"郑君不听。

重耳去之楚，楚成王以适诸侯礼待之，重耳谢不敢当。赵衰曰："子亡在外十余年，小国轻子，况大国乎？今楚大国而固遇子，子其毋让，此天开子也。"遂以客礼见之。成王厚遇重耳，重耳甚卑。成王曰："子即反国，何以报寡人？"重耳曰："羽毛齿角玉帛，君王所余，未知所以报。"王曰："虽然，何以报不穀？"重耳曰："即

到了齐国，齐桓公厚礼款待了重耳，还把同宗的一个少女嫁给了重耳，送给他八十匹马，重耳因此感到很知足。重耳到齐国两年后齐桓公去世，正赶上竖刁等人发动内乱，齐孝公继位，诸侯的军队多次来侵犯。重耳在齐国待了五年。重耳宠爱在齐国娶的妻子，没有离开齐国的想法。赵衰、咎犯有一天就在一棵桑树下商议离开齐国的事。重耳妻子的侍女在桑树上听到了他们的谈话，回屋后告诉了夫人。夫人便杀死了侍女，劝告重耳赶快离开。重耳说："人生来就是要安逸享乐的，没必要管其他的事！我要老死在这儿，不能离开。"妻子说："您是一国的公子，因为没办法了才到了这里，几位贤士都跟随听命于您。您不尽快回国，报答劳苦的臣子，却迷恋女色，我为你感到羞愧。您现在不去追求，什么时候才能成功呢？"她便和赵衰等人谋划，灌醉了重耳，用车拉着他离开了齐国。走了很长的路后重耳才醒来，他很生气，拿起戈来要杀咎犯。咎犯说："杀死我成就您，是我的愿望。"重耳说："事情要是失败了，我就吃了舅父的肉。"咎犯说："事情没有成功，我的肉又腥又臊，哪值得吃！"于是重耳平息了愤怒，继续赶路。

经过曹国时，曹共公对重耳无礼，想偷看重耳并生的肋骨。曹国大夫釐负羁说："晋公子贤能，和我们又是同姓，穷困中经过我国，为什么不以礼相待？"共公没有听从他的劝告。负羁就私下赠送给重耳食物，并将一块璧玉放在食物下面。重耳接受了食物，把璧玉还给负羁。

重耳离开曹国，路过宋国。宋襄公刚刚被楚军打败，在泓水受伤，听说重耳贤明，就按国礼招待了重耳。宋国司马公孙固与咎犯要好，说："宋国是小国，又刚陷入困境，没有能力帮助你们回国，请改往大国吧。"重耳一行便又离开了宋国。

经过郑国时，郑文公对重耳一行无礼。郑大夫叔瞻劝告国君说："晋公子贤明，他的随从都是国家的栋梁之才，而且他和我们又同姓。郑国的祖先是厉王，晋国的祖先是武王。"郑国国君说："从诸侯国中逃亡的公子路过我国的太多了，怎么可能都以礼相待呢！"叔瞻说："您如果不能以礼相待，还不如杀了他，免得以后成为咱们的祸患。"郑国君没有听从。

重耳离开郑国到了楚国，楚成王以对待诸侯的礼节款待了他，重耳辞谢不敢接受。赵衰说："您逃亡在外已经十几年了，小国都蔑视你，何况大国呢？如今楚是大国却坚持厚待你，你不要推辞，这是上天在保佑您。"重耳于是按诸侯的礼节会见了楚成王。成王以厚礼招待了重耳，重耳很是谦恭。成王说："您以后回国即位后，如何报答我？"重耳说："珍禽异兽、珠玉绸绢，都是君王多余的东西，我不知道还有什么可以回报君王。"成王说："虽然如此，到底用什么

不得已，与君王以兵车会平原广泽，请辟王三舍。"楚将子玉怒曰："王遇晋公子至厚，今重耳言不孙，请杀之。"成王曰："晋公子贤而困于外久，从者皆国器，此天所置，庸可杀乎？且言何以易之！"居楚数月，而晋太子圉亡秦，秦怨之；闻重耳在楚，乃召之。成王曰："楚远，更数国乃至晋。秦晋接境，秦君贤，子其勉行！"厚送重耳。

重耳至秦，缪公以宗女五人妻重耳，故子圉妻与往。重耳不欲受，司空季子曰："其国且伐，况其故妻乎！且受以结秦亲而求入，子乃拘小礼，忘大丑乎！"遂受。缪公大欢，与重耳饮。赵衰歌《黍苗》诗。缪公曰："知子欲急反国矣。"赵衰与重耳下，再拜曰："孤臣之仰君，如百谷之望时雨。"是时晋惠公十四年秋。惠公以九月卒，子圉立。十一月，葬惠公。十二月，晋国大夫栾、郤等闻重耳在秦，皆阴来劝重耳、赵衰等反国，为内应甚众。于是秦缪公乃发兵与重耳归晋。晋闻秦兵来，亦发兵拒之。然皆阴知公子重耳入也。唯惠公之故贵臣吕、郤之属不欲立重耳。重耳出亡凡十九岁而得入，时年六十二矣，晋人多附焉。

文公元年春，秦送重耳至河。咎犯曰："臣从君周旋天下，过亦多矣。臣犹知之，况于君乎？请从此去矣。"重耳曰："若反国，所不与子犯共者，河伯视之！"乃投璧河中，以与子犯盟。是时介子推从，在船中，乃笑曰："天实开公子，而子犯以为己功而要市于君，固足羞也。吾不忍与同位。"乃自隐渡河。秦兵围令狐，晋军于庐柳。二月辛丑，咎犯与秦晋大夫盟于郇。壬寅，重耳入于晋师。丙午，入于曲沃。丁未，朝于武宫，即位为晋君，是为文公。群臣皆往。怀公圉奔高梁。戊申，使人杀怀公。

怀公故大臣吕省、郤芮本不附文公，文公立，恐诛，乃欲与其徒谋烧公宫，杀文公。文公不知。始尝欲杀文公宦者履鞮知其谋，欲以告文公，解前罪，求见文公。文公不见，使人让曰："蒲城之事，女

来回报我呢？"重耳说："如果万不得已，在平原湖沼与君王兵戎相遇，请允许我为王退避三舍。"楚国大将子玉气愤地说："君王厚礼对待晋公子，现在重耳却出言不善，请让我杀了他。"成王说："晋公子贤德且被困在外面太久了，跟随他的人都是国家的大器，这是上天安排的，怎么能杀了他呢？何况他不这样说的话又该怎样说呢？"在楚住了几个月，而晋国的太子圉从秦国逃回了晋，秦国痛恨他。听说重耳住在楚国，便邀请重耳去秦国。成王说："楚国太远了，要路过好几个国家才能到达晋国。秦国与晋国接壤，秦君很贤明，您还是努力去秦国吧！"馈赠了很多礼物给重耳。

重耳到了秦国，秦缪公把同宗的五个女子嫁给重耳，原公子圉的妻子也在当中。重耳不想接纳公子圉的妻子，司空季子说："他的国家尚且要去攻打，何况他原来的妻子呢！而且您接受她是与秦国结成联姻以便返回晋国。您这是拘泥于小礼节，而忘了大耻啊！"重耳于是接受了。秦缪公特别兴奋，与重耳饮酒。赵衰读了《黍苗》一诗。秦缪公说："知道你们想马上返回晋国了。"赵衰与重耳离开座位，再次拜谢说："我们这些孤臣仰望君王您，就好像百谷祈望知时节的好雨啊。"当时是晋惠公十四年的秋季。惠公于当年九月去世，子圉登基。十一月，安葬了惠公。十二月，晋国大夫栾枝、郤縠等人听说重耳在秦国，都暗中来劝重耳、赵衰等人回国，作内应的人很多。于是秦缪公就派军护送重耳回晋国。晋国听说秦军来了，也派出军队来抵抗。但私下都知道公子重耳要回来了。只有惠公的旧大臣吕甥、郤芮之流不愿让重耳为君。重耳流亡在外十九年后最终返回了晋国，这时已经六十二岁了，晋人大多都归顺了他。

文公元年春天，秦军护送重耳到达黄河岸边。咎犯说："我跟随您周游天下，犯的过错很多。我自己都明白，何况您呢？请让我从此离开吧。"重耳说："如果我回到晋国后，不与您同心共事，请河伯见证！"于是就把玉璧扔到黄河中，与子犯盟誓。那时介子推也跟随着重耳，正在船中，他听了就笑道："的确上天在保佑公子，可子犯却认为是自己的功劳并以此向君王邀赏，太丢人了。我不愿和他共事。"说完自己隐蔽起来渡过了黄河。秦军包围了令狐，晋军在庐柳驻扎。二月辛丑日，咎犯与秦晋大夫在郇城会盟。壬寅日，重耳进入晋军中。丙午日，进入曲沃。丁未日，重耳到武宫朝拜，即位为晋君，这就是文公。大臣们都赶往曲沃。怀公圉逃往了高梁。戊申日，重耳派人杀死了怀公。

怀公的旧臣吕省、郤芮原本不想归附文公，文公即位后，害怕被杀，便和自己的党徒阴谋放火烧掉文公居住的宫殿，想杀死文公。文公对此毫无知觉。以前曾经想杀死文公的太监履鞮知道了这个阴谋，想把这个阴谋告诉文公，以便抵消以前的罪过，便去求见文公。文公拒绝见他，派人责骂他说："蒲城的事，你砍掉了我

斩予袪。其后我从狄君猎，女为惠公来求杀我。惠公与女期三日至，而女一日至，何速也？女其念之。"宦者曰："臣刀锯之余，不敢以二心事君倍主，故得罪于君。君已反国，其毋蒲、翟乎？且管仲射钩，桓公以霸。今刑余之人以事告而君不见，祸又且及矣。"于是见之，遂以吕、郤等告文公。文公欲召吕、郤，吕、郤等党多，文公恐初入国，国人卖己，乃为微行，会秦缪公于王城，国人莫知。三月己丑，吕、郤等果反，焚公宫，不得文公。文公之卫徒与战，吕、郤等引兵欲奔，秦缪公诱吕、郤等，杀之河上，晋国复而文公得归。夏，迎夫人于秦，秦所与文公妻者卒为夫人。秦送三千人为卫，以备晋乱。

　　文公修政，施惠百姓。赏从亡者及功臣，大者封邑，小者尊爵。未尽行赏，周襄王以弟带难出居郑地，来告急晋。晋初定，欲发兵，恐他乱起，是以赏从亡未至隐者介子推。推亦不言禄，禄亦不及。推曰："献公子九人，唯君在矣。惠、怀无亲，外内弃之；天未绝晋，必将有主，主晋祀者，非君而谁？天实开之，二三子以为己力，不亦诬乎？窃人之财，犹曰是盗，况贪天之功以为己力乎？下冒其罪，上赏其奸，上下相蒙，难与处矣！"其母曰："盍亦求之，以死谁怼？"推曰："尤而效之，罪有甚焉。且出怨言，不食其禄。"母曰："亦使知之，若何？"对曰："言，身之文也；身欲隐，安用文之？文之，是求显也。"其母曰："能如此乎？与女偕隐。"至死不复见。

　　介子推从者怜之，乃悬书宫门曰："龙欲上天，五蛇为辅。龙已升云，四蛇各入其宇，一蛇独怨，终不见处所。"文公出，见其书，曰："此介子推也。吾方忧王室，未图其功。"使人召之，则亡。遂求所在，闻其入绵上山中，于是文公环绵上山中而封之，以为介推

的衣袖。后来我跟着狄君去打猎，你为惠公前来追杀我。惠公与你约好三天到达，而你竟然一天就赶到，为什么这么快呢？你好好想想吧。"履鞮说："我是受过宫刑的人，不敢用二心侍奉国君、背叛主人，所以得罪了您。您已经回国，莫非就没有蒲、翟这种反对您的事了吗？何况，管仲射中齐桓公的带钩，桓公却凭着管仲得以称霸。今天我这个罪人有事想告诉您，您却不见，灾难又将降临到您头上了啊。"于是文公接见了他，他便把吕省、郤芮等人的阴谋告诉了文公。文公想召见吕、郤，但吕、郤等党徒很多，文公担心刚刚回国，国人可能会出卖自己，就乔装打扮隐藏了身份，在王城会见了秦缪公，国人都不知道。三月己丑日，吕、郤等人果然谋反，烧毁了文公居住的宫殿，却没找到文公。文公的士兵与他们交战，吕、郤等想率军逃跑，秦缪公便引诱吕、郤等人，在黄河畔杀死了他们，晋国恢复平静，文公才返回。这年夏天，文公从秦国接回夫人，秦国嫁给文公的妻子最终成为了夫人。秦国还赠送了三千人做卫兵，以防备晋国再次内乱。

　　文公推行善政，对百姓布施恩德。他封赏跟随自己逃亡的人员和有功的大臣，功大的封给城邑，功小的封给爵位。还没有来得及赏赐完毕，周襄王因弟弟王子带发难而逃到了郑国，于是派人来向晋国求救。晋国刚刚稳定，想派兵去援救，又担心国内发生动乱，因此犒赏追随文公逃亡的人，遗忘了隐藏起来的介子推。介子推也没有要求俸禄，俸禄也没有给他。介子推说："献公有九个儿子，只有国君还活着。惠公、怀公没有亲信，国内外都唾骂他们；上天还没有让晋国灭亡，肯定要有君主，主持晋国祭祀的人除了国君还有谁呢？上天的确在护佑您，但是那些追随您的人却以为是自己的功劳，不是骗人吗？偷了别人的财物，还可以说是盗贼，况且将天的功劳据为自己的功劳呢？臣下遮盖他们的罪责，君主奖赏他们的奸佞，上下互相欺骗，我难以与他们相处啊！"介子推的母亲说："你为什么不去请求赏赐呢，死了怨谁？"介子推说："我憎恨他们却又去效仿他们，罪过就更大了。况且我已经说出了怨言，不会去吃他的俸禄。"母亲说："让文公明白真相，怎么样？"介子推说："言语是人身外的装饰，身体都想藏匿起来了，还要装饰干什么？如果装饰自己，那是为了让人知道自己。"介子推的母亲说："真是这样吗？让我和你一起隐居吧。"母子俩到死都没有再露面。

　　介子推的随从很怜悯他，就在宫门口挂上一幅字，上面写着："龙想上天，需要五条蛇辅佐。龙已升入云霄，四条蛇各自进了自己的殿堂，只有一条蛇独自哀怨，最终没有找到它的去处。"文公出宫时，看到了这幅字，说："这是介子推。我正为王室之事忧虑，还没能考虑他的功绩。"于是派人去叫介子推，但介子推已隐藏起来。文公就打听介子推的住所，打听到他进了绵上山中。于是文公把整座绵上山圈起来封给介子推，当作他的封地，又起名叫介山，并说："以此

田，号曰介山，"以记吾过，且旌善人"。

从亡贱臣壶叔曰："君三行赏，赏不及臣，敢请罪。"文公报曰："夫导我以仁义，防我以德惠，此受上赏。辅我以行，卒以成立，此受次赏。矢石之难，汗马之劳，此复受次赏。若以力事我而无补吾缺者，此复受次赏。三赏之后，故且及子。"晋人闻之，皆说。

二年春，秦军河上，将入王。赵衰曰："求霸莫如入王尊周。周晋同姓，晋不先入王，后秦入之，毋以令于天下。方今尊王，晋之资也。"三月甲辰，晋乃发兵至阳樊，围温，入襄王于周。四月，杀王弟带。周襄王赐晋河内阳樊之地。

四年，楚成王及诸侯围宋，宋公孙固如晋告急。先轸曰："报施定霸，于今在矣。"狐偃曰："楚新得曹而初婚于卫，若伐曹、卫，楚必救之，则宋免矣。"于是晋作三军。赵衰举郤縠将中军，郤臻佐之；使狐偃将上军，狐毛佐之，命赵衰为卿；栾枝将下军，先轸佐之；荀林父御戎，魏犨为右：往伐。冬十二月，晋兵先下山东，而以原封赵衰。

五年春，晋文公欲伐曹，假道于卫，卫人弗许。还自河南度，侵曹，伐卫。正月，取五鹿。二月，晋侯、齐侯盟于敛盂。卫侯请盟晋，晋人不许。卫侯欲与楚，国人不欲，故出其君以说晋。卫侯居襄牛，公子买守卫。楚救卫，不卒。晋侯围曹。三月丙午，晋师入曹，数之以其不用釐负羁言，而用美女乘轩者三百人也。令军毋入僖负羁宗家以报德。楚围宋，宋复告急晋。文公欲救则攻楚，为楚尝有德，不欲伐也；欲释宋，宋又尝有德于晋：患之。先轸曰："执曹伯，分曹、卫地以与宋，楚急曹、卫，其势宜释宋。"于是文公从之，而楚成王乃引兵归。

楚将子玉曰："王遇晋至厚，今知楚急曹、卫而故伐之，是轻王。"王曰："晋侯亡在外十九年，困日久矣，果得反国，险戹尽知

来记住我的过失，而且表彰善人。"

跟随文公逃亡的仆人壶叔说："您三次犒赏功臣都没有提到我，请问我有什么罪过？"文公说："用仁义教导我，用德惠来防备我犯过，这应受到上等犒赏。用行动来辅佐我，终于使我成就功业，这应受到次等赐赏。在战场上冒着弓箭的危险奋勇杀敌，给我立下汗马功劳，这应受到再次等的赏赐。如果只是用劳力侍奉我，而没有弥补我的过错，这也应受到再次一等的赏赐。这三次犒赏完了，就会轮到你。"晋国人听了文公的话，都很高兴。

二年的春季，秦军驻扎在黄河边，将要护送周王回京。赵衰说："要想成就霸业，不如护送周王回京，尊敬王室。周、晋同一个姓，晋国不抢先护送周王回京，反而落在秦国后边，就没法号令天下。如今敬重王室，是晋称霸的资本。"三月甲辰日，晋国派兵到了阳樊，包围了温，护送周襄王回到了周都。四月，杀了襄王的弟弟王子带。周襄王把河内阳樊的土地赏赐给了晋国。

四年，楚成王和诸侯包围了宋国，宋国公孙固赶到晋国求救。先轸说："报答宋襄公赠马之恩，稳固晋国霸业，就在现在了。"狐偃说："楚国刚刚占领了曹国，而且刚与卫国结姻，假如进攻曹、卫，楚国一定会派兵救援，那么宋国就可以得到解救了。"于是晋国建立了三支军队。赵衰推荐郤縠统领中军，郤臻协助他；派狐偃统率上军，狐毛协助他，赵衰被命为卿；栾枝统率下军，先轸辅佐他；荀林父驾御战车，魏犨为车右护卫，前往征讨曹、卫。这年冬季十二月，晋军首先攻占了太行山以东地区，将原邑封给赵衰。

五年的春天，晋文公准备攻打曹国，向卫国借路，卫国人没有答应。晋军只好迁回向南渡过黄河，进攻曹国，征讨卫国。正月，晋军攻占了五鹿。二月，晋侯、齐侯在敛盂结盟。卫侯请求与晋联盟，晋国没有同意。卫侯想与楚国结盟，国人反对，便赶走了卫侯来讨好晋国。卫侯住在襄牛，公子买守卫卫国。楚国前往救援卫国，没有成功。晋军包围了曹国。三月丙午日，晋军攻入曹都，列举了曹君的罪行，指责曹君不听釐负羁的话，却让三百个美女乘坐大夫用的车子。文公命令军队不准进入釐负羁宗族的境内，以报答他的恩德。楚国包围了宋国，宋再次向晋国求救。文公想救援宋国就得进攻楚国，但楚国曾对他有恩，文公不想攻打楚国；想放弃救援宋国，可宋国又曾经对晋国有恩，文公为此进退两难、举棋不定。先轸进谏说："抓住曹伯，把曹、卫的土地分给宋国，楚国急于救曹国、卫国，那楚国势必会解除对宋国的包围。"于是文公采纳了他的意见，而楚成王果真率兵回国了。

楚国大将子玉说："成王对晋侯很是优厚，现在文公知道楚国急于救援曹国、卫国而故意攻打它们，这是蔑视君王。"成王说："晋侯逃亡在外十九年，

之，能用其民，天之所开，不可当。"子玉请曰："非敢必有功，原以间执谗慝之口也。"楚王怒，少与之兵。于是子玉使宛春告晋："请复卫侯而封曹，臣亦释宋。"咎犯曰："子玉无礼矣，君取一，臣取二，勿许。"先轸曰："定人之谓礼。楚一言定三国，子一言而亡之，我则毋礼。不许楚，是弃宋也。不如私许曹、卫以诱之，执宛春以怒楚，既战而后图之。"晋侯乃囚宛春于卫，且私许复曹、卫。曹、卫告绝于楚。楚得臣怒，击晋师，晋师退。军吏曰："为何退？"文公曰："昔在楚，约退三舍，可倍乎！"楚师欲去，得臣不肯。四月戊辰，宋公、齐将、秦将与晋侯次城濮。己巳，与楚兵合战，楚兵败，得臣收余兵去。甲午，晋师还至衡雍，作王宫于践土。

初，郑助楚，楚败，惧，使人请盟晋侯。晋侯与郑伯盟。

五月丁未，献楚俘于周，驷介百乘，徒兵千。天子使王子虎命晋侯为伯，赐大辂，彤弓矢百，玈弓矢千，秬鬯一卣，圭瓒，虎贲三百人。晋侯三辞，然后稽首受之。周作《晋文侯命》："王若曰：父义和，丕显文、武，能慎明德，昭登于上，布闻在下，维时上帝集厥命于文、武。恤朕身、继予一人永其在位。"于是晋文公称伯。癸亥，王子虎盟诸侯于王庭。

晋焚楚军，火数日不息，文公叹。左右曰："胜楚而君犹忧，何？"文公曰："吾闻能战胜安者唯圣人，是以惧。且子玉犹在，庸可喜乎！"子玉之败而归，楚成王怒其不用其言，贪与晋战，让责子玉，子玉自杀。晋文公曰："我击其外，楚诛其内，内外相应。"于是乃喜。

六月，晋人复入卫侯。壬午，晋侯度河北归国。行赏，狐偃为首。或曰："城濮之事，先轸之谋。"文公曰："城濮之事，偃说我

受困的时间太久了，终于返回晋国，他知道世间的艰难险阻，因此能正确对待百姓，这是上天在护佑他，不可阻挡。"子玉请战，说："不敢说肯定能建功立业，只求借出战来堵塞进谏之人的嘴。"楚王很生气，只给了他很少的军队。于是子玉让宛春转告晋国："请求恢复卫侯的地位，把土地还给曹国，我也解除对宋国的包围。"咎犯说："子玉无礼啊，给君王的只是解除对宋国的包围一项，而他作为臣子却得到两项，不能同意。"先轸说："安定人心叫作礼。楚国的一句话却稳定了三个国家，您一句话却消灭了它们，我们才是无礼啊。不答应楚国，这是抛弃宋国。不如私下同意恢复曹国、卫国以便引诱他，然后扣押宛春来激怒楚国，视战争的情况再作打算。"晋侯于是把宛春囚禁在卫国，并私下答应恢复曹国、卫国。曹、卫两国派使者宣布与楚国绝交。楚将得臣很气愤，率军攻打晋军，文公让晋军后退。有军官问："为什么撤军？"文公说："过去我在楚国时，立约说过交战时会退避三舍，怎么可以违背誓约呢？"楚军也想撤退，得臣不愿意。四月初二日，宋公、齐将、秦将与晋侯驻扎在城濮。初三日，他们与楚军交战，楚军大败，得臣带着残兵撤离。二十八日，晋军返回到衡雍，在践土为周襄王修筑了王宫。

当初，郑国曾帮助楚国，现在楚国失败了，郑国很担心，派人请求与晋侯结盟。晋侯与郑伯订立了盟约。

五月丁未日，晋文公将楚国俘虏贡献给周王，共有披甲的驷马战车一百辆、一千多名步兵。周王让王子虎任命晋侯为诸侯之长，赐赏给晋侯大辂车，红色大弓一副，红色箭矢百支，黑色弓十副，黑色箭千支，香酒一坛，另有玉制的印信和三百名勇士。晋侯多次推辞，最后才叩头接受了。周王作了《晋文侯命》："王说：叔父以仁义团结了诸侯，彰显了伟大的文王、武王，能够谨慎地修养美好的德行，感动了上天，传颂于百姓，因此上天降下帝王的功业给文王、武王。您关心我，让我继承祖先的事业，永远保持王位。"于是晋文公称霸，癸亥日，王子虎在王宫与诸侯结盟。

晋国烧毁了楚军营地，大火几天都没有熄灭，文公为此感叹。大臣们说："打赢了楚国，您还发愁，这是为什么？"文公说："我听说打了胜仗而能心安的只有圣人，我因此害怕。况且子玉还活着，有什么可以高兴的呢？"子玉大败而回，楚成王恼怒他不听自己的话，只顾与晋交战，因此责备子玉，子玉自杀身亡。晋文公说："我在外部攻击楚军，楚王在内部诛杀大将，内外呼应。"于是这才面露悦色。

六月，晋人又恢复卫侯的地位。壬午日，晋侯渡过黄河从北边回国。封赏有功人员，狐偃属头功。有人说："城濮的战役，是先轸的谋略。"文公说："城濮的战役，狐偃劝我不要失信。先轸说'打仗以胜利为重'，我听了先轸的话取

毋失信。先轸曰'军事胜为右'，吾用之以胜。然此一时之说，偃言万世之功，奈何以一时之利而加万世功乎？是以先之。"

冬，晋侯会诸侯于温，欲率之朝周。力未能，恐其有畔者，乃使人言周襄王狩于河阳。壬申，遂率诸侯朝王于践土。孔子读史记至文公，曰"诸侯无召王"、"王狩河阳"者，春秋讳之也。

丁丑，诸侯围许。曹伯臣或说晋侯曰："齐桓公合诸侯而国异姓，今君为会而灭同姓。曹，叔振铎之后；晋，唐叔之后。合诸侯而灭兄弟，非礼。"晋侯说，复曹伯。

于是晋始作三行。荀林父将中行，先縠将右行，先蔑将左行。

七年，晋文公、秦缪公共围郑，以其无礼于文公亡过时，及城濮时郑助楚也。围郑，欲得叔瞻。叔瞻闻之，自杀。郑持叔瞻告晋。晋曰："必得郑君而甘心焉。"郑恐，乃间令使谓秦缪公曰："亡郑厚晋，于晋得矣，而秦未为利。君何不解郑，得为东道交？"秦伯说，罢兵。晋亦罢兵。

九年冬，晋文公卒，子襄公欢立。是岁郑伯亦卒。

郑人或卖其国于秦，秦缪公发兵往袭郑。十二月，秦兵过我郊。襄公元年春，秦师过周，无礼，王孙满讥之。兵至滑，郑贾人弦高将市于周，遇之，以十二牛劳秦师。秦师惊而还，灭滑而去。

晋先轸曰："秦伯不用蹇叔，反其众心，此可击。"栾枝曰："未报先君施于秦，击之，不可。"先轸曰："秦侮吾孤，伐吾同姓，何德之报？"遂击之。襄公墨衰绖。四月，败秦师于殽，虏秦三将孟明视、西乞秫、白乙丙以归。遂墨以葬文公。文公夫人秦女，谓襄公曰："秦欲得其三将戮之。"公许，遣之。先轸闻之，谓襄公曰："患生矣。"轸乃追秦将。秦将渡河，已在船中，顿首谢，卒不反。

胜了。但是这话只有利于一时，而狐偃的话却可建立千秋万代的功绩，怎么能把一时的利益看得比万代的功业还重呢？因此狐偃应得首功。"

这年冬天，晋侯在温与诸侯会盟，想带领他们朝拜周王。晋侯担心力量不够强大，恐怕有诸侯背叛，就派人转告周襄王到河阳打猎。壬申日，晋侯便率诸侯到践土朝拜襄王。孔子读到史书中记录文公的地方时，说有"诸侯无权召唤天子""天子到河阳打猎"的记录，《春秋》这样记载是想隐瞒这事。

丁丑日，诸侯包围了许国。曹伯的大臣中有人劝晋侯说："齐桓公会合诸侯而扶持异姓国家，今天您联合诸侯却是消灭同姓国家。曹国，是叔振铎的后代；晋国，是唐叔的后代。会合诸侯国来消灭兄弟国家，这不合礼。"晋侯听了很高兴，恢复了曹伯的地位。

这时晋国开始设立了左行、中行、右行三支军队。荀林父统领中行军，先縠统领右行军，先蔑统领左行军。

七年，晋文公、秦缪公一起围攻郑国，理由是郑国当年对逃亡路过的文公无礼，而且在城濮之战中郑国又帮助楚国。包围郑国后，文公想抓住叔瞻。叔瞻知道后，自杀了。郑国人带着叔瞻尸体告诉晋君。晋君却说："一定得到郑君才罢休。"郑国害怕，就暗中派使者对秦缪公说："消灭了郑国等于增强了晋国，对晋来说是有利的，而秦国却没得到好处。您为何不放弃对郑国的进攻，使郑国成为您东边的朋友呢？"秦缪公听了很高兴，便撤军了。晋军随后也撤退了。

九年的冬季，晋文公去世，他的儿子襄公欢继位。这一年郑伯也去世了。

郑国有人欲将自己的国家出卖给秦国，秦缪公因此率军偷袭郑国。这年十二月，秦军经过晋国郊外。襄公元年的春天，秦军经过周朝境内，对天子无礼，王孙满讥讽秦国。秦军到滑国后，正好郑国富商弦高准备去周京城做生意，路上遇到了秦军，便用十二头牛犒劳秦军。秦军因此大惊而回，顺路灭掉了滑国后离去。

晋国的先轸说："秦伯不用蹇叔的谋略，违反了民意，此时可以进攻它。"栾枝说："还没有报答秦对先君的恩德就攻打它，不可以。"先轸说："秦国欺侮我君刚刚丧父，攻打我们的同姓国，有什么恩德可报？"于是率军进攻秦国。襄公将丧服涂成了黑色。四月，晋军在崤打败了秦军，抓获了秦国的孟明视、西乞术、白乙丙三员大将后回国。于是晋襄公穿着黑色丧服安葬了文公。文公的夫人是秦国女子，对襄公说："秦君想要得到他的三员大将而杀死他们。"襄公答应了，便送回了三员大将。先轸听说后，对襄公说："祸患从此将要产生了。"先轸便去追赶三员秦将。三员大将准备渡过黄河，已经到了船上，看到先轸后磕头道谢，最终没有返回。

后三年，秦果使孟明伐晋，报肴之败，取晋汪以归。四年，秦缪公大兴兵伐我，度河，取王官，封肴尸而去。晋恐，不敢出，遂城守。五年，晋伐秦，取新城，报王官役也。

六年，赵衰成子、栾贞子、咎季子犯、霍伯皆卒。赵盾代赵衰执政。

七年八月，襄公卒。太子夷皋少。晋人以难故，欲立长君。赵盾曰："立襄公弟雍。好善而长，先君爱之；且近于秦，秦故好也。立善则固，事长则顺，奉爱则孝，结旧好则安。"贾季曰："不如其弟乐。辰嬴嬖于二君，立其子，民必安之。"赵盾曰："辰嬴贱，班在九人下，其子何震之有！且为二君嬖，淫也。为先君子，不能求大而出在小国，僻也。母淫子僻，无威；陈小而远，无援：将何可乎！"使士会如秦迎公子雍。贾季亦使人召公子乐于陈。赵盾废贾季，以其杀阳处父。十月，葬襄公。十一月，贾季奔翟。是岁，秦缪公亦卒。

灵公元年四月，秦康公曰："昔文公之入也无卫，故有吕、郤之患。"乃多与公子雍卫。太子母缪嬴日夜抱太子以号泣于朝，曰："先君何罪？其嗣亦何罪？舍適而外求君，将安置此？"出朝，则抱以适赵盾所，顿首曰："先君奉此子而属之子，曰'此子材，吾受其赐；不材，吾怨子'。今君卒，言犹在耳，而弃之，若何？"赵盾与诸大夫皆患缪嬴，且畏诛，乃背所迎而立太子夷皋，是为灵公。发兵以距秦送公子雍者。赵盾为将，往击秦，败之令狐。先蔑、随会亡奔秦。秋，齐、宋、卫、郑、曹、许君皆会赵盾，盟于扈，以灵公初立故也。

四年，伐秦，取少梁。秦亦取晋之郲。六年，秦康公伐晋，取羁马。晋侯怒，使赵盾、赵穿、郤缺击秦，大战河曲，赵穿最有功。七年，晋六卿患随会之在秦，常为晋乱，乃佯令魏寿余反晋降秦。秦使随会之魏，因执会以归晋。

八年，周顷王崩，公卿争权，故不赴。晋使赵盾以车八百乘平周乱而立匡王。是年，楚庄王初即位。十二年，齐人弑其君懿公。

三年后，秦国果真派孟明视攻打晋国，以报崤之战失败之仇，占领了晋国汪地后撤兵。四年，秦缪公大肆兴兵进攻晋国，渡过黄河，占领了王官，在崤山为阵亡的将士修筑了坟墓才离去。晋人害怕，不敢再出战，便坚守城池。五年，晋国进攻秦国，夺取了新城，报了王官大败的仇。

六年，赵衰成子、栾贞子、咎季子犯、霍伯都去世了。赵盾代替赵衰掌管政务。

七年的八月，襄公去世。太子夷皋还年幼。晋人因为多次经历战难，想立年纪大的人为君。赵盾说："立襄公弟弟雍。雍喜欢善行且年龄大，先君又喜欢他；而且他与秦国亲近，秦本来是我们的友善邻国。立善人为君国家就稳定，侍奉年长的人国家就和顺，侍奉先君喜欢的人是孝顺，与老朋友结交就能安定。"贾季说："雍不如他弟弟乐。辰嬴被两位国君喜欢，立她的儿子，百姓一定放心。"赵盾说："辰嬴地位卑微，在九个妃妾中处下位，她的儿子能有什么威望？何况她被两位国君宠爱，这是淫乱。作为先君的儿子，不能投奔大国而出居小国，这是鄙陋。母亲淫乱而儿子鄙陋，没有威严；陈国是小国且远离晋国，得不到援助，这怎么可以呢？"于是让士会到秦国去迎接公子雍。贾季也让人到陈国去召公子乐。赵盾废除贾季的职位，因为贾季杀害了阳处父。十月，晋国安葬了襄公。十一月，贾季逃到了翟国。这一年，秦缪公也去世了。

灵公元年四月，秦康公说："过去文公回晋国时没有护卫，因此发生了吕、郤的祸患。"于是给了公子雍很多卫兵。太子的母亲缪嬴日夜抱着太子到朝廷上哭诉说："先君有什么罪过？他的继承人有什么罪过？你们舍弃嫡子而到国外去找君主，打算如何安置太子？"缪嬴出了朝廷，就抱着太子来到赵盾的居所，磕头说："先君把这个孩子托付给您，曾说'这孩子成了材，我就是受了您的恩赐；不成材，我就会痛恨你'。现在国君去世了，话还在耳边，您就废除了他，为什么？"赵盾和各位大臣都害怕缪嬴，又害怕被杀，于是背弃了迎接的人而立太子夷皋为君，这就是灵公。同时派军抵抗护送公子雍的秦军。赵盾为将军，率兵攻打秦，在令狐打败了秦军。先蔑、随会逃到秦国。这年秋，齐、宋、卫、郑、曹、许国的国君都拜见了赵盾，并在扈结盟，因为灵公刚刚即位的缘故。

四年，晋国攻打秦国，夺取了少梁，秦也攻占了晋国的鄗。六年，秦康公率军攻打晋国，夺取了羁马。晋侯很生气，派赵盾、赵穿、郤缺进攻秦军，双方在河曲展开大战，赵穿立了大功。七年，晋国的六卿担心随会在秦国会经常造成晋国的内乱，于是假装让魏寿余反叛晋国投降秦国。秦国派随会去魏国，魏寿余趁机捉住了随会带回了晋国。

八年，周顷王去世，公卿们争夺权势，所以没有发布讣告。晋国派赵盾率八百辆战车平息了周朝内乱而扶立了匡王。这一年，楚庄王刚即位。十二年，齐国人杀了国君齐懿公。

十四年，灵公壮，侈，厚敛以雕墙。从台上弹人，观其避丸也。宰夫胹熊蹯不熟，灵公怒，杀宰夫，使妇人持其尸出弃之，过朝。赵盾、随会前数谏，不听；已又见死人手，二人前谏。随会先谏，不听。灵公患之，使钼麑刺赵盾。盾闺门开，居处节，钼麑退，叹曰："杀忠臣，弃君命，罪一也。"遂触树而死。

初，盾常田首山，见桑下有饿人。饿人，示眯明也。盾与之食，食其半。问其故，曰："宦三年，未知母之存不，原遗母。"盾义之，益与之饭肉。已而为晋宰夫，赵盾弗复知也。九月，晋灵公饮赵盾酒，伏甲将攻盾。公宰示眯明知之，恐盾醉不能起，而进曰："君赐臣，觞三行可以罢。"欲以去赵盾，令先，毋及难。盾既去，灵公伏士未会，先纵啮狗名敖。明为盾搏杀狗。盾曰："弃人用狗，虽猛何为。"然不知明之为阴德也。已而灵公纵伏士出逐赵盾，示眯明反击灵公之伏士，伏士不能进，而竟脱盾。盾问其故，曰："我桑下饿人。"问其名，弗告。明亦因亡去。

盾遂奔，未出晋境。乙丑，盾昆弟将军赵穿袭杀灵公于桃园而迎赵盾。赵盾素贵，得民和；灵公少，侈，民不附，故为弑易。盾复位。晋太史董狐书曰"赵盾弑其君"，以视于朝。盾曰："弑者赵穿，我无罪。"太史曰："子为正卿，而亡不出境，反不诛国乱，非子而谁？"孔子闻之，曰："董狐，古之良史也，书法不隐。宣子，良大夫也，为法受恶。惜也，出疆乃免。"

赵盾使赵穿迎襄公弟黑臀于周而立之，是为成公。

成公者，文公少子，其母周女也。壬申，朝于武宫。

成公元年，赐赵氏为公族。伐郑，郑倍晋故也。三年，郑伯初

十四年，灵公长大成人了，他生活奢侈，征收重税来修饰宫墙。他从高台上用弹丸弹人，看人们躲避弹丸的样子来取乐。厨师没把熊掌煮烂，灵公因此很生气，杀死了厨师，并让妇人抬着厨师的尸首出去抛弃，从朝廷上经过。赵盾、随会以前多次劝谏，灵公不听；此处又看见死人的手，于是两人又前去劝谏。随会先去劝说，灵公不听。灵公害怕他们，便让鉏麑去行刺赵盾。赵盾家中居室的门开着，住处极其简陋，鉏麑因此退了出来并感叹说："杀死忠臣，违抗君王的命令，都是一样的罪。"于是撞树自杀身亡。

当初，赵盾经常去首山打猎，曾见到桑树下有个饿汉。这个饿汉叫示眯明。赵盾给了他一些食物，他只吃了一半。赵盾问他原因，示眯明说："我做大臣的奴隶已三年了，不知母亲是否还活着，想把剩下的一半留给母亲。"赵盾认为他是个义士，就多给了他一些饭、肉。过了不久，示眯明做了晋君的厨师，但赵盾却不知道这事。九月，晋灵公请赵盾喝酒，埋伏了士兵想杀死他。示眯明知道了这个消息，担心赵盾喝醉后不能起身，因此上前劝说赵盾："君王赏赐臣下喝酒，进酒三遍就可以结束了。"想让赵盾走，让他走在前面，使其免于遭难。赵盾已经离开了，灵公埋伏的士兵还没有集合好，就先放出了一条叫敖的恶狗。示眯明替赵盾徒手打死了狗。赵盾说："不用人而用狗，即使凶猛又有什么用呢！"然而不知道这是示眯明在暗中报答他呢。不久灵公命令伏兵追赶赵盾，示眯明反击灵公的伏兵，伏兵不能前进，而最后赵盾逃脱了。赵盾问示眯明为什么要救自己，示眯明说："我就是桑树下那个饿汉。"赵盾询问他的名字，他没有说。示眯明也因此逃走了。

赵盾最终逃掉了，但还没有出晋国国境。乙丑日，赵盾的弟弟将军赵穿在桃园杀死了灵公而接回了赵盾。赵盾一向受人尊重，甚得民心。灵公年纪不大，又奢侈，百姓不归附他，所以杀死他也比较容易。赵盾又恢复了原来的官位。晋国的太史董狐写道："赵盾杀死了自己的国君。"在朝廷上传给大家看。赵盾说："杀国君的是赵穿，我没罪。"太史说："你是正卿，你逃跑了但没有逃出晋国，回来后也没有诛杀叛乱的人，不是你是谁呢？"后来孔子听到了这件事，他说："董狐是古代杰出的史官，他能据法直书而毫不隐瞒。宣子是杰出的大夫，为遵守法制而宁愿承担坏名。可惜呀，如果赵盾逃出国境，就能免除罪名了。"

赵盾让赵穿将襄公的弟弟黑臀从周京城接回，立为国君，这就是成公。

成公，是文公的小儿子，他的母亲是周王室女子。壬申日，成公到武宫祭拜祖宗即位。

成公于元年，封赵氏为公族大夫。这年又讨伐郑国，因为郑国背叛了晋国。三年，郑伯刚刚即位，郑国归附晋国而背叛了楚国。楚王因此大怒，讨伐郑国，

立，附晋而弃楚。楚怒，伐郑，晋往救之。

六年，伐秦，虏秦将赤。

七年，成公与楚庄王争强，会诸侯于扈。陈畏楚，不会。晋使中行桓子伐陈，因救郑，与楚战，败楚师。是年，成公卒，子景公据立。

景公元年春，陈大夫夏徵舒弑其君灵公。二年，楚庄王伐陈，诛徵舒。

三年，楚庄王围郑，郑告急晋。晋使荀林父将中军，随会将上军，赵朔将下军，郤克、栾书、先縠、韩厥、巩朔佐之。六月，至河。闻楚已服郑，郑伯肉袒与盟而去，荀林父欲还。先縠曰："凡来救郑，不至不可，将率离心。"卒度河。楚已服郑，欲饮马于河为名而去。楚与晋军大战。郑新附楚，畏之，反助楚攻晋。晋军败，走河，争度，船中人指甚众。楚虏我将智䓨。归而林父曰："臣为督将，军败当诛，请死。"景公欲许之。随会曰："昔文公之与楚战城濮，成王归杀子玉，而文公乃喜。今楚已败我师，又诛其将，是助楚杀仇也。"乃止。

四年，先縠以首计而败晋军河上，恐诛，乃奔翟，与翟谋伐晋。晋觉，乃族縠。縠，先轸子也。

五年，伐郑，为助楚故也。是时楚庄王强，以挫晋兵河上也。

六年，楚伐宋，宋来告急晋，晋欲救之，伯宗谋曰："楚，天方开之，不可当。"乃使解扬绐为救宋。郑人执与楚，楚厚赐，使反其言，令宋急下。解扬绐许之，卒致晋君言。楚欲杀之，或谏，乃归解扬。

七年，晋使随会灭赤狄。

八年，使郤克于齐。齐顷公母从楼上观而笑之。所以然者，郤克偻，而鲁使蹇，卫使眇，故齐亦令人如之以导客。郤克怒，归至河上，曰："不报齐者，河伯视之！"至国，请君，欲伐齐。景公问知

晋国发兵前往救援。

六年，晋国进攻秦国，掳获了秦国将军赤。

七年，晋成公和楚庄王争夺霸权，在扈邑与诸侯会盟。陈国害怕楚国，没有参加盟会。晋国派中行桓子攻打陈国，趁机救援郑国，与楚军交战，打败了楚军。这一年，成公去世，他的儿子景公据继位。

景公元年的春天，陈国大夫夏徵舒杀了自己的国君灵公。二年，楚庄王讨伐陈国，杀了夏徵舒。

三年，楚庄王包围了郑国，郑国向晋国求援。晋国派荀林父率领中军，随会率领上军，赵朔率领下军，郤克、栾书、先縠、韩厥、巩朔协助前往救援。六月，晋军到达黄河边。听说楚国已迫使郑国投降了，郑伯赤着上身与楚国结盟后楚军就撤退了，荀林父因此便想班师回晋。先縠说："我们是来救援郑国的，不到郑国不行，要不将帅会离心。"晋军最终渡过了黄河。楚国已经降服了郑国，想以黄河水饮马以显示威名后再离开。于是楚军与晋军大战。郑国刚归附楚国，害怕楚国，反而帮助楚军攻打晋军。晋军大败，退到黄河边，士兵争船渡河，船中有很多被砍下来的手指。楚军抓获了晋军大将智罃。晋军返回晋国后，荀林父说："我是统帅，战争失败了我应当被诛杀，请求赐死。"晋景公想答应他。随会说："过去文公与楚国在城濮大战，楚成王回到楚国后杀了大将子玉，而文公才开心。现在楚军已经打败了我军，我们又杀死自己的将军，这是帮助楚国杀死它的敌人啊。"晋景公听了后阻止了荀林父。

四年，先縠由于首先提出与楚军交战而使晋军在黄河边打了败仗，担心被杀，于是逃亡到翟国，与翟国商议攻打晋国。晋国发现后，灭了先縠的整个家族。先縠，是先轸的儿子。

五年，晋国讨伐郑国，因为它援助楚军攻打晋军。当时楚庄王很强盛，因此在黄河边打败了晋军。

六年，楚国讨伐宋国，宋国向晋国求救，晋国想前去援救。伯宗建议说："楚国，上天正护佑着它，不能阻拦。"于是晋国派解扬假称救援宋国。郑国人抓住了解扬把他交给了楚国，楚国赐给了他很多财物，让他到宋国说反话，让宋国尽快投降。解扬假装答应了，终于将晋君的话转告给了宋国君臣。楚国想杀了他，有人劝阻，楚国才放了解扬。

七年，晋国派随会消灭了赤狄。

八年，晋国派郤克出使齐国。齐顷公的母亲从楼上观看并嘲笑他们。之所以这样，是因为郤克驼背，而鲁国的使者跛足，卫国的使者一只眼瞎了，因此，齐国也派同样的残疾人去接待宾客。郤克很气愤，回国走到黄河边时发誓说："不

其故，曰："子之怨，安足以烦国！"弗听。魏文子请老休，辟郤克，克执政。

九年，楚庄王卒。晋伐齐，齐使太子强为质于晋，晋兵罢。

十一年春，齐伐鲁，取隆。鲁告急卫，卫与鲁皆因郤克告急于晋。晋乃使郤克、栾书、韩厥以兵车八百乘与鲁、卫共伐齐。夏，与顷公战于鞍，伤困顷公。顷公乃与其右易位，下取饮，以得脱去。齐师败走，晋追北至齐。顷公献宝器以求平，不听。郤克曰："必得萧桐侄子为质。"齐使曰："萧桐侄子，顷公母；顷公母犹晋君母，奈何必得之？不义，请复战。"晋乃许与平而去。

楚申公巫臣盗夏姬以奔晋，晋以巫臣为邢大夫。

十二年冬，齐顷公如晋，欲上尊晋景公为王，景公让不敢。晋始作六军，韩厥、巩朔、赵穿、荀骓、赵括、赵旃皆为卿，智罃自楚归。

十三年，鲁成公朝晋，晋弗敬，鲁怒去，倍晋。晋伐郑，取氾。

十四年，梁山崩。问伯宗，伯宗以为不足怪也。

十六年，楚将子反怨巫臣，灭其族。巫臣怒，遗子反书曰："必令子罢于奔命！"乃请使吴，令其子为吴行人，教吴乘车用兵。吴晋始通，约伐楚。

十七年，诛赵同、赵括，族灭之。韩厥曰："赵衰、赵盾之功岂可忘乎？奈何绝祀！"乃复令赵庶子武为赵后，复与之邑。

十九年夏，景公病，立其太子寿曼为君，是为厉公。后月余，景公卒。

厉公元年，初立，欲和诸侯，与秦桓公夹河而盟。归而秦倍盟，与翟谋伐晋。三年，使吕相让秦，因与诸侯伐秦。至泾，败秦于麻隧，虏其将成差。

五年，三郤谗伯宗，杀之。伯宗以好直谏得此祸，国人以是不附厉公。

报复齐国，河伯来作证！"郤克返回晋国后，向晋君请求攻打齐国。晋景公询问进攻的理由后，说："你有怨气，怎么能够烦扰国家呢？"晋君没有听。魏文子由于年迈要求辞职，推荐了郤克，郤克执掌国家政权。

九年，楚庄王去世。晋国讨伐齐国，齐国派太子强到晋国做人质，晋军才退兵。

十一年的春天，齐国攻打鲁国，夺取了隆。鲁国向卫国求援。卫国和鲁国都通过郤克向晋国求援。晋国就派郤克、栾书、韩厥率八百辆战车和鲁国、卫国共同攻打齐国。这年夏季，晋国与齐顷公在鞍交战，齐顷公受伤被困。齐顷公便与他的护右交换了座位，下车去找水喝，从而得以逃脱。齐军惨败而逃，晋军追赶败兵一直达到齐都。齐顷公献上宝器求和，晋国不同意。郤克说："一定要得到萧桐侄子作为人质。"齐国使者说："萧桐侄子，是顷公的母亲。顷公的母亲就如同晋君的母亲，为何一定要得到她呢？你们太不讲信义了，请求再战。"晋国这才同意与齐讲和而离开。

楚国的申公巫臣偷娶了夏姬，逃到了晋国，晋君拜巫臣为邢邑大夫。

十二年的冬天，齐顷公到了晋国，想尊称晋景公为王，景公推辞不敢。晋国开始建立了六军，韩厥、巩朔、赵穿、荀骓、赵括、赵旃都担当大臣。智䓨也从楚国回到了晋国。

十三年，鲁成公拜见晋君，晋君很不礼貌，鲁君气愤地离开了，背叛了晋国。这年晋国攻打了郑国，夺取了氾。

十四年，梁山出现了山崩。晋君咨询伯宗，伯宗认为不值得大惊小怪。

十六年，楚国大将子反痛恨巫臣，灭巫臣的整个家族。巫臣很是气愤，给子反写信说："一定让你疲于奔命！"于是请求出使吴国，派自己的儿子主管吴国的外交，教吴国士兵乘车打仗的方法。吴、晋两国开始往来，约定攻打楚国。

十七年，晋国杀死了赵同、赵括，并灭了他们的家族。韩厥说："怎么能忘了赵衰、赵盾的功劳呢？竟然断绝了他们的香火！"于是，晋君又让赵氏庶子赵武作为赵氏后代，又封给他城邑。

十九年的夏天，景公病重，立太子寿曼为国君，这就是厉公。一个多月后，景公去世。

厉公元年，因刚刚继位，想与诸侯交好，便与秦桓公隔着黄河订立了盟约。回国后秦国就背弃了盟约，和翟商量进攻晋国。三年，晋国派吕相责备秦国，借机与诸侯攻打秦国。晋军到了泾水，在麻隧打败了秦军，俘虏了秦国大将成差。

五年，郤锜、郤犨、郤至毁谤伯宗，晋君听后杀了伯宗。伯宗是因为喜好直言劝谏才招来灾祸，百姓因此不再信任厉公。

六年春，郑倍晋与楚盟，晋怒。栾书曰："不可以当吾世而失诸侯。"乃发兵。厉公自将，五月度河。闻楚兵来救，范文子请公欲还。郤至曰："发兵诛逆，见强辟之，无以令诸侯。"遂与战。癸巳，射中楚共王目，楚兵败于鄢陵。子反收余兵，拊循欲复战，晋患之。共王召子反，其侍者竖阳谷进酒，子反醉，不能见。王怒，让子反，子反死。王遂引兵归。晋由此威诸侯，欲以令天下求霸。

厉公多外嬖姬，归，欲尽去群大夫而立诸姬兄弟。宠姬兄曰胥童，尝与郤至有怨，及栾书又怨郤至不用其计而遂败楚，乃使人间谢楚。楚来诈厉公曰："鄢陵之战，实至召楚，欲作乱，内子周立之。会与国不具，是以事不成。"厉公告栾书。栾书曰："其殆有矣！愿公试使人之周微考之。"果使郤至于周。栾书又使公子周见郤至，郤至不知见卖也。厉公验之，信然，遂怨郤至，欲杀之。八年，厉公猎，与姬饮，郤至杀豕奉进，宦者夺之。郤至射杀宦者。公怒，曰："季子欺予！"将诛三郤，未发也。郤锜欲攻公，曰："我虽死，公亦病矣。"郤至曰："信不反君，智不害民，勇不作乱。失此三者，谁与我？我死耳！"十二月壬午，公令胥童以兵八百人袭攻杀三郤。胥童因以劫栾书、中行偃于朝，曰："不杀二子，患必及公。"公曰："一旦杀三卿，寡人不忍益也。"对曰："人将忍君。"公弗听，谢栾书等以诛郤氏罪："大夫复位。"二子顿首曰："幸甚幸甚！"公使胥童为卿。闰月乙卯，厉公游匠骊氏，栾书、中行偃以其党袭捕厉公，囚之，杀胥童，而使人迎公子周于周而立之，是为悼公。

悼公元年正月庚申，栾书、中行偃弑厉公，葬之以一乘车。厉公囚六日死，死十日庚午，智䓨迎公子周来，至绛，刑鸡与大夫盟而立之，是为悼公。辛巳，朝武宫。二月乙酉，即位。

悼公周者，其大父捷，晋襄公少子也，不得立，号为桓叔，桓叔

六年的春天，郑国背弃晋国与楚国结盟，晋君十分生气。栾书说："不可以在我们这一代失去诸侯。"于是发兵攻打郑国。厉公亲自率领军队，五月时渡过黄河。听说楚国派军来救援郑国，范文子请求厉公撤兵。郤至说："派军讨伐逆贼，遇到了强敌就躲避，将无法对诸侯发号施令。"于是，晋军与楚军交战。癸巳日，晋兵射中了楚共王的眼睛，楚军在鄢陵大败。子反聚集残兵，整顿好后想再与晋军交战，晋国很担忧。楚共王召见子反，子反的佣人竖阳谷向他敬酒，子反喝醉了，不能前去朝拜共王。共王很生气，责备子反，子反自杀。楚共王于是带兵回楚国了。晋国因此威震诸侯，想号令天下，求得霸主地位。

厉公有许多宠幸的姬妾，回国后，想免除全部大臣的职务而任用宠姬的兄弟。有个宠姬的哥哥叫胥童，曾与郤至有怨仇，再加上栾书又抱怨郤至不使用自己的计谋竟也打败了楚军，就暗中派人与楚国勾结。楚国派人蒙骗厉公说："鄢陵一战，实际上是郤至叫楚国来的，郤至想作乱，迎立子周为晋君。恰好盟国没有到齐，所以事情未成功。"厉公将此告诉栾书。栾书说："可能有这种情况，希望您试着派人到周京城暗地考察一下。"厉公果然派郤至到周京城。栾书又让公子周接见郤至，郤至不知道自己已经被出卖。厉公暗中验证这件事，认为确实是这样，于是憎恨郤至，想杀了他。八年，厉公外出打猎，与宠姬饮酒，郤至杀了猪奉献给厉公，被太监将猪夺去，郤至射死了太监。厉公很气愤，说："季子欺侮我！"打算杀掉三郤，还没有动手。郤锜想先杀了厉公，说："即使我死了，国君也会遭难。"郤至说："讲诚信就不能背叛君主；想有智慧就不能迫害百姓；勇猛就不能挑起乱子。失去了这三种美德，谁会归顺我们？我死了算了。"十二月壬午日，厉公让胥童率领八百名士兵偷袭攻杀三郤。胥童借机在朝廷上挟持了栾书、中行偃，说："不杀死这两个人，灾难一定落到国君您头上。"厉公说："一个早晨就杀死了三位卿士，我不忍心再多杀人了。"胥童答复说："但别人可将忍心杀死你。"厉公不听，向栾书赔礼说只是想惩罚郤氏的罪过，并说："请大夫们恢复原职。"两人磕头说："很幸运，很幸运！"厉公让胥童出任大臣。闰月乙卯日，厉公到匠骊氏家去游玩，栾书、中行偃让他们的党羽偷袭逮捕了厉公，并囚禁起来，杀死了胥童，并派人从周京城接回了公子周，立他为君，这就是晋悼公。

悼公元年正月庚申日，栾书、中行偃杀了厉公，只用一辆车陪葬了他。厉公被囚禁了六天后遭杀害，去世十天后的庚午日，智䓨迎接公子周回晋，到了绛，刑鸡和大夫盟誓拥立公子周，这就是悼公。辛巳日，公子周到武宫祭拜。二月乙酉日，公子周即位。

悼公周，他的祖父捷是晋襄公的小儿子，没能继位，号称桓叔，桓叔最受宠

最爱。桓叔生惠伯谈，谈生悼公周。周之立，年十四矣。悼公曰："大父、父皆不得立而辟难于周，客死焉。寡人自以疏远，毋几为君。今大夫不忘文、襄之意而惠立桓叔之后，赖宗庙大夫之灵，得奉晋祀，岂敢不战战乎？大夫其亦佐寡人！"于是逐不臣者七人，修旧功，施德惠，收文公入时功臣后。秋，伐郑。郑师败，遂至陈。

三年，晋会诸侯。悼公问群臣可用者，祁傒举解狐。解狐，傒之仇。复问，举其子祁午。君子曰："祁傒可谓不党矣！外举不隐仇，内举不隐子。"方会诸侯，悼公弟杨干乱行，魏绛戮其仆。悼公怒，或谏公，公卒贤绛，任之政，使和戎，戎大亲附。十一年，悼公曰："自吾用魏绛，九合诸侯，和戎、翟，魏子之力也。"赐之乐，三让乃受之。冬，秦取我栎。

十四年，晋使六卿率诸侯伐秦，度泾，大败秦军，至棫林而去。

十五年，悼公问治国于师旷。师旷曰："惟仁义为本。"冬，悼公卒，子平公彪立。

平公元年，伐齐，齐灵公与战靡下，齐师败走。晏婴曰："君亦毋勇，何不止战？"遂去。晋追，遂围临淄，尽烧屠其郭中。东至胶，南至沂，齐皆城守，晋乃引兵归。

六年，鲁襄公朝晋。晋栾逞有罪，奔齐。八年，齐庄公微遣栾逞于曲沃，以兵随之。齐兵上太行，栾逞从曲沃中反，袭入绛。绛不戒，平公欲自杀，范献子止公，以其徒击逞，逞败走曲沃。曲沃攻逞，逞死，遂灭栾氏宗。逞者，栾书孙也。其入绛，与魏氏谋。齐庄公闻逞败，乃还，取晋之朝歌去，以报临淄之役也。

十年，齐崔杼弑其君庄公。晋因齐乱，伐败齐于高唐去，报太行之役也。

十四年，吴延陵季子来使，与赵文子、韩宣子、魏献子语，曰："晋国之政，卒归此三家矣。"

十九年，齐使晏婴如晋，与叔向语。叔向曰："晋，季世也。公

爱。桓叔生下惠伯谈，谈生下悼公周。周继位时已十四岁。悼公说："祖父、父亲都没能继位而避难于周，客死在那儿。我自认为已经远离了，从未想过能当晋君。现在大夫们不忘文公、襄公的意愿而施惠，拥立桓叔的后代，全凭借祖宗和大夫们的威灵，得以继承晋国的祭祀，难道敢不兢兢业业吗？大夫们也应该协助我！"于是驱赶了不尽职的七个大臣，修整祖宗旧业，向百姓布施恩惠，慰问文公回晋时各位功臣的后人。这年秋天，讨伐郑国。郑军大败，于是又进攻陈国。

三年，晋国会见诸侯。悼公向大臣们咨询可以任用的人，祁傒推荐解狐。解狐是祁傒的仇人。悼公又问还有谁，祁傒又推荐自己的儿子祁午。君子说："祁傒应当算作不偏私了。在外举荐不避仇人，在内荐不避儿子。"正在会见诸侯时，悼公的弟弟杨干乱了军阵，魏绛杀了他的驾车人。悼公很气愤，有人劝谏悼公，悼公终于认为绛很有贤德，任用他掌管政务，派他与戎讲和，戎终于亲近晋国。十一年，悼公说："从我任用魏绛以来，九次会合诸侯，与戎、翟和解了，这全是魏子的功劳。"悼公送给他乐队，他再三推辞后才接受下来。这年冬季，秦国攻取了晋国的栎。

十四年，晋国派六卿统领诸侯们讨伐秦国，渡过泾河，把秦军打得惨败，直到棫林才离开。

十五年，悼公向师旷咨询治国的道理。师旷说："只有仁义才是根本。"这年冬天，悼公去世，他的儿子平公彪登基。

平公元年，晋国攻打齐国，齐灵公与晋军在靡下交战。齐军败逃。晏婴说："国君没有勇气，为什么不停止打仗？"于是离去了。晋军穷追不舍，包围了临淄，焚烧了外城的房屋而杀光了外城的军民。晋军东到胶水，南到沂水，齐军都死守城池不出，晋国才退兵离去。

六年，鲁襄公拜见晋君。晋栾逞犯了罪，逃到齐国。八年，齐庄公暗中派栾逞潜入曲沃，又派军跟着他。齐军上了太行山，栾逞在曲沃内造反，偷袭了绛城。绛城毫无戒备，平公想自刎，范献子阻止了平公，派自己的家兵抵抗栾逞，栾逞被打败逃到了曲沃。曲沃人进攻栾逞，栾逞被杀死，曲沃人于是灭了栾逞的宗族。栾逞，是栾书的孙子。他进入绛时，与魏氏商议过。齐庄公听说栾逞惨败，就返回了，攻占了晋国的朝歌后离去，为的是报临淄一战之仇。

十年，齐国的崔杼杀害自己的国君庄公。晋国趁齐国内乱，在高唐打败齐军离去，目的是报太行一战之仇。

十四年，吴国延陵季子出使晋国，期间与赵文子、韩宣子、魏献子会谈，事后说："晋国的政权，最后要落在这三家手中。"

十九年，齐国派晏婴出使晋国，晏婴与叔向会谈。叔向说："晋国处于末世

厚赋为台池而不恤政，政在私门，其可久乎！"晏子然之。

二十二年，伐燕。二十六年，平公卒，子昭公夷立。

昭公六年卒。六卿强，公室卑。子顷公去疾立。

顷公六年，周景王崩，王子争立。晋六卿平王室乱，立敬王。

九年，鲁季氏逐其君昭公，昭公居乾侯。十一年，卫、宋使使请晋纳鲁君。季平子私赂范献子，献子受之，乃谓晋君曰："季氏无罪。"不果入鲁君。

十二年，晋之宗家祁傒孙，叔向子，相恶于君。六卿欲弱公室，乃遂以法尽灭其族。而分其邑为十县，各令其子为大夫。晋益弱，六卿皆大。

十四年，顷公卒，子定公午立。

定公十一年，鲁阳虎奔晋，赵鞅简子舍之。十二年，孔子相鲁。

十五年，赵鞅使邯郸大夫午，不信，欲杀午，午与中行寅、范吉射亲攻赵鞅，鞅走保晋阳。定公围晋阳。荀栎、韩不信、魏侈与范、中行为仇，乃移兵伐范、中行。范、中行反，晋君击之，败范、中行。范、中行走朝歌，保之。韩、魏为赵鞅谢晋君，乃赦赵鞅，复位。

二十二年，晋败范、中行氏，二子奔齐。

三十年，定公与吴王夫差会黄池，争长，赵鞅时从，卒长吴。

三十一年，齐田常弑其君简公，而立简公弟骜为平公。三十三年，孔子卒。

三十七年，定公卒，子出公凿立。

出公十七年，知伯与赵、韩、魏共分范、中行地以为邑。出公怒，告齐、鲁，欲以伐四卿。四卿恐，遂反攻出公。出公奔齐，道死。故知伯乃立昭公曾孙骄为晋君，是为哀公。

哀公大父雍，晋昭公少子也，号为戴子。戴子生忌。忌善知伯，蚤死，故知伯欲尽并晋，未敢，乃立忌子骄为君。当是时，晋国政皆

了。平公征收重税修建池台楼阁却不理朝政，政务落在私家门下，这难道可以持久吗？"晏子表示认同。

二十二年，晋国攻打燕国。二十六年，平公去世，他的儿子昭公夷即位。

昭公于六年去世。晋国六卿强盛，公室衰弱。昭公的儿子顷公去疾继位。

顷公六年，周景王去世，诸公子争夺王位。晋国六卿平定了周王室的内乱，拥立敬王。

九年，鲁季氏驱赶了自己的君王昭公，昭公住在乾侯。十一年，卫国、宋国派使者请求晋国送鲁君回国。季平子暗地里贿赂了范献子，献子接受了贿赂，他对晋君说："季氏没有错。"最后没有送鲁君回国。

十二年，晋国公族祁傒的孙子，叔向的儿子，在晋君面前相互指责。六卿想削弱国君的势力，便按照刑法灭了他们的家族，并把他们的封邑划分为十个县，各自让自己的儿子去做大夫。晋君势力更加弱小，六卿都强盛起来。

十四年，顷公去世，他的儿子定公午继位。

定公十一年，鲁国的阳虎逃到晋国，赵鞅简子收留了他。十二年，孔子当了鲁国的国相。

十五年，赵鞅让邯郸大夫午将卫国进贡的五百户还后迁居晋阳，大夫午答应后又不讲信用，赵鞅因此想杀死午，午和中行寅、范吉射亲自率兵进攻赵鞅，赵鞅逃到晋阳防守。定公围了晋阳。荀栎、韩不信、魏侈与范吉射、中行寅有仇，就调军队攻打范吉射、中行寅。范吉射、中行寅叛变，晋军攻打他们，打败了范吉射、中行寅。范吉射、中行寅逃到朝歌，据城自保。韩不信、魏侈替赵鞅向晋君赔礼，于是晋君赦免了赵鞅，恢复了他的官职。

二十二年，晋国战胜了范吉射、中行氏，两人逃往了齐国。

三十年，定公与吴王夫差在黄池会盟，争当盟主，赵鞅当时跟随晋君，终于让吴王做了盟主。

三十一年，齐国田常杀了自己的国君简公，立简公的弟弟骜为平公。三十三年，孔子逝世。

三十七年，定公去世，他的儿子出公凿继位。

出公十七年，智伯与赵鞅、韩不信、魏侈一块儿分割了范吉射、中行寅的领地。出公很气愤，求告齐国、鲁国，想趁机讨伐四卿。四卿很慌恐，于是反击出公。出公逃亡齐国，在半途上去世。所以智伯就立昭公的曾孙骄做了晋君，这就是哀公。

哀公的祖父雍，是晋昭公的小儿子，号叫戴子。戴子生了忌。忌与智伯关系紧密，但早死，因此智伯想吞并晋国，没敢动，就立了忌的儿子骄做晋君。那

决知伯，晋哀公不得有所制。知伯遂有范、中行地，最强。

哀公四年，赵襄子、韩康子、魏桓子共杀知伯，尽并其地。

十八年，哀公卒，子幽公柳立。

幽公之时，晋畏，反朝韩、赵、魏之君。独有绛、曲沃，余皆入三晋。

十五年，魏文侯初立。十八年，幽公淫妇人，夜窃出邑中，盗杀幽公。魏文侯以兵诛晋乱，立幽公子止，是为烈公

烈公十九年，周威烈王赐赵、韩、魏皆命为诸侯。

二十七年，烈公卒，子孝公颀立。孝公九年，魏武侯初立，袭邯郸，不胜而去。十七年，孝公卒，子静公俱酒立。是岁，齐威王元年也。

静公二年，魏武侯、韩哀侯、赵敬侯灭晋后而三分其地。静公迁为家人，晋绝不祀。

太史公曰：晋文公，古所谓明君也，亡居外十九年，至困约，及即位而行赏，尚忘介子推，况骄主乎？灵公既弑，其后成、景致严，至厉大刻，大夫惧诛，祸作。悼公以后日衰，六卿专权。故君道之御其臣下，固不易哉！

时，晋国的政务全部由智伯决定，晋哀公不能执掌朝政。于是，智伯占据了范吉射、中行寅的领地，在六卿中最强大。

哀公四年，赵襄子、韩康子、魏桓子共同杀死了智伯，吞并了他的全部领地。

十八年，哀公去世，他的儿子幽公柳继位。

幽公执政时，晋君由于衰弱而害怕卿大夫，反而朝拜韩、赵、魏。晋君只占有绛、曲沃，剩下的土地都并入了三晋。

十五年，魏文侯刚继位。十八年，幽公强奸了妇女，夜间私自出城，被强盗杀死。魏文侯派兵平定了晋国的内战，立幽公儿子止为君，这就是烈公。

烈公十九年，周威烈王赏封赵、韩、魏，封他们为诸侯。

二十七年，烈公去世，他的儿子孝公顷继位。孝公九年，魏武侯刚即位，偷袭了邯郸，未能取胜便退兵了。十七年，孝公去世，他的儿子静公俱酒继位。这一年是齐威王元年。

静公二年，魏武侯、韩哀侯、赵敬侯消灭了晋国并瓜分晋地。静公成为平民百姓，晋国祭祀从此断绝。

太史公说：晋文公是古代所说的圣明君主，逃亡在外十九年，相当贫困，到即位时论功行赏，还忘掉了介子推，何况骄奢的君主呢？灵公被害后，成公、景公极为严酷，到了厉公更加苛刻，大夫害怕被杀，祸乱从此开始发生。悼公以后晋国日益衰弱，六卿专掌朝政。因此国君驾驭自己的臣民，向来就不容易啊！

楚世家第十

楚之先祖出自帝颛顼高阳。高阳者，黄帝之孙，昌意之子也。高阳生称，称生卷章，卷章生重黎。重黎为帝喾高辛居火正，甚有功，能光融天下，帝喾命曰祝融。共工氏作乱，帝喾使重黎诛之而不尽。帝乃以庚寅日诛重黎，而以其弟吴回为重黎后，复居火正，为祝融。

吴回生陆终。陆终生子六人，坼剖而产焉。其长一曰昆吾；二曰参胡；三曰彭祖；四曰会人；五曰曹姓；六曰季连，芈姓，楚其后也。昆吾氏，夏之时尝为侯伯，桀之时汤灭之。彭祖氏，殷之时尝为侯伯，殷之末世灭彭祖氏。季连生附沮，附沮生穴熊。其后中微，或在中国，或在蛮夷，弗能纪其世。

周文王之时，季连之苗裔曰鬻熊。鬻熊子事文王，蚤卒。其子曰熊丽。熊丽生熊狂，熊狂生熊绎。

熊绎当周成王之时，举文、武勤劳之后嗣，而封熊绎于楚蛮，封以子男之田，姓芈氏，居丹阳。楚子熊绎与鲁公伯禽、卫康叔子牟、晋侯燮、齐太公子吕伋俱事成王。

熊绎生熊艾，熊艾生熊䵣，熊䵣生熊胜。熊胜以弟熊杨为后。熊杨生熊渠。

熊渠生子三年。当周夷王之时，王室微，诸侯或不朝，相伐。熊渠甚得江汉间民和，乃兴兵伐庸、杨粤，至于鄂。熊渠曰："我蛮夷也，不与中国之号谥。"乃立其长子康为句亶王，中子红为鄂王，少子执疵为越章王，皆在江上楚蛮之地。及周厉王之时，暴虐，熊渠畏其伐楚，亦去其王。

后为熊毋康，毋康蚤死。熊渠卒，子熊挚红立。挚红卒，其弟弑而代立，曰熊延。熊延生熊勇。

熊勇六年，而周人作乱，攻厉王，厉王出奔彘。熊勇十年，卒，

楚国的祖先源于颛顼帝高阳。高阳，是黄帝的孙子，昌意的儿子。高阳生下了称，称生下了卷章，卷章生下了重黎。重黎是帝喾高辛氏的火正，立了很多功劳，能让天下光明遍照，帝喾赏赐给他祝融的称号。共工氏发动了叛乱，帝喾让重黎去诛杀作乱之人，但没有杀尽。帝喾便在庚寅日诛杀了重黎，让他的弟弟吴回接替重黎，也担任火正，仍称之为祝融。

吴回生了陆终。陆终有六个儿子，都是剖腹而生。老大叫昆吾，老二叫参胡，老三叫彭祖，老四叫会人，老五叫曹姓，老六叫季连。季连姓芈，楚国王族是他的后人。昆吾在夏朝时曾是侯伯，桀时被汤灭了。彭祖在商朝时曾是侯伯，商朝末年时被灭。季连生下了附沮，附沮生下了穴熊。他的后人中途衰落，有的在中原，有的在蛮夷，史书没有记载他们的世系。

周文王时，季连有支苗裔后代叫鬻熊。鬻熊像儿子一样侍奉文王，早死。他的儿子叫熊丽，生了熊狂，熊狂生了熊绎。

熊绎生长在周成王时代，成王重用文王、武王时功臣的后代，因此把熊绎封在楚蛮，封给他子男爵位的田地，姓芈，住在丹阳。楚子熊绎与鲁公伯禽、卫康叔子牟、晋侯燮、齐太公子吕伋一起侍奉成王。

熊绎生了熊艾，熊艾生了熊䵣，熊䵣生下了熊胜。熊胜让弟弟熊杨做了继承者。熊杨生下了熊渠。

熊渠生有三个儿子。周夷王时，周王室开始衰落，有的诸侯不再朝觐天子，有的诸侯互相攻伐。熊渠很得长江、汉水一带民众的拥护，于是出兵攻打庸、杨粤，一直打到鄂地。熊渠说："我们是蛮夷人，没有必要采用中原各国的名称谥号。"于是他就封自己的长子康为句亶王，二儿子红为鄂王，小儿子执疵为越章王，都在长江沿岸的楚蛮地区。到周厉王时，其性格暴躁狂虐，熊渠担心他来攻打楚国，也就去掉了自己的王号。

熊渠的继承人为长子熊毋康，毋康早死。熊渠去世后，次子熊挚红继位。挚红死了，被他的弟弟杀害取而代之，这就是熊延。熊延生下了熊勇。

熊勇六年，周人发起叛乱，攻打厉王，厉王逃亡到彘。熊勇在位十年后去

弟熊严为后。

熊严十年，卒。有子四人，长子伯霜，中子仲雪，次子叔堪，少子季徇。熊严卒，长子伯霜代立，是为熊霜。

熊霜元年，周宣王初立。熊霜六年，卒，三弟争立。仲雪死；叔堪亡，避难于濮；而少弟季徇立，是为熊徇。熊徇十六年，郑桓公初封于郑。二十二年，熊徇卒，子熊咢立。熊咢九年，卒，子熊仪立，是为若敖。

若敖二十年，周幽王为犬戎所弑，周东徙，而秦襄公始列为诸侯。

二十七年，若敖卒，子熊坎立，是为霄敖。霄敖六年，卒，子熊眴立，是为蚡冒。蚡冒十三年，晋始乱，以曲沃之故。蚡冒十七年，卒。蚡冒弟熊通弑蚡冒子而代立，是为楚武王。

武王十七年，晋之曲沃庄伯弑主国晋孝侯。十九年，郑伯弟段作乱。二十一年，郑侵天子之田。二十三年，卫弑其君桓公。二十九年，鲁弑其君隐公。三十一年，宋太宰华督弑其君殇公。

三十五年，楚伐随。随曰："我无罪。"楚曰："我蛮夷也。今诸侯皆为叛相侵，或相杀。我有敝甲，欲以观中国之政，请王室尊吾号。"随人为之周，请尊楚，王室不听，还报楚。三十七年，楚熊通怒曰："吾先鬻熊，文王之师也，蚤终。成王举我先公，乃以子男田令居楚，蛮夷皆率服，而王不加位，我自尊耳。"乃自立为武王，与随人盟而去。于是始开濮地而有之。

五十一年，周召随侯，数以立楚为王。楚怒，以随背己，伐随。武王卒师中而兵罢。子文王熊赀立，始都郢。

文王二年，伐申过邓，邓人曰"楚王易取"，邓侯不许也。六年，伐蔡，虏蔡哀侯以归，已而释之。楚强，陵江汉间小国，小国皆畏之。十一年，齐桓公始霸，楚亦始大。

十二年，伐邓，灭之。十三年，卒，子熊艰立，是为堵敖。堵敖

世,他的弟弟熊严继位。

熊严在位十年后去世。他有四个儿子,长子伯霜,老二仲雪,老三叫叔堪,老四叫季徇。熊严去世后,长子伯霜继位,这就是熊霜。

熊霜元年,周宣王即位。熊霜在位六年后去世,三个弟弟争夺王位。仲雪因此死了;叔堪逃亡,逃到了濮避难,小弟弟季徇继位,这就是熊徇。熊徇十六年,郑桓公被封到郑。二十二年,熊徇去世,他的儿子熊咢继位。熊咢在位九年后去世,他的儿子熊仪继位,这就是若敖。

若敖二十年,周幽王被犬戎人所杀,周王室被迫东迁,秦襄公因功被封为诸侯。

二十七年,若敖去世,他的儿子熊坎继位,这就是霄敖。霄敖于六年后去世,他的儿子熊眴继位,这就是蚡冒。蚡冒十三年,晋国发生内乱,曲沃庄伯发动叛乱。蚡冒十七年时去世。蚡冒的弟弟熊通杀死了蚡冒的儿子自立为王,这就是楚武王。

武王十七年,晋国曲沃庄伯杀害了国君晋孝侯。十九年,郑伯的弟弟段发动内战。二十一年,郑国侵占了周天子的田地。二十三年,卫国人杀害了国君卫桓公。二十九年,鲁国人杀害了国君鲁隐公。三十一年,宋国太宰华督杀害了国君宋殇公。

三十五年,楚国进攻随国。随国君说:"我没有罪啊。"楚王说:"我是蛮夷之人。今天诸侯们都背叛了周王室,有的相互侵伐。我有军队,想以此参与中原的政事,请周王室封赐我名号。"随国人代他向周王室请求尊号,周王室不同意,随国人回来报告给了楚熊通。三十七年,楚熊通愤怒地说:"我的祖先鬻熊,是文王的老师,很早就去世了。周成王提拔我的先公,竟只赏赐了子男爵位的田地,让他住在楚地,蛮夷部族都顺服了,但是周王却不加封爵位,我只好自称尊号了!"于是他自称武王,和随国人订立盟约后撤离。这样楚国开始开发濮地并一直占有它。

五十一年,周王召见随侯,责备他让楚国君称王。楚武王很气愤,认为随侯背叛了自己,于是进攻随国。武王在行军路上病死,于是楚军才撤离。武王的儿子文王熊赀继位,并将郢作为都城。

文王二年,楚国讨伐申国时经过邓,邓人说"很容易抓住楚王"。邓侯没有答应。六年,楚国攻打蔡国,俘虏了蔡哀侯回国,没多久又释放了他。楚国逐渐变得强盛,常欺凌长江、汉水一带的小国,小国都很害怕楚国。十一年(前679年),齐桓公开始称霸,楚国也逐渐强大。

十二年,楚国攻打邓国,并消灭了它。十三年,文王去世,他的儿子熊坚继

五年，欲杀其弟熊恽，恽奔随，与随袭弑堵敖代立，是为成王。

成王恽元年，初即位，布德施惠，结旧好于诸侯。使人献天子，天子赐胙，曰："镇尔南方夷越之乱，无侵中国。"于是楚地千里。

十六年，齐桓公以兵侵楚，至陉山。楚成王使将军屈完以兵御之，与桓公盟。桓公数以周之赋不入王室，楚许之，乃去。

十八年，成王以兵北伐许，许君肉袒谢，乃释之。二十二年，伐黄。二十六年，灭英。

三十三年，宋襄公欲为盟会，召楚。楚王怒曰："召我，我将好往袭辱之。"遂行，至盂，遂执辱宋公，已而归之。三十四年，郑文公南朝楚。楚成王北伐宋，败之泓，射伤宋襄公，襄公遂病创死。

三十五年，晋公子重耳过楚，成王以诸侯客礼飨，而厚送之于秦。

三十九年，鲁僖公来请兵以伐齐，楚使申侯将兵伐齐，取谷，置齐桓公子雍焉。齐桓公七子皆奔楚，楚尽以为上大夫。灭夔，夔不祀祝融、鬻熊故也。

夏，伐宋，宋告急于晋，晋救宋，成王罢归。将军子玉请战，成王曰："重耳亡居外久，卒得反国，天之所开，不可当。"子玉固请，乃与之少师而去。晋果败子玉于城濮。成王怒，诛子玉。

四十六年，初，成王将以商臣为太子，语令尹子上。子上曰："君之齿未也，而又多内宠，绌乃乱也。楚国之举常在少者。且商臣蜂目而豺声，忍人也，不可立也。"王不听，立之。后又欲立子职而绌太子商臣。商臣闻而未审也，告其傅潘崇曰："何以得其实？"崇曰："飨王之宠姬江芈而勿敬也。"商臣从之。江芈怒曰："宜乎王之欲杀若而立职也。"商臣告潘崇曰："信矣。"崇曰："能事之乎？"曰："不能。""能亡去乎？"曰："不能。""能行大事乎？"曰："能。"冬十月，商臣以宫卫兵围成王。成王请食熊蹯而

位，这就是堵敖。堵敖五年，想杀死自己的弟弟熊恽，熊恽逃往了随国，与随人偷袭并杀死了堵敖自立为王，这就是成王。

成王恽元年，刚刚即位便向百姓布施恩德，与诸侯恢复以前的友好关系。派人向天子朝贡，天子赏赐给他祭祀的胙肉，说："请镇抚你们南方夷越地区的战乱，不要侵犯中原。"于是楚国地域面积扩大到千里。

十六年，齐桓公派军入侵楚国，一直打到陉山。楚成王让将军屈完率军抵御，与桓公结盟。桓公谴责楚成王不向周王室供奉贡品，楚成王答应了他的要求后齐才撤军。

十八年，成王派兵北进攻打许国，许国国君袒露胳膊请罪，楚成王便释放了他。二十二年，楚国进攻黄国。二十六年，楚国灭了英国（偃姓古国）。

三十三年，宋襄公想要与诸侯会盟，召集楚国。楚王生气地说："叫我去，我将以友好的姿态前往然后趁机羞辱他。"于是楚王率兵到了盂，抓住并侮辱了宋襄公，不久后放他回去了。三十四年，郑文公南下拜见楚王。楚成王北进讨伐宋国，在泓水大胜宋军，射伤了宋襄公，襄公后来因伤而死。

三十五年，晋公子重耳路过楚国，成王以接待诸侯的礼节款待了重耳，并厚赠重耳礼物送他到了秦国。

三十九年，鲁僖公向楚国请求出兵一起讨伐齐国，楚国派申侯率军攻打齐国，夺取了谷邑，把齐桓公的儿子雍安顿在这里。齐桓公的七个儿子都逃到了楚国，楚国全部拜他们为上大夫。楚国消灭了夔，因为夔国不祭祀祝融、鬻熊。

这年夏天，楚国讨伐宋国，宋国向晋国求救，晋国出兵救援宋国，楚成王只好作罢撤军回国。将军子玉请求再战，成王说："重耳逃亡在外多年，最终才得以回到晋国，这是上天在护佑他，不能阻挡。"子玉坚持请战，于是楚成王只给了他小股军队就离开了。晋国果真在城濮大败子玉。楚成王很气愤，逼死了子玉。

四十六年，当初成王准备立商臣为太子，并告诉了令尹子上。子上说："国君你还年轻，又有很多宠爱的妻妾，假如立了太子又废弃便会出乱子。楚国立的太子常常是年少的。况且商臣眼睛像毒蜂声音像豺狼，是个残暴的人，不宜立为太子。"楚王没有听，立了商臣为太子。后来楚王又想立儿子职为太子而废黜商臣。商臣听后未经证实，便告诉自己的老师潘崇并问："要怎样才能获得真实的情况？"潘崇说："盛情招待成王的宠姬江芈，不过不要尊敬她。"商臣遵从了他的谋略。江芈生气地说："大王想废黜你而立职为太子是对的。"商臣告诉潘崇说："确定了。"潘崇问："您能侍奉职为君吗？"商臣回答："不能！"又问："你愿意逃离吗？"商臣又回答："不愿。""能干大事吗？"商臣回答道："能。"这年冬季十月，商臣率宫廷侍卫包围了成王，成王请求吃

死,不听。丁未,成王自绞杀。商臣代立,是为穆王。

穆王立,以其太子宫予潘崇,使为太师,掌国事。穆王三年,灭江。四年,灭六、蓼。六、蓼,皋陶之后。八年,伐陈。十二年,卒。子庄王侣立。

庄王即位三年,不出号令,日夜为乐,令国中曰:"有敢谏者死无赦!"伍举入谏。庄王左抱郑姬,右抱越女,坐钟鼓之间。伍举曰:"原有进隐。"曰:"有鸟在于阜,三年不蜚不鸣,是何鸟也?"庄王曰:"三年不蜚,蜚将冲天;三年不鸣,鸣将惊人。举退矣,吾知之矣。"居数月,淫益甚。大夫苏从乃入谏。王曰:"若不闻令乎?"对曰:"杀身以明君,臣之愿也。"于是乃罢淫乐,听政,所诛者数百人,所进者数百人,任伍举、苏从以政,国人大说。是岁灭庸。六年,伐宋,获五百乘。

八年,伐陆浑戎,遂至洛,观兵于周郊。周定王使王孙满劳楚王。楚王问鼎小大轻重,对曰:"在德不在鼎。"庄王曰:"子无阻九鼎!楚国折钩之喙,足以为九鼎。"王孙满曰:"呜呼!君王其忘之乎?昔虞夏之盛,远方皆至,贡金九牧,铸鼎象物,百物而为之备,使民知神奸。桀有乱德,鼎迁于殷,载祀六百。殷纣暴虐,鼎迁于周。德之休明,虽小必重;其奸回昏乱,虽大必轻。昔成王定鼎于郏鄏,卜世三十,卜年七百,天所命也。周德虽衰,天命未改。鼎之轻重,未可问也。"楚王乃归。

九年,相若敖氏。人或谗之王,恐诛,反攻王,王击灭若敖氏之族。十三年,灭舒。

十六年,伐陈,杀夏徵舒。徵舒弑其君,故诛之也。已破陈,即县之。群臣皆贺,申叔时使齐来,不贺。王问,对曰:"鄙语曰,牵牛径人田,田主取其牛。径者则不直矣,取之牛不亦甚乎?且王以陈

过熊掌后再死，商臣不同意。丁未这一天，成王上吊自杀。商臣自立为王，这就是穆王。

穆王继位后，将自己的太子宫赏赐给潘崇，让他做太师，掌管国家政务。穆王三年，楚国消灭了江国。四年，楚国消灭了六国、蓼国。六国、蓼国的国君都是皋陶的后裔。八年，楚攻打陈国。十二年，穆王去世。他的儿子庄王侣继位。

庄王继位三年，没有发布过任何政令，日夜寻欢作乐，还命令国人说："有敢进谏的一律问斩！"伍举入宫进谏。庄王左手抱着郑姬，右手搂着越女，坐在歌舞乐人中间。伍举说："希望能给您讲一个故事。"然后说："有只鸟落在土山上，三年不飞不鸣，这是什么鸟呢？"庄王说："三年不飞，一飞则冲天；三年不鸣，一鸣则惊人。你下去吧，我明白你的意思了。"过了几个月，庄王变得更加放纵骄淫。大夫苏从便入宫进谏。楚庄王说："你没有听到我的命令吗？"苏从回答说："舍身而能使您贤明，这是我的夙愿。"楚王于是就不再放纵作乐，开始处理政务，杀死了几百个罪人，擢升了几百个有功之臣，重用伍举、苏从掌管政务，全国上下十分高兴。这一年楚国灭亡了庸国。六年，楚国攻打宋国，缴获了五百辆战车。

八年，楚国攻打陆浑戎，后来到达洛阳，在周都郊外阅兵。周定王派王孙满犒劳楚王。楚王向王孙满询问鼎的轻重大小，王孙满回答说："治理国家在于德行而不在于宝鼎。"庄王说："你不要倚仗九鼎！楚国只要用折断的戟尖，就可以铸成九鼎。"王孙满说："啊呀！君王难道忘了吗？过去虞夏强盛时，边远的国家都来朝贡，让九州的长官进贡金属，铸成九鼎，将全国山川物产，各种怪异之物都绘在鼎上，好让百姓知道各种怪异为害的情形。桀道德败坏，将鼎迁到殷朝，殷持续了六百年。殷纣王残暴无道，鼎因此又被周朝取得。假如天子德行高尚，鼎虽很小却会重得移不动；如果天子昏庸无德，鼎即使再重也会容易移动。过去，周成王把九鼎安放在郏鄏，占卜显示可以传世三十代，建国七百年，这是上天的意旨。现在周王室虽然略有衰败，但上天的意旨很难改变。问鼎的轻重，确实不可以啊。"楚王这才撤军回国。

九年，楚庄王以若敖氏为国相。有人在庄王面前中伤若敖氏，他担心被杀，反而因此攻击庄王，庄王灭了若敖氏整个家族。十三年，楚国消灭了舒国。

十六年，楚国攻打陈国，杀死夏徵舒。因为夏徵舒杀死了自己的国君，所以楚国杀死了他。攻下陈国后，楚国将它划为自己的一个县。群臣都祝贺胜利，只有申叔时刚从齐国出使归来没有向庄王庆贺。庄王问他原因，他回答道："常言说，牵着牛笔直地走到人家田里践踏庄稼，田的主人便抢占了牛。牵牛走入人家

之乱而率诸侯伐之，以义伐之而贪其县，亦何以复令于天下！"庄王乃复国陈后。

十七年春，楚庄王围郑，三月克之。入自皇门，郑伯肉袒牵羊以逆，曰："孤不天，不能事君，君用怀怒，以及敝邑，孤之罪也。敢不惟命是听！宾之南海，若以臣妾赐诸侯，亦惟命是听。若君不忘厉、宣、桓、武，不绝其社稷，使改事君，孤之愿也，非所敢望也。敢布腹心。"楚群臣曰："王勿许。"庄王曰："其君能下人，必能信用其民，庸可绝乎！"庄王自手旗，左右麾军，引兵去三十里而舍，遂许之平。潘尪入盟，子良出质。夏六月，晋救郑，与楚战，大败晋师河上，遂至衡雍而归。

二十年，围宋，以杀楚使也。围宋五月，城中食尽，易子而食，析骨而炊。宋华元出告以情。庄王曰："君子哉！"遂罢兵去。

二十三年，庄王卒，子共王审立。

共王十六年，晋伐郑。郑告急，共王救郑。与晋兵战鄢陵，晋败楚，射中共王目。共王召将军子反。子反嗜酒，从者竖阳谷进酒醉。王怒，射杀子反，遂罢兵归。

三十一年，共王卒，子康王招立。康王立十五年卒，子员立，是为郏敖。

康王宠弟公子围、子比、子皙、弃疾。郏敖三年，以其季父康王弟公子围为令尹，主兵事。四年，围使郑，道闻王疾而还。十二月己酉，围入问王疾，绞而弑之，遂杀其子莫及平夏。使使赴于郑。伍举问曰："谁为后？"对曰："寡大夫围。"伍举更曰："共王之子围为长。"子比奔晋，而围立，是为灵王。

灵王三年六月，楚使使告晋，欲会诸侯。诸侯皆会楚于申。伍举曰："昔夏启有钧台之飨，商汤有景亳之命，周武王有盟津之誓，成王有岐阳之蒐，康王有丰宫之朝，穆王有涂山之会，齐桓有召陵之

田里践踏庄稼的确不对，但抢走牛不也太过分了吗？况且庄王您是因为陈国内乱才率领诸侯攻打它，以有理攻打它，却又贪婪强占为自己的一个县，这以后还怎么号令天下呢！"庄王于是又恢复了陈国后裔的地位。

十七年春天，楚庄王包围了郑国，三个月后攻占了它。从皇门进入郑都，郑伯脱了上衣，露出胳膊，牵着羊欢迎庄王，说："我不为上天所保佑，不能侍奉您，您因此生气，来到我国，这是我的错误。我怎敢不听命！您把我丢到南海去吧，或者把我当奴隶赏赐给诸侯，我也听命。如果您还没忘记周厉王、宣王、郑桓公、郑武公，不想断绝他们的祭祀，就让我侍奉您吧，这是我的愿望，但我不敢有这样的奢望。只是大胆地向您表白内心的真实想法。"楚国的大臣们都说："君王不要同意他。"庄王说："郑君能这样谦逊，就一定能取信于自己的百姓，怎么可以断绝他的祭祀呢？"说完，庄王亲自掌军旗，左右的人指挥军队，率军退后三十里驻扎，最后同意与郑国讲和。郑国大夫潘尪前来签订盟约，子良到楚国做人质。这年夏季六月，晋国救援郑国，与楚军大战，楚军在黄河边上大败晋军，最后一直打到衡雍才回国。

二十年，楚军包围了宋都，因为宋国杀死了楚国使者。围困了宋都五个多月，宋都城内的粮食都吃光了，人们被迫互换孩子而食，劈开人骨当作柴来烧饭。宋国的华元出城向楚军讲明实情。庄王说："这是君子啊！"于是撤军离去。

二十三年，庄王去世，他的儿子共王审继位。

共王十六年，晋国攻打郑国。郑国向楚国求援，共王出兵援助郑国。楚军与晋军在鄢陵恶战，晋军打败了楚军，并射中了共王的眼睛。共王传唤将军子反。子反喜欢喝酒，他的随从竖阳谷向子反劝酒，子反因此酩酊大醉。共王很生气，射死了子反，最后撤军回国。

三十一年，共王去世，他的儿子康王招继位。康王在位十五年后去世，他的儿子员继位，这就是郏敖。

康王喜欢弟弟公子围、子比、子皙和弃疾。郏敖三年时，派自己的叔父、康王弟弟公子围做令尹，掌管军事。四年，公子围出使郑国，中途听说楚王生病就返回了楚国。十二月己酉这一日，公子围进宫打听楚王病情，竟用帽带勒死了楚王，又杀了楚王的儿子莫和平夏。他派使者到郑国报丧。伍举询问使者道："怎么回答谁将继位？"使者回答："寡大夫公子围。"伍举纠正说："共王的儿子公子围为长。"子比逃到了晋国，公子围继位，这便是灵王。

灵王三年六月，楚国让使者通知晋国，想与诸侯盟会。诸侯都到楚国的申邑聚会。伍举说："以前夏启有钧台宴飨，商汤有景亳诰命，周武王有盟津誓师，成王有岐阳会猎，康王有丰宫朝觐，穆王有涂山聚会，齐桓公有召陵会师，晋文

师，晋文有践土之盟，君其何用？"灵王曰："用桓公。"时郑子产在焉。于是晋、宋、鲁、卫不往。灵王已盟，有骄色。伍举曰："桀为有仍之会，有缗叛之。纣为黎山之会，东夷叛之。幽王为太室之盟，戎、翟叛之。君其慎终！"

七月，楚以诸侯兵伐吴，围朱方。八月，克之，囚庆封，灭其族。以封徇，曰："无效齐庆封弑其君而弱其孤，以盟诸大夫！"封反曰："莫如楚共王庶子围弑其君兄之子员而代之立！"于是灵王使疾杀之。

七年，就章华台，下令内亡人实之。

八年，使公子弃疾将兵灭陈。十年，召蔡侯，醉而杀之。使弃疾定蔡，因为陈蔡公。

十一年，伐徐以恐吴。灵王次于乾溪以待之。王曰："齐、晋、鲁、卫，其封皆受宝器，我独不。今吾使使周求鼎以为分，其予我乎？"析父对曰："其予君王哉！昔我先王熊绎辟在荆山，荜露蓝蒌。以处草莽，跋涉山林以事天子，唯是桃弧棘矢以共王事。齐，王舅也；晋及鲁、卫，王母弟也：楚是以无分而彼皆有。周今与四国服事君王，将惟命是从，岂敢爱鼎？"灵王曰："昔我皇祖伯父昆吾旧许是宅，今郑人贪其田，不我予，今我求之，其予我乎？"对曰："周不爱鼎，郑安敢爱田？"灵王曰："昔诸侯远我而畏晋，今吾大城陈、蔡、不羹，赋皆千乘，诸侯畏我乎？"对曰："畏哉！"灵王喜曰："析父善言古事焉。"

十二年春，楚灵王乐乾溪，不能去也。国人苦役。初，灵王会兵于申，僇越大夫常寿过，杀蔡大夫观起。起子从亡在吴，乃劝吴王伐楚，为间越大夫常寿过而作乱，为吴间。使矫公子弃疾命召公子比于晋，至蔡，与吴、越兵欲袭蔡。令公子比见弃疾，与盟于邓。遂入杀灵王太子禄，立子比为王，公子子皙为令尹，弃疾为司

公有践土之盟，您打算使用哪种仪式？"灵王说："使用齐桓公的方式。"当时郑国的子产在场，当时晋、宋、鲁、卫没有参与申之会。灵王与诸侯签订盟约后，面露骄色。伍举说："桀举行了有仍之会，有缗反叛了他。纣王举行了黎山之会，东夷背叛了他。幽王举行了太室之盟，戎、翟都叛变了。您要慎重考虑结局呀！"

这年七月，楚国率诸侯军讨伐吴国，包围了朱方。八月，攻下了朱方，囚禁了庆封，灭了庆封的家族。楚国将庆封示众说："大家不要效仿齐国的庆封杀死自己的国君，欺侮自己的幼君，以此来挟制各位大夫与自己盟誓。"庆封反唇相讥说："不要效仿楚共王的庶出之子围谋杀了自己的国君哥哥的儿子员而替代他为君！"灵王因此派人马上杀掉了庆封。

七年，灵王建造了章华台，下令让逃亡的人在里面服役。

八年，楚王派公子弃疾率军消灭了陈国。十年，楚王召来蔡侯，灌醉后杀死了他。又派弃疾平定了蔡国，并命他为陈蔡公。

十一年，楚王进攻徐国以恐吓吴国。灵王驻扎在乾溪等待伐徐的消息。灵王说："齐、晋、鲁、卫，他们受封时都接受了宝器，唯独我国没有。现在我派人到周要求把鼎给我们楚作为分封的宝器，周王室能给我吗？"析父回答说："他会给君王的！过去我们的先王熊绎在偏远的荆山，乘坐简单的车子，身穿褴褛衣衫，居住在草莽地区，跋山涉水侍奉天子，曾把桃木弓、棘枝箭贡献给周王室。齐国君是周王的舅舅；晋和鲁、卫国君是周王同母弟弟。因此，他们都有宝器，只有楚国没有。周王室今天和那四个国家都侍奉您，对您都唯命是从，怎么敢吝惜鼎呢？"灵王说："过去，我们远祖伯父昆吾住在以前的许国，现在郑国人贪婪地占有了那块地而不给我。现在我去讨回来，他们会给我吗？"析父回答说："周王室都不吝惜鼎，郑国怎么敢舍不得田呢？"灵王又说："过去诸侯们都认为我国地处偏远而害怕晋国，现在我增强和加固陈、蔡、不羹的城池，那里都备有一千辆战车，诸侯们会惧怕我吗？"析父回答说："肯定会怕呀！"灵王兴奋地说："析父很熟悉过去的历史啊！"

十二年的春天，楚灵王在乾溪游玩，不愿意离开。当时百姓们都苦于沉重的徭役。最初，灵王在申与诸侯会盟时，曾凌辱了越国大夫常寿过，杀死了蔡国大夫观起。观起的儿子观从逃到了吴国，他劝吴王攻打楚国，挑拨越国大夫常寿过，要他挑起内乱，做吴国的间谍；他又派人假借公子弃疾的命令从晋国召回公子比，到了蔡国，想与吴国、越国军队偷袭蔡国；安排公子比会见了弃疾，还在邓与弃疾结了盟。于是，潜入宫中杀死了灵王的太子禄，拥立子比为楚王，委任公子子皙为令尹、弃疾为司马。先除掉了王宫后，观从又率领军队到乾溪，向楚国官兵

马。先除王宫，观从从师于乾溪，令楚众曰："国有王矣。先归，复爵邑田室。后者迁之。"楚众皆溃，去灵王而归。

灵王闻太子禄之死也，自投车下，而曰："人之爱子亦如是乎？"侍者曰："甚是。"王曰："余杀人之子多矣，能无及此乎？"右尹曰："请待于郊以听国人。"王曰："众怒不可犯。"曰："且入大县而乞师于诸侯。"王曰："皆叛矣。"又曰："且奔诸侯以听大国之虑。"王曰："大福不再，祇取辱耳。"于是王乘舟将欲入鄢。右尹度王不用其计，惧俱死，亦去王亡。

灵王于是独傍偟山中，野人莫敢入王。王行遇其故锅人，谓曰："为我求食，我已不食三日矣。"锅人曰："新王下法，有敢饷王从王者，罪及三族，且又无所得食。"王因枕其股而卧。锅人又以土自代，逃去。王觉而弗见，遂饥弗能起。芊尹申无宇之子申亥曰："吾父再犯王命，王弗诛，恩孰大焉！"乃求王，遇王饥于釐泽，奉之以归。夏五月癸丑，王死申亥家，申亥以二女从死，并葬之。

是时楚国虽已立比为王，畏灵王复来，又不闻灵王死，故观从谓初王比曰："不杀弃疾，虽得国犹受祸。"王曰："余不忍。"从曰："人将忍王。"王不听，乃去。弃疾归。国人每夜惊，曰："灵王入矣！"乙卯夜，弃疾使船人从江上走呼曰："灵王至矣！"国人愈惊。又使曼成然告初王比及令尹子皙曰："王至矣！国人将杀君，司马将至矣！君蚤自图，无取辱焉。众怒如水火，不可救也。"初王及子皙遂自杀。丙辰，弃疾即位为王，改名熊居，是为平王。

平王以诈弑两王而自立，恐国人及诸侯叛之，乃施惠百姓。复陈蔡之地而立其后如故，归郑之侵地。存恤国中，修政教。吴以楚乱故，获五率以归。平王谓观从："恣尔所欲。"欲为卜尹，王许之。

说："楚国已经重新立新王了。先返回国都的，会恢复他们的爵位、封邑、田地和房屋。后返回的统统流放。"楚国官兵听后都逃散了，离开灵王返回了国都。

灵王听到太子禄被害的消息，竟然失神跌倒在车下，说："别人也如此爱自己的儿子吗？"侍者说："还要胜过您。"灵王说："我杀别人的儿子也太多了，能不落到这般田地吗？"右尹说："请您到国都郊外听从国人的处置吧。"灵王说："民众的怒气不可冒犯。"右尹说："暂时到大县避一避，再向诸侯们请兵吧。"灵王说："诸侯们都会叛变我的。"右尹又说："暂时逃到诸侯国听听大国国君的建议。"灵王说："大福不能再次降临，只不过是自取侮辱罢了。"于是灵王计划乘船进入鄢城。右尹估计灵王决不会听从自己的建议，害怕与灵王一块儿被杀，也离开灵王逃命去了。

灵王于是一个人独自徘徊山中，村民们没人敢收容灵王。灵王在途中曾遇见了过去在宫里的涓人，便对他说："你帮我找口饭吃吧，我已经饿了三天了。"涓人说："新王刚刚下达诏令，有敢给您送饭且与您一起逃亡的诛灭三族，再说我也无处寻食。"灵王便头枕涓人大腿睡下。涓人用土块代替将自己的腿抽出来逃走了。灵王醒后找不见涓人，饿得连坐起来都不能。芋尹申无宇的儿子申亥说："我的父亲以前两次触犯王法，灵王都赦免了他，恩德没有比这更大的了！"于是他四处寻找灵王，终于在訾泽找到饿昏的灵王，陪着灵王一直到自己的家中。夏季五月癸丑这一日，灵王在申亥家去世，申亥让两个女子殉葬，并安葬了灵王。

当时楚国虽然已经立公子比为王，但担心灵王返回，又没有听到灵王死亡的消息，所以观从对新王子比说："您不杀死弃疾，就是拥有了整个国家也会多灾多难。"新王说："我不忍心害他。"观从说："可别人忍心杀你啊。"新王听不进去，观从就离去了。弃疾回到国都后，都城的人每到夜里都很害怕，说："灵王进城了。"乙卯日那天夜间，弃疾让撑船的人在长江岸边奔走呼号说："灵王来了！"都城的人们更加害怕。弃疾又让曼成然告知新王子比和令尹子皙说："灵王到了！都城的人就要杀死你们，司马将要来到了！您赶快想个办法吧，不要自取其辱。众人的怒火就像洪水与大火，那是无法解救的。"新王和子皙就自杀了。丙辰日，弃疾即位为王，更名为熊居，这就是平王。

平王用欺诈的手段杀死两个君王而自立，因此担心国内百姓和诸侯背叛自己，就对百姓布施恩惠。归还陈、蔡两国的领地，并让两国原来国君的后代像从前一样，归还了侵占的郑国领地。抚恤安慰国内的百姓，修明政务。吴国趁楚国内乱时，抓获了楚国的五位将帅回国。平王对观从说："满足你的愿望。"观从想做卜尹，平王答应了他。

初，共王有宠子五人，无適立，乃望祭群神，请神决之，使主社稷，而阴与巴姬埋璧于室内，召五公子斋而入。康王跨之，灵王肘加之，子比、子晳皆远之。平王幼，抱其上而拜，压纽。故康王以长立，至其子失之；围为灵王，及身而弑；子比为王十余日，子晳不得立，又俱诛。四子皆绝无后。唯独弃疾后立，为平王，竟续楚祀，如其神符。

初，子比自晋归，韩宣子问叔向曰："子比其济乎？"对曰："不就。"宣子曰："同恶相求，如市贾焉，何为不就？"对曰："无与同好，谁与同恶？取国有五难：有宠无人，一也；有人无主，二也；有主无谋，三也；有谋而无民，四也；有民而无德，五也。"子比在晋十三年矣，晋、楚之从不闻通者，可谓无人矣；族尽亲叛，可谓无主矣；无衅而动，可谓无谋矣；为羁终世，可谓无民矣；亡无爱征，可谓无德矣。王虐而不忌，子比涉五难以弑君，谁能济之！有楚国者，其弃疾乎？君陈、蔡，方城外属焉。苛慝不作，盗贼伏隐，私欲不违，民无怨心。先神命之，国民信之。芈姓有乱，必季实立，楚之常也。子比之官，则右尹也；数其贵宠，则庶子也；以神所命，则又远之；民无怀焉，将何以立？"宣子曰："齐桓、晋文不亦是乎？"对曰："齐桓，卫姬之子也，有宠于釐公。有鲍叔牙、宾须无、隰朋以为辅，有莒、卫以为外主，有高、国以为内主。从善如流，施惠不倦。有国，不亦宜乎？昔我文公，狐季姬之子也，有宠于献公。好学不倦。生十七年，有士五人，有先大夫子余、子犯以为腹心，有魏犨、贾佗以为股肱，有齐、宋、秦、楚以为外主，有栾、郤、狐、先以为内主。亡十九年，守志弥笃。惠、怀弃民，民从而与之。故文公有国，不亦宜乎？子比无施于民，无援于外，去晋，晋不送；归楚，楚不迎。何以有国！"子比果不终焉，卒立者弃疾，如叔

当初，共王有五个喜爱的儿子，没有嫡子可立，就遥祭山川诸神，请求神灵决断继承人，让他负责国事。共王暗中与巴姬在祖庙里埋了块玉璧，叫五位公子斋戒后进入祖庙。康王跨璧而过，灵王的手肘放在玉璧上，子比、子晳都离玉璧很远。平王年幼，旁人抱着他跪在璧玉上行礼，正好压在了璧玉的襻上。因此，康王因为年长即位了，君位传到他的儿子便失去；公子围做了灵王，结果被害；子比只做了十几天君王，子晳未能即位，又都被害。这四个公子都继绝后代了，只有弃疾最后继位，就是平王，终于承续了楚国的祭祀，这和神灵所预兆的全部符合。

当初，子比从晋国回国，韩宣子问叔向：「子比会成功吗？」叔向答道：「不会成功。」宣子说：「楚国人和子比都讨厌楚王而想立新君，就如商人想谋利一样，怎么能不成功呢？」叔向答道：「谁跟子比交好，谁跟子比共仇恨呢？夺取王位有五难：有宠爱的可惜无贤才，是一难；有贤才却没有国内支持力量的响应，是二难；有支持力量却没有长远谋划是三难；有长远谋划却无人民拥戴，是四难；有人民拥戴却无德行，是五难。子比在晋国十三年了，没听说晋国楚国跟着他的人有学识渊博的，可以说他没有贤才了；家族尽丧，亲人背离，可以说他没有支持的力量了；没有可乘之机却贸然妄动，可以说他没有长远的计划；一辈子羁旅在外，可以说他没有人民的拥戴了；逃亡在外，国内人却没有爱戴他的迹象，应当说他没有德行了。灵王暴虐，无所顾忌，应当说是自取灭亡，子比五难具备，竟敢杀死国君，谁能帮助他呢？拥有楚国的，或许是弃疾吧？弃疾统治陈地、蔡地，方城山为外属。在他统治的地方没有任何邪恶民生，盗贼隐遁，不敢妄动，他决不因个人的想法去违背民心，因此百姓毫无怨言。祖先神灵护佑他，人民相信他。芈氏发生内乱，排行在末位的一定继位，这是楚国的常例。子比的官位，不过是右尹；论他的贵宠，不过是个庶子；与神灵的意旨，却又差得很远；百姓不想念他，他将凭什么继位呢？」宣子说：「齐桓公、晋文公不也是这样的吗？」叔向答道：「齐桓公是卫姬的儿子，被釐公所喜爱。有鲍叔牙、宾须无、隰朋的帮助，有莒国、卫国作外援，有高氏、国氏作内应。他听从正确意见像流水一样，对百姓不倦怠地布施恩惠。他拥有君位，不也应该吗？以前我们文公是狐季姬的儿子，被献公宠爱。他好学不厌。年仅十七岁，就结识五位贤才，有先大夫子全、子犯作心腹，有魏犨、贾佗作左右臂膀，有齐国、宋国、秦国、楚国作援助，有栾、郤、狐、先作内应。文公亡命十九年，返国的志向特别坚定。因惠公、怀公丧失民心，百姓都互相跟随心向文公，这样，文公享有国家，不也应该吗？子比没有什么可以给百姓的，又得不到外部援助，离开晋国时，晋国人不护送；返回楚国，楚国人不欢迎。靠什么享有国家呢！」子比当王果然没有长久，最终登基的是弃疾，就像叔

向言也。

平王二年，使费无忌如秦为太子建取妇。妇好，来，未至，无忌先归，说平王曰："秦女好，可自娶，为太子更求。"平王听之，卒自娶秦女，生熊珍。更为太子娶。是时伍奢为太子太傅，无忌为少傅。无忌无宠于太子，常谗恶太子建。建时年十五矣，其母蔡女也，无宠于王，王稍益疏外建也。

六年，使太子建居城父，守边。无忌又日夜谗太子建于王曰："自无忌入秦女，太子怨，亦不能无望于王，王少自备焉。且太子居城父，擅兵，外交诸侯，且欲入矣。"平王召其傅伍奢责之。伍奢知无忌谗，乃曰："王奈何以小臣疏骨肉？"无忌曰："今不制，后悔也。"于是王遂囚伍奢。乃令司马奋扬召太子建，欲诛之。太子闻之，亡奔宋。

无忌曰："伍奢有二子，不杀者为楚国患。盍以免其父召之，必至。"于是王使使谓奢："能致二子则生，不能将死。"奢曰："尚至，胥不至。"王曰："何也？"奢曰："尚之为人，廉，死节，慈孝而仁，闻召而免父，必至，不顾其死。胥之为人，智而好谋，勇而矜功，知来必死，必不来。然为楚国忧者必此子。"于是王使人召之，曰："来，吾免尔父。"伍尚谓伍胥曰："闻父免而莫奔，不孝也；父戮莫报，无谋也；度能任事，知也。子其行矣，我其归死。"伍尚遂归。伍胥弯弓属矢，出见使者，曰："父有罪，何以召其子为？"将射，使者还走，遂出奔吴。伍奢闻之，曰："胥亡，楚国危哉。"楚人遂杀伍奢及尚。

十年，楚太子建母在居巢，开吴。吴使公子光伐楚，遂败陈、蔡，取太子建母而去。楚恐，城郢。初，吴之边邑卑梁与楚边邑钟离小童争桑，两家交怒相攻，灭卑梁人。卑梁大夫怒，发邑兵攻钟离。楚王闻之怒，发国兵灭卑梁。吴王闻之大怒，亦发兵，使公子光因建

向所预言的一样。

平王二年，命令费无忌到秦国为太子建娶妻。这个女子美貌过人，还没到达楚都时，无忌先一步赶回，鼓动平王："秦国女子倾国倾城貌，您可自己留下，另为太子再寻一位。"平王听从了无忌的劝说，最后自己娶了秦女，生下熊珍。又为太子娶了其他女子。当时伍奢是太子的太傅，无忌是少傅。太子不喜爱无忌，无忌经常诽谤太子建。太子建当时十五岁，他的母亲是蔡国女子，也不被平王宠爱，平王慢慢地更加疏远太子建了。

六年，平王让太子建住在城父，保卫边界。无忌又日夜在平王跟前中伤太子建说："就因我把秦国女子安排到您的后宫，太子便特别怨恨我，亦不可能对您没有怨气，您也要略加戒备啊。何况太子住在城父，专揽兵权，对外结交诸侯，而且时时想打进国都。"平王便把太傅伍奢叫来责骂一番。伍奢心知这是无忌中伤的结果，就说："君王您为什么因为一个小人而疏离亲生骨肉呢？"无忌说："今天不制服伍奢，后悔就迟了。"于是平王就囚禁了伍奢。让司马奋扬召太子建回来，计划杀死太子。太子听到消息，逃到了宋国。

无忌说："伍奢有两个儿子，不杀死他们就会成为楚国的祸害。为什么不以豁免他们父亲的死罪为条件把他们召来，这样他们肯定回楚。"于是，平王让使者对伍奢说："能把你的两个儿子召回，你就可以保命，否则必处死。"伍奢说："伍尚为人正直老实，敢为节义而死，慈爱孝悌忠义，听说回楚可以豁免父亲的死罪，肯定回来，不顾惜自己的性命。伍胥为人聪慧而有谋略，勇猛而好功，知道回来肯定必死无疑，便肯定不会回来。可是，成为楚国未来忧患的必定是这个儿子。"于是，平王派人去叫他们，说："你们回楚国，我就免除你们父亲的死罪。"伍尚对伍胥说："听到父亲可以免死但不回去，那是不孝；父亲被害，做儿子的如不想方设法报仇，那是无谋略；估计能力去办成大事，那才是智慧。你快走吧，我将回楚国一死了之。"伍尚就回楚国了。伍胥拿起弓箭，走出屋子去见使者，说："父亲有罪，怎么要叫儿子回去呢？"说完，将拉弓射击使者，使者掉头就逃，伍胥便逃到了吴国。伍奢听到这个信息后说："伍胥跑了，楚国危险了。"楚国就杀害了伍奢和伍尚。

十年，楚国太子建的母亲住在居巢，偷偷与吴国有来往。吴国派公子光攻打楚国，战胜了陈国、蔡国军队，带走太子建的母亲。楚国很担心，加强了郢都的防守。先前，吴国的边城卑梁和楚国的边城钟离有两个小孩争夺桑树，两家由此发生争吵互相攻打，钟离人杀死了卑梁人。卑梁大夫很气愤，指派城里的守军攻打钟离。楚王听到后也很气愤，派军占据了卑梁。吴王听后大怒，也派出军队，

母家攻楚,遂灭钟离、居巢。楚乃恐而城郢。

十三年,平王卒。将军子常曰:"太子珍少,且其母乃前太子建所当娶也。"欲立令尹子西。子西,平王之庶弟也,有义。子西曰:"国有常法,更立则乱,言之则致诛。"乃立太子珍,是为昭王。

昭王元年,楚众不说费无忌,以其谗亡太子建,杀伍奢子父与郤宛。宛之宗姓伯氏子嚭及子胥皆奔吴,吴兵数侵楚,楚人怨无忌甚。楚令尹子常诛无忌以说众,众乃喜。

四年,吴三公子奔楚,楚封之以捍吴。五年,吴伐取楚之六、潜。七年,楚使子常伐吴,吴大败楚于豫章。

十年冬,吴王阖闾、伍子胥、伯嚭与唐、蔡俱伐楚,楚大败,吴兵遂入郢,辱平王之墓,以伍子胥故也。吴兵之来,楚使子常以兵迎之,夹汉水阵。吴伐败子常,子常亡奔郑。楚兵走,吴乘胜逐之,五战及郢。己卯,昭王出奔。庚辰,吴人入郢。

昭王亡也至云梦。云梦不知其王也,射伤王。王走郧。郧公之弟怀曰:"平王杀吾父,今我杀其子,不亦可乎?"郧公止之,然恐其弑昭王,乃与王出奔随。吴王闻昭王往,即进击随,谓随人曰:"周之子孙封于江汉之间者,楚尽灭之。"欲杀昭王。王从臣子綦乃深匿王,自以为王,谓随人曰:"以我予吴。"随人卜予吴,不吉,乃谢吴王曰:"昭王亡,不在随。"吴请入自索之,随不听,吴亦罢去。

昭王之出郢也,使申鲍胥请救于秦。秦以车五百乘救楚,楚亦收余散兵,与秦击吴。十一年六月,败吴于稷。会吴王弟夫概见吴王兵伤败,乃亡归,自立为王。阖闾闻之,引兵去楚,归击夫概。夫概败,奔楚,楚封之堂溪,号为堂溪氏。

楚昭王灭唐。九月,归入郢。十二年,吴复伐楚,取番。楚恐,去郢,北徙都鄀。

让公子光以太子建母亲家在楚国为由而攻打楚国，一举攻下了钟离、居巢。楚国十分害怕，便又加固了郢都的防御。

十三年，平王去世。将军子常说："太子珍还年幼，况且他的母亲就是以前太子建应当娶的。"打算立令尹子西为王。子西是平王庶出的弟弟，却很仁义。子西说："国家有固定的法则，改立其他王就会内乱，议论这件事就要招来杀身之祸。"于是楚国拥立太子珍，这就是昭王。

昭王元年，楚国众人讨厌费无忌，因为是他的中伤使太子建逃亡，并且他又杀害了伍奢父子和郤宛。郤宛的同宗伯氏的儿子嚭和子胥都逃亡到了吴国，吴军数次侵伐楚国，楚国人更加憎恨无忌了。楚令尹子常为取得大家的欢心杀死了无忌，大家这才高兴。

四年，吴国的三位公子逃亡到楚国，楚国赐封给他们土地用以抵抗吴国。五年，吴国攻打并攻下了楚国的六、潜。七年，楚国派子常攻打吴国，吴军在豫章打败了楚军。

十年的冬天，吴王阖闾、伍子胥、伯嚭和唐国、蔡国共同攻打楚国，楚国大败，吴军于是进入郢都，挖平王墓污辱平王尸体，由于伍子胥的缘故。吴军侵来，楚国派子常率军迎战，两军隔着汉水摆开阵势。吴军打败子常军，子常逃亡到郑国。楚军溃散，吴军乘胜追逐楚军，五次交战后，吴军兵临郢都。已卯日，昭王逃跑。庚辰日，吴军挺进郢城。

昭王逃亡到了云梦。云梦人不知道他是昭王，射伤了他。昭王又逃亡到鄌国。鄌公的弟弟怀说："平王杀害了我们的父亲，今天我杀死他的儿子，不是也可以吗？"鄌公阻拦怀，可是又担忧怀杀了昭王，就和昭王逃到随国。吴王听说昭王赴随，立即进攻随国，对随人说："被封到长江、汉水之间的周王室的后代们，都被楚国消灭了。"随君想杀害昭王。昭王的随从子綦就让昭王隐藏到非常秘密的地方，然后自称是昭王，对随人说："把我送给吴王吧。"随人便占卜将昭王交给吴国这件事，不吉利，于是，向吴王推托说："昭王逃跑了，早就不在随国了。"吴王要求派人进入随国寻找昭王，随人不同意，吴王只好率军离开了。

昭王逃出郢都时，曾经派申鲍胥向秦国去请求援助。秦国派了五百辆战车救助楚国，楚国也聚集残余士兵，和秦军一块儿反击吴军。十一年六月，在稷战胜吴军。正好吴王的弟弟夫概见吴王的士兵伤残败退，于是逃回到吴国自立为王。阖闾听到这个消息，立即率兵撤离楚国，回国攻打夫概。夫概失败，逃亡到楚国，楚国把他封在堂溪，号为堂溪氏。

楚昭王灭亡了唐国。九月，昭王回到了郢都。十二年，吴国又攻击楚国，攻下了番。楚王很担忧，便离开了郢城，并把都城迁移到北边的鄀。

十六年，孔子相鲁。二十年，楚灭顿，灭胡。二十一年，吴王阖闾伐越。越王句践射伤吴王，遂死。吴由此怨越而不西伐楚。

二十七年春，吴伐陈，楚昭王救之，军城父。十月，昭王病于军中，有赤云如鸟，夹日而蜚。昭王问周太史，太史曰："是害于楚王，然可移于将相。"将相闻是言，乃请自以身祷于神。昭王曰："将相，孤之股肱也，今移祸，庸去是身乎！"弗听。卜而河为祟，大夫请祷河。昭王曰："自吾先王受封，望不过江、汉，而河非所获罪也。"止不许。孔子在陈，闻是言，曰："楚昭王通大道矣。其不失国，宜哉！"

昭王病甚，乃召诸公子大夫曰："孤不佞，再辱楚国之师，今乃得以天寿终，孤之幸也。"让其弟公子申为王，不可。又让次弟公子结，亦不可。乃又让次弟公子闾，五让，乃后许为王。将战，庚寅，昭王卒于军中。子闾曰："王病甚，舍其子让群臣，臣所以许王，以广王意也。今君王卒，臣岂敢忘君王之意乎！"乃与子西、子綦谋，伏师闭涂，迎越女之子章立之，是为惠王。然后罢兵归，葬昭王。

惠王二年，子西召故平王太子建之子胜于吴，以为巢大夫，号曰白公。白公好兵而下士，欲报仇。六年，白公请兵令尹子西伐郑。初，白公父建亡在郑，郑杀之，白公亡走吴，子西复召之，故以此怨郑，欲伐之。子西许而未为发兵。八年，晋伐郑，郑告急楚，楚使子西救郑，受赂而去。白公胜怒，乃遂与勇力死士石乞等袭杀令尹子西、子綦于朝，因劫惠王，置之高府，欲弑之。惠王从者屈固负王亡走昭王夫人宫。白公自立为王。月余，会叶公来救楚，楚惠王之徒与共攻白公，杀之。惠王乃复位。是岁也，灭陈而县之。

十三年，吴王夫差强，陵齐、晋，来伐楚。十六年，越灭吴。四十二年，楚灭蔡。四十四年，楚灭杞。与秦平。是时越已灭吴而不能正江、淮北；楚东侵，广地至泗上。

十六年，孔子做了鲁国宰相。二十年，楚国消灭了顿国、胡国。二十一年，吴王阖闾攻打越国。越王勾践射伤了吴王，吴王因此死亡。吴国由此怨恨越国而不再攻打楚国。

二十七年的春季，吴国攻打陈国，楚昭王援救陈国，驻军在城父。十月，昭王病倒在军中。天空有红色云霞像鸟一样，围绕太阳飞翔。昭王向周太史咨询吉凶，太史说："这对楚王不利，可是能够把灾祸移到将相身上。"将相听到这句话，就央求向神祷告，自己替代昭王，昭王说："将相就像我的手足，今天把灾祸移到手足上，难道能够免除我的病吗？"昭王不答应。占卜病因，认为是黄河在作怪。大夫们请求祭祷河神。昭王说："自从我们先王受封后，遥祭的大川不过是长江、汉水，黄河神我们没有得罪过。"昭王没有同意大夫们的请求。孔子在陈国，听到这些话，说："楚昭王深明大义啊。他没有失去国家，太应该了！"

昭王病重，便召来各位公子大夫说："我不才，多次让楚军受辱，今天竟然得以寿终正寝，是我的幸运。"昭王推荐自己的大弟公子申做楚王，公子申不同意。又让二弟公子结为君，结也不同意。于是又推让三弟公子闾，子闾多次推辞不掉，最后只得答应做楚王。楚军将要与吴军交战，庚寅这一日，昭王在军中去世。子闾说："昭王病重时，放弃让自己的儿子继位，却推让大臣们做王，我所以同意昭王，是用来安慰昭王的心意的，当今昭王去世，我怎么敢忘掉君王的一片好心呢？"于是与子西、子綦商议，秘密派出军队堵塞道路，迎接越女的儿子章回来为王，这就是惠王。然后撤军回国，安葬了昭王。

惠王二年，子西将平王太子建的儿子胜从吴国叫来，封他为巢县大夫，号曰白公。白公爱好军事而且能礼遇士人，想为父亲报仇。六年，白公向令尹子西要求出兵讨伐郑国。当初，白公的父亲太子建逃到郑国，被郑国人杀害，白公只好逃到吴国，子西又叫他来，所以白公仇视郑国，想攻打郑国。子西同意了，但没给他军队。八年，晋国攻打郑国，郑国向楚国求救，楚国派子西救助郑国，子西接受了郑的贿赂后离开了郑国。白公很气愤，于是率赴死勇士石乞等人在朝堂上偷袭杀死了令尹子西、子綦，并趁机劫持了惠王，把他关押在高府，想杀死他。惠王的随从屈固背着惠王逃跑到昭王夫人的宫殿。白公自己继位做了楚王。一个月后，恰巧叶公来援助楚国，楚惠王手下的人和叶公一起攻击白公，杀死了他。惠王又恢复王位。这一年，楚国消灭了陈国并将其地划为楚国的一个县。

十三年，吴王夫差强盛起来，打败了齐国、晋国，又来攻打楚国。十六年，越国消灭吴国。四十二年，楚国消灭蔡国。四十四年，楚国消灭杞国。这年楚国与秦国讲和。这时越国已消灭了吴国，但是没能统一长江、淮北地区。楚国向东进攻，把地盘扩大到了泗水一带。

五十七年，惠王卒，子简王中立。

简王元年，北伐灭莒。八年，魏文侯、韩武子、赵桓子始列为诸侯。

二十四年，简王卒，子声王当立。声王六年，盗杀声王，子悼王熊疑立。悼王二年，三晋来伐楚，至乘丘而还。四年，楚伐周。郑杀子阳。九年，伐韩，取负黍。十一年，三晋伐楚，败我大梁、榆关。楚厚赂秦，与之平。二十一年，悼王卒，子肃王臧立

肃王四年，蜀伐楚，取兹方。于是楚为捍关以距之。十年，魏取我鲁阳。十一年，肃王卒，无子，立其弟熊良夫，是为宣王。

宣王六年，周天子贺秦献公。秦始复强，而三晋益大，魏惠王、齐威王尤强。三十年，秦封卫鞅于商，南侵楚。是年，宣王卒，子威王熊商立。

威王六年，周显王致文武胙于秦惠王。

七年，齐孟尝君父田婴欺楚，楚威王伐齐，败之于徐州，而令齐必逐田婴。田婴恐，张丑伪谓楚王曰："王所以战胜于徐州者，田盼子不用也。盼子者，有功于国，而百姓为之用。婴子弗善而用申纪。申纪者，大臣不附，百姓不为用，故王胜之也。今王逐婴子，婴子逐，盼子必用矣。复搏其士卒以与王遇，必不便于王矣。"楚王因弗逐也。

十一年，威王卒，子怀王熊槐立。魏闻楚丧，伐楚，取我陉山。

怀王元年，张仪始相秦惠王。四年，秦惠王初称王。

六年，楚使柱国昭阳将兵而攻魏，破之于襄陵，得八邑。又移兵而攻齐，齐王患之。陈轸适为秦使齐，齐王曰："为之奈何？"陈轸曰："王勿忧，请令罢之。"即往见昭阳军中，曰："愿闻楚国之法，破军杀将者何以贵之？"昭阳曰："其官为上柱国，封上爵执圭。"陈轸曰："其有贵于此者乎？"昭阳曰："令尹。"陈轸曰："今君已为令尹矣，此国冠之上。臣请得譬之。人有遗其舍人一卮酒

五十七年，惠王去世，他的儿子简王中继位。

简王元年，向北攻打并消灭了莒国。八年，魏文侯、韩武子、赵桓子成为诸侯。

二十四年，简王去世。他的儿子声王当继位。声王六年，声王被强盗杀害，他的儿子悼王熊疑继位。悼王二年，三晋攻打楚国，一直打到乘丘才返回。四年，楚国攻打周朝。郑国杀死了子阳。九年，楚国攻打韩国，夺取了负黍。十一年，三晋攻打楚国，在大梁、榆关打败了楚军。楚国给秦国送了大礼，与秦议和。二十一年，悼王去世，他的儿子肃王臧继位。

肃王四年，蜀国攻打楚国，攻占了兹方。楚国因此建造了扞关来抵抗蜀军。十年，魏国攻占鲁阳。十一年，肃王去世，他没有儿子，楚人便立他的弟弟熊良夫为王，这就是宣王。

宣王六年，周天子庆贺秦献公。秦开始又强盛起来，可是三晋更加强大，魏惠王、齐威王尤其强大。三十年，秦国把卫鞅封在商，他率军向南侵犯楚国。当年，宣王去世，他的儿子威王熊商继位。

威王六年，周显王将祭祀文王、武王的胙肉送给秦惠王。

七年，齐国孟尝君的父亲田婴欺诈楚国，楚成王因此攻打齐国，在徐州大败齐军，并要挟齐国必须驱逐田婴。田婴恐慌了，张丑假装对楚王说："大王之所以在徐州战胜了，是因为齐王没重用田盼子。盼子为齐国立了功，百姓们也听从他。田婴无能而任用申纪。申纪这个人，大臣们都不拥戴他，百姓也不服从他，所以楚王您才战胜了齐军。今天楚王要驱赶婴子。婴子被赶走了，齐王肯定会重用盼子。这样齐王就会整顿军队再来与您打仗了，这对您肯定没有好处。"楚王便不再提出驱赶田婴的要求。

十一年，威王去世，他的儿子怀王熊槐继位。魏国听说楚国有国丧，就来攻打楚国，夺取了陉山。

怀王元年，张仪开始出任秦惠王的国相。四年，秦惠王称王。

六年，楚国派柱国将军昭阳率军攻打魏国，在襄陵战胜了魏军，夺取了魏国的八个城邑。楚国又派兵攻打齐国，齐王十分害怕，陈轸正好作为秦使出使齐国，齐王说："怎么对付楚国？"陈轸说："君王不要害怕，请您同意我让他撤军。"于是陈轸立即到楚军中去会见昭阳，说："我想听听楚国的军功法，战胜敌军杀死敌将的有功之臣，将赏赐什么？"昭阳说："给予上柱国将军的官职，封给上等爵位，让他手拿圭玉。"陈轸说："楚国还有比这个更尊贵的赏赐吗？"昭阳说："令尹。"陈轸说："今天您已经当上了令尹，这是楚国最高

者,舍人相谓曰:'数人饮此,不足以遍,请遂画地为蛇,蛇先成者独饮之。'一人曰:'吾蛇先成。'举酒而起,曰:'吾能为之足。'及其为之足,而后成人夺之酒而饮之,曰:'蛇固无足,今为之足,是非蛇也。'今君相楚而攻魏,破军杀将,功莫大焉,冠之上不可以加矣。今又移兵而攻齐,攻齐胜之,官爵不加于此;攻之不胜,身死爵夺,有毁于楚:此为蛇为足之说也。不若引兵而去以德齐,此持满之术也。"昭阳曰:"善。"引兵而去。

燕、韩君初称王。秦使张仪与楚、齐、魏相会,盟啮桑。

十一年,苏秦约从山东六国共攻秦,楚怀王为从长。至函谷关,秦出兵击六国,六国兵皆引而归,齐独后。十二年,齐湣王伐败赵、魏军,秦亦伐败韩,与齐争长。

十六年,秦欲伐齐,而楚与齐从亲,秦惠王患之,乃宣言张仪免相,使张仪南见楚王,谓楚王曰:"敝邑之王所甚说者无先大王,虽仪之所甚愿为门阑之厮者亦无先大王。敝邑之王所甚憎者无先齐王,虽仪之所甚憎者亦无先齐王。而大王和之,是以敝邑之王不得事王,而令仪亦不得为门阑之厮也。王为仪闭关而绝齐,今使使者从仪西取故秦所分楚商於之地方六百里,如是则齐弱矣。是北弱齐,西德于秦,私商於以为富,此一计而三利俱至也。"怀王大悦,乃置相玺于张仪,日与置酒,宣言"吾复得吾商於之地"。群臣皆贺,而陈轸独吊。怀王曰:"何故?"陈轸对曰:"秦之所为重王者,以王之有齐也。今地未可得而齐交先绝,是楚孤也。夫秦又何重孤国哉,必轻楚矣。且先出地而后绝齐,则秦计不为。先绝齐而后责地,则必见欺于张仪。见欺于张仪,则王必怨之。怨之,是西起秦患,北绝齐交。西起秦患,北绝齐交,则两国之兵必至。臣故吊。"楚王弗听,因使一将军西受封地。

张仪至秦,详醉坠车,称病不出三月,地不可得。楚王曰:"仪以吾绝齐为尚薄邪?"乃使勇士宋遗北辱齐王。齐王大怒,折楚符而

的官职。我请您同意我打个比方。有人送给自己的舍人们一杯酒,舍人们说:'几个人喝这杯酒,不够喝的。请大家在地上画一条蛇,谁先画成就让谁喝这杯酒。'一个人说:'我先画好了。'举起酒杯站起身又道:'我能给蛇添上足。'待到他为蛇画好足时,在他后面画好蛇的人夺过他的酒一饮而尽,说:'蛇本无足,今天你替它画上足,这就不是蛇了。'今天您身为楚相,去攻打魏国,战胜了魏军并杀死了魏将,没有比这再大的功劳了,但是官职爵禄不可能再增加;假使打不胜,您将要殉命丢爵,给楚国造成不好的影响,这就是画蛇添足。您不如率军返楚对齐施恩施德,这就是永在高位的策略啊!"昭阳说:"好吧!"于是领军离开了齐国。

燕、韩国国君正式称王。秦国派张仪与楚、齐、魏会晤,在啮桑订立盟约。

十一年,苏秦与山东六国商定合纵一块儿攻打秦国,楚怀王为纵长。大军打到函谷关,秦国出兵迎战,六国军都先后撤军,其中齐军在最后。十二年,齐湣王打败赵、魏联军,秦国也打败韩军,与齐国争当首领。

十六年,秦国想攻打齐国,可是楚国正和齐国合纵亲善,秦惠王担忧这种情况,就扬言免除张仪的国相职务,让张仪去会见楚王,对楚王说:"我国君王最喜欢的无非是楚王您,就是我特别希望做看门小厮的主人,也无过于大王;我国君王最讨厌的无过于齐王,即使我最讨厌的也无过于齐王。但是大王您却与他关系密切,所以我国君王不能侍奉您,这让我也不能为您当看门小厮了。如果楚王能为我关闭关口与齐国绝交,那么今天您就派使者跟我去秦国要回秦夺取的楚国的商於方圆六百里的土地。这样,齐国势力就会削弱了。您便可以北方削弱齐国,西方对秦有恩惠,并增加了商於六百里土地的财富,这真可称得上是一箭三雕了。"怀王特别高兴,于是把国相的玉玺送给张仪,每天为他大摆酒宴,宣称"我又拿回我的商於了"。大臣们都庆祝,只有陈轸表示伤痛。怀王说:"为什么?"陈轸回答说:"秦国所以看重君王您,那是由于您与齐王友好亲善。今天还未得到商於之地就先与齐国断交,这是孤立楚国的方法。秦国又为什么要看重孤立无援的我国呢?一定会轻视楚国的。如果秦国先交出商於,而后我们再与齐绝交,这样,秦国的计谋就无效了。如果我们先与齐断交,而后再去索取商於,那我们一定会被张仪所蒙骗。您如果被张仪所蒙骗,一定怨恨他。怨恨他,就等于在西边会引起秦国的担忧,北边又断绝了齐国的友好。西边有秦的担心,北边又与齐断交,那么韩、魏两国的军队肯定会来攻打我国。所以我伤痛。"楚王没有听陈轸的建议,于是派一位将军到秦国去接收商於了。

张仪回到秦国,装做醉酒摔倒在车下,声称生病,三个月没有露面,楚国也不能得到商於之地。楚王说:"难道张仪认为我与齐的断交还不够彻底吗?"

合于秦。秦齐交合，张仪乃起朝，谓楚将军曰："子何不受地？从某至某，广袤六里。"楚将军曰："臣之所以见命者六百里，不闻六里。"即以归报怀王。怀王大怒，兴师将伐秦。陈轸又曰："伐秦非计也。不如因赂之一名都，与之伐齐，是我亡于秦，取偿于齐也，吾国尚可全。今王已绝于齐而责欺于秦，是吾合秦齐之交而来天下之兵也，国必大伤矣。"楚王不听，遂绝和于秦，发兵西攻秦。秦亦发兵击之。

十七年春，与秦战丹阳，秦大败我军，斩甲士八万，虏我大将军屈匄、裨将军逢侯丑等七十余人，遂取汉中之郡。楚怀王大怒，乃悉国兵复袭秦，战于蓝田，大败楚军。韩、魏闻楚之困，乃南袭楚，至于邓。楚闻，乃引兵归。

十八年，秦使使约复与楚亲，分汉中之半以和楚。楚王曰："原得张仪，不原得地。"张仪闻之，请之楚。秦王曰："楚且甘心于子，奈何？"张仪曰："臣善其左右靳尚，靳尚又能得事于楚王幸姬郑袖，袖所言无不从者。且仪以前使负楚以商於之约，今秦楚大战，有恶，臣非面自谢楚不解。且大王在，楚不宜敢取仪。诚杀仪以便国，臣之愿也。"仪遂使楚。

至，怀王不见，因而囚张仪，欲杀之。仪私于靳尚，靳尚为请怀王曰："拘张仪，秦王必怒。天下见楚无秦，必轻王矣。"又谓夫人郑袖曰："秦王甚爱张仪，而王欲杀之，今将以上庸之地六县赂楚，以美人聘楚王，以宫中善歌者为之媵。楚王重地，秦女必贵，而夫人必斥矣。夫人不若言而出之。"郑袖卒言张仪于王而出之。仪出，怀王因善遇仪，仪因说楚王以叛从约而与秦合亲，约婚姻。张仪已去，屈原使从齐来，谏王曰："何不诛张仪？"怀王悔，使人追仪，弗及。是岁，秦惠王卒。

二十年，齐湣王欲为从长，恶楚之与秦合，乃使使遗楚王书曰："寡人患楚之不察于尊名也。今秦惠王死，武王立，张仪走魏，樗里

于是又派勇士宋遗到北边去大骂齐王。齐王很愤怒，折断楚国的符节与秦国交好了。秦齐联盟完毕，张仪才上朝，对楚国将军说："你怎么还没有接收土地呢？从某处到某处，方圆有六里呢。"楚国将军说："我奉命来接收的是六百里，没听说六里。"马上返楚向怀王汇报。怀王十分愤怒，将要派军攻打秦国。陈轸又说："讨伐秦不是上策。不如趁机用一座名城贿赂秦国，联合秦国攻打齐国，这就能把从秦国丢弃掉的，又从齐国补偿过来了。这样，我国还可保全。当今，您已与齐国断交，又兴师追究秦国欺诈之罪，这就等于我们因秦齐友好而引来天下的大军，我国肯定会受到很大的伤害啊。"楚王仍没有听从陈轸的意见，于是又与秦国绝交，派军向西边攻打秦国。秦国也派军迎击楚军。

十七年的春季，楚军在丹阳与秦军大战，秦军大败楚军，斩杀了楚军八万名士兵，抓获楚国大将军屈匄、偏将军逢侯丑等七十多人，又侵占了汉中的各郡县。楚怀王十分生气，就调集国内全部兵力又一次偷袭秦国。两军在蓝田交战，楚军又大败。韩国、魏国听说楚国受困，就都南下偷袭楚国，一直打到邓。楚国听到消息后，就领兵撤离了秦国。

十八年，秦国派出使者又与楚商定亲善，还把汉中的一半地盘还给楚以求和解。楚王说："想得到张仪，不想得到土地。"张仪听到楚王的话，要求赴楚。秦王说："楚王正想抓住你才满足呢，怎么办？"张仪说："我与楚王的大臣靳尚友好，靳尚又很受楚王宠爱的夫人郑袖的信任，楚王对郑袖言听计从，况且我以前出使楚国时背弃了割商于给楚的约定，今天秦楚交战有了怨恨，我不亲自去向楚国道歉就不能消除怨恨。再说大王您健在，楚国也不敢把我如何。果真楚国杀死我，只要对秦国有利，也正是臣子的意愿。"张仪于是出使楚国了。

张仪到达楚国后，怀王不见他，并逮捕了张仪，想要杀了他。张仪暗中买通靳尚，靳尚替他向怀王请求说："您抓捕张仪，秦王肯定生气。天下诸侯看到楚国失去了秦国的友好，必定轻视您。"靳尚又对怀王夫人郑袖说："秦王特别喜欢张仪，不过楚王想杀死他，现在秦王将要用上庸的六个县贿赂楚国，将美人送给楚王，把宫中善于歌舞的美女送给大王做侍女。楚王看重地盘，秦女也一定得到楚王的宠爱，那么夫人肯定受排斥了。夫人不如在楚王面前说句好话释放张仪算了。"郑袖最后在楚王面前替张仪说情，释放了张仪。张仪被释放后，怀王很客气地招待了张仪，张仪又借机劝说楚王背弃合纵盟约，与秦国联合亲善，相约两国结为婚姻。张仪离开楚国后，屈原刚从齐国出使回来，进谏怀王说："怎么不杀死张仪？"怀王这才后悔，派人去追赶张仪，已经来不及了。这一年，秦惠王去世。

二十年，齐湣王想做合纵领导，厌恶楚国与秦国的联合，就派使者给楚王一封信道："我担忧楚王不曾考虑尊贵的称号。今天秦惠王去世了，武王继位，张

疾、公孙衍用,而楚事秦。夫樗里疾善乎韩,而公孙衍善乎魏;楚必事秦,韩、魏恐,必因二人求合于秦,则燕、赵亦宜事秦。四国争事秦,则楚为郡县矣。王何不与寡人并力收韩、魏、燕、赵,与为从而尊周室,以案兵息民,令于天下?莫敢不乐听,则王名成矣。王率诸侯并伐,破秦必矣。王取武关、蜀、汉之地,私吴、越之富而擅江海之利,韩、魏割上党,西薄函谷,则楚之强百万也。且王欺于张仪,亡地汉中,兵锉蓝田,天下莫不代王怀怒。今乃欲先事秦!愿大王孰计之。"

楚王业已欲和于秦,见齐王书,犹豫不决,下其议群臣。群臣或言和秦,或曰听齐。昭雎曰:"王虽东取地于越,不足以刷耻;必且取地于秦,而后足以刷耻于诸侯。王不如深善齐、韩以重樗里疾,如是则王得韩、齐之重以求地矣。秦破韩宜阳,而韩犹复事秦者,以先王墓在平阳,而秦之武遂去之七十里,以故尤畏秦。不然,秦攻三川,赵攻上党,楚攻河外,韩必亡。楚之救韩,不能使韩不亡,然存韩者楚也。韩已得武遂于秦,以河山为塞,所报德莫如楚厚,臣以为其事王必疾。齐之所信于韩者,以韩公子昧为齐相也。韩已得武遂于秦,王甚善之,使之以齐、韩重樗里疾,疾得齐、韩之重,其主弗敢弃疾也。今又益之以楚之重,樗里子必言秦,复与楚之侵地矣。"于是怀王许之,竟不合秦,而合齐以善韩。

二十四年,倍齐而合秦。秦昭王初立,乃厚赂于楚。楚往迎妇。二十五年,怀王入与秦昭王盟,约于黄棘。秦复与楚上庸。二十六年,齐、韩、魏为楚负其从亲而合于秦,三国共伐楚。楚使太子入质于秦而请救。秦乃遣客卿通将兵救楚,三国引兵去。

二十七年,秦大夫有私与楚太子斗,楚太子杀之而亡归。二十八年,秦乃与齐、韩、魏共攻楚,杀楚将唐昧,取我重丘而去。二十九年,秦复攻楚,大破楚,楚军死者二万,杀我将军景缺。怀王恐,乃使太子为质于齐以求平。三十年,秦复伐楚,取八城。秦昭王遗楚王书曰:"始寡人与王约为弟兄,盟于黄棘,太子为质,至欢也。太子

仪逃到魏国，武王委任樗里疾、公孙衍，但是楚国还是服从秦国。樗里疾与韩国友好，公孙衍与魏国亲善，楚国肯定服从秦国，韩国、魏国就恐惧，一定会借这两个人的力量与秦国联合，那么燕国、赵国也服从秦国。四国争着服从秦国，那么楚国就成了秦国的一个郡县了。楚王为什么不与我协力收服韩、魏、燕、赵，和他们联合一起尊崇周王室，以便按兵养民，号令天下？天下没有人敢不愿意听从您的，您也将功成名就了。那时，楚王统领诸侯共同讨伐秦国，一定能打败秦国。楚王您就可以夺下武关、蜀、汉地区，占有吴国、越国的财富，独享长江、东海的利益，韩国、魏国割给您上党，西部靠近函谷关，那么楚国将比现在强盛百万倍。况且大王您被张仪欺骗，丢失汉中地，大军在蓝田受挫，天下人没有不替您怀愤怒的。今天您竟想先服从秦国！望您认真想想吧。"

楚王正想与秦国合纵，见到齐王的书信，犹豫不决，交给群臣们讨论。大臣们有的说与秦联合，有的说听从齐国的建议。昭雎说："君王尽管从东边的越国得到地盘，但不足以雪耻。您不如与齐国、韩国深交以抬高樗里疾的权力，这样，您才能得到韩国、齐国的帮助夺回地盘。秦国在宜阳战胜韩国，可是韩国还服从秦国，是因为先祖墓在平阳，秦国的武遂距平阳只有七十里，所以韩国尤其害怕秦国。否则，秦国攻打三川，赵国攻打上党，楚国攻打黄河外，韩肯定灭亡。楚国救助韩国，也不能让韩免遭灾祸，可是名义上保存韩国的确是楚国。韩国已从秦国夺得武遂，依靠黄河、西山屏障，它所要报答恩惠的都不如楚国厚，我认为韩国一定要急切服从楚王。齐国之所以信任韩国，是因为韩公子眜是齐国国相。韩国已从秦国夺得武遂，大王再好好和善它，使它依靠齐国、韩国的力量抬高樗里疾的地位，樗里疾得到齐国、韩国的支持，他的主人就不敢丢弃他了。今天楚国又可以协助他，樗里疾一定向秦王说情，把侵占楚国的领土归还楚国。"于是怀王同意了，最终没有与秦联合，而联合齐国并与韩国友好。

二十四年，楚国背弃齐国联合秦国。秦昭王刚继位，就用厚礼贿赂楚国。楚国去秦国迎娶女子。二十五年，怀王赴秦与秦昭王签订盟约，在黄棘定约。秦王把楚国上庸归还楚国。二十六年，齐国、韩国、魏国由于楚国背弃了合纵亲善而与秦国联合，三国联合攻打楚国。楚国让太子到秦国当人质请求援助。秦国就派客卿通率军救助楚国，三国这才领兵离开了。

二十七年，秦国一位大夫暗地里与楚太子斗殴，楚太子杀死了他逃往楚国。二十八年，秦国就和齐国、韩国、魏国一块儿攻打楚国，杀死楚国大将唐眜，攻打了楚国重丘离去。二十九年，秦又攻打楚国，把楚军打得大败，杀死楚兵两万，杀死楚国将军景缺。怀王害怕，就派太子到齐国当人质求得和解。三十年，秦国又攻打楚国，占领了八座城市。秦昭王给楚王一封国书说："当初我和您结

陵杀寡人之重臣，不谢而亡去，寡人诚不胜怒，使兵侵君王之边。今闻君王乃令太子质于齐以求平。寡人与楚接境壤界，故为婚姻，所从相亲久矣。而今秦楚不欢，则无以令诸侯。寡人原与君王会武关，面相约，结盟而去，寡人之愿也。敢以闻下执事。"楚怀王见秦王书，患之。欲往，恐见欺；无往，恐秦怒。昭雎曰："王毋行，而发兵自守耳。秦虎狼，不可信，有并诸侯之心。"怀王子子兰劝王行，曰："奈何绝秦之欢心！"于是往会秦昭王。昭王诈令一将军伏兵武关，号为秦王。楚王至，则闭武关，遂与西至咸阳，朝章台，如蕃臣，不与亢礼。楚怀王大怒，悔不用昭子言。秦因留楚王，要以割巫、黔中之郡。楚王欲盟，秦欲先得地。楚王怒曰："秦诈我而又强要我以地！"不复许秦。秦因留之。

楚大臣患之，乃相与谋曰："吾王在秦不得还，要以割地，而太子为质于齐，齐、秦合谋，则楚无国矣。"乃欲立怀王子在国者。昭雎曰："王与太子俱困于诸侯，而今又倍王命而立其庶子，不宜。"乃诈赴于齐，齐湣王谓其相曰："不若留太子以求楚之淮北。"相曰："不可，郢中立王，是吾抱空质而行不义于天下也。"或曰："不然。郢中立王，因与其新王市曰'予我下东国，吾为王杀太子，不然，将与三国共立之'，然则东国必可得矣。"齐王卒用其相计而归楚太子。太子横至，立为王，是为顷襄王。乃告于秦曰："赖社稷神灵，国有王矣。"

顷襄王横元年，秦要怀王不可得地，楚立王以应秦，秦昭王怒，发兵出武关攻楚，大败楚军，斩首五万，取析十五城而去。二年，楚怀王亡逃归，秦觉之，遮楚道，怀王恐，乃从间道走赵以求归。赵主父在代，其子惠王初立，行王事，恐，不敢入楚王。楚王欲走魏，秦追至，遂与秦使复之秦。怀王遂发病。顷襄王三年，怀王卒于秦，秦归其丧于楚。楚人皆怜之，如悲亲戚。诸侯由是不直秦。秦楚绝。

六年，秦使白起伐韩于伊阙，大胜，斩首二十四万。秦乃遗楚王

拜为兄弟,在黄棘盟约,太子当人质,关系十分和谐。太子杀死我的要臣,竟不道歉就逃走了,我确实愤怒之至,便派军入侵您的边境。今天听说您让太子到齐国做人质以求和解。我国和楚国邻近接壤,本来就结成了亲家,互相亲善友好很长时间了。如今秦楚关系恶化,就无法号令诸侯。我希望和您在武关相会并订立盟约,这是我的愿望。我冒昧地告诉您这个野心。"楚怀王看到秦王的信,很担忧。想赴会,又担心上当;想不去,又担心秦王发怒。昭雎说:"君王不要前去,应该派军队加固边境的防守啊。秦国乃是虎狼之国,不能轻信,他有吞并诸侯的野心。"怀王的儿子子兰劝怀王前往,说:"为什么绝断与秦王的友好?"于是怀王去会见秦昭王。楚王刚到,秦兵就关闭了武关,于是胁迫怀王到咸阳,秦王在章台会见怀王,对待怀王就像对待附属国的臣子一般,不用平等的礼仪。楚怀王大怒,后悔没听昭雎的劝告。秦王扣留了楚王,挟持楚国割让巫、黔中的郡县给秦国。楚王想只订盟约,秦王想先得到地盘。楚王气愤地说:"秦国欺骗我,又强迫要挟我割让地盘!"没有再答应秦王。秦王因此扣留了楚王。

楚国大臣特别担忧,互相商议说:"我们的君王留在秦不能回来,秦王胁迫我们割地,太子又在齐国做人质。假使齐国、秦国共同谋划,那么楚国就要灭亡了。"于是想拥立在国内的怀王的儿子。昭雎说:"君王与太子都在诸侯国被困,今天又违背君王的命令另立庶子,那是不合适的。"于是欺骗齐国,派使者到齐国报丧。齐湣王对国相说:"不如扣押太子以便求取楚国的淮北。"国相说:"不行,郢中假使立了君王,我们就空留人质并在天下人跟前做出不义的事了。"有人说:"不对。郢中假使立了君王,正好借机和新王做笔交易说:'您给我们下东国,我们就替您杀掉太子,要不,将和秦、韩、魏三国联合拥立太子。'这样,下东国一定就到手了。"齐王最后采用国相的计策送回了楚国太子。太子横回楚后,被立为君王,这就是顷襄王。于是楚人通知秦国说:"凭借社稷的神灵,我国有君王了。"

顷襄王横元年,秦国胁迫怀王却没得到地盘,楚国立了君王对付秦国,秦昭王很生气,派军从武关进攻楚国,楚军大败,杀死了五万楚国士兵,占领了析邑等十五座城才离开。二年,楚怀王逃走了,秦国发现后,封锁了通往楚国的道路,怀王害怕,就从小路到赵国借道回楚。赵主父在代,他的儿子惠王刚刚继位,代行赵王的职事,胆子小,不敢收留楚王。楚王想跑到魏国,秦兵追上了他,楚王只好同秦国使者又回到秦国。这时,怀王生病了。顷襄王三年,怀王在秦国逝世。秦国把他的灵柩送回楚国。楚国人都哀怜怀王,像悲悼自己的父母兄弟一样。诸侯们因此看到秦国的不是。秦楚断交。

六年,秦国派白起进攻韩国,在伊阙获大胜,杀死韩国二十四万官兵。秦王

书曰："楚倍秦，秦且率诸侯伐楚，争一旦之命。愿王之饬士卒，得一乐战。"楚顷襄王患之，乃谋复与秦平。七年，楚迎妇于秦，秦楚复平。

十一年，齐秦各自称为帝；月余，复归帝为王。

十四年，楚顷襄王与秦昭王好会于宛，结和亲。十五年，楚王与秦、三晋、燕共伐齐，取淮北。十六年，与秦昭王好会于鄢。其秋，复与秦王会穰。

十八年，楚人有好以弱弓微缴加归雁之上者，顷襄王闻，召而问之。对曰："小臣之好射鶀雁，罗鸗，小矢之发也，何足为大王道也。且称楚之大，因大王之贤，所弋非直此也。昔者三王以弋道德，五霸以弋战国。故秦、魏、燕、赵者，鶀雁也；齐、鲁、韩、卫者，青首也；驺、费、郯、邳者，罗鸗也。外其余则不足射者。见鸟六双，以王何取？王何不以圣人为弓，以勇士为缴，时张而射之？此六双者，可得而囊载也。其乐非特朝昔之乐也，其获非特凫雁之实也。王朝张弓而射魏之大梁之南，加其右臂而径属之于韩，则中国之路绝而上蔡之郡坏矣。还射圉之东，解魏左肘而外击定陶，则魏之东外弃而大宋、方与二郡者举矣。且魏断二臂，颠越矣；膺击郯国，大梁可得而有也。王綪缴兰台，饮马西河，定魏大梁，此一发之乐也。若王之于弋诚好而不厌，则出宝弓，碆新缴，射噣鸟于东海，还盖长城以为防，朝射东莒，夕发泪丘，夜加即墨，顾据午道，则长城之东收而太山之北举矣。西结境于赵而北达于燕，三国布嬛，则从不待约而可成也。北游目于燕之辽东而南登望于越之会稽，此再发之乐也。若夫泗上十二诸侯，左萦而右拂之，可一旦而尽也。今秦破韩以为长忧，得列城而不敢守也；伐魏而无功，击赵而顾病，则秦魏之勇力屈矣，楚之故地汉中、析、郦可得而复有也。王出宝弓，碆新缴，涉鄢塞，而待秦之倦也，山东、河内可得而一也。劳民休众，南面称王矣。故曰秦为大鸟，负海内而处，东面而立，左臂据赵之西南，右臂傅楚鄢

写一封国书给楚王说:"楚国背叛了秦国,秦国将率领诸侯军攻打楚国,决一雌雄。希望您重整军队,痛痛快快打一场。"楚国顷襄王很害怕,便打算再跟秦国讲和。七年,楚国派迎者从秦迎来王后,秦、楚两国又和好了。

十一年,齐王秦王各自称帝,一月后,又把帝改为王。

十四年,楚顷襄王与秦昭王在宛友好相聚,议和联姻。十五年,楚国和秦国、韩国、赵国、魏国一块儿攻打齐国,占领了淮北。十六年,楚王与秦昭王在鄢友好相聚。那年秋季,又和秦王在穰相聚。

十八年,楚国有一位爱好用微弓细绳射中北归大雁的人,顷襄王知道后,把他叫来咨询射中的经验。他回答说:"我爱好射小雁、小鸟,这是小箭的作用,怎么值得向大王说呢?何况凭着楚国广袤的土地,依靠大王的贤明,所射中的绝非仅仅是这些小雁、小鸟。过去三王射取道德的荣誉,五霸射杀好战之国。所以,秦、魏、燕、赵是小雁;齐、鲁、韩、卫是小野鸭;邹、费、郯、邳是小鸟。其他的就不值得去射了。看见这六双小鸟,您如何射中呢?您为什么不用圣人作弓,以勇士作箭,把握时机张弓去射取呢?那么,这六双小鸟,您就可以用口袋装回宫了。这种快乐绝非一朝一夕的欢乐,这种收获也并非野鸭小雁一类猎物。您早上张开弓箭去射击魏国大梁南部,射伤它的右臂直接牵动韩国,因此中原地区的通路就断绝了,上蔡各郡县就不战自败了。转身再射击圉的东面,砍断了魏国的左臂,再向外射击定陶,那么魏国东部就丢弃了,大宋、方与两个郡县就占领了。况且魏国被砍断左膀右臂,就会斜倒坠落;正面进攻郯国,就能夺取并占有大梁。您在兰台收拢弓箭,在西河饮马,稳定了魏国的大梁,这是第一次射箭的快乐。如果您对于射箭确实喜好不厌倦,那就拿出宝弓,换上石制箭头和新绳,去东海射杀有钩喙的大鸟,返回来重新修筑长城作为防线,早上射取东莒,晚上射取浿丘,夜里占领即墨,转身占据午道,那么就能得到长城的东边,泰山的北边也就占领了。西边与赵国邻近,北边达到燕,这样,楚、赵、燕三国就像鸟张开翅膀,不需要盟约就形成了合纵。您到北边可以游览燕国的辽东,到南边可以登山遥望越国的会稽,这就是二次射箭的快乐。至于泗上的十二国诸侯,左手牵引,右手拍打,就可以在一个早上占领它们。现在秦国占领韩国,实际成了长久的忧患,因为秦国夺取韩国许多城却不能据守;秦国攻打魏国没有功效,打击赵国反而又担心,那么秦魏的勇气力量用尽了,原本楚国失去的汉中、析、郦便能复得归为己有了。楚王您拿出宝弓,换上石制箭头和新绳,到达鄢塞,等到秦国疲倦,就可以得到山东、河内,让楚国完整。这样,就能犒劳百姓、休养士兵,您就能面向南称王了。所以说,秦国是只大鸟,背靠大陆居住,

郢，膺击韩魏，垂头中国，处既形便，势有地利，奋翼鼓䎎，方三千里，则秦未可得独招而夜射也。"欲以激怒襄王，故对以此言。襄王因召与语，遂言曰："夫先王为秦所欺而客死于外，怨莫大焉。今以匹夫有怨，尚有报万乘，白公、子胥是也。今楚之地方五千里，带甲百万，犹足以踊跃中野也，而坐受困，臣窃为大王弗取也。"于是顷襄王遣使于诸侯，复为从，欲以伐秦。秦闻之，发兵来伐楚。

楚欲与齐韩连和伐秦，因欲图周。周王赧使武公谓楚相昭子曰："三国以兵割周郊地以便输，而南器以尊楚，臣以为不然。夫弑共主，臣世君，大国不亲；以众胁寡，小国不附。大国不亲，小国不附，不可以致名实。名实不得，不足以伤民。夫有图周之声，非所以为号也。"昭子曰："乃图周则无之。虽然，周何故不可图也？"对曰："军不五不攻，城不十不围。夫一周为二十晋，公之所知也。韩尝以二十万之众辱于晋之城下，锐士死，中士伤，而晋不拔。公之无百韩以图周，此天下之所知也。夫怨结两周以塞驺鲁之心，交绝于齐，声失天下，其为事危矣。夫危两周以厚三川，方城之外必为韩弱矣。何以知其然也？西周之地，绝长补短，不过百里。名为天下共主，裂其地不足以肥国，得其众不足以劲兵。虽无攻之，名为弑君。然而好事之君，喜攻之臣，发号用兵，未尝不以周为终始。是何也？见祭器在焉，欲器之至而忘弑君之乱。今韩以器之在楚，臣恐天下以器仇楚也。臣请譬之。夫虎肉臊，其兵利身，人犹攻之也。若使泽中之麋蒙虎之皮，人之攻之必万于虎矣。裂楚之地，足以肥国；诎楚之名，足以尊主。今子将以欲诛残天下之共主，居三代之传器，吞三翮六翼，以高世主，非贪而何？周书曰'欲起无先'，故器南则兵至矣。"于是楚计

面向东方屹立，左面接近赵国的西南，右面紧邻楚国的鄢、郢，正面对着韩国、魏国，妄想独吞中原，它的地位处于优势，地势又有利，展翅翱翔，周围三千里，可见秦国不可能单独缚住而一夜射得了。"此人想以这激怒顷襄王，所以用这些话回答楚王。顷襄王果然又叫他来详谈，于是他就说："先王被秦国蒙骗，客死在外国，仇恨没有比这再大的了。现在，一个平民有仇恨，还要向国君复仇，这就是白公、伍子胥。当今，楚国方圆五千里，拥有百万大军，原本足以驰骋于千里原野，却坐以待毙，我以为大王不会这样做。"于是，顷襄王派使者出使诸侯国，重新约定联纵，以便攻打秦国。秦听到这个消息，派军来攻打楚国。

楚国想和齐国、韩国联合攻打秦国，借机算计周朝。周王赧派武公对楚国宰相昭子说："三国使用武力来瓜分周都郊野以便于运输，并向南输送宝器尊崇楚王，我认为不对。杀诸侯共同敬奉的君王，让世代相传的君王做臣民，大国肯定不亲近它。凭借人多威胁力单势薄的周室，小国一定不服从它。大国不亲近，小国不服从，既不可以获得威名，又不可以获得实利。威名实利都不能得到，就不应该动用武力去伤害黎民。如果有图谋周朝的名声，就无法向诸侯发布命令。"昭子说："算计周朝是无中生有。即使如此，周朝为什么不能图谋呢？"武公回答道："不拥有五倍于敌的军力不发起进攻，不拥有十倍于守敌的兵力不能围城。一个周朝相当于二十个晋国，您是明白的。韩国曾经出动二十万兵力包围晋国城邑，但最后遭受耻辱，精兵强将战死，普通士兵受伤，晋城也没被攻占。您未拥有百倍于韩的兵力却图谋周朝，这是天下人都知道的。您与两周结下了仇恨，伤害了礼仪之邦邹鲁人的心，与齐国绝交，在天下失掉名声，您这样做很危险了。您伤害两周是增强韩国的实力，方城以外肯定会被韩所侵夺。如何知道这种结局呢？西周的地盘，截长补短，方圆不过一百里。西周名誉上是天下诸侯共同尊奉的君主，实际上全部占有它的土地也不足以让国家强大，全部占有它的百姓也不足以提升军力。即使不进攻它，名誉上还是杀害君主。可是好事的君主、喜功的臣子，发布命令使用兵力，未尝不始终把矛头指向周朝。这是什么原因呢？因为他们看见祭器在周，想拥有祭器却利令智昏忘记杀害君主的罪名。现在，韩国要把祭器搬到楚国，我担忧天下人因为祭器仇恨楚国。我给您举个例子。虎肉腥臊，它的爪牙有利于防身，人们还抓捕它呢。如果让大泽中的麋鹿披上老虎皮，人们抓捕它一定比抓捕虎容易万倍。占有楚国领地，足以使国家强盛；谴责楚国的名声，足以使君主尊贵。今天，您将要诛杀天下诸侯共同尊奉的君王，占据三代传下来的宝器，独吞九鼎，傲视所有的君王，这不是贪婪是什么？《周书》上说的'要想在政治上起家，不要首先倡乱'，所以祭器若南移到楚国，大军就会接踵而来。"于是楚国放弃了原先的计划。

辍不行。

十九年，秦伐楚，楚军败，割上庸、汉北地予秦。二十一年，秦将白起遂拔我郢，烧先王墓夷陵。楚襄王兵散，遂不复战，东北保于陈城。二十二年，秦复拔我巫、黔中郡。

二十三年，襄王乃收东地兵，得十余万，复西取秦所拔我江旁十五邑以为郡，距秦。二十七年，使三万人助三晋伐燕。复与秦平，而入太子为质于秦。楚使左徒侍太子于秦。

三十六年，顷襄王病，太子亡归。秋，顷襄王卒，太子熊元代立，是为考烈王。考烈王以左徒为令尹，封以吴，号春申君。

考烈王元年，纳州于秦以平。是时楚益弱。

六年，秦围邯郸，赵告急楚，楚遣将军景阳救赵。七年，至新中。秦兵去。十二年，秦昭王卒，楚王使春申君吊祠于秦。十六年，秦庄襄王卒，秦王赵政立。二十二年，与诸侯共伐秦，不利而去。楚东徙都寿春，命曰郢。

二十五年，考烈王卒，子幽王悍立。李园杀春申君。幽王三年，秦、魏伐楚。秦相吕不韦卒。九年，秦灭韩。十年，幽王卒，同母弟犹代立，是为哀王。哀王立二月余，哀王庶兄负刍之徒袭杀哀王而立负刍为王。是岁，秦虏赵王迁。

王负刍元年，燕太子丹使荆轲刺秦王。二年，秦使将军伐楚，大破楚军，亡十余城。三年，秦灭魏。四年，秦将王翦破我军于蕲，而杀将军项燕。

五年，秦将王翦、蒙武遂破楚国，虏楚王负刍，灭楚名为郡云。

太史公曰：楚灵王方会诸侯于申，诛齐庆封，作章华台，求周九鼎之时，志小天下；及饿死于申亥之家，为天下笑。操行之不得，悲夫！势之于人也，可不慎与？弃疾以乱立，嬖淫秦女，甚乎哉，几再亡国！

十九年，秦国攻打楚国，楚军惨败，割让上庸、汉北给秦国。二十年，秦国大将白起占领了楚国的西陵。二十一年，秦国大将白起又占领了楚国的郢，楚毁了先王墓夷陵。楚顷襄王的军队溃散了，不能再战，退到东北部死守在陈城。二十二年，秦国又攻占了楚国的巫郡、黔中郡。

二十三年，顷襄王集合东部的士兵，共有十多万，又向西攻占秦国攻下的长江畔的十五座城池，将其划为郡县，抵抗秦国。二十七年，楚派三万人协助三晋攻打燕国。楚又向秦国求和，让太子到秦国当人质。楚国让左徒到秦国侍奉太子。

三十六年，顷襄王生病了，太子跑回楚国。这年秋天，顷襄王去世，太子熊元继位，这是考烈王。考烈王委任左徒为令尹，把吴封给他，号称春申君。

考烈王元年，把一个州给了秦希望与秦讲和。这时楚国更加衰败。

六年，秦国围困了邯郸，赵国向楚国求救，楚国派遣将军景阳救助赵国。七年，楚国打到新中。秦军离去。十二年，秦昭王去世，楚王让春申君到秦国吊唁。十六年，秦庄襄王去世，秦王赵政继位。二十二年，楚国与诸侯国共同攻打秦国，形势不利而撤退了。楚国向东迁都到寿春，命名为郢。

二十五年，考烈王去世，其儿子幽王悍继位。李园杀死了春申君。幽王三年，秦国、魏国攻打楚国。秦国宰相吕不韦去世。九年，秦国灭了韩国。十年，幽王去世，同母弟犹继位，这是哀王。哀王继位两个多月，哀王的哥哥负刍的党徒袭击杀害了哀王，拥立负刍做楚王。这一年，秦国抓获了赵王迁。

王负刍元年，燕太子丹派荆轲行刺秦王。二年，秦国派将军攻打楚国，大败楚军，占领了十多座城池。三年，秦国消灭了魏国。四年，秦国大将军王翦在蕲战胜楚军，斩杀将军项燕。

五年，秦国大将王翦、蒙武攻占楚都，俘虏了楚王负刍，消灭了楚国，在楚地设立三个郡县。

太史公说：当楚灵王在申联合诸侯，杀死齐庆封，修建章华台，索取周王室九鼎的时候，他志向高远，把天下都看得很小；待到在申亥家饿死时，却被天下人所耻笑。没有操守、品德，实在可悲！人们对权势，能不小心吗？弃疾以制造内乱而继位，宠幸秦国女子，也太出格了，差点儿再度让国家灭亡！

越王勾践世家第十一

越王句践,其先禹之苗裔,而夏后帝少康之庶子也。封于会稽,以奉守禹之祀。文身断发,披草莱而邑焉。后二十余世,至于允常。允常之时,与吴王阖庐战而相怨伐。允常卒,子句践立,是为越王。

元年,吴王阖庐闻允常死,乃兴师伐越。越王句践使死士挑战,三行,至吴陈,呼而自刭。吴师观之,越因袭击吴师,吴师败于槜李,射伤吴王阖庐。阖庐且死,告其子夫差曰:"必毋忘越。"

三年,句践闻吴王夫差日夜勒兵,且以报越,越欲先吴未发往伐之。范蠡谏曰:"不可。臣闻兵者凶器也,战者逆德也,争者事之末也。阴谋逆德,好用凶器,试身于所末,上帝禁之,行者不利。"越王曰:"吾已决之矣。"遂兴师。吴王闻之,悉发精兵击越,败之夫椒。越王乃以余兵五千人保栖于会稽。吴王追而围之。

越王谓范蠡曰:"以不听子故至于此,为之奈何?"蠡对曰:"持满者与天,定倾者与人,节事者以地。卑辞厚礼以遗之,不许,而身与之市。"句践曰:"诺。"乃令大夫种行成于吴,膝行顿首曰:"君王亡臣句践使陪臣种敢告下执事:句践请为臣,妻为妾。"吴王将许之,子胥言于吴王曰:"天以越赐吴,勿许也。"种还,以报句践。句践欲杀妻子,燔宝器,触战以死。种止句践曰:"夫吴太宰嚭贪,可诱以利,请间行言之。"于是句践以美女宝器令种间献吴太宰嚭。嚭受,乃见大夫种于吴王。种顿首言曰:"愿大王赦句践之罪,尽入其宝器。不幸不赦,句践将尽杀其妻子,燔其宝器,悉五千

越王勾践，他的祖先是夏禹的后裔，夏后帝少康的庶出之子。被封在会稽，恭敬地供奉着夏禹的祭祀。他们在身上刺上花纹，剪短自己的头发，在封地铲除杂草，并修筑城邑。经历了二十多代以后，传到了允常。允常在位的时候，与吴王阖闾产生怨恨，经常互相攻伐。允常死后，他的儿子勾践即位，也就是越王。

越王勾践元年，吴王阖闾听说允常去世了，就兴兵讨伐越国。越王勾践派遣不惧死的勇士向吴军挑战，勇士们排成三行，到吴军阵地前，高呼着自刎身亡。吴兵看得目瞪口呆，越军趁其不备袭击了吴军，吴军在樵李大败，越军还射伤了吴王阖闾。阖闾在弥留之际告诫他的儿子夫差说："一定不能忘记越国。"

三年，勾践听说吴王夫差日夜操练士兵，想要报越国一箭之仇，于是想在吴国发兵前先行发兵去攻打它。范蠡进谏说："不行，我听说兵器是凶器，兴起战争是背德的事情，争先攻击是事情中最下等的。阴谋去做背德的事，又喜爱使用凶器，亲身参与下等事，定会遭到天帝的反对，这样做一定会不利于行。"越王说："我已经决定了。"于是举兵进军吴国。吴王听说这个消息，动用所有精锐部队迎击越军，在夫椒大败越军。越王只好携五千名残兵败将退守会稽。吴王乘胜追击，包围了会稽。

越王对范蠡说："只因没听从您的劝告才落到如此地步，接下来我该怎么办呢？"范蠡回答说："能够完全保住功业的人，必定效法天道的盈而不溢；能够平定倾覆的人，一定懂得人道的崇尚谦卑；能够节制事理的人，就会遵循地道而因地制宜。现在，您要谦卑有礼地派人将厚礼赠送给吴王，他若不应允，您就要亲自前往，并表示愿意侍奉他左右，还把自身也抵押给吴国。"勾践说："好吧！"于是派大夫文种前去吴国求和，文种跪拜在地上，用膝盖前行，叩头说："您的亡国臣民勾践让我大胆地告诉大王您：勾践请您允许他做您的奴仆，允许他的妻子做您的侍妾。"吴王刚要答应文种，伍子胥对吴王说："上天把越国赏赐给吴国，不要答应他。"文种回越后，将实情汇报给勾践。勾践想杀死妻子儿女，烧掉宝器，带领余兵跟越国决一死战。文种劝阻勾践说："吴国的太宰伯嚭十分贪婪，可以用重利诱惑他，请您允许我暗中去吴国跟他通融。"于是勾践赐给文种美女珠宝玉器，让他带去献给吴太宰伯嚭。伯嚭欣然接受，于是就引见大夫文种给吴王。文种叩头说："希望大王赦免勾践的罪过，越国将倾尽所有宝器送给您。如果不幸得不到赦免，勾践将杀死他全部的妻子儿女，焚烧宝器，率领

人触战，必有当也。"嚭因说吴王曰："越以服为臣，若将赦之，此国之利也。"吴王将许之，子胥进谏曰："今不灭越，后必悔之。句践贤君，种、蠡良臣，若反国，将为乱。"吴王弗听，卒赦越，罢兵而归。

句践之困会稽也，喟然叹曰："吾终于此乎？"种曰："汤系夏台，文王囚羑里，晋重耳奔翟，齐小白奔莒，其卒王霸。由是观之，何遽不为福乎？"

吴既赦越，越王句践反国，乃苦身焦思，置胆于坐，坐卧即仰胆，饮食亦尝胆也。曰："女忘会稽之耻邪？"身自耕作，夫人自织，食不加肉，衣不重采，折节下贤人，厚遇宾客，振贫吊死，与百姓同其劳。欲使范蠡治国政，蠡对曰："兵甲之事，种不如蠡；填抚国家，亲附百姓，蠡不如种。"于是举国政属大夫种，而使范蠡与大夫柘稽行成，为质于吴。二岁而吴归蠡。

句践自会稽归七年，拊循其士民，欲用以报吴。大夫逢同谏曰："国新流亡，今乃复殷给，缮饰备利，吴必惧，惧则难必至。且鸷鸟之击也，必匿其形。今夫吴兵加齐、晋，怨深于楚、越，名高天下，实害周室，德少而功多，必淫自矜。为越计，莫若结齐，亲楚，附晋，以厚吴。吴之志广，必轻战。是我连其权，三国伐之，越承其弊，可克也。"句践曰："善。"

居二年，吴王将伐齐。子胥谏曰："未可。臣闻句践食不重味，与百姓同苦乐。此人不死，必为国患。吴有越，腹心之疾，齐与吴，疥癣也。愿王释齐先越。"吴王弗听，遂伐齐，败之艾陵，虏齐高、国以归。让子胥。子胥曰："王毋喜！"王怒，子胥欲自杀，王闻而止之。越大夫种曰："臣观吴王政骄矣，请试尝之贷粟，以卜其事。"请贷，吴王欲与，子胥谏勿与，王遂与之，越乃私喜。子胥言曰："王不听谏，后三年吴其墟乎！"太宰嚭闻之，乃数与子胥争越

他的五千名士兵与您决一死战，您也将付出相当大的代价。"太宰嚭借机劝说吴王："越王已经臣服，愿意做您的臣子，如果赦免了他，这是对我国有利啊。"吴王又要答应文种，子胥又进谏说："今天不灭越国，日后您定会后悔。勾践是贤明的君主，大夫文种、范蠡都是贤能的臣子，倘若他们能够返回越国，必将作乱，后患无穷。"吴王不听子胥的劝告，终于执意赦免了越王，就此罢兵，撤军回国。

当勾践被困于会稽之时，黯然叹息道："我的一生就将这样了结了吗？"文种说："商汤被困在夏台，周文王被囚在羑里，晋国重耳逃到翟，齐国小白逃到莒，他们最终都称王称霸。由此看来，我们现在的处境何尝不是一种福分呢？"

吴王赦免了越王，越王勾践回到自己的国家，就深思熟虑，苦心经营，把苦胆挂在座位上，坐卧就能仰头尝尝苦胆，连吃饭时也可以尝尝苦胆。还说："你忘记会稽的耻辱了吗？"平时他亲身耕作，夫人亲手织布，吃饭从未有荤菜，从不穿华丽的衣服，能委曲求全，对贤人彬彬有礼，对宾客热情诚恳，救济穷人，悼慰死者，与百姓共同劳作。越王想让范蠡管理国家政务，范蠡回答说："用兵打仗这种事，文种比不上我；镇定安抚国家，让百姓亲近归附，我比不上文种。"于是越王就把国家政务交给大夫文种管理，让范蠡和大夫柘稽求和，到吴国去当人质。两年后吴国才让范蠡回国。

勾践自会稽回国后七年时间内，一直在安抚自己的士兵百姓，想用他们去吴国报仇。大夫逢同进谏说："国家刚刚流亡，今天才又殷实富裕，假如我们整顿军备，吴国一定惧怕，它惧怕，灾难必然降临。况且，凶猛的大鸟袭击目标时，一定会先把自己隐藏起来。现在，吴军将士集结在齐、晋两国国境上，跟楚、越两国又有深仇大恨，在天下虽名声显赫，实际危害周王室。吴缺乏道德而功劳不少，必定骄横狂妄。为越国着想，不如结交齐国，亲近楚国，归附于晋国，厚待吴国。吴国志向高远，一定会轻视战争，这样我们就可以联络其他三国的势力，让三国攻打吴国，越国便可趁它疲惫之时攻克它了。"勾践说："很好。"

过了两年，吴王准备讨伐齐国。伍子胥进谏说："不行。我听说勾践平时吃饭从来不吃两样菜，与百姓同甘共苦。这个人不死，一定是我们国家的忧患。越国对于吴国，是心腹之患，而齐对吴来说，就像一块疥癣。希望君王放弃攻齐，先伐越国。"吴王不听，后来还是出兵攻打齐国，并在艾陵大败齐军，俘虏了齐国的高、国氏回国。吴王责备子胥，子胥说："您不要太高兴！"吴王很生气，子胥想自杀，吴王听到后制止了他。越国大夫文种说："我发现吴王当政太过骄横，请允许我向他借粮，以试探一下吴王对越国的态度。"文种向吴王请求借粮。吴王准备借给他，子胥劝谏不要借，吴王后来还是借了，越王暗中欣喜。

议，因谗子胥曰："伍员貌忠而实忍人，其父兄不顾，安能顾王？王前欲伐齐，员强谏，已而有功，用是反怨王。王不备伍员，员必为乱。"与逢同共谋，谗之王。王始不从，乃使子胥于齐，闻其托子于鲍氏，王乃大怒，曰："伍员果欺寡人，役反！"使人赐子胥属镂剑以自杀。子胥大笑曰："我令而父霸，我又立若，若初欲分吴国半予我，我不受，已，今若反以谗诛我。嗟乎，嗟乎，一人固不能独立！"报使者曰："必取吾眼置吴东门，以观越兵入也！"于是吴任嚭政。

居三年，句践召范蠡曰："吴已杀子胥，导谀者众，可乎？"对曰："未可。"

至明年春，吴王北会诸侯于黄池，吴国精兵从王，惟独老弱与太子留守。句践复问范蠡，蠡曰"可矣"。乃发习流二千人，教士四万人，君子六千人，诸御千人，伐吴。吴师败，遂杀吴太子。吴告急于王，王方会诸侯于黄池，惧天下闻之，乃秘之。吴王已盟黄池，乃使人厚礼以请成越。越自度亦未能灭吴，乃与吴平。

其后四年，越复伐吴。吴士民罢弊，轻锐尽死于齐、晋。而越大破吴，因而留围之三年，吴师败，越遂复栖吴王于姑苏之山。吴王使公孙雄肉袒膝行而前，请成越王曰："孤臣夫差敢布腹心，异日尝得罪于会稽，夫差不敢逆命，得与君王成以归。今君王举玉趾而诛孤臣，孤臣惟命是听，意者亦欲如会稽之赦孤臣之罪乎？"句践不忍，欲许之。范蠡曰："会稽之事，天以越赐吴，吴不取。今天以吴赐越，越其可逆天乎？且夫君王蚤朝晏罢，非为吴邪？谋之二十二年，一旦而弃之，可乎？且夫天与弗取，反受其咎。'伐柯者其则不远'，君忘会稽之厄乎？"句践曰："吾欲听子言，吾不忍其使者。"范蠡乃鼓进兵，曰："王已属政于执事，使者去，不者且得罪。"吴使者泣而去。句践怜之，乃使人谓吴王曰："吾置王甬东，

子胥说："君王您不听我的劝谏，再过三年，吴国将成为一片废墟！"太宰嚭听到这话后，就多次与子胥争论对付越国的计策，借机诽谤子胥说："伍员虽然表面上忠厚，实际却很残忍，他连自己的父兄都不顾惜，怎么能顾惜君王呢？君王您上次准备攻打齐国，伍员强烈劝谏，后来您作战有功，他反而因此怨恨您。您若不防备他，他一定会作乱的。"伯嚭还和逢共同谋划，经常在吴王面前诽谤子胥。吴王开始并不听信谗言，于是就派子胥出使齐国，听说子胥把儿子委托给鲍氏，吴王才大怒，说："伍员果真在欺骗我，想要造反！"子胥出使齐国回来以后，吴王就派人赐了一把属镂剑让他自杀。子胥大笑道："我辅佐你的父亲称霸，又拥立你为王，你当初想与我平分吴国，我都没有接受，事隔不久，今天你反而因谗言杀害我。唉，唉，你一个人绝对不能独自立国！"子胥告诉使者说："我死后一定取出我的眼睛挂在吴国都城东门上，以便我能亲眼看到越军进入。"于是吴王重用嚭执掌国政。

过了三年，勾践召见范蠡说："吴王已经杀死了伍子胥，逢迎献媚阿谀奉承的人很多，现在可以攻打吴国了吗？"范蠡回答说："不行。"

第二年春天，吴王去北方的黄池会见诸侯，吴国的精锐部队全都随他赴会了，只剩老弱残兵和太子留守在吴都。勾践又问范蠡是否可以进攻吴国。范蠡说："可以了。"于是派出两千名熟悉水战的士兵，四万名训练有素的士兵，受过良好教育、地位较高的近卫军六千人，各类军官一千人，讨伐吴国。越军大败吴军，还杀死了吴国的太子。吴国使者向吴王告急，吴王正在黄池会见诸侯，怕天下所有人都听到吴国惨败的消息，就严守秘密。吴王在黄池与诸侯订立盟约以后，就派人带上厚礼请求与越国讲和。越王估计自己也不能灭亡吴国，就与吴国讲和了。

在后来的四年里，越国又攻打吴国。吴国军民疲惫不堪，精锐士兵都死于和齐、晋的战斗中。后来越军大败吴军，因而包围吴都三年，吴军失败，越军就又把吴王围困在姑苏山上。吴王派公孙雄脱去上衣露出胳膊跪着前去，向越王请求讲和说："您孤立无助的臣子夫差冒昧地表露自己的心愿，以前曾在会稽得罪于您，我不敢违背您的命令，若能与您讲和，我们就撤军回去。今天您抬玉足前来惩罚孤臣，我对您的命令一定听从，但我私下希望能像会稽山对您那样赦免我的罪过吧！"勾践不忍心，准备答应他的要求。范蠡说："会稽的事，是上天把越国赐给吴国的，吴国不要。现在是上天把吴国赐给越国，越国难道可以违背天命吗？再说君王早上朝晚罢朝，不就是因为吴国吗？筹谋伐吴已二十二年，一旦放弃，行吗？且上天赐予的您却不要，那反而是会受到处罚的。'用斧头砍伐木材做斧柄，斧柄的样子就在身边。'君王您难道忘记会稽的苦难了吗？"勾践说："我想听从您的建议，但我对他的使者感到不忍心。"范蠡就鸣鼓进军，说："君王已把政务委托给我，吴国使者赶快离去，否则就要对不起你了。"吴国使

君百家。"吴王谢曰:"吾老矣,不能事君王!"遂自杀。乃蔽其面,曰:"吾无面以见子胥也!"越王乃葬吴王而诛太宰嚭。

句践已平吴,乃以兵北渡淮,与齐、晋诸侯会于徐州,致贡于周。周元王使人赐句践胙,命为伯。句践已去,渡淮南,以淮上地与楚,归吴所侵宋地于宋,与鲁泗东方百里。当是时,越兵横行于江、淮东,诸侯毕贺,号称霸王。

范蠡遂去,自齐遗大夫种书曰:"蜚鸟尽,良弓藏;狡兔死,走狗烹。越王为人长颈鸟喙,可与共患难,不可与共乐。子何不去?"种见书,称病不朝。人或谗种且作乱,越王乃赐种剑曰:"子教寡人伐吴七术,寡人用其三而败吴,其四在子,子为我从先王试之。"种遂自杀。

句践卒,子王鼫与立。王鼫与卒,子王不寿立。王不寿卒,子王翁立。王翁卒,子王翳立。王翳卒,子王之侯立。王之侯卒,子王无强立。

王无强时,越兴师北伐齐,西伐楚,与中国争强。当楚威王之时,越北伐齐,齐威王使人说越王曰:"越不伐楚,大不王,小不伯。图越之所为不伐楚者,为不得晋也。韩、魏固不攻楚。韩之攻楚,覆其军,杀其将,则叶、阳翟危;魏亦覆其军,杀其将,则陈、上蔡不安。故二晋之事越也,不至于覆军杀将,马汗之力不效。所重于得晋者何也?"越王曰:"所求于晋者,不至顿刃接兵,而况于攻城围邑乎?愿魏以聚大梁之下,愿齐之试兵南阳、莒地,以聚常、郯之境,则方城之外不南,淮、泗之间不东,商、于、析、郦、宗胡之地,夏路以左,不足以备秦,江南、泗上不足以待越矣。则齐、秦、韩、魏得志于楚也,是二晋不战分地,不耕而获之。不此之为,而顿刃于河山之间以为齐秦用,所待者如此其失计,奈何其以此王也!"齐使者曰:"幸也越之不亡也!吾不贵其用智之如目,见豪毛

者伤心地哭着走了。勾践怜悯他，就派人告诉吴王说："我把您安置到甬东！统治一百家。"吴王推辞说："我已经老了，不能侍奉您了！"说完便自杀了，同时还遮住自己的面孔说："我没脸面见到子胥啊！"越王安葬了吴王，杀死了太宰嚭。

勾践平定吴国以后，就出兵向北渡过黄河，与齐、晋诸侯在徐州会合，向周王室进献贡品。周元王派人赏赐胙肉给勾践，称他为"伯"。勾践离开徐州后，渡过淮河南下，把淮河流域给了楚国，把吴国曾经侵占宋国的土地还给宋国，把泗水以东方圆百里的土地给了鲁国。当时，越军在长江、淮河以东畅行无阻，诸侯们都来庆贺，越王号称霸王。

范蠡后来离开了越国，从齐国给大夫文种发来一封信，信中说："飞鸟被射尽后，良弓就会被藏起来了；狡兔一死，狗就被主人煮着吃了。越王这个人长脖子，尖嘴巴，只可以与之共患难，不可以跟他共享乐，你为什么还不离去呢？"文种看过信后，声称有病不再上朝。有人中伤文种说他要作乱，越王赐给文种一把剑说："你教给我攻伐吴国的七条计策，我只采用三条就打败了吴国，另外四条还在你那里，你替我到先王面前试试那四条吧！"文种于是自杀身亡。

勾践逝世后，其儿子王鼫与即位。王鼫与逝世后，其儿子王不寿即位。王不寿逝世后，其儿子王翁即位。王翁逝世后，其儿子王翳即位。王翳逝世后，其儿子王之侯即位，王之侯逝世后，其儿子王无强即位。

王无强在位之时，越国出兵向北攻打齐国，向西攻打楚国，与中原各国争霸。楚威王的时候，越国攻打齐国，齐威王派人劝越王说："越国不攻打楚国，从大处说不能称王，从小处说不能称霸。估计越国之所以不攻楚国，是因为没有韩、魏两国的支持。韩、魏本来就不会攻打楚国。韩国如果攻打楚国，它的军队就会覆灭，将领就会被杀，那么叶、阳翟就会处于危境；魏国攻打楚国也是一样的结果，军队覆灭、将领被杀，那么陈、上蔡就不得安宁。所以韩、魏侍奉越国，就不至于军队覆灭、将领被杀，也不会立下汗马之劳，您为什么重视得到韩、魏的支持呢？"越王说："我所要求韩魏的，并非是与楚军短兵相接，何况攻城围邑呢？我只是希望魏军聚集在大梁城下，齐军在南阳、莒地练兵，这样把常、郯边界聚结在一起，那么方城以外的楚军不再南下，淮、泗之间的楚军不再向东，商、于、析、郦、宗胡等地即中原，夏路西部地区的楚军不足以防备秦国，江南、泗上的楚军不足以抵御越国。那么，齐、秦、韩、魏四国就可以在楚国实现自己的愿望，这样，韩、魏不用作战就能扩大疆土，不用耕种就能收获。而现在韩魏并没有这样做，却在黄河、华山之间互相攻伐，从而被齐国和秦国所利用。所期待的韩魏如此失于谋划，怎么能依靠他们称王呢！"齐国使者说：

而不见其睫也。今王知晋之失计，而不自知越之过，是目论也。王所待于晋者，非有马汗之力也，又非可与合军连和也，将待之以分楚众也。今楚众已分，何待于晋？"越王曰："奈何？"曰："楚三大夫张九军，北围曲沃、于中，以至无假之关者三千七百里，景翠之军北聚鲁、齐、南阳，分有大此者乎？且王之所求者，斗晋楚也；晋楚不斗，越兵不起，是知二五而不知十也。此时不攻楚，臣以是知越大不王，小不伯。复仇、庞、长沙，楚之粟也；竟泽陵，楚之材也。越窥兵通无假之关，此四邑者不上贡事于郢矣。臣闻之，图王不王，其敝可以伯。然而不伯者，王道失也。故愿大王之转攻楚也。"

于是越遂释齐而伐楚。楚威王兴兵而伐之，大败越，杀王无强，尽取故吴地至浙江，北破齐于徐州。而越以此散，诸族子争立，或为王，或为君，滨于江南海上，服朝于楚。

后七世，至闽君摇，佐诸侯平秦。汉高帝复以摇为越王，以奉越后。东越，闽君，皆其后也。

范蠡事越王句践，既苦身戮力，与句践深谋二十余年，竟灭吴，报会稽之耻，北渡兵于淮以临齐、晋，号令中国，以尊周室，句践以霸，而范蠡称上将军。还反国，范蠡以为大名之下，难以久居，且句践为人可与同患，难与处安，为书辞句践曰："臣闻主忧臣劳，主辱臣死。昔者君王辱于会稽，所以不死，为此事也。今既以雪耻，臣请从会稽之诛。"句践曰："孤将与子分国而有之。不然，将加诛于子。"范蠡曰："君行令，臣行意。"乃装其轻宝珠玉，自与其私徒属乘舟浮海以行，终不反。于是句践表会稽山以为范蠡奉邑。

范蠡浮海出齐，变姓名，自谓鸱夷子皮，耕于海畔，苦身戮力，父子治产。居无几何，致产数十万。齐人闻其贤，以为相。范蠡喟然叹曰："居家则致千金，居官则至卿相，此布衣之极也。久受尊名，

"越国没有灭亡真是太庆幸了！我不看重他们使用智谋，因为那智谋就好像眼睛一样，虽然能看见毫毛却看不见自己的睫毛。如今君王您都知道韩魏失策了，却不知道越国自己的过错，这就像刚才我说的能看见毫毛却看不见自己睫毛的眼睛了。君王所期望于韩魏的，并非是他们的汗马功劳，也不是与他们联合，而是分散楚军的兵力。如今，楚军兵力已经分散了，何必有求于韩魏呢？"越王说："那该怎么办呢？"使者说："楚国三个大夫已分率所有军队，向北包围了曲沃、于中，直到无假关，战线总长为三千七百里，景翠的军队聚结到北部的鲁国、齐国、南阳，兵力还能有比这更分散的吗？况且君王所希望的是使晋、楚争斗；晋、楚不斗，越国不出兵，这就只知其一不知其二了。这时不攻打楚国，我由此判断越王从大处说不想称王，从小处说不想称霸。再说，仇、庞、长沙是楚国的粮食盛产地，竟泽陵是楚国的木材盛产地。越国如果能出兵打通无假关，这四个地方将不能再向郢都进献粮食、木材了。我听说过，图谋称王却不能称王，还可以称霸。然而不能称霸的，王道也就彻底丧失了。所以希望大王您可以转去攻打楚国。"

于是越国就放弃齐国，转而攻打楚国。楚威王出兵迎击，大败越军，杀死无强，把原来吴国一直到浙江的土地全部攻下，北边在徐州大败齐军。越国从此分崩离析，各族子弟们竞争权位，有的称王，有的称君，居住在长江南部的沿海，服服帖帖地向楚国朝贡。

七代后，君位传到闽君摇，他辅佐诸侯推翻了秦朝。汉高帝又封摇做了越王，继续承继越国的奉祀。东越、闽君都是越国的后代。

范蠡侍奉越王勾践的时候，辛苦惨淡、勤奋不懈，与勾践运筹帷幄二十多年，最终消灭吴国，一洗会稽之败的耻辱。越军向北进军淮河，兵临齐、晋边境，号令中原各国，尊崇周室，勾践借此称霸，范蠡做了上将军。回国后，范蠡认为盛名之下，难以长久，况且勾践的为人，可与之同患难，难与他共享安乐，于是写信辞别勾践说："我听说，君王忧愁臣子就应该劳苦，君主受辱臣子就该死。以前您在会稽受辱，我之所以未死，就是为了报仇雪恨。如今既然已经雪耻，臣请求您对于会稽之事赐我以死罪。"勾践说："我将和你平分越国。否则，就要加罪于你。"范蠡说："君主可以发布这样的命令，臣子仍依从自己的意趣。"于是他收拾了细软珠宝，与随从从海上乘船离去，再未返回越国，勾践为表彰范蠡把会稽山作为他的封邑。

范蠡渡海来到了齐国，更名改姓，自称"鸱夷子皮"，在海边耕作，艰苦奋斗，父子合力治理产业。没过多久，积累财产就达到几十万。齐人听说他贤能，让他做了国相。范蠡叹息道："居家置业就积累千金财产，做官就达到卿相高

不祥。"乃归相印，尽散其财，以分与知友乡党，而怀其重宝，间行以去，止于陶，以为此天下之中，交易有无之路通，为生可以致富矣。于是自谓陶朱公。复约要父子耕畜，废居，候时转物，逐什一之利。居无何，则致赀累巨万。天下称陶朱公。

朱公居陶，生少子。少子及壮，而朱公中男杀人，囚于楚。朱公曰："杀人而死，职也。然吾闻千金之子不死于市。"告其少子往视之。乃装黄金千溢，置褐器中，载以一牛车。且遣其少子，朱公长男固请欲行，朱公不听。长男曰："家有长子曰家督，今弟有罪，大人不遣，乃遣少弟，是吾不肖。"欲自杀。其母为言曰："今遣少子，未必能生中子也，而先空亡长男，奈何？"朱公不得已而遣长子，为一封书遗故所善庄生。曰："至则进千金于庄生所，听其所为，慎无与争事。"长男既行，亦自私赍数百金。

至楚，庄生家负郭，披藜藿到门，居甚贫。然长男发书进千金，如其父言。庄生曰："可疾去矣，慎毋留！即弟出，勿问所以然。"长男既去，不过庄生而私留，以其私赍献遗楚国贵人用事者。

庄生虽居穷阎，然以廉直闻于国，自楚王以下皆师尊之。及朱公进金，非有意受也，欲以成事后复归之以为信耳。故金至，谓其妇曰："此朱公之金。有如病不宿诫，后复归，勿动。"而朱公长男不知其意，以为殊无短长也。

庄生间时入见楚王，言"某星宿某，此则害于楚"。楚王素信庄生，曰："今为奈何？"庄生曰："独以德为可以除之。"楚王曰："生休矣，寡人将行之。"王乃使使者封三钱之府。楚贵人惊告朱公长男曰："王且赦。"曰："何以也？"曰："每王且赦，常封三钱之府。昨暮王使使封之。"朱公长男以为赦，弟固当出也，重千金虚弃庄生，无所为也，乃复见庄生。庄生惊曰："若不去邪？"长男

位，这是平民百姓能达到的极致了。长久享受尊贵的名号，这是不吉祥的。"于是归还了相印，全部散尽了自己的家产，送给知音好友同乡邻里，携带着贵重财宝，秘密离开了，到陶地住下来。他认为这里是天下的中心，交易买卖的道路非常通畅，在这里经营生意可以发财致富。于是自称陶朱公。又约定好父子都要耕种畜牧，买进卖出都等待时机，以获得十分之一的利润。没过多久，家资又积累到万万。天下人都称赞陶朱公。

朱公住在陶地时，生了小儿子。小儿子刚成人，朱公的二儿子杀了人，被楚国关押起来。朱公说："杀人者抵命，这是常理。可是我听说家有千金的儿子不会在闹市中被杀。"于是派小儿子去探望二儿子。他打点好一千镒黄金，装在麻袋中，用一辆牛车载运。将要派小儿子出发时，朱公的长子坚决请求去，朱公不同意。长子说："家里的长子叫家督，现在弟弟犯了罪，父亲您不派长子去，却派小弟弟去，这说明我不肖啊。"说完准备自杀。他的母亲又替他说："现在派小儿子去，未必能救出二儿子的命，却先白白失去了大儿子，这怎么能行？"朱公不得已，就派了长子，写了一封信要大儿子送给故友庄生，说："到楚国后，要把千金送到庄生家，一切听从他去办理，千万不要与他发生争执。"长子走时，又私自携带几百镒黄金。

长子到达楚国，看见庄生家靠近楚都外城，拨开野草才能到达庄生家门，居住条件十分贫穷。可是长子还是送上父亲的信，向庄生进献了千金，如他父亲所说。庄生说："你赶快离去，千万不要留在此地！等弟弟释放后，不要问原因。"长子离去，不再探望庄生，但私自留在了楚国，把自己携带的黄金送给了楚国主事的达官贵人。

庄生虽然住在穷乡陋巷，但由于廉洁正直闻名于楚国，从楚王以下都尊奉他为老师。朱公献上黄金，他并非有心收下，只是想事成之后再归还给人家来表示自己的信用。所以黄金送来后，他对妻子说："这是朱公的钱财，以后再还给朱公，但什么时候还却还不知道，就如同自己哪一天生病也不能事先知道一样，千万不要动用。"但朱公长子不知庄生的意思，以为财产送给庄生不会起什么作用。

庄生趁自己方便时入宫拜见楚王，说："某星宿移到某处，这将对楚国有危害。"楚王平时就非常相信庄生，就问："现在该怎么办？"庄生说："只有实行仁义道德才可以免除灾害。"楚王说："您不用多说了，我会实施。"于是楚王派使者查封储藏三钱的仓库。楚国的达官贵人吃惊地告诉朱公长子说："楚王将要实行大赦了。"长子问："如何见得？"贵人说："每当楚王大赦时，常常先查封储藏三钱的仓库。昨晚楚王已派使者查封了。"朱公长子认为既然大赦，弟弟自然可以释放了，一千镒黄金等于白白扔在庄生处，没起到作用，于是又去

曰："固未也。初为事弟，弟今议自赦，故辞生去。"庄生知其意欲复得其金，曰："若自入室取金。"长男即自入室取金持去，独自欢幸。

庄生羞为儿子所卖，乃入见楚王曰："臣前言某星事，王言欲以修德报之。今臣出，道路皆言陶之富人朱公之子杀人囚楚，其家多持金钱赂王左右，故王非能恤楚国而赦，乃以朱公子故也。"楚王大怒曰："寡人虽不德耳，奈何以朱公之子故而施惠乎！"令论杀朱公子，明日遂下赦令。朱公长男竟持其弟丧归。

至，其母及邑人尽哀之，唯朱公独笑，曰："吾固知必杀其弟也！彼非不爱其弟，顾有所不能忍者也。是少与我俱，见苦，为生难，故重弃财。至如少弟者，生而见我富，乘坚驱良逐狡兔，岂知财所从来，故轻弃之，非所惜吝。前日吾所为欲遣少子，固为其能弃财故也。而长者不能，故卒以杀其弟，事之理也，无足悲者。吾日夜固以望其丧之来也。"故范蠡三徙，成名于天下，非苟去而已，所止必成名。卒老死于陶，故世传曰陶朱公。

太史公曰：禹之功大矣，渐九川，定九州，至于今诸夏艾安。及苗裔句践，苦身焦思，终灭强吴，北观兵中国，以尊周室，号称霸王。句践可不谓贤哉！盖有禹之遗烈焉。范蠡三迁皆有荣名，名垂后世。臣主若此，欲毋显，得乎！

见庄生。庄生惊奇地问:"你没离开吗?"长子说:"一直没离开。当初我为弟弟一事来,今天楚国正商议大赦,弟弟自然就会得到释放,所以我特意来向您告辞。"庄生知道他的意思是想拿回黄金,说:"你自己到房间里去取黄金吧。"大儿子便入室取走黄金离开,私下非常庆幸。

庄生被小儿辈出卖深感羞耻,就又入宫拜见楚王说:"我上次所说的某星宿的事,您说要实行仁义来免除。现在,我在外面听路人都说陶地富翁朱公的儿子杀人后被楚囚禁,他家大儿子拿出很多金钱贿赂您左右的人,所以君王并非体恤楚国人而实行大赦,却是因为朱公儿子的缘故。"楚王大怒道:"我虽然无德,怎么会因为朱公的儿子布施恩惠呢!"就下令先杀掉朱公儿子,第二天才下达赦免的诏令。朱公长子最后携带弟弟尸体回家了。

回到家后,他的母亲和乡邻们都非常悲痛,只有朱公笑着说:"我本来就知道长子一定救不了弟弟!他不是不爱自己的弟弟,只是有所不能忍心放弃的。他小时候就与我生活在一起,受过各种苦,知道生活的艰难,所以把钱财看得很重,不愿意轻易放弃。至于小弟弟呢,一生下来就看到我很富有,乘坐上等车,驾着千里马去打猎,哪里知道钱财是怎么得来的,所以把钱财看得极轻,弃之也毫不吝惜。原来我打算让小儿子去,本就是因为他舍得弃财,但长子做不到,所以终于害了弟弟,合乎事理,不值得悲痛。我本来日日夜夜盼的就是二儿子的尸首送回来。"范蠡曾经三次搬家,驰名天下,他并非随意离开,但只要到哪就一定会成名。最后老死在陶地,所以世人相传叫他陶朱公。

太史公说:夏禹的功劳很大了,疏导了九条大河,安定了九州大地,一直到今天,整个九州都相安无事。到了他的后裔勾践,辛苦劳作,深谋远虑,最终灭掉了强大的吴国,向北进军中原,尊奉周室,号称霸王。勾践算不上贤能吗?这大概也有夏禹的遗风吧。范蠡三次搬家都留下荣耀的名声,永垂后世。臣子君主能做到这样,想不显赫可能吗?

郑世家第十二

郑桓公友者,周厉王少子而宣王庶弟也。宣王立二十二年,友初封于郑。封三十三岁,百姓皆便爱之。幽王以为司徒。和集周民,周民皆说,河雒之间,人便思之。为司徒一岁,幽王以褒后故,王室治多邪,诸侯或畔之。于是桓公问太史伯曰:"王室多故,予安逃死乎?"太史伯对曰:"独雒之东土,河济之南可居。"公曰:"何以?"对曰:"地近虢、郐,虢、郐之君贪而好利,百姓不附。今公为司徒,民皆爱公,公诚请居之,虢、郐之君见公方用事,轻分公地。公诚居之,虢、郐之民皆公之民也。"公曰:"吾欲南之江上,何如?"对曰:"昔祝融为高辛氏火正,其功大矣,而其于周未有兴者,楚其后也。周衰,楚必兴。兴,非郑之利也。"公曰:"吾欲居西方,何如?"对曰:"其民贪而好利,难久居。"公曰:"周衰,何国兴者?"对曰:"齐、秦、晋、楚乎?夫齐,姜姓,伯夷之后也,伯夷佐尧典礼。秦,嬴姓,伯翳之后也,伯翳佐舜怀柔百物。及楚之先,皆尝有功于天下。而周武王克纣后,成王封叔虞于唐,其地阻险,以此有德。与周衰,并亦必兴矣。"桓公曰:"善。"于是卒言王,东徙其民雒东,而虢、郐果献十邑,竟国之。

二岁,犬戎杀幽王于骊山下,并杀桓公。郑人共立其子掘突,是为武公。

武公十年,娶申侯女为夫人,曰武姜。生太子寤生,生之难,及生,夫人弗爱。后生少子叔段,段生易,夫人爱之。二十七年,武公疾。夫人请公,欲立段为太子,公弗听。是岁,武公卒,寤生立,是为庄公。

庄公元年,封弟段于京,号太叔。祭仲曰:"京大于国,非所以

郑桓公友，是周厉王的小儿子，也就是周宣王的弟弟。宣王即位二十二年，友才被封到郑地，一直过了三十三年，百姓都爱戴他。幽王任命他为司徒。他促进周朝百姓和睦相处，百姓都十分高兴，黄河、洛水流域的人们都思念他。在他做司徒一年的时候，幽王因宠爱褒姒，废弃政事于不顾，周王室的统治问题很多，有些诸侯背叛了他。于是桓公询问太史伯说："如今王室灾难深重，我怎么才能死里逃生呢？"太史伯回答说："只有洛水以东、黄河以南可以安居。"桓公问："为什么？"太史伯回答说："那一带邻近虢国、郐国，虢、郐的国君既贪婪又喜欢占小便宜，百姓不顺从他们。如今，您是司徒，百姓都爱戴您，您如果真的请求到那里去，虢国、郐国国君看到您正当权，轻易就会把土地分给您。您如果真的住在那里，虢国、郐国的百姓就都是您的百姓了。"桓公说："我想住在南边的长江流域，怎么样？"太史伯回答说："过去祝融替高辛氏掌管火，功劳甚大，然而他在周朝没有兴盛繁荣，楚国就是他的后代。周王室衰弱，楚国一定兴盛。楚国如果兴盛，对郑国绝对没有好处。"桓公说："我想住在西方，怎么样？"太史伯回答说："那里的百姓既贪婪又好利，很难让人在那里长久居住。"桓公说："周王室衰弱，哪国将兴盛呢？"太史伯回答说："齐、秦、晋、楚吧？齐国，姓姜，是伯夷的后代，伯夷曾辅佐尧掌管礼仪制度。秦国，姓嬴，是伯翳的后代，伯翳曾辅佐舜使很多部落顺服。至于楚国的祖先，也曾为天下人建立了功业。周武王战胜纣王后，成王把唐封给叔虞，那里地势险阻，他们凭借德行立国。等到周室衰弱，晋国也一定能兴盛了。"桓公说："好吧。"于是立马请示幽王，把他的百姓迁移到洛水东部，虢、郐国的国君果然献出十座城邑，他最终建立了郑国。

　　二年，犬戎在骊山下杀死了幽王，同时也杀死了桓公。郑人拥立了桓公的儿子掘突，称为武公。

　　武公在十年的时候，娶了申侯的女儿做夫人，叫武姜。生下太子寤生，生的时候难产，出生后，夫人不喜欢寤生。后来武姜又生下小儿子叔段，生段时是顺产，夫人十分喜爱他。二十七年，武公生病了，夫人请求武公立叔段为太子，武公没有答应。当年，武公逝世，寤生即位，这就是庄公。

　　庄公元年，把他的弟弟叔段封到京城，号称太叔。祭仲说："京城比国都大，不可以封给弟弟。"庄公说："武姜想这样，我不敢反对。"叔段到了京城，整顿

封庶也。"庄公曰："武姜欲之，我弗敢夺也。"段至京，缮治甲兵，与其母武姜谋袭郑。二十二年，段果袭郑，武姜为内应。庄公发兵伐段，段走。伐京，京人畔段，段出走鄢。鄢溃，段出奔共。于是庄公迁其母武姜于城颍，誓言曰："不至黄泉，毋相见也。"居岁余，已悔思母。颍谷之考叔有献于公，公赐食。考叔曰："臣有母，请君食赐臣母。"庄公曰："我甚思母，恶负盟，奈何？"考叔曰："穿地至黄泉，则相见矣。"于是遂从之，见母。

二十四年，宋缪公卒，公子冯奔郑。郑侵周地，取禾。二十五年，卫州吁弑其君桓公自立，与宋伐郑，以冯故也。二十七年，始朝周桓王。桓王怒其取禾，弗礼也。二十九年，庄公怒周弗礼，与鲁易祊、许田。三十三年，宋杀孔父。三十七年，庄公不朝周，周桓王率陈、蔡、虢、卫伐郑。庄公与祭仲、高渠弥发兵自救，王师大败。祝瞻射中王臂。祝瞻请从之，郑伯止之，曰："犯长且难之，况敢陵天子乎？"乃止。夜令祭仲问王疾。

三十八年，北戎伐齐，齐使求救，郑遣太子忽将兵救齐。齐釐公欲妻之，忽谢曰："我小国，非齐敌也。"时祭仲与俱，劝使取之，曰："君多内宠，太子无大援将不立，三公子皆君也。"所谓三公子者，太子忽，其弟突，次弟子亹也。

四十三年，郑庄公卒。初，祭仲甚有宠于庄公，庄公使为卿；公使娶邓女，生太子忽，故祭仲立之，是为昭公。

庄公又娶宋雍氏女，生厉公突。雍氏有宠于宋。宋庄公闻祭仲之立忽，乃使人诱召祭仲而执之，曰："不立突，将死。"亦执突以求赂焉。祭仲许宋，与宋盟。以突归，立之。昭公忽闻祭仲以宋要立其弟突，九月丁亥，忽出奔卫。己亥，突至郑，立，是为厉公。

厉公四年，祭仲专国政。厉公患之，阴使其婿雍纠欲杀祭仲。纠妻，祭仲女也，知之，谓其母曰："父与夫孰亲？"母曰："父一而已，人尽夫也。"女乃告祭仲，祭仲反杀雍纠，戮之于市。厉公无奈

军备,与他的母亲武姜图谋袭击郑都。二十二年,叔段果然袭击郑都,武姜作内应。庄公派军攻打叔段,叔段逃跑了。庄公攻打京城,京城百姓都背叛了叔段,叔段无奈逃跑到鄢。鄢邑的百姓溃逃了,叔段不得已逃亡到共国。于是庄公把他的母亲武姜迁到城颍去,并发誓说:"不到黄泉,不再相见。"过了一年多,庄公后悔曾经说过的话,很想念母亲。颍谷的考叔向庄公献礼,庄公赐给他食物。考叔说:"我还有母亲,请您把食物赐给我的母亲吧。"庄公说:"我很想念我的母亲,但又不想违背誓言,怎么办呢?"考叔说:"挖条地道到有泉水处,你们母子就可见面了。"于是庄公依照他的办法,终于见到了母亲。

二十四年,宋缪公逝世,公子冯逃到郑国。郑国侵占周室田地,攫取了粮食。二十五年,卫国州吁杀死了自己的国君桓公立自己为国君,与宋国一起讨伐郑国,就是因为郑国接纳了公子冯的缘故。二十七年,郑君才朝拜周桓王,桓王对郑攫取粮食一事很生气,没有按礼仪接待他。二十九年,庄公怒于周桓王没有按礼仪接待自己,故意用祊与鲁国交换了靠近许国的田地。三十三年宋国杀死了孔父。三十七年,庄公不朝拜周桓王,周桓王率领陈、蔡、虢、卫国一起攻打郑国。庄公和祭仲、高渠弥出兵反击,桓王的军队大败,祝聸射中了桓王的手臂。祝聸请求追击桓王,郑庄公阻止他说:"侵犯长者尚且要遭到责难,何况欺辱天子呢?"于是停止追击。庄公深夜里派祭仲去询问桓王的箭伤。

三十八年,北方戎族军队讨伐齐国,齐国派遣使者向郑国求援,郑国派太子忽带兵救援齐国。齐釐公想把女儿嫁给太子忽。忽辞谢说:"我国是个小国,和齐这样的大国不相匹配。"当时,祭仲与太子在一起,规劝太子答应娶亲,说:"我们国君有很多宠爱的姬妾,太子得不到大国的援助将不能即位,三位公子都可以成为国君。"祭仲所说的三位公子,就是太子忽、他的弟弟突,以及小弟弟子亹。

四十三年,郑庄公逝世。当初,祭仲很受庄公宠信,庄公让他做上卿,并派他为自己迎娶了邓国美女,生下太子忽,所以祭仲立忽为君,这就是昭公。

庄公还娶了宋国的雍氏女子,生下厉公突。雍氏很受宋庄公宠爱。宋庄公听说祭仲拥立忽为国君,就派人把祭仲骗来逮捕了他,威胁他说:"如果不立突为国君,就处死你。"同时还逮捕了突以求取贿赂。祭仲就答应了宋国,并与宋国国君立下盟誓。他准备带着突回国,拥立突为国君。昭公忽听说祭仲因宋国的要挟准备拥立自己的弟弟突为国君,九月丁亥日,他逃到了卫国。己亥日,突回到郑都即位,这就是厉公。

厉公四年,祭仲专权。厉公担心此事,暗中指使祭仲的女婿雍纠准备杀死祭仲。雍纠的妻子,也就是祭仲的女儿,知道了此事,她问母亲:"父亲与丈夫谁更亲?"母亲说:"父亲只有一个,丈夫却可以有很多选择!"祭仲的女儿就把此事告

祭仲何，怒纠曰："谋及妇人，死固宜哉！"夏，厉公出居边邑栎。祭仲迎昭公忽，六月乙亥，复入郑，即位。

秋，郑厉公突因栎人杀其大夫单伯，遂居之。诸侯闻厉公出奔，伐郑，弗克而去。宋颇予厉公兵自守于栎，郑以故亦不伐栎。

昭公二年，自昭公为太子时，父庄公欲以高渠弥为卿，太子忽恶之，庄公弗听，卒用渠弥为卿。及昭公即位，惧其杀己，冬十月辛卯，渠弥与昭公出猎，射杀昭公于野。祭仲与渠弥不敢入厉公，乃更立昭公弟子亹为君，是为子亹也，无谥号。

子亹元年七月，齐襄公会诸侯于首止，郑子亹往会，高渠弥相，从，祭仲称疾不行。所以然者，子亹自齐襄公为公子之时，尝会斗，相仇，及会诸侯，祭仲请子亹无行。子亹曰："齐强，而厉公居栎，即不往，是率诸侯伐我，内厉公。我不如往，往何遽必辱，且又何至是！"卒行。于是祭仲恐齐并杀之，故称疾。子亹至，不谢齐侯，齐侯怒，遂伏甲而杀子亹。高渠弥亡归，归与祭仲谋，召子亹弟公子婴于陈而立之，是为郑子。是岁，齐襄公使彭生醉拉杀鲁桓公。

郑子八年，齐人管至父等作乱，弑其君襄公。十二年，宋人长万弑其君湣公。郑祭仲死。

十四年，故郑亡厉公突在栎者使人诱劫郑大夫甫假，要以求入。假曰："舍我，我为君杀郑子而入君。"厉公与盟，乃舍之。六月甲子，假杀郑子及其二子而迎厉公突，突自栎复入即位。初，内蛇与外蛇斗于郑南门中，内蛇死。居六年，厉公果复入。入而让其伯父原曰："我亡国外居，伯父无意入我，亦甚矣。"原曰："事君无二心，人臣之职也。原知罪矣。"遂自杀。厉公于是谓甫假曰："子之事君有二心矣。"遂诛之。假曰："重德不报，诚然哉！"

厉公突后元年，齐桓公始霸。

五年，燕、卫与周惠王弟颓伐王，王出奔温，立弟颓为王。六

诉了祭仲，祭仲反而杀死了雍纠，暴其尸于闹市。厉公对祭仲无可奈何，对雍纠却很生气，说："与妇人商量，死了也活该！"夏天的时候，厉公被赶到边界的栎邑居住。祭仲迎回了昭公忽，六月乙亥日，忽又回到郑都即国君位了。

秋天的时候，郑厉公依靠栎人杀死了栎邑大夫单伯，于是在那里定居。诸侯们听说厉公逃跑了，就来讨伐郑国，没有战胜就离去了。宋国赠给厉公很多军队，让他自己在栎邑坚守防备，郑国因此也不再讨伐栎邑。

昭公二年，在昭公做太子之时，父亲庄公就想让高渠弥做上卿，太子忽不喜欢他，庄公不听，最后还是让渠弥做了上卿。等到昭公即位，渠弥害怕昭公会杀他，冬天十月辛卯日，渠弥与昭公出外打猎，在郊外射杀了昭公。祭仲与渠弥不敢迎立厉公，便改立昭公的弟弟子亹做国君，就称作子亹，没有谥号。

子亹元年七月，齐襄公在首止会合诸侯，郑子亹前去赴会，高渠弥辅佐，跟随子亹一起去，祭仲说自己有病没去。祭仲这样做的原因是，在齐襄公还是公子的时候，子亹曾与他争斗过，结下仇怨，等到诸侯相会时，祭仲请求子亹不要去。子亹回答说："齐国强大，况且厉公又住在栎，如果我不去，齐就会率领诸侯讨伐我们，并将厉公迎回来。我不如前往，去了怎么会一定受辱呢，而且，也不一定会落到你想的那步田地吧！"于是子亹还是去了。祭仲担心齐国会将子亹和他的随从一起杀死，所以借口有病没去。子亹到了以后，对以前的事没有向齐侯道歉，齐侯很生气，于是设下伏兵杀死了子亹。高渠弥逃回了郑国，回来以后与祭仲商议，把子亹的弟弟公子婴从陈国请了回来并立为国君，这就是郑子。这一年，齐襄公让彭生趁鲁桓公酒醉时打折其肋骨将其杀死。

郑子八年，齐国管至父等人作乱，将自己的国君齐襄公杀死。十二年，宋国人长万杀死国君湣公。郑国祭仲去世。

十四年，以前和郑厉公突一起逃亡在栎的人派人使诈劫持了郑国大夫甫假，并要挟他帮助厉公回国都。甫假说："你放了我，我替你杀死郑子让你回去。"厉公与他订立盟约，就放了他。六月甲子日，甫假杀死了郑子和他的两个儿子，并迎接厉公突回来，突从栎又重新回来即位。从前，城内有一条蛇与城外一条蛇在郑都南门争斗，城内的蛇死去。过了六年，厉公果然又回来了。厉公回来后责备自己的伯父原说："我失去了国家居住在都外，伯父您却不想着接我回来，也太过分了。"原说："侍奉国君不能有二心，这是做臣子的本分。我愿意领罪。"说完就自杀了。于是厉公又对甫假说："你侍奉国君有二心。"于是也杀了他。甫假说："对郑子的大德不去回报，应该是我这样的下场啊！"

厉公突回国复位后元年，齐桓公开始称霸。

五年，燕国、卫国与周惠王的弟弟颓联合起来一起讨伐周惠王，周惠王逃到

年，惠王告急郑，厉公发兵击周王子颓，弗胜，于是与周惠王归，王居于栎。七年春，郑厉公与虢叔袭杀王子颓而入惠王于周。

秋，厉公卒，子文公踕立。厉公初立四岁，亡居栎，居栎十七岁，复入，立七岁，与亡凡二十八年。文公十七年，齐桓公以兵破蔡，遂伐楚，至召陵。

二十四年，文公之贱妾曰燕姞，梦天与之兰，曰："余为伯儵。余尔祖也。以是为而子，兰有国香。"以梦告文公，文公幸之，而予之草兰为符。遂生子，名曰兰。

三十六年，晋公子重耳过，文公弗礼。文公弟叔詹曰："重耳贤，且又同姓，穷而过君，不可无礼。"文公曰："诸侯亡公子过者多矣，安能尽礼之！"詹曰："君如弗礼，遂杀之；弗杀，使即反国，为郑忧矣。"文公弗听。

三十七年春，晋公子重耳反国，立，是为文公。秋，郑入滑，滑听命，已而反与卫，于是郑伐滑。周襄王使伯犕请滑。郑文公怨惠王之亡在栎，而文公父厉公入之，而惠王不赐厉公爵禄，又怨襄王之与卫滑，故不听襄王请而囚伯犕。王怒，与翟人伐郑，弗克。冬，翟攻伐襄王，襄王出奔郑，郑文公居王于汜。三十八年，晋文公入襄王成周。

四十一年，助楚击晋。自晋文公之过无礼，故背晋助楚。四十三年，晋文公与秦穆公共围郑，讨其助楚攻晋者，及文公过时之无礼也。初，郑文公有三夫人，宠子五人，皆以罪蚤死。公怒，溉逐群公子。子兰奔晋，从晋文公围郑。时兰事晋文公甚谨，爱幸之，乃私于晋，以求入郑为太子。晋于是欲得叔詹为戮。郑文公恐，不敢谓叔詹言。詹闻，言于郑君曰："臣谓君，君不听臣，晋卒为患。然晋所以围郑，以詹，詹死而赦郑国，詹之愿也。"乃自杀。郑人以詹尸与晋。晋文公曰："必欲一见郑君，辱之而去。"郑人患之，乃使人私

温,他的弟弟颓即位称王。六年,惠王向郑国告急,厉公出兵攻打周王子颓,没有打胜,于是和周惠王一起撤回郑国,让惠王住在栎。七年春天,郑厉公和虢叔一起袭击王子颓,将其杀死,将惠王送回周都。

秋天,厉公去世,他的儿子文公踕即位。厉公才即位四年,就逃亡到栎居住了,住了十七年后,又重新回到郑都,在位七年,与逃亡的时间加起来一共二十八年。文公十七年,齐桓公率领军队打败蔡国,后来又攻打楚国,一直打到召陵。

二十四年,文公的一个侍妾名叫燕吉,有一天梦到上天赐予她一株兰草说:"我是伯儵,是你的祖先。用它做你的儿子,兰草有浓烈醇正的香气。"燕吉把这个梦告诉了文公,文公便临幸了她,还赠她兰草作为凭证。后来燕吉生一儿子,取名为兰。

三十六年,晋公子重耳路过郑国,郑文公没有按礼节接待他。文公的弟弟叔詹说:"重耳是贤德之人,又和我们是同姓,他穷困的时候路过您这里,您不能对他无礼。"文公说:"诸侯中逃亡的公子路过这里有很多,我怎么可能都按礼节接待呢!"叔詹说:"您如果不能按礼节接待他,就杀了他;不杀,如果让他以后回到国内,就是郑国的忧患了。"文公没有听从叔詹的意见。

三十七年春天,晋公子重耳返回晋国,即位为君,就是晋文公。这年秋天,郑国攻入滑国,滑国本来听从郑国命令,后来,滑国反而和卫国亲近起来,于是郑国攻打滑国。周襄王派伯犅去替滑国说情,郑文公怨恨惠王逃到栎时,是文公的父亲厉公保护他回朝复位的,但惠王却没有赏赐厉公爵位俸禄,又怨恨襄王亲近卫、滑国,所以文公不听从襄王的说情反而把伯犅囚禁了起来。襄王十分生气,与翟人一起讨伐郑国,失败。冬天的时候,翟人攻打周襄王,襄王逃到郑国,郑文公让周襄王居住在氾地。三十八年,晋文公护送周襄王回到周都。

四十一年,郑国帮助楚国攻打晋国。郑国自从当年晋文公路过时,没有按照礼节待他,就开始背叛晋国帮助楚国。四十三年,晋文公与秦缪公联合包围了郑国,讨伐他帮助楚国攻打晋国,以及文公路过郑国时的无礼之罪。当初,郑文公有三位夫人、五个宠爱的儿子,都因罪早死。郑文公很生气,把各位公子都赶走了。子兰逃到晋国,随晋文公一起包围郑都。当时子兰侍奉晋文公十分恭敬,晋文公很宠信他。他在晋暗中活动,想回郑国做太子。晋国这时想得到叔詹并将其杀死。郑文公很害怕,不敢告诉叔詹,叔詹听说后,对郑君说:"我告诉过您,您却不听,晋国果然成为我国的忧患了。然而晋国包围郑的原因在我,如果我死了能够使郑国赦免,我心甘情愿。"于是叔詹就自杀了。郑人把叔詹的尸首送到晋国。晋文公说:"我一定要见一下郑君,侮辱他以后再离去。"郑人非常担心,

于秦曰:"破郑益晋,非秦之利也。"秦兵罢。晋文公欲入兰为太子,以告郑。郑大夫石癸曰:"吾闻吉姓乃后稷之元妃,其后当有兴者。子兰母,其后也。且夫人子尽已死,余庶子无如兰贤。今围急,晋以为请,利孰大焉!"遂许晋,与盟,而卒立子兰为太子,晋兵乃罢去。

四十五年,文公卒,子兰立,是为缪公。

缪公元年春,秦缪公使三将将兵欲袭郑,至滑,逢郑贾人弦高诈以十二牛劳军,故秦兵不至而还,晋败之于崤。初,往年郑文公之卒也,郑司城缯贺以郑情卖之,秦兵故来。三年,郑发兵从晋伐秦,败秦兵于汪。

往年,楚太子商臣弑其父成王代立。二十一年,与宋华元伐郑。华元杀羊食士,不与其御羊斟,怒以驰郑,郑囚华元。宋赎华元,元亦亡去。晋使赵穿以兵伐郑。

二十二年,郑缪公卒,子夷立,是为灵公。

灵公元年春,楚献鼋于灵公。子家、子公将朝灵公,子公之食指动,谓子家曰:"佗日指动,必食异物。"及入,见灵公进鼋羹,子公笑曰:"果然!"灵公问其笑故,具告灵公。灵公召之,独弗予羹。子公怒,染其指,尝之而出。公怒,欲杀子公。子公与子家谋先。夏,弑灵公。郑人欲立灵公弟去疾,去疾让曰:"必以贤,则去疾不肖;必以顺,则公子坚长。"坚者,灵公庶弟,去疾之兄也。于是乃立子坚,是为襄公。

襄公立,将尽去缪氏。缪氏者,杀灵公,子公之族家也。去疾曰:"必去缪氏,我将去之。"乃止。皆以为大夫。

襄公元年,楚怒郑受宋赂纵华元,伐郑。郑背楚,与晋亲。五年,楚复伐郑,晋来救之。六年,子家卒,国人复逐其族,以其弑灵公也。

七年,郑与晋盟鄢陵。八年,楚庄王以郑与晋盟,来伐,围郑三

就派人私下对秦国说："打败郑国对晋国有好处，但对秦国却没有好处。"秦军撤去。晋文公准备送子兰到郑国做太子，借机通报了郑国。郑国大夫石癸说："我听说吉姓是后稷的元配，她的后裔应当很兴旺，子兰的母亲就是她的后裔。况且夫人的儿子都已不在世了，剩下的儿子都不如兰贤能。如今晋国包围郑，形势急迫，晋国请求子兰回郑，这个条件当然好了！"于是郑国答应了晋国，与晋国订立盟约，当子兰被立为太子后，晋军才撤走。

四十五年，郑文公去世，子兰即位，称为缪公。

缪公元年春天，秦缪公派三位将军领兵攻打郑国，到了滑国，遇到郑国的商人弦高，弦高骗他们说是奉郑君之命用十二头牛来犒劳秦军的，所以秦军还没到郑国边境就直接回国了，晋军在崤打败了秦军。当年，郑文公去世时，郑国都城的卫戍官缯贺把郑国的内情出卖给秦国，所以秦军才来攻打郑国。三年，郑国派兵和晋国一起攻打秦国，在汪打败秦军。

缪公二年的时候，楚国的太子商臣杀死他的父亲成王即位。二十一年，楚国与宋国华元一起攻打郑国。华元宰羊犒劳士兵们，却不给为他驾车的人羊斟吃，羊斟很生气，把车赶到郑军阵中，郑国囚禁了华元，宋国欲赎回华元，但他已经逃走。晋国派赵穿领兵攻打郑国。

二十二年，郑缪公去世，他的儿子夷即位，就是灵公。

灵公元年春天，楚国拿鼋去进献给灵公。子家、子公即将朝拜灵公，子公的食指颤动了一下，对子家说："我的手指颤动，肯定要到吃珍异的食物。"入宫后，看见灵公正在进食鼋汤，子公笑着说："果然如此。"灵公问他为什么笑，子公就把具体情况告诉了灵公。灵公叫他过去，却唯独不给他喝汤，子公很生气，把手指放在汤里蘸了一下，尝完就出了宫。灵公很生气，要杀子公，子公与子家谋划应该先下手。夏天，他们杀了灵公。郑人想立灵公的弟弟去疾，去疾谦让说："一定要有贤能的人即位，而我并没有才能；一定要按长幼顺序即位，那么公子坚比我年长。"坚是灵公的弟弟，去疾的哥哥。于是子坚即位，就是襄公。

襄公一即位，就准备把缪氏家族斩尽杀绝。缪氏，是杀死了灵公，子公的家族。去疾说："如果一定要杀尽缪氏家族，我就离开郑国。"襄公这才停止，并将缪氏都任命为大夫。

襄公元年，楚国对于郑国接受了宋国贿赂释放华元这件事很生气，于是攻打郑国。郑国背叛了楚国，亲近晋国。五年，楚国又攻打郑国，晋国前来救援。六年，子家去世，郑都的人们因为他杀死了灵公，又将他的家族赶走了。

七年，郑国与晋国在鄢陵结盟。八年，楚庄王以郑国与晋国结盟为缘由，来

月,郑以城降楚。楚王入自皇门,郑襄公肉袒牵羊以迎,曰:"孤不能事边邑,使君王怀怒以及弊邑,孤之罪也。敢不惟命是听。君王迁之江南,及以赐诸侯,亦惟命是听。若君王不忘厉、宣王,桓、武公,哀不忍绝其社稷,锡不毛之地,使复得改事君王,孤之愿也,然非所敢望也。敢布腹心,惟命是听。"庄王为却三十里而后舍。楚群臣曰:"自郢至此,士大夫亦久劳矣。今得国舍之,何如?"庄王曰:"所为伐,伐不服也。今已服,尚何求乎?"卒去。晋闻楚之伐郑,发兵救郑。其来持两端,故迟,比至河,楚兵已去。晋将率或欲渡,或欲还,卒渡河。庄王闻,还击晋。郑反助楚,大破晋军于河上。十年,晋来伐郑,以其反晋而亲楚也。

十一年,楚庄王伐宋,宋告急于晋。晋景公欲发兵救宋,伯宗谏晋君曰:"天方开楚,未可伐也。"乃求壮士得霍人解扬,字子虎,诳楚,令宋毋降。过郑,郑与楚亲,乃执解扬而献楚。楚王厚赐与约,使反其言,令宋趣降,三要乃许。于是楚登解扬楼车,令呼宋。遂负楚约而致其晋君命曰:"晋方悉国兵以救宋,宋虽急,慎毋降楚,晋兵今至矣!"楚庄王大怒,将杀之。解扬曰:"君能制命为义,臣能承命为信。受吾君命以出,有死无陨。"庄王曰:"若之许我,已而背之,其信安在?"解扬曰:"所以许王,欲以成吾君命也。"将死,顾谓楚军曰:"为人臣无忘尽忠得死者!"楚王诸弟皆谏王赦之,于是赦解扬使归。晋爵之为上卿。

十八年,襄公卒,子悼公沸立。

悼公元年,许公恶郑于楚,悼公使弟睔于楚自讼。讼不直,楚囚睔。于是郑悼公来与晋平,遂亲。睔私于楚子反,子反言归睔于郑。

二年,楚伐郑,晋兵来救。是岁,悼公卒,立其弟睔,是为成

攻打郑国，包围郑都三个月，郑国献出国都向楚国投降。楚王从皇门进入郑都，郑襄公脱去上衣露出胳膊牵着羊来迎接楚王，说："我不能在边城侍奉您，让您心怀怒气来到我国国都，这是我的罪过。我不敢不唯命是听。您就是把我流放到江南，把郑赐给诸侯，我也听从您的命令。如果君王您还记得周厉王、周宣王、郑桓公、郑武公，可怜他们，不忍心断绝他们的祭祀，您就赐予我不毛之地，使我能够重新侍奉您，这也是我的愿望，然而我也不敢有所希望。只是冒昧表露我的真心，对您将唯命是听。"庄王让军队退后三十里驻扎下来。楚国的大臣们说："我们从郢攻打到这里，将士们辛苦了这么久。现在都已经得到的国家又放弃，为什么？"庄王说："我们之所以讨伐，是为了讨伐那些不驯服的国君。如今他已服从于我们，还求什么呢？"后来楚军就撤走了。晋国听说楚国攻打郑国，派军救援郑国。出发时，因为意见不统一，来迟了，军队才刚到黄河边，楚军已经撤离。晋国将士有的想过河追击，有的想班师回国，最后渡过黄河边。庄王听说后，回来攻打晋军。郑国反而帮助楚国，在黄河上大败晋军。十年，晋国来攻打郑国，因为它背叛晋而亲近楚国。

十一年，楚庄王攻打宋国，宋国向晋国求救。晋景公想派军救援宋国，伯宗劝谏晋君说："上天正帮助楚国，不能攻打。"晋国于是找了一位壮士，霍国人解扬，字子虎。晋国让他欺骗楚国，叫宋国不要投降。解扬路过郑国时，郑国亲近楚国，就逮捕解扬献给了楚国。楚王赐给解扬一份厚礼并与他约定，让他说反话，告诉宋国赶快投降，解扬经过多次要挟后才勉强答应。于是楚王让解扬登上观望敌军的巢车，让他向宋军喊话。解扬违背了与楚王的约定，传达了晋君给他的命令，大声喊："晋国正在聚集全国的军队赶来援救宋国，宋国虽然形势紧迫，但千万不要投降楚国，晋国的军队马上就要到了！"楚王听后非常生气，准备杀了解扬。解扬说："国君以发布命令为本分，臣民以执行命令为信用。我接受我国君王的命令出来执行，宁死也不能让君命受损。"庄王说："你已经答应了我，然后又背叛，你的信用在哪儿呢？"解扬说："我之所以答应您，是想用来完成我们君王的命令。"解扬将要受刑时，回头对楚军说："做人臣的不要忘记因为竭尽忠诚而死去的人！"楚王的弟弟们都向楚王进谏赦免解扬，于是楚王赦免了他，让他回到晋国。晋国封他为上卿。

十八年，襄公去世，他的儿子悼公费即位。

悼公元年，许灵公到楚国中伤郑国，悼公派他的弟弟睔去楚国为自己申辩。睔申辩没有成功，反而被楚国囚禁了起来。于是郑悼公到晋讲和，两国言归于好。睔私下与楚国子反有交情，子反说情把睔放回郑国。

二年，楚国讨伐郑国，晋军前来救助。这一年，悼公去世，他的弟弟睔被立

公。

成公三年，楚共王曰"郑成公孤有德焉"，使人来与盟，成公私与盟。秋，成公朝晋，晋曰"郑私平于楚"，执之。使栾书伐郑。四年春，郑患晋围，公子如乃立成公庶兄繻为君。其四月，晋闻郑立君，乃归成公。郑人闻成公归，亦杀君繻，迎成公。晋兵去。

十年，背晋盟，盟于楚。晋厉公怒，发兵伐郑。楚共王救郑。晋楚战鄢陵，楚兵败，晋射伤楚共王目，俱罢而去。十三年，晋悼公伐郑兵于洧上。郑城守，晋亦去。

十四年，成公卒，子恽立。是为釐公。

釐公五年，郑相子驷朝釐公，釐公不礼。子驷怒，使厨人药杀釐公，赴诸侯曰"釐公暴病卒"。立釐公子嘉，嘉时年五岁，是为简公。

简公元年，诸公子谋欲诛相子驷，子驷觉之，反尽诛诸公子。二年，晋伐郑，郑与盟，晋去。冬，又与楚盟。子驷畏诛，故两亲晋、楚。三年，相子驷欲自立为君，公子子孔使尉止杀相子驷而代之。子孔又欲自立。子产曰："子驷为不可，诛之，今又效之，是乱无时息也。"于是子孔从之而相郑简公。

四年，晋怒郑与楚盟，伐郑，郑与盟。楚共王救郑，败晋兵。简公欲与晋平，楚又囚郑使者。

十二年，简公怒相子孔专国权，诛之，而以子产为卿。十九年，简公如晋请卫君还，而封子产以六邑。子产让，受其三邑。二十二年，吴使延陵季子于郑，见子产如旧交，谓子产曰："郑之执政者侈，难将至，政将及子。子为政，必以礼；不然，郑将败。"子产厚遇季子。二十三年，诸公子争宠相杀，又欲杀子产。公子或谏曰："子产仁人，郑所以存者子产也，勿杀！"乃止。

二十五年，郑使子产于晋，问平公疾。平公曰："卜而曰实沈、台骀为祟，史官莫知，敢问？"对曰："高辛氏有二子，长曰阏伯，

为国君，就是成公。

成公三年，楚共王说"我对郑成公是有恩德的"，便派人来郑与其结盟，成公暗中与楚国结盟。这年秋天，成公去朝拜晋厉公，晋说"郑国暗中与楚讲和了"，拘捕了成公，派栾书攻打郑国。四年春天，郑国担心晋国来包围，公子如便立了成公的哥哥繻做国君。当年四月，晋国听说郑国已经立了新君，就放成公回国了。郑人听说成公回来，又杀死了国君繻，迎接成公回来。晋军就撤走了。

十年，郑国背叛与晋国的盟约，与楚国结盟。晋厉公十分生气，派兵讨伐郑国。楚共王援救郑国。晋楚在鄢陵交战，楚军失败，晋军射伤了楚共王的眼睛，双方都停战离去。十三年，晋悼公攻打郑国，驻军在洧上。郑军据城防守，晋军也离去了。

十四年，成公去世，其儿子恽即位，这就是釐公。

釐公五年，郑国国相子驷来朝拜釐公，釐公没有按礼节对待他。子驷十分生气，让厨师下毒药杀了釐公，向诸侯们报丧说"釐公得了急病去世"，并立釐公的儿子嘉为国君，嘉那时候五岁，这就是简公。

简公元年，公子们密谋想杀死国相子驷，子驷察觉了，反而把这些公子们都杀死了。二年，晋国讨伐郑国，郑国与晋国结盟，晋军撤离。冬天，郑国又与楚国结盟。子驷害怕被杀，所以和晋、楚都亲近。三年，宰相子驷想自立为国君，公子子孔指使尉止杀死宰相子驷并让尉止代替了他做宰相。子孔也想自立为国君。子产说："子驷想自立为国君是不行的，所以你杀了他，如今你又仿效他，这样内乱就没有平息之时了。"于是子孔听从他的意见，做郑简公的国相。

四年，晋国因为郑国与楚国结盟之事非常生气，就攻打郑国，郑国又与晋国结盟。楚共王救援郑国，打败了晋军。郑简公想和晋国讲和，楚国又囚禁了郑国派来的使者。

十二年，简公对国相子孔专揽大权十分愤慨，杀了子孔，让子产做了上卿。十九年，简公去晋国替卫君说情让他回国，并给子产六个邑的封地。子产辞让，只接受了三个邑。二十二年，吴国派延陵季子到郑国，季子与子产一见如故，对子产说："郑国执政的人大多奢侈，灾难就要到来，大权将落到你手中。你如果当政，一定要以礼治国；否则，郑国就会败落。"子产对季子厚礼相待。二十三年，各位公子为了争得宠信互相残杀，又想杀死子产。有公子进谏说："子产是仁爱之人，郑国之所以能生存下来就是因为子产，不要杀他！"公子们才罢手。

二十五年，郑国派子产到晋国，询问平公的病情。平公说："占卜后说是实沈、台骀作祟，史官也不了解他们，冒昧地问一下他们是什么神？"子产

季曰实沈，居旷林，不相能也，日操干戈以相征伐。后帝弗臧，迁阏伯于商丘，主辰，商人是因，故辰为商星。迁实沈于大夏，主参，唐人是因，服事夏、商，其季世曰唐叔虞。当武王邑姜方娠大叔，梦帝谓己：'余命而子曰虞，乃与之唐，属之参而蕃育其子孙。'及生有文在其掌曰'虞'，遂以命之。及成王灭唐而国大叔焉。故参为晋星。由是观之，则实沈，参神也。昔金天氏有裔子曰昧，为玄冥师，生允格、台骀。台骀能业其官，宣汾、洮，障大泽，以处太原。帝用嘉之，国之汾川。沈、姒、蓐、黄实守其祀。今晋主汾川而灭之。由是观之，则台骀，汾、洮神也。然是二者不害君身。山川之神，则水旱之灾禜之；日月星辰之神，则雪霜风雨不时禜之；若君疾，饮食哀乐女色所生也。"平公及叔向曰："善，博物君子也！"厚为之礼于子产。

二十七年夏，郑简公朝晋。冬，畏楚灵王之强，又朝楚，子产从。二十八年，郑君病，使子产会诸侯，与楚灵王盟于申，诛齐庆封。

三十六年，简公卒，子定公宁立。秋，定公朝晋昭公。

定公元年，楚公子弃疾弑其君灵王而自立，为平王。欲行德诸侯。归灵王所侵郑地于郑。

四年，晋昭公卒，其六卿强，公室卑。子产谓韩宣子曰："为政必以德，毋忘所以立。"

六年，郑火，公欲禳之。子产曰："不如修德。"

八年，楚太子建来奔。十年，太子建与晋谋袭郑。郑杀建，建子胜奔吴。

十一年，定公如晋。晋与郑谋，诛周乱臣，入敬王于周。

十三年，定公卒，子献公虿立。献公十三年卒，子声公胜立。当是时，晋六卿强，侵夺郑，郑遂弱。

声公五年，郑相子产卒，郑人皆哭泣，悲之如亡亲戚。子产者，

回答说:"高辛氏有两个儿子,大儿子叫阏伯,二儿子叫实沈,居住在大森林里,却不能相容,每天拿着兵器互相征伐,尧帝不喜欢他们,把阏伯迁到商丘,主持祭祀辰星,商人因此沿袭下来,所以辰星就被称为商星。把实沈迁到大夏,主持祭祀参星,唐人因此沿袭下来,服侍夏朝、商朝,唐的末世君主叫唐叔虞。当武王夫人邑姜正怀着大叔的时候,曾梦见天帝对她说:'我给你的儿子取名叫虞,就把唐封给他,委托他祭祀参星,在那里繁衍后代。'等到大叔出生以后,他手掌心的纹理就像'虞'字,于是就用虞命名了。等到周成王灭了唐以后,就把唐封给了大叔。所以参星就是晋国的星宿。从这可以看出,实沈是参星神。过去金天氏有个后代叫昧,做水官长,生了允格、台骀两个儿子。台骀能继承前辈的官职,疏通了汾水、洮水,并在大泽修筑了堤防,住在太原。颛顼帝因此嘉奖了他,并把汾水封给他。沈、姒、蓐、黄国实际掌管着他的祭祀。如今晋国统治汾水流域,灭了周围的国家。由此看来,台骀就是汾水、洮水神。然而这两位神灵都不会危害您的身体,山河神,应该在发生水旱灾时祭祀,而日月星辰神,应该在雪霜风雨不按时令来到时祭祀;您如今身体有病,应该是饮食哀乐女色所造成的。"平公及叔向称赞说:"对,您真不愧为是知识渊博的君子!"并送给子产丰厚的礼物。

二十七年夏天,郑简公朝拜晋国。冬天,郑国畏惧楚灵王强大,又朝拜楚国,子产跟着一起去。二十八年,郑君生了病,派子产会见诸侯,在申地与楚灵王订立盟约,楚王杀死了齐国庆封。

三十六年,简公去世,他的儿子定公宁即位。当年秋天,定公朝拜了晋昭公。

定公元年,楚国公子弃疾杀死楚国国君灵王自立为君,就是平王。平王想施恩德于诸侯,就把灵王曾经侵占郑国的土地还给了郑国。

四年,晋昭公去世,晋国的六卿强盛起来,国家力量相对就减弱了。子产对韩宣子说:"当政一定要凭仁义道德,不要忘记政权是为什么确立的。"

六年,郑国发生火灾,定公想祭祀消灾。子产说:"不如施行德政。"

八年,楚太子建逃亡到郑国。十年,太子建与晋国密谋偷袭郑国。郑国杀死了太子建,太子建的儿子胜逃到吴国。

十一年,定公到了晋国。晋与郑商议,杀死周王室作乱的臣子,送敬王回周。

十三年,定公去世,他的儿子献公虿即位。献公十三年去世,儿子声公胜即位。就在这时候,晋国六卿非常强盛,侵夺郑国领土,于是郑国就衰落了。

声公五年,郑国的国相子产去世了,郑国人都为他哭泣,就如同自己的亲人

郑成公少子也。为人仁爱人，事君忠厚。孔子尝过郑，与子产如兄弟云。及闻子产死，孔子为泣曰："古之遗爱也！"

八年，晋范、中行氏反晋，告急于郑，郑救之。晋伐郑，败郑军于铁。

十四年，宋景公灭曹。二十年，齐田常弑其君简公，而常相于齐。二十二年，楚惠王灭陈。孔子卒。三十六年，晋知伯伐郑，取九邑。

三十七年，声公卒，子哀公易立。哀公八年，郑人弑哀公而立声公弟丑，是为共公。共公二年，三晋灭知伯。三十一年，共公卒，子幽公已立。幽公元年，韩武子伐郑，杀幽公。郑人立幽公弟骀，是为繻公。

繻公十五年，韩景侯伐郑，取雍丘。郑城京。

十六年，郑伐韩，败韩兵于负黍。二十年，韩、赵、魏列为诸侯。二十三年，郑围韩之阳翟。

二十五年，郑君杀其相子阳。二十七年，子阳之党共弑繻公骀而立幽公弟乙为君，是为郑君。郑君乙立二年，郑负黍反，复归韩。十一年，韩伐郑，取阳城。

二十一年，韩哀侯灭郑，并其国。

太史公曰：语有之，"以权利合者，权利尽而交疏"，甫瑕是也。甫瑕虽以劫杀郑子内厉公，厉公终背而杀之，此与晋之里克何异？守节如荀息，身死而不能存奚齐。变所从来，亦多故矣！

去世一样悲伤。子产是郑成公的小儿子。他为人仁慈、关爱他人，侍奉君王忠诚老实。孔子以前曾经经过郑国，与子产就像兄弟一样。等到听说子产去世了，孔子悲哭道："子产的仁爱，真是古代的遗风啊！"

八年，晋国的范氏、中行氏背叛晋国，向郑国求救，郑国救助了他们。晋国攻打郑国，在铁打败郑军。

十四年，宋景公灭亡了曹国。二十年，齐国田常杀了国君简公，做了齐国国相。二十二年，楚惠王灭亡了陈国。这一年孔子去世。三十六年，晋国智伯攻打郑国，攻取九个城邑。

三十七年，声公去世，其儿子哀公易即位。哀公八年，郑人杀死哀公立了声公的弟弟丑为国君，就是共公。共公三年，三晋消灭了智伯。三十一年，共公去世，其儿子幽公即位。幽公元年，韩武子攻打郑国，杀死幽公。郑人立幽公的弟弟骀做国君，就是繻公。

繻公十五年，韩景侯攻打郑国，夺下雍丘。郑国修筑了京城。

十六年，郑国攻打韩国，在负黍大败韩军。二十年，韩、赵、魏一起被列为诸侯国。二十三年，郑国包围了韩国的阳翟。

二十五年，郑国国君杀死了国相子阳。二十七年，子阳的党羽一起杀死了繻公骀，立了幽公的弟弟乙为国君，这就是郑君。郑君乙即位后第二年，被郑国占领的负黍地区的人造反，使负黍重新回归韩国。十一年，韩国讨伐郑国，攻取了阳城。

二十一年，韩哀侯灭了郑国，吞并了郑国领土。

太史公说：有句俗话说，"因权势和利害使关系密切的，当权势和利害终止的时候，关系也就疏远了"，甫瑕就是这样。甫瑕虽然靠劫持杀死郑子，迎接厉公回国，但厉公最终还是背弃了他，并把他杀了，这与晋国的里克有什么区别呢？而像荀息那样坚守节操，死了也不能保住奚齐。所以说，变故的产生，也是有很多原因的呀！

赵世家第十三

赵氏之先，与秦共祖。至中衍，为帝大戊御。其后世蜚廉有子二人，而命其一子曰恶来，事纣，为周所杀，其后为秦。恶来弟曰季胜，其后为赵。

季胜生孟增。孟增幸于周成王，是为宅皋狼。皋狼生衡父，衡父生造父。造父幸于周缪王。造父取骥之乘匹，与桃林盗骊、骅骝、绿耳，献之缪王。缪王使造父御，西巡狩，见西王母，乐之忘归。而徐偃王反，缪王日驰千里马，攻徐偃王，大破之。乃赐造父以赵城，由此为赵氏。

自造父已下六世至奄父，曰公仲，周宣王时伐戎，为御。及千亩战，奄父脱宣王。奄父生叔带。叔带之时，周幽王无道，去周如晋，事晋文侯，始建赵氏于晋国。

自叔带以下，赵宗益兴，五世而至赵夙。

赵夙，晋献公之十六年伐霍、魏、耿，而赵夙为将伐霍。霍公求奔齐。晋大旱，卜之，曰"霍太山为祟"。使赵夙召霍君于齐，复之，以奉霍太山之祀，晋复穰。晋献公赐赵夙耿。

夙生共孟，当鲁湣公之元年也。共孟生赵衰，字子余。

赵衰卜事晋献公及诸公子，莫吉；卜事公子重耳，吉，即事重耳。重耳以骊姬之乱亡奔翟，赵衰从。翟伐廧咎如，得二女，翟以其少女妻重耳，长女妻赵衰而生盾。初，重耳在晋时，赵衰妻亦生赵同、赵括、赵婴齐。赵衰从重耳出亡，凡十九年，得反国。重耳，为晋文公，赵衰为原大夫，居原，任国政。文公所以反国及霸，多赵衰计策，语在晋事中。

赵衰既反晋，晋之妻固要迎翟妻，而以其子盾为適嗣，晋妻三子皆

赵氏很早的时候和秦人是同一个祖先。到了中衍这一代，他为殷帝大戊驾车。他的后代蜚廉有两个儿子，其中一个儿子叫恶来，侍奉纣王，被周人杀死，他的后代成为秦人。恶来的弟弟名叫季胜，他的后代成为赵人。

季胜生了孟增。孟增得宠于周成王，就是宅皋狼。皋狼生了衡父，衡父生了造父。造父很受周缪王宠信。造父选取了骏马乘匹，并与在桃林得到的马盗骊、骅骝、绿耳等一起献给缪王。缪王派造父驾车，到西方巡视，见到了西王母，快乐得忘记了回去。后来徐偃王发动叛乱，缪王乘坐马车，日行千里，攻打徐偃王，彻底打败了他。于是把赵城赐给造父，从此造父后代就成为赵氏。

从造父开始往下相传六代到了奄父，字公仲，周宣王曾经攻打戎人，他给宣王驾车。在千亩作战的时候，奄父护送宣王脱险。奄父生了叔带。叔带正处于周幽王荒淫无道的时候，他就离开周王朝来到晋国，侍奉晋文侯，在晋国开始建立了赵氏家族。

从叔带开始往下，赵氏宗族日益兴旺，又过五代传到了赵夙。

晋献公十六年，晋国攻打霍、魏、耿三国，赵夙就是讨伐霍国的将军。霍公求逃到了齐国。晋国大旱，占卜说："是霍太山的山神作怪。"派赵夙去齐国召回霍国国君，恢复他的国君地位，让他主持霍太山的祭祀，晋国又得到丰收。晋献公把耿地赐给赵夙。

赵夙生了共孟，当年正好是鲁湣公元年。共孟生了赵衰，字子余。

赵衰对侍奉晋献公和侍奉几位公子都进行了占卜，结果都不吉利。对侍奉公子重耳占卜时，结果很好，于是他就去侍奉重耳。重耳因为骊姬之乱逃亡到翟，赵衰一直跟随在他身边。翟人讨伐廧咎如，得到两名女子。翟君就把年少的女子送给重耳做妻子，而年长的就送给赵衰为妻，后来生下赵盾。当初，重耳在晋国之时，赵衰的元配妻子已经生了赵同、赵括、赵婴齐。赵衰跟随重耳逃亡出国，一共十九年，才得以返回晋国。重耳做了晋文公，任命赵衰为原大夫，住在原城，主持国家政事。晋文公之所以能够重新返回晋国并成为霸主，大多都是赵衰的计策，这些事都记在《晋世家》里。

赵衰回到晋国以后，原来在晋国的妻子坚决要求把他在翟娶的妻子迎接回

下事之。晋襄公之六年，而赵衰卒，谥为成季。赵盾代成季任国政。二年而晋襄公卒，太子夷皋年少。盾为国多难，欲立襄公弟雍。雍时在秦，使使迎之。太子母日夜啼泣，顿首谓赵盾曰："先君何罪，释其适子而更求君？"赵盾患之，恐其宗与大夫袭诛之，乃遂立太子，是为灵公，发兵距所迎襄公弟于秦者。灵公既立，赵盾益专国政。

灵公立十四年，益骄。赵盾骤谏，灵公弗听。及食熊蹯，胹不熟，杀宰人，持其尸出，赵盾见之。灵公由此惧，欲杀盾。盾素仁爱人，尝所食桑下饿人反捍救盾，盾以得亡。未出境，而赵穿弑灵公而立襄公弟黑臀，是为成公。赵盾复反，任国政。君子讥盾"为正卿，亡不出境，反不讨贼"，故太史书曰"赵盾弑其君"。晋景公时而赵盾卒，谥为宣孟，子朔嗣。

赵朔，晋景公之三年，朔为晋将下军救郑，与楚庄王战河上。朔娶晋成公姊为夫人。

晋景公之三年，大夫屠岸贾欲诛赵氏。初，赵盾在时，梦见叔带持要而哭，甚悲；已而笑，拊手且歌。盾卜之，兆绝而后好。赵史援占之，曰："此梦甚恶，非君之身，乃君之子，然亦君之咎。至孙，赵将世益衰。"屠岸贾者，始有宠于灵公，及至于景公而贾为司寇，将作难，乃治灵公之贼以致赵盾，遍告诸将曰："盾虽不知，犹为贼首。以臣弑君，子孙在朝，何以惩罪？请诛之。"韩厥曰："灵公遇贼，赵盾在外，吾先君以为无罪，故不诛。今诸君将诛其后，是非先君之意而今妄诛。妄诛谓之乱。臣有大事而君不闻，是无君也。"屠岸贾不听。韩厥告赵朔趣亡。朔不肯，曰："子必不绝赵祀，朔死不恨。"韩厥许诺，称疾不出。贾不请而擅与诸将攻赵氏于下宫，杀赵朔、赵同、赵括、赵婴齐，皆灭其族。

赵朔妻成公姊，有遗腹，走公宫匿。赵朔客曰公孙杵臼，杵臼谓

来，并让她生的儿子赵盾做正宗继承人，而让自己的三个儿子居下位侍奉他。晋襄公六年，赵衰去世，谥号是成季。赵盾继承成季主持国政两年，晋襄公就去世了，太子夷皋年纪还比较小。赵盾由于国家多难，想立襄公的弟弟雍为国君。雍当时在秦国，赵盾就派使者去接他回来。太子的母亲日夜啼哭，叩头对赵盾说："先君有什么罪过，为何要抛弃他的嫡子而另找国君呢？"赵盾担心此事，恐怕她的宗亲和大夫们一起袭击并杀死自己，于是就立了太子为国君，这就是晋灵公，并派兵拦截去秦国迎接襄公弟弟的人。灵公即位之后，赵盾更加独揽国家政事。

灵公即位十四年，日益骄纵。赵盾多次进谏，灵公不听。一次吃熊掌，因为没有煮熟，就把膳食官给杀了，尸体被抬出去的时候，恰好被赵盾看到。灵公因此害怕，想要杀掉赵盾。赵盾平日里待人宽厚慈爱，他以前曾给一个饿倒在桑树之下的人送过食物，这个人回身掩护救了赵盾，赵盾才得以逃走。还没出国，赵穿就杀死了灵公，立襄公的弟弟黑臀为君，这就是晋成公。赵盾就又回来了，继续主持国政。君子讥讽赵盾"身为正卿，逃亡还没有出国境就回来，返回来也不诛讨逆贼"，所以史官记载说"赵盾杀了他的国君"。晋景公的时候赵盾去世，谥号是宣孟，他的儿子赵朔承袭爵位。

晋景公三年，晋国任命赵朔率领军队去援救郑国，与楚庄王在黄河边交战。赵朔娶了晋成公的姐姐为夫人。

景公三年，大夫屠岸贾想要诛杀赵氏家族。当初，赵盾还在世的时候，做梦梦到叔带抱着他的腰痛哭，特别伤心；后来又大笑，还拍着手唱歌。赵盾为此进行占卜，龟甲上烧出的裂纹中断，后来却又好了。赵国的史官援判断说："这个梦特别不好，并非应验在您的身上，而是在您儿子身上，然而却还是由于您的过错。到您孙子那一代，赵氏家族将日益衰落。"屠岸贾一直很受灵公的宠信，到景公的时候做了司寇。他将要发难，就先惩治杀灵公的逆贼以便能够牵连出赵盾，同时遍告诸位将领说："赵盾虽然并不知情，但仍然是逆贼的首领。臣子杀害了国君，可他的子孙却还在朝为官，还用什么来惩治罪人？请各位诛杀他们。"韩厥说："灵公遭到逆贼杀害的时候，赵盾还在外地，我们的先君认为他无罪，所以没有杀他。如今各位将领想要诛杀他的后人，这并非先君的意愿而是如今你们随意滥杀，随意滥杀就是作乱。做臣子的有大事却不告诉国君，这就是目无君主。"屠岸贾不听。韩厥告诉了赵朔并让他赶快逃跑。赵朔不肯，他说："您一定不要让赵氏的香火断绝，我死而无憾。"韩厥答应了他的要求，谎称有病不出门。屠岸贾没有请示国君就擅自和将领们一起在下宫攻袭赵氏，杀死了赵朔、赵同、赵括、赵婴齐，并且灭绝了他们整个家族。

朔友人程婴曰："胡不死？"程婴曰："朔之妇有遗腹，若幸而男，吾奉之；即女也，吾徐死耳。"居无何，而朔妇免身，生男。屠岸贾闻之，索于宫中。夫人置儿绔中，祝曰："赵宗灭乎，若号；即不灭，若无声。"及索，儿竟无声。已脱，程婴谓公孙杵臼曰："今一索不得，后必且复索之，奈何？"公孙杵臼曰："立孤与死孰难？"程婴曰："死易，立孤难耳。"公孙杵臼曰："赵氏先君遇子厚，子强为其难者，吾为其易者，请先死。"乃二人谋取他人婴儿负之，衣以文葆，匿山中。程婴出，谬谓诸将军曰："婴不肖，不能立赵孤。谁能与我千金，吾告赵氏孤处。"诸将皆喜，许之，发师随程婴攻公孙杵臼曰。杵臼谬曰："小人哉程婴！昔下宫之难不能死，与我谋匿赵氏孤儿，今又卖我。纵不能立，而忍卖之乎！"抱儿呼曰："天乎天乎！赵氏孤儿何罪？请活之，独杀杵臼可也。"诸将不许，遂杀杵臼与孤儿。诸将以为赵氏孤儿良已死，皆喜。然赵氏真孤乃反在，程婴卒与俱匿山中。

居十五年，晋景公疾，卜之，大业之后不遂者为祟。景公问韩厥，厥知赵孤在，乃曰："大业之后在晋绝祀者，其赵氏乎？夫自中衍者皆嬴姓也。中衍人面鸟噣，降佐殷帝大戊，及周天子，皆有明德。下及幽厉无道，而叔带去周适晋，事先君文侯，至于成公，世有立功，未尝绝祀。今吾君独灭赵宗，国人哀之，故见龟策。唯君图之。"景公问："赵尚有后子孙乎？"韩厥具以实告。于是景公乃与韩厥谋立赵孤儿，召而匿之宫中。诸将入问疾，景公因韩厥之众以胁诸将而见赵孤。赵孤名曰武。诸将不得已，乃曰："昔下宫之难，屠岸贾为之，矫以君命，并命群臣。非然，孰敢作难！微君之疾，群臣固且请立赵后。今君有命，群臣之愿也。"于是召赵武、程婴遍拜诸

赵朔的妻子是成公的姐姐，当时还有身孕，逃到景公宫里躲了起来。赵朔的一位门客名叫公孙杵臼，杵臼问赵朔的朋友程婴说："你为什么不死？"程婴回答说："赵朔的妻子有身孕，如果有幸生下男孩，我就奉养他；如果是女孩，我再慢慢死去。"没过多久，赵朔的妻子分娩，生下了一个男孩。屠岸贾听说以后，到宫中搜查。赵朔的妻子把婴儿放在裤子里，祈祷说："赵氏宗族若真要灭绝，你就大哭；如果不会灭绝，你就不要出声。"等到屠岸贾来搜查的时候，婴儿竟然没有出声。脱险以后，程婴对公孙杵臼说："今天一次搜查没有找到，以后一定还会再来搜查的，到时候怎么办呢？"公孙杵臼说："扶立遗孤和死哪件事更难？"程婴说："死这件事容易，扶立遗孤却很难啊。"公孙杵臼说："赵氏的先君待您不薄，您就去做那件难的事情吧；而我去做那件容易的，让我先死吧！"于是两人设法得到别人家的婴儿背在身上，并给他包上漂亮的小花被，藏到深山里。程婴从山里出来，欺骗各位将军说："我程婴没出息，不能扶养赵氏孤儿，谁能给我千两黄金，我就告诉他赵氏孤儿的藏身之地。"将军们都很高兴，答应了他，然后派兵跟随程婴去攻打公孙杵臼。杵臼假意说："程婴，你真是个小人哪！当初下宫之难你不能随赵氏去死，跟我商量要一起隐藏赵氏孤儿，如今你却出卖我。就算你不能抚养赵氏孤儿，又怎么忍心出卖他呢！"他抱着婴儿大叫道："天哪！天哪！赵氏孤儿有什么罪？请你们让他活下来，只杀我杵臼吧。"将军们不答应，于是杀了杵臼和赵氏孤儿。将军们都以为赵氏孤儿确实已经被杀死，都很高兴。然而真的赵氏孤儿反而还活着，程婴后来和他一起隐藏在深山中。

过了十五年，有一次晋景公生病，占卜的结果说是因为有大功业人的子孙后代不顺利导致。景公问韩厥，韩厥知道赵氏孤儿还在世，便说："有大功业人的后代如今在晋国断绝香火的，不就是赵氏吗？从中衍往后都姓嬴。中衍人面鸟嘴，来到人世辅佐殷帝太戊，其子孙后代一直辅佐周天子，都有美好的德行。后来到厉王、幽王时昏庸无道，叔带就离开周王朝到了晋国，侍奉先君文侯，一直到成公，世代都建立了功业，从未断绝过香火。如今您却单单灭了赵氏宗族，晋国人都为他们感到悲哀，所以在占卜时卦象就显示出来了。希望您仔细考虑考虑吧！"景公问道："赵氏还有后代子孙吗？"韩厥把实际情况都告诉了景公。于是景公就与韩厥商量立赵氏孤儿，后来把他召到宫中并藏起来。各位将军进宫探望景公病情的时候，景公靠着韩厥的众多随从迫使将军们同赵氏孤儿见面。赵氏孤儿名叫赵武。将军们不得已，只好说："当初下宫事变，都是屠岸贾谋划的，他假传君王命令，并且向群臣发令，要不是这样的话，谁敢发动变乱呢！如果不是因为您有病，我们这些大臣本来就要向您请示立赵氏的后代了。现在您有这样的命令，正好实现群

将，遂反与程婴、赵武攻屠岸贾，灭其族。复与赵武田邑如故。

及赵武冠，为成人，程婴乃辞诸大夫，谓赵武曰："昔下宫之难，皆能死。我非不能死，我思立赵氏之后。今赵武既立，为成人，复故位，我将下报赵宣孟与公孙杵臼。"赵武啼泣顿首固请，曰："武愿苦筋骨以报子至死，而子忍去我死乎！"程婴曰："不可。彼以我为能成事，故先我死；今我不报，是以我事为不成。"遂自杀。赵武服齐衰三年，为之祭邑，春秋祠之，世世勿绝。

赵氏复位十一年，而晋厉公杀其大夫三郤。栾书畏及，乃遂弑其君厉公，更立襄公曾孙周，是为悼公。晋由此大夫稍强。

赵武续赵宗二十七年，晋平公立。平公十二年，而赵武为正卿。十三年，吴延陵季子使于晋，曰："晋国之政卒归于赵武子、韩宣子、魏献子之后矣。"赵武死，谥为文子。

文子生景叔。景叔之时，齐景公使晏婴于晋，晏婴与晋叔向语。婴曰："齐之政后卒归田氏。"叔向亦曰："晋国之政将归六卿。六卿侈矣，而吾君不能恤也。"

赵景叔卒，生赵鞅，是为简子。

赵简子在位，晋顷公之九年，简子将合诸侯戍于周。其明年，入周敬王于周，辟弟子朝之故也。

晋顷公之十二年，六卿以法诛公族祁氏、羊舌氏，分其邑为十县，六卿各令其族为之大夫。晋公室由此益弱。

后十三年，鲁贼臣阳虎来奔，赵简子受赂，厚遇之。

赵简子疾，五日不知人，大夫皆惧。医扁鹊视之，出，董安于问。扁鹊曰："血脉治也，而何怪！在昔秦缪公尝如此，七日而寤。寤之日，告公孙支与子舆曰：'我之帝所甚乐。吾所以久者，适有学也。帝告我："晋国将大乱，五世不安；其后将霸，未老而死；霸者之子且令而国男女无别。"'公孙支书而藏之，秦谶于是出矣。献公

臣的心愿啊！"当时就让赵武、程婴一一拜谢各位将军，将军们又反过来与程婴、赵武一起攻打屠岸贾，诛灭了他的家族。景公又把赵氏以前的封地赐给赵武。

到赵武行了加冠礼，已经长大成人的时候，程婴就拜别了各位大夫，对赵武说："当初下宫事变，人人都能随赵氏赴难。我并非不能去死，只是想扶立赵氏的后代。现在赵武你已经承袭祖业，长大成人，恢复了原来的爵位，我就要到地下去告诉赵宣孟和公孙杵臼了。"赵武啼哭叩头，坚持请求说："我宁愿受筋骨之苦，也要报答您一直到死，难道您忍心离开我去死吗？"程婴说："不行。他们都认为我能完成这件大事，所以死在我的前面；如今事情完成，而我不去告诉他们，他们就会以为我没有完成任务。"于是就自杀了。赵武为他守孝三年，给他安排了祭祀的地方，春秋祭祀，世代不绝。

赵氏恢复爵位十一年后，晋厉公杀了三位郤氏大夫。栾书害怕牵连到自己，于是就杀了他的国君厉公，改立襄公的曾孙周为国君，这就是晋悼公。晋国从此以后大夫的势力逐渐强盛起来。

赵武承续赵氏宗族的爵位二十七年后，晋平公即位。平公十二年，赵武做了正卿。十三年，吴国的延陵季子出使晋国，他说："晋国的政权最后要落到赵武子、韩宣子、魏献子这些人的后代手里啊。"赵武死后，谥号是文子。

文子生了景叔。景叔的时候，齐景公派晏婴出使晋国，晏婴与晋国的叔向交谈。晏婴说："齐国的政权以后最终要落到田氏手里。"叔向也说："晋国的政权将会落到六卿的手里。六卿现在骄奢放纵，可是我们的国君却考虑不到这方面。"

赵景叔去世，生下儿子赵鞅，就是赵简子。

晋顷公九年，赵简子在位，简子会合诸侯驻守在周境之内。第二年，送周敬王回周朝，之前周敬王是因为他的弟弟子朝躲避在外。

晋顷公十二年，六卿依照法令诛杀了国君的宗族祁氏和羊舌氏，并把他们的封地分为十个县，六卿让他们的族人分别去那里做大夫。晋国公室从此更加衰弱。

又过了十三年，鲁国的乱臣阳虎逃亡到晋国来，赵简子收了他的贿赂，厚待了他。

赵简子生病，五天不省人事，大夫们都很害怕。医生扁鹊来看他，看完以后出来，董安于询问病情，扁鹊说："他的血脉平和，你们何必大惊小怪！以前秦缪公也有过这种情况，七天才醒过来。醒来那天，对公孙支和子舆说：'我去了天帝那里，很快乐。之所以停留这么久，是因为我正好在受教。天帝告诉我：晋国将要发生大乱，五世之内都不得安宁；他们的后代将称霸，没有年老就死去，霸王的儿子将要让晋国男女混杂。'公孙支把这番话写下来并保存好，秦缪公的

之乱，文公之霸，而襄公败秦师于肴而归纵淫，此子之所闻。今主君之疾与之同，不出三日疾必间，间必有言也。"

居二日半，简子寤。语大夫曰："我之帝所甚乐，与百神游于钧天，广乐九奏万舞，不类三代之乐，其声动人心。有一熊欲来援我，帝命我射之，中熊，熊死。又有一罴来，我又射之，中罴，罴死。帝甚喜，赐我二笥，皆有副。吾见儿在帝侧，帝属我一翟犬，曰：'及而子之壮也，以赐之。'帝告我：'晋国且世衰，七世而亡，嬴姓将大败周人于范魁之西，而亦不能有也。今余思虞舜之勋，适余将以其胄女孟姚配而七世之孙。'"董安于受言而书藏之。以扁鹊言告简子，简子赐扁鹊田四万亩。

他日，简子出，有人当道，辟之不去，从者怒，将刃之。当道者曰："吾欲有谒于主君。"从者以闻。简子召之，曰："嘻，吾有所见子晰也。"当道者曰："屏左右，原有谒。"简子屏人。当道者曰："主君之疾，臣在帝侧。"简子曰："然，有之。子之见我，我何为？"当道者曰："帝令主君射熊与罴，皆死。"简子曰："是，且何也？"当道者曰："晋国且有大难，主君首之。帝令主君灭二卿，夫熊与罴皆其祖也。"简子曰："帝赐我二笥皆有副，何也？"当道者曰："主君之子将克二国于翟，皆子姓也。"简子曰："吾见儿在帝侧，帝属我一翟犬，曰'及而子之长以赐之'。夫儿何谓以赐翟犬？"当道者曰："儿，主君之子也。翟犬者，代之先也。主君之子且必有代。及主君之后嗣，且有革政而胡服，并二国于翟。"简子问其姓而延之以官。当道者曰："臣野人，致帝命耳。"遂不见。简子书藏之府。

异日，姑布子卿见简子，简子遍召诸子相之。子卿曰："无为将军者。"简子曰："赵氏其灭乎？"子卿曰："吾尝见一子于路，殆君之子也。"简子召子毋恤。毋恤至，则子卿起曰："此真将军

预言这时就传出来了。献公时的混乱，文公时的称霸，襄公时在殽山大败秦军，回去后就纵容淫乱，这些您应该都听说过。如今你们君主的病与秦缪公一样，不超过三天病就会好转，好转之后一定有话要讲。"

过了两天半，简子醒过来了。他对大夫们说："我到了天帝那里，十分快乐，与百神一起在钧天游览。多次听到宏伟的乐曲演奏，还看到了成千上万种舞蹈，那乐声与夏、商、周三代的音乐都不一样，非常动人心魄。有一头熊要来抓我，天帝让我射它，一箭射出去正中熊身，熊死了。又有一只罴过来，我又射它，射中了它，罴也死了。天帝非常高兴，赐给我两个竹箱，并且都有相配的小箱。我看到一个小孩在天帝旁边，天帝又给我一只翟犬，说：'等你的儿子长大，把这只犬送给他。'天帝告诉我：'晋国就要逐渐衰落了，再过七代就会灭亡，嬴姓的人将在范魁的西边大败周人，但你们却不能占有那里。现在我追念虞舜的功勋，到时我会把他的后代之女孟姚嫁给你的第七代孙子。'"董安于听了这番话就把它写下来并保存好。他把扁鹊之前说的话告诉简子，简子赐给扁鹊四万亩田地。

有一天，简子外出，有人拦在路中间，赶也赶不走，简子的随从很生气，想要杀了他。拦路的人说："我有事要拜见主君。"随从把此事禀告简子，简子叫他过来，说："嘻！我曾经清楚地看见过你呀。"拦路人说："让您左右的侍从都退下，我有事禀告您。"简子让随从们都退下。拦路人说："您生病的时候，我正在天帝身边。"简子说："对，有这件事。你见到我的时候，我在做什么？"拦路人说："天帝让您射熊和罴，都被您射死了。"简子说："对，然而这是什么意思呢？"拦路人说："晋国将有大难，您是为首的。天帝让您灭掉两位上卿，熊和罴就是他们的祖先。"简子说："天帝赐给我两个竹箱，且都配有小箱，这是为何？"拦路人说："您的儿子将在翟攻打两个小国，他们都是子姓。"简子说："我看到一个小孩在天帝身边，天帝还赐予我一只翟犬，并说：'等你的儿子长大了把这只犬送给他。'那个小孩和送翟犬有什么关系呢？"拦路人说："那个小孩就是您的儿子，翟犬是代国的祖先。您的儿子以后一定会占有代国。到您的后代，会有政令的变革，并且要穿胡人的服装，在翟吞并两国。"简子问他的姓想要聘他做官。拦路人说："我是乡野之人，只是来传达天帝的旨意罢了。"说完就不见了。简子写下了这番话并把它保存在秘府里。

又有一天，姑布子卿来拜见简子，简子把儿子们都叫来让他帮儿子们看相。子卿说："没有可以当将军的。"简子说："赵氏难道要灭亡了吗？"子卿说："我曾在路上看到一个孩子，大概也是您的儿子吧！"简子叫儿子毋恤过来。毋恤一到，子卿就站起来说："这才是真正的将军呀！"简子说："这孩子的母亲

矣！"简子曰："此其母贱，翟婢也，奚道贵哉？"子卿曰："天所授，虽贱必贵。"自是之后，简子尽召诸子与语，毋恤最贤。简子乃告诸子曰："吾藏宝符于常山上，先得者赏。"诸子驰之常山上，求，无所得。毋恤还，曰："已得符矣。"简子曰："奏之。"毋恤曰："从常山上临代，代可取也。"简子于是知毋恤果贤，乃废太子伯鲁，而以毋恤为太子。

后二年，晋定公之十四年，范、中行作乱。明年春，简子谓邯郸大夫午曰："归我卫士五百家，吾将置之晋阳。"午许诺，归而其父兄不听，倍言。赵鞅捕午，囚之晋阳。乃告邯郸人曰："我私有诛午也，诸君欲谁立？"遂杀午。赵稷、涉宾以邯郸反。晋君使籍秦围邯郸。荀寅、范吉射与午善，不肯助秦而谋作乱，董安于知之。十月，范、中行氏伐赵鞅，鞅奔晋阳，晋人围之。范吉射、荀寅仇人魏襄等谋逐荀寅，以梁婴父代之；逐吉射，以范皋绎代之。荀栎言于晋侯曰："君命大臣，始乱者死。今三臣始乱而独逐鞅，用刑不均，请皆逐之。"十一月，荀栎、韩不佞、魏哆奉公命以伐范、中行氏，不克。范、中行氏反伐公，公击之，范、中行败走。丁未，二子奔朝歌。韩、魏以赵氏为请。十二月辛未，赵鞅入绛，盟于公宫。其明年，知伯文子谓赵鞅曰："范、中行虽信为乱，安于发之，是安于与谋也。晋国有法，始乱者死。夫二子已伏罪而安于独在。"赵鞅患之。安于曰："臣死，赵氏定，晋国宁，吾死晚矣。"遂自杀。赵氏以告知伯，然后赵氏宁。

孔子闻赵简子不请晋君而执邯郸午，保晋阳，故书春秋曰"赵鞅以晋阳畔"。

赵简子有臣曰周舍，好直谏。周舍死，简子每听朝，常不悦，大夫请罪。简子曰："大夫无罪。吾闻千羊之皮不如一狐之腋。诸大夫朝，徒闻唯唯，不闻周舍之谔谔，是以忧也。"简子由此能附赵邑而怀晋人。

卑贱，是从翟来的婢女，怎么说他尊贵呢？"子卿说："这是上天所赐予的，即使他现在卑贱以后也定能显贵。"从此以后简子经常把儿子们都叫来一起交谈，毋恤表现最好。简子有一次告诉他的儿子们说："我把宝符藏在常山之上，谁先找到了有赏。"儿子们赶快跑到常山上去找，什么也没找到。毋恤回来后说："已经找到宝符了。"简子说："你说吧。"毋恤说："从常山上往下可以看到代国，代国可以夺取过来。"简子由此知道毋恤果然是贤才。于是废了太子伯鲁，立毋恤为太子。

在这之后两年，晋定公十四年，范氏、中行氏作乱造反。第二年春天，简子对邯郸大夫赵午说："把卫国的五百户士民还给我，我想把他们安置到晋阳。"赵午答应了，回去后他的父兄不同意，于是就违背了诺言。赵鞅逮捕了赵午，把他囚禁在晋阳，并告诉邯郸人说："我想私下杀了赵午，各位想立谁为君王？"后来杀了赵午。赵午之子赵稷和家臣涉宾凭借邯郸的力量反叛。晋国国君派籍秦包围邯郸。荀寅、范吉射都和赵午友好，不肯帮助籍秦反而和赵午一起谋划叛乱，董安于知道了此事。十月，范氏和中行氏一起讨伐赵鞅，赵鞅逃到晋阳，晋人包围了晋阳。范吉射、荀寅的仇人魏襄等筹谋驱逐荀寅，想以梁婴父取代他；驱逐范吉射，让范皋绎代替他。荀栎对晋君说："先君曾命令大臣，领头叛乱的要处死。如今三位大臣领头作乱，却只驱逐赵鞅，这样处罚并不公平，请把他们全都驱逐出去。"十一月，荀栎、韩不佞、魏哆奉国君的命令讨伐范氏、中行氏，却没有取胜。范氏、中行氏反过来攻打定公，定公还击，范氏、中行氏失败逃跑。丁未这天，他们二人逃到朝歌。韩不佞、魏哆为赵鞅求情。十二月辛未这天，赵鞅来到绛城，在定公宫中盟誓。第二年，智伯文子对赵鞅说："范氏、中行氏虽然确实作乱，但是是从董安于开始作乱的，这件事是董安于参与策划的。晋国有这样的法令，开始作乱的要处死。如今这两个人都已经受到处罚，而唯独董安于还在。"赵鞅担心此事。董安于说："我死了，赵氏可以安定，晋国也能安宁，我死得太晚了。"于是就自杀了。赵鞅告诉了智伯这件事，此后赵氏安宁了。

孔子听说赵简子不请示晋君就逮捕了邯郸大夫赵午，保守晋阳，所以在《春秋》中记载说："赵鞅凭借晋阳叛乱。"

赵简子有个家臣名叫周舍，喜欢直言进谏。周舍死后，简子每当上朝的时候，经常不高兴，大夫们向他请罪。简子说："你们没有罪。我听说一千张羊皮也不如一只狐的腋下皮毛。各位大夫们上朝，我只听到恭敬顺从的应答声，听不到周舍那样的争辩之声了，这才是我忧虑的呀。"简子因此能使赵地的人顺从，并使晋人也归向他。

晋定公十八年，赵简子围范、中行于朝歌，中行文子奔邯郸。明年，卫灵公卒。简子与阳虎送卫太子蒯聩于卫，卫不内，居戚。

晋定公二十一年，简子拔邯郸，中行文子奔柏人。简子又围柏人，中行文子、范昭子遂奔齐。赵竟有邯郸、柏人。范、中行余邑入于晋。赵名晋卿，实专晋权，奉邑侔于诸侯。

晋定公三十年，定公与吴王夫差争长于黄池，赵简子从晋定公，卒长吴。定公三十七年卒，而简子除三年之丧，期而已。是岁，越王句践灭吴。

晋出公十一年，知伯伐郑。赵简子疾，使太子毋恤将而围郑。知伯醉，以酒灌击毋恤。毋恤群臣请死之。毋恤曰："君所以置毋恤，为能忍诟。"然亦愠知伯。知伯归，因谓简子，使废毋恤，简子不听。毋恤由此怨知伯。

晋出公十七年，简子卒，太子毋恤代立，是为襄子。

赵襄子元年，越围吴。襄子降丧食，使楚隆问吴王。

襄子姊前为代王夫人。简子既葬，未除服，北登夏屋，请代王。使厨人操铜枓以食代王及从者，行斟，阴令宰人各以枓击杀代王及从官，遂兴兵平代地。其姊闻之，泣而呼天，摩笄自杀。代人怜之，所死地名之为摩笄之山。遂以代封伯鲁子周为代成君。伯鲁者，襄子兄，故太子。太子蚤死，故封其子。

襄子立四年，知伯与赵、韩、魏尽分其范、中行故地。晋出公怒，告齐、鲁，欲以伐四卿。四卿恐，遂共攻出公。出公奔齐，道死。知伯乃立昭公曾孙骄，是为晋懿公。知伯益骄。请地韩、魏，韩、魏与之。请地赵，赵不与，以其围郑之辱。知伯怒，遂率韩、魏攻赵。赵襄子惧，乃奔保晋阳。

原过从，后，至于王泽，见三人，自带以上可见，自带以下不可见。与原过竹二节，莫通。曰："为我以是遗赵毋恤。"原过既至，以告襄子。襄子斋三日，亲自剖竹，有朱书曰："赵毋恤，余霍泰山

晋定公十八年，赵简子将范吉射和中行寅包围在朝歌，中行寅逃奔到邯郸。第二年，卫灵公去世了。简子和阳虎把卫太子蒯聩送回卫国，卫国不接纳，卫太子只好住到戚城。

晋定公二十一年，赵简子攻入邯郸，中行文子逃到柏人。简子又包围了柏人，中行文子和范昭子又逃到齐国。赵氏最终攻占了邯郸、柏人。范氏、中行氏剩余的领地都给了晋国。赵简子名义上是晋国的上卿，实际上独揽晋国政权，他的封地和诸侯等同。

晋定公三十年，定公与吴王夫差在黄池争做盟主，赵简子当时跟随在晋定公身边，最终吴王当了盟主。定公三十七年去世，简子免除了守丧三年的礼节，只守了一年就结束了。这一年，越王勾践灭了吴国。

晋出公十一年，智伯攻打郑国。赵简子生病了，派太子毋恤为将军率兵包围郑国。智伯喝醉了，用酒强灌毋恤并打他。随从毋恤的大臣们都要求处死智伯。毋恤说："君王之所以让我做太子，是因为我能够忍受屈辱。"但他也还是怨恨智伯的。智伯回去后，把这件事告诉简子，让他废了毋恤，简子不听。毋恤从此更加怨恨智伯。

晋出公十七年，赵简子去世，太子毋恤继位，这就是赵襄子。

赵襄子元年，越国包围吴国。襄子降低了守丧的饮食标准，派楚隆去慰问吴王。

襄子的姐姐以前是代王的夫人。简子安葬以后，丧期还没过，襄子就到北边登上夏屋山，请来代王，让厨师拿着铜勺请代王和他的随从进餐，斟酒时，暗中让膳食官各自用铜勺打死代王和他的随从官员，然后发兵平定了代地。他的姐姐听说后，哭天喊地，磨尖簪子自杀了。代国人同情她，把她自杀的地方称为摩笄山。襄子把代地封给伯鲁的儿子赵周，让他做代君。伯鲁是襄子的哥哥，以前的太子。这时候太子早已去世，所以就封给了他的儿子。

襄子即位四年后，智伯和赵、韩、魏一起瓜分了范氏、中行氏原来所有的领地。晋出公大怒，告诉齐国、鲁国，想让他们一起讨伐四卿。四卿害怕了，于是一起攻打晋出公。出公逃往齐国，死在路上。智伯立了昭公的曾孙骄为君王，这就是晋懿公。后来智伯日益骄横，让韩、魏两家割让领地给他，韩、魏给了他。他又要求赵氏割地，赵氏不给，因为以前在包围郑国时智伯曾侮辱过他。智伯很生气，于是率领韩、魏两家攻打赵氏。赵襄子害怕，就逃奔退守在晋阳。

襄子逃跑时，原过跟随襄子，落在后边，到了王泽，他看见三个人，但腰带以上的部分还可以看见，从腰带以下就看不见了。他们给了原过一根两节的竹棍，中间不通，说："你替我们把这竹棍送给赵毋恤。"原过到了晋阳以后，把此事告诉襄子。襄子斋戒三天，亲自剖开竹棍，里边有朱红的字写道："赵毋

山阳侯天使也。三月丙戌，余将使女反灭知氏。女亦立我百邑，余将赐女林胡之地。至于后世，且有伉王，赤黑，龙面而鸟噣，鬓麋髭髯，大膺大胸，修下而冯，左衽界乘，奄有河宗，至于休溷诸貉，南伐晋别，北灭黑姑。"襄子再拜，受三神之令。

三国攻晋阳，岁余，引汾水灌其城，城不浸者三版。城中悬釜而炊，易子而食。群臣皆有外心，礼益慢，唯高共不敢失礼。襄子惧，乃夜使相张孟同私于韩、魏。韩、魏与合谋，以三月丙戌，三国反灭知氏，共分其地。于是襄子行赏，高共为上。张孟同曰："晋阳之难，唯共无功。"襄子曰："方晋阳急，群臣皆懈，惟共不敢失人臣礼，是以先之。"于是赵北有代，南并知氏，强于韩、魏。遂祠三神于百邑，使原过主霍泰山祠祀。

其后娶空同氏，生五子。襄子为伯鲁之不立也，不肯立子，且必欲传位与伯鲁子代成君。成君先死，乃取代成君子浣立为太子。襄子立三十三年卒，浣立，是为献侯。献侯少即位，治中牟。

襄子弟桓子逐献侯，自立于代，一年卒。国人曰桓子立非襄子意，乃共杀其子而复迎立献侯。

十年，中山武公初立。十三年，城平邑。十五年，献侯卒，子烈侯籍立。

烈侯元年，魏文侯伐中山，使太子击守之。六年，魏、韩、赵皆相立为诸侯，追尊献子为献侯。

烈侯好音，谓相国公仲连曰："寡人有爱，可以贵之乎？"公仲曰："富之可，贵之则否。"烈侯曰："然。夫郑歌者枪、石二人，吾赐之田，人万亩。"公仲曰："诺。"不与。居一月，烈侯从代来，问歌者田。公仲曰："求，未有可者。"有顷，烈侯复问。公仲终不与，乃称疾不朝。番吾君自代来，谓公仲曰："君实好善，而未知所持。今公仲相赵，于今四年，亦有进士乎？"公仲曰："未

恤，我们是霍泰山山阳侯天使。三月丙戌日，我们想派你回去灭掉智氏。你也要为我们在百邑立庙，我们将赐给你林胡的土地。到你的后代，将有一位勇健的国王，皮肤红黑，龙脸鸟嘴，鬓眉相连，髭髯络腮，宽胸大腹，下体修长，上体壮大，左衣襟，披甲乘马。将整个占有黄河中游一带，直到休溷地区的各部貉人，往南进攻晋国的其他城邑，往北灭掉黑姑。"襄子拜了两拜，接受了三位神人的旨令。

三个国家攻打晋阳，打了一年多以后，引来汾水淹灌都城，城墙只剩下三版高没有被淹到。晋阳城里的人都把锅吊起来做饭，互相交换子女吃掉。大臣们都有了外心，礼节越来越怠慢，唯有高共不敢失去礼节。襄子害怕，于是夜里派丞相张孟同与韩、魏暗中结交。韩、魏与赵一起谋划，三月丙戌这一天，三国反过来灭了智氏，共同瓜分了智氏的土地。因此襄子进行封赏，高共受上等封赏。张孟同说："晋阳有难的时候，只有高共没有功劳。"襄子说："在晋阳危急的时候，所有大臣都很怠慢，只有高共不敢有失臣子的礼节，因此他要先受封赏。"当时赵在北方占有代地，南边并吞了智氏，比韩、魏强大。于是给三神在百邑立了庙进行祭祀，派原过主持霍泰山神庙的祭祀。

后来襄子娶空同氏为妻，生了五个儿子。襄子因为伯鲁还没有继位，不肯将自己的儿子立为太子，并且一定要传位给伯鲁的儿子代成君。成君先死了，襄子就将代成君的儿子赵浣立为太子。襄子在位三十三年去世，赵浣即位，这就是献侯。献侯很年轻的时候就即位了，首府设在中牟。

襄子的弟弟桓子将献侯驱逐出去，在代地立自己为侯，一年后去世。赵国人都说桓子即位并非襄子的意愿，就一起杀了他的儿子，又迎回献侯即位。

献侯十年，中山国武公刚刚即位。十三年，在平邑筑城。十五年，献侯逝世，儿子赵籍即位，为烈侯。

烈侯元年，魏文侯讨伐中山国，派太子魏击驻守。六年，魏、韩、赵都立为诸侯，赵籍追尊献子为献侯。

烈侯喜欢音乐，对相国公仲连说："我有喜爱的人，可以让他尊贵起来吗？"公仲说："使他富有可以，使他尊贵就不可以。"烈侯说："好吧。郑国的歌手枪和石两个人，我要赐给他们田地，每人一万亩。"公仲说："遵命。"但是公仲没有给。过了一个月，烈侯从代地回来，问起给歌手赐田的事，公仲说："正在找，还没有合适的。"不久，烈侯又问，公仲还是没有给，于是就谎称有病不去上朝。番吾君从代地来，对公仲说："国君其实喜欢善政，却不知怎样实行。如今公仲您做赵国的宰相，已经有四年了，期间曾推荐过什么人才吗？"公仲说："没有。"番吾君说："牛畜、荀欣、徐越这三

也。"番吾君曰:"牛畜、荀欣、徐越皆可。"公仲乃进三人。及朝,烈侯复问:"歌者田何如?"公仲曰:"方使择其善者。"牛畜侍烈侯以仁义,约以王道,烈侯逌然。明日,荀欣侍,以选练举贤,任官使能。明日,徐越侍,以节财俭用,察度功德。所与无不充,君说。烈侯使使谓相国曰:"歌者之田且止。"官牛畜为师,荀欣为中尉,徐越为内史,赐相国衣二袭。

九年,烈侯卒,弟武公立。武公十三年卒,赵复立烈侯太子章,是为敬侯。是岁,魏文侯卒。

敬侯元年,武公子朝作乱,不克,出奔魏。赵始都邯郸。

二年,败齐于灵丘。三年,救魏于廪丘,大败齐人。四年,魏败我兔台。筑刚平以侵卫。五年,齐、魏为卫攻赵,取我刚平。六年,借兵于楚伐魏,取棘蒲。八年,拔魏黄城。九年,伐齐。齐伐燕,赵救燕。十年,与中山战于房子。

十一年,魏、韩、赵共灭晋,分其地。伐中山,又战于中人。十二年,敬侯卒,子成侯种立。

成侯元年,公子胜与成侯争立,为乱。二年六月,雨雪。三年,太戊午为相。伐卫,取乡邑七十三。魏败我蔺。四年,与秦战高安,败之。五年,伐齐于鄄。魏败我怀。攻郑,败之,以与韩,韩与我长子。六年,中山筑长城。伐魏,败涿泽,围魏惠王。七年,侵齐,至长城。与韩攻周。八年,与韩分周以为两。九年,与齐战阿下。十年,攻卫,取甄。十一年,秦攻魏,赵救之石阿。十二年,秦攻魏少梁,赵救之。十三年,秦献公使庶长国伐魏少梁,虏其太子、痤。魏败我浍,取皮牢。成侯与韩昭侯遇上党。十四年,与韩攻秦。十五年,助魏攻齐。

十六年,与韩、魏分晋,封晋君以端氏。

十七年,成侯与魏惠王遇葛孽。十九年,与齐、宋会平陆,与燕会阿。二十年,魏献荣椽,因以为檀台。二十一年,魏围我邯郸。

个人都可以。"公仲就推荐了这三个人。到上朝的时候,烈侯又问:"赐予歌手田地的事怎么样了?"公仲说:"正派人挑选最好的田地。"牛畜侍奉烈侯时建议实行仁义,用王道约束自己,烈侯态度宽和。第二天,荀欣侍奉,建议精选起用贤才,任命官吏要使用能干的人。第三天,徐越侍奉,建议节约财物,俭省用度,考察评估官吏们的功绩德行。他们所讲的道理没有不充分的,国君很高兴。烈侯就派人告诉相国说:"给歌手赐田的事暂时停止吧。"任命牛畜为师、荀欣为中尉、徐越为内史,赐给相国两套衣服。

九年,烈侯逝世,他的弟弟武公即位。武公在位十三年逝世,赵国又让烈侯太子赵章即位,这就是赵敬侯。这一年,魏文侯去世。

敬侯元年,武公的儿子赵朝作乱,没有成功,后逃奔魏国。赵国开始把邯郸作为都城。

敬侯二年,赵军在灵丘打败齐军。三年,在廪丘救援魏国,大败齐军。四年,魏军在兔台打败赵军。赵修筑刚平城以便攻打卫国。五年,齐、魏两国帮助卫国攻打赵国,又夺回刚平。六年,向楚国借兵攻打魏国,夺取了棘蒲。八年,攻下魏国的黄城。九年,讨伐齐国。齐国攻打燕国,赵军援救燕国。十年,赵国与中山国在房子县交战。

敬侯十一年,魏、韩、赵一起灭了晋国,瓜分了晋国土地。赵国讨伐中山国,又在中人地区交战。十二年,敬侯去世,他的儿子成侯赵种即位。

成侯元年,公子赵胜与成侯争夺君王之位,发动了叛乱。二年六月,天下雪。三年,太戊午任相国。赵国讨伐卫国,夺取七十三处乡邑。魏国在蔺打败赵军。四年,赵军在高安与秦军交战,打败了秦军。五年,在鄄城讨伐齐军。魏军在怀地打败赵军。赵军攻打郑国,并打败了郑国,把占领的郑地给了韩国,韩国把长子县给了赵国。六年,中山国修筑长城。赵军讨伐魏国,在浊泽将其打败,包围了魏惠王。七年,进军齐国,打到了齐长城。赵国联合韩国攻打周。八年,和韩国一起把周一分为二。九年,在阿城之下与齐国交战。十年,进攻卫国,夺取甄城。十一年,秦国进攻魏国,赵军在石阿救援。十二年,秦军进攻魏国的少梁,赵军援救了魏国。十三年,秦献公派庶长国领兵攻打魏国的少梁,俘虏了魏国太子和公孙痤。魏军在浍水地区打败赵军,夺取了皮牢。成侯与韩昭侯在上党相遇。十四年,赵与韩联合攻打秦国。十五年,赵国帮助魏国攻齐。

十六年,赵国与韩、魏两国一起瓜分晋国。把端氏县封给晋君。

十七年,成侯与魏惠王在葛孽相遇。十九年,赵国与齐国、宋国在平陆会见结盟,与燕国在西阿会盟。二十年,魏国进献了上等的木橡,于是赵国用这些木橡修建了檀台。二十一年,魏军包围了赵国的邯郸。二十二年,魏惠王攻下赵国

二十二年，魏惠王拔我邯郸，齐亦败魏于桂陵。二十四年，魏归我邯郸，与魏盟漳水上。秦攻我蔺。二十五年，成侯卒。公子绁与太子肃侯争立，绁败，亡奔韩。

肃侯元年，夺晋君端氏，徙处屯留。二年，与魏惠王遇于阴晋。三年，公子范袭邯郸，不胜而死。四年，朝天子。六年，攻齐，拔高唐。七年，公子刻攻魏首垣。十一年，秦孝公使商君伐魏，虏其将公子卬。赵伐魏。十二年，秦孝公卒，商君死。十五年，起寿陵。魏惠王卒。

十六年，肃侯游大陵，出于鹿门，大戊午扣马曰："耕事方急，一日不作，百日不食。"肃侯下车谢。

十七年，围魏黄，不克。筑长城。

十八年，齐、魏伐我，我决河水灌之，兵去。二十二年，张仪相秦。赵疵与秦战，败，秦杀疵河西，取我蔺、离石。二十三年，韩举与齐、魏战，死于桑丘。

二十四年，肃侯卒。秦、楚、燕、齐、魏出锐师各万人来会葬。子武灵王立。

武灵王元年，阳文君赵豹相。梁襄王与太子嗣，韩宣王与太子仓来朝信宫。武灵王少，未能听政，博闻师三人，左右司过三人。及听政，先问先王贵臣肥义，加其秩；国三老年八十，月致其礼。

三年，城鄗。四年，与韩会于区鼠。五年，娶韩女为夫人。

八年，韩击秦，不胜而去。五国相王，赵独否，曰："无其实，敢处其名乎！"令国人谓己曰"君"。

九年，与韩、魏共击秦，秦败我，斩首八万级。齐败我观泽。十年，秦取我中都及西阳。齐破燕。燕相子之为君，君反为臣。十一年，王召公子职于韩，立以为燕王，使乐池送之。十三年，秦拔我蔺，虏将军赵庄。楚、魏王来，过邯郸。十四年，赵何攻魏。

十六年，秦惠王卒。王游大陵。他日，王梦见处女鼓琴而歌诗

的邯郸，齐军也在桂陵打败了魏军。二十四年，魏国把邯郸归还给赵国，赵国与魏国在漳水之滨结盟。秦军进攻赵国的蔺城。二十五年，成侯去世。公子緤与太子肃侯争夺君位，赵緤失败，逃奔到韩国。

肃侯元年，赵国夺取晋君的端氏县，把晋君迁到屯留。二年，肃侯与魏惠王在阴晋相遇。三年，公子赵范袭击邯郸，还没胜利就死了。四年，肃侯朝拜周天子。六年，赵国进攻齐国，夺下高唐。七年，公子赵刻攻打魏国的首垣。十一年，秦孝公派商鞅讨伐魏国，俘虏了魏国将军公子卬。赵国讨伐魏国。十二年，秦孝公去世，商鞅去世。十五年，开始兴建寿陵。魏惠王去世。

十六年，肃侯游览大陵，从鹿门出去，宰相太戊午牵住马说："如今正当农事繁忙，一天不耕作，一百天没有饭吃。"肃侯听了立即下车认错。

十七年，赵军包围魏国的黄城，没有攻下。修筑长城。

十八年，齐、魏联合攻打赵国，赵国用黄河之水淹灌敌军，敌军退去。二十二年，张仪任秦国宰相。赵疵与秦军交战，失败了，秦军在河西杀死赵疵，夺取了赵国的蔺和离石。二十三年，韩举与齐军、魏军作战，在桑丘战死。

二十四年，肃侯去世。秦、楚、燕、齐、魏各派出精兵一万人来参加葬礼。其儿子武灵王即位。

武灵王元年，阳文君赵豹任赵国宰相。梁襄王和太子嗣、韩宣王和太子仓到信宫来朝贺。武灵王年纪小，还不能处理政事，设有博闻师三人，左右司过官三人。等到武灵王处理朝政的时候，首先问先王的贵臣肥义，并给他增加品级和俸禄；国中八十岁以上的德高老人，每月都给他们送礼。

武灵王三年，修筑鄗城。四年，与韩王在区鼠会见。五年，娶韩国宗亲之女为夫人。

八年，韩国攻打秦国，没有胜利就退去了。五国互相称王，只有赵国不称王，赵君说："没有这个实力，怎敢处在这个名分上呢！"让赵国人都称他为"君"。

九年，与韩、魏一起攻打秦国，秦军打败赵军，斩杀了八万人。齐国在观泽打败了赵军。十年，秦军夺取赵国的中都和西阳。齐国打败了燕国，燕国的宰相子之做了国君，原来的国君反而做了臣子。十一年，武灵王把燕国公子职从韩国召来，立他为燕王，并派乐池护送他回到燕国。十三年，秦军攻下赵国的蔺城，俘虏了将军赵庄。楚王、魏王来赵国，经过邯郸。十四年，赵何攻打魏国。

十六年，秦惠王去世。武灵王游览大陵。有一天，武灵王梦见一位少女弹琴唱诗，说："美人光彩艳丽啊，容貌好像苕花。命运啊，命运啊，竟然无人知我

曰："美人荧荧兮，颜若苕之荣。命乎命乎，曾无我嬴！"异日，王饮酒乐，数言所梦，想见其状。吴广闻之，因夫人而内其女娃嬴。孟姚也。孟姚甚有宠于王，是为惠后。

十七年，王出九门，为野台，以望齐、中山之境。

十八年，秦武王与孟说举龙文赤鼎，绝膑而死。赵王使代相赵固迎公子稷于燕，送归，立为秦王，是为昭王。

十九年春正月，大朝信宫。召肥义与议天下，五日而毕。王北略中山之地，至于房子，遂之代，北至无穷，西至河，登黄华之上。召楼缓谋曰："我先王因世之变，以长南藩之地，属阻漳、滏之险，立长城，又取蔺、郭狼，败林人于荏，而功未遂。今中山在我腹心，北有燕，东有胡，西有林胡、楼烦、秦、韩之边，而无强兵之救，是亡社稷，奈何？夫有高世之名，必有遗俗之累。吾欲胡服。"楼缓曰："善。"群臣皆不欲。

于是肥义侍，王曰："简、襄主之烈，计胡、翟之利。为人臣者，宠有孝弟长幼顺明之节，通有补民益主之业，此两者臣之分也。今吾欲继襄主之迹，开于胡、翟之乡，而卒世不见也。为敌弱，用力少而功多，可以毋尽百姓之劳，而序往古之勋。夫有高世之功者，负遗俗之累；有独智之虑者，任骜民之怨。今吾将胡服骑射以教百姓，而世必议寡人，奈何？"肥义曰："臣闻疑事无功，疑行无名。王既定负遗俗之虑，殆无顾天下之议矣。夫论至德者不和于俗，成大功者不谋于众。昔者舜舞有苗，禹袒裸国，非以养欲而乐志也，务以论德而约功也。愚者暗成事，智者睹未形，则王何疑焉。"王曰："吾不疑胡服也，吾恐天下笑我也。狂夫之乐，智者哀焉；愚者所笑，贤者察焉。世有顺我者，胡服之功未可知也。虽驱世以笑我，胡地中山吾必有之。"于是遂胡服矣。

使王继告公子成曰："寡人胡服，将以朝也，亦欲叔服之。家听

娃嬴！"又一天，武灵王饮酒很高兴，屡次说到他所做的梦，想象着梦中见到的少女的美貌。吴广听说后，通过夫人把他的女儿娃嬴送入宫中。这就是孟姚。孟姚特别受武灵王的宠爱，她就是惠后。

十七年，武灵王去九门，修筑野台，以便瞭望齐国和中山国的边境。

十八年，秦武王和孟说举龙纹赤鼎，折断膝盖骨死了。赵王派代相赵固去燕国迎接秦公子稷，送他回国，并立为秦国国君，这就是秦昭王。

十九年春天正月，赵王在信宫举行盛大朝会，召见肥义一同探讨天下大事，五天才结束。武灵王到北边巡视中山国的领地，到了房子县，又去了代地，北到无穷，西到黄河，登上黄华山顶。召见楼缓商议说："我们先王顺应时世的变化，做了南边领地的君长，连接了漳水、滏水的险阻，修筑长城，攻取蔺城、郭狼，在荏地打败了林胡人，然而功业并没有完成。如今中山国在我们腹心，北面是燕国，东面是东胡，西面是林胡、楼烦、秦国、韩国的边界，然而没有强大兵力的救援，这样下去国家就要灭亡了，怎么办呢？想要取得高出世人的功名，必定要受到背离习俗的牵累。我要穿胡人的服装。"楼缓说："很好。"群臣们都不愿意。

当时肥义在旁侍奉，武灵王说："简子、襄子的功业，就在于考虑到了胡、翟的利益。做臣子的，受宠时应明孝悌、知长幼、顺从明理的礼节，通达时世建立既善待百姓又有利于君王的功业，这两方面是做臣子的分内之事呀。如今我想继承襄主的事业，开拓胡人、翟人所住之地，可是找遍世间也没有见到这样的贤臣。为了削弱敌人，用较少的兵力而收到更多的功效，可以不耗尽百姓的力气，而继续两位先主的勋业。一个人要建立过高的功业，就要承受背弃习俗的牵累；一个有独特智谋的人，就要听任傲慢民众的埋怨。如今我要穿胡人衣服骑马射箭，并来教化百姓，可是世人一定要议论我，怎么办呢？"肥义说："我听说做事犹疑就不会成功，行动犹豫就不会成名。您既然决定承受背弃风俗的责难，那就无需顾虑天下的议论了。追求最高德行的人不附和世俗，成就最大功业的人不会找凡夫俗子商议。以前舜用舞蹈感化三苗，禹脱去上衣去裸国，他们并非为了满足欲望和愉悦心志，而是必须用这种方法宣扬德政并取得成功。愚蠢的人事情成功了还不能明白，聪明人在事情尚无迹象的时候就能看清未来发展，君主您还有什么可疑虑的呢！"武灵王说："穿胡服我没有疑虑，我恐怕天下之人嘲笑我。无知之人的快乐，也就是聪明人的悲哀；愚蠢的人所讥笑的事，贤人却能看得清。世上有顺从我的人，穿胡服的功效是不可估量的。即便所有世人都来嘲笑我，胡地和中山国我也一定要占有。"于是就穿起了胡服。

武灵王派王绁告诉公子成说："我穿胡服，将要这样上朝，我也希望叔父

于亲而国听于君，古今之公行也。子不反亲，臣不逆君，兄弟之通义也。今寡人作教易服而叔不服，吾恐天下议之也。制国有常，利民为本；从政有经，令行为上。明德先论于贱，而行政先信于贵。今胡服之意，非以养欲而乐志也；事有所止而功有所出，事成功立，然后善也。今寡人恐叔之逆从政之经，以辅叔之议。且寡人闻之，事利国者行无邪，因贵戚者名不累，故原慕公叔之义，以成胡服之功。使绁谒之叔，请服焉。"公子成再拜稽首曰："臣固闻王之胡服也。臣不佞，寝疾，未能趋走以滋进也。王命之，臣敢对，因竭其愚忠。曰：臣闻中国者，盖聪明徇智之所居也，万物财用之所聚也，贤圣之所教也，仁义之所施也，诗书礼乐之所用也，异敏技能之所试也，远方之所观赴也，蛮夷之所义行也。今王舍此而袭远方之服，变古之教，易古人道，逆人之心，而咈学者，离中国，故臣愿王图之也。"使者以报。王曰："吾固闻叔之疾也，我将自往请之。"

王遂往之公子成家，因自请之，曰："夫服者，所以便用也；礼者，所以便事也。圣人观乡而顺宜，因事而制礼，所以利其民而厚其国也。夫翦发文身，错臂左衽，瓯越之民也。黑齿雕题，却冠秫绌，大吴之国也。故礼服莫同，其便一也。乡异而用变，事异而礼易。是以圣人果可以利其国，不一其用；果可以便其事，不同其礼。儒者一师而俗异，中国同礼而教离，况于山谷之便乎？故去就之变，智者不能一；远近之服，贤圣不能同。穷乡多异，曲学多辩。不知而不疑，异于己而不非者，公焉而众求尽善也。今叔之所言者俗也，吾所言者所以制俗也。吾国东有河、薄洛之水，与齐、中山同之，东有燕、东胡之境，而西有楼烦、秦、韩之边，今无骑射之备。故寡人无舟楫之用，夹水居之民，将何以守河、薄洛之水；变服骑射，以备燕、三胡、秦、韩之边。且昔者简主不塞晋阳以及上党，而襄主并戎取代以攘诸胡，此愚智所明也。先时中山负齐之强兵，侵暴吾地，系累吾

您能穿上胡服。家里的事情要听从双亲，国家的事情就要听从国君，这是古今公认的行为准则。子女不能反对双亲，臣子不能违背君主，这是兄弟们通用的礼仪道德。如今我制定政令，改变服装，可是叔父您要不穿，我恐怕天下人会议论纷纷。治国有常规，要以利民为根本；处理政事有原则，听从命令最重要。宣传德政要先从平民开始，而推行政令就要先让贵族信从。如今穿胡服的目的，并非是为了满足我自己的欲望和愉悦心志；事情要做到了，功业才能完成。事情完成了，功业建立了，然后才算是妥善。如今我怕叔父违背了处理政事的原则，因此来帮助叔父考虑。况且我听说过，做有利于国家的事，行为不会偏邪；依靠贵戚的人，名义不会受损害。所以我愿仰慕叔父的忠义，来成就改变胡服的功绩。我派王绁来拜见叔父，请您穿上胡服。"公子成再拜叩头说："我本来就已听说了君王穿胡服的事，老臣不才，卧病在床，不能为君王奔走效力多多进言。大王命令我，我斗胆回答，以此尽我的愚忠。我听说中原的国家是聪明智慧的人居住的地方，是万物财用聚集的地方，是圣贤进行教化的地方，是仁义可以施行的地方，是诗书礼乐可以发挥作用的地方，是各种技艺才能可以施展的地方，是远方之人愿来观览投奔的地方，是蛮夷乐于效法的地方。如今大王抛弃了这些而穿起远方的服装，变更了古来的教化，改易了古人的道义，违反众人的心意，背弃学者之教晦，背离中原风俗，所以我希望大王仔细考虑这件事。"使者回去禀报之后。武灵王说："我本来听说叔父有病，我要亲自去请求他。"

武灵王于是前往公子成家中，亲自请求他，说："衣服是为了便于穿用的，礼仪是为了便于行事的。圣人观察乡俗而顺应风俗，根据实际情况制定礼仪，所以可以利民富国。剪掉头发，身上刺上花纹，臂膀上绘画，衣襟开在左边，这是瓯越百姓的习俗。染黑牙齿，额上刺花，戴鱼皮帽子，穿粗针大线的衣服，这是吴国之地的习俗。所以礼制服装各地不同，而它的作用却是一致的，都是为了便利。地方不同使用起来就会有变化，情况不同礼制也会更改。因此圣人认为如果可以利国，方法不必一致；如果可以便于行事，礼制不必相同。儒者从相同的师者继承而习俗有别，中原礼仪相同但教化互相有别，何况是为了偏远地区的方便呢？所以进退取舍的变化，聪明人也不能一致；远近地区的服饰，圣贤也不能使其相同。穷乡僻壤风俗多异，学识浅陋却多诡辩。不了解的事不去怀疑，与自己的意见不同而不去非议的人，才会公正地听取众人意见以求都能妥善地解决问题。如今叔父所说的是习俗，我所说的是为了驾驭习俗。我国东有黄河、薄洛津，与齐国、中山国一样。东边是燕国、东胡的国境，西边有楼烦、秦国、韩国的边界，如今没有骑射的装备。所以如果没有舟船可以使用，住在河两岸的百姓，将用什么守住黄河、薄洛之水呢？改变服装、练习骑射，就是为了防守同

民，引水围鄗，微社稷之神灵，则鄗几于不守也。先王丑之，而怨未能报也。今骑射之备，近可以便上党之形，而远可以报中山之怨。而叔顺中国之俗以逆简、襄之意，恶变服之名以忘鄗事之丑，非寡人之所望也。"公子成再拜稽首曰："臣愚，不达于王之义，敢道世俗之闻，臣之罪也。今王将继简、襄之意以顺先王之志，臣敢不听命乎！"再拜稽首。乃赐胡服。明日，服而朝。于是始出胡服令也。

赵文、赵造、周袑、赵俊皆谏止王毋胡服，如故法便。王曰："先王不同俗，何古之法？帝王不相袭，何礼之循？虙戏、神农教而不诛，黄帝、尧、舜诛而不怒。及至三王，随时制法，因事制礼。法度制令各顺其宜，衣服器械各便其用。故礼也不必一道，而便国不必古。圣人之兴也不相袭而王，夏、殷之衰也不易礼而灭。然则反古未可非，而循礼未足多也。且服奇者志淫，则是邹、鲁无奇行也；俗辟者民易，则是吴、越无秀士也。且圣人利身谓之服，便事谓之礼。夫进退之节，衣服之制者，所以齐常民也，非所以论贤者也。故齐民与俗流，贤者与变俱。故谚曰'以书御者不尽马之情，以古制今者不达事之变'。循法之功，不足以高世；法古之学，不足以制今。子不及也。"遂胡服招骑射。

二十年，王略中山地，至宁葭；西略胡地，至榆中。林胡王献马。归，使楼缓之秦，仇液之韩，王贲之楚，富丁之魏，赵爵之齐。代相赵固主胡，致其兵。

二十一年，攻中山。赵袑为右军，许钧为左军，公子章为中军，王并将之。牛翦将车骑，赵希并将胡、代。赵与之陉，合军曲阳，攻

燕、三胡、秦、韩的边界。况且从前简子不在晋阳以及上党设置要塞，就是为了让襄子吞并戎地、攻取代国以便赶跑胡人，这是愚人和智者都能明白的。从前中山国依靠齐国的强大兵力，侵犯践踏我们的领地，虏掠我国百姓，引黄河之水围困鄗城，如果不是社稷神灵保佑，鄗城几乎就要失守了。先王以此为耻，然而此仇却还没报。如今穿上骑射的装备，从近的说可以使上党的地势更为有利，从远的说可以报中山国之仇。然而叔父却顺从中原的习俗，违背简主、襄主的遗志，厌恶改变服装的虚名而忘记鄗城的耻辱，这不是我所希望看到的。"公子成叩头拜了两拜说："老臣愚钝，没能理解大王的深意，竟斗胆说出世俗的见解，这是我的罪过。如今大王要继承简主、襄主的遗志，顺从先王的意愿，我怎敢不听从大王您的命令呢！"公子成叩头拜了两拜。于是武灵王赐给他胡服。第二天，公子成穿着胡服上朝。这时武灵王才开始发布改穿胡服的命令。

赵文、赵造、周袑、赵俊都来劝谏武灵王不要穿胡服，依照以前的习俗更适宜。武灵王说："先王的习俗也有不同，哪种习俗可以仿效？帝王们不互相因袭，哪种礼制可以遵循？伏羲神农重视教化，不使用诛罚；黄帝、尧、舜实行刑罚，但不残暴。到了夏、商、周三王，随着时代的变化来制定法令，根据实际情况来制定礼仪制度。法规政令都顺应实际需要，衣服器械都便于使用。所以礼仪不必只用一种方式，而便利国家也不必效仿古代。圣人的兴起并不互相因袭却能统一天下，夏、殷的衰败并没有因为不改变礼制就没有走向灭亡。那么，违背古制没有什么可非议的，遵循旧礼并不值得称道。如果说穿着奇特的人心志浮荡，那么邹、鲁一带就不会有奇特技能的人了；习俗怪异的地方百姓都轻率，那么吴、越一带也就不会有出众的人才了。况且圣人认为，只要有利于身体的都可以叫作衣服，只要方便行事的都可以称为礼制。况且进退的礼节、衣服的制度，都是为了统一平民百姓，并不是为了评论贤人。所以平民总是和旧俗相伴，贤人与变革同在。所以有古话这样说：'按照书本赶车的人可能不知晓马的性情，用古人的制度来约束今世的人不通晓事物的变化。'遵循古法的功效，不可能高出世俗；效仿古代的学说，不足以治理今世。你们不懂这个道理啊！"最终还是推行胡服并招募士兵练习骑射。

二十年，武灵王巡察中山国地势，到达宁葭；向西巡察胡人地势，到达榆中。林胡王进献马匹。回来后，武灵王派楼缓出使秦国，派仇液出使韩国、王贲去楚国、富丁去魏国、赵爵去齐国，并让代地的宰相赵固掌管胡地，招募胡地士兵。

二十一年，赵国攻打中山国。赵袑率领右军，许钧率领左军，公子章率领中军，武灵王统率三军，牛翦率领战车和骑兵，赵希一并率领胡地与代地的军队。

取丹丘、华阳、鸱之塞。王军取鄗、石邑、封龙、东垣。中山献四邑和，王许之，罢兵。二十三年，攻中山。二十五年，惠后卒。使周袑胡服傅王子何。二十六年，复攻中山，攘地北至燕、代，西至云中、九原。

二十七年五月戊申，大朝于东宫，传国，立王子何以为王。王庙见礼毕，出临朝。大夫悉为臣，肥义为相国，并傅王。是为惠文王。惠文王，惠后吴娃子也。武灵王自号为主父。

主父欲令子主治国，而身胡服将士大夫西北略胡地，而欲从云中、九原直南袭秦，于是诈自为使者入秦。秦昭王不知，已而怪其状甚伟，非人臣之度，使人逐之，而主父驰已脱关矣。审问之，乃主父也。秦人大惊。主父所以入秦者，欲自略地形，因观秦王之为人也。

惠文王二年，主父行新地，遂出代，西遇楼烦王于西河而致其兵。

三年，灭中山，迁其王于肤施。起灵寿，北地方从，代道大通。还归，行赏，大赦，置酒酺五日，封长子章为代安阳君。章素侈，心不服其弟所立。主父又使田不礼相章也。

李兑谓肥义曰："公子章强壮而志骄，党众而欲大，殆有私乎？田不礼之为人也，忍杀而骄。二人相得，必有谋阴贼起，一出身徼幸。夫小人有欲，轻虑浅谋，徒见其利而不顾其害，同类相推，俱入祸门。以吾观之，必不久矣。子任重而势大，乱之所始，祸之所集也，子必先患。仁者爱万物而智者备祸于未形，不仁不智，何以为国？子奚不称疾毋出，传政于公子成？毋为怨府，毋为祸梯。"肥义曰："不可，昔者主父以王属义也，曰：'毋变而度，毋异而虑，坚守一心，以殁而世。'义再拜受命而籍之。今畏不礼之难而忘吾籍，变孰大焉。进受严命，退而不全，负孰甚焉。

赵希与诸军通过陉口，到曲阳会师，攻取了丹丘、华阳、鸱上关塞。武灵王率军夺取了鄗城、石邑、封龙、东垣。中山国献出四座城池要求停战，武灵王答应了他，收兵。二十三年，又进攻中山国。二十五年，惠后去世。武灵王派周袑穿胡服辅佐教导王子赵何。二十六年，赵国再次进攻中山国，夺取的土地北至燕、代一带，西至云中、九原。

二十七年五月戊申日，灵王在东宫举行盛大朝会，武灵王传位，将王子赵何立为新君。新王到祖庙行礼以后，出来上朝。大夫全都封为大臣，肥义封为相国，并且辅佐新王。这就是惠文王。也就是惠后吴娃的儿子。武灵王自称为主父。

主父想让儿子自主治国，而自己穿上胡服率领士大夫到西北巡视胡地，并想从云中、九原一直向南袭击秦国，于是他亲自乔装成使者进入秦国。秦昭王不知道，等他走后惊怪他的状貌特别魁伟，不像人臣的气度，派人追赶，可是主父已经飞马奔出秦国的关口。昭王仔细询问，才知道是主父。秦人非常惊恐。主父之所以要去秦国，是想亲自察看秦国的地形，并趁机观察秦王的为人。

惠文王二年，主父巡视新占领的土地，经过代地，在西河与楼烦王相会，并征收了他的士兵。

三年，灭中山国，把它的国王迁到肤施县。开始建灵寿城，北方地区自此从属于赵国，通往代地的道路变得十分通畅。主父回来以后，论功行赏，实行大赦，设酒宴欢聚五天，将长子赵章封为代地的安阳君。赵章向来放纵，一直对弟弟被立为君王这件事感到心中不服。主父又派田不礼辅佐赵章。

李兑告诉肥义说："公子章身强力壮并且心志放纵，党羽很多，野心较大，恐怕会有私心吧！田不礼的为人，也是残忍并且傲慢的。他们两个人互相投合，一定会有密谋叛乱的事情发生，一旦叛乱就希望侥幸成功。如果小人有了野心，考虑事情就会比较轻率，对事情的规划也会比较浅薄，只看到利益却不会顾及以后的危害，同谋的人互相怂恿，到时就会一起闯入祸乱之门。依我看，这种事一定过不了多久就会发生了。您肩负重任并且手握大权，将会是动乱的开始，灾祸的集中之地，您必定最先受到伤害。仁慈之人博爱万物，智者防患于未然，不仁不智，还拿什么来治理国家？您何不说自己有病不能上朝，把政事交给公子成处理呢？这样就不会成为怨恨汇集的地方，祸乱发生的阶梯。"肥义说："不行。当初主父把新王托付给我，说：'不要变更你的法度，不要改变你的心志，坚持岗位，一心一意，至死不变。'我接受主父的命令并记载下来。现在因为害怕田不礼作乱而忘记我曾记载的主父的命令，什么罪过比变节更大呢！在朝时接受了庄严的命令，退朝后却不能全心全意去实施，什么错误比背叛更严重呢！变节负

变负之臣，不容于刑。谚曰'死者复生，生者不愧'。吾言已在前矣，吾欲全吾言，安得全吾身！且夫贞臣也难至而节见，忠臣也累至而行明。子则有赐而忠我矣，虽然，吾有语在前者也，终不敢失。"李兑曰："诺，子勉之矣！吾见子已今年耳。"涕泣而出。李兑数见公子成，以备田不礼之事。

异日肥义谓信期曰："公子与田不礼甚可忧也。其于义也声善而实恶，此为人也不子不臣。吾闻之也，奸臣在朝，国之残也；谗臣在中，主之蠹也。此人贪而欲大，内得主而外为暴。矫令为慢，以擅一旦之命，不难为也，祸且逮国。今吾忧之，夜而忘寐，饥而忘食。盗贼出入不可不备。自今以来，若有召王者必见吾面，我将先以身当之，无故而王乃入。"信期曰："善哉，吾得闻此也！"

四年，朝群臣，安阳君亦来朝。主父令王听朝，而自从旁观窥群臣宗室之礼。见其长子章傫然也，反北面为臣，诎于其弟，心怜之，于是乃欲分赵而王章于代，计未决而辍。

主父及王游沙丘，异宫，公子章即以其徒与田不礼作乱，诈以主父令召王。肥义先入，杀之。高信即与王战。公子成与李兑自国至，乃起四邑之兵入距难，杀公子章及田不礼，灭其党贼而定王室。公子成为相，号安平君，李兑为司寇。公子章之败，往走主父，主父开之，成、兑因围主父宫。公子章死，公子成、李兑谋曰："以章故围主父，即解兵，吾属夷矣。"乃遂围主父。令宫中人"后出者夷"，宫中人悉出。主父欲出不得，又不得食，探爵鷇而食之，三月余而饿死沙丘宫。主父定死，乃发丧赴诸侯。

是时王少，成、兑专政，畏诛，故围主父。主父初以长子章为太子，后得吴娃，爱之，为不出者数岁，生子何，乃废太子章而立何为

心的臣子，刑罚是不会宽容的。古话说'死去的人如果能够重新活过来，而现在还活着的人应在他面前不致感到惭愧'。我已经有言在先，就一定会全心全意去实现我的诺言，怎能只为了保全我的身体呢！况且如果是坚贞之臣，当灾难临头时节操就会显现，忠良之臣当遇到牵累时行事必须鲜明。您已对我赐教并给我忠告。尽管如此，我因为有言在先，始终不敢违背自己的承诺。"李兑说："好吧，您勉力而行吧！我估计只有今年能看到您了。"说完就痛哭流涕而去。李兑因为防范田不礼作乱之事，去拜见公子成好几次。

有一天，肥义对信期说："公子章和田不礼令人十分担忧。他们嘴上说得好听而实际上却很坏，他们为人不孝不忠。我听说，如果有奸佞之臣在朝执政，将是国家的祸害；如果有谗言之臣在宫中服侍，将会是君主的蛀虫。这种人不仅贪婪，野心也很大，在宫内得到君主的宠爱，在外边就会胡作非为。假传王命傲慢无礼，如果有一天擅自发出命令，也是不难做到的，那么祸害将会危及整个国家。如今我担心此事，夜里经常睡不着觉，饥饿时经常忘记吃饭。对盗贼的出没不可不防备。从今以后，如果有人请求拜见君王一定要先来见我，我要先用自身来抵挡，确保没有变故才让君王进来。"信期说："我能听到这样的话真是太好了！"

四年，群臣前来朝拜，安阳君也来了。主父让新王主持朝拜，他自己从一旁暗中观察群臣和王室宗亲的礼仪。他看到长子赵章颓丧的样子，反倒向北称臣，屈身在弟弟面前，顿生怜悯之心，当时就想把赵国一分为二，让赵章在代国称王，后来这个打算还没有决定就中止了。

主父和惠文王到沙丘游览，住在不同的宫室。公子章就依靠他的党徒和田不礼一起叛乱，假传主父命令说要召见惠文王。肥义先去，被杀死了。高信马上与惠文王一起作战。公子成和李兑从国都赶过来，调集四地的军队前来平定这场变乱，杀死了公子章和田不礼，消灭了他们的党徒，安定了王室。后来公子成被任命为宰相，封号为安平君，李兑被任命为司寇。公子章被打败的时候，逃到了主父那里，主父收留了他，因此公子成和李兑包围了主父的宫室。公子章死后，公子成和李兑商量说："由于赵章的缘故我们包围了主父的宫室，就算现在撤兵，我们也是要被灭族的啊！"于是就继续包围主父宫室，命令宫中的人"最后出来的人将被灭族"，宫里的人全都出来了。主父想出却出不来，又没有食物，只好去掏雏鸟充饥，三个多月以后被饿死在沙丘宫里。公子成和李兑确定主父死了以后，才告诉诸侯。

当时惠文王年龄小，公子成和李兑两人专政，他们害怕被杀，所以包围主父。主父最初立了长子赵章为太子，后来得到吴娃，非常宠爱她，因此好几年都

王。吴娃死，爱弛，怜故太子，欲两王之，犹豫未决，故乱起，以至父子俱死，为天下笑，岂不痛乎！

五年，与燕鄚、易。八年，城南行唐。九年，赵梁将，与齐合军攻韩，至鲁关下。及十年，秦自置为西帝。十一年，董叔与魏氏伐宋，得河阳于魏。秦取梗阳。十二年，赵梁将攻齐。十三年，韩徐为将，攻齐。公主死。十四年，相国乐毅将赵、秦、韩、魏、燕攻齐，取灵丘。与秦会中阳。十五年，燕昭王来见。赵与韩、魏、秦共击齐，齐王败走，燕独深入，取临淄。

十六年，秦复与赵数击齐，齐人患之。苏厉为齐遗赵王书曰：

臣闻古之贤君，其德行非布于海内也，教顺非洽于民人也，祭祀时享非数常于鬼神也。甘露降，时雨至，年谷丰孰，民不疾疫，众人善之，然而贤主图之。

今足下之贤行功力，非数加于秦也；怨毒积怒，非素深于齐也。秦赵与国，以强征兵于韩，秦诚爱赵乎？其实憎齐乎？物之甚者，贤主察之。秦非爱赵而憎齐也，欲亡韩而吞二周，故以齐餤天下。恐事之不合，故出兵以劫魏、赵。恐天下畏己也，故出质以为信。恐天下亟反也，故征兵于韩以威之。声以德与国，实而伐空韩，臣以秦计为必出于此。夫物固有势异而患同者，楚久伐而中山亡，今齐久伐而韩必亡。破齐，王与六国分其利也。亡韩，秦独擅之。收二周，西取祭器，秦独私之。赋田计功，王之获利孰与秦多？

说士之计曰："韩亡三川，魏亡晋国，市朝未变而祸已及矣。燕尽齐之北地，去沙丘、巨鹿敛三百里，韩之上党去邯郸百里，燕、秦谋王之河山，间三百里而通矣。秦之上郡近挺关，至于榆中者千五百里，秦以三郡攻王之上党，羊肠之西，句注之南，非王有已。踰句注，斩常山而守之，三百里而通于燕，代马胡犬不东下，昆山之玉不

住在吴娃宫中，吴娃生下儿子赵何后，主父就废了太子章改立赵何为太子。吴娃死后，对赵何的爱也随之消减，又怜悯原来的太子，想让两个儿子并立为王，犹豫不决，所以当变乱发生之后，导致父子一同死去，被天下人嘲笑，怎不令人痛惜呢！

五年，赵国把鄚、易两地送给燕国。八年，修筑南行唐城。九年，赵梁率兵，联合齐军一起攻打韩国，直到鲁关之下。到了十年的时候，秦国自称为西帝。十一年，董叔和魏氏一起讨伐宋国，在魏国得到河阳。秦国夺取梗阳。十二年，赵梁率兵攻打齐国。十三年，韩徐率兵，进攻齐国。公主去世。十四年，燕国宰相乐毅统率赵、秦、韩、魏、燕五国联军攻打齐国，夺下灵丘。在中阳会见秦王。十五年，燕昭王来拜见赵王。赵国与韩、魏、秦联合一起攻打齐国，齐王败逃，燕军孤军深入，攻下临淄城。

十六年，秦国又多次与赵国一起进攻齐国，齐国人非常忧虑。苏厉为齐王写信给赵王，说：

我听说古代的贤君，他们的德行并非遍布于海内各地，教化也并非普及到所有的百姓，四时祭祀的供品也不是经常让祖先享用。甘露普降，下雨及时，五谷得到丰收，百姓不生疫病，众人都对此赞颂，然而贤主却要深思。

如今您的贤德和功劳，并非经常都施行在秦国；积蓄的怨恨和怒气，也并非向来就对齐国特别深。秦赵两国联合，强使韩国出兵，秦国真是爱惜赵国吗？还是真的恨齐国？事情如果太过分，贤主就应该察觉到。秦国并非爱赵国也并非恨齐国，而是想要灭亡韩国从而吞并东、西二周，故意以齐国为诱饵吸引天下。又担心事情不能成功，所以才出兵胁迫魏国和赵国。又担心天下都惧怕它，所以派出人质以便得到信任。恐怕天下各国很快就要一起反对它了，所以在韩国征兵以示威信。表面上说是对韩国有好处，实际上是要攻伐空虚的韩国，我认为秦国的计谋一定是从这方面考虑的。本来事情的形势就有所不同，然而祸患都是一样的，楚国长期受到讨伐而中山国灭亡了，如今齐国长期被攻伐而韩国也一定会灭亡的。攻破齐国，大王您和六国一同瓜分利益。灭亡了韩国，秦国就会单独占有它。占领二周，往西可以得到天子祭祀用的礼器，秦国独吞私占。授给田地要计算一下功利，大王您得到的利益与秦国相比谁的更多呢？

游说之士议论说："韩国失去三川，魏国失去晋地，朝廷还没变化灾难就已经到来了。燕国占领齐国北部所有的土地之后，离沙丘、巨鹿就少了三百里，韩国的上党离邯郸只有一百里，燕国、秦国共同筹划准备夺取赵国的河山，经小路三百里就可通达。秦国的上郡靠近挺关，到达榆中有一千五百里，秦国凭借三郡进攻赵国的上党，羊肠坂以西、句注山以南就不再是大王您的领地了。越过句注山，截断常山并驻守在那里，仅三百里路就可通往燕国，代地的兵马、胡地的良

出,此三宝者亦非王有已。王久伐齐,从强秦攻韩,其祸必至于此。原王孰虑之。

"且齐之所以伐者,以事王也;天下属行,以谋王也。燕秦之约成而兵出有日矣。五国三分王之地,齐倍五国之约而殉王之患,西兵以禁强秦,秦废帝请服,反至分、先俞于赵。齐之事王,宜为上佼,而今乃抵罪,臣恐天下后事王者之不敢自必也。愿王孰计之也。

"今王毋与天下攻齐,天下必以王为义。齐抱社稷而厚事王,天下必尽重王义。王以天下善秦,秦暴,王以天下禁之,是一世之名宠制于王也。"于是赵乃辍,谢秦不击齐。

王与燕王遇。廉颇将,攻齐昔阳,取之。

十七年,乐毅将赵师攻魏伯阳。而秦怨赵不与己击齐,伐赵,拔我两城。十八年,秦拔我石城。王再之卫东阳,决河水,伐魏氏。大潦,漳水出。魏冉来相赵。十九年,秦取我二城。赵与魏伯阳。赵奢将,攻齐麦丘,取之。

二十年,廉颇将,攻齐。王与秦昭王遇西河外。

二十一年,赵徙漳水武平西。二十二年,大疫。置公子丹为太子。

二十三年,楼昌将,攻魏几,不能取。十二月,廉颇将,攻几,取之。二十四年,廉颇将,攻魏房子,拔之,因城而还。又攻安阳,取之。二十五年,燕周将,攻昌城、高唐,取之。与魏共击秦。秦将白起破我华阳,得一将军。二十六年,取东胡欧代地。

二十七年,徙漳水武平南。封赵豹为平阳君。河水出,大潦。

二十八年,蔺相如伐齐,至平邑。罢城北九门大城。燕将成安君公孙操弑其王。二十九年,秦、韩相攻,而围阏与。赵使赵奢将,击秦,大破秦军阏与下,赐号为马服君。

犬从此就不再东入赵国，昆山之玉也不再运至赵国，这三种宝物也就不再为大王所有了。大王长期攻打齐国，跟随在强秦的后面进攻韩国，最终祸患定会达到这种地步。希望大王您能仔细考虑。

"况且齐国之所以被讨伐，就是因为它侍奉了大王；各国军队联合起来，就是为了图谋祸害大王。如果燕、秦两国的盟约达成的话，那出兵的日子也就不远了。五国想把赵国的土地一分为三，齐国背弃了五国盟约牺牲自己只为解除赵国之祸，向西进兵抑制强秦，使秦国废除帝号请求屈服，把垩分、先俞还给赵国。齐国侍奉大王，应该说是最好的交情了，如今却让齐国服罪，我担心以后侍奉大王的国家不敢那么坚决了。希望大王好好考虑一下。

"假如现在大王不与各国一起进攻齐国，天下各国一定认为大王主持正义，齐国将捧着江山社稷尽心侍奉大王，天下各国一定都会敬重大王的正义。到那时大王就可以带领各国同秦国友好相交，如果秦国强暴，大王就可以带领各国抑制它，这样，一世的荣耀名誉都在大王您的掌握之中。"于是赵国退兵，谢绝了秦国，不再进攻齐国。

惠文王与燕王相会。廉颇领兵，进攻齐国的昔阳，一举拿下。

惠文王十七年，乐毅率领赵军攻打魏国的伯阳。秦王怨恨赵国不和他一起攻打齐国，就征伐赵国，夺取了赵国的两座城。十八年，秦军攻下赵国的石城。赵王再次到卫地的东阳，引决黄河水，讨伐魏国。大水成灾，漳水泛滥。魏冉来赵国任宰相。十九年，秦军又夺取了赵国两座城。赵国把伯阳还给魏国。赵奢领兵，攻打齐国的麦丘，夺取了麦丘。

二十年，廉颇率兵，攻打齐国。赵王在西河之外与秦昭王相会。

二十一年，赵国把漳水的水道改在武平的西边。二十二年，瘟疫泛滥。立公子丹为太子。

二十三年，楼昌率领军队，攻打魏国的几邑，没有攻下。十二月，廉颇又一次领兵，进攻几邑，占领了它。二十四年，廉颇带兵，进攻魏国的房子，夺下它，并筑起城墙才回去。又进攻安阳，又夺下了。二十五年，燕周领兵，进攻昌城、高唐，都胜利了。赵国与魏国联合攻打秦国，秦国大将白起在华阳打败赵军，俘虏赵国一名将领。二十六年，赵国夺回被东胡胁迫叛离的代地。

二十七年，赵国又把漳水的水道改往武平以南。封赵豹为平阳君。黄河泛滥，大水成灾。

二十八年，蔺相如攻打齐国，打到平邑。停止修建北边九门县的大城。燕国将领成安君和公孙操杀死燕国君王。二十九年，秦、韩联合攻赵，包围了阏与。赵国派赵奢率领军队，反击秦军，在阏与城下大败秦军，赵王赐给赵奢马服君的封号。

三十三年，惠文王卒，太子丹立，是为孝成王。

孝成王元年，秦伐我，拔三城。赵王新立，太后用事，秦急攻之。赵氏求救于齐，齐曰："必以长安君为质，兵乃出。"太后不肯，大臣强谏。太后明谓左右曰："复言长安君为质者，老妇必唾其面。"左师触龙言愿见太后，太后盛气而胥之。入，徐趋而坐，自谢曰："老臣病足，曾不能疾走，不得见久矣。窃自恕，而恐太后体之有所苦也，故愿望见太后。"太后曰："老妇恃辇而行耳。"曰："食得毋衰乎？"曰："恃粥耳。"曰："老臣间者殊不欲食，乃强步，日三四里，少益嗜食，和于身也。"太后曰："老妇不能。"太后不和之色少解。左师公曰："老臣贱息舒祺最少，不肖，而臣衰，窃怜爱之，原得补黑衣之缺以卫王宫，昧死以闻。"太后曰："敬诺。年几何矣？"对曰："十五岁矣。虽少，愿及未填沟壑而托之。"太后曰："丈夫亦爱怜少子乎？"对曰："甚于妇人。"太后笑曰："妇人异甚。"对曰："老臣窃以为媪之爱燕后贤于长安君。"太后曰："君过矣，不若长安君之甚。"左师公曰："父母爱子则为之计深远。媪之送燕后也，持其踵，为之泣，念其远也，亦哀之矣。已行，非不思也，祭祀则祝之曰'必勿使反'，岂非计长久，为子孙相继为王也哉？"太后曰："然。"左师公曰："今三世以前，至于赵主之子孙为侯者，其继有在者乎？"曰："无有。"曰："微独赵，诸侯有在者乎？"曰："老妇不闻也。"曰："此其近者祸及其身，远者及其子孙。岂人主之子侯则不善哉？位尊而无功，奉厚而无劳，而挟重器多也。今媪尊长安君之位，而封之以膏腴之地，多与之重器，而不及今令有功于国，一旦山陵崩，长安君何以自托于赵？老臣以媪为长安君之计短也，故以为爱之不若燕后。"太后曰："诺，恣君之所使之。"于是为长安君约车百乘，质于齐，齐兵乃出。

三十三年，惠文王去世，太子丹即位，这就是孝成王。

孝成王元年，秦国攻打赵国，夺取了三座城。新王刚刚即位，太后掌权，秦国加紧进攻。赵国向齐国请求救援，齐王说："一定要让长安君来做人质，齐国才会出兵。"太后不答应，大臣极力进谏。太后很明确地告诉左右大臣说："如果有人再来说让长安君去当人质的，老妇我一定要唾他的脸。"左师触龙说请求拜见太后，太后怒气冲冲地等着他。触龙进宫，慢慢地迈着小碎步过去坐下，自己告罪说："我的脚有毛病，不能走快了，所以很久都没来拜见您了。我私下里常常宽恕自己，但又担心太后的身体有什么不舒服，所以一直希望能来看望太后。"太后说："我现在依靠车辇行动。"触龙说："饮食没有减少吧？"太后说："就靠喝粥罢了。"触龙说："老臣我近来也没有食欲，就勉强散散步，每天走上三四里，多少能增加点食欲，身体也舒适一些。"太后说："老妇我办不到。"太后的怒气也稍稍缓和了些。左师公触龙说："我的儿子舒祺年龄最小，没什么出息，然而我已经老了，心里很疼爱他，希望他能补上黑衣卫士的空缺来保卫王宫，我冒着死罪向您禀告。"太后说："好吧！多大年纪了？"触龙回答说："十五岁了。虽然还年轻，但希望在我还没入土的时候可以把他托付给您。"太后说："你们男人也疼爱小儿子吗？"触龙回答说："比你们女人更疼爱。"太后笑着说："妇人爱得更厉害。"触龙说："老臣私下里认为您疼爱燕后胜过长安君。"太后说："您错了，比长安君差太多了。"左师公说："父母如果疼爱子女，就会为他们做长远打算。您送燕后远嫁的时候，握着她的脚后跟，为她哭泣，想到她要去那么远的地方，也是很可怜她呀。等她走了以后，并不是不想念她，在祭祀的时候却祷告说'千万不要让她回来'，这难道不是为她的长远打算，希望她的子子孙孙都能继承王位吗？"太后说："是啊。"左师公说："从现在算起到三代以前，直到赵国每位君主的子孙被封侯的时候，他们的封地、封号还有保留到今天的吗？"太后说："没有了。"左师公说："不单赵国，各国诸侯子孙后代的封地、封号还有存在的吗？"太后说："老妇没听说过。"左师公说："这就是时间短的当代即遭祸被废，时间长的也只能传到二代、三代。难道君主的子孙被封侯就变坏了吗？只是因为这样一来，他们的地位尊贵但没有功劳，俸禄优厚却没有功绩，而拥有贵重的宝物又太多。如今您让长安君的地位尊贵了，又封给他肥沃的土地，给他许多贵重的宝物，却不趁现在让他为国立功，一旦有一天您辞别人世，那长安君还能凭借什么在赵国立身？老臣觉得您为长安君打算得不够长远，所以认为您疼爱他不如疼爱燕后。"太后说："好吧，任凭您派他到哪里去吧！"于是为长安君准备了一百辆车，去齐国做人质，齐国这才出兵。

子义闻之，曰："人主之子，骨肉之亲也，犹不能持无功之尊，无劳之奉，而守金玉之重也，而况于予乎？"

齐安平君田单将赵师而攻燕中阳，拔之。又攻韩注人，拔之。二年，惠文后卒。田单为相。

四年，王梦衣偏裻之衣，乘飞龙上天，不至而坠，见金玉之积如山。明日，王召筮史敢占之，曰："梦衣偏裻之衣者，残也。乘飞龙上天不至而坠者，有气而无实也。见金玉之积如山者，忧也。"

后三日，韩氏上党守冯亭使者至，曰："韩不能守上党，入之于秦。其吏民皆安为赵，不欲为秦。有城市邑十七，原再拜入之赵，财王所以赐吏民。"王大喜，召平阳君豹告之曰："冯亭入城市邑十七，受之何如？"对曰："圣人甚祸无故之利。"王曰："人怀吾德，何谓无故乎？"对曰："夫秦蚕食韩氏地，中绝不令相通，固自以为坐而受上党之地也。韩氏所以不入于秦者，欲嫁其祸于赵也。秦服其劳而赵受其利，虽强大不能得之于小弱，小弱顾能得之于强大乎？岂可谓非无故之利哉！且夫秦以牛田之水通粮蚕食，上乘倍战者，裂上国之地，其政行，不可与为难，必勿受也。"王曰："今发百万之军而攻，踰年历岁未得一城也。今以城市邑十七币吾国，此大利也。"

赵豹出，王召平原君与赵禹而告之。对曰："发百万之军而攻，踰岁未得一城，今坐受城市邑十七，此大利，不可失也。"王曰："善。"乃令赵胜受地，告冯亭曰："敝国使者臣胜，敝国君使胜致命，以万户都三封太守，千户都三封县令，皆世世为侯，吏民皆益爵三级，吏民能相安，皆赐之六金。"冯亭垂涕不见使者，曰："吾不处三不义也：为主守地，不能死固，不义一矣；入之秦，不听主令，不义二矣；卖主地而食之，不义三矣。"赵遂发兵取上党。廉颇将军军长平。

赵国贤人子义听说后，说："君主的儿子，也是骨肉之亲，尚且不能依靠没有功勋的尊位，以及没有功劳的俸禄，来保住金玉之类的贵重宝物，更何况是我们这些普通人呢？"

齐国的安平君田单率领赵国军队进攻燕国的中阳，夺取了中阳。又进攻韩国的注人，也胜利了。二年，惠文后去世。田单被封为宰相。

四年，孝成王做梦梦到自己穿着两种颜色的衣服，乘飞龙到天上去，还没到天上就坠落下来，看见金玉堆积如山。第二天，孝成王召见筮史官敢来占卜，说："梦见穿两色衣服，表示残缺。乘飞龙上天还没到就坠落下来，表示有气势但没有实力。看见金玉堆积如山，表示忧患。"

在这之后三天，韩国驻守上党的将领冯亭派使者到赵国，说："韩国已不能守住上党，就要被并入秦国。那里的官吏百姓都愿意归顺赵国，而不愿归顺秦国。上党有城邑十七个，希望重新归顺赵国，大王怎样向官吏百姓施恩，请您裁决。"孝成王很高兴，召见平阳君赵豹并告诉他说："冯亭向赵国进献十七城，接受它怎样？"赵豹回答说："圣人认为无缘无故的利益就是大祸。"孝成王说："人们都被我的恩德感召，怎么说是没有缘故呢？"赵豹回答说："秦国侵吞韩国的土地，我们从当中断绝，不让两边相通，自以为可以白白得到上党的土地。韩国之所以不归顺秦国，是想要嫁祸于赵国。秦国付出了辛劳而赵国却白白得利，即使是强大的国家也不能随意从弱小的国家那里得利，难道弱小的国家反倒能从强大的国家那里得利吗？这怎能说不是无缘无故得来的利益呢！况且秦国利用牛田的水道运粮蚕食韩国，用最好的战车准备作战，分割韩国的土地，它的政令已经施行，不能和它为敌，一定不要接受。"孝成王说："如今就算出动百万大军进攻，一年半载也得不到一座城。现在有人送给我们十七座城邑，这可是大利呀！"

赵豹走后，孝成王召见平原君和赵禹，并把这件事告诉他们。他们回答说："出动百万大军进攻，过一年也得不到一座城，如今白白地得到十七座城邑，这么大的利益，不能丢掉。"孝成王说："好。"于是派赵胜去接收土地。赵胜告诉冯亭说："我是赵国的使者赵胜，我们君主派我前来传达命令，封赐万户的城邑三座给太守，封赐千户的城邑三座给各县县令，以后世代都为侯，官吏百姓全部晋爵三级，官吏百姓能平安相处，都赏赐黄金六斤。"冯亭流下眼泪不见使者，他说："我不能处于三不义的境地：替君主守护国土，却不能拼死固守，这是一不义；把上党归属秦国，我却不听君主的命令，这是二不义；出卖君主的土地而得到封赏，这是三不义。"赵国于是发兵占领上党。廉颇领兵进驻长平。

七月，廉颇免而赵括代将。秦人围赵括，赵括以军降，卒四十余万皆坑之。王悔不听赵豹之计，故有长平之祸焉。

王还，不听秦，秦围邯郸。武垣令傅豹、王容、苏射率燕众反燕地。赵以灵丘封楚相春申君。

八年，平原君如楚请救。还，楚来救，及魏公子无忌亦来救，秦围邯郸乃解。

十年，燕攻昌壮，五月拔之。赵将乐乘、庆舍攻秦信梁军，破之。太子死。而秦攻西周，拔之。徒父祺出。十一年，城元氏，县上原。武阳君郑安平死，收其地。十二年，邯郸廥烧。十四年，平原君赵胜死。

十五年，以尉文封相国廉颇为信平君。燕王令丞相栗腹约欢，以五百金为赵王酒，还归，报燕王曰："赵氏壮者皆死长平，其孤未壮，可伐也。"王召昌国君乐间而问之。对曰："赵，四战之国也，其民习兵，伐之不可。"王曰："吾以众伐寡，二而伐一，可乎？"对曰："不可。"王曰："吾即以五而伐一，可乎？"对曰："不可。"燕王大怒。群臣皆以为可。燕卒起二军，车二千乘，栗腹将而攻鄗，卿秦将而攻代。廉颇为赵将，破杀栗腹，虏卿秦、乐间。

十六年，廉颇围燕。以乐乘为武襄君。十七年，假相大将武襄君攻燕，围其国。十八年，延陵钧率师从相国信平君助魏攻燕。秦拔我榆次三十七城。十九年，赵与燕易土：以龙兑、汾门、临乐与燕；燕以葛、武阳、平舒与赵。

二十年，秦王政初立。秦拔我晋阳。

二十一年，孝成王卒。廉颇将，攻繁阳，取之。使乐乘代之，廉颇攻乐乘，乐乘走，廉颇亡入魏。子偃立，是为悼襄王。

悼襄王元年，大备魏。欲通平邑、中牟之道，不成。

二年，李牧将，攻燕，拔武遂、方城。秦召春平君，因而留之。泄钧为之谓文信侯曰："春平君者，赵王甚爱之而郎中妒之，故相与谋曰'春平君入秦，秦必留之'，故相与谋而内之秦也。今

七月，廉颇被罢免，赵括代替他领兵。秦军包围赵括的军队，赵括率军投降，四十多万士兵都被坑杀。孝成王后悔没听取赵豹的意见，因此导致长平的灾难。

孝成王返回都城，不答应秦国的要求，秦军包围邯郸。这时燕国的武垣县令傅豹和王容、苏射率领吏民投降赵国。赵国把灵丘封给楚国宰相春申君。

八年，平原君到楚国请求救援。回国后，楚军前来救助，魏国公子无忌也赶来救援，秦国才解除了对邯郸的包围。

十年，燕军攻打昌壮，五月攻取。赵国派乐乘、庆舍率军进攻秦国信梁的军队，并将其打败。赵国太子去世。秦国进攻西周，并占领了那里。徒父祺领兵出境。十一年，筑建元氏城，设为上原县。武阳君郑安平去世，赵国收回他的封地。十二年，邯郸的草料库被烧毁。十四年，平原君赵胜去世。

十五年，赵王把尉文封给宰相廉颇，封号为信平君。燕王派丞相栗腹来与赵国交好，送五百金为赵王祝酒。栗腹回国后报告燕王说："赵国的壮丁都死在长平了，他们的孩子还没长大，可以去进攻它。"燕王召见昌国君乐间并询问他的意见。乐间回答说："赵国是四面受敌的国家，他们的百姓都受过军事训练，不能进攻它。"燕王说："我们以多攻少，两个打一个，可以吗？"回答道："不可以。"燕王说："那我就用五个去打一个，可以吗？"回答说："不可以。"燕王很生气。所有的大臣都认为可以出兵。燕国最终派出两支军队、两千辆战车，由栗腹率领进攻鄗城，卿秦领兵攻打代地。廉颇率领赵国军队，打败并杀死栗腹，俘虏了卿秦、乐间。

十六年，廉颇包围燕国都城。封乐乘为武襄君。十七年，武襄君领兵进攻燕国，包围了它的国都。十八年，延陵钧率领军队跟随相国信平君一起帮助魏国攻打燕国。秦军攻下赵国榆次地区的三十七座城。十九年，赵国和燕国交换国土：赵国把龙兑、汾门、临乐给燕国；燕国把葛城、武阳、平舒给赵国。

二十年，秦王政即位。秦军攻占赵国的晋阳。

二十一年，孝成王去世。廉颇领兵，攻占繁阳。赵王派乐乘接替廉颇，廉颇攻打乐乘，乐乘逃跑，廉颇逃亡到魏国。孝成王的儿子赵偃即位，这就是悼襄王。

悼襄王元年，赵国送大礼与魏国交好，想把通往魏国平邑和中牟的道路修好，没有成功。

二年，李牧率军，攻打燕国，夺取了武遂、方城。秦王召见赵太子春平君，借故把他扣留了。秦国说客泄钧因为这件事对文信侯吕不韦说："春平君，很受赵王的喜爱，然而郎中们却忌妒他，所以那些郎中们互相商议说：'春平君去秦

君留之，是绝赵而郎中之计中也。君不如遣春平君而留平都。春平君者言行信于王，王必厚割赵而赎平都。"文信侯曰："善。"因遣之。城韩皋。

三年，庞暖将，攻燕，禽其将剧辛。四年，庞暖将赵、楚、魏、燕之锐师，攻秦蕞，不拔；移攻齐，取饶安。五年，傅抵将，居平邑；庆舍将东阳河外师，守河梁。六年，封长安君以饶。魏与赵邺。

九年，赵攻燕，取狸阳城。兵未罢，秦攻邺，拔之。悼襄王卒，子幽缪王迁立。

幽缪王迁元年，城柏人。二年，秦攻武城，扈辄率师救之，军败，死焉。

三年，秦攻赤丽、宜安，李牧率师与战肥下，却之。封牧为武安君。四年，秦攻番吾，李牧与之战，却之。

五年，代地大动，自乐徐以西，北至平阴，台屋墙垣太半坏，地坼东西百三十步。六年，大饥，民讹言曰："赵为号，秦为笑。以为不信，视地之生毛。"

七年，秦人攻赵，赵大将李牧、将军司马尚将，击之。李牧诛，司马尚免，赵怱及齐将颜聚代之。赵怱军破，颜聚亡去。以王迁降。

八年十月，邯郸为秦。

太史公曰：吾闻冯王孙曰："赵王迁，其母倡也，嬖于悼襄王。悼襄王废適子嘉而立迁。迁素无行，信谗，故诛其良将李牧，用郭开。"岂不缪哉！秦既虏迁，赵之亡大夫共立嘉为王，王代六岁，秦进兵破嘉，遂灭赵以为郡。

国,秦国一定会扣留他。'于是他们一起商量着把春平君送到秦国。如今君王您扣留他,是和赵国断绝关系,而中了那些郎中的奸计。您不如送春平君回去,而扣下副使平都侯。春平君的言行受赵王的信任,赵王一定会割让许多土地来赎回平都。"文信侯说:"好。"于是送回春平君。赵国在韩皋筑城。

三年,庞暖率军,攻打燕国,俘虏了燕国的将领剧辛。四年,庞暖统率赵、楚、魏、燕四国的精兵,进攻秦国的蕞,没有攻克。后又移兵攻打齐国,夺取了饶安。五年,傅抵领兵,驻扎在平邑;庆舍率领东阳及河外的军队,守卫黄河的桥梁。六年,把饶安封给长安君。魏国把邺送给赵国。

九年,赵国攻打燕国,夺取了狸阳城。士兵还没有回到赵国,秦军就来攻打邺,并攻下了此地。悼襄王去世,他的儿子幽缪王赵迁即位。

幽缪王赵迁元年,赵国在柏人筑城。二年,秦军进攻武城,扈辄率兵救援,扈辄的军队被打败,扈辄战死。

三年,秦军进攻赤丽、宜安,李牧率领军队在肥城下与秦军交战,击退秦军。赵王封李牧为武安君。四年,秦军又进攻番吾,李牧与之作战,击退秦军。

五年,代地发生大地震,从乐徐往西,北到平阴,大半楼台、房屋、墙垣都被毁坏了,地面裂开东西宽一百三十步的深沟。六年,发生大饥荒,百姓中传出民谣说:"赵人大哭,秦人大笑。如果不相信,请看田里长不长苗。"

七年,秦军攻打赵国,赵国大将李牧和将军司马尚率领军队反击秦军。李牧被杀,司马尚被免职,赵怱和齐国将军颜聚替代他们。赵怱兵败,颜聚逃跑。因此赵王迁投降。

八年十月,邯郸归属秦国。

太史公说:我听冯王孙说:"赵王迁的母亲是歌女,深受悼襄王宠爱。悼襄王废了嫡子赵嘉而立赵迁为太子。赵迁向来行为不端,又听信谗言,所以诛杀了良将李牧,重用郭开。"这难道不荒唐吗!秦国俘虏赵迁之后,赵国逃亡的大夫们一同扶立赵嘉为王,在代地称王六年。秦国出兵攻破赵嘉,最终灭了赵国,把它改为郡。

魏世家第十四

　　魏之先，毕公高之后也。毕公高与周同姓。武王之伐纣，而高封于毕，于是为毕姓。其后绝封，为庶人，或在中国，或在夷狄。其苗裔曰毕万，事晋献公。

　　献公之十六年，赵夙为御，毕万为右，以伐霍、耿、魏，灭之。以耿封赵夙，以魏封毕万，为大夫。卜偃曰："毕万之后必大矣，万，满数也；魏，大名也。以是始赏，天开之矣，天子曰兆民，诸侯曰万民。今命之大，以从满数，其必有众。"初，毕万卜事晋，遇屯之比。辛廖占之，曰："吉。屯固比入，吉孰大焉，其必蕃昌。"

　　毕万封十一年，晋献公卒，四子争更立，晋乱。而毕万之世弥大，从其国名为魏氏。生武子。魏武子以魏诸子事晋公子重耳。晋献公之二十一年，武子从重耳出亡。十九年反，重耳立为晋文公，而令魏武子袭魏氏之后封，列为大夫，治于魏。生悼子。

　　魏悼子徙治霍。生魏绛。

　　魏绛事晋悼公。悼公三年，会诸侯。悼公弟杨干乱行，魏绛僇辱杨干。悼公怒曰："合诸侯以为荣，今辱吾弟！"将诛魏绛。或说悼公，悼公止。卒任魏绛政，使和戎、翟，戎、翟亲附。悼公之十一年，曰："自吾用魏绛，八年之中，九合诸侯，戎、翟和，子之力也。"赐之乐，三让，然后受之。徙治安邑。魏绛卒，谥为昭子。生魏嬴。嬴生魏献子。

　　献子事晋昭公。昭公卒而六卿强，公室卑。

　　晋顷公之十二年，韩宣子老，魏献子为国政。晋宗室祁氏、羊舌氏相恶，六卿诛之，尽取其邑为十县，六卿各令其子为之大夫。献子

魏氏家族的祖先是毕公高的后代。毕公高原本和周天子是同姓。武王伐纣之后，高被封在毕地，所以就以毕为姓。他的后代中断了爵位，变成了平民，有的留在中原，有的流落到夷狄。他的后代中有个叫毕万的，侍奉晋献公。

晋献公十六年，赵夙为晋君驾车，毕万为车右护卫，去攻打霍、耿、魏，并将这几个地方都占据了。献公把耿地封给赵夙，把魏地封给毕万，他们两人都做了大夫。主管占卜的卜偃说："毕万的后代子孙一定很兴旺。'万'是满数；'魏'是高大的意思。用这样的名称封赏，这是上天对他的赞许和帮助。天子所统治的叫作兆民，诸侯所统治的叫作万民。如今封他的名称是大，后边又跟着满数，他以后一定会拥有很多民众。"当初，毕万为侍奉晋君这件事占卜吉凶，得到屯卦后又变为比卦。辛廖推断说："好。屯卦象征坚固，比卦象征进入，还有什么比这个更吉利的呢？将来必定会繁盛兴旺。"

毕万得到封赏后第十一年，晋献公去世，他的四个儿子争夺君位，晋国发生内乱。而毕万的子孙更加兴旺了，并随他们的国名称为魏氏。毕万生了武子。魏武子以魏氏诸子的身份侍奉晋公子重耳。晋献公二十一年，魏武子跟随重耳一起流亡在外，十九年后返回晋国，重耳即位为晋文公，就让魏武子承袭魏氏的封爵，并把他加封到了大夫的地位，他的官府设在魏邑。魏武子生了悼子。

魏悼子把官府迁到了霍邑。他生了魏绛。

魏绛侍奉晋悼公。悼公三年，晋悼公会见各位诸侯。悼公的弟弟杨干搞乱队列，魏绛杀了杨干的仆人羞辱他。悼公生气地说："会合诸侯这件事是大家的荣耀，如今你却羞辱我的弟弟！"将要诛杀魏绛。有人劝说悼公，悼公才停止。后来又任用魏绛掌管政事，派他去同戎、狄交好，戎、狄从此亲附晋国。悼公十一年，悼公说："自从我任用了魏绛之后，八年期间，九次会合诸侯，戎、狄都与我们和睦相处，这全靠您的努力呀！"就赐给魏绛乐器和乐队，魏绛再三辞让，然后才接受。魏绛把官府迁到安邑。魏绛去世后，谥号是昭子。他生了魏嬴，魏嬴生了魏献子。

魏献子侍奉晋昭公。昭公去世后，晋国的六卿强盛起来，公室逐渐衰败下去。

晋顷公十二年，韩宣子告老，魏献子掌管国政。晋室宗族祁氏和羊舌氏互相诽谤，六卿把他们诛杀了，收回他们的全部封地重新划分为十个县，并派他们的

与赵简子、中行文子、范献子并为晋卿。

其后十四岁而孔子相鲁。后四岁，赵简子以晋阳之乱也，而与韩、魏共攻范、中行氏。魏献子生魏侈。魏侈与赵鞅共攻范、中行氏。

魏侈之孙曰魏桓子，与韩康子、赵襄子共伐灭知伯，分其地。

桓子之孙曰文侯都。魏文侯元年，秦灵公之元年也。与韩武子、赵桓子、周威王同时。

六年，城少梁。十三年，使子击围繁、庞，出其民。十六年，伐秦，筑临晋元里。

十七年，伐中山，使子击守之，赵仓唐傅之。子击逢文侯之师田子方于朝歌，引车避，下谒。田子方不为礼。子击因问曰："富贵者骄人乎？且贫贱者骄人乎？"子方曰："亦贫贱者骄人耳。夫诸侯而骄人则失其国，大夫而骄人则失其家。贫贱者，行不合，言不用，则去之楚、越，若脱屣然，奈何其同之哉！"子击不怿而去。西攻秦，至郑而还，筑雒阴、合阳。

二十二年，魏、赵、韩列为诸侯。

二十四年，秦伐我，至阳狐。

二十五年，子击生子罃。

文侯受子夏经艺，客段干木，过其闾，未尝不轼也。秦尝欲伐魏，或曰："魏君贤人是礼，国人称仁，上下和合，未可图也。"文侯由此得誉于诸侯。

任西门豹守邺，而河内称治。

魏文侯谓李克曰："先生尝教寡人曰'家贫则思良妻，国乱则思良相'。今所置非成则璜，二子何如？"李克对曰："臣闻之，卑不谋尊，疏不谋戚。臣在阙门之外，不敢当命。"文侯曰："先生临事勿让。"李克曰："君不察故也。居视其所亲，富视其所与，达视其所举，穷视其所不为，贫视其所不取，五者足以定之矣，何待克

儿子分别去这十县担任大夫。魏献子与赵简子、中行文子、范献子一同担任晋国的上卿。

在这之后十四年，孔子在鲁国任代理宰相。又过了四年，赵简子由于晋阳之乱，联合了韩氏、魏氏一起攻打范氏和中行氏。魏献子生了魏侈，魏侈跟随赵鞅一起讨伐范氏和中行氏。

魏侈的孙子是魏桓子，他和韩康子、赵襄子一起攻打消灭了智伯，并瓜分了他的领地。

桓子的孙子是文侯魏都。魏文侯元年，也正好是秦灵公元年，魏文侯跟韩武子、赵桓子、周威王生活在一个时代。

文侯六年，魏文侯在少梁筑城。十三年，魏文侯派子击率兵围攻繁和庞两地，并将那里的百姓迁出。十六年，进攻秦国，在临晋、元里筑城。

文侯十七年，打败了中山国，派子击驻守在那里，并派赵仓唐去辅佐他。子击在朝歌遇到了文侯的老师田子方，于是停车让路，下车拜见。然而田子方却没有还礼。子击就问他说："是富贵的人对人比较傲慢还是贫贱的人对人比较傲慢呢？"田子方说："也就是贫贱的人对人傲慢罢了。诸侯如果对人傲慢就会失去他的封地，大夫如果对人傲慢就会失去他的家。贫贱的人，如果行为不相投合，意见不被采纳，可以离开这里到楚国、越国去，只不过跟脱掉草鞋一样，怎么能和富贵的人相同呢！"子击很不高兴地离开了。向西进攻秦国，到郑国就回来了，在雒阴、合阳筑城。

文侯二十二年，魏国、赵国、韩国都被封为诸侯。

文侯二十四年，秦军进攻魏国，打到了阳狐。

文侯二十五年，子击生子䓨。

文侯拜子夏为老师学习经书，用对待宾客的礼仪对待段干木，经过他的乡里，没有一次不凭轼敬礼的。秦国曾经想要攻打魏国。有人说："魏君特别敬重贤人，魏国人都称赞他的仁德，上下和谐同心，不能对他有什么企图。"文侯因此得到诸侯的赞誉。

文侯任命西门豹为邺郡郡守，因而河内清平安定。

魏文侯对李克说："先生曾经教导我说：'家里贫困就想娶得贤妻，国家混乱就想任用贤相。'如今要任命宰相，不是成子就是翟璜，他们两个人您看怎么样？"李克回答说："我听说，卑贱的人不替尊贵的人出谋划策，关系疏远的人不替亲近的人出谋划策。我的职责在宫门以外，不敢承担这个使命。"文侯说："先生对此事就不要推辞了。"李克说："这是您没有考察的缘故。平时看他亲近哪些人，富有时看他结交哪些人，显贵时看他推荐哪些人，不得志时看他不做

哉！"文侯曰："先生就舍，寡人之相定矣。"李克趋而出，过翟璜之家。翟璜曰："今者闻君召先生而卜相，果谁为之？"李克曰："魏成子为相矣。"翟璜忿然作色曰："以耳目之所睹记，臣何负于魏成子？西河之守，臣之所进也。君内以邺为忧，臣进西门豹。君谋欲伐中山，臣进乐羊。中山以拔，无使守之，臣进先生。君之子无傅，臣进屈侯鲋。臣何以负于魏成子！"李克曰："且子之言克于子之君者，岂将比周以求大官哉？君问而置相'非成则璜，二子何如'？克对曰：'君不察故也。居视其所亲，富视其所与，达视其所举，穷视其所不为，贫视其所不取，五者足以定之矣，何待克哉！'是以知魏成子之为相也。且子安得与魏成子比乎？魏成子以食禄千钟，什九在外，什一在内，是以东得卜子夏、田子方、段干木。此三人者，君皆师之。子之所进五人者，君皆臣之。子恶得与魏成子比也？"翟璜逡巡再拜曰："璜，鄙人也，失对，原卒为弟子。"

二十六年，虢山崩，壅河。

三十二年，伐郑。城酸枣。败秦于注。三十五年，齐伐取我襄陵。三十六年，秦侵我阴晋。

三十八年，伐秦，败我武下，得其将识。是岁，文侯卒，子击立，是为武侯。

魏武侯元年，赵敬侯初立，公子朔为乱，不胜，奔魏，与魏袭邯郸，魏败而去。

二年，城安邑、王垣。

七年，伐齐，至桑丘。九年，翟败我于浍。使吴起伐齐，至灵丘。齐威王初立。

十一年，与韩、赵三分晋地，灭其后。

十三年，秦献公县栎阳。十五年，败赵北蔺。

十六年，伐楚，取鲁阳。武侯卒，子䓨立，是为惠王。

哪些事，贫苦时看他不要哪些东西，根据这五条就足以决定谁当宰相了，又哪里需要等我李克来发表意见呢！"文侯说："先生回家吧，宰相的人选我已经定了。"李克快步走出去，到翟璜家中拜访。翟璜说："听说君主今天为选择宰相召见先生，结果是任命谁为宰相呢？"李克说："魏成子当宰相了。"翟璜很生气，脸色都变了，说："就凭您的所见所闻，我哪一点比魏成子差？西河的守将是我推荐的。君主对国内最忧虑的是邺郡，我推荐了西门豹。君主谋划要进攻中山国，我推荐了乐羊。中山攻灭以后，没有人可以派去镇守，我推荐了先生您。君主的儿子没有师傅，我推荐了屈侯鲋。我哪一点比魏成子差！"李克说："您向君主推荐我的目的，难道就是为了结党营私来谋求做大官吗？君主询问安排宰相一事，说'不是成子就是翟璜，这两个人怎么样？'我回答说：'这是您没有考察的缘故。平时看他亲近哪些人，富有时看他结交哪些人，显贵时看他推荐哪些人，不得志时看他不做哪些事，贫苦时看他不要哪些东西。根据这五条就足以决定了，又有哪里需要问我李克呢？'因此就知道魏成子要做宰相了。您怎么能跟魏成子相比呢？魏成子有千钟俸禄，其中十分之九都用在外边，十分之一用在家里，还从东方聘请来了卜子夏、田子方、段干木。这三个人，君主都奉他们为老师。您所推荐的那五个人，君主都任他们为臣子。您怎么能跟魏成子相比呢？"翟璜迟疑徘徊后拜了两拜说："我翟璜是个浅薄的人，说话不太得当，我愿终身做您的弟子。"

文侯二十六年，虢山塌陷，堵塞了黄河。

文侯三十二年，魏军进攻郑国，在酸枣筑城。魏军在注城打败了秦军。三十五年，齐军夺取了魏国的襄陵。三十六年，秦军进攻侵占了魏国的阴晋。

文侯三十八年，魏军攻打秦国，在武下被秦军打败，魏军俘虏了秦军将领识。当年，文侯去世，子击即位，这就是武侯。

魏武侯元年，赵敬侯刚刚即位，公子朔发起叛乱，失败，逃亡到魏国，联合魏军一起进攻邯郸，魏军失败后撤离。

武侯二年，在安邑、王垣筑城。

武侯七年，魏军讨伐齐国，一直打到桑丘。九年，翟人在浍水打败魏军。魏侯派吴起率领军队进攻齐国，打到了灵丘。齐威王刚刚即位。

武侯十一年，魏与韩、赵三国一起瓜分了晋国领土，并消灭了晋室后代。

武侯十三年，秦献公将都城迁往栎阳。十五年，魏军在北蔺打败赵军。

武侯十六年，魏军攻打楚国，攻下了鲁阳，武侯去世，子䓨即位，这就是惠王。

惠王元年，初，武侯卒也，子䓨与公中缓争为太子。公孙颀自宋入赵，自赵入韩，谓韩懿侯曰："魏䓨与公中缓争为太子，君亦闻之乎？今魏䓨得王错，挟上党，固半国也。因而除之，破魏必矣，不可失也。"懿侯说，乃与赵成侯合军并兵以伐魏，战于浊泽，魏氏大败，魏君围。赵谓韩曰："除魏君，立公中缓，割地而退，我且利。"韩曰："不可。杀魏君，人必曰暴；割地而退，人必曰贪。不如两分之。魏分为两，不强于宋、卫，则我终无魏之患矣。"赵不听。韩不说，以其少卒夜去。惠王之所以身不死，国不分者，二家谋不和也。若从一家之谋，则魏必分矣。故曰"君终无适子，其国可破也"。

二年，魏败韩于马陵，败赵于怀。三年，齐败我观。五年，与韩会宅阳。城武堵。为秦所败。六年，伐取宋仪台。九年，伐败韩于浍。与秦战少梁，虏我将公孙痤，取庞。秦献公卒，子孝公立。

十年，伐取赵皮牢。彗星见。十二年，星昼坠，有声。

十四年，与赵会鄗。十五年，鲁、卫、宋、郑君来朝。十六年，与秦孝公会杜平。侵宋黄池，宋复取之。

十七年，与秦战元里，秦取我少梁。围赵邯郸。十八年，拔邯郸。赵请救于齐，齐使田忌、孙膑救赵，败魏桂陵。

十九年，诸侯围我襄陵。筑长城，塞固阳。

二十年，归赵邯郸，与盟漳水上。二十一年，与秦会彤。赵成侯卒。二十八年，齐威王卒。中山君相魏。

魏惠王元年。当初，在武侯去世的时候，子䓨和公中缓互相争夺太子之位。公孙颀从宋国到赵国，又从赵国到韩国，告诉韩懿侯说："魏䓨与公中缓争夺太子的位置，您应该也听说这件事了吧？如今魏䓨有大臣王错的辅佐，挟持上党，本来就相当于拥有半个魏国了。如果能趁这个机会除掉他，就一定可以打败魏国，这么好的机会不可失去。"懿侯听后十分高兴，就联合赵成侯一起出兵攻打魏国，与魏军在浊泽交战，魏国大败，魏君被围困。赵成侯对韩懿侯说："杀死魏君，辅助公中缓即位，让魏国割地给我们，我们再退兵，这样对我们有利。"韩侯说："不能这样。如果除掉魏君，人们一定会指责我们太过残暴，让魏国割地再退兵，人们一定会指责我们太过贪婪。不如把魏国一分为二，这样魏国就变成两个国家，就不会比宋国、卫国的势力还强，我们以后就再也不用担心魏国了。"赵成侯不听取韩懿侯的意见。韩懿侯很不高兴，就带领自己精锐部队连夜回去了。魏惠王之所以没有死，魏国也没有被分裂成两个国家，正是由于韩、赵两家的意见没有达成一致，如果当初能够听从其中一家的意见，那么魏国就一定被分裂了。所以说"君主去世后如果没有嫡子可以继承王位，那么这个国家就可能会被攻破"。

魏惠王二年，魏军在马陵打败了韩军，在怀邑打败了赵军。三年，齐军在观城打败了魏军。五年，魏王与韩侯在宅阳相会。在武堵筑城。魏军被秦军打败。六年，魏军攻打宋国，占领了宋国的仪台。九年，魏军在浍水进攻韩军，并打败了韩军。魏军与秦军在少梁交战，秦军俘虏了魏国的将领公孙痤，并占领了庞城。秦献公去世，他的儿子孝公即位。

惠王十年，魏军进攻赵国的皮牢，占领了它。彗星出现。十二年，白天坠落一个陨星，发出很大声响。

惠王十四年，与赵侯在鄗邑相会。十五年，鲁、卫、宋、郑的君主都来朝见魏惠王。十六年，魏惠王与秦孝公在杜平相会。魏国攻占了宋国的黄池，后来又被宋国夺了回去。

惠王十七年，魏军与秦军在元里交战，秦军夺取了魏国的少梁。魏军包围赵国的邯郸。十八年，魏军攻占了邯郸。赵国向齐国请求救援，齐国派田忌、孙膑前去救援赵国，在桂陵大败魏军。

惠王十九年，诸侯联军包围了魏国的襄陵。魏国修筑长城，在固阳筑建关塞。

惠王二十年，魏国把邯郸还给了赵国，魏王与赵侯在漳水之滨见面签订盟约。二十一年，与秦君在彤地相会。赵成侯去世。二十八年，齐威王去世。中山君当上了魏国的丞相。

三十年，魏伐赵，赵告急齐。齐宣王用孙子计，救赵击魏。魏遂大兴师，使庞涓将，而令太子申为上将军。过外黄，外黄徐子谓太子曰："臣有百战百胜之术。"太子曰："可得闻乎？"客曰："固原效之。"曰："太子自将攻齐，大胜并莒，则富不过有魏，贵不益为王。若战不胜齐，则万世无魏矣。此臣之百战百胜之术也。"太子曰："诺，请必从公之言而还矣。"客曰："太子虽欲还，不得矣。彼劝太子战攻，欲啜汁者众。太子虽欲还，恐不得矣。"太子因欲还，其御曰："将出而还，与北同。"太子果与齐人战，败于马陵。齐虏魏太子申，杀将军涓，军遂大破。

三十一年，秦、赵、齐共伐我，秦将商君诈我将军公子卬而袭夺其军，破之。秦用商君，东地至河，而齐、赵数破我，安邑近秦，于是徙治大梁。以公子赫为太子。

三十三年，秦孝公卒，商君亡秦归魏，魏怒，不入。三十五年，与齐宣王会平阿南。

惠王数被于军旅，卑礼厚币以招贤者。邹衍、淳于髡、孟轲皆至梁。梁惠王曰："寡人不佞，兵三折于外，太子虏，上将死，国以空虚，以羞先君宗庙社稷，寡人甚丑之，叟不远千里，辱幸至弊邑之廷，将何利吾国？"孟轲曰："君不可以言利若是。夫君欲利则大夫欲利，大夫欲利则庶人欲利，上下争利，国则危矣。为人君，仁义而已矣，何以利为！"

三十六年，复与齐王会甄。是岁，惠王卒，子襄王立。

襄王元年，与诸侯会徐州，相王也。追尊父惠王为王。

五年，秦败我龙贾军四万五千于雕阴，围我焦、曲沃。予秦河西之地。

六年，与秦会应。秦取我汾阴、皮氏、焦。魏伐楚，败之陉山。

惠王三十年，魏国出兵讨伐赵国，赵国向齐国求救。齐宣王采用孙膑的计策，进攻魏国援救赵国。于是魏国派出重兵，并让庞涓率领，让太子申做上将军，进攻齐国。魏国大军路过外黄的时候，外黄的徐子告诉太子申说："我有一种可以让您百战百胜的方法。"太子说："我可以听听吗？"徐子说："本来就是打算告诉您的。"他接着说，"太子亲自率兵攻打齐国，就算大获胜利并占领莒地，那么再富有也不过就是拥有魏国，再尊贵也不过就是做魏王。然而如果不能打败齐国，那就会子孙后代都得不到魏国了。这就是我的百战百胜的方法。"太子申说："这样呀，那我一定听从您的意见返回国去。"徐子说："太子就算想回去，也回不去了。那些劝太子您攻打齐国的人，大多数都是想趁机从中得到利益。太子虽然想回去，恐怕也已经不可能了。"太子还是想回去，帮他驾车的人说："将军率领军队刚刚出来就又返回，这和打败仗的结果是一样的。"太子申只好与齐军作战，在马陵被齐军打败。齐军俘虏了魏国的太子申，杀死了魏国将领庞涓，魏军最终大败。

惠王三十一年，秦、赵、齐三国联合一起进攻魏国，秦国将领商鞅欺骗魏国将军公子印，从而袭击夺取了他的军队，打败了魏军。秦国任用商鞅，秦国的领土东部边界都到了黄河，同时齐国、赵国也多次打败魏国，魏国的安邑距离秦国太近，于是魏国迁都到大梁。公子赫被立为太子。

惠王三十三年，秦孝公去世，商鞅逃出秦国来投靠魏国，魏人恼怒，没有接纳他。三十五年，魏惠王与齐宣王相会在平阳的南边。

惠王在军事上屡次失败，于是用谦恭的礼节和优厚的待遇来招纳贤人，邹衍、淳于髡、孟轲都来到魏国的都城大梁。惠王说："我没有才能，军队曾几次在国外被打败，太子被俘虏，上将战死，国内因而变得空虚，因此也使祖先的宗庙社稷蒙受羞辱，我对此感到十分愧疚。老先生们不远千里，屈尊亲临我们魏国的朝廷，准备用什么方法使我得利呢？"孟轲说："君王您不可以这样谈论利益。如果君主想得到利益，那么大夫也想获得利益；大夫想获得利益，那么百姓更想获得利益，从上至下都来争相追逐利益，那个整个国家就危险了。作为一国君主，实行仁义就够了，为什么还要追逐利益呢？"

惠王三十六年，与齐王在甄邑再次相会。当年，惠王去世，他的儿子襄王即位。

襄王元年，魏王在徐州与诸侯相会，互相尊称为王。襄王把他的父亲惠王也追尊为王。

襄王五年，秦军在雕阴打败了魏国由龙贾率领的军队四万五千人，包围了魏国的焦城和曲沃。魏国把河西之地割让给秦国。

襄王六年，魏王与秦王在应城相会。秦军占领了魏国的汾阴、皮氏和焦城。

七年，魏尽入上郡于秦。秦降我蒲阳。八年，秦归我焦、曲沃。

十二年，楚败我襄陵。诸侯执政与秦相张仪会啮桑。十三年，张仪相魏。魏有女子化为丈夫。秦取我曲沃、平周。

十六年，襄王卒，子哀王立。张仪复归秦。

哀王元年，五国共攻秦，不胜而去。

二年，齐败我观津。五年，秦使樗里子伐取我曲沃，走犀首岸门。六年，秦来立公子政为太子。与秦会临晋。七年，攻齐。与秦伐燕。

八年，伐卫，拔列城二。卫君患之。如耳见卫君曰："请罢魏兵，免成陵君可乎？"卫君曰："先生果能，孤请世世以卫事先生。"如耳见成陵君曰："昔者魏伐赵，断羊肠，拔阏与，约斩赵，赵分而为二，所以不亡者，魏为从主也。今卫已迫亡，将西请事于秦。与其以秦醳卫，不如以魏醳卫，卫之德魏必终无穷。"成陵君曰："诺。"如耳见魏王曰："臣有谒于卫。卫故周室之别也，其称小国，多宝器。今国迫于难而宝器不出者，其心以为攻卫醳卫不以王为主，故宝器虽出必不入于王也。臣窃料之，先言醳卫者必受卫者也。"如耳出，成陵君入，以其言见魏王。魏王听其说，罢其兵，免成陵君，终身不见。

九年，与秦王会临晋。张仪、魏章皆归于魏。魏相田需死，楚害张仪、犀首、薛公。楚相昭鱼谓苏代曰："田需死，吾恐张仪、犀首、薛公有一人相魏者也。"代曰："然相者欲谁而君便之？"昭鱼曰："吾欲太子之自相也。"代曰："请为君北，必相之。"昭鱼曰："奈何？"对曰："君其为梁王，代请说君。"昭鱼曰："奈

魏军攻打楚国，在陉山将楚军打败。

七年，魏国把整个上郡都割让给了秦国。秦军攻取了魏国的蒲阳。八年，秦国又把焦城、曲沃还给魏国。

襄王十二年，楚军在襄陵打败魏军。各诸侯国派执政大臣与秦国的丞相张仪在啮桑相会。十三年，张仪到魏国担任宰相。魏国有个女子变成了男子。秦军攻取了魏国的曲沃、平周。

襄王十六年，襄王去世，他的儿子哀王即位。张仪又从魏国回到秦国。

哀王元年，五国联合起来派兵攻打秦国，没有取胜，撤兵而去。

哀王二年，齐军在观津打败魏军。五年，秦国派樗里子率军攻打并占领了魏国的曲沃，在岸门赶跑了犀首公孙衍。六年，秦国派使者前来魏国，辅助立魏公子政为太子。魏王与秦王在临晋相会。七年，魏国攻打齐国，并联合秦军一起攻打燕国。

哀王八年，魏国派兵攻打卫国，占领了两座城邑。卫国国君很担心，如耳去拜见卫君，说："我请求去劝说魏国收兵，并免除成陵君的职务，可以吗？"卫君说："先生如果真的可以做到这一点，我愿意世世代代以卫国侍奉先生。"如耳去拜见成陵君，说道："以前魏国攻打赵国，断绝羊肠坂，占领阏与，准备割裂赵国，把它一分为二，然而赵国没有灭亡，那是因为魏国是合纵的盟主。如今卫国已经快要灭亡了，它准备向西方请求去侍奉秦国。与其等秦国前来救助卫国，还不如现在由魏国来放弃攻打卫国，这样，卫国将一定会永远感激魏国的恩德。"成陵君说："的确是这样。"如耳又去拜见魏王说："我曾去拜见了卫国君主。卫国本来就是周王室的一个分支，它虽然称自己是小国，但拥有很多宝器。如今卫国处于危难的境地，可是宝器却还没有献给大王您，是因为他们心里认为对卫国是进攻还是宽释都不是由大王您决定的，所以就算有一天他们献出宝器来也一定不会落到大王您的手里。臣私下里猜测，最先建议宽释卫国的人，一定是接受了卫国贿赂的人。"如耳出去后，成陵君进来，听从如耳的意见去拜见魏王。魏王采纳了他的意见，撤回了魏军，免去了成陵君的职位，终身不再见他。

哀王九年，魏王与秦王在临晋相会。张仪、魏章都归顺了魏国。魏国的丞相田需去世了，楚国害怕张仪、犀首、薛公。楚国宰相昭鱼对苏代说："田需死了，我担心张仪、犀首、薛公他们三人中就要有一人担任魏国的宰相了。"苏代说："那么谁做宰相对您有利呢？"昭鱼说："我想让魏国太子亲自做宰相。"苏代说："我愿意为您北上去魏国，一定可以让他做宰相。"昭鱼说："你怎么做？"苏代回答说："您假装为梁王，请允许我劝说梁王。"昭鱼说："你要

何?"对曰:"代也从楚来,昭鱼甚忧,曰:'田需死,吾恐张仪、犀首、薛公有一人相魏者也。'代曰:'梁王,长主也,必不相张仪。张仪相,必右秦而左魏。犀首相,必右韩而左魏。薛公相,必右齐而左魏。梁王,长主也,必不便也。'王曰:'然则寡人孰相?'代曰:'莫若太子之自相。太子之自相,是三人者皆以太子为非常相也,皆将务以其国事魏,欲得丞相玺也。以魏之强,而三万乘之国辅之,魏必安矣。故曰莫若太子之自相也。'"遂北见梁王,以此告之。太子果相魏。

十年,张仪死。十一年,与秦武王会应。十二年,太子朝于秦。秦来伐我皮氏,未拔而解。十四年,秦来归武王后。十六年,秦拔我蒲反、阳晋、封陵。十七年,与秦会临晋。秦予我蒲反。十八年,与秦伐楚。二十一年,与齐、韩共败秦军函谷。

二十三年,秦复予我河外及封陵为和。哀王卒,子昭王立。

昭王元年,秦拔我襄城。二年,与秦战,我不利。三年,佐韩攻秦,秦将白起败我军伊阙二十四万。六年,予秦河东地方四百里。芒卯以诈重。七年,秦拔我城大小六十一。八年,秦昭王为西帝,齐湣王为东帝,月余,皆复称王归帝。九年,秦拔我新垣、曲阳之城。

十年,齐灭宋,宋王死我温。十二年,与秦、赵、韩、燕共伐齐,败之济西,湣王出亡。燕独入临淄。与秦王会西周。

十三年,秦拔我安城。兵到大梁,去。十八年,秦拔郢,楚王徙陈。

十九年,昭王卒,子安釐王立。

安釐王元年,秦拔我两城。二年,又拔我二城,军大梁下,韩来

怎么说呢？"苏代回答说："我苏代从楚国前来，楚国宰相昭鱼非常担忧，他说：'田需去世以后，恐怕张仪、犀首、薛公这三人中就要有一人成为魏国宰相了。'我说：'梁王是一位贤君，一定不会让张仪他们担任魏国的宰相。假如张仪担任宰相，一定会偏向秦国，不辅佐魏国。如果犀首做了宰相，就一定会偏向韩国，从而不帮助魏国。如果薛公做了宰相，也同样一定会偏向齐国，不帮助魏国。梁王是一位贤君，也当然一定知道这样会对魏国不利。'梁王会说：'这样的话，我应该让谁做宰相呢？'我说：'不如让太子亲自做宰相。如果太子亲自做宰相，那么张仪他们三人肯定都会认为太子不可能长期担任宰相，于是就都努力让他们原来的国家全心全意地侍奉魏国，想借此得到丞相的地位。这样凭借魏国的强大，再加上三个大国的辅助，魏国一定会长久安定的。所以说不如让太子亲自做宰相。'"于是北上去魏国拜见梁王，并把这些话告诉他。魏国果然让太子做了宰相。

十年，张仪去世。十一年，魏哀王与秦武王在应城相会。十二年，魏太子到秦国朝拜。秦国派兵前来攻打魏国的皮氏，没有攻下，后来撤兵回去了。十四年，秦国送武王后回魏国。十六年，秦军占领了魏国的蒲反、阳晋和封陵。十七年，魏王与秦王在临晋相会。秦国把蒲反还给魏国。十八年，魏国联合秦国一起进攻楚国。二十一年，魏军联合齐军、韩军一起攻打秦军，在函谷关大败秦军。

哀王二十三年，秦国与魏国讲和，把河外之地以及封陵还给魏国。哀王去世，他的儿子昭王继承王位。

昭王元年，秦军占领了魏国的襄城。二年，魏军与秦军交战，魏军失败。三年，魏国帮助韩国攻打秦国，秦国将领白起在伊阙打败了魏国和韩国的军队二十四万人。六年，魏国把河东四百里土地让给秦国。芒卯因为擅长使用诡诈之计被魏国重用。七年，秦军攻占魏国城池大小共六十一座。八年，秦昭王称为西帝，齐湣王称为东帝，过了一个多月，又都重新称王取消了帝号。九年，秦军攻占了魏国的两座城新垣和曲阳。

十年，齐国灭了宋国，宋王在魏国的温邑去世。十二年，魏国与秦、赵、韩、燕联合共同攻打齐国，并在济西大败齐军，齐湣王逃出齐国。燕国孤军深入，攻入临淄。魏王与秦王在西周相会。

十三年，秦军夺取魏国的安城。军队已经到了大梁，又退去了。十八年，秦军攻占了楚国的都城郢都，楚王将都城迁往陈地。

十九年，昭王去世，他的儿子安釐王即位。

安釐王元年，秦军攻取魏国的两座城。二年，又占领两座城，军队抵达大梁城下，韩国派兵前来救助，把温邑让给秦国，来请求与秦国讲和。三年，秦军

救，予秦温以和。三年，秦拔我四城，斩首四万。四年，秦破我及韩、赵，杀十五万人，走我将芒卯。魏将段干子请予秦南阳以和。苏代谓魏王曰："欲玺者段干子也，欲地者秦也。今王使欲地者制玺，使欲玺者制地，魏氏地不尽则不知已。且夫以地事秦，譬犹抱薪救火，薪不尽，火不灭。"王曰："是则然也。虽然，事始已行，不可更矣。"对曰："王独不见夫博之所以贵枭者，便则食，不便则止矣。今王曰'事始已行，不可更'，是何王之用智不如用枭也？"

九年，秦拔我怀。十年，秦太子外质于魏死。十一年，秦拔我郪丘。

秦昭王谓左右曰："今时韩、魏与始孰强？"对曰："不如始强。"王曰："今时如耳、魏齐与孟尝、芒卯孰贤？"对曰："不如。"王曰："以孟尝、芒卯之贤，率强韩、魏以攻秦，犹无奈寡人何也。今以无能之如耳、魏齐而率弱韩、魏以伐秦，其无奈寡人何亦明矣。"左右皆曰："甚然。"中旗冯琴而对曰："王之料天下过矣。当晋六卿之时，知氏最强，灭范、中行，又率韩、魏之兵以围赵襄子于晋阳，决晋水以灌晋阳之城，不湛者三版。知伯行水，魏桓子御，韩康子为参乘。知伯曰：'吾始不知水之可以亡人之国也，乃今知之。'汾水可以灌安邑，绛水可以灌平阳。魏桓子肘韩康子，韩康子履魏桓子，肘足接于车上，而知氏地分，身死国亡，为天下笑。今秦兵虽强，不能过知氏；韩、魏虽弱，尚贤其在晋阳之下也。此方其用肘足之时也，原王之勿易也！"于是秦王恐。

齐、楚相约而攻魏，魏使人求救于秦，冠盖相望也，而秦救不至。魏人有唐雎者，年九十余矣，谓魏王曰："老臣请西说秦王，令兵先臣出。"魏王再拜，遂约车而遣之。唐雎到，入见秦王。秦王曰："丈人芒然乃远至此，甚苦矣！夫魏之来求救数矣，寡人知魏之急已。"唐雎对曰："大王已知魏之急而救不发者，臣窃以为用策之

占领魏国四座城，斩杀四万人。四年，秦军打败魏军和韩军、赵军，一共杀死了十五万人，赶跑了魏国将领芒卯。魏国将领段干子请求把南阳让给秦国与秦国求和。苏代告诉魏王："想升官的人是段干子，想得到土地的人是秦王。如今大王让想得土地的人控制官印，让想升官的人控制土地，魏国的土地不被送光就不会了结。况且拿土地去侍奉秦国，就如同抱着干柴去救火，柴不烧完，火也不会灭。"魏王说："事情的确是这样，尽管如此，可是事情已经开始实行，不能更改了。"苏代回答说："大王只是没有理解博弈的人为什么特别看重枭子，那是因为对自己有利就可以吃掉对方的子，对自己无利就可以停下来。如今大王却说'事情已经开始实行，不能更改了'，大王使用智谋怎么还不如博弈的人用枭呢？"

安釐王九年，秦军夺取魏国的怀邑，十年，在魏国做人质的秦国太子去世。十一年，秦军攻占魏国的郪丘。

秦昭王告诉左右服侍的大臣们说："现在的韩、魏与早期的韩、魏相比，哪个更强呢？"回答说："现在不如以前强。"秦王说："如今的如耳、魏齐和当初的孟尝君、芒卯相比，谁更有才华？"回答说："如耳、魏齐比不上孟尝君和芒卯。"秦王说："当初有孟尝君和芒卯这样的贤人，率领韩、魏的强兵来进攻秦国，还没能把秦国怎么样。如今靠如耳和魏齐率领疲弱的韩、魏军队来攻打秦国，他们当然也更不可能把秦国怎么样。"大臣们都说："当然是这样的。"中旗却靠在琴的旁边回答说："大王您对天下形势的估计不对。以前晋国六卿掌权的时候，智氏实力最强，消灭了范氏和中行氏，还率领韩、魏两国的军队在晋阳包围了赵襄子，并引晋水淹灌晋阳城，晋阳城都被淹得只剩下三版高。智伯巡察水势，魏桓子驾车，韩康子随从在车旁。智伯说：'我原本都不知道水还可以灭亡别人的国家，今天才知道。'汾水可以淹没魏都安邑，绛水可以淹没韩都平阳。魏桓子用臂肘碰了一下韩康子，韩康子也用脚碰了一下魏桓子，在车上就这样用肘和脚暗中一示意，结果就瓜分了智氏的土地，智伯死了，国家也灭亡了，还被天下人所嘲笑。现在秦兵虽然比较强大，但并不能超过智氏；韩、魏虽然较弱，但总比当初在晋阳城下的时候要好很多。现在正是他们暗中联合的时候，希望大王不要把形势看得太简单了！"于是秦王有些惊恐。

齐国和楚国联合起来攻打魏国，魏国派人到秦国请求救援，不断派去使者，然而秦国的救兵却始终没来。魏国有个叫唐雎的人，都已经九十多岁了，告诉魏王说："老臣愿意去西方游说秦王，一定让秦国的军队在我离开秦国返回之前就出发。"魏王拜了两拜，立马就准备好车辆派他前去。唐雎到了秦国以后，入宫拜见秦王。秦王说："老人家舟车劳顿不远千里来到秦国，真是太辛苦了！魏国已经多次派人来求救，我知道魏国的困难了。"唐雎回答说："大王您既然已经

臣无任矣。夫魏，一万乘之国也，然所以西面而事秦，称东籓，受冠带，祠春秋者，以秦之强足以为与也。今齐、楚之兵已合于魏郊矣，而秦救不发，亦将赖其未急也。使之大急，彼且割地而约从，王尚何救焉？必待其急而救之，是失一东籓之魏而强二敌之齐、楚，则王何利焉？"于是秦昭王遽为发兵救魏。魏氏复定。

赵使人谓魏王曰："为我杀范痤，吾请献七十里之地。"魏王曰："诺。"使吏捕之，围而未杀。痤因上屋骑危，谓使者曰："与其以死痤市，不如以生痤市。有如痤死，赵不予王地，则王将奈何？故不若与先定割地，然后杀痤。"魏王曰："善。"痤因上书信陵君曰："痤，故魏之免相也，赵以地杀痤而魏王听之，有如强秦亦将袭赵之欲，则君且奈何？"信陵君言于王而出之。

魏王以秦救之故，欲亲秦而伐韩，以求故地。无忌谓魏王曰："秦与戎翟同俗，有虎狼之心，贪戾好利无信，不识礼义德行。苟有利焉，不顾亲戚兄弟，若禽兽耳，此天下之所识也，非有所施厚积德也。故太后母也，而以忧死；穰侯舅也，功莫大焉，而竟逐之；两弟无罪，而再夺之国。此于亲戚若此，而况于仇雠之国乎？今王与秦共伐韩而益近秦患，臣甚惑之。而王不识则不明，群臣莫以闻则不忠。

"今韩氏以一女子奉一弱主，内有大乱，外交强秦魏之兵，王以为不亡乎？韩亡，秦有郑地，与大梁邻，王以为安乎？王欲得故地，今负强秦之亲，王以为利乎？

"秦非无事之国也，韩亡之后必将更事，更事必就易与利，就易

知道魏国如今形势危急却还不派兵前去救援,我私下以为是出谋划策之臣没有尽力的缘故。魏国,那可是拥有万辆战车的大国,之所以向西侍奉秦国,称为秦国的东方藩属,接受秦国赐给的衣冠,每逢春秋都向秦国恭送祭品,主要是因为秦国的强大足以值得结交。如今齐、楚的军队已经在魏都的郊外会合了,可是秦国还不派兵救援,主要是认为魏国形势还不太危急吧。假如真的到了特别危急的时候,那魏国就会割地并加入合纵盟约,大王您还去救什么呢?如果秦国一定要等到魏国十分危急的时候才去救它,这样就会失去东方一个作为藩属的魏国,同时还增强了齐和楚两个敌国的势力,那么大王您又能得到什么好处呢?"于是秦昭王马上派兵前去援救魏国,魏国恢复了安定。

赵国派使者告诉魏王说:"如果您能够帮我杀了范痤,我们愿意献出七十里土地给魏国。"魏王说:"好。"于是魏王派官吏去逮捕范痤,包围了他还没有将他杀掉的时候,范痤爬上了屋顶骑在屋脊上,告诉使者说:"与其杀了我用死的范痤去作交易,还不如用活的范痤去做交易。假如今天您杀了我范痤,而赵国却不给大王您土地了,大王您该怎么办呢?所以不如先让赵国划定割让的土地,然后再杀我。"魏王说:"对。"范痤后来写信给信陵君说:"范痤是过去被魏国罢免的宰相,赵国用割地为条件让魏王杀我,而魏王听从了,如果强大的秦国也效仿赵国的办法对待您,那么您将怎么办?"信陵君向魏王进谏之后,放了范痤。

魏王因为秦国曾经援救魏国的缘故,想要亲近秦国、进攻韩国,来收回以前的失地。信陵君无忌对魏王说:"秦人和狄戎有着一样的习俗,都有如虎狼一般的心肠,贪婪凶狠,追求利益又不讲信用,不懂得礼义德行。如果对自己有利,就算亲戚兄弟也不会顾及,好像禽兽一样,天下人都知道这一点,他们从未有过施恩积德的行为。太后本是秦王的母亲,都因此忧虑而死,穰侯是秦王的舅父,功劳再也没有比他更大的,却被驱逐出去了;秦王的两个弟弟都未曾犯过过错,却一再被削夺封地。秦国对待亲戚兄弟都是这样,何况对仇敌之国呢?现在大王您想联合秦国一起攻打韩国,这样只会更加接近秦国这样祸患之国,我对此感到十分不解。大王如果不能看出这个事实就是不明,但如果群臣没有来向您奏闻此理就是不忠。

"如今韩国倚仗一个女人辅佐一个幼弱的君主,国内已经有了大乱,对外还要与强秦以及魏国的军队交战,大王以为它能不灭亡吗?韩国灭亡以后,秦国占领原来郑国的土地,紧邻着大梁,大王以为魏国就可以安宁吗?大王想夺回失地,就要依靠和强秦亲近,大王以为这对您会有利吗?

"秦国并不是一个不生事端的国家,韩国灭亡后,一定会再找麻烦,这样

与利必不伐楚与赵矣。是何也？夫越山逾河，绝韩上党而攻强赵，是复阏与之事，秦必不为也。若道河内，倍邺、朝歌，绝漳滏水，与赵兵决于邯郸之郊，是知伯之祸也，秦又不敢。伐楚，道涉谷，行三千里。而攻冥阨之塞，所行甚远，所攻甚难，秦又不为也。若道河外，倍大梁，右上蔡、召陵，与楚兵决于陈郊，秦又不敢。故曰秦必不伐楚与赵矣，又不攻卫与齐矣。

"夫韩亡之后，兵出之日，非魏无攻已。秦固有怀、茅、邢丘，城垝津以临河内，河内共、汲必危；有郑地，得垣雍，决荥泽水灌大梁，大梁必亡。王之使者出过而恶安陵氏于秦，秦之欲诛之久矣。秦叶阳、昆阳与舞阳邻，听使者之恶之，随安陵氏而亡之，绕舞阳之北，以东临许，南国必危，国无害乎？

"夫憎韩不爱安陵氏可也，夫不患秦之不爱南国非也。异日者，秦在河西晋，国去梁千里，有河山以阑之，有周韩以间之。从林乡军以至于今，秦七攻魏，五入囿中，边城尽拔，文台堕，垂都焚，林木伐，麋鹿尽，而国继以围。又长驱梁北，东至陶卫之郊，北至平监。所亡于秦者，山南山北，河外河内，大县数十，名都数百。秦乃在河西晋，去梁千里，而祸若是矣，又况于使秦无韩，有郑地，无河山而阑之，无周韩而间之，去大梁百里，祸必由此矣。

"异日者，从之不成也，楚、魏疑而韩不可得也。今韩受兵三年，秦桡之以讲，识亡不听，投质于赵，请为天下雁行顿刃，楚、赵必集兵，皆识秦之欲无穷也，非尽亡天下之国而臣海内，必不休矣。是故臣愿以从事王，王速受楚赵之约，而挟韩之质以存韩，而求故

就一定要找容易的和对秦国有利的目标，相对容易和有利的目标就一定不去攻打楚国和赵国。这是为什么呢？如果翻山过河，穿过韩国的上党去攻打强大的赵国，这就会重复阏与曾经的失败，秦国不可能这样做。如果穿过河内，背向邺城和朝歌，横渡漳水、滏水，在邯郸郊外与赵军交战，这就会遇到像当初智伯那样的灾祸，秦国又不敢这样做。进攻楚国，要从涉谷通过，行军三千里，去攻打冥阨关塞，军队需要走的路太远，所要攻打的地方也太艰难，秦国也不可能这样做。如果取道河外，背向大梁，右边是上蔡、召陵，在陈城郊外与楚军交战，秦国又不敢这样做。所以说秦国一定不会进攻楚国和赵国，当然也就更不会进攻卫国和齐国了。

"那么韩国灭亡之后，秦国想要出兵的时候，除去魏国就没有可以进攻的了。秦国本来就占有了怀邑、茅邑、邢丘，如果通过在垝津筑城向河内靠近，那河内的共城、汲邑就面临危险；秦国又占据着郑国原来的土地，依靠垣雍城，决开荥泽之水，水淹大梁，大梁必定失陷。大王派使者去秦国已成过失，而又在秦国诽谤安陵氏，秦国想灭掉它已经很久了。秦国的叶阳、昆阳靠近魏国的舞阳，听任使臣诽谤安陵氏，放任安陵氏被灭亡，秦军就会绕过舞阳北边，从东边逼近许地，这样南方一定陷入危难，魏国会不遭受危害吗？

"如果只是憎恶韩国、不喜爱安陵氏，这是可以的，然而不担心秦国不图谋南方那就错了。当初，秦国在河西晋国故地，离大梁有千里之远，中间还有黄河以及高山阻挡，并且还有周与韩把它间隔开。自从林乡一战到现在，秦国在这期间已经七次攻打魏国，五次攻入囿中，边境城邑都被秦军攻占，文台被毁，垂都被烧，林木都被砍伐，麋鹿都被猎尽，接着国都被围。秦军又长期驻扎在大梁以北，向东打到陶、卫两城的郊外，向北打到平监。丧失给秦国的土地，从山南到山北，从河外到河内，一共有几十个大县、几百个名都。当初秦国还在河西晋国故地，距离大梁还有一千里的时候，祸患就已经如此厉害了。更何况是让秦国灭了韩国，占据郑国故地之后，这样就没有黄河大山阻拦它，也没有周和韩间隔它，距离大梁只有一百里那么远，大祸也一定会由此开始。

"当初，合纵没有成功，主要在于楚、魏两国互相猜疑，而韩国又不可能参加盟约。如今韩国已经连续三年遭受战乱，秦国曾使它屈从，与其讲和，韩国知道即将灭亡没有听从，反而送人质到赵国，表示愿做天下诸侯的先锋与秦国决一死战。楚国、赵国必定联合它们的军队，它们都知道秦国的欲望是无穷的，如果不完全消灭天下的诸侯国，使海内之民都臣服于秦国，秦国是不可能罢休的。所以臣希望能用合纵的主张报效大王，大王您应该尽快接受楚国和赵国的盟约，挟持韩国的人质，并保全韩国，然后向韩国索要故地，韩国一定会还给我们。这样

地,韩必效之。此士民不劳而故地得,其功多于与秦共伐韩,而又与强秦邻之祸也。

"夫存韩安魏而利天下,此亦王之天时已。通韩上党于共、宁,使道安成,出入赋之,是魏重质韩以其上党也。今有其赋,足以富国。韩必德魏爱魏重魏畏魏,韩必不敢反魏,是韩则魏之县也。魏得韩以为县,卫、大梁、河外必安矣。今不存韩,二周、安陵必危,楚、赵大破,卫、齐甚畏,天下西乡而驰秦入朝而为臣不久矣。"

二十年,秦围邯郸,信陵君无忌矫夺将军晋鄙兵以救赵,赵得全。无忌因留赵。二十六年,秦昭王卒。

三十年,无忌归魏,率五国兵攻秦,败之河外,走蒙骜。魏太子增质于秦,秦怒,欲囚魏太子增。或为增谓秦王曰:"公孙喜固谓魏相曰'请以魏疾击秦,秦王怒,必囚增。魏王又怒,击秦,秦必伤'。今王囚增,是喜之计中也。故不若贵增而合魏,以疑之于齐、韩。"秦乃止增。

三十一年,秦王政初立。

三十四年,安釐王卒,太子增立,是为景湣王。信陵君无忌卒。

景湣王元年,秦拔我二十城,以为秦东郡。二年,秦拔我朝歌。卫徙野王。三年,秦拔我汲。五年,秦拔我垣、蒲阳、衍。十五年,景湣王卒,子王假立。

王假元年,燕太子丹使荆轲刺秦王,秦王觉之。

三年,秦灌大梁,虏王假,遂灭魏以为郡县。

太史公曰:吾适故大梁之墟,墟中人曰:"秦之破梁,引河沟而灌大梁,三月城坏,王请降,遂灭魏。"说者皆曰魏以不用信陵君故,国削弱至于亡,余以为不然。天方令秦平海内,其业未成,魏虽得阿衡之佐,曷益乎?

做不需要军民承受战争之苦就可收回旧地，比起和秦国一起去进攻韩国收到的成效更多，还不用担心与强秦为邻的祸害。

"保存韩国、安定魏国，对天下形势有利，这也是上天赐给大王您的良好机遇。如果开通共城、宁邑到韩国上党的道路，并使它通过安成，从这里进出的商人都要向您纳税，那就相当于魏国又把韩国的上党作为抵押。有了这些税收足以使我们的国家富足。韩国也肯定会感激魏国、爱戴魏国、尊崇魏国、惧怕魏国，从而也不敢反叛魏国，这样，韩国就成为魏国的郡县了。魏国有了韩国这样一个郡县，卫、大梁、河外相对也就能安定了。如果现在不保存韩国，东西二周以及安陵之地就会处于困境，接着楚国、赵国就会大败，卫国、齐国害怕，天下诸侯都向西奔赴去朝拜秦国向秦国称臣的日子也就不远了。"

安釐王二十年，秦军包围邯郸，信陵君无忌假传魏国君王的命令带领将军晋鄙的军队去救援赵国，赵国得以保全，因此无忌也留在了赵国。二十六年，秦昭王去世。

安釐王三十年，无忌又回到了魏国，率领五国联军攻打秦国，在河外将秦军打败，赶跑了秦军将领蒙骜。当时魏国太子增在秦国做人质，秦王很生气，准备将魏太子增囚禁起来。有人替太子增求情，对秦王说："公孙喜曾经对魏国丞相说过：'如果魏军加快攻打秦国，秦王一生气，肯定要囚禁太子增。这样魏王同样就会生气，再继续攻打秦国，秦国就一定会再去伤害太子增。'如今大王要是囚禁了太子增，正好让公孙喜的计谋得逞。所以不如厚待太子增，同时与魏国交好，从而让齐国和韩国去猜疑魏国。"秦王因此就打消了囚禁太子增的念头。

安釐王三十一年，秦王政即位。

安釐王三十四年，安釐王去世，太子增即位，这就是景湣王。信陵君无忌去世。

景湣王元年，秦军攻占魏国二十座城，并将这些城设为秦国的东郡。二年，秦军占领魏国的朝歌。卫国迁到野王。三年，秦军攻下魏国的汲邑。五年，秦军夺取了魏国的垣地、蒲阳、衍邑。十五年，景湣王去世，他的儿子魏王假即位。

魏王假元年，燕国太子丹派荆轲前去秦国刺杀秦王，被秦王发觉。

魏王假三年，秦军水淹大梁，俘虏了魏王假，灭了魏国，将其设为秦国的一个郡县。

太史公说：我曾经去过大梁以前的城址，那里的人说："秦军之所以能够攻破大梁，主要在于引来鸿沟之水淹灌大梁，被淹三个月后整座城都被毁坏了，魏王只好请求投降，于是就灭亡了魏国。"议论的人都说，由于魏王不重用信陵君的缘故，国家才被削弱以至于最终被灭亡。我不这样认为。天意要让秦国平定海内，它的功业还没有完成，就算魏国有伊尹一样的贤臣辅佐，又有什么用呢？

韩世家第十五

韩之先与周同姓，姓姬氏。其后苗裔事晋，得封于韩原，曰韩武子。武子后三世有韩厥，从封姓为韩氏。

韩厥，晋景公之三年，晋司寇屠岸贾将作乱，诛灵公之贼赵盾。赵盾已死矣，欲诛其子赵朔。韩厥止贾，贾不听。厥告赵朔令亡。朔曰："子必能不绝赵祀，死不恨矣。"韩厥许之。及贾诛赵氏，厥称疾不出。程婴、公孙杵臼之藏赵孤赵武也，厥知之。

景公十一年，厥与郤克将兵八百乘伐齐，败齐顷公于鞍，获逢丑父。于是晋作六卿，而韩厥在一卿之位，号为献子。

晋景公十七年，病，卜大业之不遂者为祟。韩厥称赵成季之功，今后无祀，以感景公。景公问曰："尚有世乎？"厥于是言赵武，而复与故赵氏田邑，续赵氏祀。

晋悼公之七年，韩献子老。献子卒，子宣子代。宣子徙居州。

晋平公十四年，吴季札使晋，曰："晋国之政卒归于韩、魏、赵矣。"晋顷公十二年，韩宣子与赵、魏共分祁氏、羊舌氏十县。晋定公十五年，宣子与赵简子侵伐范、中行氏。宣子卒，子贞子代立。贞子徙居平阳。

贞子卒，子简子代。简子卒，子庄子代。庄子卒，子康子代。康子与赵襄子、魏桓子共败知伯，分其地，地益大，大于诸侯。

康子卒，子武子代。武子二年，伐郑，杀其君幽公。十六年，武子卒，子景侯立。

景侯虔元年，伐郑，取雍丘。二年，郑败我负黍。

六年，与赵、魏俱得列为诸侯。

九年，郑围我阳翟。景侯卒，子列侯取立。

韩国的祖先与周天子的姓相同，都姓姬氏。后来因为它的后代侍奉晋国，被封在韩原，所以称为韩武子。韩武子之后三代有了韩厥，他即以封地为姓，称为韩氏。

晋景公三年，晋国司寇屠岸贾准备叛乱，诛杀了灵公时候的贼臣赵盾。赵盾死后，还要杀掉他的儿子赵朔。韩厥想阻止屠岸贾，屠岸贾不听。韩厥就去告诉赵朔，让他逃走。赵朔说："您一定可以保证赵氏的后代不会断绝，我死后也就没有遗恨了。"韩厥答应了他。等到屠岸贾诛灭赵氏的时候，韩厥谎称自己生病不出家门。程婴、公孙杵臼把赵氏孤儿赵武藏了起来，韩厥也知道这件事情。

晋景公十一年，韩厥和郤克率领八百辆战车的兵力前去攻打齐国，在鞍地打败了齐顷公，并俘虏了逢丑父。当时，晋国设置了六卿，韩厥为其中一卿，称为献子。

晋景公十七年，景公生病，占卜说是有大功业的人因后代子孙不顺心在作怪。韩厥就赞扬赵成季曾经的功劳，但如今却没有人接续香火，想以此感动景公。景公问他："他的后代还有在世的吗？"韩厥于是就说起赵武，景公就又赐予赵武以前赵氏的封地，让他继承赵氏的香火。

晋悼公七年，韩献子告老。献子去世后，他的儿子宣子继承爵位。宣子后来迁徙到居州。

晋平公十四年，吴国的季札出使到晋国，他说："晋国的政权最终要被韩、魏、赵三家夺去。"晋顷公十二年，韩宣子和赵、魏两家一起瓜分了祁氏、羊舌氏的十个县。晋定公十五年，韩宣子和赵简子一起讨伐范氏、中行氏。宣子去世，他的儿子贞子继承爵位。贞子迁居到平阳。

韩贞子去世，他的儿子简子继承爵位。韩简子去世，他的儿子庄子继承爵位。韩庄子去世，他的儿子康子继承爵位。韩康子和赵襄子、魏桓子一起打败了智伯，将他的领地瓜分，这时他们三家的领地就更大了，已经超过了诸侯。

韩康子去世后，他的儿子武子继承爵位。武子二年，进攻郑国，杀死了郑国国君郑幽公。十六年，韩武子去世，他的儿子景侯即位。

韩景侯虔元年，攻打郑国，夺取雍丘。二年，郑国在负黍打败韩国。

景侯六年，韩与赵、魏一起被列为诸侯国。

景侯九年，郑国包围韩国的阳翟。景侯去世，他的儿子列侯韩取即位。

列侯三年，聂政杀韩相侠累。九年，秦伐我宜阳，取六邑。十三年，列侯卒，子文侯立。是岁魏文侯卒。

文侯二年，伐郑，取阳城。伐宋，到彭城，执宋君。七年，伐齐，至桑丘。郑反晋。九年，伐齐，至灵丘。十年，文侯卒，子哀侯立。

哀侯元年，与赵、魏分晋国。二年，灭郑，因徙都郑。

六年，韩严弑其君哀侯。而子懿侯立。

懿侯二年，魏败我马陵。五年，与魏惠王会宅阳。九年，魏败我浍。十二年，懿侯卒，子昭侯立。

昭侯元年，秦败我西山。二年，宋取我黄池。魏取朱。六年，伐东周，取陵观、邢丘。

八年，申不害相韩，修术行道，国内以治，诸侯不来侵伐。

十年，韩姬弑其君悼公。十一年，昭侯如秦。二十二年，申不害死。二十四年，秦来拔我宜阳。

二十五年，旱，作高门。屈宜臼曰："昭侯不出此门。何也？不时。吾所谓时者，非时日也，人固有利不利时。昭侯尝利矣，不作高门。往年秦拔宜阳，今年旱，昭侯不以此时恤民之急，而顾益奢，此谓'时绌举赢'。"二十六年，高门成，昭侯卒，果不出此门。子宣惠王立。

宣惠王五年，张仪相秦。八年，魏败我将韩举。十一年，君号为王。与赵会区鼠。十四，秦伐败我鄢。

十六年，秦败我修鱼，虏得韩将𪊨、申差于浊泽。韩氏急，公仲谓韩王曰："与国非可恃也。今秦之欲伐楚久矣，王不如因张仪为和于秦，赂以一名都，具甲，与之南伐楚，此以一易二之计也。"韩王曰："善。"乃警公仲之行，将西购于秦。楚王闻之大恐召陈轸告之。陈轸曰："秦之欲伐楚久矣，今又得韩之名都一而具甲，秦韩并兵而伐楚，此秦所祷祀而求也。今已得之矣，楚国必伐矣。王听臣为之警四境之内，起师言救韩，命战车满道路，发信臣，多

列侯三年，聂政杀死了韩国的国相侠累。九年，秦国攻打韩国的宜阳，攻占了六座城池。十三年，列侯去世，他的儿子文侯即位。当年魏文侯也去世了。

韩文侯二年，韩国讨伐郑国，攻取了阳城。进攻宋国，一直打到彭城，俘虏了宋国的君主。七年，讨伐齐国，一直打到桑丘。郑国被叛了晋国。九年，韩国讨伐齐国，打到灵丘。十年，韩文侯去世，他的儿子哀侯即位。

韩哀侯元年，韩与赵、魏三家一起瓜分了晋国。二年，韩国灭了郑国，因此把都城迁到了新郑。

哀侯六年，韩严杀死了韩国国君哀侯，哀侯的儿子懿侯即位。

懿侯二年，魏军在马陵攻破韩军。五年，韩侯在宅阳与魏惠王相会。九年，魏军在浍水打败韩军。十二年，懿侯去世，他的儿子昭侯即位。

韩昭侯元年，秦军在西山攻破韩军。二年，宋国攻占了韩国的黄池。魏国占领了韩国的朱邑。六年，韩军攻打东周，占领了陵观、邢丘地区。

昭侯八年，申不害被任命为韩国宰相，运用权术，施行法道，国内得以安定，各诸侯国不敢前来侵犯。

昭侯十年，韩姬杀死了晋悼公。十一年，昭侯去了秦国。二十二年，申不害去世。二十四年，秦军攻占韩国的宜阳。

昭侯二十五年，韩国发生旱灾，昭侯修建高大的城门。屈宜臼说："昭侯出不了这座门。为什么呢？因为不合时宜。我所说的时，并不是时间，人本来就有顺利或不顺利的时候。昭侯以前顺利的时候，没见他修建过高门。去年秦国攻占了宜阳，今年国内又发生旱灾，昭侯这时不去体恤民众的急难，进行救助，反倒是更加奢侈了，这就叫做'衰败的时候却做奢侈的事情'。"二十六年，高门修成，昭侯去世，果然没能出这座门。他的儿子宣惠王即位。

宣惠王五年，张仪被任命为秦国宰相。八年，魏军打败了韩国将军韩举。十一年，君主改称为王。与赵王在区鼠相会。十四年，秦军攻打韩国，在鄢陵打败韩军。

宣惠王十六年，秦军在修鱼将韩军打败，在浊泽地区俘虏了韩国将领䱐、申差。韩国形势危急，宰相公仲对韩王说："盟国是靠不住的。如今秦国早就想攻打楚国了，大王不如通过张仪向秦王求和，送给它一座名城，并准备好盔甲武器，联合秦军一起向南攻打楚国，这是可以用失去一个来换取二得的计策。"韩王说："好。"于是为公仲的行动做好准备，要西行与秦国讲和。楚王听说后十分惊恐，召见陈轸告诉他这件事情。陈轸说："秦国早就想攻伐楚国，如今又得到韩国的一座名城，和韩国准备好盔甲武器，秦韩联合出兵攻打楚国，这是秦国求之不得的事情，现在既然得到了，楚国一定会受到侵略。大王听我的意见，全国加

其车，重其币，使信王之救已也。纵韩不能听我，韩必德王也，必不为雁行以来，是秦韩不和也，兵虽至，楚不大病也。为能听我绝和于秦，秦必大怒，以厚怨韩。韩之南交楚，必轻秦；轻秦，其应秦必不敬：是因秦、韩之兵而免楚国之患也。"楚王曰："善。"乃警四境之内，兴师言救韩。命战车满道路，发信臣，多其车，重其币。谓韩王曰："不谷国虽小，已悉发之矣。原大国遂肆志于秦，不谷将以楚殉韩。"韩王闻之大说，乃止公仲之行。公仲曰："不可。夫以实伐我者秦也，以虚名救我者楚也。王恃楚之虚名，而轻绝强秦之敌，王必为天下大笑。且楚韩非兄弟之国也，又非素约而谋伐秦也。已有伐形，因发兵言救韩，此必陈轸之谋也。且王已使人报于秦矣，今不行，是欺秦也。夫轻欺强秦而信楚之谋臣，恐王必悔之。"韩王不听，遂绝于秦。秦因大怒，益甲伐韩，大战，楚救不至韩。十九年，大破我岸门。太子仓质于秦以和。

二十一年，与秦共攻楚，败楚将屈丐，斩首八万于丹阳。是岁，宣惠王卒，太子仓立，是为襄王。

襄王四年，与秦武王会临晋。其秋，秦使甘茂攻我宜阳。五年，秦拔我宜阳，斩首六万。秦武王卒。六年，秦复与我武遂。九年，秦复取我武遂。十年，太子婴朝秦而归。十一年，秦伐我，取穰。与秦伐楚，败楚将唐眛。

十二年，太子婴死。公子咎、公子虮虱争为太子。时虮虱质于楚。苏代谓韩咎曰："虮虱亡在楚，楚王欲内之甚。今楚兵十余万在方城之外，公何不令楚王筑万室之都雍氏之旁，韩必起兵以救之，公必将矣。公因以韩楚之兵奉虮虱而内之，其听公必矣，必以楚韩封公也。"韩咎从其计。

强戒备,并派军队说是援救韩国,让战车布满道路,然后派出使臣,配备多辆战车,带上厚礼,让韩国相信大王是真的为了援救他们。就算韩王不听我们的意见还要与秦言和,韩国也一定会感激大王的恩德,更不会出兵前来攻打楚国,这样秦韩就会出现意见不和,等到军队攻打过来,也不会给楚国造成多大危害。假如韩国能够听从我们的意见,停止向秦求和,秦国一定会因此大怒,加深对韩国的怨恨;韩国来南方与楚国结交,就一定会轻视秦国,这样,他在应酬秦国时就一定不会很尊重地对待秦国:这就是利用秦韩之间的矛盾从而免除楚国的祸患。"楚王说:"很好!"于是在国内加强警戒,并派兵说是要救援韩国,让战车布满道路,派出使臣,配备很多车辆,带着厚礼去韩国拜见韩王。楚国使者对韩王说:"楚国虽然比较小,但我们把军队都派来。希望韩国可以没有顾虑地同秦国作战,我们国君命令楚军为韩国死战到底。"韩王听了非常高兴,于是就停止了公仲到秦国议和的行动。公仲说:"大王不可以这样做,秦国是以它的实力在侵犯我们,而楚国只是用虚名来救援我们。大王依靠楚国的虚名,就这样轻易地和强敌秦国绝交,您一定会被天下人耻笑。况且楚韩并非邦交之国,又不是一直有盟约共同讨伐秦国。只是我们有了联秦攻楚的迹象,楚国才说发兵救韩,这一定是陈轸的计谋。况且大王已经派使者去秦国通报我们的打算了,现在又不这样做,这是在欺骗秦国。如果轻易欺骗强秦,听信楚国的谋臣,恐怕大王今后是要后悔的。"韩王不听,还是和秦国断了交。秦国因而大发雷霆,增加兵力攻打韩国,两国大战,可楚国的救兵却一直没到。十九年,秦军在岸门大败韩军。韩国无奈只好派太子仓去做人质,向秦国求和。

宣惠王二十一年,韩国联合秦国一起攻打楚国,将楚国将领屈丐打败,在丹阳斩杀了八万楚军。当年,宣惠王去世,太子仓即位,这就是襄王。

襄王四年,在临晋和秦武王会见。这一年秋天,秦国派甘茂率兵攻打韩国的宜阳。五年,秦军攻下宜阳,斩杀韩军六万人。秦武王去世。六年,秦国把武遂又还给了韩国。九年,秦军再一次攻占了韩国的武遂。十年,韩国太子婴去秦国拜见秦王后回国。十一年,秦军进攻韩国,夺取了穰邑。韩国和秦国联合出兵进攻楚国,打败了楚将唐眛。

襄王十二年,太子婴去世。公子咎和公子虮虱争夺太子之位。当时虮虱在楚国做人质。苏代对韩咎说:"虮虱如今流亡在楚国,楚王很想送他回国。现在十几万楚军驻扎在方城山的北边,您为什么不让楚国在雍氏城的旁边建起一座万户的城邑,这样,韩王一定会派兵去救雍氏,您就是统帅。这样您就可以凭借韩楚两国的军队拥戴虮虱,接他回韩国,将来他肯定会完全听从于您,也会把楚韩边境封给您。"韩咎听从了他的意见。

楚围雍氏，韩求救于秦。秦未为发，使公孙昧入韩。公仲曰："子以秦为且救韩乎？"对曰："秦王之言曰'请道南郑、蓝田，出兵于楚以待公'，殆不合矣。"公仲曰："子以为果乎？"对曰："秦王必祖张仪之故智。楚威王攻梁也，张仪谓秦王曰：'与楚攻魏，魏折而入于楚，韩固其与国也，是秦孤也。不如出兵以到之，魏楚大战，秦取西河之外以归。'今其状阳言与韩，其实阴善楚。公待秦而到，必轻与楚战。楚阴得秦之不用也，必易与公相支也。公战而胜楚，遂与公乘楚，施三川而归。公战不胜楚，楚塞三川守之，公不能救也。窃为公患之。司马庚三反于郢，甘茂与昭鱼遇于商于，其言收玺，实类有约也。"公仲恐，曰："然则奈何？"曰："公必先韩而后秦，先身而后张仪。公不如亟以国合于齐楚，齐楚必委国于公。公之所恶者张仪也，其实犹不无秦也。"于是楚解雍氏围。

苏代又谓秦太后弟芈戎曰："公叔伯婴恐秦楚之内虮虱也，公何不为韩求质子于楚？楚王听入质子于韩，则公叔伯婴知秦楚之不以虮虱为事，必以韩合于秦楚。秦楚挟韩以窘魏，魏氏不敢合于齐，是齐孤也。公又为秦求质子于楚，楚不听，怨结于韩。韩挟齐魏以围楚，楚必重公。公挟秦楚之重以积德于韩，公叔伯婴必以国待公。"于是虮虱竟不得归韩。韩立咎为太子。齐、魏王来。

十四年，与齐、魏王共击秦，至函谷而军焉。十六年，秦与我河外及武遂。襄王卒，太子咎立，是为釐王。

釐王三年，使公孙喜率周、魏攻秦。秦败我二十四万，虏喜伊阙。五年，秦拔我宛。六年，与秦武遂地二百里。十年，秦败我师于夏山。十二年，与秦昭王会西周而佐秦攻齐。齐败，湣王出亡。十四

楚军包围雍氏，韩国请求秦国前来援救。秦国没有发兵，派公孙昧来到韩国。公仲问公孙昧说："您认为秦国会来援救韩国吗？"公孙昧回答说："秦王是这样说的：'我们秦国准备从南郑、蓝田出兵，到楚国等待您的军队。'我觉得大概不能会合。"公仲说："您以为真的会是这样的吗？"公孙昧回答说："秦王一定是想采用以前张仪的计谋。当初楚威王攻打魏国的时候，张仪对秦王说：'秦国和楚国一起攻打魏国，魏国一旦失败就会倒向楚国，韩国原本和魏国就是盟国，这样，秦国就孤立了。我们不如出兵迷惑他们，让魏国和楚国交战，秦军就可以占领西河以外的土地后再回来。'现在秦王的样子从表面上看是同韩国结盟，实际却是暗中同楚国交好。您若认为秦国援军会到来，必定会轻率地同楚军交战。楚国暗中已经知道秦军不会援救韩国，也一定会与您对抗。如果您可以战胜楚国，秦国就会和您共同凌驾于楚国之上，在三川地区炫耀后威风归去。但如果这一仗您没能战胜楚国，楚国阻塞三川据守，您也就不能得救了。我私下里很是为您担忧呀。秦人司马庚曾经三次往返于郢都，秦国宰相甘茂和楚国宰相昭鱼在商于相会，表面上说是要收回攻韩楚军的印信，其实双方像是有什么密谋。"公仲惊恐地说："那该怎么办呢？"公孙昧说："您一定要先从韩国自身考虑，然后考虑秦国是否会派兵前来救援，先想好自救的方法，然后再考虑如何去应付张仪这种计谋。您不如尽快让韩国同齐楚两国联合，齐楚必定会把国事托付给您管理。您所厌恶的只是张仪所提出的欺诈的计谋，其实还是不可以无视秦国的呀！"于是楚国解除了对雍氏的围困。

苏代又对秦太后的弟弟芈戎说："公叔伯婴唯恐秦国和楚国把虮虱送回韩国，您为什么不到楚国替韩国请求放回人质虮虱呢？楚国如果答应，公叔伯婴就会知道秦楚两国并不重视虮虱的事，一定会让韩国与秦楚联合。秦国就能凭借韩国使魏国受困，魏国不敢同齐国联合，这样，齐国就孤立了。然后您再替秦国请求楚国把虮虱送到秦国，楚国如果不答应，就会与韩国结怨。韩国肯定会依靠齐国和魏国的力量去围困楚国，楚国一定会尊重您。您依靠秦国和楚国的尊重向韩国施以恩德，公叔伯婴一定会拿整个国家来侍奉您。"因此虮虱最终也未能回到韩国。韩国把公子咎立为太子。齐王、魏王到韩国来。

襄王十四年，韩国与齐、魏两国联合一起派兵进攻秦国，到了函谷关就在那里驻军。十六年，秦国还给韩国河外之地和武遂。襄王去世，太子咎即位，这就是釐王。

釐王三年，派公孙喜率领韩国与周、魏的联军攻打秦国。秦国大败韩军二十四万人，在伊阙俘虏了公孙喜。五年，秦军占领韩国的宛城。六年，韩国把武遂一带的二百里土地让给秦国。十年，秦军在夏山攻破韩军。十二年，韩釐

年,与秦会两周间。二十一年,使暴鸢救魏,为秦所败,鸢走开封。

二十三年,赵、魏攻我华阳。韩告急于秦,秦不救。韩相国谓陈筮曰:"事急,原公虽病,为一宿之行。"陈筮见穰侯。穰侯曰:"事急乎?故使公来。"陈筮曰:"未急也。"穰侯怒曰:"是可以为公之主使乎?夫冠盖相望,告敝邑甚急,公来言未急,何也?"陈筮曰:"彼韩急则将变而佗从,以未急,故复来耳。"穰侯曰:"公无见王,请今发兵救韩。"八日而至,败赵、魏于华阳之下。是岁,釐王卒,子桓惠王立。

桓惠王元年,伐燕。九年,秦拔我陉,城汾旁。十年,秦击我于太行,我上党郡守以上党郡降赵。十四年,秦拔赵上党,杀马服子卒四十余万于长平。十七年,秦拔我阳城、负黍。二十二年,秦昭王卒。二十四年,秦拔我城皋、荥阳。

二十六年,秦悉拔我上党。二十九年,秦拔我十三城。

三十四年,桓惠王卒,子王安立。

王安五年,秦攻韩,韩急,使韩非使秦,秦留非,因杀之。

九年,秦虏王安,尽入其地,为颍州郡。韩遂亡。

太史公曰:韩厥之感晋景公,绍赵孤之子武,以成程婴、公孙杵臼之义,此天下之阴德也。韩氏之功,于晋未睹其大者也。然与赵、魏终为诸侯十余世,宜乎哉!

王与秦昭王在西周相会，并帮助秦国进攻齐国。齐国被打败，齐湣王逃亡在外。十四年，韩王与秦王在两周之间相会。二十一年，派暴鸢救援魏国，被秦军打败，暴鸢逃到开封。

釐王二十三年，赵、魏两国联合攻打韩国的华阳。韩国向秦国求救，秦国没有来援救。韩国相国对陈筮说："形势急迫，您虽然有病在身，还是希望您能够连夜到秦国去。"陈筮到秦先去拜见了穰侯魏冉。穰侯说："事情特别紧迫吧？所以才派你来。"陈筮说："还不是很急呀。"穰侯不高兴，说道："如果真是这样，您的君主能派您来出使秦国吗？你们的使臣来来往往好几个了，都是来向我们求救的，您来了却说还不是很急，为什么？"陈筮说："韩国如果真的十分危急，就会改变策略去投靠其他国家了，因为还没到十分危急的时候，所以我又来了。"穰侯说："您不用去见秦王了，现在我就派兵前去救援韩国。"过了八天，秦军赶到，在华阳山下打败了赵军和魏军。同一年，釐王去世，他的儿子桓惠王即位。

桓惠王元年，韩军攻打燕国。九年，秦军占领了韩国的陉城，并在汾水旁筑城。十年，秦军在太行山攻打韩军，韩国的上党郡守献出上党郡向赵国投降。十四年，秦军攻占了赵国的上党，在长平杀死了马服君之子赵括率领的军队四十余万人。十七年，秦军占领了韩国的阳城、负黍。二十二年，秦昭王去世。二十四年，秦军夺取韩国的城皋、荥阳。

二十六年，秦军占领了韩国整个上党地区。二十九年，秦军攻下韩国的十三座城。

三十四年，桓惠王去世，他的儿子韩王安即位。

韩王安五年，秦国攻打韩国，韩国形势十分危急，韩王派韩非出使秦国，秦国把韩非留下，后来将他杀了。

九年，秦军俘虏了韩王安，占领了韩国所有的领地，将其设为颍州郡。韩国就灭亡了。

太史公说：韩厥感动了晋景公，帮助赵氏孤儿赵武重新继承赵氏的爵位，从而成全了程婴和公孙杵臼的大义，这是天下少有的功德啊。韩氏的功德，在晋国没能看出来有多大，然而，最终却和赵氏、魏氏一样，做了十几代诸侯，这是很应该的呀！

田敬仲完世家第十六

陈完者，陈厉公他之子也。完生，周太史过陈，陈厉公使卜完，卦得观之否："是为观国之光，利用宾于王。此其代陈有国乎？不在此而在异国乎？非此其身也，在其子孙。若在异国，必姜姓。姜姓，四岳之后。物莫能两大，陈衰，此其昌乎？"

厉公者，陈文公少子也，其母蔡女。文公卒，厉公兄鲍立，是为桓公。桓公与他异母。及桓公病，蔡人为他杀桓公鲍及太子免而立他，为厉公。厉公既立，娶蔡女。蔡女淫于蔡人，数归，厉公亦数如蔡。桓公之少子林怨厉公杀其父与兄，乃令蔡人诱厉公而杀之。林自立，是为庄公。故陈完不得立，为陈大夫。厉公之杀，以淫出国，故春秋曰"蔡人杀陈他"，罪之也。

庄公卒，立弟杵臼，是为宣公。宣公二十一年，杀其太子御寇。御寇与完相爱，恐祸及己，完故奔齐。齐桓公欲使为卿，辞曰："羁旅之臣幸得免负担，君之惠也，不敢当高位。"桓公使为工正。齐懿仲欲妻完，卜之，占曰："是谓凤皇于蜚，和鸣锵锵。有妫之后，将育于姜。五世其昌，并于正卿。八世之后，莫之与京。"卒妻完。完之奔齐，齐桓公立十四年矣。

完卒，谥为敬仲。仲生穉孟夷。敬仲之如齐，以陈字为田氏。田穉孟夷生湣孟庄，田湣孟庄生文子须无。田文子事齐庄公。

晋之大夫栾逞作乱于晋，来奔齐，齐庄公厚客之。晏婴与田文子谏，庄公弗听。文子卒，生桓子无宇。田桓子无宇有力，事齐庄公，甚有宠。

陈完是陈厉公陈他的儿子。陈完刚出生的时候，周太史正好路过陈国，陈厉公请他给陈完占卜，结果由观卦变为否卦，太史说："这是观看国家风俗民情的意思，利于做君王的上宾。这是说他可能取得陈国君位拥有国家吧？也许不在陈国而是在其他国家吧？或者是不在他自己身上应验，而是应验在他的子孙身上。如果是在别的国，一定是姜姓国。姜姓是四岳的后代。事物不可能是两个同时强大，陈国衰落，他就将要昌盛起来吧？"

　　厉公是陈文公的小儿子，他的母亲是蔡国女子。文公去世后，厉公的哥哥陈鲍即位，这就是桓公。桓公和陈他为异母兄弟。趁桓公生病的时候，蔡国人替陈他杀死了桓公陈鲍和太子陈免，立他为君，这就是厉公。厉公即位后，迎娶蔡国之女为妻。这个蔡女和蔡国人通奸，经常回蔡国去，厉公也经常去蔡国。桓公的小儿子陈林怨恨厉公杀死了他的父亲和兄长，就让蔡国人诱惑厉公并杀了厉公。陈林立自己为国君，这就是庄公。所以陈完不能立为国君，做了陈国的大夫。厉公被杀的原因，在于因淫乱而离开国家，所以《春秋》里记载"蔡人杀陈他"，这是在指责他的罪行。

　　庄公去世，他的弟弟杵臼即位，这就是陈宣公。宣公二十一年，太子御寇被杀。御寇和陈完平日里比较亲近，陈完害怕灾祸牵连到自己，所以逃奔到齐国。齐桓公想让他担任宰相，他推辞说："我只是个寄居在外的小臣，能有幸免除种种负担，已经是您给我的莫大恩惠了，不敢再担当这么高的职位。"齐桓公让他任管理百工的工正。齐懿仲想把自己的女儿嫁给陈完为妻，为此事进行占卜，结果说："这是凤凰飞翔，和谐的鸣声锵锵。有妫氏的后代，会在姜氏那里成长。五代之后就会比较昌盛，地位将和正卿一样。八代之后，地位之高将没人可以比得上。"于是他就把女儿嫁给了陈完为妻。陈完逃到齐国的时候，齐桓公已在位十四年了。

　　陈完去世后，谥号为敬仲。敬仲生了穉孟夷。敬仲来齐国的时候，把姓陈氏改为田氏。田穉孟夷生了湣孟庄，田湣孟庄生了文子须无。田文子侍奉齐庄公。

　　晋国大夫栾逞在晋国发动叛乱，逃奔到齐国，齐庄公对他很优待。晏婴和田文子劝谏，庄公不听。田文子去世，生了桓子无宇。田桓子无宇很有力气，侍奉齐庄公，非常得宠。

无宇卒，生武子开与釐子乞。田釐子乞事齐景公为大夫，其收赋税于民以小斗受之，其禀予民以大斗，行阴德于民，而景公弗禁。由此田氏得齐众心，宗族益强，民思田氏。晏子数谏景公，景公弗听。已而使于晋，与叔向私语曰："齐国之政卒归于田氏矣。"

晏婴卒后，范、中行氏反晋。晋攻之急，范、中行请粟于齐。田乞欲为乱，树党于诸侯，乃说景公曰："范、中行数有德于齐，齐不可不救。"齐使田乞救之而输之粟。

景公太子死，后有宠姬曰芮子，生子荼。景公病，命其相国惠子与高昭子以子荼为太子。景公卒，两相高、国立荼，是为晏孺子。而田乞不说，欲立景公他子阳生。阳生素与乞欢。晏孺子之立也，阳生奔鲁。田乞伪事高昭子、国惠子者，每朝代参乘，言曰："始诸大夫不欲立孺子。孺子既立，君相之，大夫皆自危，谋作乱。"又绐大夫曰："高昭子可畏也，及未发先之。"诸大夫从之。田乞、鲍牧与大夫以兵入公室，攻高昭子。昭子闻之，与国惠子救公。公师败。田乞之众追国惠子，惠子奔莒，遂返杀高昭子。晏圉奔鲁。

田乞使人之鲁，迎阳生。阳生至齐，匿田乞家。请诸大夫曰："常之母有鱼菽之祭，幸而来会饮。"会饮田氏。田乞盛阳生橐中，置坐中央。发橐，出阳生，曰："此乃齐君矣。"大夫皆伏谒。将盟立之，田乞诬曰："吾与鲍牧谋共立阳生也。"鲍牧怒曰："大夫忘景公之命乎？"诸大夫欲悔，阳生乃顿首曰："可则立之，不可则已。"鲍牧恐祸及己，乃复曰："皆景公之子，何为不可！"遂立阳生于田乞之家，是为悼公。乃使人迁晏孺子于骀，而杀孺子荼。悼公既立，田乞为相，专齐政。

四年，田乞卒，子常代立，是为田成子。

鲍牧与齐悼公有郤，弑悼公。齐人共立其子壬，是为简公。田常成子与监止俱为左右相，相简公。田常心害监止，监止幸于简公，权

无宇去世，生了武子开和釐子乞。田釐子乞担任齐国大夫，侍奉齐景公，他向百姓征税时用小斗收，赐给百姓粮食时用大斗，暗中向百姓施以恩德，齐景公也不加禁止。因此田氏很受齐国人民的爱戴，他的家族也越来越强大，百姓的心都偏向田氏。晏子多次向景公进谏，景公都不听。不久晏子出使晋国，私下里跟叔向说："齐国的政权最终要落到田氏的手里呀。"

晏婴去世后，范氏和中行氏在晋国反叛。晋国加紧讨伐他们，范氏和中行氏请求齐国借粮给他们。田乞想作乱，想在诸侯中结党，于是就对齐景公说："范氏和中行氏曾多次对齐国有恩德，齐国不能不救他们。"齐国派田乞去救援，给他们送去了粮食。

齐景公的太子去世了，景公后来有个宠姬叫芮子，芮子生下儿子荼。景公生病的时候，命令他的宰相国惠子和高昭子让他们立自己的儿子荼为太子。景公去世后，高、国两位宰相立荼为国君，这就是晏孺子。但是田乞不高兴，他想立景公的另一个儿子阳生为君主。阳生平时和田乞交好。晏孺子即位后，阳生逃奔鲁国。田乞假装侍奉高昭子和国惠子，每次上朝都替参乘在车上陪侍，并且说："起初各位大夫都不想立孺子。如今孺子即位，您两位担任宰相，大夫们都人人自危，图谋作乱。"田乞又挑动大夫们说："高昭子这个人很可怕呀，趁他还没动手我们先把他干掉吧！"大夫们都听从了他。田乞、鲍牧和大夫们一起领兵攻入宫廷，讨伐高昭子。昭子听说后，与国惠子去援救国君。国君的军队失败了。田乞派部下去追击国惠子，惠子逃到莒，于是部下又返回去杀高昭子。晏婴的儿子晏圉逃奔到鲁国。

田乞派人去鲁国，迎接阳生回国。阳生回到齐国后，藏在田乞家中。田乞邀请大夫们说："田常的母亲有祭祀后留下的酒食，请各位一定赏光前来聚会饮酒。"大夫们都来到田氏家饮酒。田乞把阳生装在口袋里，放在中央的座位上。宴席中，田乞打开口袋，放出阳生，他说："这才是齐国真正的国君呀。"大夫们都俯身拜见。正准备合谋拥立阳生为国君，田乞借口说："我是与鲍牧合谋一起拥立阳生的。"鲍牧怒气冲冲地说："大夫们难道忘记景公的遗命了吗？"大夫们想反悔，阳生叩头说："如果大家觉得我可以就立我，不可以就算了。"鲍牧担心自己遭受灾祸，就又说："都是景公的儿子，怎么不可以呢！"最终在田乞家中立阳生为国君，这就是悼公。后来派人把晏孺子迁到骀，并且杀了孺子荼。悼公即位后，田乞被任命为齐国宰相，独揽齐国政权。

四年后，田乞去世，他的儿子田常接替了职位，这就是田成子。

鲍牧和齐悼公不和，杀了悼公。齐国人共同拥立悼公的儿子壬为国君，这就是简公。成子田常与监止一起担任左右宰相，辅佐简公。田常心里忌妒监止，

弗能去。于是田常复修釐子之政，以大斗出贷，以小斗收。齐人歌之曰："妪乎采芑，归乎田成子！"齐大夫朝，御鞅谏简公曰："田、监不可并也，君其择焉。"君弗听。

子我者，监止之宗人也，常与田氏有郤。田氏疏族田豹事子我有宠。子我曰："吾欲尽灭田氏适，以豹代田氏宗。"豹曰："臣于田氏疏矣。"不听。已而豹谓田氏曰："子我将诛田氏，田氏弗先，祸及矣。"子我舍公宫，田常兄弟四人乘如公宫，欲杀子我。子我闭门。简公与妇人饮檀台，将欲击田常。太史子馀曰："田常非敢为乱，将除害。"简公乃止。田常出，闻简公怒，恐诛，将出亡。田子行曰："需，事之贼也。"田常于是击子我。子我率其徒攻田氏，不胜，出亡。田氏之徒追杀子我及监止。

简公出奔，田氏之徒追执简公于徐州。简公曰："蚤从御鞅之言，不及此难。"田氏之徒恐简公复立而诛己，遂杀简公。简公立四年而杀。于是田常立简公弟骜，是为平公。平公即位，田常为相。

田常既杀简公，惧诸侯共诛己，乃尽归鲁、卫侵地，西约晋、韩、魏、赵氏，南通吴、越之使，修功行赏，亲于百姓，以故齐复定。

田常言于齐平公曰："德施人之所欲，君其行之；刑罚人之所恶，臣请行之。"行之五年，齐国之政皆归田常。田常于是尽诛鲍、晏、监止及公族之强者，而割齐自安平以东至琅邪，自为封邑。封邑大于平公之所食。

田常乃选齐国中女子长七尺以上为后宫，后宫以百数，而使宾客舍人出入后宫者不禁。及田常卒，有七十余男。田常卒，子襄子盘代立，相齐。常谥为成子。

田襄子既相齐宣公，三晋杀知伯，分其地。襄子使其兄弟宗人尽为齐都邑大夫，与三晋通使，且以有齐国。

因为监止很得简公宠信，他的权力不能除去。于是田常重新效仿他父亲釐子的方法，用大斗把粮食借出，用小斗收回。齐国人歌颂他说："老太太采艺菜呀，送给田成子！"齐国大夫上朝，御鞅向简公进谏说："田常、监止不能一起被重用，请您做个选择吧！"简公不听。

子我与监止是同族，向来与田氏不和。田氏有个远房的同族田豹侍奉在子我身边，并且十分得宠。子我说："我想杀了田氏的直系子孙，让你来接续田氏宗族。"田豹说："我只是田氏的远房啊。"子我不听。不久田豹告诉田氏说："子我想要诛灭田氏，如果田氏不抢先动手，那田氏就要面临大祸了。"子我住在简公的宫里，田常兄弟四人也乘车到了宫中，想杀了子我。子我关闭大门不出来。简公正与宠妃在檀台饮酒作乐，听说后想去攻打田常。太史子馀说："田常不敢犯上作乱，他只是在为国除害。"简公就停止了。田常出宫后，听说简公发怒想要攻打他，怕自己被杀，想要出逃。田子行说："迟疑不决，是成就大事的大敌。"田常于是又去攻击子我。子我率领他的部下反击田氏，失败了，无奈逃亡在外。田氏的部下追赶并杀死了子我和监止。

简公出逃，田氏的部下追到徐州捉获了简公。简公说："我要是能早点听取御鞅的意见，也不会遭到如今这样的灾难。"田氏的部下恐怕简公复位后杀他们，于是就把简公杀了。简公即位四年被杀。后来田常让简公的弟弟骜即位，这就是平公。平公即位后，任田常为宰相。

田常杀了简公以后，担心各国诸侯联合起来讨伐自己，就把齐国曾经侵占鲁国、卫国的土地全部还给了他们，西边同晋国、韩氏、魏氏、赵氏签订盟约，南方与吴国、越国互通使臣，建立功德，施行赏赐，亲近百姓，因此齐国重新恢复了安定。

田常对齐平公说："施行恩德是人们都希望的事情，就由您来施行；施行惩罚是人们所厌恶的事情，就让我去执行吧。"这样做了五年，齐国的政权都被田常包揽。于是田常把鲍氏、晏氏、监止和公族中较强盛的全部诛杀了，并划分齐国从安平以东到琅邪的土地，为自己的封地。他的封地比齐平公的封地还要大。

田常在齐国挑选身高七尺以上的女子做后宫姬妾，后宫达一百多人，并且让宾客侍从可以随便出入后宫，不加禁止。等到田常去世的时候，姬妾一共生下七十多个儿子。田常去世，他的儿子襄子田盘继承他的职位，担任齐国宰相。田常谥号为成子。

田襄子辅佐齐宣公做宰相的时候，晋国韩、赵、魏三家杀死智伯，瓜分了他的领地。襄子也派自己的兄弟和族人都去做齐国大小城邑的大夫，与三晋互通使臣，几乎已经拥有整个齐国。

襄子卒，子庄子白立。田庄子相齐宣公。宣公四十三年，伐晋，毁黄城，围阳狐。明年，伐鲁、葛及安陵。明年，取鲁之一城。

庄子卒，子太公和立。田太公相齐宣公。宣公四十八年，取鲁之郕。明年，宣公与郑人会西城。伐卫，取毋丘。宣公五十一年卒，田会自廪丘反。

宣公卒，子康公贷立。贷立十四年，淫于酒、妇人，不听政。太公乃迁康公于海上，食一城，以奉其先祀。明年，鲁败齐平陆。

三年，太公与魏文侯会浊泽，求为诸侯。魏文侯乃使使言周天子及诸侯，请立齐相田和为诸侯。周天子许之。康公之十九年，田和立为齐侯，列于周室，纪元年。

齐侯太公和立二年，和卒，子桓公午立。桓公午五年，秦、魏攻韩，韩求救于齐。齐桓公召大臣而谋曰："蚤救之孰与晚救之？"驺忌曰："不若勿救。"段干朋曰："不救，则韩且折而入于魏，不若救之。"田臣思曰："过矣君之谋也！秦、魏攻韩、楚，赵必救之，是天以燕予齐也。"桓公曰："善。"乃阴告韩使者而遣之。韩自以为得齐之救，因与秦、魏战。楚、赵闻之，果起兵而救之。齐因起兵袭燕国，取桑丘。

六年，救卫。桓公卒，子威王因齐立。是岁，故齐康公卒，绝无后，奉邑皆入田氏。

齐威王元年，三晋因齐丧来伐我灵丘。三年，三晋灭晋后而分其地。六年，鲁伐我，入阳关。晋伐我，至博陵。七年，卫伐我，取薛陵。九年，赵伐我，取甄。

威王初即位以来，不治，委政卿大夫，九年之间，诸侯并伐，国人不治。于是威王召即墨大夫而语之曰："自子之居即墨也，毁言日至。然吾使人视即墨，田野辟，民人给，官无留事，东方以宁。是子不事吾左右以求誉也。"封之万家。召阿大夫语曰："自子之守阿，誉言日闻。然使使视阿，田野不辟，民贫苦。昔日赵攻甄，子弗能

襄子去世，他的儿子庄子田白继承父位，辅佐齐宣公。齐宣公四十三年，齐国攻打晋国，毁掉黄城，包围阳狐。第二年，攻打鲁城、葛邑和安陵。第三年，占领鲁国一城。

田庄子去世后，他的儿子太公田和继承父位。辅佐齐宣公。齐宣公四十八年，齐国攻占了鲁国的郕城。第二年，齐宣公与郑国人在西城相会。齐国进攻卫国，夺取了毋丘。宣公五十一年，齐宣公去世，田会在廪丘发动叛乱。

齐宣公去世后，他的儿子康公贷即位。康公即位十四年，一直沉溺于酒色，不理朝政。太公田和就把他迁到海滨，给他了一座城作为食邑，以便对他的祖先进行祭祀。第二年，鲁军在平陆打败齐军。

又过了三年，太公田和在浊泽与魏文侯相会，请求成为诸侯。魏文侯就派使臣去禀报周天子和各国诸侯，请求立齐国宰相田和为诸侯，周天子同意了。齐康公十九年，田和正式成为齐侯，列名于周朝正室，纪为元年。

齐侯太公田和被立为诸侯两年以后去世，他的儿子桓公田午即位。桓公午五年，秦国、魏国联合攻打韩国，韩国向齐国请求援救。齐桓公田午召集大臣商议说："早点去救它好呢，还是晚点去好？"驺忌说："都不如不去救它。"段干朋说："假如不去援救，韩国失败以后就会被并入魏国，不如去救它。"田臣思说："您的想法错了！秦、魏进攻韩国，楚国和赵国就一定会去救它，这是上天把燕国送给齐国。"桓公说："好！"于是暗中告诉韩国使者一定会派兵前去援救，并送走了韩国使者。韩国以为得到了齐国的救援，因而与秦、魏军队奋力交战。楚赵两国知道以后，果然派兵救援。齐国趁机出兵进攻燕国，夺取了桑丘。

桓公六年，齐国派兵援救卫国。桓公去世，他的儿子威王因齐即位。当年，以前的齐康公去世了，没有留下后代，他的封地都归田氏所有。

齐威王元年，三晋趁着齐国有丧事前来袭击灵丘。三年，韩、赵、魏三家消灭晋国，并瓜分了它的土地。六年，鲁国讨伐齐国，攻入阳关。晋国攻打齐国，打到博陵。七年，卫国攻打齐国，攻占薛陵。九年，赵国攻打齐国，夺取甄城。

威王自开始即位之后，就一直不理国事，国家政事都交给卿大夫处理，在他即位九年期间，各国诸侯都来攻打齐国，齐国人民不得太平。后来威王召见即墨大夫并对他说："自从您居住在即墨以后，毁谤您的言论每天都有。可是我派人去视察即墨，田野得到开发，百姓生活富足，官府没有积压的公事，齐国的东方因而也得以安宁。这主要在于您从不逢迎我的左右以求得赞扬的缘故啊！"于是，封给他一万户食邑。威王又召见阿城大夫并对他说："自从你开始治理阿城之后，赞扬你的话每天都能听到。可是我派人去视察阿城，田野荒废、百姓贫

救。卫取薛陵，子弗知。是子以币厚吾左右以求誉也。"是日，烹阿大夫，及左右尝誉者皆并烹之。遂起兵西击赵、卫，败魏于浊泽而围惠王。惠王请献观以和解，赵人归我长城。于是齐国震惧，人人不敢饰非，务尽其诚。齐国大治。诸侯闻之，莫敢致兵于齐二十余年。

邹忌子以鼓琴见威王，威王说而舍之右室。须臾，王鼓琴，邹忌子推户入曰："善哉鼓琴！"王勃然不说，去琴按剑曰："夫子见容未察，何以知其善也？"邹忌子曰："夫大弦浊以春温者，君也；小弦廉折以清者，相也；攫之深，醳之愉者，政令也；钧谐以鸣，大小相益，回邪而不相害者，四时也：吾是以知其善也。"王曰："善语音。"邹忌子曰："何独语音，夫治国家而弭人民皆在其中。"王又勃然不说曰："若夫语五音之纪，信未有如夫子者也。若夫治国家而弭人民，又何为乎丝桐之间？"邹忌子曰："夫大弦浊以春温者，君也；小弦廉折以清者，相也；攫之深而舍之愉者，政令也；钧谐以鸣，大小相益，回邪而不相害者，四时也。夫复而不乱者，所以治昌也；连而径者，所以存亡也：故曰琴音调而天下治。夫治国家而弭人民者，无若乎五音者。"王曰："善。"

邹忌子见三月而受相印。淳于髡见之曰："善说哉！髡有愚志，愿陈诸前。"邹忌子曰："谨受教。"淳于髡曰："得全全昌，失全全亡。"邹忌子曰："谨受令，请谨毋离前。"淳于髡曰："狶膏棘轴，所以为滑也，然而不能运方穿。"邹忌子曰："谨受令，请谨事左右。"淳于髡曰："弓胶昔干，所以为合也，然而不能傅合疏罅。"邹忌子曰："谨受令，请谨自附于万民。"淳于髡曰："狐裘虽敝，不可补以黄狗之皮。"邹忌子曰："谨受令，请谨择君子，毋杂小人其间。"淳于髡曰："大车不较，不能载其常任；琴瑟不较，不能成其五音。"邹忌子

苦。赵军曾经攻打甄城,你没能前去援救。卫国攻占薛陵,你也不知道。这是你用财物贿赂我的左右来求得赞扬的吧?"当天就烹杀了阿城大夫,并把身边曾经吹捧过他的人都一起烹杀了。然后发兵往西边讨伐赵、卫,在浊泽打败魏军并包围魏惠王。魏惠王请求献出观城求得和解。赵国把齐国的长城归还齐国。于是齐国全国震惊,人人都不敢文过饰非,努力表现出他们的忠诚。齐国被治理得非常好。诸侯听到以后,有二十多年都不敢对齐国用兵侵犯齐国。

驺忌子由于擅长弹琴而进见齐威王,威王很喜欢他,并让他住在宫中的右室。之后没多久,有一天威王正在弹琴,驺忌子推门就进来说:"弹得好啊!"威王勃然大怒,离开琴拿起宝剑说:"先生只看到我的样子,还没来得及仔细观察,怎么就知道弹得好呢?"驺忌子说:"大弦缓慢并且温和,象征国君;小弦高亢明快并且清亮,象征宰相;手指勾弦时用力,放开时舒缓,象征政令;琴声和谐,大小相互配合,婉转曲折却不相干扰,象征四时:因此我就可以知道您弹得好。"威王说:"你很擅长谈论音乐。"驺忌子说:"何止在谈论音乐,治理国家和安抚人民的道理都在其中啊!"威王又突然不高兴说:"如果只是谈论五音的调理,我相信没人可以比得上您。如果是治理国家和安抚人民,又怎么能显现在琴弦之中呢?"驺忌子说:"大弦缓慢并且温和,象征国君;小弦高亢明快并且清亮,象征宰相;勾弦用力但放开舒缓,象征政令;弹出的琴声和谐,大小配合美妙,婉转曲折却不相干扰,象征四时。回环往复而不乱,是因为政治昌明;连贯而轻快,是因为保全了将亡之国:所以说琴音调谐就可以保全天下太平。这么说治理国家和安抚人民,没有比五音的道理更相像的了吧。"威王说:"好极了。"

驺忌子进见威王才三个月就被封为丞相,接受了相印。淳于髡见了他说:"您真会说话呀!我有一些愚钝的想法,希望能在您面前陈述。"驺忌子说:"我将恭敬地接受教诲。"淳于髡说:"侍奉国君如果可以做到周到无误,您的身名就都能兴盛;但假如稍有不周或失误,那您的身名就会毁灭。"驺忌子说:"我一定恭敬地接受您的指教,并把您的话铭记于心。"淳于髡说:"用猪油涂抹棘木车轴,是为了让它更加润滑,可是轴孔如果是方形的就无法转动。"驺忌子说:"我会谨慎接地受您的指教,我一定会小心地在国君左右侍奉。"淳于髡说:"拿胶去粘用久了的弓干,是为了它们可以更好地黏合在一起,然而胶却不可能把缝隙完全黏合起来。"驺忌子说:"一定听从您的指教,我要使自己依附于万民。"淳于髡说:"狐皮袄即使破了,也不能用黄狗皮去补。"驺忌子说:"我会谨慎接受您的指教,细心挑选君子结交,不让小人混杂其中。"淳于髡说:"大车如果不较正,就不能正常载重;琴瑟如果不把弦调好,就不能使五音

曰："谨受令，请谨修法律而督奸吏。"淳于髡说毕，趋出，至门，而面其仆曰："是人者，吾语之微言五，其应我若响之应声，是人必封不久矣。"居期年，封以下邳，号曰成侯。

威王二十三年，与赵王会平陆。二十四年，与魏王会田于郊。魏王问曰："王亦有宝乎？"威王曰："无有。"梁王曰："若寡人国小也，尚有径寸之珠照车前后各十二乘者十枚，奈何以万乘之国而无宝乎？"威王曰："寡人之所以为宝与王异。吾臣有檀子者，使守南城，则楚人不敢为寇东取，泗上十二诸侯皆来朝。吾臣有盼子者，使守高唐，则赵人不敢东渔于河。吾吏有黔夫者，使守徐州，则燕人祭北门，赵人祭西门，徙而从者七千余家。吾臣有种首者，使备盗贼，则道不拾遗。将以照千里，岂特十二乘哉！"梁惠王惭，不怿而去。

二十六年，魏惠王围邯郸，赵求救于齐。齐威王召大臣而谋曰："救赵孰与勿救？"驺忌子曰："不如勿救。"段干朋曰："不救则不义，且不利。"威王曰："何也？"对曰："夫魏氏并邯郸，其于齐何利哉？且夫救赵而军其郊，是赵不伐而魏全也。故不如南攻襄陵以弊魏，邯郸拔而乘魏之弊。"威王从其计。

其后成侯驺忌与田忌不善，公孙阅谓成侯忌曰："公何不谋伐魏，田忌必将。战胜有功，则公之谋中也；战不胜，非前死则后北，而命在公矣。"于是成侯言威王，使田忌南攻襄陵。十月，邯郸拔，齐因起兵击魏，大败之桂陵。于是齐最强于诸侯，自称为王，以令天下。

三十三年，杀其大夫牟辛。

三十五年，公孙阅又谓成侯忌曰："公何不令人操十金卜于市，曰'我田忌之人也。吾三战而三胜，声威天下。欲为大事，亦吉乎不吉乎'？"卜者出，因令人捕为之卜者，验其辞于王之所。田忌闻

和谐。"驺忌子说："一定听从您的指教，我会认真制定法律并亲自监督奸猾的官吏。"淳于髡说完后，快步走出，走出门外后告诉他的仆人说："这个人，我对他说了五条隐语，他回答我就像回声的响应一样，这个人过不了多久就一定会受到封赏啊！"后来过了一年，威王把下邳封给驺忌子，封号为成侯。

威王二十三年，齐王在平陆与赵王相会。二十四年，齐王与魏王一起在郊外打猎。魏王问齐王说："大王也有宝物吗？"威王说："没有。"魏王说："像我的国家这样小，也还有十颗能照亮前后各十二辆车的直径一寸的夜明珠，齐国这样的大国怎么能没有宝物呢？"威王说："寡人理解的宝物与大王不同。我有个大臣叫檀子，如果派他去镇守南城，楚国人就不敢向东方侵犯掠夺，泗水沿岸的十二诸侯都来朝拜齐国。我还有个大臣叫盼子，要是派他镇守高唐，赵国人就不敢到东边的黄河去捕鱼。我有个官吏叫黔夫，派他镇守徐州，燕国人就到北门祭祀，赵国人就去西门祭祀，请求神灵可以保佑他们不受侵犯，有七千多家都搬家去追随他。我有个大臣叫种首，派他戒备盗贼，那就会道不拾遗。这些人的才华都将光照千里，又岂止是十二辆车能比的呢！"魏惠王心中惭愧，败兴离去。

威王二十六年，魏惠王包围邯郸，赵国向齐国请求援救。齐威王召集大臣商议说："是前去援救赵好呢还是不救好？"驺忌子说："不如不救。"段干朋说："不救就是不讲仁义，而且对我们也没有好处。"威王说："为什么呢？"段干朋回答说："魏国一旦吞并邯郸，这对齐国有什么好处呢？如果救赵，我们将军队驻扎在赵国郊外，这样就可以使赵国不被侵犯同时也保全魏军完好无损。所以不如向南攻打魏国的襄陵，使魏军疲惫，邯郸就算被魏军攻下，我们也可以趁着魏军的疲惫使它受挫。"威王听取了他的意见。

后来成侯驺忌与田忌不和，公孙阅对成侯驺忌说："您为什么不考虑提出建议去攻打魏国呢？这样，田忌一定领兵。如果战胜有功，那是您的计谋正确；如果打不胜，田忌不是死在战场就是兵败回朝，他的命就都被掌握在您的手里了。"于是成侯向威王建议，派田忌向南进攻襄陵。十月，邯郸被攻克，齐国趁机出兵攻打魏军，在桂陵大败魏军。于是齐国成为诸侯中最强的国家，自称为王，号令天下。

威王三十三年，威王杀了他的大夫牟辛。

威王三十五年，公孙阅又对成侯驺忌说："您为什么不派人拿十斤黄金去街上占卜，就说'我是田忌的人。我们三战三胜，名声威震天下。如今想要做大事，请问是吉还是不吉呢？'"等去占卜的人走了以后，就派人逮捕为他占卜的先生，带他去威王那里验证询问卜人的话，田忌听说之后，就率领他的部下攻打

之，因率其徒袭攻临淄，求成侯，不胜而奔。

三十六年，威王卒，子宣王辟强立。宣王元年，秦用商鞅。周致伯于秦孝公。

二年，魏伐赵。赵与韩亲，共击魏。赵不利，战于南梁。宣王召田忌复故位。韩氏请救于齐。宣王召大臣而谋曰："蚤救孰与晚救？"驺忌子曰："不如勿救。"田忌曰："弗救，则韩且折而入于魏，不如蚤救之。"孙子曰："夫韩、魏之兵未弊而救之，是吾代韩受魏之兵，顾反听命于韩也。且魏有破国之志，韩见亡，必东面而于齐矣。吾因深结韩之亲而晚承魏之弊，则可重利而得尊名也。"宣王曰："善。"乃阴告韩之使者而遣之。韩因恃齐，五战不胜，而东委国于齐。齐因起兵，使田忌、田婴将，孙子为师，救韩、赵以击魏，大败之马陵，杀其将庞涓，虏魏太子申。其后三晋之王皆因田婴朝齐王于博望，盟而去。

七年，与魏王会平阿南。明年，复会甄。魏惠王卒。明年，与魏襄王会徐州，诸侯相王也。十年，楚围我徐州。十一年，与魏伐赵，赵决河水灌齐、魏，兵罢。十八年，秦惠王称王。

宣王喜文学游说之士，自如驺衍、淳于髡、田骈、接予、慎到、环渊之徒七十六人，皆赐列第，为上大夫，不治而议论。是以齐稷下学士复盛，且数百千人。

十九年，宣王卒，子湣王地立。

湣王元年，秦使张仪与诸侯执政会于齧桑。三年，封田婴于薛。四年，迎妇于秦。七年，与宋攻魏，败之观泽。

十二年，攻魏。楚围雍氏，秦败屈丐。苏代谓田轸曰："臣愿有谒于公，其为事甚完，使楚利公，成为福，不成亦为福。今者臣立于门，客有言曰魏王谓韩冯、张仪曰：'煮枣将拔，齐兵又进，子来救寡人则可矣；不救寡人，寡人弗能拔。'此特转辞也。秦、韩之兵毋东，旬余，则魏氏转韩从秦，秦逐张仪，交臂而事齐楚，此公之事成

临淄，准备捕捉成侯，没能取胜，后来逃跑了。

威王三十六年，齐威王去世，他的儿子宣王辟强即位。宣王元年，秦国重用商鞅。周天子赐给秦孝公霸主的称号。

宣王二年，魏国攻打赵国。赵国与韩国交好，联合起来一起攻打魏国，赵国形势不利，在南梁被打败。宣王召回田忌恢复了他以前的职位。韩国请求齐国援救。宣王召集大臣商议说："是早点去救援好还是晚点去好？"驺忌子说："不如不救。"田忌说："如果不救，韩国肯定失败从而被并入魏国，不如早点去援救。"孙膑说："如果在韩、魏的军队还没有疲惫的时候就去救援，那就是我们代替韩国受魏军的攻击，回过头来反倒听从韩国的指挥。况且魏国已有攻破韩国的打算，韩国到即将灭亡的时候，肯定会到东边来向齐国求救。我们趁机与韩国结盟，又可晚一些去救援，趁着魏军的疲惫，这样就能得到更大的好处，同时还可以得到受人尊敬的名声。"宣王说："很好。"于是暗中告诉韩国使者并把他送回去。韩国由于倚仗齐国的救援，结果五战都失败了，只好向东把国家托付给齐国。齐国趁机出兵，派田忌、田婴为统帅，孙膑为军师，出兵攻打魏国，救援韩国和赵国，在马陵将魏军打败，杀死魏国将领庞涓，俘虏了魏太子申。此后，三晋的君主都由田婴引见，在博望朝拜齐王，盟誓之后离去。

宣王七年，齐王在平阿以南与魏王相会。第二年，又在甄城相会。魏惠王去世。第三年，齐宣王与魏襄王在徐州相会，诸侯之间互相称王。宣王十年，楚军围困齐国的徐州。十一年，齐国与魏国联合起来攻打赵国，赵国引黄河水淹齐国、魏国的军队，齐、魏撤退。十八年，秦惠王称王。

宣王喜爱博学之人以及能言善辩的士人，像驺衍、淳于髡、田骈、接予、慎到、环渊之类一共七十六人，都赐给他们府第，封为上大夫，让他们不用处理政事，专门讨论学术。因此齐国的稷下学士越来越多，将近数百以至上千人。

宣王十九年，齐宣王去世，他的儿子湣王田地即位。

湣王元年，秦国派张仪与各国执政大臣在啮桑相会。三年，湣王把田婴封在薛。四年，湣王从秦国迎娶他的夫人。七年，齐国与宋国一起讨伐魏国，在观泽大败魏军。

湣王十二年，齐国讨伐魏国。楚国攻打韩国的雍氏，秦国打败楚国将领屈丐。苏代对楚国大臣田轸说："我有事请求拜见您，这件事非常完满，会使楚国对您有利，如果成功了就是福，就算不成功也是福。如今我站在门口，有人听到魏王曾对韩冯、张仪说：'煮枣就要被攻占，齐军又来侵犯，您二位如果能来救我就可以不败；如果不来救，那我也无能为力了。'这只是婉转之辞。秦、韩的军队如果不向东援救魏国，十几天以后，魏国就会转变策略，韩国追随秦国，秦

也。"田轸曰:"奈何使无东?"对曰:"韩冯之救魏之辞,必不谓韩王曰'冯以为魏',必曰'冯将以秦韩之兵东卻齐宋,冯因抟三国之兵,乘屈丐之弊,南割于楚,故地必尽得之矣'。张仪救魏之辞,必不谓秦王曰'仪以为魏',必曰'仪且以秦韩之兵东距齐宋,仪将抟三国之兵,乘屈丐之弊,南割于楚,名存亡国,实伐三川而归,此王业也'。公令楚王与韩氏地,使秦制和,谓秦王曰'请与韩地,而王以施三川,韩氏之兵不用而得地于楚'。韩冯之东兵之辞且谓秦何?曰'秦兵不用而得三川,伐楚韩以窘魏,魏氏不敢东,是孤齐也'。张仪之东兵之辞且谓何?曰'秦韩欲地而兵有案,声威发于魏,魏氏之欲不失齐楚者有资矣'。魏氏转秦韩争事齐楚,楚王欲而无与地,公令秦韩之兵不用而得地,有一大德也。秦韩之王劫于韩冯、张仪而东兵以徇服魏,公常执左券以责于秦韩,此其善于公而恶张子多资矣。"

十三年,秦惠王卒。二十三年,与秦击败楚于重丘。二十四年,秦使泾阳君质于齐。二十五年,归泾阳君于秦。孟尝君薛文入秦,即相秦。文亡去。二十六年,齐与韩魏共攻秦,至函谷军焉。二十八年,秦与韩河外以和,兵罢。二十九年,赵杀其主父。齐佐赵灭中山。

三十六年,王为东帝,秦昭王为西帝。苏代自燕来,入齐,见于章华东门。齐王曰:"嘻,善,子来!秦使魏冉致帝,子以为何如?"对曰:"王之问臣也卒,而患之所从来微,愿王受之而勿备称也。秦称之,天下安之,王乃称之,无后也。且让争帝名,无伤也。秦称之,天下恶之,王因勿称,以收天下,此大资也。且天下立两帝,王以天下为尊齐乎?尊秦乎?"王曰:"尊秦。"曰:"释帝,天下爱齐乎?爱秦

国驱逐张仪，拱手侍奉齐、楚，这样，您的事就成功了。"田轸说："怎么才能使秦、韩的军队不向东救援魏国呢？"苏代回答说："韩冯请求救魏的言辞，一定不会对韩王说'我是为了魏国'，必定会说'我将依靠秦、韩的兵力向东击退齐、宋的军队，我们可以趁势联合三国的军队，趁着屈丐战败后的疲惫，向南要求楚国割地，韩国原来的失地一定能全部收回'。张仪请求救魏的言辞，同样也一定不会对秦王说'我是为了魏国'，必定会说'我将依靠秦、韩的兵力向东抵挡齐、宋，然后联合三国的军队，趁着屈丐战败后的疲惫，向南要楚国割地，名义上是为了保全即将灭亡的魏国，实际上是攻伐三川之后返回来，这是王者的事业'。您让楚王把韩国的土地还给他们，让秦国控制两国议和，您对秦王说'我愿意让楚国还给韩国土地，而大王可以在三川一带施逞威风，韩国不必动用军队就可以从楚国那里得到土地。'韩冯向东发兵的言辞会怎样对秦国说呢？他一定会说'秦国不用兵就可以得到三川，进攻楚国、韩国、使魏国处于困境，魏国便不敢向东联合齐国，这样就孤立了齐国'。张仪向东发兵的言辞会怎样说呢？他会说'秦国、韩国想得到土地却不主动出兵，声威震慑了魏国，魏国不想破坏和齐、楚的关系也就有所凭借了。'魏国就会改变对秦国、韩国的态度，争着去侍奉齐国和楚国，楚国正想得到魏国侍奉而又不想把土地给韩国，您让秦国、韩国不用兵就能得到土地，这是对两国都有大恩德啊。如果秦韩两国国王受韩冯、张仪的胁迫，向东发兵使魏国顺服，您可以胜券在握，去责问秦、韩，这样的话让秦、韩两国喜欢您而厌恶张仪的收益就太大了。"

湣王十三年，秦惠王去世。二十三年，齐军联合秦军在重丘打败了楚军。二十四年，秦国派泾阳君到齐国做人质。二十五年，齐国把泾阳君送回秦国。孟尝君薛文到秦国，很快被任命为秦国宰相，没过多久他又逃离秦国。二十六年，齐国与韩国、魏国一起出兵攻打秦国，军队驻扎在函谷关。二十八年，秦把河外之地让给韩国请求讲和，三国军队撤去。二十九年，赵国人杀了他们的主父。齐国帮助赵国灭了中山国。

湣王三十六年，齐湣王自称为东帝，秦昭王自称为西帝。苏代从燕国去齐国，在章华东门拜见齐王。齐王说："好啊，您来了！秦国派魏冉送来了帝号，您认为如何？"苏代回答说："大王您的问题太仓促了，而祸患的开始往往是不明显的。希望您能够先接受帝号，但不要马上就开始称帝。秦国称帝后，如果天下太平，到那时，您再称帝，也不算晚。况且在争称帝号时表示出自己的谦让，也没什么影响。如果秦国称帝后，天下人都憎恶他，大王您就也不要称帝了，这样可以收拢天下的人心，这将是莫大的资本呀。何况如果天下同时有两个帝号，大王认为天下人是更尊崇齐国呢，还是更尊崇秦国？"湣王说："当然是尊崇秦

乎?"王曰:"爱齐而憎秦。"曰:"两帝立约伐赵,孰与伐桀宋之利?"王曰:"伐桀宋利。"对曰:"夫约钧,然与秦为帝而天下独尊秦而轻齐,释帝则天下爱齐而憎秦,伐赵不如伐桀宋之利,故愿王明释帝以收天下,倍约宾秦,无争重,而王以其间举宋。夫有宋,卫之阳地危;有济西,赵之阿东国危;有淮北,楚之东国危;有陶、平陆,梁门不开。释帝而贷之以伐桀宋之事,国重而名尊,燕楚所以形服,天下莫敢不听,此汤武之举也。敬秦以为名,而后使天下憎之,此所谓以卑为尊者也。愿王孰虑之。"于是齐去帝复为王,秦亦去帝位。

三十八年,伐宋。秦昭王怒曰:"吾爱宋与爱新城、阳晋同。韩聂与吾友也,而攻吾所爱,何也?"苏代为齐谓秦王曰:"韩聂之攻宋,所以为王也。齐强,辅之以宋,楚魏必恐,恐必西事秦,是王不烦一兵,不伤一士,无事而割安邑也,此韩聂之所祷于王也。"秦王曰:"吾患齐之难知。一从一衡,其说何也?"对曰:"天下国令齐可知乎?齐以攻宋,其知事秦以万乘之国自辅,不西事秦则宋治不安。中国白头游敖之士皆积智欲离齐秦之交,伏式结轶西驰者,未有一人言善齐者也,伏式结轶东驰者,未有一人言善秦者也。何则?皆不欲齐秦之合也。何晋楚之智而齐秦之愚也!晋楚合必议齐秦,齐秦合必图晋楚,请以此决事。"秦王曰:"诺。"于是齐遂伐宋,宋王出亡,死于温。齐南割楚之淮北,西侵三晋,欲以并周室,为天子。泗上诸侯邹鲁之君皆称臣,诸侯恐惧。

三十九年,秦来伐,拔我列城九。

国。"苏代说:"如果放弃帝号,天下人是会比较敬爱齐国呢,还是比较敬爱秦国呢?"湣王说:"当然是敬爱齐国而憎恶秦国。"苏代说:"东西两帝订立盟约以后是攻打赵国对齐国有好处,还是讨伐宋国的暴君对齐国有好处?"湣王说:"当然是讨伐宋国的暴君对我们有利。"苏代说:"盟约双方的地位是平等的,可是如果是与秦国一起称帝,天下人就会只尊崇秦国而轻视齐国,但如果放弃帝号,天下人就会反过来敬爱齐国而憎恶秦国,攻打赵国没有讨伐宋国的暴君得来的利益多,所以希望大王能够明确地放弃帝号,从而可以收拢天下人心,背弃盟约,抛开秦国,不要和秦国一争高低,大王还可以利用这个机会讨伐宋国。攻占宋国,卫国的阳地处境也就比较危险了;占有济水以西,赵国的阿地以东一带就同样处于困境了;占有淮水以北,楚国的东部就危急了;占有陶、平陆,魏都大梁的城门就被堵塞了。如果可以放弃帝号,反而去讨伐宋国暴君,这样,齐国的地位就可以提高,名声也更加受人尊崇,燕国、楚国会因形势所迫而归服齐国,天下各国都不敢不听命于齐国,这是像商汤和周武王那样的义举一样呀。名义上敬重秦国称帝,实际上让天下人都憎恶它,这就是由卑下变为尊贵的方法。希望大王能够认真考虑。"于是齐国放弃帝号,重新称王,秦国也放弃了帝位。

湣王三十八年,齐国进攻宋国。秦昭王不高兴,说道:"我对宋国和新城、阳晋一样爱惜。齐国的韩聂是我的朋友,如今却攻打我所爱惜的地方,为什么呢?"苏代替齐国对秦王说:"韩聂攻打宋国,就是为了大王您呀。如今齐国强大,假如得到宋国的辅佐,楚、魏必然感到恐慌,他们一恐慌就会向西前来侍奉秦国,这样,大王就可以不用一兵,不伤一卒,轻轻松松地使魏国割让安邑,这就是韩聂告求于大王的。"秦王说:"我担心齐国难以让人看明白呀,如今一会儿合纵,一会儿连横,这又是为什么呢?"苏代回答说:"天下各国的情况能让齐国都明白吗?如今齐国攻打宋国,它知道想要侍奉秦国就应该有大国的力量辅助自己,不向西侍奉秦国,宋国也不可能得到太平。中原那些白发的游说之士都想尽办法来离间齐、秦的关系,那些纷纷驾车向西奔驰的人们,没有一个是去谈论齐国好的;那些纷纷驾车向东奔驰的人们,也没有一个是去谈论秦国好的。这又是为什么呢?因为他们都不想让齐、秦联合。为什么三晋与楚国都那么聪明反而齐与秦却这么愚笨呢?三晋如果与楚联合起来就一定会商议攻打齐、秦之事,齐、秦如果联合就一定会谋划攻打三晋和楚国。请大王凭借这样的情况决定行事吧!"秦王说:"好吧!"于是齐国就去攻打宋国,宋王出逃,死在温城。齐国在南方占领了楚国淮水以北的土地,在西边攻入了三晋,还准备吞并周室,立为天子。泗水一带的诸侯如邹、鲁等国的国君都向齐国称臣,各国诸侯都很害怕。

湣王三十九年,秦国派兵前来讨伐齐国,占领了九座城邑。

四十年，燕、秦、楚、三晋合谋，各出锐师以伐，败我济西。王解而卻。燕将乐毅遂入临淄，尽取齐之宝藏器。湣王出亡，之卫。卫君辟宫舍之，称臣而共具。湣王不逊，卫人侵之。湣王去，走邹、鲁，有骄色，邹、鲁君弗内，遂走莒。楚使淖齿将兵救齐，因相齐湣王。淖齿遂杀湣王而与燕共分齐之侵地卤器。

湣王之遇杀，其子法章变名姓为莒太史敫家庸。太史敫女奇法章状貌，以为非恒人，怜而常窃衣食之，而与私通焉。淖齿既以去莒，莒中人及齐亡臣相聚求湣王子，欲立之。法章惧其诛己也，久之，乃敢自言"我湣王子也"。于是莒人共立法章，是为襄王。以保莒城而布告齐国中："王已立在莒矣。"

襄王既立，立太史氏女为王后，是为君王后，生子建。太史敫曰："女不取媒因自嫁，非吾种也，汙吾世。"终身不睹君王后。君王后贤，不以不睹故失人子之礼。

襄王在莒五年，田单以即墨攻破燕军，迎襄王于莒，入临淄。齐故地尽复属齐。齐封田单为安平君。

十四年，秦击我刚寿。十九年，襄王卒，子建立。

王建立六年，秦攻赵，齐楚救之。秦计曰："齐楚救赵，亲则退兵，不亲遂攻之。"赵无食，请粟于齐，齐不听。周子曰："不如听之以退秦兵，不听则秦兵不卻，是秦之计中而齐楚之计过也。且赵之于齐楚，扞蔽也，犹齿之有唇也，唇亡则齿寒。今日亡赵，明日患及齐楚。且救赵之务，宜若奉漏瓮沃焦釜也。夫救赵，高义也；卻秦兵，显名也。义救亡国，威卻强秦之兵，不务为此而务爱粟，为国计者过矣。"齐王弗听。秦破赵于长平四十余万，遂围邯郸。

十六年，秦灭周。君王后卒。二十三年，秦置东郡。二十八年，王入朝秦，秦王政置酒咸阳。三十五年，秦灭韩。三十七年，秦灭

湣王四十年，燕、秦、楚及三晋联合，各国都派出精锐部队一起来讨伐齐国，在济水以西将齐军打败。齐王的军队被打散后离开了。燕国将领乐毅于是带兵攻入齐都临淄，掠取了齐国的全部珍宝利器。湣王逃奔到卫，卫国国君打开王宫让他居住，向他称臣并好心服侍他。湣王却很傲慢，卫国人就去侵扰他。湣王无奈只好又离开卫国，逃到邹国、鲁国，因为他表现出来的傲慢，邹、鲁的国君都不愿意收留他，于是又逃到莒。这时楚国派淖齿领兵前去援救齐国，辅佐齐湣王，结果淖齿反而把湣王杀了，并与燕国一起瓜分了齐国的土地和宝器。

湣王被杀后，他的儿子法章更名改姓在莒太史敫的家中当佣人。太史敫的女儿觉得法章相貌不凡，认为他不是平常百姓，于是就比较怜爱他，还经常偷送他一些衣食，后来就和他私通了。淖齿离开莒城以后，莒城里的人和齐国逃亡的大臣一起寻找湣王的儿子，想要立他为齐王。法章害怕他们是要杀害自己不敢露面，过了很久，他才敢称自己是湣王的儿子。于是莒人共同立法章为齐王，这就是襄王。因为保全了莒城所以齐国向各地布告说："新王已经在莒即位了。"

襄王即位后，立太史氏的女儿为王后，称为君王后，她生了儿子建。太史敫说："我的女儿没有经过媒人说媒就私自嫁人，不能算我的后代，她玷污了我们的家风。"于是就终身没有与君王后见面。君王后十分贤惠，并没有因为父亲不见她就失掉了做子女的礼节。

襄王在莒待了五年，田单凭借即墨军民的力量打败了燕军，到莒将襄王接回临淄。齐国以前的土地又都重新归属齐国。齐王封田单为安平君。

襄王十四年，秦军攻打齐国的刚寿。十九年，襄王去世，其儿子建即位。

齐王建即位六年，秦国攻打赵国，齐国和楚国前去援救。秦国盘算说："齐、楚派兵援救赵国，如果它们关系亲近，我们就退兵；如果它们不亲近，我们就进攻它。"赵国没有粮食，请求齐国支援，齐国不答应。周子劝谏说："不如答应它借给它粮食，这样可以使秦兵撤退，如果不答应，秦兵就不会撤退，这样刚好促使秦国的计谋得逞，而让齐、楚的计谋失败。况且对于齐、楚来说，赵国就是屏障啊，就像牙齿外面的嘴唇一样，假如没有了嘴唇，牙齿就会受寒。如果今天赵国灭亡，那么明天祸患就会降临齐国、楚国了。而且援救赵国一事，应该像捧着漏水的瓮去浇烧焦的锅一样。援救赵国是高尚的义举；如果使秦兵撤退，可以显扬威名。仗义解救将亡的国家，扬威退却强秦的军队，不尽力去做好这件事却吝惜自己的粮食，为国家出谋划策的人真是大错特错了。"齐王不听周子的意见。秦军于是在长平打败了赵国的四十多万军队，接着就包围了邯郸。

齐王建十六年，秦国灭掉了周室。齐国君王后去世。二十三年，秦国设立东郡。二十八年，齐王到秦国朝拜，秦王政在咸阳设酒宴招待。三十五年，秦国消

赵。三十八年，燕使荆轲刺秦王，秦王觉，杀轲。明年，秦破燕，燕王亡走辽东。明年，秦灭魏，秦兵次于历下。四十二年，秦灭楚。明年，虏代王嘉，灭燕王喜。

四十四年，秦兵击齐。齐王听相后胜计，不战，以兵降秦。秦虏王建，迁之共。遂灭齐为郡。天下壹并于秦，秦王政立号为皇帝。

灭韩国。三十七年,秦国消灭赵国。三十八年,燕国派荆轲前去秦国刺杀秦王,被秦王察觉,秦王杀了荆轲。第二年,秦军攻破燕都,燕王逃奔到辽东。又过了一年,秦国消灭魏国,将军队驻扎在历下。四十二年,秦国消灭楚国。第二年,秦军俘虏了代王嘉,杀死燕王喜,燕国灭亡。

齐王建四十四年,秦国攻打齐国。齐王采纳宰相后胜的计谋,还没有交战就率军投降了。秦军俘虏了齐王建,把他迁到共城。最终灭亡齐国,将其改为一郡。天下被秦国统一,秦王政开始建立封号称为皇帝。

孔子世家第十七

孔子生鲁昌平乡陬邑。其先宋人也，曰孔防叔。防叔生伯夏，伯夏生叔梁纥。纥与颜氏女野合而生孔子，祷于尼丘得孔子。鲁襄公二十二年而孔子生。生而首上圩顶，故因名曰丘云。字仲尼，姓孔氏。

丘生而叔梁纥死，葬于防山。防山在鲁东，由是孔子疑其父墓处，母讳之也。孔子为儿嬉戏，常陈俎豆，设礼容。孔子母死，乃殡五父之衢，盖其慎也。陬人挽父之母诲孔子父墓，然后往合葬于防焉。

孔子要绖，季氏飨士，孔子与往。阳虎绌曰："季氏飨士，非敢飨子也。"孔子由是退。

孔子年十七，鲁大夫孟釐子病且死，诫其嗣懿子曰："孔丘，圣人之后，灭于宋。其祖弗父何始有宋而嗣让厉公。及正考父佐戴、武、宣公，三命兹益恭，故鼎铭云：'一命而偻，再命而伛，三命而俯，循墙而走，亦莫敢余侮。饘于是，粥于是，以糊余口。'其恭如是。吾闻圣人之后，虽不当世，必有达者。今孔丘年少好礼，其达者欤？吾即没，若必师之。"及釐子卒，懿子与鲁人南宫敬叔往学礼焉。是岁，季武子卒，平子代立。

孔子贫且贱。及长，尝为季氏史，料量平；尝为司职吏而畜蕃息。由是为司空。已而去鲁，斥乎齐，逐乎宋、卫，困于陈蔡之间，于是反鲁。孔子长九尺有六寸，人皆谓之"长人"而异之。鲁复善待，由是反鲁。

孔子出生在鲁国昌平乡的陬邑。祖先为宋国人，叫孔防叔。防叔生了伯夏，伯夏生了叔梁纥。叔梁纥年老时才娶了颜姓少女生了孔子，是到尼丘山向神明祷告后才生的孔子。鲁襄公二十二年，孔子出生。因为他刚出生时头顶是凹下去的，所以取名为丘。字仲尼，姓孔氏。

　　孔子出生后没多久叔梁纥就死了，埋葬在防山下。防山在鲁国东部，因此孔子无法知道父亲坟墓的确切位置，他的母亲并没有告诉他。孔子小时候做游戏，经常摆放各种祭器，学做祭祀的礼仪动作。孔子的母亲死后，孔子暂且把灵柩停放在五父之衢，这是出于慎重的考虑。陬邑人挽父的母亲告诉了孔子他父亲墓地的具体位置，后来孔子把母亲的灵柩迁到防山同父亲葬在一起。

　　孔子还在守丧的时候，季孙氏举行宴会款待名士，孔子前去参加。季孙氏的家臣阳虎将其阻挡在外说："季氏招待名士，没有请你啊。"孔子因此退了回来。

　　孔子十七岁那年，鲁国大夫釐子病危，临终前告诫他的儿子懿子说："孔丘是圣人的后代，他的祖先在宋国被灭。他的先祖弗父何本来拥有宋国，却将君王之位让给了他的弟弟厉公。到了正考父时，辅佐宋戴公、宋武公、宋宣公三朝，三次被任命一次比一次恭敬，所以正考父鼎的铭文说：'第一次任命时鞠躬而受，第二次任命时弯腰而受，第三次任命时俯首而受。走路时顺着墙根走，也没人敢欺侮我；我就在这个鼎中做些面糊稀饭以糊口度日。'他就是这般恭谨节俭。我听说圣人的后代，就算不做国君执掌国政，也必定会才德显达。如今孔子年少而好礼，他不就是才德显达的人吗？如果我死了，你一定要拜他为师。"孟釐子死后，孟懿子和鲁国人南宫敬叔便前往孔子处学礼。当年，季武子去世，平子继承卿位。

　　孔子小的时候家境贫穷，社会地位低下。长大之后，他曾给季氏做过管理仓库的小吏，出纳钱粮算得公平准确；还曾担任过管理牧场的小吏，牲畜增加了很多。后来又升任主管营建工程的司空。没过多久，他离开鲁国，去了齐国，在齐国受到排斥，又去宋国、卫国，也遭到驱逐，又在陈国和蔡国之间被围困，最后只好又返回鲁国。孔子身高九尺六寸，人们都称他为"长人"，觉得他与一般人不一样。鲁国后来给他待遇很好，所以他最终返回了鲁国。

鲁南宫敬叔言鲁君曰："请与孔子适周。"鲁君与之一乘车，两马，一竖子俱，适周问礼，盖见老子云。辞去，而老子送之曰："吾闻富贵者送人以财，仁人者送人以言。吾不能富贵，窃仁人之号，送子以言，曰：'聪明深察而近于死者，好议人者也。博辩广大危其身者，发人之恶者也。为人子者毋以有己，为人臣者毋以有己。'"孔子自周反于鲁，弟子稍益进焉。

是时也，晋平公淫，六卿擅权，东伐诸侯；楚灵王兵强，陵轹中国；齐大而近于鲁。鲁小弱，附于楚则晋怒；附于晋则楚来伐；不备于齐，齐师侵鲁。

鲁昭公之二十年，而孔子盖年三十矣。齐景公与晏婴来适鲁，景公问孔子曰："昔秦穆公国小处辟，其霸何也？"对曰："秦，国虽小，其志大；处虽辟，行中正。身举五羖，爵之大夫，起累绁之中，与语三日，授之以政。以此取之，虽王可也，其霸小矣。"景公说。

孔子年三十五，而季平子与郈昭伯以斗鸡故得罪鲁昭公，昭公率师击平子，平子与孟氏、叔孙氏三家共攻昭公，昭公师败，奔于齐，齐处昭公乾侯。其后顷之，鲁乱。孔子适齐，为高昭子家臣，欲以通乎景公。与齐太师语乐，闻韶音，学之，三月不知肉味，齐人称之。

景公问政孔子，孔子曰："君君，臣臣，父父，子子。"景公曰："善哉！信如君不君，臣不臣，父不父，子不子，虽有粟，吾岂得而食诸！"他日又复问政于孔子，孔子曰："政在节财。"景公说，将欲以尼溪田封孔子。晏婴进曰："夫儒者滑稽而不可轨法；倨傲自顺，不可以为下；崇丧遂哀，破产厚葬，不可以为俗；游说乞贷，不可以为国。自大贤之息，周室既衰，礼乐缺有间。今孔子盛容饰，繁登降之礼，趋详之节，累世不能殚其学，当年不能究其礼。君

鲁国人南宫敬叔对鲁昭公说："我请求和孔子一起到周去学习。"鲁昭公就给他配备了一辆车、两匹马、一名童仆，和他们一起出发，到周去学礼，据说是见到了老子。与老子辞别之时，老子说："我听说富贵的人都送人财物，品德高尚的人都送人言语。我不是富贵的人，只好窃用品德高尚的人的名号，用言语为您送行。'聪明深察却经常受到死亡威胁的人，是因为他喜欢议论别人；博学善辩、见多识广，却常遭困危境的人，是因为他喜欢揭发别人的罪恶。做子女的应该忘掉自己而常常心想父母，做臣下的就应该忘掉自己而心存君主。'"孔子从周回到鲁国之后，跟从他学习的弟子也慢慢多起来了。

当时，晋平公荒淫无道，六卿掌握大权，不断向东讨伐其他诸侯，楚灵王军队强大，也时常侵犯中原各国；齐国强大，邻近鲁国。鲁国比较弱小，要是归附楚国就会惹怒晋国；归附晋国又会招致楚国来讨伐；对于齐国如果侍奉不周，齐国的军队就会前来侵犯。

鲁昭公二十年，孔子正好三十岁。齐景公带着晏婴来到鲁国，景公问孔子说："从前秦国又小又偏，如今它却能够称霸，这是什么原因呢？"孔子回答说："秦国虽小，志向却很大；处地虽然偏，施政却很得当。秦穆公亲自启用五羖，授给他大夫的官爵，从拘禁中将他解救出来，与他促膝长谈三天，然后把政权交给了他。用这种精神来治理国家，就算要统治整个天下也是可以的，他当个霸主还算是小的呢。"景公听了很高兴。

孔子三十五岁那年，季平子与郈昭伯因为斗鸡的缘故得罪了鲁昭公，昭公率军队攻打平子，平子联合孟孙氏、叔孙氏一起反击昭公，昭公被打败，逃奔到齐国，齐国把昭公安置在乾侯。在这之后不久，鲁国发生了变乱。孔子来到齐国，做了高昭子的家臣，想通过高昭子接近景公。他与齐国的乐官谈论音乐，听到了舜时的《韶》乐，就学习了起来，三个月专心研究，全神贯注，齐国人都称赞他。

齐景公向孔子请教管理国家的道理，孔子回答说："国君要像国君的样子，臣子要像臣子的样子，父亲要有父亲的样子，儿子要有儿子的样子。"景公说："太对了！假如国君不像国君，臣子不像臣子，父亲不像父亲，儿子不像儿子，即使有再多的粮食，我怎么能得到并且吃得着呢！"另一天，景公又向孔子请教管理国家的道理，孔子说："管理政务最重要的是节约开支，杜绝浪费。"景公很高兴，想把尼溪的田地封赏给孔子。晏婴进谏说："儒者能言善辩，是不能用法来约束他们的；他们桀骜不驯，不能作为臣子使用；他们重视丧事，竭尽哀伤，不惜倾家荡产也要将丧事办得隆重，不能形成这样的风气；他们四处游说乞求官禄，不能用来治理国家。自从那些圣贤去世、周王室衰败以后，缺失礼乐已经有很长时间了。如今孔子讲究仪容服饰，详定烦琐的上朝下朝礼节，刻意于快

欲用之以移齐俗，非所以先细民也。"后景公敬见孔子，不问其礼。异日，景公止孔子曰："奉子以季氏，吾不能。"以季孟之间待之。齐大夫欲害孔子，孔子闻之。景公曰："吾老矣，弗能用也。"孔子遂行，反乎鲁。

孔子年四十二，鲁昭公卒于乾侯，定公立。定公立五年，夏，季平子卒，桓子嗣立。季桓子穿井得土缶，中若羊，问仲尼云"得狗"。仲尼曰："以丘所闻，羊也。丘闻之，木石之怪夔、罔阆，水之怪龙、罔象，土之怪坟羊。"

吴伐越，堕会稽，得骨节专车。吴使使问仲尼："骨何者最大？"仲尼曰："禹致群神于会稽山，防风氏后至，禹杀而戮之，其节专车，此为大矣。"吴客曰："谁为神？"仲尼曰："山川之神足以纲纪天下，其守为神，社稷为公侯，皆属于王者。"客曰："防风何守？"仲尼曰："汪罔氏之君守封、禺之山，为釐姓。在虞、夏、商为汪罔，于周为长翟，今谓之大人。"客曰："人长几何？"仲尼曰："僬侥氏三尺，短之至也。长者不过十之，数之极也。"于是吴客曰："善哉圣人！"

桓子嬖臣曰仲梁怀，与阳虎有隙。阳虎欲逐怀，公山不狃止之。其秋，怀益骄，阳虎执怀。桓子怒，阳虎因囚桓子，与盟而醳之。阳虎由此益轻季氏。季氏亦僭于公室，陪臣执国政，是以鲁自大夫以下皆僭离于正道。故孔子不仕，退而修诗书礼乐，弟子弥众，至自远方，莫不受业焉。

定公八年，公山不狃不得意于季氏，因阳虎为乱，欲废三桓之适，更立其庶孽阳虎素所善者，遂执季桓子。桓子诈之，得脱。定公九年，阳虎不胜，奔于齐。是时孔子年五十。

公山不狃以费畔季氏，使人召孔子。孔子循道弥久，温温无所

步行走的规矩,这些繁文缛节,几世也学不完,毕生也搞不清楚。您要用它来改变齐国的风俗,恐怕不是引导老百姓的好办法。"后来,齐景公还是很有礼貌地接见孔子,但不再问起礼仪的事情。有一天,景公挽留孔子说:"用给季氏那样高的待遇给您,我做不到。"所以就给了孔子上卿季孙氏、下卿孟孙氏之间的待遇。齐国的大夫想害孔子,孔子听说了。景公对孔子说:"我年已老,不能重用您了。"孔子于是离开了齐国,重新回到鲁国。

孔子四十二岁的时候,鲁昭公在齐国的乾侯去世,鲁定公即位。定公五年的夏天,季平子去世,季恒子继位封为上卿。季桓子在掘井的时候掘得一个腹大口小的陶器,里面有个像羊的东西,告诉孔子说"得到一只狗"。孔子说:"据我所知,是羊。我听说,山林中的怪物是单足兽'夔'和会学人声的山精'罔阆',水中的怪物是神龙和罔象,泥土中的怪物是坟羊。"

吴国进攻越国,摧毁了越国都城会稽,得到一节骨头,有一辆车那么长。吴国派使者来问孔子:"什么骨头最大?"孔子说:"大禹曾经在会稽山召集群神,防风氏迟到了,大禹便下令杀了他并陈尸示众,他的骨头一节就有一车那么长,这就是最大的骨头。"吴国的使者又问:"那神又是谁呢?"孔子说:"山川的神灵能兴云致雨可以造福天下,负责监守山川按时祭祀的就是神。负责守土地和谷物的就是公侯,他们都隶属于王者。"吴国使者又问:"防风氏是监守什么的神呢?"孔子说:"汪罔氏的君长监守封山和禺山一带的祭祀,是釐姓。在虞、夏、商三代被称为汪罔,在周被称为长翟,如今被称为大人。"吴使问:"大人的身高有多少?"孔子回答说:"僬侥氏身高三尺,是最矮的;大人高的不过三丈,算得上是最高的了。"吴国使者听了之后说:"了不起呀圣人!"

季桓子有个宠臣叫仲梁怀,与阳虎不和。阳虎想赶走仲梁怀,季氏家臣公山不狃阻止了他。这年秋天,仲梁怀更加骄横了,阳虎逮捕了仲梁怀。季桓子大怒,阳虎于是也囚禁了季桓子,后来季桓子与他订立盟约才被释放。阳虎自此之后更加轻视季氏。季氏也经常凌驾于鲁君之上,鲁国出现了大臣专权的局面。后来鲁国自大夫以下都不守礼节,违背正道。所以孔子不愿意再做官,在家专心研究《诗经》《尚书》《礼经》《乐经》,学生也越来越多,有的甚至来自远方,无不虚心接受孔子教诲。

鲁定公八年,公山不狃在季桓子手下不得宠,勾结阳虎作乱,废掉季孙氏、孟孙氏、叔孙氏三家的嫡生嗣子,改立阳虎一直很喜欢的庶子,于是就抓住了季桓子。桓子施计骗他,逃了出来。鲁定公九年,阳虎作乱失败,逃奔到齐国。当时,孔子五十岁。

公山不狃依靠费城反叛季氏,派人来请孔子去帮忙。孔子探索治国之道已经

试，莫能己用，曰："盖周文武起丰镐而王，今费虽小，傥庶几乎！"欲往。子路不说，止孔子。孔子曰："夫召我者岂徒哉？如用我，其为东周乎！"然亦卒不行。

其后定公以孔子为中都宰，一年，四方皆则之。由中都宰为司空，由司空为大司寇。

定公十年春，及齐平。夏，齐大夫黎鉏言于景公曰："鲁用孔丘，其势危齐。"乃使使告鲁为好会，会于夹谷。鲁定公且以乘车好往。孔子摄相事，曰："臣闻有文事者必有武备，有武事者必有文备。古者诸侯出疆，必具官以从。请具左右司马。"定公曰："诺。"具左右司马。会齐侯夹谷，为坛位，土阶三等，以会遇之礼相见，揖让而登。献酬之礼毕，齐有司趋而进曰："请奏四方之乐。"景公曰："诺。"于是旍旄羽被矛戟剑拔鼓噪而至。孔子趋而进，历阶而登，不尽一等，举袂而言曰："吾两君为好会，夷狄之乐何为于此！请命有司！"有司却之，不去，则左右视晏子与景公。景公心怍，麾而去之。有顷，齐有司趋而进曰："请奏宫中之乐。"景公曰："诺。"优倡侏儒为戏而前。孔子趋而进，历阶而登，不尽一等，曰："匹夫而营惑诸侯者罪当诛！请命有司！"有司加法焉，手足异处。景公惧而动，知义不若，归而大恐，告其群臣曰："鲁以君子之道辅其君，而子独以夷狄之道教寡人，使得罪于鲁君，为之奈何？"有司进对曰："君子有过则谢以质，小人有过则谢以文。君若悼之，则谢以质。"于是齐侯乃归所侵鲁之郓、汶阳、龟阴之田以谢过。

很久了，但始终抑郁不能得志，无处施展才华，没有人能任用他，说："当初周文王、周武王在丰、镐开始兴盛后来建立了王业，现在费城虽然很小，应该也差不多吧！"打算前去，子路不高兴，阻止孔子。孔子说："他们请我去，难道会让我白白跑一趟吗？如果重用了我，我将在东方建立一个像周那样的王朝！"但最终也没能成功。

后来鲁定公任命孔子为中都长官，一年后，各地都效仿他的治理方法。孔子由中都长官被提拔为司空，又由司空升任为大司寇。

鲁定公十年春天，鲁国与齐国言和。夏天，齐国大夫黎锄对景公说："鲁国如今重用孔丘，形势一定会危及齐国。"于是齐景公就派使者前去告诉鲁国，说要与鲁定公相会交好，会见的地点在夹谷。鲁定公准备车辆随从，将要毫无防备地去赴约。孔子兼办会晤事宜，他对定公说："我听说办理文事必须要有武装准备，办理武事也必须有外交配合。以前诸侯出自己的国境，一定要带齐必要的官员随从。希望您能够安排左、右司马一起去。"定公说："好。"于是就带了左、右司马一道去。在夹谷与齐侯相会，那里修筑了盟坛，坛上备好席位，又有三级登坛的台阶，按礼节相见，拱手作揖相让才登坛。馈赠应酬之后，齐国管事的官员快步上前请示说："请开始演奏四方舞乐。"齐景公说："好的。"于是齐国的乐队以旌旗为先导，有的头戴羽冠、身穿皮衣，有的手执武器，喧闹着一拥而上。孔子见状赶忙跑过来，一步一阶快步登台，还差一级台阶时，一挥衣袖，说道："我们两国国君是来友好相会的，为什么在这里演奏夷狄的舞乐，请命令管事官员叫他们下去！"主管官员叫乐队退下，他们都不退，左右去看晏婴与齐景公的眼色。齐景公心中惭愧，挥手叫乐队退下。过了一会儿，齐国的管事官员又上前请示说道："请开始演奏宫中的乐曲。"景公说："好的。"于是一些歌舞杂技艺人和身材矮小的侏儒上前开始表演了。孔子看了又急跑过来。一步一阶往台上走，最后一阶还没有迈上就说："普通人敢来胡闹迷惑诸侯，依法论罪这可是要杀头的！请命令主事官员去执行！"主事官员依法将他们处以腰斩，这些人都手足异处。齐景公大为恐惧，深受触动，知道自己讲道理上比不上他，回国之后很是惶恐，告诉他的大臣们说："鲁国的大臣们都是用君子的道理来辅佐他们的国君，而你们却拿夷狄的办法教给我，使我得罪了鲁国国君，这可怎么是好呢？"主管官员上前回答说："君子如果犯下过错，就会用实际行动来表示道歉认错；如果是小人有了过错，就会用花言巧语来谢罪。您如果痛心，就用实际行动来表示道歉吧。"于是齐景公就将从前夺取鲁国郓、汶阳、龟阴的土地都还给鲁国，以此来向鲁国道歉认错。

定公十三年夏，孔子言于定公曰："臣无藏甲，大夫毋百雉之城。"使仲由为季氏宰，将堕三都。于是叔孙氏先堕郈。季氏将堕费，公山不狃、叔孙辄率费人袭鲁。公与三子入于季氏之宫，登武子之台。费人攻之，弗克，入及公侧。孔子命申句须、乐颀下伐之，费人北。国人追之，败诸姑蔑。二子奔齐，遂堕费。将堕成，公敛处父谓孟孙曰："堕成，齐人必至于北门。且成，孟氏之保鄣，无成是无孟氏也。我将弗堕。"十二月，公围成，弗克。

定公十四年，孔子年五十六，由大司寇行摄相事，有喜色。门人曰："闻君子祸至不惧，福至不喜。"孔子曰："有是言也。不曰'乐其以贵下人'乎？"于是诛鲁大夫乱政者少正卯。与闻国政三月，粥羔豚者弗饰贾；男女行者别于涂；涂不拾遗；四方之客至乎邑者不求有司，皆予之以归。

齐人闻而惧，曰："孔子为政必霸，霸则吾地近焉，我之为先并矣。盍致地焉？"黎鉏曰："请先尝沮之；沮之而不可则致地，庸迟乎！"于是选齐国中女子好者八十人，皆衣文衣而舞康乐，文马三十驷，遗鲁君。陈女乐文马于鲁城南高门外，季桓子微服往观再三，将受，乃语鲁君为周道游，往观终日，怠于政事。子路曰："夫子可以行矣。"孔子曰："鲁今且郊，如致膰乎大夫，则吾犹可以止。"桓子卒受齐女乐，三日不听政；郊，又不致膰俎于大夫。孔子遂行，宿乎屯。而师己送，曰："夫子则非罪。"孔子曰："吾歌可夫？"歌曰："彼妇之口，可以出走；彼妇之谒，可以死败。盖优哉游哉，维

鲁定公十三年夏天，孔子对定公说："臣子的家中不能收藏武器，大夫封地的城墙不能长于三百丈。"于是定公就派仲由去季氏家中当管家，准备拆毁季孙、孟孙、叔孙三家封邑的城墙。因此，叔孙氏先把郈邑的城墙拆了。季孙氏也打算拆掉费邑的城墙，公山不狃和叔孙辄带领费邑的人攻打鲁国。鲁定公和季孙、孟孙、叔孙三人躲进了季孙的住宅，登上了季孙武子的高坛。公山不狃率领费邑人攻了一阵，没能打进去，但有人攻入鲁定公所登高坛的近侧。孔子命令申句须、乐颀下台来反击他们，费邑人失败逃走，鲁国人乘胜追击，在姑蔑把他们彻底打败。公山不狃、叔孙辄两人逃到了齐国，费邑的城墙后来被拆毁。接着准备拆除成邑的城墙，孟孙氏的家臣公敛处父告诉孟孙说："如果拆除了成邑的城墙，齐国人一定会攻入我们的北大门。且成城又是孟氏的屏障，没有成城也就等于没有孟氏。我不打算拆毁。"十二月，鲁定公率兵包围成城，没有攻下。

鲁定公十四年，孔子五十六岁，他以大司寇的身份代理国相事务，脸上有喜悦的神色。他的弟子说："听说君子都是大祸临头也不恐惧，大福到来也不喜形于色。"孔子说："是有这么一句话，但不是还有一句'因为身居高位而可以礼贤下士而高兴'的话吗？"后来杀了扰乱国政的大夫少正卯。孔子参与处理国政三个月，贩卖猪、羊的商人就不敢漫天要价了；男女行人都分开走路；掉在路上的东西也没人捡走；各地的旅客来到鲁国的城邑，用不着向官员们送礼求情，都能得到很好的招待，像回到了自己家中一样。

齐国听说这个消息以后开始害怕起来，说："孔子如果一直在鲁国执政下去，鲁国一定会称霸，它一旦称霸，我们距它最近，必然首先会来吞并我们。何不先送些土地给他们呢？"黎鉏说："我们先试着阻止他们，如果不成，再送给他们土地，难道这还算迟吗！"于是就从齐国挑选了八十个漂亮女子，都穿上华丽的衣服，教她们学会跳《康乐》，身上有花纹的马一百二十余匹，一起送给鲁君。先把女乐和纹马彩车安放在鲁城南面的高门外。季桓子身着便服前往观看，打算接受下来，就告诉鲁君，以外出到各地周游视察为名，乘机整天到南门观看齐国的美女和骏马，连国家的政事也懒得去管了，子路看到此种情形便对孔子说："老师，我们可以离开这里了吧。"孔子说："鲁国现在就要在郊外祭祀，如果能按照礼法把典礼后的烤肉分给大夫们，那么我留下不走。"季桓子终于接受了齐国送来的女子，一连三天不过问政事；在郊外祭祀结束后，又违背常礼，没把烤肉分给大夫们。孔子于是离开了鲁国，当天就在屯地住宿过夜。鲁国有一个名叫师己的乐师来为他送行，说道："先生您是没有过错的。"孔子说："我唱一首歌，行不行？"于是唱道："那些妇人的口，可以把大臣和亲信撵走；接近那些妇女，可以使人败事亡身。悠闲啊悠闲，我只有这样来安度岁月！"师己

以卒岁!"师己反,桓子曰:"孔子亦何言?"师己以实告。桓子喟然叹曰:"夫子罪我以群婢故也夫!"

孔子遂适卫,主于子路妻兄颜浊邹家。卫灵公问孔子:"居鲁得禄几何?"对曰:"奉粟六万。"卫人亦致粟六万。居顷之,或谮孔子于卫灵公。灵公使公孙余假一出一入。孔子恐获罪焉,居十月,去卫。

将适陈,过匡,颜刻为仆,以其策指之曰:"昔吾入此,由彼缺也。"匡人闻之,以为鲁之阳虎。阳虎尝暴匡人,匡人于是遂止孔子。孔子状类阳虎,拘焉五日,颜渊后,子曰:"吾以汝为死矣。"颜渊曰:"子在,回何敢死!"匡人拘孔子益急,弟子惧。孔子曰:"文王既没,文不在兹乎?天之将丧斯文也,后死者不得与于斯文也。天之未丧斯文也,匡人其如予何!"孔子使从者为宁武子臣于卫,然后得去。

去即过蒲。月余,反乎卫,主蘧伯玉家。灵公夫人有南子者,使人谓孔子曰:"四方之君子不辱欲与寡君为兄弟者,必见寡小君。寡小君原见。"孔子辞谢,不得已而见之。夫人在絺帷中。孔子入门,北面稽首。夫人自帷中再拜,环佩玉声璆然。孔子曰:"吾乡为弗见,见之礼答焉。"子路不说。孔子矢之曰:"予所不者,天厌之!天厌之!"居卫月余,灵公与夫人同车,宦者雍渠参乘,出,使孔子为次乘,招摇市过之。孔子曰:"吾未见好德如好色者也。"于是丑之,去卫,过曹。是岁,鲁定公卒。

孔子去曹适宋,与弟子习礼大树下。宋司马桓魋欲杀孔子,拔其树。孔子去。弟子曰:"可以速矣。"孔子曰:"天生德于予,桓魋其如予何!"

孔子适郑,与弟子相失,孔子独立郭东门。郑人或谓子贡曰:"东门有人,其颡似尧,其项类皋陶,其肩类子产,然自要以下不及

返回后，桓子问他说："孔子说了些什么？"师己如实相告。桓子长叹一声，说："先生是怪罪我们接受了齐国那一群女乐啊！"

孔子于是到了卫国，寄住在子路妻子的兄长颜浊邹家中。卫灵公问孔子："鲁国给你的俸禄是多少？"孔子回答说："俸米六万斗。"卫国也照样给了他俸米六万斗。过了不久，有人向卫灵公说了孔子的坏话，卫灵公就派公孙余假用兵仗监视孔子的出入行动。孔子害怕在这里获罪，待了十个月左右，就离开了卫国。

孔子将要到陈国去，经过一个名叫匡的地方，弟子颜刻替他赶车，颜刻用马鞭子指着说："从前我进入过这个城，就是在那缺口进去的。"匡人听说，误认为是鲁国的阳虎来了，阳虎曾经残害过匡人，于是匡人就围困住了孔子。孔子的模样长得很像阳虎，所以被困在那里整整五天。颜渊后来赶到那里，孔子说："我还以为你死了。"颜渊说："老师您活着，我怎么敢死！"匡人围攻孔子越来越急，弟子们都很担心。孔子说："周文王已经死去，周代的礼乐制度不就在我们这里吗？如果上天要毁灭这些礼乐制度的话，就不会让我们这些后死的人承担起维护它的责任。上天并没有要消灭周代的这些礼乐制度，匡人又能把我怎么样呢！"孔子派一个跟从他的人到宁武子那里称臣，然后才得以离开匡地。

孔子离开匡地以后，到了蒲地，又过了一个多月，重新回到卫国，寄住在蘧伯玉家。卫灵公有个叫南子的夫人，派人对孔子说："各国的君子，凡是看得起我们的，都愿意与我们国君建立兄弟一样的交情，也一定会来拜见我们南子夫人，我们南子夫人也愿意见见您。"孔子开始还推辞谢绝，最后不得已才去见她。南子夫人坐在葛布做的帷帐中等待。孔子进门后，面朝北叩头行礼。南子夫人在帷帐中拜了两拜，她佩戴的环佩玉器首饰发出了叮当撞击的响声。后来孔子说："我原本就不愿见她，现在既然不得已见了，就得还她以礼。"子路很不高兴。孔子发誓说："我如果做了不对的事，上天一定会厌弃我！一定会厌弃我！"在卫国住了一个多月，灵公和夫人南子同坐了一辆车子，宦官雍渠陪侍车右，出宫后，让孔子坐在第二辆车子上跟从，大摇大摆地从街道上走过。孔子说："我没有见过喜好道德像喜欢美色一样的人啊。"于是对卫灵公的所作所为感到痛心，就离开了卫国，去了曹国。当年，鲁定公去世。

孔子离开曹国去了宋国，与弟子们在大树下演习礼仪。宋国的司马桓魋想杀死孔子，就把树砍了。孔子只好离开这个地方。弟子们催促说："我们可以快点走了。"孔子说："上天既然赋予我传授道德的使命，桓魋他又能把我如何！"

孔子到了郑国，与弟子们走散了，一个人站在外城的东门。郑国有人看见了他，就告诉子贡说："东门那儿有个人，他的额头像唐尧，脖子像皋陶，肩膀像

禹三寸。累累若丧家之狗。"子贡以实告孔子。孔子欣然笑曰："形状，末也。而谓似丧家之狗，然哉！然哉！"

孔子遂至陈，主于司城贞子家。岁余，吴王夫差伐陈，取三邑而去。赵鞅伐朝歌。楚围蔡，蔡迁于吴。吴败越王句践会稽。

有隼集于陈廷而死，楛矢贯之，石砮，矢长尺有咫。陈湣公使使问仲尼。仲尼曰："隼来远矣，此肃慎之矢也。昔武王克商，通道九夷百蛮，使各以其方贿来贡，使无忘职业。于是肃慎贡楛矢石砮，长尺有咫。先王欲昭其令德，以肃慎矢分大姬，配虞胡公而封诸陈。分同姓以珍玉，展亲；分异姓以远职，使无忘服。故分陈以肃慎矢。"试求之故府，果得之。

孔子居陈三岁，会晋楚争强，更伐陈，及吴侵陈，陈常被寇。孔子曰："归与归与！吾党之小子狂简，进取不忘其初。"于是孔子去陈。

过蒲，会公叔氏以蒲畔，蒲人止孔子。弟子有公良孺者，以私车五乘从孔子。其为人长贤，有勇力，谓曰："吾昔从夫子遇难于匡，今又遇难于此，命也已。吾与夫子再罹难，宁斗而死。"斗甚疾。蒲人惧，谓孔子曰："苟毋适卫，吾出子。"与之盟，出孔子东门。孔子遂适卫。子贡曰："盟可负邪？"孔子曰："要盟也，神不听。"

卫灵公闻孔子来，喜，郊迎。问曰："蒲可伐乎？"对曰："可。"灵公曰："吾大夫以为不可。今蒲，卫之所以待晋楚也，以卫伐之，无乃不可乎？"孔子曰："其男子有死之志，妇人有保西河

郑子产，可是从腰部以下比禹短了三寸，一副狼狈破落的样子，像一条丧了家的狗一样。"子贡见面把这些话如实地告诉了孔子。孔子高兴地说道："他形容我的相貌，不一定对，但说我像条丧家狗，真是太对了！对极了。"

孔子后来去了陈国，寄住在司城贞子家里。过了一年多，吴王夫差率兵来讨伐陈国，攻占了三个城邑以后才退兵而去。赵鞅进攻朝歌。楚国包围了蔡国，蔡国迁移到吴地。吴国在会稽打败了越王勾践。

有一天，有只隼落在陈国的宫廷中死了，被楛木做的箭贯穿，箭头是用石头做的，箭长一尺八寸。陈湣公派使者去请教孔子，孔子回答说："隼应该是从很远的地方飞来的，这是肃慎部族的箭。当初周武王伐纣灭商，沟通了与少数民族的联系，让百蛮各族都贡献自己的地方特产，使他们不要忘记自己的职责和义务。于是肃慎部族献来楛木做的箭和石头制的箭头，长一尺八寸。周武王为了彰显他的美德，就把肃慎部族的箭赐给长女太姬，后来太姬嫁给了虞胡公，虞胡公又被封在陈国。当初王室将珍宝玉器分给同姓诸侯，是为了表示自己重视亲族；把远方的贡品赠给他姓诸侯，是为了让他们不要忘记服从周王朝。所以把肃慎部族的箭赐给了陈国。"陈湣公听了以后，就派人到收藏各方贡物的仓库中去找，果然找到了这种箭。

孔子在陈国待了三年，正好遇上晋国、楚国争霸，两国轮番前来讨伐陈国，直到吴国进攻陈国为止，陈国经常遭受战乱。孔子说："回去吧，回去吧！我家乡的那些弟子，志向远大，他们都很有进取心，也没有忘记自己的初衷。"于是就离开了陈国。

孔子经过一个叫蒲的地方，正好遇上公叔氏凭据蒲地反叛卫国，蒲人扣留了孔子。孔子的弟子中有个叫公良孺的，带了五辆车子跟随孔子一起周游各地。这个人身材高大，有才德，也有勇力，对孔子说："我曾经跟随老师在匡地遇到危难，如今又在这里遇到危难，这是命里注定的吧。我和老师一再遭难，宁可搏斗而死。"公良孺跟蒲人激烈奋战，蒲人害怕了，对孔子说："如果你答应不去卫国，我就放你们走。"于是孔子就与他们订立了盟约，后来才放孔子从东门出去。孔子后来还是到了卫国。子贡说："盟约可以违背吗？"孔子说："当初是在被要挟下订立的盟约，神是不会认可的。"

卫灵公听说孔子来了，很高兴，亲自到郊外迎接孔子。灵公问孔子说："蒲这个地方可以攻取吗？"孔子回答说："可以。"灵公说："我的大夫却认为不可，因为现在的蒲是防御晋、楚的屏障，用我们卫国的军队去攻打，恐怕不可以吧？"孔子说："蒲地的男子有誓死效忠卫国的决心，妇女有保卫西河一带的愿望。我所说的讨伐，只是四五个领头叛乱的人罢了。"卫灵公说："很好。"却

之志。吾所伐者不过四五人。"灵公曰："善。"然不伐蒲。

灵公老，怠于政，不用孔子。孔子喟然叹曰："苟有用我者，期月而已，三年有成。"孔子行。

佛肸为中牟宰。赵简子攻范、中行，伐中牟。佛肸畔，使人召孔子。孔子欲往。子路曰："由闻诸夫子，'其身亲为不善者，君子不入也'。今佛肸亲以中牟畔，子欲往，如之何？"孔子曰："有是言也。不曰坚乎，磨而不磷；不曰白乎，涅而不淄。我岂匏瓜也哉，焉能系而不食？"

孔子击磬。有荷蒉而过门者，曰："有心哉，击磬乎！硁硁乎，莫己知也夫而已矣！"

孔子学鼓琴师襄子，十日不进。师襄子曰："可以益矣。"孔子曰："丘已习其曲矣，未得其数也。"有间，曰："已习其数，可以益矣。"孔子曰："丘未得其志也。"有间，曰："已习其志，可以益矣。"孔子曰："丘未得其为人也。"有间，有所穆然深思焉，有所怡然高望而远志焉。曰："丘得其为人，黯然而黑，几然而长，眼如望羊，如王四国，非文王其谁能为此也！"师襄子辟席再拜，曰："师盖云文王操也。"

孔子既不得用于卫，将西见赵简子。至于河而闻窦鸣犊、舜华之死也，临河而叹曰："美哉水，洋洋乎！丘之不济此，命也夫！"子贡趋而进曰："敢问何谓也？"孔子曰："窦鸣犊、舜华，晋国之贤大夫也。赵简子未得志之时，须此两人而后从政；及其已得志，杀之乃从政。丘闻之也，刳胎杀夭则麒麟不至郊，竭泽涸渔则蛟龙不合阴阳，覆巢毁卵则凤皇不翔。何则？君子讳伤其类也。夫鸟兽之于不义也尚知辟之，而况乎丘哉！"乃还息乎陬乡，作为陬操以哀之。而反乎卫，入主蘧伯玉家。

他日，灵公问兵陈。孔子曰："俎豆之事则尝闻之，军旅之事未

没有出兵去攻打蒲地。

卫灵公年纪已老,懒得处理政务,也没有起用孔子。孔子长叹一声说:"如果有人起用我,一年时间就差不多了,三年就会大见成效。"于是孔子离开了。

佛肸是中牟的宰相。赵简子攻打范氏、中行氏,讨伐中牟。佛肸就占据了中牟,进行反叛,派人去请孔子。孔子打算去,子路说:"我听老师说过,'亲自带头做坏事的人那里,君子是不去的'。现在佛肸自己占据中牟想要反叛,您却准备前往,这是为什么呢?"孔子回答说:"我是说过这句话。不过也说过,坚硬的东西是磨不薄的;还说过洁白的东西是染不黑的。我难道是只能看却不能吃的匏瓜吗,怎么可以老是挂着却不给人吃呢?"

有一次孔子正敲击磬,有个背着草筐的人路过门口,说道:"这个击磬人有心思啊,磬声又响又急,既然人家不赏识你,那就算了吧!"

孔子跟随师襄子学习弹琴,一连学了十天,也没继续学习新曲子。师襄子说:"可以学新曲了。"孔子说:"我已经掌握这首乐曲了,但还没有熟练地掌握弹琴的技法。"又过了些时日,师襄子又说:"你已经掌握弹琴的技法了,可以学习新曲子了。"孔子说:"我还没有领会乐曲的意蕴。"又过了几日,师襄子说:"你已经领会乐曲的意蕴,可以学些新曲了。"孔子说:"我还没有体会出作曲者是怎样的一个人。"又过了几天,孔子穆然沉思,接着又心旷神怡,显出志向远大的样子。说:"我体会出作曲者是个什么样的人了,他的皮肤黝黑,身材高大,目光深邃并且明亮,就像一个统治四方诸侯的王者,除了周文王,又有谁是这样的呢!"师襄子于是恭敬地离开座位,起身向孔子拜了两拜,说:"我老师原来说过,这是《文王操》呀。"

孔子因为得不到卫国的重用,打算向西去拜见赵简子。到了黄河边,听到窦鸣犊、舜华被杀的消息,就面对着黄河万分感慨地说:"黄河水啊如此壮美,浩浩荡荡如此盛大,我之所以不能渡过黄河,也许就是命运啊!"子贡赶上前去问孔子说:"冒昧地请问老师,这话是什么意思呢?"孔子说:"窦鸣犊和舜华,都是晋国有才德的大夫。当初赵简子还没有得志的时候,就是依靠这两个人才得以从政的;如今他得志了,却杀了这两个人来执掌政权。我听说过,一个地方如果剖腹取胎杀害幼兽,那么麒麟就不会来到它的郊野;如果排干了池塘之水去抓鱼,那么龙也就不会来调合阴阳兴风致雨了;如果倾覆鸟巢毁坏鸟卵,凤凰也就不愿来这里飞翔。这是为什么呢?君子忌讳伤害他的同类。那些鸟兽对于不义的行为都尚且知道避开,何况是我孔丘呢!"于是便回到老家陬乡休息,创作了《陬操》的琴曲来哀悼窦鸣犊、舜华两位贤人。后来又回到卫国,寄住在蘧伯玉家。

有一天,卫灵公问孔子关于军队列阵作战的事。孔子回答说:"祭祀的事我

之学也。"明日，与孔子语，见蜚雁，仰视之，色不在孔子。孔子遂行，复如陈。

夏，卫灵公卒，立孙辄，是为卫出公。六月，赵鞅内太子蒯聩于戚。阳虎使太子絻，八人衰绖，伪自卫迎者，哭而入，遂居焉。冬，蔡迁于州来。是岁鲁哀公三年，而孔子年六十矣。齐助卫围戚，以卫太子蒯聩在故也。

夏，鲁桓釐庙燔，南宫敬叔救火。孔子在陈，闻之，曰："灾必于桓釐庙乎？"已而果然。

秋，季桓子病，辇而见鲁城，喟然叹曰："昔此国几兴矣，以吾获罪于孔子，故不兴也。"顾谓其嗣康子曰："我即死，若必相鲁；相鲁，必召仲尼。"后数日，桓子卒，康子代立。已葬，欲召仲尼。公之鱼曰："昔吾先君用之不终，终为诸侯笑。今又用之，不能终，是再为诸侯笑。"康子曰："则谁召而可？"曰："必召冉求。"于是使使召冉求。冉求将行，孔子曰："鲁人召求，非小用之，将大用之也。"是日，孔子曰："归乎归乎！吾党之小子狂简，斐然成章，吾不知所以裁之。"子赣知孔子思归，送冉求，因诫曰"即用，以孔子为招"云。

冉求既去，明年，孔子自陈迁于蔡。蔡昭公将如吴，吴召之也。前昭公欺其臣迁州来，后将往，大夫惧复迁，公孙翩射杀昭公。楚侵蔡。秋，齐景公卒。

明年，孔子自蔡如叶。叶公问政，孔子曰："政在来远附迩。"他日，叶公问孔子于子路，子路不对。孔子闻之，曰："由，尔何不对曰'其为人也，学道不倦，诲人不厌，发愤忘食，乐以忘忧，不知老之将至'云尔。"

去叶，反于蔡。长沮、桀溺耦而耕，孔子以为隐者，使子路问津

倒是曾经听说过，关于排兵布阵的事，我没有学过。"第二天，卫灵公与孔子谈话的时候，看见空中飞来一只大雁，就只顾抬头仰望，神色不在孔子身上。孔子于是就离开卫国，又去了陈国。

当年夏天，卫灵公去世，他的孙子辄即位，这就是卫出公。六月，赵鞅把流亡在外的太子蒯聩接到戚地。阳虎让太子蒯聩穿上孝服，又让八个人披麻戴孝，装扮成是从卫国来接太子回去奔丧的样子，哭着就进了戚城，后来在戚城住了下来。冬天，蔡国迁往州来。当年是鲁哀公三年，孔子六十岁。齐国助卫国包围了戚城，就是因为卫太子蒯聩在那儿的缘故。

夏天，鲁桓公、釐公的庙堂起火。南宫敬叔去救火。孔子在陈国听到了这个消息，就说："火灾一定发生在桓公、釐公的庙堂吧？"后来发现果然如他所言。

秋天，季桓子病危，乘着辇车巡视鲁城，感慨地叹道："当初这个国家几乎就要兴旺了，因为我得罪了孔子，所以没有兴旺起来。"回头又对他的嗣子季康子说："等我去世后，你一定会接掌鲁国的政权辅佐国君；如果你辅佐国君，一定要召回孔子。"过了几天，季桓子去世了，季康子继位。丧事办完之后，他想召回孔子。大夫公之鱼说："当初我们的国君鲁定公曾经任用过他，却没能有始有终，最后被诸侯耻笑。如今您再任用他，如果还不能善终，这肯定会再次招来诸侯的耻笑。"季康子说："那应该召谁比较好呢？"公之鱼说："一定要召冉求。"于是季康子就派人召回冉求。冉求准备走的时候，孔子说："这次鲁国召冉求回去，不会小用，应该会重用他。"就在这一天，孔子说："回去吧，回去吧！我家乡的那些弟子志向高远而行事疏阔，富有文采，我真不知从何下手来教育他们才好。"子贡知道孔子思念家乡想回去，送别冉求之时，就叮嘱冉求"你要是能够得到重用，要想着把老师请回去"之类的话。

冉求离开后两年，孔子从陈国移居蔡国。蔡昭公准备到吴国去，是吴国召他去的。从前昭公欺骗他的大臣，迁到了州来，这次前往，大夫们担心他又要迁都，公孙翩就在路上射杀了蔡昭公。后来，楚军攻打蔡国。秋天，齐景公去世。

第二年，孔子从蔡国前往叶地。叶公向孔子请教为政的道理，孔子回答说："为政的道理在于招纳远方的贤能，使近处的人亲附。"有一天，叶公向子路问孔子的情况，子路没有回答。孔子听说后告诉子路说："仲由，你为什么不这样对他说：'他这个人呀，学习起来不知疲倦，教导起人来不会厌烦，发愤学习时忘记了吃饭，快乐时忘记了忧愁，以至于连衰老即将到来也全不知道'等等。"

孔子离开楚国的叶地回到蔡国。在路上遇见长沮、桀溺两人一起耕田，孔子以为他们是隐士，就叫子路上前打听渡口在什么地方。长沮问："那个拉着马缰

焉。长沮曰："彼执舆者为谁？"子路曰："为孔丘。"曰："是鲁孔丘与？"曰："然。"曰："是知津矣。"桀溺谓子路曰："子为谁？"曰："为仲由。"曰："子，孔丘之徒与？"曰："然。"桀溺曰："悠悠者天下皆是也，而谁以易之？且与其从辟人之士，岂若从辟世之士哉！"耰而不辍。子路以告孔子，孔子怃然曰："鸟兽不可与同群。天下有道，丘不与易也。"

他日，子路行，遇荷蓧丈人，曰："子见夫子乎？"丈人曰："四体不勤，五谷不分，孰为夫子！"植其杖而芸。子路以告，孔子曰："隐者也。"复往，则亡。

孔子迁于蔡三岁，吴伐陈。楚救陈，军于城父。闻孔子在陈蔡之间，楚使人聘孔子。孔子将往拜礼，陈蔡大夫谋曰："孔子贤者，所刺讥皆中诸侯之疾。今者久留陈蔡之间，诸大夫所设行皆非仲尼之意。今楚，大国也，来聘孔子。孔子用于楚，则陈蔡用事大夫危矣。"于是乃相与发徒役围孔子于野。不得行，绝粮。从者病，莫能兴。孔子讲诵弦歌不衰。子路愠见曰："君子亦有穷乎？"孔子曰："君子固穷，小人穷斯滥矣。"

子贡色作。孔子曰："赐，尔以予为多学而识之者与？"曰："然。非与？"孔子曰："非也。予一以贯之。"

孔子知弟子有愠心，乃召子路而问曰："诗云'匪兕匪虎，率彼旷野'。吾道非邪？吾何为于此？"子路曰："意者吾未仁邪？人之不我信也。意者吾未知邪？人之不我行也。"孔子曰："有是乎！由，譬使仁者而必信，安有伯夷、叔齐？使知者而必行，安有王子比干？"

子路出，子贡入见。孔子曰："赐，诗云'匪兕匪虎，率彼旷

的人是谁？"子路回答说："是孔丘。"长沮又问："是鲁国的孔丘吗？"子路回答说："是的。"长沮说："那他应该知道渡口在哪儿。"桀溺又问子路说："你是谁？"子路回答说："我是仲由。"桀溺说："你是孔丘的弟子吗？"子路说："是的。"桀溺说："天下到处都不得安宁，又有谁能改变这种现状呢？况且你跟着那些逃避暴乱的人四处奔走，还不如跟着我们这些躲避乱世的人呢？"说完，就继续不停地耕田。子路把这些告诉孔子，孔子失望地说："我们不能和鸟兽一样居住在山林里，要是天下太平，我也用不着到处奔走图谋改变如今的现状了。"

有一天，子路走在路上，遇见一位肩扛除草工具的老人。子路问他："您看见过我的老师吗？"老人说："你们这些人四肢不勤劳、五谷分不清，谁是你的老师呢？"说完就挂着拐杖拔草去了。后来子路把这件事告诉了孔子，孔子说："这是位隐士。"让子路再到那里去看看，老人已经离开了。

孔子在蔡国待了三年，吴国讨伐陈国。楚国前去救援，将军队驻扎在城父。听说孔子住在陈国和蔡国的边境上，楚国便派人去聘请孔子。孔子准备前往拜见接受楚国的聘礼，陈国、蔡国的大夫商议说："孔子是位贤德之人，他所指责讽刺的都正好是诸侯的弊病。如今长时间地停留在我们陈国和蔡国之间，大夫们的所作所为都不合仲尼的意思。如今的楚国，是个大国，来聘请孔子。如果孔子在楚国得到重用，那么我们陈蔡两国掌权的大夫们就危险了。"于是他们双方就商量派了一些服劳役的人把孔子围困在郊外。孔子和他的弟子们走不了，粮食也断绝了。随从的弟子病了，站都不能站起来了。孔子还在不停地给大家讲学、诵诗、唱歌、弹琴。子路很生气地来见孔子说："君子也有如此困窘的时候吗？"孔子说："君子在困窘面前能坚守节操决不动摇，小人如果遇到困窘就会不加节制，什么事情都做得出来。"

子贡的脸色也变了。孔子说："赐啊，你认为我是博学多识的人吗？"子贡回答说："是的。难道不对吗？"孔子说："不是的。我只是用一种基本原则贯穿始终。"

孔子知道弟子们心中不高兴，便叫来子路问道："《诗经》上说'不是犀牛也不是老虎，然而却排徊在旷野上'，难道是我们的学说不对吗？我们为什么会落到如此境地呢？"子路说："可能是我们的德行还不够吧？所以人家还不信任我们。大概是我们的智谋还不够吧？所以人家不放我们离开。"孔子说："有这样的话吗？仲由啊，如果有仁德的人一定能得到别人的信任，哪里还会有伯夷、叔齐饿死在首阳山？如果人有智谋就能畅行无阻，哪里会有王子比干被剖心呢？"

子路退出，子贡来见孔子。孔子对子贡说："赐啊，《诗经》上说'不是犀

野'。吾道非邪？吾何为于此？"子贡曰："夫子之道至大也，故天下莫能容夫子。夫子盖少贬焉？"孔子曰："赐，良农能稼而不能为穑，良工能巧而不能为顺。君子能修其道，纲而纪之，统而理之，而不能为容。今尔不修尔道而求为容。赐，而志不远矣！"

子贡出，颜回入见。孔子曰："回，诗云'匪兕匪虎，率彼旷野'。吾道非邪？吾何为于此？"颜回曰："夫子之道至大，故天下莫能容。虽然，夫子推而行之，不容何病？不容然后见君子！夫道之不修也，是吾丑也。夫道既已大修而不用，是有国者之丑也。不容何病，不容然后见君子！"孔子欣然而笑曰："有是哉颜氏之子！使尔多财，吾为尔宰。"

于是使子贡至楚。楚昭王兴师迎孔子，然后得免。

昭王将以书社地七百里封孔子。楚令尹子西曰："王之使使诸侯有如子贡者乎？"曰："无有。""王之辅相有如颜回者乎？"曰："无有。""王之将率有如子路者乎？"曰："无有。""王之官尹有如宰予者乎？"曰："无有。""且楚之祖封于周，号为子男五十里。今孔丘述三五之法，明周召之业，王若用之，则楚安得世世堂堂方数千里乎？夫文王在丰，武王在镐，百里之君卒王天下。今孔丘得据土壤，贤弟子为佐，非楚之福也。"昭王乃止。其秋，楚昭王卒于城父。

楚狂接舆歌而过孔子，曰："凤兮凤兮，何德之衰！往者不可谏兮，来者犹可追也！已而已而，今之从政者殆而！"孔子下，欲与之言。趋而去，弗得与之言。

于是孔子自楚反乎卫。是岁也，孔子年六十三，而鲁哀公六年也。

牛也不是老虎，然而却徘徊在旷野上'。难道是我们的学说有什么不对吗？我们为什么落到如此境地呢？"子贡说："老师的学说太博大了，所以天下没有一个国家可以容纳老师。老师何不稍微降低一下要求呢？"孔子说："赐啊，好的农夫擅长耕种，却不一定能够得到好的收获；好的工匠精通手艺，却不一定能使人们都称心如意。君子能够研修自己的学说，就像网一样，先构出基本的框架，然后再进行疏理，然而也不一定被世人所接受。如今你不去研修自己的学说，反而想降低要求来委曲求全。赐啊，你的志向也太不远大了。"

子贡出去后，颜回进来拜见孔子。孔子说："回啊，《诗经》说'不是犀牛也不是老虎，然而却徘徊在旷野上'。难道是我们的学说有什么不对吗？我们为什么落到如此境地呢？"颜回说："老师的学说博大到极点了，所以天下没有一个国家可以容纳老师。即使是这样，老师还是要推行自己的学说，不被天下接受又有什么关系呢？不被接受才能彰显君子的本色！一个人如果不悉心研修自己的学说，那是自己的耻辱。而对于已经花工夫研修的学说却不被人所用，那就是当权者的耻辱了。不被天下接受又有什么关系呢？不被接受这样才能显出君子的本色！"孔子听后欣慰地笑道："是这样的啊，真是颜氏的后代呀！假使你有很多钱财，我愿意给你做管家。"

于是孔子派子贡到楚国去。楚昭王派兵前来迎接孔子，才免除了这场灾祸。

楚昭王想把有户籍登记的七百里土地封给孔子。楚国的令尹子西劝谏说："大王派往各诸侯国的使者，有像子贡这样的吗？"昭王回答说："没有。"子西又问："大王的辅佐大臣，有像颜回这样的吗？"昭王回答说："没有。"子西又问："大王的将领，有像子路这样的吗？"昭王回答说："没有。"子西还问："大王的主事官员，有像宰予这样的吗？"昭王回答说："没有。"子西接着说："当初我们楚国的祖先在周受封时，封号为子爵，封地方圆五十里。现在孔丘论述三皇五帝的治国方法，效仿周公旦、召公奭辅佐周天子的事业，大王如果重用他，楚国还能世世代代保全方圆几千里的土地吗？当年文王在丰邑、武王在镐京，都只有百里之地，最终却可以称王统治天下。现在如果封给孔丘七百里土地，再加上那些有才能的弟子辅佐他，这对楚国来说不是好事啊。"昭王于是打消了原来的想法。这年秋天，楚昭王在城父去世。

楚国的狂人接舆有一天唱着歌从孔子的车子旁边经过，唱道："凤凰呀凤凰，你的美德为什么这么不景气？过去的不能再挽回，未来的还可以再赶上，算了吧，算了吧！如今执政的人都很危险啊！"孔子下车，想和他谈谈，但他却快步走开了，没能和他说上话。

后来孔子从楚国又回到了卫国。当年，孔子六十三岁，是鲁哀公六年。

其明年，吴与鲁会缯，征百牢。太宰嚭召季康子。康子使子贡往，然后得已。

孔子曰："鲁卫之政，兄弟也。"是时，卫君辄父不得立，在外，诸侯数以为让。而孔子弟子多仕于卫，卫君欲得孔子为政。子路曰："卫君待子而为政，子将奚先？"孔子曰："必也正名乎！"子路曰："有是哉，子之迂也！何其正也？"孔子曰："野哉由也！夫名不正则言不顺，言不顺则事不成，事不成则礼乐不兴，礼乐不兴则刑罚不中，刑罚不中则民无所错手足矣。夫君子为之必可名，言之必可行。君子于其言，无所苟而已矣。"

其明年，冉有为季氏将师，与齐战于郎，克之。季康子曰："子之于军旅，学之乎？性之乎？"冉有曰："学之于孔子。"季康子曰："孔子何如人哉？"对曰："用之有名；播之百姓，质诸鬼神而无憾。求之至于此道，虽累千社，夫子不利也。"康子曰："我欲召之，可乎？"对曰："欲召之，则毋以小人固之，则可矣。"而卫孔文子将攻太叔，问策于仲尼。仲尼辞不知，退而命载而行，曰："鸟能择木，木岂能择鸟乎！"文子固止。会季康子逐公华、公宾、公林，以币迎孔子，孔子归鲁。

孔子之去鲁凡十四岁而反乎鲁。

鲁哀公问政，对曰："政在选臣。"季康子问政，曰："举直错诸枉，则枉者直。"康子患盗，孔子曰："苟子之不欲，虽赏之不窃。"然鲁终不能用孔子，孔子亦不求仕。

孔子之时，周室微而礼乐废，诗书缺。追迹三代之礼，序书传，上纪唐虞之际，下至秦缪，编次其事。曰："夏礼吾能言之，杞不足徵也。殷礼吾能言之，宋不足徵也。足，则吾能徵之矣。"观殷夏所

第二年，吴王在缯地与鲁公相会，要求鲁国提供百牢的祭品。吴国的太宰伯嚭召见季康子。季康子派子贡前往，然后鲁国才得以免除。

　　孔子说："鲁国、卫国的政事，如同兄弟一般相似。"当时，卫出公辄的父亲蒯聩没能即位，流亡在外，诸侯对此事屡加指责。而孔子的弟子很多在卫国做官，卫出公辄想请孔子来卫国执政。子路问孔子说："卫国国君想请您出来执政，您打算首先做什么呢？"孔子回答说："那我一定要先正名分！"子路说："有这样的事吗，老师您太迂腐了！为什么要首先正名分呢？"孔子说："鲁莽啊，仲由！如果名分不正，说出的话就不顺当；说话不顺当，那么事情就办不成；事情办不成，那么礼乐教化就不能兴盛；礼乐如果不能兴盛，那么刑罚就不能准确适度；刑罚不能准确适度，那么老百姓就手足无措，不知怎么办才好。所以君子办事一定要符合名分，说出来的话，一定要切实可行。君子所说出来的话，应该毫不苟且随便才行啊。"

　　第二年，冉有作为季氏统领，与齐军在郎地交战，大败齐军。季康子说："您的军事才能，是学来的呢，还是天生的呢？"冉有回答说："我是从孔子那里学来的。"季康子又问："孔子是什么样的人呢？"冉有回答说："如果想要任用他就要给他符合的名分，他的学说不论是传播到平常百姓那里，还是传播到鬼神面前，都是没有遗憾的。我在军事方面，虽然有功累计，就是封到二千五百户人家，而孔子也会毫不动心。"康子说："我想召见他，可以吗？"冉有说："你想召请他，只要保证不让小人从中阻碍，就可以了。"当时，卫国大夫孔文子想要讨伐太叔，向孔子询问计策。孔子推辞说不知道，他回到住处便吩咐仆人备车准备离开卫国，说道："鸟能选择树木栖息，树木怎能选择鸟呢？"孔文子执意挽留他。恰好季康子派公华、公宾、公林，带着礼物前来迎接孔子，孔子就回鲁国去了。

　　孔子离开鲁国到后来又重新回到鲁国中间一共经历了十四年。

　　鲁哀公向孔子请教治理国家的道理，孔子回答说："治理国家最重要的是要选择好大臣。"季康子也向孔子请教治理国家的道理，孔子说："要推举正直的人，抛弃邪曲的人，这样邪曲的人也会变为正直的人了。"季康子担心盗窃的发生，孔子说："如果你自己没有欲望的话，就是给你奖赏，也不会去偷窃。"然而鲁国始终不能重用孔子，孔子也不要求出来做官。

　　孔子生活的那个时代，周王室衰落，礼乐都被废弃，《诗经》《尚书》也都残缺不全了。孔子探究夏、商、周三代的礼仪制度，编定了《书传》，上至唐尧、虞舜，下到秦缪公，依照事情的先后顺序，加以整理编排。孔子说："夏代的礼仪制度我还能讲出来，只是杞国没有留下足够的文献可以证明。殷商的礼仪制度我也能讲出来，然而宋国也没有留下足够的文献可以证明。如果有足够的文

损益，曰："后虽百世可知也，以一文一质。周监二代，郁郁乎文哉。吾从周。"故书传、礼记自孔氏。

孔子语鲁大师："乐其可知也。始作翕如，纵之纯如，皦如，绎如也，以成。""吾自卫反鲁，然后乐正，雅颂各得其所。"

古者诗三千余篇，及至孔子，去其重，取可施于礼义，上采契、后稷，中述殷周之盛，至幽厉之缺，始于衽席，故曰"关雎之乱以为风始，鹿鸣为小雅始，文王为大雅始，清庙为颂始"。三百五篇孔子皆弦歌之，以求合韶武雅颂之音。礼乐自此可得而述，以备王道，成六艺。

孔子晚而喜易，序彖、系、象、说卦、文言。读易，韦编三绝。曰："假我数年，若是，我于易则彬彬矣。"

孔子以诗书礼乐教，弟子盖三千焉，身通六艺者七十有二人。如颜浊邹之徒，颇受业者甚众。

孔子以四教：文，行，忠，信。绝四：毋意，毋必，毋固，毋我。所慎：斋，战，疾。子罕言利与命与仁。不愤不启，举一隅不以三隅反，则弗复也。

其于乡党，恂恂似不能言者。其于宗庙朝廷，辩辩言，唯谨尔。

献，我就能证明这些制度了。"孔子考察了殷代对夏代礼仪制度所作的增减之后说："将来就算再过一百代，增减也是可以预知的，因为一种是重视文采，另一种是重视朴实。周代的礼仪制度继承了夏代和殷代两方面，是多么的丰富多彩呀，我主张用周代的礼仪。"所以《书传》《礼记》都是孔子编定的。

孔子曾对鲁国的乐官太师说："音乐是可以通晓的。刚开始互相配合要一致，接着要节奏和谐，声音清晰，连续不断，一直坚持这样到整首乐曲演奏完成。"孔子又说："我从卫国回到鲁国之后，就开始对诗乐进行订正，使《雅》《颂》都恢复了原来的曲调。"

古代留传下来的《诗经》有三千多篇，到孔子时，他把重复的进行了删减，选取符合礼仪的用于进行教化，最早的是追述殷始祖契、周始祖后稷，其次是叙述殷、周两代的兴盛，直到周幽王、周厉王的政治缺失，而开头就是描述男女关系和情感的诗篇，所以说："《关雎》是《国风》的第一篇，《鹿鸣》是《小雅》的第一篇；《文王》是《大雅》的第一篇；《清庙》是《颂》的第一篇。"一共三百零五篇诗，孔子都能一一进行演奏歌唱，追求与《韶》《武》《雅》《颂》这些乐曲的音调相符合。先王的礼乐制度从这以后才得以恢复，王道也由此更加完备，礼、乐、射、御、术、数这六种技艺也最终形成。

孔子晚年喜欢研习《周易》，他详细解释了《象辞》《锡辞》《卦》《文言》等。孔子学习《周易》十分刻苦，曾经多次把编穿书简的牛皮绳子都磨断了。他还说："如果可以让我再多活几年，我就能对《周易》的文辞和义理作更充分的掌握理解。"

孔子用《诗经》《尚书》《礼记》《乐经》作为教材教育弟子，当时跟从他学习的弟子大约有三千人，其中精通礼、乐、射、御、数、术这六种技艺的共有七十二人。至于像颜浊邹那样，多方面受到孔子的教诲却没有正式入籍的弟子就更多了。

孔子教育弟子的内容一般包含四个方面：学问、言行、忠诚、信义。并为弟子规定了四条禁律：不揣测、不武断、不固执、不自以为是。他教育弟子应当特别谨慎处理的是：斋戒、战争、疾病。孔子很少谈到利益，就算谈到，也是和天命、仁德联系在一起。他教育弟子的时候，不到弟子真正遇到困难，烦闷发急的时候，不会主动去启发开导他。他告诉弟子一个道理，弟子不能触类旁通理解相似的道理，他就不会再对弟子重复讲述了。

孔子在自己的乡里，谦恭得就像个一点儿也不善言谈的人。但他在宗庙祭祀和朝廷议政等场合，却能言善辩、言辞明晰、道理通达，然而又很恭谨小心。上朝时，他与上大夫交谈，态度和悦，中正自然；与下大夫交谈，和乐安详。

朝，与上大夫言，訚訚如也；与下大夫言，侃侃如也。

入公门，鞠躬如也；趋进，翼如也。君召使傧，色勃如也。君命召，不俟驾行矣。

鱼馁，肉败，割不正，不食。席不正，不坐。食于有丧者之侧，未尝饱也。

是日哭，则不歌。见齐衰、瞽者，虽童子必变。

"三人行，必得我师。""德之不修，学之不讲，闻义不能徙，不善不能改，是吾忧也。"使人歌，善，则使复之，然后和之。

子不语：怪，力，乱，神。

子贡曰："夫子之文章，可得闻也。夫子言天道与性命，弗可得闻也已。"颜渊喟然叹曰："仰之弥高，钻之弥坚。瞻之在前，忽焉在后。夫子循循然善诱人，博我以文，约我以礼，欲罢不能。既竭我才，如有所立，卓尔。虽欲从之，蔑由也已。"达巷党人曰："大哉孔子，博学而无所成名。"子闻之曰："我何执？执御乎？执射乎？我执御矣。"牢曰："子云'不试，故艺'。"

鲁哀公十四年春，狩大野。叔孙氏车子鉏商获兽，以为不祥。仲尼视之，曰："麟也。"取之。曰："河不出图，雒不出书，吾已矣夫！"颜渊死，孔子曰："天丧予！"及西狩见麟，曰："吾道穷矣！"喟然叹曰："莫知我夫！"子贡曰："何为莫知子？"子曰："不怨天，不尤人，下学而上达，知我者其天乎！"

"不降其志，不辱其身，伯夷、叔齐乎！"谓"柳下惠、少连降志辱身矣"。谓"虞仲、夷逸隐居放言，行中清，废中权"。"我则

孔子进入国君的宫门，低头弯腰，恭敬谨慎，进门后急行向前，恭敬有礼。国君派他迎接宾客，他的神色庄严认真。如果国君召见他，他不等车驾备好，就动身起行。

鱼不新鲜，肉变味，或没有按规矩宰杀，孔子就不吃。席位不符合礼仪，孔子就不就座。在有丧事的人旁边吃饭，从来不会吃饱。

如果有一天他哭泣过，那么在这一天就不会再歌唱。看见穿孝服的人或者看见盲人，就算是个小孩，孔子也定会改变面容以示同情。

孔子说："三个人同行，中间一定有可以做我老师的。"又说："不去提高道德修养，不去探求学业，听到正直的道理又不能做到前往学习，对缺点错误不能及时改正，这些都是我所忧心的问题。"孔子请人唱歌，如果唱得好，就会请人再唱一遍，然后自己也会一起唱。

孔子不谈论有关怪异、暴力、鬼神的事情。

子贡说："老师在文献方面的成就十分显著，我们都是知道的。老师关于天道与命运的深刻见解我们就不知道了。"颜渊感慨地叹气道："我越是崇拜老师的学问，就越觉得它高深莫测；越是苦心研究，就越觉得它博大精深。有时看见它就在眼前，忽然又发现在身后了。老师善于循序渐进地教导我们，用典籍来丰富我们的知识，用礼仪来规范我们的言行，让我们想停止学习都不可能。虽然我已经竭尽全力，现在也好像有所建树，但老师的学问却依然高高在上。就算我想追赶上去，但依然还是不可能追得上。"达巷这个地方的乡人说："孔子是多么的伟大啊，他博学多才却不局限于某一方面。"孔子听到后说："我要专于什么呢？是专于驾车？还是专于射箭？我还是专于驾车吧。"子牢说："老师曾说：'不被世人所重用，所以才学了这么多的技艺'。"

鲁哀公十四年春天，哀公在大野打猎。给叔孙氏驾车的人鉏商捕获一头怪兽，他们觉得这是不祥的预兆。孔子看了说："这是麒麟。"并将它取走了。孔子说："黄河上没有龙马负图出现，洛水上没有神龟负书出现，我见不到了吧！"颜渊去世，孔子说："这是老天要亡我呀！"等到他西去狩猎见到麒麟以后，说道："我的主张无法实行了啊！"长叹一声说："没有人能了解我呀！"子贡说："为什么说没有人了解您？"孔子回答说："我不抱怨天，也不怪罪人，下学人事，上通天理，能了解我的，只有上天了吧！"

孔子说："不降低自己的志向，不让自己受到侮辱，只有伯夷、叔齐这两个人吧！"又说："柳下惠、少连降低了志向，又使人格受到侮辱。"又说"虞仲、夷逸隐世避俗，行为清高纯洁，废弃自我符合权变。"又说："我不同于这些人，以义为尺度没有绝对的可以，也没有绝对的不可以。"

异于是，无可无不可。"

子曰："弗乎弗乎，君子病没世而名不称焉。吾道不行矣，吾何以自见于后世哉？"乃因史记作春秋，上至隐公，下讫哀公十四年，十二公。据鲁，亲周，故殷，运之三代。约其文辞而指博。故吴楚之君自称王，而春秋贬之曰"子"；践土之会实召周天子，而春秋讳之曰"天王狩于河阳"：推此类以绳当世。贬损之义，后有王者举而开之。春秋之义行，则天下乱臣贼子惧焉。

孔子在位听讼，文辞有可与人共者，弗独有也。至于为春秋，笔则笔，削则削，子夏之徒不能赞一辞。弟子受春秋，孔子曰："后世知丘者以春秋，而罪丘者亦以春秋。"

明岁，子路死于卫。孔子病，子贡请见。孔子方负杖逍遥于门，曰："赐，汝来何其晚也？"孔子因叹，歌曰："太山坏乎！梁柱摧乎！哲人萎乎！"因以涕下。谓子贡曰："天下无道久矣，莫能宗予。夏人殡于东阶，周人于西阶，殷人两柱间。昨暮予梦坐奠两柱之间，予始殷人也。"后七日卒。

孔子年七十三，以鲁哀公十六年四月己丑卒。

哀公诔之曰："旻天不吊，不慭遗一老，俾屏余一人以在位，茕茕余在疚。呜呼哀哉！尼父，毋自律！"子贡曰："君其不没于鲁乎！夫子之言曰：'礼失则昏，名失则愆。失志为昏，失所为愆。'生不能用，死而诔之，非礼也。称'余一人'，非名也。"

孔子葬鲁城北泗上，弟子皆服三年。三年心丧毕，相诀而去，则哭，各复尽哀；或复留。唯子赣庐于冢上，凡六年，然后去。弟子及鲁人往从冢而家者百有余室，因命曰孔里。鲁世世相传以岁时奉祠孔子冢，而诸儒亦讲礼乡饮大射于孔子冢。孔子冢大一顷。故所居堂弟

孔子说:"不可以啊不可以!君子最害怕的就是死后不能留下好名声。如今我的主张不能得到实行,我用什么贡献给社会并能够留下好名声呢?"于是就根据鲁国的史书编写了《春秋》,上起鲁隐公元年,往下一直到鲁哀公十四年,一共记载了鲁国十二个国君。《春秋》根据鲁国展开叙述,尊奉周王室为正统,以殷商为借鉴,联系夏、商、周三代,文辞简洁,内容广博。所以吴国和楚国的国君虽然都妄自称王,在《春秋》中仍旧被贬称为子爵;晋文公在践土与诸侯会盟,召见周襄王,而《春秋》中却避之不提,只说"周天子到河阳打猎"。依此类推,《春秋》就是用这种方法,来褒贬当时的各种事件,后来有些国君就对它进行提倡推广,《春秋》被推广以后,天下那些乱臣奸贼就都害怕起来了。

孔子做官的时候,审理诉讼案件,文辞上如果还有与别人商量的余地,就决不独断专行。可是到了写《春秋》的时候,他认为该记载的就一定要记载,该删减的就一定要删减,就连子夏这些擅长文字的弟子,都不能增删一字。弟子们学习《春秋》,孔子说:"后人了解我孔丘这个人,是因为《春秋》,而后人怪罪我孔丘的,也将是因为《春秋》。"

第二年,子路在卫国去世。孔子生病,子贡前来拜见。孔子正拄着拐杖在门口休闲散步,看见子贡就说:"赐呀,你怎么来得这么迟啊?"孔子接着叹了一口气,随即唱道:"泰山就要这样倒了吗?梁柱就要这样断了吗?哲人就要这样死去了吗?"他一边唱一边禁不住流下眼泪,告诉子贡说:"天下失去常道已经很久了,没有人能遵循我的主张。夏人死后停棺在东厢的台阶,周人在西厢的台阶,殷人在堂屋的两柱之间。昨夜我梦见自己坐在两柱之间受人祭奠,我的祖先是殷商人啊。"七天后孔子就去世了。

孔子享年七十三岁,死于鲁哀公十六年四月己丑日。

鲁哀公吊唁说:"上天太不仁慈,不肯留下这位老人,留下我一人在位,孤零零地深感内疚,我孤独而又哀伤。啊!多么悲痛!尼父啊,我失去了正得失的镜鉴了!"子贡说:"鲁君他难道不能终老在鲁国吗?用老师的话说:'礼法一旦丧失就会造成混乱,名分一旦丧失就会产生过失。一个人丧失了意志就是昏乱,失去所宜就会出现过错。'老师活着的时候不能重用他,死了才来哀悼他,这是不符合礼法的。以诸侯身份自称'余一人',也是不合名分的。"

孔子死后被葬在鲁城北面的泗水边上,弟子们都在心里为老师服丧三年。服完三年心丧,大家相互道别后离去,都痛哭起来,又各自尽哀;有的就又留了下来。只有子贡在墓旁搭了间房子住下,守墓六年后才离去。孔子的弟子以及鲁国其他人,相继在墓旁居住的有一百多家。因而这个地方就被称为"孔里"。鲁国世世代代相传,每年都按时到孔子墓前祭拜,而儒者讲习礼仪、行乡学结业考校

子内,后世因庙藏孔子衣冠琴车书,至于汉二百余年不绝。高皇帝过鲁,以太牢祠焉。诸侯卿相至,常先谒然后从政。

孔子生鲤,字伯鱼。伯鱼年五十,先孔子死。

伯鱼生伋,字子思,年六十二。尝困于宋。子思作《中庸》。

子思生白,字子上,年四十七。子上生求,字子家,年四十五。子家生箕,字子京,年四十六。子京生穿,字子高,年五十一。子高生子慎,年五十七,尝为魏相。

子慎生鲋,年五十七,为陈王涉博士,死于陈下。

鲋弟子襄,年五十七。尝为孝惠皇帝博士,迁为长沙太守。长九尺六寸。

子襄生忠,年五十七。忠生武,武生延年及安国。安国为今皇帝博士,至临淮太守,蚤卒。安国生卬,卬生欢。

太史公曰:诗有之:"高山仰止,景行行止。"虽不能至,然心乡往之。余读孔氏书,想见其为人。适鲁,观仲尼庙堂车服礼器,诸生以时习礼其家,余祗回留之不能去云。天下君王至于贤人众矣,当时则荣,没则已焉。孔子布衣,传十余世,学者宗之。自天子王侯,中国言六艺者折中于夫子,可谓至圣矣!

的饮酒礼,以及比射仪式等,也都在这里举行。孔子的墓地有一顷那么大。孔子故居的堂屋以及弟子们所居住的内室,后来被改为圣庙,在此收藏孔子生前的衣服、帽子、琴、车子、书籍等,直到汉代,二百多年来一直都没有废弃。高皇帝刘邦经过鲁地,用太牢之礼祭拜孔子。诸侯、卿大夫、宰相一到任,常常先到孔子墓拜谒,然后才去处理政务。

孔子生了孔鲤,字伯鱼。伯鱼享年五十岁,比孔子去世早。

伯鱼生了孔伋,字子思,享年六十二岁。他曾经被困在宋国。子思编写了《中庸》。

子思生了孔白,字子上,享年四十七岁。子上生了孔求,字子家,享年四十五岁。子家生了孔箕,字子京,享年四十六岁。子京生了孔穿,字子高,享年五十一岁。子高生了孔慎,享年五十七岁,曾担任魏国的宰相。

子慎生了孔鲋,享年五十七岁,在陈王涉身边做过博士,在陈县去世。

孔鲋的弟弟孔子襄,享年五十七岁。曾担任汉孝惠皇帝的博士,后任长沙郡太守。身高九尺六寸。

子襄生了孔忠,享年五十七岁。孔忠生了孔武,孔武生了孔延年和孔安国。安国曾经担任孝武皇帝的博士,后来做到临淮郡太守,去世比较早。安国生了孔卬,孔卬生了孔欢。

太史公说:《诗经》中写有这样的话:"高山可以使人瞻仰,大道可以让人遵循。"虽然我不能达到这种程度,但是心里却很是向往。我读孔子的书,就想见他的为人。我到鲁地去,参观了孔子的庙堂、车辆、衣服以及祭祀的器具,看到学生们按时到孔子旧宅中演习礼仪的情景,我怀着崇敬的心情留连忘返。自古以来,天下的君王还有那些贤人有很多,当活着的时候都相当的荣耀显贵,可是等到去世后就什么也没有了。孔子是一个平民,他的名声和学说已经传了十余代,读书的人仍然尊崇他为宗师。从天子王侯一直到中原谈论六艺的人,都是根据孔子的学说来判断是非的,孔子可以称得上是至高无上的圣人了。

陈涉世家第十八

陈胜者，阳城人也，字涉。吴广者，阳夏人也，字叔。陈涉少时，尝与人佣耕，辍耕之垄上，怅恨久之，曰："苟富贵，无相忘。"庸者笑而应曰："若为庸耕，何富贵也？"陈涉太息曰："嗟乎，燕雀安知鸿鹄之志哉！"

二世元年七月，发闾左谪戍渔阳九百人，屯大泽乡。陈胜、吴广皆次当行，为屯长。会天大雨，道不通，度已失期。失期，法皆斩。陈胜、吴广乃谋曰："今亡亦死，举大计亦死，等死，死国可乎？"陈胜曰："天下苦秦久矣。吾闻二世少子也，不当立，当立者乃公子扶苏。扶苏以数谏故，上使外将兵。今或闻无罪，二世杀之。百姓多闻其贤，未知其死也。项燕为楚将，数有功，爱士卒，楚人怜之。或以为死，或以为亡。今诚以吾众诈自称公子扶苏、项燕，为天下唱，宜多应者。"吴广以为然。乃行卜。卜者知其指意，曰："足下事皆成，有功。然足下卜之鬼乎！"陈胜、吴广喜，念鬼，曰："此教我先威众耳。"乃丹书帛曰"陈胜王"，置人所罾鱼腹中。卒买鱼烹食，得鱼腹中书，固以怪之矣。又间令吴广之次所旁丛祠中，夜篝火，狐鸣呼曰"大楚兴，陈胜王"。卒皆夜惊恐。旦日，卒中往往语，皆指目陈胜。

吴广素爱人，士卒多为用者。将尉醉，广故数言欲亡，忿恚尉，令辱之，以激怒其众。尉果笞广。尉剑挺，广起，夺而杀尉。陈胜佐之，并杀两尉。召令徒属曰："公等遇雨，皆已失期，失期当斩。藉弟令毋斩，而戍死者固十六七。且壮士不死即已，死即举大名耳，王

陈胜，是阳城人，字涉。吴广，是阳夏人，字叔。陈涉年轻的时候，曾经给别人帮工耕田，一次当他停下耕作在田埂上休息的时候，感慨惆怅了好久，说："假如今后有人富贵了，相互不要忘记了彼此。"和他一起受雇用的人笑着回答说："你是被雇用耕田的，哪里来的富贵呢？"陈涉叹息着说："唉！燕子、麻雀又怎么能理解鸿鹄的志向呢？"

秦二世元年七月，朝廷征调住在里巷左边的九百贫民去防守渔阳，驻扎在大泽乡。陈胜、吴广都编入这支队列中，被任命为屯长。恰巧碰上天下大雨，道路不能通行，估计已经误了期限。超过规定的期限，依照法律是要被杀头的。于是陈胜、吴广就商量说："如今逃走也是死，起义也是死，同样都是死，我们为国事而死好不好？"陈胜说："如今天下受秦王朝统治之苦已经很久了。我听说二世是始皇帝的小儿子，本来不该他继位的，应该继位的是公子扶苏。扶苏因为曾经多次规劝皇上，皇上派他在外地领兵驻守。如今有人说他并没犯下什么过错，却被二世皇帝杀害了。老百姓都听说他很贤德，不知道他已经死了。项燕原本是楚国的将军，曾经多次立功，对士兵爱护有加，楚国人都很尊敬他。有的人以为他死了，有的人以为他逃亡在外。如今要是我们能够假借公子扶苏和项燕的名义，号召天下人民起义，应该会有很多人响应。"吴广认为这样可以。于是他们就去占卜吉凶，占卜的人知道他们的意图，说道："你们的事都能达成，能够建功立业。然而你们向鬼神问过吉凶了吗？"陈胜、吴广很高兴，揣摩占卜人所说问鬼神之事，说道："这是教我们先在众人中树立威望呀。"于是就用朱砂在一块白绸子上写上"陈胜王"，放在别人用网捕来的鱼肚子里。戍卒买了鱼回来煮着吃，发现了鱼肚中写着字的白绸子，本来就对此感觉很奇怪了。陈胜又暗中派吴广到驻地附近一草木丛生的古庙里，夜里点起篝火，模仿狐狸的声音大声喊道："大楚兴盛，陈胜为王。"戍卒们在夜里听到这种声音，都感到惊恐。第二天，戍卒们议论纷纷，都指指点点地看着陈胜。

吴广向来爱护别人，戍卒中很多人愿为他效力。押送队伍的县尉喝醉了酒，吴广故意多次称自己要逃跑，为的是激怒县尉，惹他当众侮辱自己，从而可以激怒众人。县尉果然鞭打吴广，县尉又拔出佩剑，吴广奋起，将剑夺过来杀死了县尉。陈胜帮助他，一起杀死了两个县尉，随即召集戍卒们说："如今大家在这里遇上大雨，已经耽误了期限，误期按规定是要杀头的。就算不被杀头，将来在戍边死去的

侯将相宁有种乎！"徒属皆曰："敬受命。"乃诈称公子扶苏、项燕，从民欲也。袒右，称大楚。为坛而盟，祭以尉首。陈胜自立为将军，吴广为都尉。攻大泽乡，收而攻蕲。蕲下，乃令符离人葛婴将兵徇蕲以东。攻铚、酂、苦、柘、谯，皆下之。行收兵。比至陈，车六七百乘，骑千余，卒数万人。攻陈，陈守令皆不在，独守丞与战谯门中。弗胜，守丞死，乃入据陈。数日，号令召三老、豪杰与皆来会计事。三老、豪杰皆曰："将军身被坚执锐，伐无道，诛暴秦，复立楚国之社稷，功宜为王。"陈涉乃立为王，号为张楚。

当此时，诸郡县苦秦吏者，皆刑其长吏，杀之以应陈涉。乃以吴叔为假王，监诸将以西击荥阳。令陈人武臣、张耳、陈余徇赵地，令汝阴人邓宗徇九江郡。当此时，楚兵数千人为聚者，不可胜数。

葛婴至东城，立襄强为楚王。婴后闻陈王已立，因杀襄强，还报。至陈，陈王诛杀葛婴。陈王令魏人周市北徇魏地。吴广围荥阳。李由为三川守，守荥阳，吴叔弗能下。陈王征国之豪杰与计，以上蔡人房君蔡赐为上柱国。

周文，陈之贤人也，尝为项燕军视日，事春申君，自言习兵，陈王与之将军印，西击秦。行收兵至关，车千乘，卒数十万，至戏，军焉。秦令少府章邯免郦山徒、人奴产子生，悉发以击楚大军，尽败之。周文败，走出关，止次曹阳二三月。章邯追败之，复走次渑池十余日。章邯击，大破之。周文自刭，军遂不战。

武臣到邯郸，自立为赵王，陈余为大将军，张耳、召骚为左右丞相。陈王怒，捕系武臣等家室，欲诛之。柱国曰："秦未亡而诛赵王将相家属，此生一秦也。不如因而立之。"陈王乃遣使者贺赵，而徙

也一定有十之六七。况且大丈夫不死便罢，要死就要名扬后世，王侯将相难道都是天生的吗？"戍卒们听了都异口同声地说："我们心甘情愿听从您的命令。"于是就假借公子扶苏和楚将项燕的名义举行起义，以顺应民众的愿望。大家都袒露右臂作为标志，号称大楚，筑起高台进行宣誓，用将尉的头作祭品。陈胜任命自己为将军，任命吴广为都尉。进攻大泽乡，占领后又攻打蕲县。蕲县攻下后，就派符离人葛婴率兵进攻蕲县以东的地方。进攻铚、酂、苦、柘、谯等地方，都一举攻下了。他们边进军，边征收兵员扩大队伍。等军队行进到了陈县的时候，队伍中已经有兵车六七百辆，骑兵一千多人，步兵好几万人。攻打陈县时，陈县的郡守和县令都不在，只有留守的郡丞领兵与起义军在城门下交战。后来郡丞兵败身死，于是起义军就攻入城中占领了陈县。过了几天，陈胜下令召集掌管教化的三老和地方豪杰都来开会议事。到会的三老和豪杰都说："将军您身披铠甲，手执锐器，讨伐无道的昏君，诛灭暴虐的秦王朝，重新建立楚国政权，论功劳应该称王。"陈涉于是就自立为王，国号为张楚。

正当这个时候，各个郡县受不了秦朝官吏欺压之苦的人，都纷纷抓捕他们的官吏，宣判罪状，杀死他们来响应陈涉。于是陈涉任命吴广为代理王，督率各将领向西攻打荥阳。命令陈县人武臣、张耳、陈余去攻打赵国故地，命令汝阴人邓宗进攻九江郡。就在那个时候，楚地几千人聚集在一起起义的，多得不计其数。

葛婴攻入东城后，任命襄强为楚王，后来听说陈胜已自立为王，于是就杀了襄强，回来向陈胜报告。等到了陈县，陈胜就杀了葛婴。陈胜又派魏人周市北上进攻原来属于魏国的地方。吴广围攻荥阳。李由担任三川郡守，防守荥阳，吴广攻了很久也没有攻下。陈胜召集国内的豪杰商量对策，后来封上蔡人房君蔡赐为上柱国。

周文，是陈县的贤能之人，曾经在项燕军中担任过占卜时日的官，还在楚相春申君黄歇手下侍奉过，他自称懂得兵法，陈王就授与他将军印，派他带兵西去攻打秦国。他在行军途中不断召集兵马，等军队到达函谷关的时候，就有战车千辆，士兵几十万人，等到了戏亭，军队就驻扎了下来。秦王朝派少府章邯赦免了在骊山服役的人，以及家奴所生的儿子，把他们全部派去攻打张楚的大军，把楚军全给打败了，周文战败，逃出了函谷关，在曹阳驻留了两三个月。章邯又率领军队追来并把他打败了，后来他又逃到渑池驻留了十几天。章邯再次追击，大败周文。周文自杀，他的军队也就溃散从此不能作战了。

武臣到了邯郸，就立自己为赵王，任命陈余为大将军，任命张耳、召骚为左、右丞相。陈王知道后大怒，立马逮捕了武臣等人的家属，打算杀掉他们。上柱国蔡赐劝他说："现在秦王朝还没有消灭就杀了赵王将相的家属，这相当于又

系武臣等家属宫中，而封耳子张敖为成都君，趣赵兵亟入关。赵王将相相与谋曰："王王赵，非楚意也。楚已诛秦，必加兵于赵。计莫如毋西兵，使使北徇燕地以自广也。赵南据大河，北有燕、代，楚虽胜秦，不敢制赵。若楚不胜秦，必重赵。赵乘秦之弊，可以得志于天下。"赵王以为然，因不西兵，而遣故上谷卒史韩广将兵北徇燕地。

燕故贵人豪杰谓韩广曰："楚已立王，赵又已立王。燕虽小，亦万乘之国也，原将军立为燕王。"韩广曰："广母在赵，不可。"燕人曰："赵方西忧秦，南忧楚，其力不能禁我。且以楚之强，不敢害赵王将相之家，赵独安敢害将军之家！"韩广以为然，乃自立为燕王。居数月，赵奉燕王母及家属归之燕。

当此之时，诸将之徇地者，不可胜数。周市北徇地至狄，狄人田儋杀狄令，自立为齐王，以齐反击周市。市军散，还至魏地，欲立魏后故宁陵君咎为魏王。时咎在陈王所，不得之魏。魏地已定，欲相与立周市为魏王，周市不肯。使者五反，陈王乃立宁陵君咎为魏王，遣之国。周市卒为相。

将军田臧等相与谋曰："周章军已破矣，秦兵旦暮至，我围荥阳城弗能下，秦军至，必大败。不如少遗兵，足以守荥阳，悉精兵迎秦军。今假王骄，不知兵权，不可与计，非诛之，事恐败。"因相与矫王令以诛吴叔，献其首于陈王。陈王使使赐田臧楚令尹印，使为上将。田臧乃使诸将李归等守荥阳城，自以精兵西迎秦军于敖仓。与战，田臧死，军破。章邯进兵击李归等荥阳下，破之，李归等死。

阳城人邓说将兵居郯，章邯别将击破之，邓说军散走陈。铚人伍徐将兵居许，章邯击破之，伍徐军皆散走陈。陈王诛邓说。

产生了一个与我们为敌的秦国啊。不如就趁此机会立他为王更好些。"陈王于是就派遣使者前去祝贺赵王，同时把武臣等人的家属带到宫中软禁起来，又封张耳的儿子张敖为成都君，催促赵王派兵速去函谷关攻打秦国。赵王武臣的将相们相互商议说："大王您在赵国称王，并不符合楚国的本意。等到楚灭秦以后，必然会来攻打赵国。如今之计不如不派兵向西进军，而派人向北攻取原来燕国的辖地来扩大我们自己的地盘。这样，赵国南面据黄河天险，北面又有燕、代的广大土地，楚国就算战胜了秦国，也不敢侵犯赵国。如果楚国不能战胜秦国，就必然会借助于赵国。到时候赵国就可以趁着秦国的疲惫衰弱取得天下了。"赵王觉得有道理，因而没有向西出兵，而是派了原上谷郡卒史韩广领兵北上去攻取燕地。

燕国原来权贵豪门的人怂恿韩广说："楚国已经立了王，赵国也已立了王。燕国地方虽然小，也是个拥有万辆战车的国家，希望将军您能够自立做燕王。"韩广回答说："我的母亲还留在赵国，不能这样做。"燕人说："赵国现在正西面担忧秦国，南面担忧楚国，它的力量还不足以限制我们。况且以楚国的强大，都不敢贸然杀害赵王将相的家属，赵国又怎敢杀害将军您的家属呢？"韩广认为有道理，于是就自立为燕王。过了几个月，赵国派人将燕王的母亲及其家属送到了燕国。

这个时候，到各地去攻城占地的将领，多得不计其数。周市率军北上攻城掠地到了狄县，狄县人田儋杀了狄县县令，自立为齐王，凭借齐地的力量来反击周市。周市的军队溃散，退回到魏地，准备立魏王的后代宁陵君咎为魏王。而当时咎正在陈王那里，不能回到魏地去。魏地平定以后，大家打算共同拥立周市做魏王，周市不肯接受。使者先后五次往返于陈王与周市之间，陈王才同意立宁陵君咎做魏王，将他遣送回魏国。周市后来做了魏国的宰相。

将军田臧等人联合起来谋划说："周文的军队已经溃败，秦国的军队早晚就要到来，我们包围荥阳，久攻不下，秦国的军队一旦到来，我们必然大败。不如留下少量的部队，保证足以守住荥阳就可以了，把其余所有的精锐军队都派去迎击秦军。现在代理王吴广骄横，又不懂怎样指挥打仗，这样的人不可以与他共事，不杀了他，我们的计划恐怕不能成功。"于是他们就假冒陈王的命令杀了吴广，把他的头献给了陈王。陈王就派使者赐给田臧一枚楚令尹的大印，任命他为上将军。田臧于是命令部将李归等人继续驻守荥阳城，自己率领精锐部队西进敖仓迎战秦军。与秦军交战时，田臧战死，军队溃散。章邯领兵趁机在荥阳城下进攻李归等人，打败了他们，李归等人战死。

阳城人邓说率军驻扎在郏城，被章邯部将所带领的部队击败，邓说的军队溃散，逃到陈县。铚县人伍徐率兵驻扎在许县，也被章邯的军队打败。伍徐的军队都溃散逃到陈县。陈王杀了邓说。

陈王初立时，陵人秦嘉、铚人董缏、符离人朱鸡石、取虑人郑布、徐人丁疾等皆特起，将兵围东海守庆于郯。陈王闻，乃使武平君畔为将军，监郯下军。秦嘉不受命，嘉自立为大司马，恶属武平君。告军吏曰："武平君年少，不知兵事，勿听！"因矫以王命杀武平君畔。

章邯已破伍徐，击陈，柱国房君死。章邯又进兵击陈西张贺军。陈王出监战，军破，张贺死。

腊月，陈王之汝阴，还至下城父，其御庄贾杀以降秦。陈胜葬砀，谥曰隐王。

陈王故涓人将军吕臣为仓头军，起新阳，攻陈下之，杀庄贾，复以陈为楚。

初，陈王至陈，令铚人宋留将兵定南阳，入武关。留已徇南阳，闻陈王死，南阳复为秦。宋留不能入武关，乃东至新蔡，遇秦军，宋留以军降秦。秦传留至咸阳，车裂留以徇。

秦嘉等闻陈王军破出走，乃立景驹为楚王，引兵之方与，欲击秦军定陶下。使公孙庆使齐王，欲与并力俱进。齐王曰："闻陈王战败，不知其死生，楚安得不请而立王！"公孙庆曰："齐不请楚而立王，楚何故请齐而立王！且楚首事，当令于天下。"田儋诛杀公孙庆。

秦左右校复攻陈，下之。吕将军走，收兵复聚。鄱盗当阳君黥布之兵相收，复击秦左右校，破之青波，复以陈为楚。会项梁立怀王孙心为楚王。

陈胜王凡六月。已为王，王陈。其故人尝与庸耕者闻之，之陈，扣宫门曰："吾欲见涉。"宫门令欲缚之。自辩数，乃置，不肯为通。陈王出，遮道而呼涉。陈王闻之，乃召见，载与俱归。入宫，见殿屋帷帐，客曰："夥颐！涉之为王沈沈者！"楚人谓多为夥，故天下传之，夥涉为王，由陈涉始。客出入愈益发舒，言陈王故情。或说陈王曰："客愚无知，颛妄言，轻威。"陈王斩之。诸陈王故人皆自引去，由是无亲陈王者。陈王以朱房为中正，胡武为司过，主司群臣。

陈胜刚立为王的时候，陵县人秦嘉、铚县人董绁、符离人朱鸡石、取虑人郑布、徐县人丁疾等都起兵反抗秦国，他们率领兵马将东海郡的郡守庆围困在郯城。陈王听说后，便派武平君畔为将军，督率郯城下的各路军队。秦嘉不愿意接受陈王的命令，自立为大司马，不愿隶属于武平君畔，就对他的军吏说："武平君太年轻，不懂得军事，不要听他指挥！"接着就假托陈王的命令杀了武平君畔。

章邯攻破伍徐以后，又接着攻打陈县，上柱国房君蔡赐战死。章邯又领兵进攻驻守在陈县西面的张贺部队。陈王亲自上前线督战，结果楚军还是战败，张贺阵亡。

十二月，陈王退到汝阴，后来回到下城父的时候，他的车夫庄贾将他杀了，向秦军投降。陈胜后来被安葬在砀县，谥号称为隐王。

陈王以前的侍臣吕臣将军组织了一支头裹青巾的队伍，从新阳出兵攻占了陈县，杀死了庄贾，又将陈县恢复为楚都。

起初，陈王到了陈县，曾命令铚县人宋留带领军队去平定南阳，进攻武关。宋留攻占了南阳之后，听说陈王已死，不久南阳又被秦军夺了回去。宋留无法进入武关，就率军向东到了新蔡，遭遇秦军，宋留带着部队投降了秦军。秦军押解宋留到了咸阳，将他五马分尸示众。

秦嘉等听说陈王已经兵败逃跑，就立景驹做了楚王，率领军队到了方与，打算在定陶附近袭击秦军。他们派公孙庆出使齐国，想与齐王联合起来一同进兵。齐王说："听说陈王战败了，不知生死，楚国怎么能不请示齐国就立王呢？"公孙庆说："齐国不请示楚国而立王，楚国为什么要请示齐国才能立王呢？何况楚是首先起义的，理当号令天下。"田儋杀死了公孙庆。

秦国的左右校尉再次领兵攻打陈县，并占领了陈县。将军吕臣战败逃跑，后来重新收集兵员，结聚队伍，并与鄱阳的强盗后来被封为当阳君的黥布的军队联合起来，又返回来攻击秦国左右校尉的军队，在青波打败他们，再次恢复陈县为楚都。这时正好是项梁刚立楚怀王的孙子心为楚王的时候。

陈胜为王一共六个月。称王以后，以陈县为国都。早先与他一起受雇给别人耕田的伙计听说后，来到了陈县，敲着宫门说："我要见陈涉。"守宫门的长官准备把他捆绑起来。他一再辩说，才放开他，但还是不肯替他通报。后来陈王出门，他拦路呼喊陈涉的名字。陈王听到，就召见了他，请他坐着自己的车子一同回宫。走进宫殿，看见高大深邃的殿堂房屋、富丽堂皇的帷幕帐帘，客人说："真多呀！陈涉做了王好大气派啊！"楚地人把"多"叫作"夥"，所以天下流传"夥涉为王"这句话，就起源于陈涉这里。这客人在宫中进进出出越来越随便，常常跟人讲陈涉以往的一些旧事。有人就告诉陈王说："客人愚昧无知，专门胡说八道，有损您的威信。"陈王就杀了这位客人。所以陈王的老朋友都纷纷

诸将徇地,至,令之不是者,系而罪之,以苛察为忠。其所不善者,弗下吏,辄自治之。陈王信用之。诸将以其故不亲附,此其所以败也。

陈胜虽已死,其所置遣侯王将相竟亡秦,由涉首事也。高祖时为陈涉置守冢三十家砀,至今血食。

褚先生曰:地形险阻,所以为固也;兵革刑法,所以为治也。犹未足恃也。夫先王以仁义为本,而以固塞文法为枝叶,岂不然哉!吾闻贾生之称曰:

"秦孝公据崤函之固,拥雍州之地,君臣固守,以窥周室。有席卷天下,包举宇内,囊括四海之意,并吞八荒之心。当是时也,商君佐之,内立法度,务耕织,修守战之备;外连衡而斗诸侯。于是秦人拱手而取西河之外。

"孝公既没,惠文王、武王、昭王蒙故业,因遗策,南取汉中,西举巴蜀,东割膏腴之地,收要害之郡。诸侯恐惧,会盟而谋弱秦。不爱珍器重宝肥饶之地,以致天下之士。合从缔交,相与为一。当此之时,齐有孟尝,赵有平原,楚有春申,魏有信陵:此四君者,皆明知而忠信,宽厚而爱人,尊贤而重士。约从连衡,兼韩、魏、燕、赵、宋、卫、中山之众。于是六国之士有宁越、徐尚、苏秦、杜赫之属为之谋,齐明、周最、陈轸、邵滑、楼缓、翟景、苏厉、乐毅之徒通其意,吴起、孙膑、带他、儿良、王廖、田忌、廉颇、赵奢之伦制其兵。尝以什倍之地,百万之师,仰关而攻秦。秦人开关而延敌,九国之师遁逃而不敢进。秦无亡矢遗镞之费,而天下固已困矣。于是从散约败,争割地而赂秦。秦有余力而制其弊,追亡逐北,伏尸百万,流血漂橹,因利乘便,宰割天下,分裂山河,强国请服,弱国入朝。

自动离去，从此再也没有亲近陈王的人了。陈王任命朱房为中正、胡武为司过，专门监督考察群臣。各位将领们攻占了地方回到陈县来，只要对他们的命令稍不服从，就抓起来治罪，以苛刻地寻求群臣的过失作为对陈王的忠心。凡是他们所不喜欢的人，一旦有错，不交给司法官员进行审理，就擅自予以惩治。陈王很信任他们。各位将领们因为这些缘故也就不再亲近依附他了。这就是陈王失败的原因。

陈胜虽然死了，但他所封立派遣的王侯将相最终还是灭掉了秦王朝，这是由于陈涉首先起义的结果。汉高祖的时候，安置了三十户人家在砀县为陈涉看守坟墓，直到现在都依然按时杀牲祭祀。

褚先生说：地形险要阻塞，是为了便于防守；武器装备和法制规章，是为了便于治理国家。但这些还不足以成为依靠。所以古代的先王都将仁义道德作为根本，而把巩固边塞、制定法律看成枝叶，难道不是这样吗？我听贾谊说过：

"秦孝公凭借崤山和函谷关的险要地形，拥有了整个雍州地区，君臣坚固防守，并随时窥视周王朝，大有席卷天下，占领中原，囊括四海的意志，并吞八方极远之地的决心。就在这时，商鞅辅佐秦孝公，对内制定法令制度，致力于耕种纺织，整修战备，对外实施连横，使诸侯们互相争斗。于是秦国毫不费力就取得了黄河以西的大片土地。

"秦孝公去世以后，秦惠文王、武王、昭襄王继承旧业，遵循着先人的策略，向南夺取了汉中，向西攻占了巴蜀，向东割得了肥沃的土地，向北侵占了冲要险阻的郡邑。诸侯们因此而惊恐万分，相约结盟一同谋划想要削弱秦国，不惜用珍奇的器具、贵重的宝物和富饶的土地，来招纳天下的人才。采取合纵策略缔结盟约，互相支援，成为一体。当时，齐国有孟尝君，赵国有平原君，楚国有春申君，魏国有信陵君：这四个人，都贤明忠信，宽宏厚道，爱惜人才，尊敬贤能，器重士人。他们约定合纵条约联合抗秦，破坏秦国的连横策略，联合韩、魏、燕、楚、齐、赵、宋、卫、中山等国的有关人士。于是聚集于六国的人才，有宁越、徐尚、苏秦、杜赫这些人一起为他们出谋划策；有齐明、周冣、陈轸、邵滑、楼缓、翟景、苏厉、乐毅这些人奔走传达他们的意见；有吴起、孙膑、带他、兒良、王廖、田忌、廉颇、赵奢这些人为他们指挥军队。诸侯们曾经以相当于秦国十倍的土地、百万的大军，前往函谷关攻打秦国。秦国打开关门迎敌，九国的军队反而逃跑竟然不敢前进。秦国没有耗费一个箭头，而天下的诸侯却已经疲惫不堪了。后来合纵瓦解，盟约破坏，各诸侯争相割地贿赂秦国。秦国有充裕的力量来控制弊病百出的诸侯，趁机追赶逃亡败走的敌人，杀得他们横尸百万、血流成河；秦国凭借有利的形势、方便的时机，宰割了整个天下，分裂了各国领土，因而强国请求臣服，弱国前来朝拜。

"施及孝文王、庄襄王，享国之日浅，国家无事。

"及至始皇，奋六世之余烈，振长策而御宇内，吞二周而亡诸侯，履至尊而制六合，执敲朴以鞭笞天下，威振四海。南取百越之地，以为桂林、象郡，百越之君俯首系颈，委命下吏。乃使蒙恬北筑长城而守藩篱，却匈奴七百余里，胡人不敢南下而牧马，士亦不敢贯弓而报怨。于是废先王之道，燔百家之言，以愚黔首。堕名城，杀豪俊，收天下之兵聚之咸阳，销锋镝，铸以为金人十二，以弱天下之民。然后践华为城，因河为池，据亿丈之城，临不测之溪以为固。良将劲弩，守要害之处，信臣精卒，陈利兵而谁何。天下已定，始皇之心，自以为关中之固，金城千里，子孙帝王万世之业也。

"始皇既没，余威振于殊俗。然而陈涉瓮牖绳枢之子，甿隶之人，而迁徙之徒也。材能不及中人，非有仲尼、墨翟之贤，陶朱、猗顿之富也。蹑足行伍之间，俯仰仟佰之中，率罢散之卒，将数百之众，转而攻秦。斩木为兵，揭竿为旗，天下云会响应，赢粮而景从，山东豪俊遂并起而亡秦族矣。

"且天下非小弱也；雍州之地，殽函之固自若也。陈涉之位，非尊于齐、楚、燕、赵、韩、魏、宋、卫、中山之君也；锄櫌棘矜，非铦于句戟长铩也；谪戍之众，非俦于九国之师也；深谋远虑，行军用兵之道，非及乡时之士也。然而成败异变，功业相反也。尝试使山东之国与陈涉度长絜大，比权量力，则不可同年而语矣。然而秦以区区之地，致万乘之权，抑八州而朝同列，百有余年矣。然后以六合为家，殽函为宫。一夫作难而七庙堕，身死人手，为天下笑者，何也？仁义不施，而攻守之势异也。"

"到了秦孝文王、庄襄王，在位的时间很短，国家也没有什么大事。

"到了秦始皇，继承之前六代的余威，像驾车似的挥动长鞭来驾御天下，吞并了东周西周，灭亡了六国诸侯，登上了皇帝的宝座统治天下，手持刑杖来鞭笞天下的人民，声威震慑四海。向南占领了百越的土地，设为桂林郡和象郡；百越的郡长，低着头，用绳子拴住脖子来投降，听从秦王朝下级官吏的命令。后来派蒙恬到北方去修筑长城，防守边疆，把匈奴向北驱赶了七百多里，胡人再也不敢到南边牧马，士兵也不敢搭起弓箭来报仇。于是废除了先王治理国家的方法，烧毁了诸子百家的著作，以此来愚昧百姓；同时还毁坏各地名城，杀戮豪杰，收集天下的兵器集中到咸阳，熔化刀剑和箭头，铸成十二尊金人，以此来削弱天下人民的反抗力量。然后依靠华山为城墙，依靠黄河为护城河，凭借亿丈高的华山，紧临深险莫测的黄河，作为坚固的防守。良将手执强弓，防守要害地带，可靠的大臣带领精锐部队，摆列着锋利的武器，严厉盘查过往的行人。天下平定以后，秦始皇的心中，自认为关中的坚固，是千里金城，可以作为子子孙孙万世当皇帝的基业了。

"秦始皇死后，余威依然震慑远方。然而陈涉仅仅是一个用破瓮作窗户、用草绳拴门轴的穷苦子弟，是替人耕田供人役使的人，是被征集发派边境的人。他的才能超不过平常的人，既没有孔子、墨子那样的贤明，也没有陶朱、猗顿那样的富有，置身戍卒的行列之中，兴起于乡野之间，率领疲乏散乱的戍卒，统率几百个人，转身攻打秦国，砍下木棍为武器，高举竹竿为旗帜，天下人民风起云涌般地响应，挑着粮食，如影随形地跟着他。崤山函谷关以东的各路英雄豪杰一并起义，就推翻了秦王朝。

"况且，秦王朝的天下并没有减小削弱；雍州的土地，崤山函谷关还一直和从前一样险固。陈涉的地位，并不比齐、楚、燕、赵、韩、魏、宋、卫、中山的国君尊贵；锄耙戟柄，并不比钩戟长矛锋利；被发配戍边的民众，并不比九国的军队强大；深谋远虑，行军与指挥作战的方法，也比不上先前六国的贤良人才。然而他们的成功失败却完全不同，取得的功业也完全相反。如果拿崤山、函谷关以东各国诸侯与陈涉来比较长短、大小、权威、实力，那简直不能相提并论。然而秦国凭借很小的地方，发展为拥有万辆战车的强国，控制了其他八州，使曾经与它地位相同的诸侯国都前来朝拜称臣，中间历经一百多年。后来把天地四方当作家，把崤山、函谷关当作宫墙。可是由于陈涉一个人发动起义，秦王朝的七代宗庙就被毁坏，连秦王子婴也死在别人手里，被天下的人耻笑，为什么呢？不施行仁政，而且攻取天下和守护天下的方针、战略是应该不同的啊！"

外戚世家第十九

　　自古受命帝王及继体守文之君，非独内德茂也，盖亦有外戚之助焉。夏之兴也以涂山，而桀之放也以末喜。殷之兴也以有娀，纣之杀也嬖妲己。周之兴也以姜原及大任，而幽王之禽也淫于褒姒。故《易》基《乾》《坤》，《诗》始《关雎》，《书》美釐降，《春秋》讥不亲迎。夫妇之际，人道之大伦也。礼之用，唯婚姻为兢兢。夫乐调而四时和，阴阳之变，万物之统也。可不慎与？人能弘道，无如命何。甚哉，妃匹之爱，君不能得之于臣，父不能得之于子，况卑下乎！既欢合矣，或不能成子姓；能成子姓矣，或不能要其终：岂非命也哉？孔子罕称命，盖难言之也。非通幽明之变，恶能识乎性命哉？

　　太史公曰：秦以前尚略矣，其详靡得而记焉。汉兴，吕娥姁为高祖正后，男为太子。及晚节色衰爱弛，而戚夫人有宠，其子如意几代太子者数矣。及高祖崩，吕后夷戚氏，诛赵王，而高祖后宫唯独无宠疏远者得无恙。

　　吕后长女为宣平侯张敖妻，敖女为孝惠皇后。吕太后以重亲故，欲其生子万方，终无子，诈取后宫人子为子。及孝惠帝崩，天下初定未久，继嗣不明。于是贵外家，王诸吕以为辅，而以吕禄女为少帝后，欲连固根本牢甚，然无益也。

　　高后崩，合葬长陵。禄、产等惧诛，谋作乱。大臣征之，天诱其统，卒灭吕氏。唯独置孝惠皇后居北宫。迎立代王，是为孝文帝，奉汉宗庙。此岂非天邪？非天命孰能当之？

　　薄太后，父吴人，姓薄氏，秦时与故魏王宗家女魏媪通，生薄姬，而薄父死山阴，因葬焉。

从古至今，顺应天命的开国帝王和继承正统遵守法度的君王，并非只是因为内在的品德美好，大多也都得到了外戚的帮助。夏代的兴起是因为涂山氏之女，而夏桀被放逐是因为妹喜。殷代的兴起是因为有娀氏的女子，商纣王被杀在于宠爱妲己。周代的兴起是因为姜原和太任，而幽王被擒在于他和褒姒的淫乱。所以《易经》以《乾》《坤》两卦为基本，《诗经》以《关雎》开篇，《尚书》赞美尧把女儿下嫁给舜，《春秋》讥讽鲁隐公不亲自去迎接妻子。夫妇之间的关系，是人道中最重要的伦常关系。礼仪的应用，只有在婚姻上最为谨慎。如果乐声协调，四时才能和顺，阴阳变化，才能统领万物，可以不慎重吗？人们能够弘扬人伦之道，对天命却无可奈何。的确是这样啊，夫妻之间的亲爱之情，君王不能从大臣那里获得，父亲也不能从儿子那里获得，况且是卑下的人呢！夫妇欢合之后，有的不能繁育后代；能够繁育后代的，有的又不能得到好的归宿。这难道不是天命吗？孔子很少谈天命，大概也是因为难以说清吧。不能通晓阴阳的变化，又怎么能懂得人性和天命的道理呢？

太史公说：秦朝之前的情况比较简略，那些详细情况没能记载下来。汉兴起后，吕娥姁做了汉高祖的正室皇后，儿子当了太子。到了晚年，容颜衰老却不受宠爱了。然而戚夫人得宠，她的儿子如意几乎有好几次要取代太子的地位。等到高祖去世以后，吕后灭了戚氏，杀了赵王如意，而高祖后宫的妃子只有那些不受宠爱被疏远的人才能平安无事。

吕后的长女嫁给宣平侯张敖为妻子，张敖的女儿做了孝惠皇后。吕太后因为亲上加亲的缘故，用尽各种方法想让她生个儿子，然而她却始终没能生子，从后宫抱来别人的儿子谎称是她的儿子。到孝惠帝去世，天下刚刚安定没多久，继承皇位的人还没有明确。于是吕太后就提升外家的地位，封吕氏兄弟为王进行辅佐，让吕禄的女儿做少帝的皇后，想借此把根基连结得更牢固，然而毫无益处。

吕后去世，与高祖合葬在长陵。吕禄、吕产等人担心被杀，就密谋造反。大臣征讨他们，上天引导着汉家的皇统，最终消灭了吕氏。后来仅把孝惠皇后安置在北宫。大臣把代王迎来即位，这就是孝文帝，奉祀汉室宗庙。这难道不是天命吗？如果不是天命又有谁能担当呢？

薄太后的父亲是吴地人，姓薄氏，秦朝时与以前魏王宗族的女子魏媪私通，生下了薄姬，薄姬的父亲后来死在山阴，于是就葬在那里。

及诸侯畔秦，魏豹立为魏王，而魏媪内其女于魏宫。媪之许负所相，相薄姬，云当生天子。是时项羽方与汉王相距荥阳，天下未有所定。豹初与汉击楚，及闻许负言，心独喜，因背汉而畔，中立，更与楚连和。汉使曹参等击虏魏王豹，以其国为郡，而薄姬输织室。豹已死，汉王入织室，见薄姬有色，诏内后宫，岁余不得幸。始姬少时，与管夫人、赵子儿相爱，约曰："先贵无相忘。"已而管夫人、赵子儿先幸汉王。汉王坐河南宫成皋台，此两美人相与笑薄姬初时约。汉王闻之，问其故，两人具以实告汉王。汉王心惨然，怜薄姬，是日召而幸之。薄姬曰："昨暮夜妾梦苍龙据吾腹。"高帝曰："此贵徵也，吾为女遂成之。"一幸生男，是为代王。其后薄姬希见高祖。

高祖崩，诸御幸姬戚夫人之属，吕太后怒，皆幽之，不得出宫。而薄姬以希见故，得出，从子之代，为代王太后。太后弟薄昭从如代。

代王立十七年，高后崩。大臣议立后，疾外家吕氏强，皆称薄氏仁善，故迎代王，立为孝文皇帝，而太后改号曰皇太后，弟薄昭封为轵侯。

薄太后母亦前死，葬栎阳北。于是乃追尊薄父为灵文侯，会稽郡置园邑三百家，长丞已下吏奉守冢，寝庙上食祠如法。而栎阳北亦置灵文侯夫人园，如灵文侯园仪。薄太后以为母家魏王后，早失父母，其奉薄太后诸魏有力者，于是召复魏氏，赏赐各以亲疏受之。薄氏侯者凡一人。

薄太后后文帝二年，以孝景帝前二年崩，葬南陵。以吕后会葬长陵，故特自起陵，近孝文皇帝霸陵。

窦太后，赵之清河观津人也。吕太后时，窦姬以良家子入宫侍太后。太后出宫人以赐诸王，各五人，窦姬与在行中。窦姬家在清河，欲如赵近家，请其主遣宦者吏："必置我籍赵之伍中。"宦者忘之，误置其籍代伍中。籍奏，诏可，当行。窦姬涕

到诸侯反抗秦朝统治的时候，魏豹自立为魏王，于是魏媪就把她的女儿送到魏王宫中。魏媪去许负那里看相，让他给薄姬相面，许负说她应当生下天子。当时项羽正好与汉王刘邦在荥阳相持不下，天下归谁还没有定论。魏豹最早与汉王一同攻打楚王，等到听了许负的话，心里独自高兴，于是又背叛汉王，先是中立，接着又与楚王联合。汉王派曹参等率兵进攻打败并俘虏了魏王豹，把魏地改为郡，把薄姬送入织造府。魏豹死以后，有一次汉王进入织造府，看见薄姬姿色秀美，就下诏把她收进后宫，一年多也没有得到宠幸。早先薄姬年轻的时候，与管夫人、赵子儿关系很亲密，三人曾经立下誓约说："谁要是先富贵了的话不要忘了别人。"后来管夫人、赵子儿都先后得到汉王宠幸。有一次汉王坐在河南宫的成皋台上，这两位美人说到当初与薄姬的誓约而相互说笑。汉王听到后，问她们原因，两人就把实情告诉了汉王。汉王心里不禁伤感起来，怜悯薄姬，当天就召见了她并与她同宿。薄姬说："昨晚臣妾梦见苍龙盘踞在我的肚子上。"高祖说："这是显贵的象征，我来为你达成了吧。"一次同宿就生了男孩，这就是代王。此后薄姬就很少见到高祖了。

高祖去世，高祖曾经宠幸过的妃子如戚夫人这些人，吕太后都不喜欢，就把她们都囚禁起来，不准出宫。然而薄姬因为很少见高祖的缘故，可以出宫，跟随儿子一起去了代国，成为代王太后。太后的弟弟薄昭也一起跟着到代国。

代王即位十七年后，吕后驾崩。大臣们商量要立新君，都痛恨外戚吕氏势力强大，都称赞薄氏仁义善良，于是迎回代王，立为孝文皇帝，薄太后也因此改封号为皇太后，她的弟弟薄昭被封为轵侯。

薄太后的母亲在这之前就已经去世了，葬在栎阳北边。于是就追尊薄太后的父亲为灵文侯，在会稽郡备置了三百户的园邑，派遣长丞以下的人去侍奉看守陵墓，宗庙上的祭品和礼仪都依照规定进行。在栎阳北边也设置了灵文侯夫人的陵园，所有礼仪都和灵文侯陵园一样。薄太后认为母家是魏王的后代，父母早逝，魏氏家族中有人侍奉薄太后很尽力，于是就命令重新恢复魏氏家族的地位，分别按亲疏程度进行赏赐。薄氏家族中有一人被封侯。

薄太后晚文帝两年去世，在景帝前二年去世，死后葬在南陵。因为吕后与高祖合葬在长陵，所以她特意为自己单独修建了陵墓，靠近孝文帝的霸陵。

窦太后是赵国的清河观津人。在吕太后的时候，窦姬以良家女子的身份被选入宫中服侍太后。后来太后选出宫女送往宫外赐给各诸侯王，每王五人，窦姬就在这批宫女之中。窦姬的老家在清河，想到赵国去，离家近一些，就请求主管遣送的宦官说："请一定把我的名册放在送往赵国的队伍里。"宦官忘了这件事，将她的名册误放在送往代国的队伍中了。名册奏上以后，诏令说可以，应当启程。窦姬痛

泣，怨其宦者，不欲往，相强，乃肯行。至代，代王独幸窦姬，生女嫖，后生两男。而代王王后生四男。先代王未入立为帝而王后卒。及代王立为帝，而王后所生四男更病死。孝文帝立数月，公卿请立太子，而窦姬长男最长，立为太子。立窦姬为皇后，女嫖为长公主。其明年，立少子武为代王，已而又徙梁，是为梁孝王。

窦皇后亲蚤卒，葬观津。于是薄太后乃诏有司，追尊窦后父为安成侯，母曰安成夫人。令清河置园邑二百家，长丞奉守，比灵文园法。

窦皇后兄窦长君，弟曰窦广国，字少君。少君年四五岁时，家贫，为人所略卖，其家不知其处。传十余家，至宜阳，为其主入山作炭，暮卧岸下百余人，岸崩，尽压杀卧者，少君独得脱，不死。自卜数日当为侯，从其家之长安。闻窦皇后新立，家在观津，姓窦氏。广国去时虽小，识其县名及姓，又常与其姊采桑堕，用为符信，上书自陈。窦皇后言之于文帝，召见，问之，具言其故，果是。又复问他何以为验？对曰："姊去我西时，与我决于传舍中，丐沐沐我，请食饭我，乃去。"于是窦后持之而泣，泣涕交横下。侍御左右皆伏地泣，助皇后悲哀。乃厚赐田宅金钱，封公昆弟，家于长安。

绛侯、灌将军等曰："吾属不死，命乃且县此两人。两人所出微，不可不为择师傅宾客，又复效吕氏大事也。"于是乃选长者士之有节行者与居。窦长君、少君由此为退让君子，不敢以尊贵骄人。

窦皇后病，失明。文帝幸邯郸慎夫人、尹姬，皆毋子。孝文帝崩，孝景帝立，乃封广国为章武侯。长君前死，封其子彭祖为南皮侯。吴楚反时，窦太后从昆弟子窦婴，任侠自喜，将兵，以军功为魏其侯。窦氏凡三人为侯。

窦太后好黄帝、老子言，帝及太子诸窦不得不读黄帝、老子，尊其术。

哭流涕，埋怨那个宦官，不想去，但被强制相迫，后来才肯动身。到了代国，代王唯独宠爱窦姬，生了女儿嫖，后来又生了两个儿子。代王王后生了四个儿子。在代王还没有入朝即位的时候，王后就去世了，后来代王被立为皇帝，然而王后所生的四个儿子也接连病死。孝文帝即位几个月之后，公卿大臣都请求立太子，窦姬的长子年龄最大，就被立为太子。窦姬被立为皇后，她的女儿刘嫖被立为长公主。第二年，小儿子刘武被立为代王，不久又迁到梁国，这就是梁孝王。

窦皇后的父母早就去世了，葬在观津。于是薄太后就命令有关官员，追尊窦皇后的父亲为安成侯，母亲为安成夫人，让清河设置二百户的园邑，由长丞侍奉看守，一切都和灵文园的礼仪一样。

窦皇后有个兄长叫窦长君，弟弟叫窦广国，字少君。在少君只有四五岁的时候，家境贫穷，被人掠走出卖，家人也不知道他被卖到什么地方。中间辗转十几家，最后到了宜阳。他为主人进山烧炭，晚上一百多人躺在山崖下睡觉，山崖崩塌，把睡在山崖下面的人全都压死了，唯独少君脱险，没有被压死。他自己算了一卦，说不久就会被封侯，于是就从主人家离开去了长安。他听说窦皇后是刚被册立的，家乡在观津，姓窦氏。广国离开家乡时年龄虽小，但还记得县名和自家的姓，以前经常和姐姐一起采桑，曾经从树上掉下来，用这些作为证据，上书陈述自己的经历。窦皇后把这件事告诉了文帝，于是就召见广国，问他，他详细说明了情况，果然不错。又问他还有什么可以证明的，他回答说："姐姐离开我西去的时候，和我在驿站宿舍里诀别，向别人讨来热水给我洗头，又要来食物给我吃，然后才离去。"这时窦后拉住弟弟痛哭起来，涕泪纵横流下。左右侍从也都趴在地上哭泣，一起为皇后助哀。后来就赏赐给他很多田地、房屋和金钱，分封其他窦氏兄弟，迁居到长安

绛侯、灌将军等人商议说："我们这些人不死，命运都掌握在窦氏兄弟二人的手里。他们二人出身低微，不能不给他们仔细挑选师傅和宾客，否则，又会再次效法吕氏闹出大事来。"于是就选取年长有德、品行端正的士人和他俩相处。窦长君、少君从这以后也成为了谦逊礼让的君子，不敢倚仗他们尊贵的身份对人骄横傲慢。

窦皇后得了重病，双目失明。文帝宠幸邯郸慎夫人、尹姬，都没有生子。孝文帝去世以后，孝景帝即位，封广国为章武侯。长君在这之前就已经去世了，朝廷就封他的儿子彭祖为南皮侯。吴、楚七国叛乱的时候，窦太后的侄子窦婴，喜欢仗义行侠，率领军队平叛，因有战功被封为魏其侯。窦氏共有三人被封侯。

窦太后喜欢黄帝、老子的学说，皇帝、太子以及所有窦氏子弟都不得不读《黄帝》《老子》，尊奉他们的学说。

窦太后后孝景帝六岁崩，合葬霸陵。遗诏尽以东宫金钱财物赐长公主嫖。

王太后，槐里人，母曰臧儿。臧儿者，故燕王臧荼孙也。臧儿嫁为槐里王仲妻，生男曰信，与两女。而仲死，臧儿更嫁长陵田氏，生男蚡、胜。臧儿长女嫁为金王孙妇，生一女矣，而臧儿卜筮之，曰两女皆当贵。因欲奇两女，乃夺金氏。金氏怒，不肯予决，乃内之太子宫。太子幸爱之，生三女一男。男方在身时，王美人梦日入其怀。以告太子，太子曰："此贵徵也。"未生而孝文帝崩，孝景帝即位，王夫人生男。

先是臧儿又入其少女兒姁，兒姁生四男。

景帝为太子时，薄太后以薄氏女为妃。及景帝立，立妃曰薄皇后。皇后毋子，毋宠。薄太后崩，废薄皇后。

景帝长男荣，其母栗姬。栗姬，齐人也。立荣为太子。长公主嫖有女，欲予为妃。栗姬妒，而景帝诸美人皆因长公主见景帝，得贵幸，皆过栗姬，栗姬日怨怒，谢长公主，不许。长公主欲予王夫人，王夫人许之。长公主怒，而日谗栗姬短于景帝曰："栗姬与诸贵夫人幸姬会，常使侍者祝唾其背，挟邪媚道。"景帝以故望之。

景帝尝体不安，心不乐，属诸子为王者于栗姬，曰："百岁后，善视之。"栗姬怒，不肯应，言不逊。景帝恚，心嗛之而未发也。

长公主日誉王夫人男之美，景帝亦贤之，又有曩者所梦日符，计未有所定。王夫人知帝望栗姬，因怒未解，阴使人趣大臣立栗姬为皇后。大行奏事毕，曰："'子以母贵，母以子贵'，今太子母无号，宜立为皇后。"景帝怒曰："是而所宜言邪！"遂案诛大行，而废太子为临江王。栗姬愈恚恨，不得见，以忧死。卒立王夫人为皇后，其男为太子，封皇后兄信为盖侯。

窦太后比景帝晚六年去世，死后与文帝合葬在霸陵。她留下诏书把东宫所有的金银财宝都赐给长公主刘嫖。

王太后是槐里人，她的母亲叫臧儿。臧儿是原来燕王臧荼的孙女。臧儿嫁给槐里人王仲为妻，生下儿子取名为信，还有两个女儿。王仲死后，臧儿又改嫁给长陵田氏，生了儿子田蚡、田胜。臧儿的长女嫁给金王孙为妻，生下一个女儿，臧儿为她的孩子算卦，说她的两个女儿都该是贵人。因为她想要倚仗两个女儿，就把大女儿从金氏家中强行接回。金氏很愤怒，不肯和妻子决断，然而臧儿最后终于把这个女儿送到太子宫中。太子很宠爱她，生下三个女儿一个儿子。当儿子还在胎孕中的时候，王美人梦见太阳投入她的怀中。她把这个梦告诉太子，太子说："这是大贵的象征。"儿子还没出生孝文帝就去世了，孝景帝即位后，王夫人生下了这个男孩。

先前臧儿又将她的小女儿皃姁也送到宫中，皃姁生了四个儿子。

景帝还是太子的时候，薄太后选了一个薄氏的女子做他的妃子。景帝即位之后，这个妃子就被立为薄皇后。皇后没有儿子，也不得宠爱。薄太后去世以后，薄皇后就被废了。

景帝的长子是刘荣，他的母亲是栗姬。栗姬是齐人。景帝立刘荣为太子。长公主刘嫖有个女儿，想许配给太子做妃子。栗姬嫉妒心很强，景帝的几位美人都是靠着长公主而见到景帝的，都得到了尊崇和宠爱，并且超过了栗姬，栗姬本来就天天怨怒，于是谢绝了长公主，没有应允这门亲事。长公主又想把女儿许给王夫人的儿子，王夫人答应了。长公主为这件事很生气，就常常在景帝那里说栗姬的坏话："栗姬和各位贵夫人及宠姬聚会，常常让侍从在她们背后吐口水诅咒，施用妖邪惑人的道法。"景帝因此恼恨栗姬。

景帝曾经有段时间身体不好，心中不畅快，就把被封王的儿子们都托付给栗姬，说："我去世以后，希望你要好好照顾他们。"栗姬很生气，不肯答应，并且出言不逊。景帝很气愤，心里不高兴但没有发作。

长公主天天夸赞王夫人儿子的优点，景帝也觉得他德才兼备，又有以前王夫人梦到太阳投入怀抱的祥兆，只是主意还没能最后定下来。王夫人知道景帝怨恨栗姬，趁他怒气未消，暗中派人催促大臣奏请景帝立栗姬为皇后。有一次上朝大行官奏事完毕以后，说："'儿子因母亲而尊贵，母亲因儿子而尊贵'，如今太子的母亲还没有封号，应当被封立为皇后。"景帝发怒说："这是你所应该说的话吗？"于是依法处死了大行官，同时废黜了太子，改封为临江王。栗姬更加怨恨，却不能再见到景帝，不久，就忧伤而死。后来王夫人被立为皇后，她的儿子被立为太子，皇后的哥哥王信被封为盖侯。

景帝崩，太子袭号为皇帝。尊皇太后母臧儿为平原君。封田蚡为武安侯，胜为周阳侯。

景帝十三男，一男为帝，十二男皆为王。而儿姁早卒，其四子皆为王。王太后长女号曰平阳公主，次为南宫公主，次为林虑公主。

盖侯信好酒。田蚡、胜贪，巧于文辞。王仲蚤死，葬槐里，追尊为共侯，置园邑二百家。及平原君卒，从田氏葬长陵，置园比共侯园。而王太后后孝景帝十六岁，以元朔四年崩，合葬阳陵。王太后家凡三人为侯。

卫皇后字子夫，生微矣。盖其家号曰卫氏，出平阳侯邑。子夫为平阳主讴者。武帝初即位，数岁无子。平阳主求诸良家子女十余人，饰置家。武帝祓霸上还，因过平阳主。主见所侍美人。上弗说。既饮，讴者进，上望见，独说卫子夫。是日，武帝起更衣，子夫侍尚衣轩中，得幸。上还坐，欢甚。赐平阳主金千斤。主因奏子夫奉送入宫。子夫上车，平阳主拊其背曰："行矣，强饭，勉之！即贵，无相忘。"入宫岁余，竟不复幸。武帝择宫人不中用者，斥出归之。卫子夫得见，涕泣请出。上怜之，复幸，遂有身，尊宠日隆。召其兄卫长君弟青为侍中。而子夫后大幸，有宠，凡生三女一男。男名据。

初，上为太子时，娶长公主女为妃。立为帝，妃立为皇后，姓陈氏，无子。上之得为嗣，大长公主有力焉，以故陈皇后骄贵。闻卫子夫大幸，恚，几死者数矣。上愈怒。陈皇后挟妇人媚道，其事颇觉，于是废陈皇后，而立卫子夫为皇后。

陈皇后母大长公主，景帝姊也，数让武帝姊平阳公主曰："帝非我不得立，已而弃捐吾女，壹何不自喜而倍本乎！"平阳公主曰："用无子故废耳。"陈皇后求子，与医钱凡九千万，然竟无子。

卫子夫已立为皇后，先是卫长君死，乃以卫青为将军，击胡有功，封为长平侯。青三子在襁褓中，皆封为列侯。及卫皇后所谓姊卫少儿，少儿生子霍去病，以军功封冠军侯，号骠骑将军。青号大将

景帝去世以后，太子继位为皇帝。尊封皇太后的母亲臧儿为平原君。封田蚡为武安侯、田胜为周阳侯。

景帝一共有十三个儿子，一个儿子做了皇帝，其他十二个儿子都被封为王。然而王皃姁去世得早，她的四个儿子也都封为王。王太后的长女封号为平阳公主，次女为南宫公主，三女为林虑公主。

盖侯王信喜欢喝酒。田蚡、田胜贪图富贵，善用文辞巧辩。王仲去世得早，死后葬在槐里，追尊为共侯，设置了二百户的园邑。等到平原君去世以后，就和田氏一起葬在长陵，设置的陵园跟共侯的陵园一样。王太后比孝景帝晚去世十六年，于元朔四年去世，死后和景帝合葬在阳陵。王太后家共有三个人被封为侯。

卫皇后，字子夫，出身非常卑微。大概她家号称卫氏，在平阳侯封地以内。子夫是平阳公主家里的歌姬。武帝刚刚即位的时候，几年都没有生下儿子。平阳公主挑选了十几个良家女子，装饰起来留在家里。武帝到灞上祈福回来，顺道路过平阳公主家。公主让侍奉的美人都出来见武帝，武帝都不喜欢。饮酒过后，歌姬进来，武帝看见了，唯独喜欢卫子夫。当天，武帝起身换衣服，子夫到皇帝的衣车中侍奉，得到亲幸。武帝回到座位后，十分高兴，赐给平阳公主黄金千斤。公主趁机奏请皇帝，把卫子夫奉送入宫。子夫上车后，平阳公主抚着她的背说："去吧，好好吃饭，努力吧！假如尊贵了，不要忘了我。"子夫入宫后有一年多，都没有再次得到宠幸。武帝把一些不中用的宫人挑出来，把她们遣出宫送回家中。卫子夫见到武帝，她哭泣着请求出宫。皇上怜惜她，就再次亲幸，于是有了身孕，从此一天比一天受尊宠。武帝让她的哥哥卫长君和弟弟卫青担任侍中。后来子夫大得亲幸，倍受宠爱，一共生下三个女儿一个儿子，儿子取名为据。

当初，皇上还是太子之时，娶了长公主的女儿做妃子，即位以后，将这位妃子立为皇后，姓陈氏，陈皇后没有生子。皇上之所以得以继承帝位，大长公主曾经出力不小，所以陈皇后骄横高傲。听说卫子夫很受宠爱，陈皇后非常气愤，好几次几乎要气死。皇上对她更加恼怒。陈皇后施用妇人惑人的邪术，武帝对此事有些觉察，于是就废了陈皇后，后来立卫子夫为皇后。

陈皇后的母亲大长公主，也就是景帝的姐姐，多次责备武帝的姐姐平阳公主说："皇帝不是因为我就不能即位，即位以后竟然抛弃我的女儿，怎么能这样不自爱而忘本呢！"平阳公主说道："主要是因为没有儿子才被废的。"陈皇后渴求得子，求医曾花钱九千万之多，然而最终也没能生子。

卫子夫被立为皇后以后，在这之前卫长君已经去世，就任命卫青为将军，因卫青抗击胡人有功，被封为长平侯。卫青的三个儿子还在襁褓之中，也都被封为列侯。至于卫皇后所说的姐姐卫少儿，她生下儿子霍去病，因有战功被封为冠军

军。立卫皇后子据为太子。卫氏枝属以军功起家，五人为侯。

及卫后色衰，赵之王夫人幸，有子，为齐王。

王夫人蚤卒。而中山李夫人有宠，有男一人，为昌邑王。

李夫人蚤卒，其兄李延年以音幸，号协律。协律者，故倡也。兄弟皆坐奸，族。是时其长兄广利为贰师将军，伐大宛，不及诛，还，而上既夷李氏，后怜其家，乃封为海西侯。

他姬子二人为燕王、广陵王。其母无宠，以忧死。

及李夫人卒，则有尹婕妤之属，更有宠。然皆以倡见，非王侯有土之士女，不可以配人主也。

褚先生曰：臣为郎时，问习汉家故事者钟离生。曰：王太后在民间时所生一女者，父为金王孙。王孙已死，景帝崩后，武帝已立，王太后独在。而韩王孙名嫣素得幸武帝，承间白言太后有女在长陵也。武帝曰："何不蚤言！"乃使使往先视之，在其家。武帝乃自往迎取之。跸道，先驱旄骑出横城门，乘舆驰至长陵。当小市西入里，里门闭，暴开门，乘舆直入此里，通至金氏门外止，使武骑围其宅，为其亡走，身自往取不得也。即使左右群臣入呼求之。家人惊恐，女亡匿内中床下。扶持出门，令拜谒。武帝下车泣曰："嚄！大姊，何藏之深也！"诏副车载之，回车驰还，而直入长乐宫。行诏门著引籍，通到谒太后。太后曰："帝倦矣，何从来？"帝曰："今者至长陵得臣姊，与俱来。"顾曰："谒太后！"太后曰："女某邪？"曰："是也。"太后为下泣，女亦伏地泣。武帝奉酒前为寿，奉钱千万，奴婢三百人，公田百顷，甲第，以赐姊。太后谢曰："为帝费焉。"于是召平阳主、南宫主、林虑主三人俱来谒见姊，因号曰修成君。有子男一人，女一人。男号为修成子仲，女为诸侯王王后。此二子非刘氏，以故太后怜之。修成子仲骄恣，陵折吏民，皆患苦之。

卫子夫立为皇后，后弟卫青字仲卿，以大将军封为长平侯。四

侯，号称骠骑将军。卫青号称大将军。卫皇后的儿子刘据被立为太子。卫氏亲族都是以军功起家，有五人被封侯。

后来卫皇后姿色衰老，赵国的王夫人得到宠幸，生下儿子，被封为齐王。

王夫人去世得早。中山李夫人得到宠幸，生下一个儿子，被封为昌邑王。

李夫人早逝，她的兄长李延年依靠精于音律得宠，被封为协律官。所谓协律，就是古代的歌舞艺人。他们兄弟后来都因犯淫乱后宫之罪被灭族。当时她的长兄李广利为贰师将军，正在征讨大宛，没有被杀，后来回到长安，皇上诛灭李氏后，又怜悯他们家，就又封他为海西侯。

其他的妃子还生有两个儿子，即燕王、广陵王。他们的母亲不受宠爱，因此忧伤而死。

到李夫人去世以后，有尹婕妤之流交替受宠，然而她们都是以歌女的身份得见武帝，并非有封地的王侯之家的女子，不应该和皇帝相配。

褚先生说：我担任郎官之时，曾经请教过熟习汉家旧事的钟离生。听他说：王太后在民间时还生过一个女儿，父亲是金王孙。金王孙去世以后，景帝驾崩，武帝即位，只有王太后还在。韩王孙名叫嫣的人一向很得武帝的宠爱，就趁机说起太后有个女儿在长陵。武帝说："为何不早点说出来呢！"于是派人先去看了看，正好在家。武帝就亲自前去迎接她。路上清道禁行，先驱警卫的骑兵出了横城门，武帝乘车飞奔到长陵。从小市的西边进入里巷，里门关闭着，侍卫用力推开门，武帝的车一直进入里中，到达金氏门外才停了下来，派武装骑兵包围了金家宅院，为的是怕她逃跑，自己亲自来接也接不着了。武帝随即派左右群臣进去呼喊寻找。金氏家人个个都十分惊恐，金氏之女躲藏在内室的床下。找到以后人们将她扶着走出大门，让她拜见皇上。武帝下车哭着说："哎呀！大姐，怎么藏得这么深哪！"让她坐上副车，掉转车子飞驰回城，直接回到长乐宫。武帝在途中就命令看守宫门的人拿着自己的名帖向太后通报，车一到就去拜见太后。太后说："皇上累了吧，这是从哪里来呀？"武帝说："今天去长陵找到了我的姐姐，和她一起来的。"回头说："赶紧拜见太后！"太后说："你就是我的那个女儿吗？"回答说："是呀。"太后落泪哭泣，女儿也伏在地上哭泣。武帝捧着酒前去祝贺，拿出一千万钱、三百名奴婢、一百顷公田，和上等宅第一起赐给姐姐。太后道谢说："让皇上破费了。"后来又召来平阳公主、南宫公主和林虑公主三人一起前来拜见姐姐，封号为修成君。她有一个儿子，一个女儿。儿子的封号为修成子仲，女儿做了诸侯王的王后。这两个孩子并非出于刘氏家族，因此太后非常怜爱他们。修成子仲骄横放纵，常常欺压官吏和百姓，人们都受到他的迫害。

卫子夫被立为皇后，后来她的弟弟卫青，字仲卿，以大将军的职位被封为长

子,长子伉为侯世子,侯世子常侍中,贵幸。其三弟皆封为侯,各千三百户,一曰阴安侯,二曰发干侯,三曰宜春侯,贵震天下。天下歌之曰:"生男无喜,生女无怒,独不见卫子夫霸天下!"

是时平阳主寡居,当用列侯尚主。主与左右议长安中列侯可为夫者,皆言大将军可。主笑曰:"此出吾家,常使令骑从我出入耳,奈何用为夫乎?"左右侍御者曰:"今大将军姊为皇后,三子为侯,富贵振动天下,主何以易之乎?"于是主乃许之。言之皇后,令白之武帝,乃诏卫将军尚平阳公主焉。

褚先生曰:丈夫龙变。传曰:"蛇化为龙,不变其文;家化为国,不变其姓。"丈夫当时富贵,百恶灭除,光耀荣华,贫贱之时何足累之哉!

武帝时,幸夫人尹婕妤。邢夫人号娙娥,众人谓之"娙何"。娙何秩比中二千石,容华秩比二千石,婕妤秩比列侯。常从婕妤迁为皇后。

尹夫人与邢夫人同时并幸,有诏不得相见。尹夫人自请武帝,原望见邢夫人,帝许之。即令他夫人饰,从御者数十人,为邢夫人来前。尹夫人前见之,曰:"此非邢夫人身也。"帝曰:"何以言之?"对曰:"视其身貌形状,不足以当人主矣。"于是帝乃诏使邢夫人衣故衣,独身来前。尹夫人望见之,曰:"此真是也。"于是乃低头俯而泣,自痛其不如也。谚曰:"美女入室,恶女之仇。"

褚先生曰:浴不必江海,要之去垢;马不必骐骥,要之善走;士不必贤世,要之知道;女不必贵种,要之贞好。传曰:"女无美恶,入室见妒;士无贤不肖,入朝见嫉。"美女者,恶女之仇。岂不然哉!

钩弋夫人姓赵氏,河间人也。得幸武帝,生子一人,昭帝是也。武帝年七十,乃生昭帝。昭帝立时,年五岁耳。

卫太子废后,未复立太子。而燕王旦上书,原归国入宿卫。武帝怒,立斩其使者于北阙。

平侯。他有四个儿子，他的长子卫伉是准备继承爵位的世子，曾担任侍中，非常尊贵受宠。卫伉的三个弟弟都被封侯，每人都得到封地一千三百户，一个叫阴安侯，一个叫发干侯，一个叫宜春侯，都十分富贵，震动天下。天下流传这样一首歌谣："生儿不必太高兴，生女莫要太生气，难道没有看到卫子夫吗？荣华富贵天下第一。"

这时平阳公主守寡独自居住，应当选一位列侯做她的丈夫。公主和左右侍从商议长安城里的列侯谁可以做她的丈夫，侍从都说大将军卫青可以。公主笑了笑，说："他是从我们家出去的人，我以前经常让他骑马跟随着我出入，怎能让他做我的丈夫呢？"左右侍从们说："如今大将军的姐姐是皇后，他的三个儿子都被封了侯，富贵震动天下，公主为何把他看轻了呢？"于是公主才同意了，就把此事告诉皇后，皇后让她禀告武帝，武帝就下令让卫将军做了平阳公主的丈夫。

褚先生说：丈夫是可以像龙那样变化的。《传书》上说："蛇变成了龙，但花纹不会改变；家变成了国，但姓氏不会改变。"丈夫在富贵的时候，有多少污点都可以被掩盖消除，变得光彩荣耀，贫贱时候的事情哪里会牵累他呢！

武帝在位的时候，宠爱过夫人尹婕妤。邢夫人封号为娙娥，人们都叫她"娙何"。娙何的品级相当于享有俸禄二千石的官，容华的品级相当于二千石的官，婕妤的品级相当于列侯，皇后经常是由婕妤升迁的。

尹夫人与邢夫人同时被亲幸，武帝曾下令说她们两人不能相见。尹夫人亲自请求武帝，希望能见见邢夫人，武帝答应了。就派另一位夫人修饰起来，几十个侍从跟随在后面，假冒邢夫人来到尹夫人面前。尹夫人走上前去见她，说："这并非邢夫人本人。"武帝说："为什么这么说？"尹夫人回答说："看她的身段相貌以及姿态，都不足以匹配皇上。"于是武帝就下令让邢夫人穿上旧衣服，单独前来。尹夫人看见她就说："这次是真的。"于是就低头哭泣，自己伤心不如邢夫人。谚语说："美女进屋，就是丑女的仇人。"

褚先生说：洗澡不一定非要跑到江海去，主要是能除去污垢；骑马也不一定要骑有名的骏马，主要是善于奔跑；士人不一定非要超出世上的一般人，主要是懂得道理；女子也不一定出身高贵，主要是应该贞洁美好。《传书》上面说："女子无分貌美还是丑陋，一进家门就会被人嫉妒；士人不论是贤或者不贤，一入朝廷就会被人嫉妒。"美女是丑女的仇人，难道不对吗！

钩弋夫人，姓赵，是河间人。她得到武帝的宠幸，生下一个儿子，就是昭帝。武帝七十岁的时候，才生下昭帝。昭帝即位时只有五岁。

卫太子被废以后，武帝还没有立新的太子。而燕王刘旦上书，请求回到京城入宫担任警卫之职。武帝很生气，立刻在北阙杀了燕王派来的使者。

上居甘泉宫，召画工图画周公负成王也。于是左右群臣知武帝意欲立少子也。后数日，帝谴责钩弋夫人。夫人脱簪珥叩头。帝曰："引持去，送掖庭狱！"夫人还顾，帝曰："趣行，女不得活！"夫人死云阳宫。时暴风扬尘，百姓感伤。使者夜持棺往葬之，封识其处。

其后帝闲居，问左右曰："人言云何？"左右对曰："人言且立其子，何去其母乎？"帝曰："然。是非儿曹愚人所知也。往古国家所以乱也，由主少母壮也。女主独居骄蹇，淫乱自恣，莫能禁也。女不闻吕后邪？"故诸为武帝生子者，无男女，其母无不谴死，岂可谓非贤圣哉！昭然远见，为后世计虑，固非浅闻愚儒之所及也。谥为"武"，岂虚哉！

皇上住在甘泉宫，命令画工画一幅周公背负成王的画。于是左右群臣就知道武帝是想要立自己的小儿子为太子。过了几天，武帝严厉责备钩弋夫人。夫人摘下发簪耳饰等首饰叩头请罪。武帝说："把她拉出去，送到掖庭狱！"夫人回过头看武帝，武帝说："快走吧，你活不成了！"夫人最后死在云阳宫。死的时候暴风刮得尘土飞扬，百姓也都为她感到悲伤。使者夜里拉着棺材去埋葬，在埋葬的地方做了标志。

在这之后，武帝闲暇时候问左右侍从说："人们都说些什么？"左右回答说："人们都说马上就要立她的儿子了，为什么要除掉他的母亲呢？"武帝说："是的。这并非是小孩子们和愚昧之人所能够理解的。自古以来国家之所以出乱子的原因，就在于君主年少，而他的母亲正当壮年。女子独居，骄横傲慢，淫乱放纵，没有人能禁止。你们没有听说过吕后的事吗？"因此，所有为武帝生过孩子的，无论男女，他们的母亲没有不被谴责处死的，难道能说这就不是圣贤了吗？这样明确的远见，为后世长远谋划，本来就不是那些才疏学浅的愚昧之徒所能达到的。武帝谥号为"武"，难道是虚名吗！

楚元王世家第二十

楚元王刘交者，高祖之同母少弟也，字游。

高祖兄弟四人，长兄伯，伯蚤卒。始高祖微时，尝辟事，时时与宾客过巨嫂食。嫂厌叔，叔与客来，嫂佯为羹尽，栎釜，宾客以故去。已而视釜中尚有羹，高祖由此怨其嫂。及高祖为帝，封昆弟，而伯子独不得封。太上皇以为言，高祖曰："某非忘封之也，为其母不长者耳。"于是乃封其子信为羹颉侯。而王次兄仲于代。

高祖六年，已禽楚王韩信于陈，乃以弟交为楚王，都彭城。即位二十三年卒，子夷王郢立。

王戊立二十年，冬，坐为薄太后服私奸，削东海郡。春，戊与吴王合谋反，其相张尚、太傅赵夷吾谏，不听。戊则杀尚、夷吾，起兵与吴西攻梁，破棘壁。至昌邑南，与汉将周亚夫战。汉绝吴楚粮道，士卒饥，吴王走，楚王戊自杀，军遂降汉。

汉已平吴楚，孝景帝欲以德侯子续吴，以元王子礼续楚。窦太后曰："吴王，老人也，宜为宗室顺善。今乃首率七国，纷乱天下，奈何续其后！"不许吴，许立楚后。是时礼为汉宗正。乃拜礼为楚王，奉元王宗庙，是为楚文王。

文王立三年卒，子安王道立。安王二十二年卒，子襄王注立。襄王立十四年卒，子王纯代立。王纯立，地节二年，中人上书告楚王谋反，王自杀，国除，入汉为彭城郡。

赵王刘遂者，其父高祖中子，名友，谥曰"幽"。幽王以忧死，故为"幽"。高后王吕禄于赵，一岁而高后崩。大臣诛诸吕吕禄等，乃立幽王子遂为赵王。

孝文帝即位二年，立遂弟辟强，取赵之河间郡为河间王，为文王。

楚元王刘交，他是高祖同母的小弟弟，字游。

高祖兄弟有四个人，长兄叫刘伯，伯早就死了。当年高祖卑微的时候，曾经为了躲避难事，常常跟宾客到大嫂家吃饭。大嫂讨厌小叔，小叔和宾客来家了，大嫂假装做的肉菜汤已吃完，用饭勺刮锅底，宾客因此起身离去。过后看到锅里还有肉汤，高祖因此怨恨大嫂。等到高祖当了皇帝，封赏兄弟，唯独不封大哥的儿子。太上皇为此来说情，高祖说："我不是忘记封他，因为他的母亲太不厚道。"于是才封她的儿子信为羹颉侯。封二哥刘仲为代王。

高祖六年，在陈县逮捕楚王韩信，就封小弟刘交为楚王，在彭城建都。刘交在位二十三年后去世，他的儿子夷王刘郢继位。夷王在位四年后去世，他的儿子刘戊继位。

楚王刘戊即位二十年，冬天，因在为薄太后服丧期间犯了私奸宫女罪，削去东海郡封地。第二年春天，刘戊和吴王刘濞合谋造反，他的国相张尚、太傅赵夷吾劝谏，不听从。刘戊即刻杀了张尚、赵夷吾，起兵和吴王向西进攻梁国，攻破了棘壁。行至昌邑的南边，和汉将周亚夫交战。汉军截断了吴、楚军的粮道，士兵们饥饿，吴王逃走，楚王刘戊自杀，吴、楚军就投降了汉军。

汉朝廷平定吴、楚叛乱后，孝景帝想让德侯刘广的儿子继承吴国的王位，让元王的儿子刘礼继承楚国的王位。窦太后说："吴王是老一辈人，应当为宗室效忠从善。如今却带头率领七国扰乱天下，为什么还要接续他的后代！"不允许立吴王的后代，只准许立楚王的后代。当时刘礼任汉朝的宗正，于是封刘礼为楚王，供奉元王的宗庙，这就是楚文王。

楚文王在位三年去世，其儿子安王刘道继位。安王在位二十二年去世，其儿子襄王刘注继位。襄王在位十四年去世，其儿子刘纯继位。刘纯继位后，汉宣帝地节二年，有宦官上书告发楚王谋反，楚王自杀，国号被废除，封地收归朝廷，改为彭城郡。

赵王刘遂，他父亲在高祖的儿子中排行居中，名友，谥号为"幽"。幽王因为忧伤而死，所以谥号为"幽"。高后把吕禄封在赵地为王，一年而高后去世。汉室大臣诛杀吕禄等吕氏家族，于是就立幽王的儿子刘遂为赵王。

孝文帝即位二年后，封刘遂的弟弟辟强为王，割去赵国的河间郡为河间王，

立十三年卒，子哀王福立。一年卒，无子，绝后，国除，入于汉。

　　遂既王赵二十六年，孝景帝时坐晁错以适削赵王常山之郡。吴楚反，赵王遂与合谋起兵。其相建德、内史王悍谏，不听。遂烧杀建德、王悍，发兵屯其西界，欲待吴与俱西。北使匈奴，与连和攻汉。汉使曲周侯郦寄击之。赵王遂还，城守邯郸，相距七月。吴楚败于梁，不能西。匈奴闻之，亦止，不肯入汉边。栾布自破齐还，乃并兵引水灌赵城。赵城坏，赵王自杀，邯郸遂降。赵幽王绝后。

　　太史公曰：国之将兴，必有祯祥，君子用而小人退。国之将亡，贤人隐，乱臣贵。使楚王戊毋刑申公，遵其言，赵任防与先生，岂有篡杀之谋，为天下僇哉？贤人乎，贤人乎！非质有其内，恶能用之哉？甚矣，"安危在出令，存亡在所任"，诚哉是言也！

这就是文王。文王在位十三年去世，他的儿子哀王刘福继位。刘福继位一年去世，无子，绝了后代，国号被废除，封地收归汉朝廷。

刘遂当上赵王后二十六年，孝景帝在位的时候，因犯有过失被晁错削去他的常山郡封地。吴、楚叛乱，赵王就联合他们起兵。他的相国建德、内史王悍劝谏，不听从，就烧死建德、王悍，发兵驻屯在赵国的西部边界上，想等待吴国兵一起向西进兵。并派人到北面的匈奴，想联合匈奴攻打汉朝。汉朝廷派曲周侯郦寄攻打赵国。赵王刘遂被迫退兵，据守在邯郸，对峙将近七个月，吴、楚军在梁国被打败，不能向西进。匈奴知道这个消息，也停止了发兵，不肯进入汉朝边界。栾布从打败齐国的前线归来，就和郦寄联兵引水灌赵国的都城。赵国的都城被水毁坏，赵王自杀，邯郸于是投降。赵幽王断绝了后代。

太史公说：国家将要兴起的时候，一定有吉祥的预兆，君子被重用，小人被斥退。国家将要灭亡的时候，贤德的人隐退，乱世之臣就显贵。如果楚王刘戊不刑罚申公，听从他的建议，赵王任用防与先生，哪会有篡杀的阴谋，遭天下人杀戮呢？贤人啊！贤人啊！不是本质贤能的君王，怎能任用你们呢？太重要啦！"国家的安危在于发出的政令，国家的存亡在于任用的大臣"，的确是这样的啊！

荆燕世家第二十一

荆王刘贾者，诸刘，不知其何属。初起时，汉王元年，还定三秦，刘贾为将军，定塞地，从东击项籍。

汉四年，汉王之败成皋，北渡河，得张耳、韩信军，军修武，深沟高垒，使刘贾将二万人，骑数百，渡白马津入楚地，烧其积聚，以破其业，无以给项王军食。已而楚兵击刘贾，贾辄壁不肯与战，而与彭越相保。

汉五年，汉王追项籍至固陵，使刘贾南渡淮围寿春。还至，使人间招楚大司马周殷。周殷反楚，佐刘贾举九江，迎武王黥布兵，皆会垓下，共击项籍。汉王因使刘贾将九江兵，与太尉卢绾西南击临江王共尉。共尉已死，以临江为南郡。

汉六年春，会诸侯于陈，废楚王信，因之，分其地为二国。当是时也，高祖子幼，昆弟少，又不贤，欲王同姓以镇天下，乃诏曰："将军刘贾有功，及择子弟可以为王者。"群臣皆曰："立刘贾为荆王，王淮东五十二城；高祖弟交为楚王，王淮西三十六城。"因立子肥为齐王。始王昆弟刘氏也。

高祖十一年秋，淮南王黥布反，东击荆。荆王贾与战，不胜，走富陵，为布军所杀。高祖自击破布。十二年，立沛侯刘濞为吴王，王故荆地。

燕王刘泽者，诸刘远属也。高帝三年，泽为郎中。高帝十一年，泽以将军击陈豨，得王黄，为营陵侯。

高后时，齐人田生游乏资，以画干营陵侯泽。泽大说之，用金二百斤为田生寿。田生已得金，即归齐。二年，泽使人谓田生曰："弗与矣。"田生如长安，不见泽，而假大宅，令其子求事吕后所幸大谒者张子卿。居数月，田生子请张卿临，亲修具。张卿许往。田生盛帷帐共具，譬如列侯。张卿惊。酒酣，乃屏人说张卿曰："臣观诸

荆王刘贾,是刘氏宗族的人,但不知他属于刘家的哪一支。初起事的时候,是汉王元年。汉王从汉中返回关中平定三秦之时,任刘贾为将军,让他平定塞地,然后从东边攻打项羽。

汉王四年,汉王在成皋被打败,北渡黄河,得到张耳、韩信的军队加入,驻扎在修武,深挖壕沟,高筑营垒,派刘贾率领两万人的军队,几百名骑兵,渡过白马津进入楚地,烧掉那里囤积的粮草军需等物,让他们无法给项王供应军粮。不久楚军攻打刘贾,刘贾总是坚守营垒,并与彭越保持互相倚仗的态势。

汉王五年,汉王追击项羽到了固陵,派刘贾南渡淮水包围寿春。刘贾很快抵达,派人寻机招降楚大司马周殷。周殷叛反楚王,帮刘贾攻下九江,与武王黥布的军队,在垓下会合,共同围攻项羽。汉王于是让刘贾率领九江的军队,和太尉卢绾一起向西南进攻临江王共尉。共尉死后,把临江改置南郡。

汉王六年春天,汉王在陈县会见诸侯,废黜楚王韩信,并把其囚禁起来,他的领地被分为两国。这个时候,高祖的儿子年幼,兄弟少,又没有什么贤才,想封同姓宗族的人为王来镇抚天下百姓,于是就下诏令说:"刘贾将军有战功,应挑刘氏后代中可以封王的人。"群臣都说:"应该立刘贾为荆王,管辖淮东五十二座城;高祖的弟弟刘交立为楚王,统辖淮西三十六座城。"于是刘邦就立自己的儿子刘肥为齐王。至此才开始封刘氏兄弟为王。

高祖十一年的秋天,淮南王黥布反叛,从东边攻打荆地。荆王刘贾与其交战,没有取胜,逃跑到富陵,被黥布的军队杀死了。高祖亲自领军打败了黥布。十二年,沛侯刘濞被封为吴王,统辖原荆王的故地。

燕王刘泽,是刘氏的远房宗亲。高帝三年,刘泽任郎中。高帝十一年,刘泽以将军之职攻打陈豨,叛将王黄被俘虏了,被封为营陵侯。

高后当政的时候,齐人田生在外地出游,缺少旅费,就想通过献计来向营陵侯刘泽求助。刘泽听后非常高兴,用二百斤黄金为田生祝寿。田生得到钱以后,立即回归齐国。第二年,刘泽派人去对田生说:"不要再和我往来了。"田生来到长安,不愿意去见刘泽,而是借了一座大宅院,让他的儿子求见并侍奉被吕后宠幸的大谒者张子卿。过了几个月,田生的儿子请张卿到家里做客,他亲自准备酒宴。张卿答应前往。田生张挂起豪华的帷帐,摆出精美的用具,好像诸侯一般。张卿一见就很惊讶。趁酒兴正浓之际,田生就让左右退下,向张卿劝说道:

侯王邸弟百余，皆高祖一切功臣。今吕氏雅故本推毂高帝就天下，功至大，又亲戚太后之重。太后春秋长，诸吕弱，太后欲立吕产为王，王代。太后又重发之，恐大臣不听。今卿最幸，大臣所敬，何不风大臣以闻太后，太后必喜。诸吕已王，万户侯亦卿之有。太后心欲之，而卿为内臣，不急发，恐祸及身矣。"张卿大然之，乃风大臣语太后。太后朝，因问大臣。大臣请立吕产为吕王。太后赐张卿千斤金，张卿以其半与田生。田生弗受，因说之曰："吕产王也，诸大臣未大服。今营陵侯泽，诸刘，为大将军，独此尚觖望。今卿言太后，列十余县王之，彼得王，喜去，诸吕王益固矣。"张卿入言，太后然之。乃以营陵侯刘泽为琅邪王。琅邪王乃与田生之国。田生劝泽急行，毋留。出关，太后果使人追止之，已出，即还。

及太后崩，琅邪王泽乃曰："帝少，诸吕用事，刘氏孤弱。"乃引兵与齐王合谋西，欲诛诸吕。至梁，闻汉遣灌将军屯荥阳，泽还兵备西界，遂跳驱至长安。代王亦从代至。诸将相与琅邪王共立代王为天子。天子乃徙泽为燕王，乃复以琅邪予齐，复故地。

泽王燕二年，薨，谥为敬王。传子嘉，为康王。

至孙定国，与父康王姬奸，生子男一人。夺弟妻为姬。与子女三人奸。定国有所欲诛杀臣肥如令郢人，郢人等告定国，定国使谒者以他法劾捕格杀郢人以灭口。至元朔元年，郢人昆弟复上书具言定国阴事，以此发觉。诏下公卿，皆议曰："定国禽兽行，乱人伦，逆天，当诛。"上许之。定国自杀，国除为郡。

太史公曰：荆王王也，由汉初定，天下未集，故刘贾虽属疏，然以策为王，填江淮之间。刘泽之王，权激吕氏，然刘泽卒南面称孤者三世。事发相重，岂不为伟乎！

"臣观看了诸侯王的一百多座住宅,都是高祖那时候的功臣。如今吕氏平素来就扶助高祖完成了统一天下的大业,功劳非常之大,又有亲戚太后的尊贵。太后上了年纪,吕氏族人力量很弱,太后想立吕产为王,做代地的诸侯王。太后要郑重对待此事,又恐怕大臣们不乐意。如今您最受太后宠幸,并受大臣们尊敬,何不婉言劝说大臣向太后禀告此事,太后一定会高兴。诸吕被封王之后,万户侯也为您所有了。太后心里是想这样做的,而您是内臣,不尽快提出,恐怕灾祸就要落到您身上了。"张卿对此非常赞同,于是就婉言劝说大臣把该事禀告太后。太后上朝时,就此事询问了大臣。大臣奏请立吕产为吕王。太后赐给张卿千斤黄金,张卿把其中的一半送给了田生。田生没有接受馈赠,并趁机又向张卿劝说道:"吕产被封王,大臣们并没有完全心服口服。如今营陵侯刘泽是刘氏宗族,任大将军,只有他现在还很不满意。现在您禀告太后,划出十几个县封他为王,他得到王位后高高兴兴地离去,吕氏宗族的王位就更加巩固了。"张卿进宫禀告,太后认为很对。于是把营陵侯刘泽封为琅邪王。琅邪王与田生前往封地。田生劝刘泽快走,不要停留。刚出函谷关,太后果然派人追赶阻拦他们,可是刘泽已经出关,追赶的人只好又回去了。

到太后去世后,琅邪王刘泽说:"皇帝年少,诸吕掌朝,刘氏孤单势弱。"于是带领军队与齐王刘襄合谋西进,打算杀死诸吕。刚到达梁地,听说朝廷派将军灌婴屯兵荥阳,刘泽就回师加强自己西部边界的防守,然后迅速赶到长安。代王也正好从代地赶到。将相大臣与琅邪王共同拥立代王为天子。天子于是徙封刘泽为燕王,重新把琅邪交还给齐王,恢复齐王原有的地盘。

刘泽做了燕王后第二年离开人世,谥号是敬王。王位传给其儿子刘嘉,他就是康王。

王位传到刘泽的孙子刘定国时,他与父亲康王的姬妾通奸,并且生下了一个男孩。又把弟弟的妻子霸占为姬妾。还与自己的三个女儿通奸。定国预谋杀死肥如县令郢人,郢人等就告发定国的罪行,定国派谒者假借其他法令告发、逮捕并杀死郢人以达到灭口的目的。到元朔二年,郢人的兄弟再次上书告发定国的丑事,定国的罪恶因此得到暴露。皇帝诏令公卿论处,公卿们都议论说:"定国是禽兽,败坏人伦,违背天理,应当处死。"皇帝准许。定国自杀,封国废除,改设为郡。

太史公说:荆王能被封为王,是由于汉朝刚刚建立,天下没有完全统一,所以刘贾虽是刘氏的远房亲族,但因为战功被封为王,威镇江淮之间。刘泽被封王是用权谋激起了吕氏的结果,刘泽也终于有三代南面称王。事情起初就互相牵制,难道不出奇吗?

齐悼惠王世家第二十二

齐悼惠王刘肥者，高祖长庶男也。其母外妇也，曰曹氏。高祖六年，立肥为齐王，食七十城，诸民能齐言者皆予齐王。

齐王，孝惠帝兄也。孝惠帝二年，齐王入朝。惠帝与齐王燕饮，亢礼如家人。吕太后怒，且诛齐王。齐王惧不得脱，乃用其内史勋计，献城阳郡，以为鲁元公主汤沐邑。吕太后喜，乃得辞就国。

悼惠王即位十三年，以惠帝六年卒。子襄立，是为哀王。

哀王元年，孝惠帝崩，吕太后称制，天下事皆决于高后。二年，高后立其兄子郦侯吕台为吕王，割齐之济南郡为吕王奉邑。

哀王三年，其弟章入宿卫于汉，吕太后封为朱虚侯，以吕禄女妻之。后四年，封章弟兴居为东牟侯，皆宿卫长安中。哀王八年，高后割齐琅邪郡立营陵侯刘泽为琅邪王。

其明年，赵王友入朝，幽死于邸。三赵王皆废。高后立诸吕为三王，擅权用事。

朱虚侯年二十，有气力，忿刘氏不得职。尝入侍高后燕饮，高后令朱虚侯刘章为酒吏。章自请曰："臣，将种也，请得以军法行酒。"高后曰："可。"酒酣，章进饮歌舞。已而曰："请为太后言耕田歌。"高后儿子畜之，笑曰："顾而父知田耳。若生而为王子，安知田乎？"章曰："臣知之。"太后曰："试为我言田。"章曰："深耕穊种，立苗欲疏，非其种者，锄而去之。"吕后默然。顷之，诸吕有一人醉，亡酒，章追，拔剑斩之，而还报曰："有亡酒一人，臣谨行法斩之。"太后左右皆大惊。业已许其军法，无以罪也。因罢。自是之后，诸吕惮朱虚侯，虽大臣皆依朱虚侯，刘氏为益强。

齐悼惠王刘肥是高祖最年长的庶子。他的母亲是高祖从前的情妇曹氏。高祖六年，立刘肥为齐王，封地七十余座城，当地百姓凡是说齐语的都归属齐王。

齐王是孝惠帝的哥哥。孝惠帝二年，齐王入京朝见皇上。惠帝与齐王饮宴，二人行平等礼节，如同家人的礼节一样。吕太后因此而发怒，要诛杀齐王。齐王害怕不能免祸，就采用内史勋的计策，把城阳郡献出，作为鲁元公主的封地。吕太后特别高兴，齐王才得以辞朝归国。

悼惠王在位十三年，在惠帝六年去世。他的儿子哀王刘襄即位。

哀王元年，孝惠帝去世，吕太后行使皇权，天下所有事都由高后来决断。哀王二年，高后把她哥哥的儿子郦侯吕台封为吕王，分出齐国的济南郡作为吕王的封地。

哀王三年，他的弟弟刘章进入汉宫值宿护卫，吕太后封他为朱虚侯，把吕禄的女儿嫁给他为妻子。四年之后，封刘章的弟弟兴居为东牟侯，也在长安宫中值宿护卫。哀王八年，高后分割齐国的琅邪郡，把营陵侯刘泽封为琅邪王。

第二年，赵王刘友入朝，在其府邸被幽禁而死。三个赵王都被废黜。高后封吕氏子为燕王、赵王、梁王，独揽大权，处理朝政非常专断。

朱虚侯二十岁的时候，非常有气力，因刘氏得不到官位而忿忿不平。他曾侍奉高后宴，高后令朱虚侯刘章当酒吏。刘章亲自请求道："臣是武将的后代，请允许我按军法来行酒令。"高后说："可以。"到酒兴正浓的时候，刘章献上助兴的歌舞。然后又说："请允许我为太后唱耕田歌。"高后把他当作小孩子看待，笑着说："想来你父亲知道种田的事，如果你生下来就是王子，怎么知道种田这事呢？"刘章说："臣知道。"太后说："试着给我说说种田的事。"刘章说："深耕密种，留苗稀疏，不是同类，坚决铲锄。"吕后听了后默默不语。过了一会儿，吕氏族人中有一人喝醉了，离开了酒席，刘章追了过去，拔剑把他杀了，然后回来禀报说："有一个人逃离酒席，臣谨按军法把他斩了。"太后和左右的人都大为吃惊，既然已经准许他按军法行事，也就无法治他的罪。饮宴也因而结束。从那以后，吕氏家族的人都很惧怕朱虚侯，即使是大臣也都依从朱虚侯。刘氏的声势又逐渐强盛起来。

其明年，高后崩。赵王吕禄为上将军，吕王产为相国，皆居长安中，聚兵以威大臣，欲为乱。朱虚侯章以吕禄女为妇，知其谋，乃使人阴出告其兄齐王，欲令发兵西，朱虚侯、东牟侯为内应，以诛诸吕，因立齐王为帝。

齐王既闻此计，乃与其舅父驷钧、郎中令祝午、中尉魏勃阴谋发兵。齐相召平闻之，乃发卒卫王宫。魏勃绐召平曰："王欲发兵，非有汉虎符验也。而相君围王，固善。勃请为君将兵卫卫王。"召平信之，乃使魏勃将兵围王宫。勃既将兵，使围相府。召平曰："嗟乎！道家之言'当断不断，反受其乱'，乃是也。"遂自杀。于是齐王以驷钧为相，魏勃为将军，祝午为内史，悉发国中兵。使祝午东诈琅邪王曰："吕氏作乱，齐王发兵欲西诛之。齐王自以儿子，年少，不习兵革之事，愿举国委大王。大王自高帝将也，习战事。齐王不敢离兵，使臣请大王幸之临淄见齐王计事，并将齐兵以西平关中之乱。"琅邪王信之，以为然，乃驰见齐王。齐王与魏勃等因留琅邪王，而使祝午尽发琅邪国而并将其兵。

琅邪王刘泽既见欺，不得反国，乃说齐王曰："齐悼惠王高皇帝长子，推本言之，而大王高皇帝適长孙也，当立。今诸大臣狐疑未有所定，而泽于刘氏最为长年，大臣固待泽决计。今大王留臣无为也，不如使我入关计事。"齐王以为然，乃益具车送琅邪王。

琅邪王既行，齐遂举兵西攻吕国之济南。于是齐哀王遗诸侯王书曰："高帝平定天下，王诸子弟，悼惠王于齐。悼惠王薨，惠帝使留侯张良立臣为齐王。惠帝崩，高后用事，春秋高，听诸吕擅废高帝所立，又杀三赵王，灭梁、燕、赵以王诸吕，分齐国为四。忠臣进谏，上惑乱不听。今高后崩，皇帝春秋富，未能治天下，固恃大臣诸侯。今诸吕又擅自尊官，聚兵严威，劫列侯忠臣，矫制以令天下，宗庙所以危。今寡人率兵入诛不当为王者。"

汉闻齐发兵而西，相国吕产乃遣大将军灌婴东击之。灌婴至荥阳，乃谋曰："诸吕将兵居关中，欲危刘氏而自立。我今破齐还报，

第二年，高后去世。赵王吕禄任上将军，吕王吕产任相国，都住在长安城，他们聚集军队威胁大臣，想发起叛乱。朱虚侯刘章由于妻子是吕禄的女儿，知道了他们的阴谋，于是派人偷偷出长安告诉他的哥哥齐王，想让他发兵西向，朱虚侯、东牟侯作内应，以便诛杀吕氏族人，趁机立齐王为皇帝。

齐王一听到这个计策之后，就和他的舅父驷钧、郎中令祝午、中尉魏勃暗中谋划发兵。齐国相召平听到了此事，就发兵包围王宫。魏勃哄骗召平说："大王想出兵，可是并没有朝廷的虎符来验证。相君您包围了王宫，这本来就是件好事。我请求替您领兵护卫齐王。"召平相信了他的话，就让魏勃领兵包围住王宫。魏勃领兵以后，竟派兵包围了相府。召平说："唉！道家的话'当断不断，反受其乱'，正是如此呀。"终于自杀而死。于是齐王让驷钧做国相、魏勃任将军、祝午担当内史，把国中的兵力全部发出。派祝午到东边去诈骗琅邪王说："吕氏族人叛乱，齐王想西进发兵诛杀他们。齐王认为自己作为晚辈，年纪也小，不熟悉作战之事，愿把整个齐国托付给大王。大王从高帝那时起就当了将军，熟悉战事。齐王不敢离开军队，就派臣请大王到临淄去会见齐王商议大事，一起领兵西进平定关中之乱。"琅邪王相信了，认为说得对，就立马去见齐王。齐王与魏勃等趁机扣留了琅邪王，派祝午把琅邪国的军队全部发出并且统领这些军队。

琅邪王刘泽被骗之后，不能返回琅邪国，于是就哄劝齐王说："齐悼惠王是高皇帝的长子，推求本源而言之，大王正是高皇帝的嫡长孙，应当继承皇位。如今大臣们还在犹豫不定，而我在刘氏中是最为年长，大臣们正等待我去决定大计的。如今大王把我扣留在这里，我也就不能有什么作为了，不如让我入关计议大事。"齐王认为很对，就准备了许多车马送琅邪王入朝。

琅邪王走了以后，齐王就起兵向西进攻吕国的济南郡。这时齐哀王给诸侯王发出书信说："高祖平定天下之后，封同宗室的子弟们为王，悼惠王封在齐国。悼惠王去世后，惠帝派留侯张良来立臣为齐王。惠帝去世，高后专政，她年纪已老，听任诸吕擅自废黜高帝所封诸王，又杀害了三位赵王，灭了梁、燕、赵三国，让吕氏族人去为王，还把齐国分为四国。忠臣们进谏，主上糊涂不听。如今高后去世，皇帝年纪轻轻，还不能治天下，当然倚仗大臣和诸侯。现在诸吕又擅自尊为高官，聚集军队耀武扬威，胁迫诸侯和忠臣，假传圣旨来号令天下，汉家朝廷因而十分危急。如今寡人率领军队入关就是要诛杀那些不应当为王的人。"

汉朝廷听说齐王发兵西进，相国吕产就派大将军灌婴带兵东进拦击齐兵。灌婴到了荥阳，心中分析道："诸吕领兵聚集关中，想要危害刘氏而自立为

是益吕氏资也。"乃留兵屯荥阳，使使喻齐王及诸侯，与连和，以待吕氏之变而共诛之。齐王闻之，乃西取其故济南郡，亦屯兵于齐西界以待约。

吕禄、吕产欲作乱关中，朱虚侯与太尉勃、丞相平等诛之。朱虚侯首先斩吕产，于是太尉勃等乃得尽诛诸吕。而琅邪王亦从齐至长安。

大臣议欲立齐王，而琅邪王及大臣曰："齐王母家驷钧，恶戾，虎而冠者也。方以吕氏故几乱天下，今又立齐王，是欲复为吕氏也。代王母家薄氏，君子长者；且代王又亲高帝子，于今见在，且最为长。以子则顺，以善人则大臣安。"于是大臣乃谋迎立代王，而遣朱虚侯以诛吕氏事告齐王，令罢兵。

灌婴在荥阳，闻魏勃本教齐王反，既诛吕氏，罢齐兵，使使召责问魏勃。勃曰："失火之家，岂暇先言大人而后救火乎！"因退立，股战而栗，恐不能言者，终无他语。灌将军熟视笑曰："人谓魏勃勇，妄庸人耳，何能为乎！"乃罢魏勃。魏勃父以善鼓琴见秦皇帝。及魏勃少时，欲求见齐相曹参，家贫无以自通，乃常独早夜埽齐相舍人门外。相舍人怪之，以为物，而伺之，得勃。勃曰："愿见相君，无因，故为子埽，欲以求见。"于是舍人见勃曹参，因以为舍人。一为参御，言事，参以为贤，言之齐悼惠王。悼惠王召见，则拜为内史。始，悼惠王得自置二千石。及悼惠王卒而哀王立，勃用事，重于齐相。

王既罢兵归，而代王来立，是为孝文帝。

孝文帝元年，尽以高后时所割齐之城阳、琅邪、济南郡复与齐，而徙琅邪王王燕，益封朱虚侯、东牟侯各二千户。是岁，齐哀王卒，太子则立，是为文王。

齐文王元年，汉以齐之城阳郡立朱虚侯为城阳王，以齐济北郡立东牟侯为济北王。二年，济北王反，汉诛杀之，地入于汉。后二年，

皇帝。我现在如果打败了齐国回朝报捷，这就等于为吕氏增加政治本钱了。"于是就让军队停下来驻扎荥阳，派出使者通告齐王和诸侯，愿互相联合，等待吕氏一叛乱就共同诛杀他们。齐王听说此事，就向西进军夺回他的故地济南郡，并在齐国西界驻军来等待时机。

吕禄、吕产要在关中叛乱，朱虚侯刘章与太尉周勃、丞相陈平等诛杀了他们。朱虚侯首先斩杀了吕产，于是太尉周勃等才能全部诛杀吕氏族人。琅邪王也恰好从齐国赶到了长安。

大臣商议要让齐王继承皇位，可是琅邪王和一些大臣说："齐王的母舅驷钧，凶恶残暴，像一只老虎。刚刚由于吕氏的缘故几乎使天下大乱，现在又要立齐王，是想要再出现一个吕氏呀。代王的母家薄氏是忠厚君子，况且代王又是高帝的亲生儿子，如今还在，并且最年长。以亲子来说，名正言顺；以善良人家来说，大臣们都会放心。"于是大臣们就商议迎立代王为帝，并派朱虚侯把已经诛杀诸吕的事告诉齐王，让他收兵。

灌婴在荥阳，听说魏勃原来教唆齐王反叛，诛灭吕氏之后，齐国也收了兵，灌婴派人召来魏勃责问他。魏勃说："失火的人家，哪里有空先告诉家长然后才去救火呢？"说完就退立一旁，两腿发抖，像是吓得说不出话的样子，始终没再说别的话。灌婴将军看了又笑着说："人们都说魏勃非常勇敢，不过是个平庸无能的人罢了，哪会有什么作为呢！"于是免了他的职而不治罪。魏勃的父亲因善于弹琴而见过秦皇帝。魏勃在年少时，想见齐相曹参，由于家贫没有财力去疏通关系，就常常一个人半夜里到齐相的随身侍从家门外去打扫。这位侍从觉得很奇怪，以为是什么怪物，就暗中等待，结果就捉到了魏勃。魏勃说："我想拜见相君，没有门路，所以来给您打扫，想借此来求见。"于是这位侍从就带领魏勃去拜见曹参，曹参因而让他也做侍从。一次他给曹参驾车，对一些事情说出自己的意见，曹参认为他有才干，就向齐悼惠王举荐他。悼惠王召见魏勃，任命他为内史。起初，悼惠王有权自己任命二千石俸禄的官吏。到悼惠王去世，哀王即位之后，魏勃专断政事，权力比齐相还要大。

齐王收兵回国之后，代王来到长安即位，这就是孝文帝。

孝文帝元年，把高后时从齐国分割出去的城阳、琅邪和济南郡全部归还齐国，琅邪王改封为燕王，朱虚侯、东牟侯加封领地各二千户。这一年，齐哀王去世，太子刘则即位，这就是齐文王。

齐文王元年，汉朝廷把齐国的城阳郡封给朱虚侯刘章，立他为城阳王；把齐国的济北郡封给东牟侯刘兴居，立为济北王。齐文王二年，济北王反叛，朝廷派兵把他诛杀了，他的封地归入汉朝廷。过了两年，孝文帝把齐悼惠王的儿子罢军

孝文帝尽封齐悼惠王子罢军等七人皆为列侯。

齐文王立十四年卒，无子，国除，地入于汉。

后一岁，孝文帝以所封悼惠王子分齐为王，齐孝王将闾以悼惠王子杨虚侯为齐王。故齐别郡尽以王悼惠王子：子志为济北王，子辟光为济南王，子贤为淄川王，子卬为胶西王，子雄渠为胶东王，与城阳、齐凡七王。

齐孝王十一年，吴王濞、楚王戊反，兴兵西，告诸侯曰"将诛汉贼臣晁错以安宗庙"。胶西、胶东、淄川、济南皆擅发兵应吴楚。欲与齐，齐孝王狐疑，城守不听，三国兵共围齐。齐王使路中大夫告于天子。天子复令路中大夫还告齐王："善坚守，吾兵今破吴楚矣。"路中大夫至，三国兵围临淄数重，无从入。三国将劫与路中大夫盟，曰："若反言汉已破矣，齐趣下三国，不且见屠。"路中大夫既许之，至城下，望见齐王，曰："汉已发兵百万，使太尉周亚夫击破吴楚，方引兵救齐，齐必坚守无下！"三国将诛路中大夫。

齐初围急，阴与三国通谋，约未定，会闻路中大夫从汉来，喜，及其大臣乃复劝王毋下三国。居无何，汉将栾布、平阳侯等兵至齐，击破三国兵，解齐围。已而复闻齐初与三国有谋，将欲移兵伐齐。齐孝王惧，乃饮药自杀。景帝闻之，以为齐首善，以迫劫有谋，非其罪也，乃立孝王太子寿为齐王，是为懿王，续齐后。而胶西、胶东、济南、淄川王咸诛灭，地入于汉。徙济北王王淄川。齐懿王立二十二年卒，子次景立，是为厉王。

齐厉王，其母曰纪太后。太后取其弟纪氏女为厉王后。王不爱纪氏女。太后欲其家重宠，令其长女纪翁主入王宫，正其后宫，毋令得近王，欲令爱纪氏女。王因与其姊翁主奸。

齐有宦者徐甲，入事汉皇太后。皇太后有爱女曰修成君，修成君非刘氏，太后怜之。修成君有女名娥，太后欲嫁之于诸侯，宦者甲乃请使齐，必令王上书请娥。皇太后喜，使甲之齐。是时齐人主父偃

等七人全部封为列侯。

齐文王即位十四年后去世,他没有儿子,国号废除,封地归入朝廷。

一年以后,孝文帝分割齐国土地使原来所封的悼惠王的几个儿子为王。悼惠王的儿子齐孝王将闾是由杨虚侯改封为齐王的。原来齐国的其他郡县全部分封给悼惠王的儿子为王,分封如下:刘志为济北王,刘辟光为济南王,刘贤为淄川王,刘印为胶西王,刘雄渠为胶东王,与城阳王、齐王共为七王。

齐孝王十一年,吴王刘濞、楚王刘戊谋反,向西起兵,通告诸侯说"将去诛杀汉朝贼臣晁错以安定刘氏宗庙"。胶西王、胶东王、淄川王、济南王都擅自发兵响应吴王和楚王的叛乱。还企图联合齐国,齐孝王犹豫不决,就坚守城池没有听从。三国军队已共同包围了齐国。齐王派姓路的中大夫去长安告急于天子,天子又让姓路的中大夫返回告知齐王:"妥善坚守,我的军队现在已经打败吴、楚了。"姓路的中大夫赶回到齐国。三国军队把临淄重重包围,无从入城。三国的将领劫持姓路的中大夫并与他订立盟誓,说:"你反过来说汉朝廷已被攻破,齐国应赶快向三国投降,否则将要屠城。"姓路的中大夫只好应许下来,来到城下,远远看见齐王,说:"朝廷已经发兵百万,派太尉周亚夫打败吴楚叛军,正领兵来救齐国,齐国一定要坚守不投降!"三国将领杀死了姓路的中大夫。

齐王起初被围困到危急的时候,曾暗中与三国谈判,盟约还没有议定,正好听说路中大夫从朝廷回来,感到非常高兴,他的大臣们就再次劝谏齐王不要投降三国。过了不久,汉将栾布、平阳侯曹奇等率领的军队赶到齐国,打败了三国军队,解除了齐国之围。不久又听说齐国起初曾与三国勾结,又要调兵攻打齐国。齐孝王惧怕,便饮毒药自杀了。景帝听说后,认为齐国开始是最好的,由于受到逼迫威胁才与三国有共谋,这不是他们的罪过。于是立孝王的太子刘寿为齐王,这就是懿王,延续了齐王的后代。而胶西王、胶东王、济南王和淄川王都被诛灭了,他们的封地都归入汉朝廷。把济北王迁到淄川为王。齐懿王在位二十二年去世,他的儿子次景即位,他就是厉王。

齐厉王,他的母亲叫纪太后。太后把她弟弟纪氏的女儿嫁给成厉王为王后,厉王不喜欢纪氏的女儿。太后想让纪氏家族代代受宠,就让她的长女纪翁主进入王宫,整顿后宫秩序,不准宫女接近齐王,想让厉王专爱纪氏的女儿。厉王却趁机和他姐姐翁主通奸。

齐国有个宦官叫徐甲,入朝侍奉汉皇太后。皇太后有爱女叫修成君,修成君不是刘氏后代,太后怜爱她。修成君有个女儿名叫娥,太后想把她嫁给诸侯,宦官徐甲就请求出使齐国,定让齐王上书求娶娥。皇太后特别高兴,就派徐甲前往齐国。当时齐国人主父偃知道徐甲出使齐国是为了娶王后之事,也趁

知甲之使齐以取后事，亦因谓甲："即事成，幸言偃女愿得充王后宫。"甲既至齐，风以此事。纪太后大怒，曰："王有后，后宫具备。且甲，齐贫人，急乃为宦者，入事汉，无补益，乃欲乱吾王家！且主父偃何为者？乃欲以女充后宫！"徐甲大穷，还报皇太后曰："王已愿尚娥，然有一害，恐如燕王。"燕王者，与其子昆弟奸，新坐以死，亡国，故以燕感太后。太后曰："无复言嫁女齐事。"事浸浔闻于天子。主父偃由此亦与齐有郤。

主父偃方幸于天子，用事，因言："齐临淄十万户，市租千金，人众殷富，巨于长安，此非天子亲弟爱子不得王此。今齐王于亲属益疏。"乃从容言："吕太后时齐欲反，吴楚时孝王几为乱。今闻齐王与其姊乱。"于是天子乃拜主父偃为齐相，且正其事。主父偃既至齐，乃急治王后宫宦者为王通于姊翁主所者，令其辞证皆引王。王年少，惧大罪为吏所执诛，乃饮药自杀。绝无后。

是时赵王惧主父偃一出废齐，恐其渐疏骨肉，乃上书言偃受金及轻重之短。天子亦既囚偃。公孙弘言："齐王以忧死毋后，国入汉，非诛偃无以塞天下之望。"遂诛偃。

齐厉王立五年死，毋后，国入于汉。

齐悼惠王后尚有二国，城阳及淄川。淄川地比齐。天子怜齐，为悼惠王冢园在郡，割临淄东环悼惠王冢园邑尽以予淄川，以奉悼惠王祭祀。

城阳景王章，齐悼惠王子，以朱虚侯与大臣共诛诸吕，而章身首先斩相国吕王产于未央宫。孝文帝既立，益封章二千户，赐金千斤。孝文二年，以齐之城阳郡立章为城阳王。立二年卒，子喜立，是为共王。

共王八年，徙王淮南。四年，复还王城阳。凡三十三年卒，子延立，是为顷王。

顷王二十六年卒，子义立，是为敬王。敬王九年卒，子武立，是

机对徐甲说:"如果事情成功了,希望说一说我的女儿愿在齐王后宫服侍。"徐甲到齐国后,先把此事暗中传出。纪太后听到之后大怒,说:"齐王已有王后,后宫嫔妃俱全。况且徐甲原是齐国的贫民,穷困已极才去做宦官,入朝侍奉汉宫,没得到什么便宜,又想来扰乱齐王之家!至于主父偃算什么人?竟然也想让女儿进入后宫!"徐甲非常尴尬,回朝禀报皇太后说:"齐王已经愿意娶娥为后,但是有后患,恐怕像燕王一样。"燕王就是由于和他的女儿姐妹们通奸,刚刚论罪处死,封国灭亡,所以徐甲故意用燕王的事触动太后。太后说:"不准再说嫁孙女到齐国的事。"事情渐渐传到天子的耳中。主父偃从此也与齐国有了仇怨。

主父偃正受到天子的宠爱,专断政事,趁机对天子说:"齐国的临淄有十万户,贸易租税每天达千金,人口多并且富足,超过了长安,这种地方如果不是天子的亲兄弟或爱子不应在此为王。如今齐王和皇室亲属的关系日益疏远。"接着又不慌不忙地说:"吕太后的时候齐国就想反叛,吴楚七国之乱的时候孝王几乎参与叛乱。现在又听说齐王和他的姐姐有乱伦之事。"于是天子就任命主父偃为齐丞相,并且让其查办此事。主父偃来到齐国之后,就加紧审问齐王后宫的宦官中帮助齐王沟通他姐姐翁主住所的人,命令他们在供词和旁证中都牵涉到齐王。齐王年少,害怕因大罪被官吏拘捕诛杀,就饮药自杀了。他的子嗣断绝了。

当时赵王担心主父偃刚刚出任齐国的宰相就废除了齐国,恐怕他离间汉家骨肉,于是就向天子上书告发主父偃受贿以及因挟怨而对齐国说长道短。天子就借此囚禁了主父偃。公孙弘说:"齐王因忧郁而死,没有后代,领地已归入朝廷,不诛杀主父偃无法平息天下人的怨恨。"终于诛杀了主父偃。

齐厉王在位五年后去世,没有后代,封地归入汉朝廷。

齐悼惠王的后代还领有城阳和淄川两国。淄川土地紧靠齐国。天子怜悯齐国,因为悼惠王的墓园在郡城,就把临淄以东环绕悼惠王墓园的城邑全部划给淄川国,用来供奉悼惠王的祭祀。

城阳景王刘章,悼惠王的儿子,他以朱虚侯的身份与大臣一起诛灭诸吕,而刘章亲自在未央宫斩了相国吕王产。孝文帝即位后,加封刘章领地二千户,赏赐千斤黄金。文帝二年,以齐国的城阳郡封立刘章为城阳王。刘章在位二年后去世,他的儿子刘喜即位,这就是共王。

共王八年,改封为淮南王。四年以后,又回来做城阳王。在位共三十三年后去世,他的儿子刘延即位,这就是顷王。

顷王在位二十六年后去世,他的儿子刘义即位,这就是敬王。敬王在位九年后去世,他的儿子刘武即位,这就是惠王。惠王在位十一年后去世,其儿子刘顺

为惠王。惠王十一年卒，子顺立，是为荒王。荒王四十六年卒，子恢立，是为戴王。戴王八年卒，子景立，至建始三年，十五岁，卒。

济北王兴居，齐悼惠王子，以东牟侯助大臣诛诸吕，功少。及文帝从代来，兴居曰："请与太仆婴入清宫。"废少帝，共与大臣尊立孝文帝。

孝文帝二年，以齐之济北郡立兴居为济北王，与城阳王俱立。立二年，反。始大臣诛吕氏时，朱虚侯功尤大，许尽以赵地王朱虚侯，尽以梁地王东牟侯。及孝文帝立，闻朱虚、东牟之初欲立齐王，故绌其功。及二年，王诸子，乃割齐二郡以王章、兴居。章、兴居自以失职夺功。章死，而兴居闻匈奴大入汉，汉多发兵，使丞相灌婴击之，文帝亲幸太原，以为天子自击胡，遂发兵反于济北。天子闻之，罢丞相及行兵，皆归长安。使棘蒲侯柴将军击破虏济北王，王自杀，地入于汉，为郡。

后十三年，文帝十六年，复以齐悼惠王子安都侯志为济北王。十一年，吴楚反时，志坚守，不与诸侯合谋。吴楚已平，徙志王淄川。

济南王辟光，齐悼惠王子，以勒侯孝文十六年为济南王。十一年，与吴楚反。汉击破，杀辟光，以济南为郡，地入于汉。

淄川王贤，齐悼惠王子，以武城侯文帝十六年为淄川王。十一年，与吴楚反，汉击破，杀贤。

天子因徙济北王志王淄川。志亦齐悼惠王子，以安都侯王济北。淄川王反，毋后，乃徙济北王王淄川。凡立三十五年卒，谥为懿王。子建代立，是为靖王。二十年卒，子遗代立，是为顷王。三十六年卒，子终古立，是为思王。二十八年卒，子尚立，是为孝王。五年卒，子横立，至建始三年，十一岁，卒。

胶西王卬，齐悼惠王子，以昌平侯文帝十六年为胶西王。十一年，与吴楚反。汉击破，杀卬，地入于汉，为胶西郡。

即位，这就是荒王。荒王在位四十六年后去世，其儿子刘恢即位，这就是戴王。戴王在位八年后去世，其儿子刘景即位，到建始三年，十五岁去世。

济北王刘兴居是齐悼惠王的儿子，他以东牟侯的身份协助大臣诛灭诸吕，功劳不算大。等文帝从代国来到长安，兴居说："请让我和太仆夏侯婴入宫清除祸患。"接着废黜少帝刘弘，与大臣共同尊立孝文帝。

孝文帝二年，以齐国的济北郡封立刘兴居为济北王，与城阳王一起即王位。即位两年，兴居叛逆。起初大臣诛灭吕氏的时候，朱虚侯的功劳很大，曾答应把赵地全部封给朱虚侯为王，把梁地全部封给东牟侯。到孝文帝即位后，听说朱虚侯、东牟侯起初想立齐王为帝，才削减了他们的功劳。到文帝二年，封诸子为王，才划出齐国的两个郡封章、刘兴居为王。刘章、刘兴居自此失去了应得的赵王、梁王之位，他们的功劳被剥夺了。刘章死后，刘兴居听说匈奴要侵汉，汉朝大量发兵，派丞相灌婴领兵反击，文帝亲自到太原，兴居以为天子亲自领兵反击匈奴，于是就起兵在济北反叛。天子听说后，止住了丞相和派出的军队，让他们都回长安。派棘蒲侯柴将军打败并俘虏了济北王，济北王自杀，封地归入汉朝廷，最后改为郡。

十三年以后，文帝十六年，封齐悼惠王的儿子安都侯刘志为济北王。过了十一年，吴、楚谋反的时候，刘志坚守，不与七国诸侯合谋。吴、楚叛乱平定以后，改封刘志为淄川王。

济南王刘辟光是齐悼惠王的儿子，孝文帝十六年，由勒侯晋封为济南王。十一年后，与吴王、楚王一同反叛。汉军打败叛军，杀死了辟光，把济南设为郡，封地归入了汉朝廷。

淄川王刘贤是齐悼惠王的儿子，文帝十六年，由武城侯晋封为淄川王。十一年后，与吴王、楚王一同反叛。汉军打败叛军，并且杀死了刘贤。

天子因而迁封济北王刘志为淄川王。刘志也是齐悼惠王的儿子，由安都侯晋封为济北王。淄川王刘贤反叛，没有后代，朝廷就把济北王改封为淄川王。共在位三十五年去世，谥号为懿王。他儿子刘建继承王位，这就是靖王。他在位二十年去世，他的儿子刘遗继位，这就是顷王，在位三十六年去世，他的儿子刘终古即位，这就是思王。在位二十八年去世，他的儿子刘尚即位，这就是孝王，在位五年去世，他的儿子刘横即位，到建始三年，十一岁去世。

胶西王刘卬是齐悼惠王的儿子，文帝十六年，由昌平侯晋封为胶西王。十一年后，与吴王、楚王一同反叛。汉军打败叛军，并且杀死了刘卬，封地归入汉朝廷，改为胶西郡。

胶东王雄渠，齐悼惠王子，以白石侯文帝十六年为胶东王。十一年，与吴楚反，汉击破，杀雄渠，地入于汉，为胶东郡。

太史公曰：诸侯大国无过齐悼惠王。以海内初定，子弟少，激秦之无尺土封，故大封同姓，以填万民之心。及后分裂，固其理也。

胶东王刘雄渠是齐悼惠王的儿子，文帝十六年，由白石侯晋封为胶东王。十一年后，与吴王、楚王一同反叛，汉军打败叛军，并且杀死了雄渠，封地归入汉朝廷，改为胶东郡。

　　太史公曰：诸侯中的大国没有超过齐悼惠王的。由于天下刚刚平定，刘氏子弟较少，汉天子有感于秦朝对宗亲没有封给尺寸土地，所以就大封同姓，以此来安抚万民之心。以后被分裂为几国，本来也是理所当然的。

萧相国世家第二十三

萧相国何者，沛丰人也。以文无害为沛主吏掾。

高祖为布衣时，何数以吏事护高祖。高祖为亭长，常左右之。高祖以吏繇咸阳，吏皆送奉钱三，何独以五。

秦御史监郡者与从事，常辨之。何乃给泗水卒史事，第一。秦御史欲入言征何，何固请，得毋行。

及高祖起为沛公，何常为丞督事。沛公至咸阳，诸将皆争走金帛财物之府分之，何独先入收秦丞相御史律令图书藏之。沛公为汉王，以何为丞相。项王与诸侯屠烧咸阳而去。汉王所以具知天下阨塞，户口多少，强弱之处，民所疾苦者，以何具得秦图书也。何进言韩信，汉王以信为大将军。语在淮阴侯事中。

汉王引兵东定三秦，何以丞相留收巴蜀，填抚谕告，使给军食。汉二年，汉王与诸侯击楚，何守关中，侍太子，治栎阳。为法令约束，立宗庙社稷宫室县邑，辄奏上，可，许以从事；即不及奏上，辄以便宜施行，上来以闻。关中事计户口转漕给军，汉王数失军遁去，何常兴关中卒，辄补缺。上以此专属任何关中事。

汉三年，汉王与项羽相距京索之间，上数使使劳苦丞相。鲍生谓丞相曰："王暴衣露盖，数使使劳苦君者，有疑君心也。为君计，莫若遣君子孙昆弟能胜兵者悉诣军所，上必益信君。"于是何从其计，汉王大说。

汉五年，既杀项羽，定天下，论功行封。群臣争功，岁余功不决。高祖以萧何功最盛，封为酇侯，所食邑多。功臣皆曰："臣等身被坚执锐，多者百余战，少者数十合，攻城略地，大小各有差。今萧

萧相国萧何，沛县丰邑人。他通晓法律，无人可比，是沛县县令手下的官吏。

　　汉高祖刘邦还是平民的时候，萧何多次凭着官吏的职权保护他。刘邦当了亭长，萧何常常帮助他。刘邦以官吏的身份到咸阳服役，官员们都奉送他三百钱，唯独萧何送他五百钱。

　　秦朝的御史到泗水郡督察郡的工作时，萧何跟着他的属官办事，经常把事情办得有条有理、没有差错。萧何于是担任了泗水郡卒史的工作，公务考核中名列第一。秦朝的御史打算入朝进言征调萧何，萧何多次辞谢，才没有被调走。

　　等到刘邦做了沛公，萧何常作为他的助手督办公务。沛公进了咸阳，将领们都争相奔向府库，分取金帛等财物，唯独萧何首先进入宫室收取秦朝丞相及御史掌管的法律条文、地理图册、户籍档案等文献资料，并将它们珍藏起来。沛公做了汉王，任命萧何为丞相。项羽和诸侯军队进入咸阳屠杀焚烧了一番就离开了。汉王之所以能够详尽地了解天下的险关要塞，包括家庭、人口的多少，各地诸方面的强弱，民众的疾苦等，就是因为萧何完好地得到了秦朝文献档案的缘故。萧何向汉王举荐韩信，汉王任命韩信为大将军。此事记载在《淮阴侯列传》中。

　　汉王领兵东进，平定三秦，萧何以丞相的身份留守治理巴蜀，安抚民心，发布政令，供给军队粮草。汉二年，汉王与各诸侯攻打楚军，萧何守卫关中，侍奉太子，治理栎阳。对于制定法令、规章，建立宗庙、社稷、宫室、县邑，萧何总是禀告汉王，要得到汉王同意，才准许施行这些政事；如果来不及禀待汉王，有些事就酌情处理，等待汉王回来再向他汇报。萧何在关中管理户籍人口，征集粮草运送给前方军队。汉王多次弃军败逃而去，萧何常常征发关中士卒，补充军队的缺额。汉王因此专门委托萧何处理关中政事。

　　汉三年，汉王与项羽对峙于京县、索城之间，汉王数次派遣使者慰劳丞相萧何。有个叫鲍生的人对丞相说："汉王在前线风餐露宿，却多次派人来慰劳您，这是有怀疑您的心意。为您着想，不如派遣您的子孙兄弟中能打仗的人到军营中效力，汉王必定更加信任您。"于是萧何听从了他的谋划，汉王感到非常高兴。

　　汉五年，项羽被消灭了，天下也平定了，于是大家论功行赏。由于群臣争功，一年多了，功劳的大小也没能定下来。高祖认为萧何的功劳最为显赫，封他为酂侯，给予的食邑最多。功臣们都说："我们身披战甲，手执兵器，亲身参加

何未尝有汗马之劳，徒持文墨议论，不战，顾反居臣等上，何也？"高帝曰："诸君知猎乎？"曰："知之。""知猎狗乎？"曰："知之。"高帝曰："夫猎，追杀兽兔者狗也，而发踪指示兽处者人也。今诸君徒能得走兽耳，功狗也。至如萧何，发踪指示，功人也。且诸君独以身随我，多者两三人。今萧何举宗数十人皆随我，功不可忘也。"群臣皆莫敢言。

列侯毕已受封，及奏位次，皆曰："平阳侯曹参身被七十创，攻城略地，功最多，宜第一。"上已桡功臣，多封萧何，至位次未有以复难之，然心欲何第一。关内侯鄂君进曰："群臣议皆误。夫曹参虽有野战略地之功，此特一时之事。夫上与楚相距五岁，常失军亡众，逃身遁者数矣。然萧何常从关中遣军补其处，非上所诏令召，而数万众会上之乏绝者数矣。夫汉与楚相守荥阳数年，军无见粮，萧何转漕关中，给食不乏。陛下虽数亡山东，萧何常全关中以待陛下，此万世之功也。今虽亡曹参等百数，何缺于汉？汉得之不必待以全。奈何欲以一旦之功而加万世之功哉！萧何第一，曹参次之。"高祖曰："善。"于是乃令萧何，赐带剑履上殿，入朝不趋。

上曰："吾闻进贤受上赏。萧何功虽高，得鄂君乃益明。"于是因鄂君故所食关内侯邑封为安平侯。是日，悉封何父子兄弟十余人，皆有食邑。乃益封何二千户，以帝尝繇咸阳时何送我独赢钱二也。

汉十一年，陈豨反，高祖自将，至邯郸。未罢，淮阴侯谋反关中，吕后用萧何计，诛淮阴侯，语在淮阴事中。上已闻淮阴侯诛，使使拜丞相何为相国，益封五千户，令卒五百人一都尉为相国卫。诸君皆贺，召平独吊。召平者，故秦东陵侯。秦破，为布衣，贫，种瓜于长安城东，瓜美，故世俗谓之"东陵瓜"，从召平以为名也。召平谓

战斗，多的身经百战，少的交锋数十回合，攻占城池，夺取地盘，都立了不等的战功。如今萧何没有这样的功劳，只是舞文弄墨，发发议论，不参加作战，封赏反倒在我们之上，这是为什么呢？"高帝说："诸位懂得打猎吗？"群臣回答说："懂得打猎。"高帝接着问："知道猎狗吗？"群臣说："知道。"高帝说："打猎时，追咬野兽的是猎狗，但发现野兽踪迹，指出野兽出入地方的是猎人。而今大家仅能捉到野兽而已，功劳不过像是猎狗。至于萧何，发现野兽踪迹，指明猎取目标，功劳就如同猎人。再说诸位只是个人追随我，多的不过一家两三个人。而萧何让自己本族里的几十人都来随我打天下，功劳是不能低估的。"群臣都不敢再说什么了。

该封侯的都已经受封完毕，等到要评定列侯们的位次了，大家都说："平阳侯曹参出生入死，负伤七十多处，攻城占地的勋劳最多，应该排在第一位。"刘邦之前减少了对其他功臣的封赏，较多地封赏了萧何，到评定位次时就没有再反驳大家，但心里还是想把萧何排第一位。关内侯鄂千秋进言说："各位大臣的主张是不对的。曹参虽然有转战各处、夺取地盘的大功劳，但这不过是一时的事情。大王与楚军相持五年，常常遇到失掉军队和士卒逃散情况，只身逃走有好几次。然而萧何常从关中派遣军队补充前线，这些都不是大王下令让他做的，数万士卒开赴前线时，正值大王最危急的时刻，这种情况已有数次了。汉军与楚军在荥阳对垒数年，军中没有现存的口粮，萧何从关中用车船运来粮食，军粮供应从不匮乏。陛下虽然多次失掉崤山以东的地方，但萧何一直保全关中等待陛下，这是万世不朽的功勋啊！如今即使没有上百个像曹参这样的人，对汉室又有什么损失呢？汉室得到了这些人也不一定得以保全。怎么能让一时的功劳凌驾在万世功勋之上呢！应该萧何排第一位，曹参居次。"高祖说："好。"于是便确定萧何为第一位，特许他带剑穿鞋上殿，上朝时可以不按礼仪小步快走。

高祖说："我听说举荐贤才要受上等的奖赏。萧何的功劳虽然很高，经过鄂君的表彰就更加显赫。"于是根据鄂君原来受封的关内侯食邑，加封为安平侯。当天，萧何父子兄弟十多人都封有食邑。后来又加封萧何两千户，这是因为高祖过去到咸阳服役时，萧何多送给自己二百钱的原因。

汉十一年，陈豨反叛，高祖亲自率军到邯郸。平叛尚未结束，淮阴侯韩信又在关中谋反，吕后采用萧何的计谋，杀了淮阴侯，此事记载在《淮阴侯列传》中。高祖已经听说淮阴侯被杀，派遣使者拜丞相萧何为相国，加封五千户，并派五百名士卒、一名都尉做相国的卫队。为此许多人都来祝贺萧何，唯独召平不贺。召平原是秦朝的东陵侯。秦朝灭亡后，沦为平民，家中贫穷，在长安城东种瓜。他种的瓜味道很甜美，所以社会上的人称它为"东陵瓜"，这是根据召平的

相国曰:"祸自此始矣。上暴露于外而君守于中,非被矢石之事而益君封置卫者,以今者淮阴侯新反于中,疑君心矣。夫置卫卫君,非以宠君也。原君让封勿受,悉以家私财佐军,则上心说。"相国从其计,高帝乃大喜。

汉十二年秋,黥布反,上自将击之,数使使问相国何为。相国为上在军,乃拊循勉力百姓,悉以所有佐军,如陈豨时。客有说相国曰:"君灭族不久矣。夫君位为相国,功第一,可复加哉?然君初入关中,得百姓心,十余年矣,皆附君,常复孳孳得民和。上所为数问君者,畏君倾动关中。今君胡不多买田地,贱贳贷以自污?上心乃安。"于是相国从其计,上乃大说。

上罢布军归,民道遮行上书,言相国贱强买民田宅数千万。上至,相国谒。上笑曰:"夫相国乃利民!"民所上书皆以与相国,曰:"君自谢民。"相国因为民请曰:"长安地狭,上林中多空地,弃,原令民得入田,毋收稾为禽兽食。"上大怒曰:"相国多受贾人财物,乃为请吾苑!"乃下相国廷尉,械系之。数日,王卫尉侍,前问曰:"相国何大罪,陛下系之暴也?"上曰:"吾闻李斯相秦皇帝,有善归主,有恶自与。今相国多受贾竖金而为民请吾苑,以自媚于民,故系治之。"王卫尉曰:"夫职事苟有便于民而请之,真宰相事,陛下奈何乃疑相国受贾人钱乎!且陛下距楚数岁,陈豨、黥布反,陛下自将而往,当是时,相国守关中,摇足则关以西非陛下有也。相国不以此时为利,今乃利贾人之金乎?且秦以不闻其过亡天下,李斯之分过,又何足法哉。陛下何疑宰相之浅也。"高帝不怿。是日,使使持节赦出相国。相国年老,素恭谨,入,徒跣谢。高帝曰:"相国休矣!相国为民请苑,吾不许,我不过为桀纣主,而相国

封号来命名的。召平对萧何说："祸患从此开始了。皇上风吹日晒地统军在外，而您留守朝中，没有遭到战事之险，反而增加您的封邑并设置卫队，是因为此前淮阴侯刚刚在京城谋反，对您有所怀疑。设置卫队保护您，并非宠信您，希望您辞让封赏，把家产、资财全都捐助军队，那么皇上心里就会高兴。"萧相国听从了他的计谋。高帝果然欢喜万分。

汉十二年的秋天，黥布反叛，高祖亲自率军征讨他，多次派人来询问萧相国在做什么。萧相国因为皇上在军中，就在后方安抚勉励老百姓，把自己的家财全都捐助军队，和讨伐陈豨时一样。有一门客劝告萧相国说："您灭族的日子不远了。您位居相国，功劳第一，还能够再增加功劳吗？您当初进入关中就深得民心，至今十多年了，民众都亲近您，您还是那么勤勉地做事，与百姓关系和谐，受到尊重。皇上之所以屡次询问您近况，是害怕您震撼关中。如今您何不多买田地，采取低价、赊借等手段来败坏自己的名声？这样，皇上的心才会安定。"于是萧相国听从了他的计谋，高祖非常高兴。

高祖征罢黥布军队回来，民众拦路上书，说相国低价强买当地百姓田地房屋数量极多。高祖回到京城，相国进见。高祖笑着说："你这个相国竟是这样'利民'！"高祖把民众的上书都交给相国，说："你自己向老百姓谢罪吧。"相国趁机为民众请求说："长安一带土地狭窄，上林苑有很多空闲土地，均已废弃荒芜，希望可以让百姓们进去耕种打粮，留下禾秆作为禽兽的饲料。"高祖大怒说："相国你一定是接受了商人们大量的财物贿赂，然后就为他们请求占用我的上林苑！"于是就把相国交给廷尉，拘禁了他。过了几天，一个姓王的卫尉侍奉高祖时，上前问道："相国犯了什么罪，陛下竟把他拘禁得如此严酷？"高祖说："我听说李斯在辅佐秦始皇的时候，如果有了功绩就归功于君主，一旦出了差错就自己承担。如今相国大量地收受奸商钱财而为他们请求占用我的上林苑，以此来讨好百姓，所以我才把他铐起来治罪。"王卫尉说："在自己的职责范围之内，如果对百姓有好处而为他们请求，这也应该是宰相分内的事情，陛下怎么会怀疑相国收了商人钱财呢！何况陛下您攻打楚军数年，陈豨、黥布发起叛乱的时候，陛下又亲自率军平定，当时相国留守关中，他只动一动脚，那么函谷关以西的地盘就可能不归陛下您所有了。相国当时都没有趁机为自己谋取利益，现在会去贪图商人的钱财吗？再说秦始皇正是因为不知道自己的过错而失去天下，李斯分担过错，又哪里值得效法呢？陛下为什么如此怀疑宰相呢！"高祖听后不太高兴。当天，高祖派人持节赦免释放了相国。相国已经上了年纪，侍奉高祖一向谦恭谨慎，入见高祖，赤脚步行谢罪。高祖说："还是算了吧！相国为民众请求苑林，我不答应，我不过是桀、纣那样的君主，而你却是个好宰相。我之所以把

为贤相。吾故系相国，欲令百姓闻吾过也。"

何素不与曹参相能，及何病，孝惠自临视相国病，因问曰："君即百岁后，谁可代君者？"对曰："知臣莫如主。"孝惠曰："曹参何如？"何顿首曰："帝得之矣！臣死不恨矣！"

何置田宅必居穷处，为家不治垣屋。曰："后世贤，师吾俭；不贤，毋为势家所夺。"

孝惠二年，相国何卒，谥为文终侯。

后嗣以罪失侯者四世，绝，天子辄复求何后，封续酂侯，功臣莫得比焉。

太史公曰：萧相国何于秦时为刀笔吏，录录未有奇节。及汉兴，依日月之末光，何谨守管籥，因民之疾法，顺流与之更始。淮阴、黥布等皆以诛灭，而何之勋烂焉。位冠群臣，声施后世，与闳夭、散宜生等争烈矣。

你用镣铐拘禁起来，主要是想让百姓们知道我的过错。"

萧何一向跟曹参不和，萧何病重的时候，孝惠皇帝亲自去询问病情，趁便问道："您如果故去了，谁可以接替您呢？"萧何回答说："了解臣下的莫过于君主了。"孝惠帝说："曹参怎么样？"萧何叩头说："陛下得到合适的人选了！我死也没有什么遗憾了！"

萧何购置田地住宅，必定处在贫瘠偏僻的地方，建造家园不修筑有矮墙的房舍。他说："我的后代如果贤能，就学习我的俭朴；如果不贤能，可以不被有权势的人家所夺取。"

孝惠二年，相国萧何去世，谥号为文终侯。

萧何的后代有四代都因为犯罪失去了侯爵的封号，每次断绝了继承人后，天子总是再寻求萧何的后代，续封为酂侯，功臣中没有谁能够跟萧何这种情况相比。

太史公说：相国萧何在秦朝时仅是个文职小官吏，普普通通，没有什么惊人的作为。等到汉室兴盛起来，仰仗帝王的权势，萧何谨守自己相国的职责，根据民众痛恨秦朝苛法这一情况，顺应历史潮流，除旧更新。韩信、黥布等都已被诛灭，而萧何的功勋更显得灿烂夺目。他的地位为群臣之冠，声望延及后世，能够跟闳夭、散宜生等人相提并论了。

曹相国世家第二十四

平阳侯曹参者,沛人也。秦时为沛狱掾,而萧何为主吏,居县为豪吏矣。

高祖为沛公而初起也,参以中涓从。将击胡陵、方与,攻秦监公军,大破之。东下薛,击泗水守军薛郭西。复攻胡陵,取之。徙守方与。方与反为魏,击之。丰反为魏,攻之。赐爵七大夫。击秦司马枿军砀东,破之,取砀、狐父、祁善置。又攻下邑以西,至虞,击章邯车骑。攻爰戚及亢父,先登。迁为五大夫。北救阿,击章邯军,陷陈,追至濮阳。攻定陶,取临济。南救雍丘。击李由军,破之,杀李由,虏秦候一人。秦将章邯破杀项梁也,沛公与项羽引而东。楚怀王以沛公为砀郡长,将砀郡兵。于是乃封参为执帛,号曰建成君。迁为戚公,属砀郡。

其后从攻东郡尉军,破之成武南。击王离军成阳南,复攻之杠里,大破之。追北,西至开封,击赵贲军,破之,围赵贲开封城中。西击将杨熊军于曲遇,破之,虏秦司马及御史各一人。迁为执珪。从攻阳武,下轘辕、缑氏,绝河津,还击赵贲军尸北,破之。从南攻犨,与南阳守齮战阳城郭东,陷陈,取宛,虏齮,尽定南阳郡。从西攻武关、峣关,取之。前攻秦军蓝田南,又夜击其北,秦军大破,遂至咸阳,灭秦。

项羽至,以沛公为汉王。汉王封参为建成侯。从至汉中,迁为将军。从还定三秦,初攻下辩、故道、雍、斄。击章平军于好畤南,破之,围好畤,取壤乡。击三秦军壤东及高栎,破之。复围章平,章平

平阳侯曹参是沛县人。秦朝时曹参做沛县的狱吏,而萧何做主吏,他们在县里已是很有权势的官吏了。

汉高祖做沛公开始起兵的时候,曹参以侍从人员的身份跟随高祖。曹参率军进击胡陵、方与,攻打秦朝郡监的军队,大破敌军。他向东拿下薛县,在薛县外城的西面进击泗水郡守的军队。再次攻打胡陵,夺取了它。曹参率军转移去守卫方与。而方与已经反叛,投降了魏王,曹参就进攻方与。丰邑也反叛投降了魏王,曹参又去攻打丰邑。沛公赐给曹参七大夫的爵位。曹参在砀县东面进攻秦朝司马枿的军队,打败了它,夺取了砀县、狐父和祁县的善置。曹参又攻打下邑以西的地方,一直到虞县,进攻章邯的车骑部队。攻打爰戚和亢父时,曹参最先登上城楼。曹参官职升为五大夫。他向北救援东阿,攻击章邯的军队,夺取陈县,一直追到濮阳。他攻打定陶,占领临济。他往南救援雍丘,进攻李由的军队,将李由的军队打败,杀了李由,俘虏秦朝军候一人。这时秦将章邯打败项梁的军队,杀死项梁,沛公与项羽率军东归。楚怀王任命沛公为砀郡长,统率砀郡的军队。沛公封曹参为执帛,号称建成君。后曹参升为爰戚县县令,隶属砀郡。

从此以后,曹参跟随沛公,进攻东郡郡尉的军队,在成武之南打败敌军。在成阳南面攻打王离的军队,在杠里又与王离交战,大败王离。追击敌军,一直向西追到了开封,进击赵贲的军队,将其打败,把赵贲围困在开封城中。向西在曲遇进击秦将领杨熊的军队,将其打败,俘虏了秦朝的司马及御史各一人。曹参升为执圭跟随沛公攻打阳武,拿下辕辕、缑氏,封锁黄河渡口,返回去攻打赵贲的军队,在尸乡的北面将其打败。跟随沛公向南攻打犨邑,在阳城外城以东与南阳郡郡守吕齮交战,攻破了吕齮军队的阵列,夺取了宛县,俘虏了吕齮,完全平定了南阳郡。跟随沛公向西攻打武关、峣关,占领了这两个关口。先在蓝田的南面与秦朝的军队交战,又在夜间进攻蓝田的北面,大败秦军,然后到达咸阳,灭亡了秦朝。

项羽到了关中,封刘邦为汉王。汉王封曹参为建成侯。曹参跟随汉王到了关中,被提升为将军。又跟随汉王率军平定三秦,攻打下辩、故道、雍县、𣟴县。在好畤的南面攻打章平的军队,将其打败,包围好畤,占领了壤乡。在壤乡东面和高栎一带攻打三秦的军队,将其打败。又包围了章平,章平从好畤突围逃

出好畤走。因击赵贲、内史保军,破之。东取咸阳,更名曰新城。参将兵守景陵二十日,三秦使章平等攻参,参出击,大破之。赐食邑于宁秦。参以将军引兵围章邯于废丘。以中尉从汉王出临晋关。至河内,下脩武,渡围津,东击龙且、项他定陶,破之。东取砀、萧、彭城。击项籍军,汉军大败走。参以中尉围取雍丘。王武反于黄,程处反于燕,往击,尽破之。柱天侯反于衍氏,又进破取衍氏。击羽婴于昆阳,追至叶。还攻武彊,因至荥阳。参自汉中为将军中尉,从击诸侯,及项羽败,还至荥阳,凡二岁。

高祖年,拜为假左丞相,入屯兵关中。月余,魏王豹反,以假左丞相别与韩信东攻魏将军孙遫军东张,大破之。因攻安邑,得魏将王襄。击魏王于曲阳,追至武垣,生得魏王豹。取平阳,得魏王母妻子,尽定魏地,凡五十二城。赐食邑平阳。因从韩信击赵相国夏说军于邬东,大破之,斩夏说。韩信与故常山王张耳引兵下井陉,击成安君,而令参还围赵别将戚将军于邬城中。戚将军出走,追斩之。乃引兵诣敖仓汉王之所。韩信已破赵,为相国,东击齐。参以右丞相属韩信,攻破齐历下军,遂取临淄。还定济北郡,攻著、漯阴、平原、鬲、卢。已而从韩信击龙且军于上假密,大破之,斩龙且,虏其将军周兰。定齐,凡得七十余县。得故齐王田广相田光,其守相许章,及故齐胶东将军田既。韩信为齐王,引兵诣陈,与汉王共破项羽,而参留平齐未服者。

项籍已死,天下定,汉王为皇帝,韩信徙为楚王,齐为郡。参归汉相印。高帝以长子肥为齐王,而以参为齐相国。以高祖六年赐爵列侯,与诸侯剖符,世世勿绝。食邑平阳万六百三十户,号曰平阳侯,除前所食邑。

以齐相国击陈豨将张春军,破之。黥布反,参以齐相国从悼惠王将兵车骑十二万人,与高祖会击黥布军,大破之。南至蕲,还定竹

了出去。后来攻打赵贲和内史保的军队,将其打败。向东夺取了咸阳,并改名为新城。曹参率兵镇守卫景陵二十天,三秦派章平等人前去攻打曹参,曹参出兵迎战,大败敌军。汉王把宁秦赐给曹参作为封地。曹参为将军率军在废丘包围了章邯,以中尉的身份跟随汉王出临晋关。到了河内,拿下修武,从围津渡过黄河,向东在定陶攻打龙且、项他的军队,将其打败。向东攻下砀县、萧县、彭城。攻打项籍的军队,汉军大败逃跑。曹参以中尉的身份包围并占领了雍丘。汉将王武在外黄发起叛乱,程处在燕县发起叛乱,曹参率军前往平定,将他们都打败了。柱天侯在衍氏反叛,曹参又击败叛军,夺回了衍氏。在昆阳攻打羽婴,追击到叶邑。回军攻打武强,随即又打到荥阳。曹参从汉中做将军、中尉,和汉王一起扫荡诸侯,到项羽战败,回到荥阳,前后一共两年时间。

高祖二年,任命曹参代理左丞相,带兵进驻关中。过了一个多月,魏王豹反叛,曹参以代理左丞相的身份与韩信率军向东行进,在东张攻打魏将军孙遨的军队,大败孙遨的军队。乘势进攻安邑,捕获魏将王襄。在曲阳攻击魏王,追到武垣,活捉了魏王豹。夺取了平阳,捕得魏王的母亲、妻子、儿女,全部平定魏地,一共得五十二座城邑。汉王把平阳赐给曹参作食邑。曹参后来又跟随韩信在邬县东面进击赵国相国夏说的军队,大败夏说,斩杀了夏说。韩信与原常山王张耳率兵到了井陉,攻打成安君陈余,同时命令曹参回军把赵国的别将戚将军围困在邬县城中。戚将军突围逃跑,然后曹参追击并斩杀了他。于是曹参率兵到敖仓汉王的营地。这时韩信已经打败了赵国,做了相国,向东攻打齐国。曹参以右丞相的身份隶属韩信,打败了齐国历下的军队,于是夺取了临淄。回军平定济北郡,攻打著县、漯阴、平原、鬲县、卢县。不久跟随韩信在上假密进击龙且的军队,大败敌军,斩了龙且,俘虏了他的部将周兰。平定了齐国,总共得到七十余县城。捕获了原齐王田广的丞相田光、代替丞相留守的许章和原齐国的胶东将军田既。韩信做了齐王,领兵到了陈县,与汉王会合,共同打败了项羽,而曹参留下来平定齐国尚未降服的地方。

项羽已经死了,天下平定,汉王做了皇帝,韩信被调封为楚王,齐国划为郡。曹参归还了汉丞相印。高帝把长子刘肥封为齐王,任命曹参为齐国相国。高祖六年时,分封列侯的爵位,朝廷与诸侯剖符为凭,使被分封者的爵位代代相传而不断绝。把平阳的一万零六百三十户封给曹参作为食邑,封号叫平阳侯,收回以前所封的食邑。

曹参以齐国相国的身份领兵攻打陈豨的部将张春的军队,打败了叛军。黥布反叛,曹参以齐国相国的身份跟从齐悼惠王刘肥率领十二万人马,与高祖合攻黥布的军队,大败叛军。向南打到蕲县,又回军平定了竹邑、相县、萧县、

邑、相、萧、留。

参功：凡下二国，县一百二十二；得王二人，相三人，将军六人，大莫敖、郡守、司马、候、御史各一人。

孝惠帝元年，除诸侯相国法，更以参为齐丞相。参之相齐，齐七十城。天下初定，悼惠王富于春秋，参尽召长老诸生，问所以安集百姓，如齐故诸儒以百数，言人人殊，参未知所定。闻胶西有盖公，善治黄老言，使人厚币请之。既见盖公，盖公为言治道贵清静而民自定，推此类具言之。参于是避正堂，舍盖公焉。其治要用黄老术，故相齐九年，齐国安集，大称贤相。

惠帝二年，萧何卒。参闻之，告舍人趣治行，"吾将入相"。居无何，使者果召参。参去，属其后相曰："以齐狱市为寄，慎勿扰也。"后相曰："治无大于此者乎？"参曰："不然。夫狱市者，所以并容也，今君扰之，奸人安所容也？吾是以先之。"

参始微时，与萧何善；及为将相，有郤。至何且死，所推贤唯参。参代何为汉相国，举事无所变更，一遵萧何约束。

择郡国吏木讷于文辞，重厚长者，即召除为丞相史。吏之言文刻深，欲务声名者，辄斥去之。日夜饮醇酒。卿大夫已下吏及宾客见参不事事，来者皆欲有言。至者，参辄饮以醇酒，间之，欲有所言，复饮之，醉而后去，终莫得开说，以为常。

相舍后园近吏舍，吏舍日饮歌呼。从吏恶之，无如之何，乃请参游园中，闻吏醉歌呼，从吏幸相国召按之。乃反取酒张坐饮，亦歌呼与相应和。

参见人之有细过，专掩匿覆盖之，府中无事。

留县这四个县。

　　曹参的功绩如下：总共打下了两个诸侯国，一百二十二个县；俘获诸侯王二人，诸侯国丞相三人，将军六人，郡守、司马、军候、御史各一人。

　　孝惠帝元年，废除了诸侯国设相国的法令，改命曹参为齐国丞相。曹参做齐国丞相时，齐国当时有七十座城邑。当时天下刚刚平定，悼惠王年纪轻轻，曹参把老年人、读书人都召来，商讨安抚百姓的办法。但齐国原有的那些读书人数以百计，众说纷纭，曹参不知道如何下决定。他听说胶西有位盖公，精研黄老学说，就派人带着厚礼把他请来。见到盖公后，盖公对曹参说，治理国家的办法贵在清静无为，让百姓们自行决定。以此类推，把这方面的道理都讲了。曹参于是让出自己办公的地方，让盖公住在里面。此后，曹参治理国家的要领就是采用黄老的学说，所以他当齐国丞相九年的时间齐国安定，人们大大地赞扬他是贤明的丞相。

　　惠帝二年，萧何去世。曹参一听到这个消息，就告诉他的门客赶快整理行装，说：“我将要入朝当相国去了。”过了不久，朝廷派来的人果然是来召曹参的。曹参离开时，嘱咐后任齐国丞相说：“我把齐国的狱市托付给你，要慎重对待，不要轻易加以干涉。”后任丞相说：“治理国家没有比这件事更重要的吗？”曹参说：“不是这样。留着这个狱市，就是为了让它藏污纳垢，兼收并蓄，如果您严加干涉，坏人到哪里去容身呢？我因此把这件事摆在前面。”

　　曹参早年卑微的时候，跟萧何关系很好；等到各自做了将军、相国，便有了隔阂。到萧何临终时，萧何向孝惠皇帝刘盈举荐的贤臣只有曹参。曹参接替萧何做了汉朝的相国，做事情没有任何变更，一概遵循萧何制定的法规制度。

　　曹参从各郡和诸侯国中挑选一些为人质朴而不善言辞的厚道人，立即召来任命为丞相的属官。对官吏中那些言语文字苛求细微末节、想一味追求声誉的人，就斥退他们。曹参自己整天痛饮美酒。卿大夫以下的官吏和宾客们见曹参不理政事，上门来的人都想相劝。可是这些人一到，曹参就立即拿美酒给他们喝，过了一会儿，有的人想说些什么，曹参又让他们喝酒，直到喝醉后离去，始终没能够开口劝谏，这样的事习以为常。

　　相国住宿的后园靠近官吏的房舍，官吏的房舍里整天饮酒歌唱，大呼小叫的。曹参的随从官员们很讨厌这样，但对此也无奈，于是就请曹参到后园中游玩，一旦听到了那些官吏们醉酒高歌、狂呼乱叫的声音，随从官员们希望相国把他们召来加以制止。曹参反而叫人取酒陈设座席痛饮起来，并且自己也高歌呼叫，与那些官吏们相应和。

　　曹参见别人有细小的过失，总是隐瞒遮盖，因此相府中平安无事。

参子窋为中大夫。惠帝怪相国不治事，以为"岂少朕与"？乃谓窋曰："若归，试私从容问而父曰：'高帝新弃群臣，帝富于春秋，君为相，日饮，无所请事，何以忧天下乎？'然无言吾告若也。"窋既洗沐归，间侍，自从其所谏参。参怒，而笞窋二百，曰："趣入侍，天下事非若所当言也。"至朝时，惠帝让参曰："与窋胡治乎？乃者我使谏君也。"参免冠谢曰："陛下自察圣武孰与高帝？"上曰："朕乃安敢望先帝乎！"曰："陛下观臣能孰与萧何贤？"上曰："君似不及也。"参曰："陛下言之是也。且高帝与萧何定天下，法令既明，今陛下垂拱，参等守职，遵而勿失，不亦可乎？"惠帝曰："善。君休矣！"

参为汉相国，出入三年。卒，谥懿侯。子窋代侯。百姓歌之曰："萧何为法，若画一；曹参代之，守而勿失。载其清净，民以宁一。"

平阳侯窋，高后时为御史大夫。孝文帝立，免为侯。立二十九年卒，谥为静侯。子奇代侯，立七年卒，谥为简侯。子时代侯。时尚平阳公主，生子襄。时病疠，归国。立二十三年卒，谥夷侯。子襄代侯。襄尚卫长公主，生子宗。立十六年卒，谥为共侯。子宗代侯。征和二年中，宗坐太子死，国除。

太史公曰：曹相国参攻城野战之功所以能多若此者，以与淮阴侯俱。及信已灭，而列侯成功，唯独参擅其名。参为汉相国，清静极言合道。然百姓离秦之酷后，参与休息无为，故天下俱称其美矣。

曹参的儿子曹窋是中大夫。汉惠帝埋怨曹相国不理政事，觉得相国看不起自己，于是对曹窋说："你回家后，试着私底下随便问问你父亲说：'高帝刚刚永别了群臣，皇上又很年轻，您身为相国，整天喝酒，遇事也不向皇上请示打报告，根据什么考虑国家大事呢？'但这些话不要说是我告诉你的。"曹窋假日回家，闲暇时陪着父亲，把惠帝的意思变成自己的话规劝曹参。曹参听后大怒，打了曹窋二百板子，并说："快点儿进宫侍奉皇上去，国家大事不是你该说的。"到上朝的时候，惠帝责备曹参说："为什么要惩治曹窋？上次是我让他规劝您的。"曹参脱帽谢罪说："请陛下自己仔细考虑一下，在圣明英武上您和高帝谁强？"惠帝说："我怎么敢跟和先帝相比呢！"曹参说："陛下认为我和萧何谁更贤能？"惠帝说："您好像不如萧何。"曹参说："陛下说的这些话很对。高帝与萧何平定了天下，法令已经明确，如今陛下垂衣拱手，我们这些臣子谨守各自的职责，遵循原有的法度而不随意更改，不就行了吗？"惠帝说："好。您好好休息吧！"

曹参做汉朝相国，前后大概有三年时间。他死了以后，被谥为懿侯。曹参之子曹窋承袭了他父亲的侯位。百姓们歌颂曹参的优秀事迹说："萧何制定法令，明确划一；曹参接替萧何为相，遵守萧何制定的法度不变。曹参施行他那清静无为的做法，百姓因而安宁不乱。"

平阳侯曹窋在高后时任御史大夫。孝文帝即位，免职为侯。曹窋为侯二十九年后去世，谥号为静侯。曹窋的儿子曹奇接替侯位，为侯七年去世，谥号为简侯。曹奇的儿子曹时接替侯位。曹时娶了平阳公主，生儿子曹襄。曹时得了疠病，回到封国。曹时为侯二十三年去世，谥号为夷侯。曹时的儿子曹襄接替继位。曹襄娶了卫长公主，生儿子曹宗。曹襄为侯十六年去世，谥号为共侯。曹襄的儿子曹宗接替继位。征和二年时，曹宗因受武帝太子发动兵变一事的牵连，被获罪处死，封国被废除。

太史公说：曹相国曹参的战功之所以如此多，是因为他跟淮阴侯韩信一起共事的缘故。等到韩信被诛杀，列侯成就的功绩，唯独曹参据有其名。曹参作为汉朝相国，极力主张清静无为，这完全符合道家的学说。百姓遭受秦朝的酷政统治以后，曹参给予他们休养生息的时机，所以天下的人都称颂其美德。

留侯世家第二十五

留侯张良者,其先韩人也。大父开地,相韩昭侯、宣惠王、襄哀王。父平,相釐王、悼惠王。悼惠王二十三年,平卒。卒二十岁,秦灭韩。良年少,未宦事韩。韩破,良家僮三百人,弟死不葬,悉以家财求客刺秦王,为韩报仇,以大父、父五世相韩故。

良尝学礼淮阳。东见仓海君。得力士,为铁椎重百二十斤。秦皇帝东游,良与客狙击秦皇帝博浪沙中,误中副车。秦皇帝大怒,大索天下,求贼甚急,为张良故也。良乃更名姓,亡匿下邳。

良尝间从容步游下邳圯上,有一老父,衣褐,至良所,直堕其履圯下,顾谓良曰:"孺子,下取履!"良鄂然,欲殴之。为其老,强忍,下取履。父曰:"履我!"良业为取履,因长跪履之。父以足受,笑而去。良殊大惊,随目之。父去里所,复还,曰:"孺子可教矣。后五日平明,与我会此。"良因怪之,跪曰:"诺。"五日平明,良往。父已先在,怒曰:"与老人期,后,何也?"去,曰:"后五日早会。"五日鸡鸣,良往。父又先在,复怒曰:"后,何也?"去,曰:"后五日复早来。"五日,良夜未半往。有顷,父亦来,喜曰:"当如是。"出一编书,曰:"读此则为王者师矣。后十年兴。十三年孺子见我济北,谷城山下黄石即我矣。"遂去,无他言,不复见。旦日视其书,乃《太公兵法》也。良因异之,常习诵读之。

居下邳,为任侠。项伯常杀人,从良匿。

后十年,陈涉等起兵,良亦聚少年百余人。景驹自立为楚假王,在留。良欲往从之,道还沛公。沛公将数千人,略地下邳西,遂属

留侯张良，他的祖先是韩国人。祖父开地，做过韩昭侯、宣惠王、襄哀王的宰相。父亲平，做过釐王、悼惠王的宰相。悼惠王二十三年，父亲张平去世。张良的父亲死后二十年，秦国灭亡了韩国。张良当时年纪轻轻，没有在韩国做官。韩国灭亡后，张良家有奴仆三百人，弟弟死了不厚葬，用全部财产寻求勇士谋杀秦王，为韩国报仇，这是因为他的祖父、父亲任过五代韩王之相的缘故。

　　张良曾经在淮阳学习礼法，到东方见到了沧海君。他找到一个大力士，造了一个一百二十斤重的铁锤。秦始皇到东方巡游，张良与大力士在博浪沙这个地方袭击秦始皇，误中了副车。秦始皇大怒，在全国大肆搜捕，捉拿刺客非常急迫，这是因为张良的缘故。张良于是改名换姓，逃到下邳躲藏了起来。

　　张良闲暇时在邳桥上散步，有一个穿着粗布衣裳的老人，走到张良跟前，故意把他的鞋甩到桥底下，看着张良对他说："小子，下去把鞋捡上来吧！"张良有些生气，想打他，因为见他年长，勉强地忍了下来，下去捡来了鞋子。老人说："给我把鞋穿上！"张良既然已经替他把鞋捡了上来，就跪着替他穿上。老人把脚伸出来穿上鞋，笑着离去了。张良十分惊讶，随着老人走去的方向注视着他。老人离开了大约有一里路，又返回来，说："你这个孩子可以教导教导。五天以后天刚亮时，我们在这里相会。"张良觉得这件事很奇怪，跪下来说："是。"五天后的拂晓，张良去到那里。老人已先在那里，生气地说："跟老年人约会，反而后到，为什么呢？"老人离去，并说："五天以后早早来会面。"五天后鸡一叫，张良就去了。老人又先到那里，又生气地说："又来晚了，这是为什么？"老人离开时说："五天后再早点儿来。"五天后，张良不到半夜就去了。过了一会儿，老人也来了，高兴地说："应当像这样才好。"老人拿出一部书，并说："读了这部书就可以做帝王的老师了。十年以后就会发迹。十三年后小伙子你到济北来见我，谷城山下的黄石就是我。"说完便走了，没有留下别的话，从此以后也没有见到这位老人。天明时一看老人送的书，原来是《太公兵法》这本书。张良因而觉得这部书非同一般，经常诵读学习它。

　　张良住在下邳时，行侠仗义。项伯曾经杀了人，跟随张良躲藏起来了。

　　过了十年，陈涉等人起兵反秦，张良也聚集了一百多个青年。景驹自立为代理楚王，驻扎在留县。张良想前去跟随他，半路上遇见了沛公。沛公率领几千人，夺取了邳以西的地方，张良便归附了他。沛公任命张良做厩

焉。沛公拜良为厩将。良数以《太公兵法》说沛公，沛公善之，常用其策。良为他人者，皆不省。良曰："沛公殆天授。"故遂从之，不去见景驹。

及沛公之薛，见项梁。项梁立楚怀王。良乃说项梁曰："君已立楚后，而韩诸公子横阳君成贤，可立为王，益树党。"项梁使良求韩成，立以为韩王。以良为韩申徒，与韩王将千余人西略韩地，得数城，秦辄复取之，往来为游兵颍川。

沛公之从雒阳南出轘辕，良引兵从沛公，下韩十余城，击破杨熊军。沛公乃令韩王成留守阳翟，与良俱南，攻下宛，西入武关。沛公欲以兵二万人击秦峣下军，良说曰："秦兵尚强，未可轻。臣闻其将屠者子，贾竖易动以利。愿沛公且留壁，使人先行，为五万人具食，益为张旗帜诸山上，为疑兵，令郦食其持重宝啖秦将。"秦将果畔，欲连和俱西袭咸阳，沛公欲听之。良曰："此独其将欲叛耳，恐士卒不从。不从必危，不如因其解击之。"沛公乃引兵击秦军，大破之。北至蓝田，再战，秦兵竟败。遂至咸阳，秦王子婴降沛公。

沛公入秦宫，宫室帷帐狗马重宝妇女以千数，意欲留居之。樊哙谏沛公出舍，沛公不听。良曰："夫秦为无道，故沛公得至此。夫为天下除残贼，宜缟素为资。今始入秦，即安其乐，此所谓'助桀为虐'。且'忠言逆耳利于行，毒药苦口利于病'，原沛公听樊哙言。"沛公乃还军霸上。

项羽至鸿门下，欲击沛公，项伯乃夜驰入沛公军，私见张良，欲与俱去。良曰："臣为韩王送沛公，今事有急，亡去不义。"乃具以语沛公。沛公大惊，曰："为将奈何？"良曰："沛公诚欲倍项羽邪？"沛公曰："鲰生教我距关无内诸侯，秦地可尽王，故听之。"良曰："沛公自度能却项羽乎？"沛公默然良久，曰："固不能也。今为奈何？"良乃固要项伯。项伯见沛公。沛公与饮为寿，结宾婚。

将。张良多次根据《太公兵法》向沛公献策，沛公很赏识他，经常采纳他的计谋。张良对别人讲这些，别人都不能领会。张良说："沛公大概是上天授予人间的。"所以张良就跟随了沛公，没有离开他去见景驹。

等沛公到了薛地，会见项梁。项梁拥立了楚怀王。张良于是劝说项梁道："您已经拥立了楚王的后人，而韩国各位公子中横阳君韩成有才，可以立为王，增加同盟的力量。"项梁派张良寻找到了韩成，把他立为韩王。封张良为韩国司徒，随韩王率领一千多人向西攻取韩国原来的领地，夺得几座城邑，秦军随即又夺了回去，韩军只在颍川一带往来游击作战。

沛公从洛阳向南穿过轘辕山时，张良率兵跟从沛公，攻下韩地十余座城邑，击败了杨熊的军队。于是沛公让韩王成在阳翟留守，和张良一起南下，攻打宛县，向西进入武关。沛公想用两万兵力攻打秦朝峣关的军队，张良劝告说："秦军还很强大，不可轻视。我听说峣关的守将是屠户的儿子，市侩之徒容易以利相诱。希望沛公暂且留在军营，派人先去，给五万人预备吃的东西，在各个山头上多增树旗帜，作为疑兵，叫郦食其带着贵重的宝物利诱秦军将领。"秦军将领果然背叛秦朝，打算跟沛公联合一起向西袭击咸阳，沛公想听从秦将的计划。张良说："这只是峣关的守将想反叛罢了，恐怕部下士兵不听从。士兵不听从必定会带来危害，不如趁着他们懈怠时攻打他们。"沛公于是率兵攻打秦军，大败秦兵。然后追击败军到了蓝田，再次交战，秦兵终于崩溃。沛公于是到了咸阳，秦王子婴最后投降了沛公。

沛公进入秦朝宫殿，那里的宫室、帐幕、狗马、贵重的宝物、美女不计其数，沛公的意图是想留下住在宫里。樊哙劝谏沛公到外面去住，沛公不听。张良说："正因秦朝暴虐无道，所以沛公才能够来到这里。替天下铲除凶残的暴政，应该以清廉朴素为本。现在刚刚攻入秦都，就要安享其乐，这正是人们说的'助桀为虐'。况且'忠言逆耳利于行，良药苦口利于病'，希望沛公听取樊哙的意见。"沛公这才回军驻扎在灞上。

项羽来到鸿门下，想要攻打沛公，项伯于是连夜急驰到沛公的军营，私下里会见张良，想让张良跟他一起离开。张良说："我是替韩王伴送沛公的，如今紧急情况，逃离而去是不合道义的。"于是就把这个情况全都告诉了沛公。沛公很吃惊，说："如今该怎么办呢？"张良说："沛公是真的想背叛项羽吗？"沛公说："浅薄无知的小人怂恿我封锁函谷关不要让诸侯们进来，说这样就可以占据秦朝的土地了，于是我就听从了这种意见。"张良说："沛公自己揣度一下能够打退项羽吗？"沛公沉默了好一会儿，说："应该是不可以的。现在该怎么办呢？"张良于是坚决邀请项伯见沛公。项伯会见了沛公。沛公与项伯一同饮酒，

令项伯具言沛公不敢倍项羽，所以距关者，备他盗也。及见项羽后解，语在项羽事中。

汉元年正月，沛公为汉王，王巴蜀。汉王赐良金百溢，珠二斗，良具以献项伯。汉王亦因令良厚遗项伯，使请汉中地。项王乃许之，遂得汉中地。汉王之国，良送至褒中，遣良归韩。良因说汉王曰："王何不烧绝所过栈道，示天下无还心，以固项王意。"乃使良还。行，烧绝栈道。

良至韩，韩王成以良从汉王故，项王不遣成之国，从与俱东。良说项王曰："汉王烧绝栈道，无还心矣。"乃以齐王田荣反，书告项王。项王以此无西忧汉心，而发兵北击齐。

项王竟不肯遣韩王，乃以为侯，又杀之彭城。良亡，间行归汉王，汉王亦已还定三秦矣。复以良为成信侯，从东击楚。至彭城，汉败而还。至下邑，汉王下马踞鞍而问曰："吾欲捐关以东等弃之，谁可与共功者？"良进曰："九江王黥布，楚枭将，与项王有郤；彭越与齐王田荣反梁地：此两人可急使。而汉王之将独韩信可属大事，当一面。即欲捐之，捐之此三人，则楚可破也。"汉王乃遣随何说九江王布，而使人连彭越。及魏王豹反，使韩信将兵击之，因举燕、代、齐、赵。然卒破楚者，此三人力也。

张良多病，未尝特将也，常为画策，时时从汉王。

汉三年，项羽急围汉王荥阳，汉王恐忧，与郦食其谋桡楚权。食其曰："昔汤伐桀，封其后于杞。武王伐纣，封其后于宋。今秦失德弃义，侵伐诸侯社稷，灭六国之后，使无立锥之地。陛下诚能复立六国后世，毕已受印，此其君臣百姓必皆戴陛下之德，莫不乡风慕义，原为臣妾。德义已行，陛下南乡称霸，楚必敛衽而朝。"汉王曰："善。趣刻印，先生因行佩之矣。"

食其未行，张良从外来谒。汉王方食，曰："子房前！客有为我

并为他敬酒祝寿,结为亲家。请项伯向项羽说明沛公并不敢背叛项羽,沛公之所以封锁函谷关,只是为了防备其他的强盗。等到沛公会见项羽以后,取得了和解,这些情况记载在《项羽本纪》中。

汉元年正月,沛公封为汉王,统治巴蜀地区。汉王赏赐张良黄金百镒、珍珠二斗,张良把它们都送给了项伯。汉王又让张良厚赠项伯,使项伯替他去向项王请求汉中地区。项王答应了汉王的请求,汉王于是得到了汉中地区。汉王到封国去,张良将他送到褒中,汉王让张良返回韩国。张良便劝告汉王说:"大王何不烧断所经过的栈道,向天下表示不再回来的决心?这样也可以稳住项王的心。"汉王便让张良返回。汉王行进中,烧断了所经过的所有栈道。

张良去了韩国,韩王成因为张良跟随汉王的原因,项王没有派韩成到封国去,让他跟随自己一起东去。张良向项王解释道:"汉王烧断了栈道,已经没有返回的意思。"张良又把齐王田荣反叛的事情上书报告项王。项王由此不再担忧西边的汉王,所以起兵北上攻打齐国。

项王最终还是不肯派韩王回韩国,于是把他贬为侯,在彭城杀了他。张良逃跑,抄小路隐秘地回到汉王那里,汉王此时也已回军平定三秦了。汉王又封张良为成信侯,跟着东征楚国。到了彭城,汉军战败而归。行军至下邑,汉王下马倚着马鞍问道:"我打算舍弃函谷关以东一些地方作为封赏,谁能够帮我一起破楚立功呢?"张良进言说:"九江王黥布是楚国的猛将,同项王有隔阂;彭越与齐王田荣在梁地反叛楚国。这两个人可立即利用。汉王的将领中唯有韩信可以托付大事,独当一面。如果要舍弃这些地方,就把它们送给这三个人,那么楚国就可以打败了。"汉王于是派随何去游说九江王黥布,又派人去联络彭越。等到魏王豹反汉,汉王派韩信率兵攻打他,乘势攻占了燕、代、齐、赵等国的领地。而最终击溃楚国的,正是这三个人的力量。

张良多病,不曾独立带兵打仗,一直作为出谋划策的臣子,时时跟从汉王。

汉三年,项羽把汉王紧紧地围困在荥阳,汉王惊恐万分,与郦食其商议削弱楚国的势力。郦食其说:"昔日商汤讨伐夏桀,封夏朝后人于杞国。周武王讨伐商纣,封商朝后人于宋国。如今秦朝丧失德政、抛弃道义,侵伐诸侯各国,消灭了六国的后代,使他们没有一点立足之地。陛下果真能够重新封立六国的后裔,使他们都能接受陛下的印信,这样六国的君臣百姓一定都感戴陛下的恩德,无不归顺,仰慕陛下道义,甘愿做陛下的臣民。随着恩德道义的施行,陛下就可以面南称霸,楚王一定整好衣冠恭恭敬敬地来朝拜了。"汉王说:"好。赶快刻制印信,先生就可以带着这些印出发了。"

郦食其还没有动身,张良就从外面回来拜见汉王。汉王当时正在吃饭,说:

计桡楚权者。"其以郦生语告，曰："于子房何如？"良曰："谁为陛下画此计者？陛下事去矣。"汉王曰："何哉？"张良对曰："臣请藉前箸为大王筹之。"曰："昔者汤伐桀而封其后于杞者，度能制桀之死命也。今陛下能制项籍之死命乎？"曰："未能也。""其不可一也。武王伐纣封其后于宋者，度能得纣之头也。今陛下能得项籍之头乎？"曰："未能也。""其不可二也。武王入殷，表商容之闾，释箕子之拘，封比干之墓。今陛下能封圣人之墓，表贤者之闾，式智者之门乎？"曰："未能也。""其不可三也。发钜桥之粟，散鹿台之钱，以赐贫穷。今陛下能散府库以赐贫穷乎？"曰："未能也。""其不可四矣。殷事已毕，偃革为轩，倒置干戈，覆以虎皮，以示天下不复用兵。今陛下能偃武行文，不复用兵乎？"曰："未能也。""其不可五矣。休马华山之阳，示以无所为。今陛下能休马无所用乎？"曰："未能也。""其不可六矣。放牛桃林之阴，以示不复输积。今陛下能放牛不复输积乎？"曰："未能也。""其不可七矣。且天下游士离其亲戚，弃坟墓，去故旧，从陛下游者，徒欲日夜望咫尺之地。今复六国，立韩、魏、燕、赵、齐、楚之后，天下游士各归事其主，从其亲戚，反其故旧坟墓，陛下与谁取天下乎？其不可八矣。且夫楚唯无强，六国立者复桡而从之，陛下焉得而臣之？诚用客之谋，陛下事去矣。"汉王辍食吐哺，骂曰："竖儒，几败而公事！"令趣销印。

汉四年，韩信破齐而欲自立为齐王，汉王怒。张良说汉王，汉王使良授齐王信印，语在淮阴事中。

其秋，汉王追楚至阳夏南，战不利而壁固陵，诸侯期不至。良说

"子房过来！有一个客人为我筹划了削弱楚国势力的计谋。"随即把郦食其的话告诉了张良，然后问："你看这件事怎么样？"张良说："谁替陛下出的这个计谋？陛下的大事要完了。"汉王说："为什么呢？"张良回答说："我请求您允许我借用一下您面前的筷子为您分析一下形势。"接着说："当初商汤讨伐夏桀并将夏朝的后代封在杞国，那是因为预先估计到能置桀于死命。如今陛下也可以置项籍于死命吗？"汉王说："不能。"张良说："这是不能那样做的第一个原因。周武王讨伐商纣而封商朝的后代于宋国，那是因为预先估计到能够杀掉纣王。现在陛下能够轻易杀掉项籍吗？"汉王说："不能。"张良说："这是不能那样做的第二个原因。武王攻占殷商的都城后，在商容所居里巷的大门上表彰他，并且释放了被囚禁的箕子，重新修筑了比干的坟墓。如今陛下能够做到重新修筑圣人的坟墓，在贤人所居里巷的大门上表彰他，在有才智的人们面前向他致敬吗？"汉王说："不能。"张良说："这是不能那样做的第三个原因。周武王曾打开巨桥粮仓，发放存粮，散发鹿台府库的钱财，用来救济贫苦的民众。如今陛下可以做到散发仓库的财物来救济穷人吗？"汉王说："不能。"张良说："这是不能那样做的第四个原因。周武王灭亡商朝以后，废止兵车，改为乘车，把兵器倒置存放，盖上虎皮，以此来向天下表明以后都不再动用武力。如今陛下能停止战事，推行文治，不再打仗了吗？"汉王说："不能。"张良说："这是不能那样做的第五个原因。周武王将以往的战马都放牧在华山的南面，用来表明从此没有用它们的地方了。如今陛下能让战马休息再也不用它们吗？"汉王说："不能。"张良说："这是不能那样做的第六个原因。周武王把牛都放牧在桃林的北面，表明不再需要运输和积聚作战用的粮草。现在陛下能放牧牛群不再进行粮草的运输和积聚了吗？"汉王说："不能。"张良说："这是不能那样做的第七个原因。况且天下游说的人都离开了他们的亲人，舍弃了祖坟，告别了老友，跟随陛下四处奔走，也就是日夜盼望能得到一块小小的封地。如果恢复六国，拥立韩、魏、燕、赵、齐、楚的后代，天下游说之人都将各自回去侍奉他们的主上，伴随他们的亲人，返回他们的旧友和祖坟所在之地，到那时陛下又将同谁一起夺取天下呢？这是不能那样做的第八个原因。如今只有使楚国不再强大，要不然六国被封立的后代重新屈服并跟随楚国，陛下又凭什么让他们臣服？如果真的要采用这位客人的计谋，陛下的大事就完了。"汉王饭也不吃了，吐出口中的食物，骂道："这个笨书呆子，几乎败坏了我的大事！"于是下令赶快销毁那些印信。

汉四年，韩信攻下齐国，并想立自己为齐王，汉王大怒。张良劝谏汉王，汉王才派张良授予韩信"齐王"的印信，这件事被记载在《淮阴侯列传》中。

当年秋天，汉王追击楚军到阳夏南面，交战中处于下风，于是坚守固陵营

汉王，汉王用其计，诸侯皆至。语在项籍事中。

汉六年正月，封功臣。良未尝有战斗功，高帝曰："运筹策帷帐中，决胜千里外，子房功也。自择齐三万户。"良曰："始臣起下邳，与上会留，此天以臣授陛下。陛下用臣计，幸而时中，臣愿封留足矣，不敢当三万户。"乃封张良为留侯，与萧何等俱封。

上已封大功臣二十余人，其余日夜争功不决，未得行封。上在雒阳南宫，从复道望见诸将往往相与坐沙中语。上曰："此何语？"留侯曰："陛下不知乎？此谋反耳。"上曰："天下属安定，何故反乎？"留侯曰："陛下起布衣，以此属取天下，今陛下为天子，而所封皆萧、曹故人所亲爱，而所诛者皆生平所仇怨。今军吏计功，以天下不足遍封，此属畏陛下不能尽封，恐又见疑平生过失及诛，故即相聚谋反耳。"上乃忧曰："为之奈何？"留侯曰："上平生所憎，群臣所共知，谁最甚者？"上曰："雍齿与我故，数尝窘辱我。我欲杀之，为其功多，故不忍。"留侯曰："今急先封雍齿以示群臣，群臣见雍齿封，则人人自坚矣。"于是上乃置酒，封雍齿为什方侯，而急趣丞相、御史定功行封。群臣罢酒，皆喜曰："雍齿尚为侯，我属无患矣。"

刘敬说高帝曰："都关中。"上疑之。左右大臣皆山东人，多劝上都雒阳："雒阳东有成皋，西有殽黾，倍河，向伊雒，其固亦足恃。"留侯曰："雒阳虽有此固，其中小，不过数百里，田地薄，四面受敌，此非用武之国也。夫关中左殽函，右陇蜀，沃野千里，南有巴蜀之饶，北有胡苑之利，阻三面而守，独以一面东制诸侯。诸侯安定，河渭漕挽天下，西给京师；诸侯有变，顺流而下，足以委输。此所谓金城千里，天府之国也，刘敬说是也。"于是高帝即日驾，西都关中。

垒，诸侯本来约好前来的，但都没有来。张良后来向汉王进计，汉王采用了他的计策，诸侯才都前来。此事记载在《项羽本纪》中。

汉六年正月，汉王对功臣进行封赏。张良不曾有战功，高帝说："在营帐中出谋划策，就能决定千里之外的胜负，这就是子房的功劳。让张良自己从齐国选择三万户作为封邑。"张良说："当初我在下邳起事，与主上在留县会合，这是上天把我交给了陛下您。陛下采用我的计谋，有幸经常奏效，我只愿受封留县就足够了，不敢承受三万户。"于是封张良为留侯，同萧何等人一起受封。

皇上封赏大功臣二十多人以后，剩下的人日夜争功，不能决定高下，所以一直没有进行封赏。皇上在洛阳南宫，从桥上看见一些将领经常一起坐在沙地上议论。皇上问："这些人聚在一起在说些什么呀？"留侯说："陛下不知道吗？这是在商议反叛呀。"皇上说："如今天下都已经差不多安定了，为什么还要谋反呢？"留侯说："陛下当初是以平民的身份起事，依靠这些人的力量才取得天下，如今陛下做了天子，而所受到封赏的只是萧何、曹参这些陛下身边宠幸的老友，所诛杀的都是一生中仇恨的人。如今军官们计算功劳，认为天下的土地不够对他们一一封赏，这些人怕陛下不能全部封到，又恐怕被怀疑到平生的过失而遭受诛杀，所以就聚在一起准备谋反呀。"皇上于是忧心忡忡地说："那这件事该怎么办呢？"留侯说："皇上平生所憎恨的人，又是群臣都知道的，谁最突出？"皇上说："雍齿与我向来就有积怨，还曾多次使我受窘受辱。我本来想杀掉他，但出于他的功劳比较多，所以一直没忍心。"留侯说："如今陛下赶紧先封赏雍齿来给群臣看，他们见雍齿都被封赏，那么也就坚信自己能受封了。"于是皇上便摆设酒宴，封雍齿为什方侯，并紧迫地催促丞相、御史评定功劳，施行封赏。群臣享用过酒宴以后，都高兴地说："雍齿都被封侯了，我们这些人就更不用担忧了。"

刘敬劝告高帝说："要将关中设置为都城。"皇上对此还有些顾虑。左右的大臣都是关东地区的人，他们大多都劝皇上定都洛阳，他们说："洛阳东面有成皋，西面有崤山、渑池，背靠黄河，面向伊水、洛水，它地形险要，城郭坚固，完全可以依靠。"留侯说："虽然洛阳有这样险固，但它中间的境域狭小，不过几百里方圆，土地贫瘠，四面敌人容易入侵，这里不是用武之地。关中东面有崤山、函谷关，西面有陇山、岷山，肥沃的土地方圆千里，南面有富饶的巴、蜀两郡，北面有可以放牧的胡苑，依靠三面的险阻来固守，只用东方一面控制诸侯。如果诸侯安定，可由黄河、渭河运输粮食，往西供给京都；如果诸侯发生变故，可顺流而下，足以运送物资。这正是所谓'金城千里，天府之国'，刘敬的建议是对的。"高帝于是当即决定起驾，往西定都关中。

留侯从入关。留侯性多病，即道引不食谷，杜门不出岁余。

上欲废太子，立戚夫人子赵王如意。大臣多谏争，未能得坚决者也。吕后恐，不知所为。人或谓吕后曰："留侯善画计筴，上信用之。"吕后乃使建成侯吕泽劫留侯，曰："君常为上谋臣，今上欲易太子，君安得高枕而卧乎？"留侯曰："始上数在困急之中，幸用臣筴。今天下安定，以爱欲易太子，骨肉之间，虽臣等百余人何益。"吕泽强要曰："为我画计。"留侯曰："此难以口舌争也。顾上有不能致者，天下有四人。四人者年老矣，皆以为上慢侮人，故逃匿山中，义不为汉臣。然上高此四人。今公诚能无爱金玉璧帛，令太子为书，卑辞安车，因使辩士固请，宜来。来，以为客，时时从入朝，令上见之，则必异而问之。问之，上知此四人贤，则一助也。"于是吕后令吕泽使人奉太子书，卑辞厚礼，迎此四人。四人至，客建成侯所。

汉十一年，黥布反，上病，欲使太子将，往击之。四人相谓曰："凡来者，将以存太子。太子将兵，事危矣。"乃说建成侯曰："太子将兵，有功则位不益太子；无功还，则从此受祸矣。且太子所与俱诸将，皆尝与上定天下枭将也，今使太子将之，此无异使羊将狼也，皆不肯为尽力，其无功必矣。臣闻'母爱者子抱'，今戚夫人日夜待御，赵王如意常抱居前，上曰'终不使不肖子居爱子之上'，明乎其代太子位必矣。君何不急请吕后承间为上泣言：'黥布，天下猛将也，善用兵，今诸将皆陛下故等夷，乃令太子将此属，无异使羊将狼，莫肯为用，且使布闻之，则鼓行而西耳。上虽病，强载辎车，卧而护之，诸将不敢不尽力。上虽苦，为妻子自强。'"于是吕泽立夜见吕后，吕后承间为上泣涕而言，如四人意。上曰："吾惟竖子固不足遣，而公自行耳。"于是上自将兵而东，群臣居守，皆送至灞上。

留侯跟随高帝入关。他体弱多病，便施行导引之术，不食五谷，闭门不出有一年多时间。

皇上本打算废掉太子，立戚夫人生的儿子赵王如意。有很多大臣进谏劝阻，都没能改变高帝确定不移的想法。吕后很惊恐，不知该怎么办。有人对吕后说："留侯善于出谋划策，皇上信任他。"吕后就派建成侯吕泽胁迫留侯说："您一直是皇上的谋臣，现在皇上打算更换太子，您怎么能高枕无忧呢？"留侯说："当初皇上多次处在危急之中，采用了我的计谋。如今天下安定，由于偏爱的原因想更换太子，这至亲骨肉之间的事，即使同我一样的有一百多人进谏，又有什么好处呢？"吕泽竭力要挟说："一定要给我出个主意。"留侯说："这件事是很难用口舌来争辩的。皇上不能招致而来的，天下有四个人。这四个人已经年老了，都认为皇上对人傲慢，所以逃避躲藏在大山中，他们按照道义不愿意做汉朝的臣子。但是皇上特别敬重这四个人。现在您如果能不惜金玉璧帛，让太子写一封信，言辞要谦恭，并预备安车，再派有口才的人去恳切地聘请，他们应当会来。来了以后，把他们当作贵宾对待，让他们时常跟着太子入朝，叫皇上见到他们，皇上一定会感到惊异并询问他们。一问他们，皇上知道这四个人非常贤能，那么这对太子是一种莫大的帮助。"于是吕后让吕泽派人携带太子的书信，用谦恭的言辞和丰厚的礼品，迎请这四个人。四个人来的时候，就在建成侯的府第中为客。

汉十一年，黥布反叛，皇上患了重病，打算派太子率兵前往讨伐叛军。这四个人商议说："我们之所以来，是为了保全太子，如若太子率兵平叛，事情就危险了。"于是劝告建成侯说："太子率兵出战，如果立了功，那么权位也不会高过太子；如无功而返，那么从此以后就要遭受祸患了。再说跟太子一起出征的各位将领，都是曾经同皇上平定天下的猛将，如今让太子统率这些人，这和让羊指挥狼有什么不同，他们决不肯为太子卖力，太子不能建功是必定的。我们听说'爱其母必抱其子'，现在戚夫人日夜侍奉皇上，赵王如意常被抱在皇上面前，皇上说'终归不能让不成器的儿子居于我的爱子之上'，显然，赵王如意取代太子的宝位是必定的。您何不赶紧请吕后找机会向皇上哭诉：'黥布是天下的猛将，很会用兵打仗，现今的各位将领都是陛下先前的同辈，您却让太子统率这些人，这和让羊指挥狼没有两样，没有人愿意为太子效力，而且如让黥布听说这个情况，就会大张旗鼓地向西进犯。皇上虽然患病，还可以勉强地乘坐辎车，躺着指挥军队，众将不敢不尽力。皇上虽然受些苦，为了妻子儿女还是要自己奋发图强啊。'"于是吕泽立即在当天晚上晋见吕后，吕后找机会向皇上哭诉，说了四个人授意的那番话。皇上说："我就知道这小子本来不能派遣他，老子自己去吧。"于是皇上亲

留侯病，自强起，至曲邮，见上曰："臣宜从，病甚。楚人剽疾，原上无与楚人争锋。"因说上曰："令太子为将军，监关中兵。"上曰："子房虽病，强卧而傅太子。"是时叔孙通为太傅，留侯行少傅事。

汉十二年，上从击破布军归，疾益甚，愈欲易太子。留侯谏，不听，因疾不视事。叔孙太傅称说引古今，以死争太子。上佯许之，犹欲易之。及燕，置酒，太子侍。四人从太子，年皆八十有余，须眉皓白，衣冠甚伟。上怪之，问曰："彼何为者？"四人前对，各言名姓，曰东园公，甪里先生，绮里季，夏黄公。上乃大惊，曰："吾求公数岁，公辟逃我，今公何自从吾儿游乎？"四人皆曰："陛下轻士善骂，臣等义不受辱，故恐而亡匿。窃闻太子为人仁孝，恭敬爱士，天下莫不延颈欲为太子死者，故臣等来耳。"上曰："烦公幸卒调护太子。"

四人为寿已毕，趋去。上目送之，召戚夫人指示四人者曰："我欲易之，彼四人辅之，羽翼已成，难动矣。吕后真而主矣。"戚夫人泣，上曰："为我楚舞，吾为若楚歌。"歌曰："鸿鹄高飞，一举千里。羽翮已就，横绝四海。横绝四海，当可奈何！虽有矰缴，尚安所施！"歌数阕，戚夫人嘘唏流涕，上起去，罢酒。竟不易太子者，留侯本招此四人之力也。

留侯从上击代，出奇计马邑下，及立萧何相国，所与上从容言天下事甚众，非天下所以存亡，故不著。留侯乃称曰："家世相韩，及韩灭，不爱万金之资，为韩报仇强秦，天下振动。今以三寸舌为帝者师，封万户，位列侯，此布衣之极，于良足矣。原弃人间事，欲从赤松子游耳。"乃学辟谷，道引轻身。会高帝崩，吕后德留侯，乃强食之，曰："人生一世间，如白驹过隙，何至自苦如此乎！"留侯不得已，强听而食。

后八年卒，谥为文成侯。子不疑代侯。

自带兵东征，群臣留守，都送至灞上。留侯患病，自己勉强能支撑起来，送到曲邮，谒见皇上说："我本应跟从前往，但病势很重。楚国人马迅猛敏捷，希望皇上不要跟楚国人斗个高低。"留侯又趁机规劝皇上说："让太子做将军，监守关中的军队吧。"皇上说："子房虽然患病，也要勉强在卧床养病时辅佐太子。"这时叔孙通做太傅，留侯任少傅。

汉十二年，皇上随着击败黥布的军队回来，病势更加重，越来越想更换太子。留侯劝谏，皇上没听，留侯就托病不再理事。叔孙太傅引证古今事例进行劝说，死命地争保太子。皇上假装答应了他，但还是想更换太子。等到没事的时候，设置酒席，太子在旁侍候。那四人跟着太子，他们的年龄都已八十多岁，须眉洁白，衣冠非常壮美奇特。皇上感到奇怪，问道："他们是干什么的？"四个人向前对答，各自说出姓名，叫东园公、甪里先生、绮里季、夏黄公。皇上于是大惊说："我访求各位有好几年了，各位都逃避着我，现在你们为何自愿跟随我儿交往呢？"四人都说："陛下轻慢士人，喜欢骂人，我们讲求义理，不愿受辱，所以惶恐地逃躲。我们私下闻知太子为人仁义孝顺，谦恭有礼，喜爱士人，天下人没有谁不伸长脖子想为太子拼命效力的。因此我们就来了。"皇上说："烦劳诸位始终如一地保护好太子吧。"

四个人相互敬酒祝福已毕，小步快走离去。皇上目送他们，召唤戚夫人过来，指着那四个人给她看，并说道："我想更换太子，可是靠他们四个人辅佐，太子的羽翼已经形成，难以改动了。吕后真是你的主人了。"戚夫人哭了起来，皇上说："你为我跳楚舞，我为你唱楚歌。"皇上唱道："鸿鹄高飞，振翅千里。羽翼已成，翱翔四海。翱翔四海，当可奈何！虽有弓箭，何处施用！"皇上唱了好几遍，戚夫人流泪抽泣着，皇上起身离去，酒宴就此结束。皇上最终没更换太子，原本是留侯招致这四个人发生了效力。

留侯跟随皇上进攻代国，在马邑城下出妙计，劝皇上立萧何为相国，他平常随便跟皇上谈论天下的事情很多，但不是关于国家存亡的大事，所以未予记载。留侯宣称道："我家世代为韩相，到韩国灭亡，不惜万金家财，替韩国向强秦报仇，天下为之震动，如今凭借三寸之舌为帝王之师，封邑万户，位居列侯，这对一个平民来说是至高无上的，我已经非常满足了。我愿丢却人世间的事情，打算跟随赤松子去。"张良于是学辟谷之术，行导引轻身之道。正值高帝驾崩，吕后感激留侯，便竭力让他进食，说："人生一世，时光有如白驹过隙一样快，何必自己苦行到这种地步啊！"留侯不得已，勉强听命进食。

八年之后，留侯去世，定谥号文成侯。他的儿子张不疑袭封为侯。

子房始所见下邳圯上老父与《太公书》者，后十三年从高帝过济北，果见谷城山下黄石，取而葆祠之。留侯死，并葬黄石。每上冢伏腊，祠黄石。

留侯不疑，孝文帝五年坐不敬，国除。

太史公曰：学者多言无鬼神，然言有物。至如留侯所见老父予书，亦可怪矣。高祖离困者数矣，而留侯常有功力焉，岂可谓非天乎？上曰："夫运筹策帷帐之中，决胜千里外，吾不如子房。"余以为其人计魁梧奇伟，至见其图，状貌如妇人好女。盖孔子曰："以貌取人，失之子羽。"留侯亦云。

张子房当初在下邳桥上遇见那个给他《太公兵法》的老丈，在别后十三年张良随高帝经过济北，果然见到谷城山下的那块黄石，便把它取回，奉若至宝地祭祀它。留侯去世，跟黄石一起安葬。以后每逢扫墓以及冬夏节日祭祀张良的时候，也同时祭祀那块黄石。

　　留侯张不疑，在孝文帝五年因犯了不敬之罪，封国被废除了。

　　太史公说：学者大多说没有鬼神，然而又说有精怪。至于像留侯遇见老丈赠书的事，也足够神奇的了。高祖遭遇困厄的情况有好几次，而留侯常在这种危急时刻建功，难道可以说不是天意吗？皇上说："出谋划策于营帐之中，决定胜负在千里之外，我比不了子房。"我原以为此人大概是高大威武的样子，等到看见他的画像，相貌却像个柔弱的女子。孔子说过："按相貌来评判人，在对待澹台灭明上就一定有所失。"对于留侯也可以这样说。

陈丞相世家第二十六

陈丞相平者,阳武户牖乡人也。少时家贫,好读书,有田三十亩,独与兄伯居。伯常耕田,纵平使游学。平为人长美色。人或谓陈平曰:"贫何食而肥若是?"其嫂嫉平之不视家生产,曰:"亦食糠覈耳。有叔如此,不如无有。"伯闻之,逐其妇而弃之。

及平长,可娶妻,富人莫肯与者,贫者平亦耻之。久之,户牖富人有张负,张负女孙五嫁而夫辄死,人莫敢娶。平欲得之。邑中有丧,平贫,侍丧,以先往后罢为助。张负既见之丧所,独视伟平,平亦以故后去。负随平至其家,家乃负郭穷巷,以弊席为门,然门外多有长者车辙。张负归,谓其子仲曰:"吾欲以女孙予陈平。"张仲曰:"平贫不事事,一县中尽笑其所为,独奈何予女乎?"负曰:"人固有好美如陈平而长贫贱者乎?"卒与女。为平贫,乃假贷币以聘,予酒肉之资以内妇。负诫其孙曰:"毋以贫故,事人不谨。事兄伯如事父,事嫂如母。"平既娶张氏女,赍用益饶,游道日广。

里中社,平为宰,分肉食甚均。父老曰:"善,陈孺子之为宰!"平曰:"嗟乎,使平得宰天下,亦如是肉矣!"

陈涉起而王陈,使周市略定魏地,立魏咎为魏王,与秦军相攻于临济。陈平固已前谢其兄伯,从少年往事魏王咎于临济。魏王以为太仆。说魏王不听,人或谗之,陈平亡去。

久之,项羽略地至河上,陈平往归之,从入破秦,赐平爵卿。项羽之东王彭城也,汉王还定三秦而东,殷王反楚。项羽乃以平为信武

陈丞相陈平，是阳武县户牖乡人。他年轻的时候家中很贫穷，但喜欢读书，有田地三十亩，单同哥哥陈伯住在一起。陈伯平常在家种地，听任陈平出外求学。陈平长得身材高大，相貌堂堂。有人对陈平说："你家里那么穷，吃了什么长得这么魁梧？"陈平的嫂子恼恨陈平不看顾家庭，不从事生产劳动，说："也不过吃糠咽菜罢了，有这样的小叔子，还不如没有。"陈伯听到这些话后，赶走了他的妻子并休了她。

等到陈平长大成人该娶媳妇的时候，富有的人家没有谁肯把女儿嫁给他，对于娶穷人家的媳妇陈平又感到羞耻。过了很长一段时间，户牖有个叫张负的富人，他的孙女嫁了五次人，丈夫都死了，没有人再敢娶她。陈平却想娶她。乡镇中有家办丧事，陈平因为家贫，就去帮忙料理丧事，靠着早去晚归多得些报酬以贴补家用。张负在丧家见到他，相中了这个高大魁梧的陈平；陈平也因为这个，很晚才离开丧家。有一次，张负跟着陈平到了陈家，陈家住在靠近外城城墙的偏僻小巷子里，拿一张破席就当门了，但门外却有很多贵人留下的车轮的印迹。张负回家后，对他的儿子张仲说："我打算把孙女嫁给陈平。"张仲说："陈平又穷又不从事生产劳动，全县的人都耻笑他的行为，为什么偏把女儿嫁给他？"张负说："哪有仪表堂堂像陈平这样的人会长久贫寒卑贱下去呢？"终于将孙女嫁给了陈平。因为陈平穷，张家就借钱给他行聘，还给他置办酒宴的钱来娶亲。张负告诫他的孙女说："不要因为陈家穷，侍奉人家就不用心。侍奉兄长陈伯要像侍奉父亲一样，侍奉嫂嫂要像侍奉母亲一样。"陈平娶了张家女子以后，资财日益宽裕，交友也越来越广泛。

陈平所住的社里祭祀土地神，陈平主持割肉，他把祭肉分配得特别均匀。父老乡亲们说："好，陈家孩子真会做分割祭肉的人！"陈平说："唉，假使让我陈平主宰天下，也会像这次分割祭肉一样呢！"

陈胜起兵后在陈县称王，派周市平定了魏国地区，立魏咎为魏王，与秦军在临济交战。在这以前陈平本已辞别他的哥哥陈伯，随一些年轻人去临济到魏王咎手下做事。魏王任命他为太仆。陈平向魏王进言，魏王反而不听，有的人又说他的坏话，陈平只好远离而去。

过了很长一段时间，项羽占领土地到了黄河边上，陈平前往投奔项羽，跟随项羽入关攻破秦国，项羽封他卿一级的爵位。项羽东归，在彭城称王，汉王回军平定

君,将魏王咎客在楚者以往,击降殷王而还。项王使项悍拜平为都尉,赐金二十溢。居无何,汉王攻下殷。项王怒,将诛定殷者将吏。陈平惧诛,乃封其金与印,使使归项王,而平身间行杖剑亡。渡河,船人见其美丈夫独行,疑其亡将,要中当有金玉宝器,目之,欲杀平。平恐,乃解衣裸而佐刺船。船人知其无有,乃止。

平遂至修武降汉,因魏无知求见汉王,汉王召入。是时万石君奋为汉王中涓,受平谒,入见平。平等七人俱进,赐食。王曰:"罢,就舍矣。"平曰:"臣为事来,所言不可以过今日。"于是汉王与语而说之,问曰:"子之居楚何官?"曰:"为都尉。"是日乃拜平为都尉,使为参乘,典护军。诸将尽讙,曰:"大王一日得楚之亡卒,未知其高下,而即与同载,反使监护军长者!"汉王闻之,愈益幸平。遂与东伐项王。至彭城,为楚所败。引而还,收散兵至荥阳,以平为亚将,属于韩王信,军广武。

绛侯、灌婴等咸谗陈平曰:"平虽美丈夫,如冠玉耳,其中未必有也。臣闻平居家时,盗其嫂;事魏不容,亡归楚;归楚不中,又亡归汉。今日大王尊官之,令护军。臣闻平受诸将金,金多者得善处,金少者得恶处。平,反覆乱臣也,愿王察之。"汉王疑之,召让魏无知。无知曰:"臣所言者,能也;陛下所问者,行也。今有尾生、孝己之行而无益处于胜负之数,陛下何暇用之乎?楚汉相距,臣进奇谋之士,顾其计诚足以利国家不耳。且盗嫂受金又何足疑乎?"汉王召让平曰:"先生事魏不中,遂事楚而去,今又从吾游,信者固多心乎?"平曰:"臣事魏王,魏王不能用臣说,故去事项王。项王不能信人,其所任爱,非诸项即妻之昆弟,虽有奇士不能用,平乃去楚。闻汉王之能用人,故归大王。臣裸身来,不受金无以为资。诚臣

三秦然后向东进军，殷王反叛楚国。项羽于是把陈平封为信武君，让他率领魏王咎留在楚国的部下前往，击败并降服了殷王凯旋而归。项王派项悍任命陈平为都尉，奖赏他黄金二十镒。过了不久，汉王又攻下殷地。项王大怒，准备杀掉前次平定殷地的将领官吏。陈平害怕被杀头，便封好项王赏他的黄金和官印，派人送还项王，自己单身提着宝剑抄小路逃跑。陈平横渡黄河，船夫见他一个人单身独行，怀疑他是逃亡的将领，腰中定当藏有金玉宝器，就盯着陈平，打算杀掉他。陈平很害怕，就解开衣服，光着膀子帮助船夫撑船。船夫知道他身上一无所有，才没有下手杀陈平。

陈平于是到修武投奔汉军，通过魏无知求见汉王，汉王召他进去。此时万石君石奋做汉王的侍从，接过陈平的名帖，引陈平进见汉王。陈平等七个人都进去见汉王了，汉王又赐给他们食物。汉王说："吃完后，到客舍去休息吧。"陈平说："我有要事前来，所说的话不能拖过今日。"于是汉王就跟他交谈并很喜欢他。汉王问："你在楚军时担任什么官职？"陈平说："做都尉。"汉王当天就任命陈平为都尉，让他做参乘，主管护军的工作。众将都喧哗起来，说："大王刚得到楚国的一个逃兵，还不知道他本领如何，就跟他同乘一辆车子，反而让他监督我们这些老将！"汉王听到这些议论，更加宠幸陈平。汉王于是带着陈平往东讨伐项王。到了彭城，被楚军打败。汉王领兵返回，一路上收集散兵到了荥阳，任命陈平为副将，隶属于韩王信，驻扎在广武一带。

周勃、灌婴等这些人都诋毁陈平说："陈平虽然是个美男子，只不过像帽子上的美玉罢了，他内里未必有真东西。我们听说陈平在家时，曾经与嫂嫂私通；在魏王那里做事不能容身，逃亡出来归附楚王；归附楚王不相合，又逃来归降汉王。现在大王如此器重他，使他做高官，任命他为护军。我们听说陈平接受了将领们送的钱财，钱给得多的就得到好处，钱给得少的就遭遇坏的处境。陈平是一个反复无常的作乱奸臣，希望大王能够明察。"汉王怀疑起陈平来，召来魏无知责问他。魏无知说："我所说的是才能，陛下所问的是品行。现在如果有人有尾生、孝己那样的品行，但对胜负的命运没有好处，陛下哪有闲暇精力使用这样的人呢？楚汉对峙，我亲自推荐善于出奇谋的人，只关心他的计谋是否确实能够有利于国家罢了。至于私通嫂嫂、接受钱财，又有什么值得怀疑的呢？"汉王召来陈平责问道："先生在魏王那里做事不相合，便去楚王那里做事而又半道离开。如今又来跟从我，讲信用的人原来是这样三心二意吗？"陈平说："我在魏王那里效劳，魏王不能采用我的建议，所以我离开他到项王那里做事。项王不能够信任人，他所信任、宠爱的，不是那些项氏宗族就是妻家的兄弟，即使有奇才也不能重用，我这才离开楚王。听说汉王能够用人，所以来归附大王。我只身而来，不接受钱财便没

计画有可采者，大王用之；使无可用者，金具在，请封输官，得请骸骨。"汉王乃谢，厚赐，拜为护军中尉，尽护诸将。诸将乃不敢复言。

其后，楚急攻，绝汉甬道，围汉王于荥阳城。久之，汉王患之，请割荥阳以西以和。项王不听。汉王谓陈平曰："天下纷纷，何时定乎？"陈平曰："项王为人，恭敬爱人，士之廉节好礼者多归之。至于行功爵邑，重之，士亦以此不附。今大王慢而少礼，士廉节者不来；然大王能饶人以爵邑，士之顽钝嗜利无耻者亦多归汉。诚各去其两短，袭其两长，天下指麾则定矣。然大王恣侮人，不能得廉节之士。顾楚有可乱者，彼项王骨鲠之臣亚父、钟离眛、龙且、周殷之属，不过数人耳。大王诚能出捐数万斤金，行反间，间其君臣，以疑其心，项王为人意忌信谗，必内相诛。汉因举兵而攻之，破楚必矣。"汉王以为然，乃出黄金四万斤，与陈平，恣所为，不问其出入。

陈平既多以金纵反间于楚军，宣言诸将钟离眛等为项王将，功多矣，然而终不得裂地而王，欲与汉为一，以灭项氏而分王其地。项羽果意不信钟离眛等。项王既疑之，使使至汉。汉王为太牢具，举进。见楚使，即佯惊曰："吾以为亚父使，乃项王使！"复持去，更以恶草具进楚使。楚使归，具以报项王。项王果大疑亚父。亚父欲急攻下荥阳城，项王不信，不肯听。亚父闻项王疑之，乃怒曰："天下事大定矣，君王自为之！原请骸骨归！"归未至彭城，疽发背而死。陈平乃夜出女子二千人荥阳城东门，楚因击之，陈平乃与汉王从城西门夜出去。遂入关，收散兵复东。

其明年，淮阴侯破齐，自立为齐王，使使言之汉王。汉王大怒而骂，陈平蹑汉王。汉王亦悟，乃厚遇齐使，使张子房卒立信为齐王。封平以户牖乡。用其奇计策，卒灭楚。常以护军中尉从定燕王臧荼。

有办事的费用。如果我的计谋确定有值得采纳的，希望大王采用；假若没有值得采用的，钱财都还留着，请允许我封好送回官府，并请求回家。"汉王于是向陈平道歉，丰厚地赏赐了他，任命他为护军中尉，监督全体将领。将领们就再也不说什么了。

后来楚军加紧进攻，切断了汉军运输粮草的通道，把汉王围困在荥阳城。过了好长一段时间，汉王为这种困境而忧虑，请求割让荥阳以西的地区来谈和。项王不同意。汉王对陈平说："天下如此动乱，什么时候才能安定呢？"陈平说："项王的为人谦恭有礼，恭敬爱人，具有清廉节操，喜欢礼仪的士人都愿意归附他。至于论功行赏、授爵封邑时，他却吝啬这些爵邑，有才能的人因此又不愿归附他。如今大王傲慢又不注重礼仪，具有清廉节操的士人都不愿意来；但是大王能够舍得给人爵位、食邑，那些圆滑没有骨气、好利无耻之徒又多归附汉王。如果你们两位谁能去掉自己的短处，采取对方的长处，那么只要招一招手，天下就能安定了。但是大王经常随意侮辱人，所以得不到具有清廉节操的士人。不过楚军方面有着可以扰乱的地方，项王那里刚直的臣子像亚父范增、钟离眛、龙且、周殷之辈，不过几个人而已。大王如果舍得拿出几万斤黄金，施行反间的计谋，离间楚国的君臣，让他们互生怀疑之心，项王为人猜忌多疑，听信谗言，他们内部一定会互相残杀。汉军可趁机发兵攻打他们，击败楚军是一定的事。"汉王认为陈平说得对，于是拿出黄金四万斤给陈平，听凭他使用，不再过问他的黄金支出情况。

陈平用了很多黄金在楚军中进行离间活动，在众将中扬言钟离眛等人作为项王的将领，功劳很多，但始终不能划地封王，他们打算跟汉王联合起来，消灭项王，瓜分楚国的土地，各自称王。项羽果然猜疑起来，不再信任钟离眛等人。项王已经怀疑钟离眛等人以后，派遣使者到汉军那里打探虚实。汉王特地准备丰盛的酒宴，命人端进。见到楚王的使者，汉王就佯装吃惊地说："我还以为是亚父的使者，原来竟是楚王的使者！"又让人把酒肴端走，换上粗劣的饭菜端给楚王的使者吃。楚王使者回去以后，把这些情况禀告给项王。项王果然大大地怀疑起亚父。亚父范增想急速攻下荥阳城，项王不信任他，不肯听从他的意见。范增闻知项王在怀疑自己，就生气地说："天下的大事已经基本定局了，君王自己干吧！我请求辞职告老还乡！"他回乡还没有到达彭城，就因背上毒疮发作而病死。陈平于是夜里让两千名妇女从荥阳城东门出去，楚军便发动攻击，陈平就与汉王从荥阳西门出城逃离。汉王随即进入关中，收集败散的士兵再次东进。

第二年，淮阴侯韩信打败了齐国，自立为齐王，派使者把这件事禀报给汉王。汉王非常恼怒，斥骂韩信。陈平暗暗地踩汉王的脚，汉王顿有所悟，于是就优厚地款待了齐王使者，并派张良立即封韩信为齐王。汉王把户牖乡封给陈平。汉王采用陈平的奇计妙策，最终灭掉楚国。陈平曾经以护军中尉的身份跟随汉王平定了燕王臧荼的叛乱。

汉六年，人有上书告楚王韩信反。高帝问诸将，诸将曰："亟发兵阬竖子耳。"高帝默然。问陈平，平固辞谢，曰："诸将云何？"上具告之。陈平曰："人之上书言信反，有知之者乎？"曰："未有。"曰："信知之乎？"曰："不知。"陈平曰："陛下精兵孰与楚？"上曰："不能过。"平曰："陛下将用兵有能过韩信者乎？"上曰："莫及也。"平曰："今兵不如楚精，而将不能及，而举兵攻之，是趣之战也，窃为陛下危之。"上曰："为之奈何？"平曰："古者天子巡狩，会诸侯。南方有云梦，陛下弟出伪游云梦，会诸侯于陈。陈，楚之西界，信闻天子以好出游，其势必无事而郊迎谒。谒，而陛下因禽之，此特一力士之事耳。"高帝以为然，乃发使告诸侯会陈，"吾将南游云梦"。上因随以行。行未至陈，楚王信果郊迎道中。高帝豫具武士，见信至，即执缚之，载后车。信呼曰："天下已定，我固当烹！"高帝顾谓信曰："若毋声！而反，明矣！"武士反接之。遂会诸侯于陈，尽定楚地。还至雒阳，赦信以为淮阴侯，而与功臣剖符定封。

于是与平剖符，世世勿绝，为户牖侯。平辞曰："此非臣之功也。"上曰："吾用先生谋计，战胜剋敌，非功而何？"平曰："非魏无知臣安得进？"上曰："若子可谓不背本矣。"乃复赏魏无知。其明年，以护军中尉从攻反者韩王信于代。卒至平城，为匈奴所围，七日不得食。高帝用陈平奇计，使单于阏氏，围以得开。高帝既出，其计秘，世莫得闻。

高帝南过曲逆，上其城，望见其屋室甚大，曰："壮哉县！吾行天下，独见洛阳与是耳。"顾问御史曰："曲逆户口几何？"对曰："始秦时三万余户，间者兵数起，多亡匿，今见五千户。"于是乃诏御史，更以陈平为曲逆侯，尽食之，除前所食户牖。

其后常以护军中尉从攻陈豨及黥布。凡六出奇计，辄益邑，凡六益封。奇计或颇秘，世莫能闻也。

汉六年，有人上书告发楚王韩信造反。高帝问询将领们怎么办，将领们说："赶紧发兵活埋这小子。"高帝默默不语。高帝问陈平，陈平再三推辞，反问道："各位将领说些什么？"皇上把各位将领的意见都告诉了陈平。陈平问："有人上书说韩信要谋反，有知道这件事的外人吗？"皇上说："没有。"陈平问："韩信本人知道这情况吗？"皇上说："不知道。"陈平说："陛下的精锐部队跟楚国比哪个强？"皇上说："不能超过它。"陈平问："陛下的将领中用兵有能超过韩信的吗？"皇上说："没有谁赶得上。"陈平说："如今陛下的军队不如楚国精锐，将领的才干又赶不上韩信，却要发兵攻打他，这是促使他同我们作战，我私下里为陛下的安危而担忧。"皇上说："那该怎么办呢？"陈平说："古时天子巡察各地，会见各大诸侯。南方有个云梦泽，陛下只是假装出游云梦，在陈县会见诸侯。陈县在楚国的西部边界，韩信听到天子怀着善意出游，看那情势定然无事，因而必到郊外迎接拜见陛下。拜见时，陛下趁机将他捉拿下，这只不过是一个力士就能办到的事。"高帝觉得他的主意很好，于是派出使者告知各诸侯到陈县会面，说"我即将南游云梦"。皇上便随即出发。尚未到达陈县的时候，楚王韩信果然在郊外的路上迎接。高帝预先准备好武士，见韩信来了，立即将他拿下捆绑起来，装在副车中。韩信喊道："天下已经平定了，我本来该当烹杀了！"高帝回过头对韩信说："你别出声叫喊了！你谋反已经很明显了！"武士把韩信两手反绑在后。高帝于是在陈县会见了诸侯，全部平定了楚地。高帝回到洛阳，赦免了韩信，降封他为淮阴侯，又与有功之臣剖符确定封赏

当时与陈平剖符，封为户牖侯，世代相传而不断绝。陈平辞谢说："这不是我的功劳。"皇上说："我采用了先生的计谋，克敌制胜，这不是功劳是什么呢？"陈平说："不是魏无知的推荐，我怎么能入朝为官进言献计呢？"皇上赞赏道："像先生您这样可以说是不忘本了。"于是又赏赐了魏无知。第二年，陈平以护军中尉的身份跟从高帝，在代地攻打谋反的韩王信。匆忙行军到了平城，被匈奴围困，七天吃不上饭。高帝采用了陈平的妙计，派人到单于的阏氏那里去疏通，才得以解围出来。高帝脱身以后，陈平的计策始终秘而不宣，世间没有人得知内情。

高帝南归时经过曲逆，登上城楼，望见县城的房屋特别大，说道："这个县好壮观！我走遍了天下，只见到洛阳和这个县是这样。"回头问御史说："曲逆的户口有多少？"御史回答说："当初秦朝时有三万多，中间连年战乱，很多人逃亡藏匿，如今现存大约五千人。"当时高帝便命令御史，重新改封陈平为曲逆侯，尽享全县各户的赋税收入，取消了以前所封的户牖乡。

此后陈平曾以护军中尉的身份跟从高帝，征讨陈豨和黥布。他一共出过六次奇计，每次为此都增加了封邑，一共增封了六次之多。奇计有的颇为隐秘，世间都不知道。

高帝从破布军还，病创，徐行至长安。燕王卢绾反，上使樊哙以相国将兵攻之。既行，人有短恶哙者。高帝怒曰："哙见吾病，乃冀我死也。"用陈平谋而召绛侯周勃受诏床下，曰："陈平亟驰传载勃代哙将，平至军中即斩哙头！"二人既受诏，驰传未至军，行计之曰："樊哙，帝之故人也，功多，且又乃吕后弟吕媭之夫，有亲且贵，帝以忿怒故，欲斩之，则恐后悔。宁囚而致上，上自诛之。"未至军，为坛，以节召樊哙。哙受诏，即反接载槛车，传诣长安，而令绛侯勃代将，将兵定燕反县。

　　平行闻高帝崩，平恐吕太后及吕媭谗怒，乃驰传先去。逢使者诏平与灌婴屯于荥阳。平受诏，立复驰至宫，哭甚哀，因奏事丧前。吕太后哀之，曰："君劳，出休矣。"平畏谗之就，因固请得宿卫中。太后乃以为郎中令，曰："傅教孝惠。"是后吕媭谗乃不得行。樊哙至，则赦复爵邑。

　　孝惠帝六年，相国曹参卒，以安国侯王陵为右丞相，陈平为左丞相。

　　王陵者，故沛人，始为县豪，高祖微时，兄事陵。陵少文，任气，好直言。及高祖起沛，入至咸阳，陵亦自聚党数千人，居南阳，不肯从沛公。及汉王之还攻项籍，陵乃以兵属汉。项羽取陵母置军中，陵使至，则东乡坐陵母，欲以招陵。陵母既私送使者，泣曰："为老妾语陵，谨事汉王。汉王，长者也，无以老妾故，持二心。妾以死送使者。"遂伏剑而死。项王怒，烹陵母。陵卒从汉王定天下。以善雍齿，雍齿，高帝之仇，而陵本无意从高帝，以故晚封，为安国侯。

　　安国侯既为右丞相，二岁，孝惠帝崩。高后欲立诸吕为王，问王陵，王陵曰："不可。"问陈平，陈平曰："可。"吕太后怒，乃佯迁陵为帝太傅，实不用陵。陵怒，谢疾免，杜门竟不朝请，七年而卒。

高帝随击败黥布的军队回来，因伤势严重而患病，一路慢行回到长安。听说燕王卢绾反叛，皇上派樊哙以相国的身份率兵征讨他。出发以后，有人说樊哙的坏话。高帝大怒说："樊哙见我病了，便盼望我死。"便采用陈平的计谋，召绛侯周勃在病榻前受命，说道："陈平速驾车马载着周勃代替樊哙领兵，陈平到了军中立即斩下樊哙的头！"二人接受了诏命，驾驶着驿站的车马急行，还没有到达军中，边走边商议说："樊哙是高帝的老朋友了，功劳很多，而且又是吕后妹妹吕媭的丈夫，与高帝有亲戚关系并且显贵，高帝因为一时愤怒想杀他，只怕将来要后悔。我们宁可把他囚禁起来交与皇上，由皇上自己处决他。"他们没有到军营中，便堆土筑坛，用符节召来樊哙。樊哙接受诏令，立即被反绑起来装上囚车，由驿站送往长安，使绛侯周勃替樊哙为将，率兵平定了燕地反叛的各县。

陈平在返回途中听说高帝去世，他恐怕吕媭进谗言、吕后听信谗言发怒，便急驾驿站车马提前回来。路上遇到使者诏令陈平和灌婴驻守荥阳。陈平接受诏命，马上又驱车赶到宫廷，哭得非常哀痛，趁机在高帝灵堂内向吕后禀奏处理樊哙一事的经过。吕太后怜悯陈平，说道："您辛苦了，出去好好休息吧。"陈平害怕谗言加于自身，于是坚决请求留宿宫中，担任警卫。吕太后于是任命他担任郎中令，说道："请好好辅佐指导孝惠皇帝。"此后吕媭的谗言才不起作用。樊哙被押到长安，便被赦免并恢复了原来的爵位和封邑。

孝惠帝六年，相国曹参去世，任命安国侯王陵为右丞相、陈平为左丞相。

王陵本来是沛县人，起初是县里的豪绅，高祖在卑微时，像对待兄长那样侍奉王陵。王陵为人不大讲礼节，喜欢意气用事，喜欢直言。到了高祖在沛县起兵，进入关中抵达咸阳时，王陵也聚集党羽几千人，驻在南阳，不肯跟从沛公。等到汉王回军进攻项籍时，王陵才率兵归属汉王。项羽劫持王陵的母亲安置在军营中，当王陵的使者到来时，项羽就让王陵的母亲朝东坐在贵宾的位子上，想以此招纳王陵归降楚国。王陵的母亲私下送走使者时说哭着说："请替我告诉王陵，要小心地侍奉汉王。汉王是个仁慈宽厚的长者，不要因为我的缘故而三心二意。我以死来给你送行吧。"说罢即拔剑自刎而死。项王十分恼怒，煮了王陵的母亲。王陵终于跟从汉王平定天下。他跟雍齿交情不错，雍齿是高帝的仇人，原本又无意跟从高帝，由于这些缘故受封较晚，封号为安国侯。

安国侯做了右丞相，两年后，孝惠帝去世。吕太后想立吕氏宗族的人为王，询问王陵，王陵说："不行。"又问陈平，陈平说："可以立。"吕太后发怒，于是假意提升王陵为皇帝的太傅，实际上不重用王陵。王陵发怒，称病辞职。闭门不出，始终不朝见皇帝，七年之后去世。

陵之免丞相，吕太后乃徙平为右丞相，以辟阳侯审食其为左丞相。左丞相不治，常给事于中。

食其亦沛人。汉王之败彭城西，楚取太上皇、吕后为质，食其以舍人侍吕后。其后从破项籍为侯，幸于吕太后。及为相，居中，百官皆因决事。

吕媭常以前陈平为高帝谋执樊哙，数谗曰："陈平为相非治事，日饮醇酒，戏妇女。"陈平闻，日益甚。吕太后闻之，私独喜。面质吕媭于陈平曰："鄙语曰'儿妇人口不可用'，顾君与我何如耳。无畏吕媭之谗也。"

吕太后立诸吕为王，陈平伪听之。及吕太后崩，平与太尉勃合谋，卒诛诸吕，立孝文皇帝，陈平本谋也。审食其免相。

孝文帝立，以为太尉勃亲以兵诛吕氏，功多；陈平欲让勃尊位，乃谢病。孝文帝初立，怪平病，问之。平曰："高祖时，勃功不如臣平。及诛诸吕，臣功亦不如勃。原以右丞相让勃。"于是孝文帝乃以绛侯勃为右丞相，位次第一；平徙为左丞相，位次第二。赐平金千斤，益封三千户。

居顷之，孝文皇帝既益明习国家事，朝而问右丞相勃曰："天下一岁决狱几何？"勃谢曰："不知。"问："天下一岁钱谷出入几何？"勃又谢不知，汗出沾背，愧不能对。于是上亦问左丞相平。平曰："有主者。"上曰："主者谓谁？"平曰："陛下即问决狱，责廷尉；问钱谷，责治粟内史。"上曰："苟各有主者，而君所主者何事也？"平谢曰："主臣！陛下不知其驽下，使待罪宰相。宰相者，上佐天子理阴阳，顺四时，下育万物之宜，外镇抚四夷诸侯，内亲附百姓，使卿大夫各得任其职焉。"孝文帝乃称善。右丞相大惭，出而让陈平曰："君独不素教我对！"陈平笑曰："君居其位，不知其任邪？且陛下即问长安中盗贼数，君欲强对邪？"于是绛侯自知其能不

王陵被免除丞相职务后，吕太后就封陈平为右丞相，任命辟阳侯审食其为左丞相。没有设左丞相办公的处所，左丞相常在宫中处理政务。

审食其也是沛县人。汉王在彭城以西被击败时，楚军抓走汉王的父亲和吕后作为人质，审食其以家臣的身份侍奉吕后。他后来跟随汉军打败项羽被封为侯，受到吕太后的宠幸。他做了左丞相后，住在宫中，百官都得通过他才能决断事情。

吕媭常因从前陈平为高帝出谋划策捉拿樊哙，多次进谗言说："陈平当丞相不理政务，每天饮美酒，玩弄妇女。"陈平听到后，饮酒作乐日益加剧。吕太后闻知此事后，暗自高兴。她当着吕媭的面对陈平说："俗语说'小孩和妇女的话不可信'，就看你对我怎么样了。不要怕吕媭说你的坏话。"

吕太后立吕氏宗族的人为王，陈平假装顺从此事。等到吕太后去世，陈平跟太尉周勃合谋，诛灭了吕氏宗族，拥立孝文皇帝即位，此事陈平是主要出谋划策者。审食其被免去左丞相一职。

孝文帝即位后，认为太尉周勃亲自率兵诛灭吕氏宗族，功劳多；陈平想把右丞相的尊位让给周勃，于是托病告退。孝文帝刚即位时，觉得陈平病得很奇怪，就去探问他。陈平说："高祖时期，周勃的功劳不如我陈平。到诛灭吕氏宗族时，我的功劳也就不如周勃了。我愿把右丞相的职位让给周勃。"于是孝文帝就任命绛侯周勃为右丞相，位次名列第一；陈平调职为左丞相，位次名列第二。又赏赐陈平黄金千金，加封食邑三千户。

过了一段时间后，孝文皇帝已经渐渐熟悉了国家大事，在一次接受群臣朝见时问右丞相周勃说："全国一年中判决的案件有多少？"周勃谢罪说："不知道。"孝文皇帝又问："全国一年中钱粮的开支收入有多少？"周勃又说不知道，急得汗流浃背，惭愧自己不能回答。于是皇上又问左丞相陈平。陈平说："有主管的人。"皇上说："主管的人又是谁？"陈平说："陛下若问判决案件的情况，可询问廷尉；问钱粮收支的情况，可询问治粟内史。"皇上说："如果各自有主管的人，那么您所主管的是些什么事呢？"陈平谢罪说："主管群臣，陛下不知我才智低劣，使我勉强担任宰相的职位。宰相一职，对上辅佐天子，调理阴阳、顺应四时，对下养育万物适时生长，对外镇抚四夷和诸侯，对内爱护团结老百姓，使公卿大夫各自能够胜任他们的职责。"孝文帝于是称赞陈平回答得好。右丞相周勃大为惭愧，退朝后埋怨陈平说："您怎么不在平时教我对答这些话！"陈平笑着说："您身居相位，不知道丞相的职责吗？陛下如若问起长安城中盗贼的数目，您也要勉强凑数来对答吗？"这时绛侯周勃自知自己的才能比陈平差远了。过了一段时间，绛侯周勃托病请求免去右丞相的职务，于是陈平独自

如平远矣。居顷之，绛侯谢病请免相，陈平专为一丞相。

孝文帝二年，丞相陈平卒，谥为献侯。子共侯买代侯。二年卒，子简侯恢代侯。二十三年卒，子何代侯。二十三年，何坐略人妻，弃市，国除。

始陈平曰："我多阴谋，是道家之所禁。吾世即废，亦已矣，终不能复起，以吾多阴祸也。"然其后曾孙陈掌以卫氏亲贵戚，原得续封陈氏，然终不得。

太史公曰：陈丞相平少时，本好黄帝、老子之术。方其割肉俎上之时，其意固已远矣。倾侧扰攘楚魏之间，卒归高帝。常出奇计，救纷纠之难，振国家之患。及吕后时，事多故矣，然平竟自脱，定宗庙，以荣名终，称贤相，岂不善始善终哉！非知谋孰能当此者乎？

担任整个丞相的职务。

孝文帝二年，丞相陈平去世，谥号为献侯。他的儿子恭侯陈买接替侯位。陈买为侯二年去世，他的儿子简侯陈恢接替侯位。陈恢为侯二十三年去世，他的儿子陈何接替侯位。陈何为侯二十三年时，犯了抢占他人妻子的罪，被处以死刑，封国被废除。

当初陈平曾经说过："我常使用诡秘的计谋，这是道家所禁忌的。我的后代如果被废黜，也就止住了，终归不能再兴起，因为我暗中积下了很多祸因。"此后陈平的曾孙陈掌靠着是卫家亲戚的关系，希望能够接续陈家原来的封号，但终究没有成功。

太史公说：陈丞相陈平在年轻的时候，本来喜欢黄帝以及老子的学说。当他在砧板上分割祭肉的时候，他的志向本来已经很远大了。他彷徨于楚魏之间，最终归附高帝。他常常想出妙计，解救纷繁的危难，消除国家的祸患。到了吕后执政时期，诸事多有变故，但陈平竟能自免于祸，安定汉室，保持荣耀的名望终身，被称为贤相，难道不是善始善终吗！假若没有才智和谋略，谁能做到这一步呢？

绛侯周勃世家第二十七

绛侯周勃者,沛人也。其先卷人,徙沛。勃以织薄曲为生,常为人吹箫给丧事,材官引强。

高祖之为沛公初起,勃以中涓从攻胡陵,下方与。方与反,与战,却适。攻丰。击秦军砀东。还军留及萧。复攻砀,破之。下下邑,先登。赐爵五大夫。攻蒙、虞,取之。击章邯车骑,殿。定魏地。攻爰戚、东缗,以往至栗,取之。攻啮桑,先登。击秦军阿下,破之。追至濮阳,下甄城。攻都关、定陶,袭取宛朐,得单父令。夜袭取临济,攻张,以前至卷,破之。击李由军雍丘下。攻开封,先至城下为多。后章邯破杀项梁,沛公与项羽引兵东如砀。自初起沛还至砀,一岁二月。楚怀王封沛公号安武侯,为砀郡长。沛公拜勃为虎贲令,以令从沛公定魏地。攻东郡尉于城武,破之。击王离军,破之。攻长社,先登。攻颍阳、缑氏,绝河津。击赵贲军尸北。南攻南阳守齮,破武关、峣关。破秦军于蓝田,至咸阳,灭秦。

项羽至,以沛公为汉王。汉王赐勃爵为威武侯。从入汉中,拜为将军。还定三秦,至秦,赐食邑怀德。攻槐里、好畤,最。击赵贲、内史保于咸阳,最。北攻漆。击章平、姚卬军。西定汧。还下郿、频阳。围章邯废丘。破西丞。击盗巴军,破之。攻上邽。东守峣关。转击项籍。攻曲逆,最。还守敖仓,追项籍。籍已死,因东定楚地泗、东海郡,凡得二十二县。还守雒阳、栎阳,赐与颍侯共食钟离。以将军从高帝反者燕王臧荼,破之易下。所将卒当驰道为多。赐爵列侯,

绛侯周勃是沛县人。他的先祖是卷县人，后来迁居到了沛县。周勃靠编织养蚕的器具维持生活，还常常在人家办丧事时吹箫奏挽歌，后来又成为能拉强弓的勇士。

高祖刘邦当初称为沛公刚刚起兵的时候，周勃以侍从官的身份随从高祖进攻胡陵，打下方与。方与反叛，周勃跟他们交战，打退了敌军。之后进攻丰邑，在砀郡东边攻打秦军，军队回到留县和萧县。再次进攻砀郡，把它攻破了，打下了下邑，周勃最先登上城墙。高祖赐给他五大夫的爵位。进攻蒙、虞二城，都攻下了。袭击章邯车骑部队的时候，周勃立下大功。平定魏地后，进攻爰戚、东缗，一直打到栗县，都攻占了。攻啮桑时，周勃又最先登城。在东阿城下攻击秦军，把他们打败了。追击到濮阳，攻下甄城。进攻都关、定陶，袭击并攻占了宛朐，俘获了单父的县令。当天夜晚袭击攻占了临济，进攻寿张，又往前打到卷县，把它攻破了。在雍丘城下攻击秦军将领李由的军队。进攻开封时，周勃先到城下，立了战功。后来章邯打败了项梁的军队并杀死了项梁。沛公刘邦和项羽领兵向东回到砀郡。从在沛县开始起兵到回军砀郡，共一年零两个月。楚怀王给沛公的封号为安武侯，并任他做砀郡郡长。沛公任命周勃为虎贲令和沛公一起去平定魏地。在城武进攻东郡郡尉的军队，打败了他们。攻打秦将王离的军队，把他们打败了。进攻长社，周勃又是最先登城。进攻颍阳、缑氏，切断了黄河的渡口。在尸乡的北面攻打赵贲的军队。又南下攻打南阳郡守吕齮。攻破武关、峣关。在蓝田大败秦军，打到咸阳，灭亡了秦朝。

项羽到达咸阳，把沛公封为汉王。汉王赐给周勃威武侯的爵位。周勃跟随汉王进入汉中，被任命为将军。回师平定了三秦，到达秦地后，汉王把怀德赐给周勃作食邑。进攻槐里、好畤，立了上等功。在咸阳攻击赵贲、内史保，又立上等功。向北进攻漆县。攻打章平、姚卬的军队。向西平定汧县。又回军打下了郿县和频阳两地。在废丘包围了章邯的军队。打败了西县县丞的军队。攻打盗巴的军队，打败了他。进攻上邽，在东边镇守峣关。转而攻打项羽。进攻曲逆，立上等功。回师镇守敖仓，追击项羽。项羽死后，趁机向东平定楚泗水和东海两郡，一共占领二十二县。又回师守卫洛阳和栎阳，汉王把钟离赐给周勃与灌婴作为二人共有的食邑。周勃又以将军的身份随从高祖，征讨反叛汉朝的燕王臧荼，在易县城下打败他们。周勃率领的士兵在车马大道上抵御敌军，战功多。周勃被封赐列侯的爵位，高祖分剖符

剖符世世勿绝。食绛八千一百八十户，号绛侯。

以将军从高帝击反韩王信于代，降下霍人。以前至武泉，击胡骑，破之武泉北。转攻韩信军铜鞮，破之。还，降太原六城。击韩信胡骑晋阳下，破之，下晋阳。后击韩信军于硰石，破之，追北八十里。还攻楼烦三城，因击胡骑平城下，所将卒当驰道为多。勃迁为太尉。

击陈豨，屠马邑。所将卒斩豨将军乘马絺。击韩信、陈豨、赵利军于楼烦，破之。得豨将宋最、雁门守圂。因转攻得云中守遬、丞相箕肆、将勋。定雁门郡十七县，云中郡十二县。因复击豨灵丘，破之，斩豨，得豨丞相程纵、将军陈武、都尉高肆。定代郡九县。燕王卢绾反，勃以相国代樊哙将，击下蓟，得绾大将抵、丞相偃、守陉、太尉弱、御史大夫施，屠浑都。破绾军上兰，复击破绾军沮阳。追至长城，定上谷十二县，右北平十六县，辽西、辽东二十九县，渔阳二十二县。最从高帝得相国一人，丞相二人，将军、二千石各三人；别破军二，下城三，定郡五，县七十九，得丞相、大将各一人。

勃为人木强敦厚，高帝以为可属大事。勃不好文学，每召诸生说士，东乡坐而责之："趣为我语。"其椎少文如此。

勃既定燕而归，高祖已崩矣，以列侯事孝惠帝。孝惠帝六年，置太尉官，以勃为太尉。十岁，高后崩。吕禄以赵王为汉上将军，吕产以吕王为汉相国，秉汉权，欲危刘氏。勃为太尉，不得入军门。陈平为丞相，不得任事。于是勃与平谋，卒诛诸吕而立孝文皇帝。其语在吕后、孝文事中。

文帝既立，以勃为右丞相，赐金五千斤，食邑万户。居月余，人或说勃曰："君既诛诸吕，立代王，威震天下，而君受厚赏，处尊位，以宠，久之即祸及身矣。"勃惧，亦自危，乃谢请归相印。上许之。岁余，丞相平卒，上复以勃为丞相。十余月，上曰："前日吾诏

信以示周勃的爵位代代相传,赐其绛县八千一百八十户作为食邑,号称绛侯。

周勃以将军身份随从高祖,在代地征讨反叛汉朝的韩王信,降服了霍人县。再向前到达武泉,攻击胡人的骑兵,在武泉北边把他们打败。又移兵到铜鞮,进攻韩王信的军队,打败了他们。回师降服了太原郡的六座城。在晋阳城下,周勃率领士兵攻击韩王信的胡人骑兵,击败了他们,攻下了晋阳。随后又在砀石攻击韩王信的军队,把他们击败,追击败兵八十里。回师进攻楼烦的三座城,趁势在平城之下攻击胡人骑兵,在车马大道上周勃所率领士兵抵御敌兵,战功最多。周勃晋升为太尉。

周勃攻打叛将陈豨,在马邑县屠城。他率领的士卒斩杀了陈豨的将军乘马絺。在楼烦攻打韩王信、陈豨、赵利的军队,把他们打败了,俘获了陈豨的部将宋最和雁门郡守圂。趁势转攻云中郡,俘获了郡守遬、丞相箕肆和将军勋。平定了雁门郡十七个县,云中郡十二个县。趁势又在灵丘攻打陈豨,把他的军队打垮,杀死了陈豨,俘获了陈豨的丞相程纵、将军陈武、都尉高肆。平定了代郡九个县。燕王卢绾起兵造反的时候,周勃以相国的身份代替樊哙领兵,攻下蓟县,俘虏卢绾的大将抵、丞相偃、守陉、太尉弱、御史大夫施,将浑都屠城。后来在上兰大败卢绾的军队,接着又在沮阳大败卢军。乘胜追击到长城,平定了上谷十二县,右北平十六县,辽西、辽东二十九县,渔阳二十二县。总而言之,周勃跟随汉高祖征讨天下,俘获一位相国,两位丞相,将军和二千石的官员各三位;另外击败过两支军队,攻下三座城,平定五个郡七十九个县,俘虏丞相和大将军各一人。

周勃为人质朴刚强,老实并且忠厚,高祖认为可以嘱托大事。周勃不喜爱文辞礼节,每次召见儒生和游说之士,他面向东坐着,要求他们:"赶快对我说吧!"他的质朴不讲理就像这个样子。

周勃平定燕地之后回朝,高祖已经去世,他以列侯的身份侍奉辅佐惠帝。惠帝六年设太尉官职,任命周勃为太尉。十年以后,吕后去世。吕禄以赵王身份任汉朝上将军,吕产以吕王身份任汉朝相国,他们把持汉朝政权,想要推翻刘氏。周勃身为太尉,却不能进入军营之门;陈平身为丞相,却不能处理朝廷政务。于是周勃与陈平一起谋划,终于诛灭了吕氏家族,拥立孝文皇帝。此事的详情都记载在《吕太后本纪》和《孝文本纪》中。

文帝即位之后,任周勃为右丞相,赏赐黄金五千斤、食邑一万户,过了一个多月,有人劝说周勃:"您已诛灭了吕氏家族,拥立代王为天子,威震天下。您受到丰厚的赏赐,处在尊贵的地位,这样受宠时间长了,将会有灾祸的。"周勃害怕了,自己也感到危险,于是就辞职,请求归还相印。皇帝答应他的请求。过了一年多,丞相陈平去世。皇帝又让周勃任丞相。过了十几个月,皇帝说:"前

列侯就国，或未能行，丞相吾所重，其率先之。"乃免相就国。

　　岁余，每河东守尉行县至绛，绛侯勃自畏恐诛，常被甲，令家人持兵以见之。其后人有上书告勃欲反，下廷尉。廷尉下其事长安，逮捕勃治之。勃恐，不知置辞。吏稍侵辱之。勃以千金与狱吏，狱吏乃书牍背示之，曰"以公主为证"。公主者，孝文帝女也，勃太子胜之尚之，故狱吏教引为证。勃之益封受赐，尽以予薄昭。及系急，薄昭为言薄太后，太后亦以为无反事。文帝朝，太后以冒絮提文帝，曰："绛侯绾皇帝玺，将兵于北军，不以此时反，今居一小县，顾欲反邪！"文帝既见绛侯狱辞，乃谢曰："吏方验而出之。"于是使使持节赦绛侯，复爵邑。绛侯既出，曰："吾尝将百万军，然安知狱吏之贵乎！"

　　绛侯复就国。孝文帝十一年卒，谥为武侯。子胜之代侯。六岁，尚公主，不相中，坐杀人，国除。绝一岁，文帝乃择绛侯勃子贤者河内守亚夫，封为条侯，续绛侯后。

　　条侯亚夫自未侯为河内守时，许负相之，曰："君后三岁而侯。侯八岁为将相，持国秉，贵重矣，于人臣无两。其后九岁而君饿死。"亚夫笑曰："臣之兄已代父侯矣，有如卒，子当代，亚夫何说侯乎？然既已贵如负言，又何说饿死？指示我。"许负指其口曰："有从理入口，此饿死法也。"居三岁，其兄绛侯胜之有罪，孝文帝择绛侯子贤者，皆推亚夫，乃封亚夫为条侯，续绛侯后。

　　文帝之后六年，匈奴大入边。乃以宗正刘礼为将军，军霸上；祝兹侯徐厉为将军，军棘门；以河内守亚夫为将军，军细柳：以备胡。上自劳军。至霸上及棘门军，直驰入，将以下骑送迎。已而之细柳军，军士吏被甲，锐兵刃，彀弓弩，持满。天子先驱至，不得入。先驱曰："天子且至！"军门都尉曰："将军令曰'军中闻将军令，不

些天我下令让列侯都到自己的封地去，有些人还没有走，丞相您是我很器重的人，希望您带头吧！"于是免去丞相职位后回到其封地。

回到封地一年多，每当河东郡守和郡尉巡视各县到达绛县的时候，绛侯周勃害怕被杀，时常披挂铠甲，命令家人手持武器来会见郡守和郡尉。后来有人上书告发周勃要反叛，皇帝把此事交给负责刑狱事务的长官廷尉处理，廷尉又把此事交付长安负责，长安的刑狱官逮捕周勃进行审问。周勃非常恐惧，不知道如何回答。狱吏渐渐欺凌侮辱他。周勃拿千金送给狱吏，狱吏才写在木简背后提示："让公主为你作证。"公主就是文帝的女儿，周勃的长子胜之娶她为妻，所以狱吏教周勃让她出来作证。周勃把加封所受的赏赐都送给了薄太后的弟弟薄昭。等案子到了紧要关头，薄昭为周勃向薄太后说情，太后也认为周勃不会有谋反的事。文帝朝见太后，太后顺手抓起头巾向文帝扔去，说："当初绛侯身上带着皇帝的印玺，在北军领兵，他不在这时反叛，如今他住在一个小小的县里，反倒要谋反吗？"文帝已经看到绛侯的供词，便向太后谢罪说："狱吏刚好查证清楚，要释放他。"于是派使者带着符节赦免绛侯，恢复他的爵位和食邑。绛侯出狱以后说："我曾经率领百万大军，但怎么知道狱吏的尊贵呀！"

绛侯又回到封地。在文帝十一年去世，谥号为武侯。他的儿子胜之继承爵位。过了六年，他所娶的公主与他感情不合，又因他犯了杀人罪，爵位和封地被废除。爵位中断了一年，文帝才从绛侯周勃的儿子中挑选出贤能的河内郡守周亚夫，封他为条侯，接续绛侯的爵位。

条侯周亚夫还没有被封侯，只是河内郡守的时候，许负给他看相说："您三年以后会被封侯，封侯八年以后将担任将军和丞相，掌握国家大权，位尊而权重，在大臣中没有第二个能和你相比。在这之后九年，您将会被饿死。"周亚夫笑着说："我的哥哥已经继承父亲的侯爵了，就算他死了，也应当是他的儿子接替，我周亚夫怎么谈得上封侯呢？既然我已像你说的那样富贵，又为何说会饿死呢？请你给指点。"许负指着周亚夫的嘴说："您脸上有纵纹入口，这是饿死的面相。"过了三年，他的哥哥绛侯周胜之犯罪，文帝从周勃的儿子中挑选贤能的人继承爵位，大家都推举亚夫，于是亚夫被封为条侯，接续绛侯的爵位。

文帝后元六年，匈奴大举入侵骚扰边境。于是文帝便任命宗正刘礼为将军，驻军灞上；任命祝兹侯徐厉为将军，驻军在棘门；任命河内郡守周亚夫为将军，驻军在细柳，防备匈奴。皇帝亲自前去慰劳军队。到了灞上和棘门的军营，一直奔驰进入，从将军到士兵都骑马迎送。后来到达细柳军营，军中官兵都披持铠甲，手执兵刃，张开弓弩，拉满弓弦。天子的前导来到军营中，不能进入。前导说："天子就要到了！"军门都尉说："我们将军有令'在军中只能听从将军的命令，

闻天子之诏'。"居无何，上至，又不得入。于是上乃使使持节诏将军："吾欲入劳军。"亚夫乃传言开壁门。壁门士吏谓从属车骑曰："将军约，军中不得驱驰。"于是天子乃按辔徐行。至营，将军亚夫持兵揖曰："介胄之士不拜，请以军礼见。"天子为动，改容式车。使人称谢："皇帝敬劳将军。"成礼而去。既出军门，群臣皆惊。文帝曰："嗟乎，此真将军矣！曩者霸上、棘门军，若儿戏耳，其将固可袭而虏也。至于亚夫，可得而犯邪！"称善者久之。月余，三军皆罢。乃拜亚夫为中尉。

　　孝文且崩时，诫太子曰："即有缓急，周亚夫真可任将兵。"文帝崩，拜亚夫为车骑将军。

　　孝景三年，吴楚反。亚夫以中尉为太尉，东击吴楚。因自请上曰："楚兵剽轻，难与争锋。原以梁委之，绝其粮道，乃可制。"上许之。

　　太尉既会兵荥阳，吴方攻梁，梁急，请救。太尉引兵东北走昌邑，深壁而守。梁日使使请太尉，太尉守便宜，不肯往。梁上书言景帝，景帝使使诏救梁。太尉不奉诏，坚壁不出，而使轻骑兵弓高侯等绝吴楚兵后食道。吴兵乏粮，饥，数欲挑战，终不出。夜，军中惊，内相攻击扰乱，至于太尉帐下。太尉终卧不起。顷之，复定。后吴奔壁东南陬，太尉使备西北。已而其精兵果奔西北，不得入。吴兵既饿，乃引而去。太尉出精兵追击，大破之。吴王濞弃其军，而与壮士数千人亡走，保于江南丹徒。汉兵因乘胜，遂尽虏之，降其兵，购吴王千金。月余，越人斩吴王头以告。凡相攻守三月，而吴楚破平。于是诸将乃以太尉计谋为是。由此梁孝王与太尉有郤。

　　归，复置太尉官。五岁，迁为丞相，景帝甚重之。景帝废栗太

不听天子的诏令'。"没过多久，皇帝到了，也不能进入。于是皇帝便派使者手持符节通报将军："我要进去慰劳军队。"亚夫这才命令打开军营大门。营门的守卫官对皇帝的车马随从说："将军有规定，军营里不准驱马奔驰。"于是皇帝就拉紧缰绳慢慢行进。到了营中，将军周亚夫手拿武器拱手行礼说："身穿盔甲的将士不能跪拜，请允许我以军礼参见皇上。"皇上被他感动了，马上变得面容庄重，靠在车的横木上向官兵致意。派人向周亚夫致谢说："皇帝特来慰劳将军。"劳军的礼仪结束后离去。一出营门，群臣都露出惊怪的表情。文帝说："啊，这才是真正的将军呀！之前在灞上和棘门军营看到的，简直像是儿戏，他们的将军这样就有可能受袭击被俘虏。至于亚夫，怎么可能有人去侵犯他呢！"称赞他很久。过了一个多月，三支军队都被撤除了。文帝便授予周亚夫中尉的官职。

文帝快去世的时候，告诫太子说："如果发生危急情况，周亚夫是真正担当领兵重任的人物。"文帝去世后，景帝授予周亚夫车骑将军的称号。

景帝三年，吴、楚等七国联合叛乱。周亚夫由中尉升为太尉，带兵向东攻打吴、楚叛军。于是周亚夫亲自向皇帝请示说："楚兵勇猛轻捷，很难与他们交战取胜。我希望先放弃梁国，让他们进攻，我们去断绝他们的粮道，这样才能制服他们。"景帝同意这个意见。

太尉周亚夫把所有军队都会合到荥阳之时，吴国叛军正在攻打梁国，梁国形势十分危急，请求援救。而太尉却率兵跑向东北直到昌邑，守在深沟高垒里不出来。梁国每天都派使者向太尉求救，太尉认为这样坚守才对自己有利，不肯派兵前去救援。梁国上书报告景帝，景帝随即派使者命令太尉救梁。太尉没有听从皇帝的诏令，仍然坚守营垒不出兵，而是派轻骑兵由弓高侯等人率领去断绝吴、楚叛军后方的粮道。吴国军队因此缺乏粮食，士兵饥饿，屡次挑战，可是汉军始终还是不出来应战。有一天夜里，汉军营中受惊，军内互相攻击扰乱，甚至闹到太尉的营帐之下。太尉却还是静卧不起。没过多久，就重新恢复了安定。后来吴军朝汉军军营东南角奔来，太尉让士兵们注意防备西北角。接着吴国精兵果然奔到了西北，但没能攻入。吴兵没有粮食，已经饿得不行了，于是就撤退离去。太尉派精兵前去追击，大败吴军。吴王濞抛弃了他的大军，与几千名精壮士卒一同逃跑，到江南丹徒自保。汉兵于是乘胜追击，俘虏了全部叛军，并使他们投降，又悬赏千金买吴王人头。过了一个多月，就有越人斩了吴王的头来报告。双方攻守历时只有三个月，吴、楚叛乱就被平定了。后来将领们终于意识到太尉的计谋是正确的。但正是因为这次平叛，梁孝王却和太尉结下怨仇。

周亚夫回到朝廷后，朝廷重新设置了太尉官，五年后周亚夫被提升为丞

子，丞相固争之，不得。景帝由此疏之。而梁孝王每朝，常与太后言条侯之短。

窦太后曰："皇后兄王信可侯也。"景帝让曰："始南皮、章武侯先帝不侯，及臣即位乃侯之。信未得封也。"窦太后曰："人主各以时行耳。自窦长君在时，竟不得侯，死后乃其子彭祖顾得侯。吾甚恨之。帝趣侯信也！"景帝曰："请得与丞相议之。"丞相议之，亚夫曰："高皇帝约'非刘氏不得王，非有功不得侯。不如约，天下共击之'。今信虽皇后兄，无功，侯之，非约也。"景帝默然而止。

其后匈奴王徐卢等五人降，景帝欲侯之以劝后。丞相亚夫曰："彼背其主降陛下，陛下侯之，则何以责人臣不守节者乎？"景帝曰："丞相议不可用。"乃悉封徐卢等为列侯。亚夫因谢病。景帝中三年，以病免相。

顷之，景帝居禁中，召条侯，赐食。独置大胾，无切肉，又不置箸。条侯心不平，顾谓尚席取箸。景帝视而笑曰："此不足君所乎？"条侯免冠谢。上起，条侯因趋出。景帝以目送之，曰："此怏怏者非少主臣也！"

居无何，条侯子为父买工官尚方甲楯五百被可以葬者。取庸苦之，不予钱。庸知其盗买县官器，怒而上变告子，事连污条侯。书既闻上，上下吏。吏簿责条侯，条侯不对。景帝骂之曰："吾不用也。"召诣廷尉。廷尉责曰："君侯欲反邪？"亚夫曰："臣所买器，乃葬器也，何谓反邪？"吏曰："君侯纵不反地上，即欲反地下耳。"吏侵之益急。初，吏捕条侯，条侯欲自杀，夫人止之，以故不得死，遂入廷尉。因不食五日，呕血而死。国除。

绝一岁，景帝乃更封绛侯勃他子坚为平曲侯，续绛侯后。十九年

相，景帝非常器重他。后来，景帝废黜栗太子，丞相周亚夫极力劝谏，也未能劝阻。景帝从此就疏远了周亚夫。而梁孝王每次进京朝见，常常跟太后讲周亚夫的不足之处。

有一天，窦太后对景帝说："皇后的哥哥王信可以封侯了。"景帝推辞说："当初对于南皮侯（窦彭祖）、章武侯（窦广国），先帝都没有封他们为侯，到我即位之后才封他们。王信现在还不能封啊。"窦太后说："君主们都是各自依照当时的情况行事。我哥哥窦长君在世时，竟没有被封侯，死后他的儿子彭祖却反倒被封了侯，对于这件事我一直非常悔恨，皇上赶快封王信为侯吧！"景帝说："这件事还需要和丞相商议一下再决定。"于是景帝就和丞相商议，周亚夫说："当初高皇帝立下规矩'不是刘氏家族的人不能封王，不是立下大功的人不能封侯，谁要是不遵守这个规定，天下人共同攻击他'。如今王信虽然是皇后的哥哥，但并不曾立功，封他为侯是不合规矩的。"景帝听后默默无言，只好作罢。

后来匈奴王徐卢等五人一起投降汉朝。景帝想要封他们为侯以此鼓励后来的人。丞相周亚夫说："那几个人背叛他们的君主投降陛下，陛下如果封他们为侯，那还凭什么去责备不守节操的臣子呢？"景帝说："丞相的意见不能采用。"后来还是把徐卢等人全都封为列侯。周亚夫因而称病退居在家中。景帝中元三年，周亚夫因病被免去丞相职务。

没多久，景帝在宫中召见条侯，赏赐酒食。宴席上只放了一大块肉，没有切碎，也没有放筷子。条侯心中很是不满，扭头就叫宴席的主管官员拿筷子来。景帝看到后笑着说："这些不能满足您的需要吗？"条侯脱下帽子谢罪。皇帝起身，条侯趁机快步走了出去。景帝看着他出去后，说："这个遇事就不满意的人不能担任少主的大臣啊！"

不久，条侯的儿子从专门给皇家做用品的工官那里为父亲买了五百件殉葬用的盔甲和盾牌。搬运的雇工很辛苦，可是他却没给这些人工钱。雇工们知道他偷买天子用的器物，一怒就上告周亚夫的儿子要反叛，事情自然牵连到条侯。雇工的上书呈报给景帝以后，景帝将此事交给官吏查办。官吏按文书上内容一一责问条侯，条侯拒不回答。景帝责骂道："我不任用你了。"就又下令把周亚夫交到廷尉那里去。廷尉责问说："您是想造反吗？"周亚夫说："我所买的器物都是准备殉葬用的，怎么能说是要造反呢？"狱吏说："您就算不在地上造反，也是想要到地下去造反吧！"狱吏逼迫越来越紧。一开始，狱吏逮捕条侯的时候，条侯想自杀，夫人制止了他。因此没能死，后来就进了廷尉的监狱。周亚夫后来五天没有吃饭，吐血而死。他的封地被撤除。

周亚夫的爵位在这之后中断了一年，景帝后来改封绛侯周勃的另外一个儿子

卒，谥为共侯。子建德代侯，十三年，为太子太傅。坐酎金不善，元鼎五年，有罪，国除。

条侯果饿死。死后，景帝乃封王信为盖侯。

太史公曰：绛侯周勃始为布衣时，鄙朴人也，才能不过凡庸。及从高祖定天下，在将相位，诸吕欲作乱，勃匡国家难，复之乎正。虽伊尹、周公，何以加哉！亚夫之用兵，持威重，执坚刃，穰苴曷有加焉！足己而不学，守节不逊，终以穷困。悲夫！

周坚为平曲侯，承续绛侯的爵位。周坚封侯十九年后去世，谥号为共侯。他的儿子建德继承侯爵。十三年后，周建德被任命为太子太傅。后来因为所献的助祭黄金品质不佳，于元鼎五年，被判有罪，废除封地。

条侯周亚夫果然是饿死的。在他去世以后，景帝就将王信封为盖侯。

太史公说：绛侯周勃还是平民的时候，只是个粗陋朴实的人，才能也超不过平庸之辈。后来随从高祖平定天下以后，就身居将相之位，吕氏家族想造反，周勃挽救国家危难，使朝廷恢复安定。就算是伊尹、周公这样的贤人，又怎么能超过他呢！周亚夫用兵，一直保持威严庄重，坚韧不拔，就算是司马穰苴这样的名将又怎么能超过他呢？可惜他容易知足却不虚心学习，能谨守节操却不知恭顺，最后以穷途困窘而告终，真是令人感到悲哀啊！

梁孝王世家第二十八

梁孝王武者，孝文皇帝子也，而与孝景帝同母。母，窦太后也。

孝文帝凡四男：长子曰太子，是为孝景帝；次子武；次子参；次子胜。孝文帝即位二年，以武为代王，以参为太原王，以胜为梁王。二岁，徙代王为淮阳王。以代尽与太原王，号曰代王。参立十七年，孝文后二年卒，谥为孝王。子登嗣立，是为代共王。立二十九年，元光二年卒。子义立，是为代王。十九年，汉广关，以常山为限，而徙代王王清河。清河王徙以元鼎三年也。

初，武为淮阳王十年，而梁王胜卒，谥为梁怀王。怀王最少子，爱幸异于他子。其明年，徙淮阳王武为梁王。梁王之初王梁，孝文帝之十二年也。梁王自初王通历已十一年矣。

梁王十四年，入朝。十七年，十八年，比年入朝，留，其明年，乃之国。二十一年，入朝。二十二年，孝文帝崩。二十四年，入朝。二十五年，复入朝。是时上未置太子也。上与梁王燕饮，尝从容言曰："千秋万岁后传于王。"王辞谢。虽知非至言，然心内喜。太后亦然。

其春，吴楚齐赵七国反。吴楚先击梁棘壁，杀数万人。梁孝王城守睢阳，而使韩安国、张羽等为大将军，以距吴楚。吴楚以梁为限，不敢过而西，与太尉亚夫等相距三月。吴楚破，而梁所破杀虏略与汉中分。明年，汉立太子。其后梁最亲，有功，又为大国，居天下膏腴地。地北界泰山，西至高阳，四十余城，皆多大县。

孝王，窦太后少子也，爱之，赏赐不可胜道。于是孝王筑东苑，方三百余里。广睢阳城七十里。大治宫室，为复道，自宫连属于平台三十余里。得赐天子旌旗，出从千乘万骑。东西驰猎，拟于天子。出言跸，入言警。招延四方豪杰，自山以东游说之士，莫不毕至，齐人

梁孝王刘武是孝文帝的儿子，与孝景帝为同母所生。他的母亲是窦太后。

孝文帝共有四个儿子：长子为太子，即孝景帝；次子名武；三子名参；四子名胜。孝文帝登位第二年，把刘武封为代王，把刘参封为太原王，把刘胜封为梁王。过了两年，迁代王为淮阳王。把代国的封地全部划归太原王，号为代王。刘参在位十七年，于孝文帝后元二年去世，谥为孝王。孝王的儿子刘登继位，这就是代共王。代共王在位二十九年，于武帝元光二年去世。共王的儿子刘义继位，这就是代王。过了十九年，汉朝扩充关塞，以常山为界限，而迁代王为清河王。清河王改迁时在武帝元鼎三年。

刘武被封为淮阳王的第十年，梁王刘胜去世，谥为梁怀王。怀王是孝文帝最小的儿子，比其他的儿子更受宠爱。第二年，把淮阳王刘武迁为梁王。刘武初受封为梁王，是孝文帝十二年。梁王自起初受封为代王到改封为梁王，前后为王已有十一年了。

梁王十四年入朝。十七年，十八年，连年入朝，并留在京师，到第二年才回到自己的封国。二十一年又入朝。二十二年，孝文帝去世。二十四年入朝，二十五年又入朝。那时皇上尚未立太子。孝景帝与梁王宴饮，曾经在闲谈时说："千秋万岁之后，我要把大位传给梁王。"梁王谦虚地推辞，他明知这不是真心话，但心中暗喜。太后也同样高兴。

那年春天，吴、楚、齐、赵等七国联合反叛。吴、楚先攻击梁国的棘壁，杀死数万人。梁孝王据守睢阳城，任命韩安国、张羽等人为大将军，抵抗吴、楚的军队。吴、楚受阻于梁，不敢越过梁国向西进兵，和太尉周亚夫等人对峙了三个月。吴、楚破灭，计算功劳，梁国所斩杀俘获的吴、楚军队的数目和朝廷大概一样多。第二年，朝廷立太子。后来梁王因是皇上的亲兄弟，立有大功，又受封于大国，据有天下最肥沃的土地。其封地北以泰山为界，西达高阳，共有四十余城，其中多数是大县。

梁孝王是窦太后的小儿子，非常受宠爱，所得到的赏赐数不尽。当时梁孝王建造东苑，方圆三百多里，扩展睢阳城七十多里。大兴土木，建造宫殿，修筑空中通道，从宫殿连接到平台长达三十多里。有天子赏赐的旌旗，出入随从千乘万骑。到处驰马狩猎，排场之壮盛像天子一样。出入宫殿，清道禁绝行人，言"警"称"跸"。招揽四方豪杰，自崤山以东的游说之士没有不来到

羊胜、公孙诡、邹阳之属。公孙诡多奇邪计，初见王，赐千金，官至中尉，梁号之曰公孙将军，梁多作兵器弩弓矛数十万，而府库金钱且百巨万，珠玉宝器多于京师。

二十九年十月，梁孝王入朝。景帝使使持节乘舆驷马，迎梁王于关下。既朝，上疏因留，以太后亲故。王入则侍景帝同辇，出则同车游猎，射禽兽上林中。梁之侍中、郎、谒者著籍引出入天子殿门，与汉宦官无异。

十一月，上废栗太子，窦太后心欲以孝王为后嗣。大臣及袁盎等有所关说于景帝，窦太后义格，亦遂不复言以梁王为嗣事由此。以事秘，世莫知。乃辞归国。

其夏四月，上立胶东王为太子。梁王怨袁盎及议臣，乃与羊胜、公孙诡之属阴使人刺杀袁盎及他议臣十余人。逐其贼，未得也。于是天子意梁王，逐贼，果梁使之。乃遣使冠盖相望于道，覆按梁，捕公孙诡、羊胜。公孙诡、羊胜匿王后宫。使者责二千石急，梁相轩丘豹及内史韩安国进谏王，王乃令胜、诡皆自杀，出之。上由此怨望于梁王。梁王恐，乃使韩安国因长公主谢罪太后，然后得释。

上怒稍解，因上书请朝。既至关，茅兰说王，使乘布车，从两骑入，匿于长公主园。汉使使迎王，王已入关，车骑尽居外，不知王处。太后泣曰："帝杀吾子！"景帝忧恐。于是梁王伏斧质于阙下，谢罪，然后太后、景帝大喜，相泣，复如故。悉召王从官入关。然景帝益疏王，不同车辇矣。

三十五年冬，复朝。上疏欲留，上弗许。归国，意忽忽不乐。北猎良山，有献牛，足出背上，孝王恶之。六月中，病热，六日卒，谥曰孝王。

孝王慈孝，每闻太后病，口不能食，居不安寝，常欲留长安侍太后。太后亦爱之。及闻梁王薨，窦太后哭极哀，不食，曰："帝果杀吾子！"景帝哀惧，不知所为。与长公主计之，乃分梁为五国，尽立

的，像齐人羊胜、公孙诡、邹阳等人。公孙诡多有奇特怪诞的歪计，初次拜见梁王，梁王赐他千金，官职做到中尉，梁国称他为"公孙将军"。梁国铸造了许多兵器，弓箭、戈矛之类就有数十万件，府库的金钱近万亿，珠玉、宝器等超过了京师。

二十九年十月，梁孝王入京晋见景帝。景帝派使者拿着符节，驾着皇帝乘坐的驷马车，到关前迎候梁王。朝见景帝后，递交奏折请求留在京师，因为太后很宠爱孝王的缘故。孝王入宫则陪侍景帝同乘步辇，外出则同车游猎，到上林苑去射鸟兽。梁国的侍中、郎官、谒者只须在名簿上登记姓名，便可以出入天子的殿门，和朝廷的宦官没有区别。

十一月皇上废黜栗太子，窦太后想让孝王作为继承人。大臣窦婴和袁盎等人劝阻景帝，窦太后的动议受阻，从此也就不再提让梁王作为继承人这件事。因为这件事很秘密，世人没有谁知道。梁王于是辞别朝廷回归封国。

次年四月，皇上立胶东王为太子。梁王就怨恨袁盎和参与议嗣的大臣，和羊胜、公孙诡等人谋划，暗中派人刺杀袁盎和其他参与议嗣的十多位大臣。朝廷想缉捕凶手，没有结果。于是天子怀疑梁王，等捕获到凶手，果然是梁王所主使杀人的。于是景帝派遣使者不断往来于梁国的路上，到梁国去反复按验，逮捕了公孙诡、羊胜。公孙诡、羊胜藏匿在梁王的后宫中。使者责问二千石官员很急，梁相轩丘豹和内史韩安国进谏梁王，梁王才命令羊胜、公孙诡都自杀，之后把他们交出来。皇上因此怨恨梁王。梁王恐惧，于是派韩安国通过长公主向太后认罪，然后才得到宽恕。

皇上的怒气逐渐消解之后，梁王便上书请求朝见。到达函谷关后，茅兰劝梁王乘坐布衣车子，只带两个骑兵入京，躲藏在长公主的园囿之中。朝廷派使者迎接梁王，而梁王已经入关，随从车马都在关外，不知梁王在哪里。太后哭泣道："皇上杀了我的儿子！"景帝为此忧恐。于是梁王背着刑具俯伏在宫廷门口，认罪自请处罚，太后、景帝非常高兴，相对哭泣，兄弟又如以前那样。然后把梁王随从官员悉数召入关。然而景帝渐渐疏远了梁王，不再和他同乘车了。

三十五年的冬天，梁王又入京朝见，递交奏折请求留住京师，皇上没有答应。梁王回到封国后，心神恍惚不乐。到北方的良山打猎，有人献上一头牛，牛足长在背上，孝王对它非常厌恶。六月中旬，得了暑症，过了六天就病死了，谥为孝王。

孝王很孝敬母亲，每次听说太后生病，都吃不下东西、睡不好觉，常想留在长安侍候太后。太后也疼爱他。得知梁王病故，窦太后悲痛欲绝，不进饮食，说："皇上果然杀了我的儿子！"景帝听到后忧惧，不知所措。和长公主商量，

孝王男五人为王，女五人皆食汤沐邑。于是奏之太后，太后乃说，为帝加壹餐。

梁孝王长子买为梁王，是为共王；子明为济川王；子彭离为济东王；子定为山阳王；子不识为济阴王。

孝王未死时，财以巨万计，不可胜数。及死，藏府余黄金尚四十余万斤，他财物称是。

梁共王三年，景帝崩。共王立七年卒，子襄立，是为平王。

梁平王襄十四年，母曰陈太后。共王母曰李太后。李太后，亲平王之大母也。而平王之后姓任，曰任王后。任王后甚有宠于平王襄。初，孝王在时，有罍樽，直千金。孝王诫后世，善保罍樽，无得以与人。任王后闻而欲得罍樽。平王大母李太后曰："先王有命，无得以罍樽与人。他物虽百巨万，犹自恣也。"任王后绝欲得之。平王襄直使人开府取罍樽，赐任王后。李太后大怒，汉使者来，欲自言，平王襄及任王后遮止，闭门，李太后与争门，措指，遂不得见汉使者。李太后亦私与食官长及郎中尹霸等士通乱，而王与任王后以此使人风止李太后，李太后内有淫行，亦已。后病薨。病时，任后未尝请病；薨，又不持丧。

元朔中，睢阳人类犴反者，人有辱其父，而与淮阳太守客出同车。太守客出下车，类犴反杀其仇于车上而去。淮阳太守怒，以让梁二千石。二千石以下求反甚急，执反亲戚。反知国阴事，乃上变事，具告知王与大母争樽状。时丞相以下见知之，欲以伤梁长吏，其书闻天子。天子下吏验问，有之。公卿请废襄为庶人。天子曰："李太后有淫行，而梁王襄无良师傅，故陷不义。"乃削梁八城，枭任王后首于市。梁余尚有十城。襄立三十九年卒，谥为平王。子无伤立为梁王也。

济川王明者，梁孝王子，以桓邑侯孝景中六年为济川王。七岁，坐射杀其中尉，汉有司请诛，天子弗忍诛，废明为庶人。迁房陵，地

于是分梁国为五国,把孝王的五个儿子全封为王,五个女儿也都封给她们汤沐邑。把这些措施上奏给太后,太后才变得高兴起来,对景帝的这种处置表示赞赏吃了一顿饭。

梁孝王的大儿子刘买继承王位,被封为共王;次子刘明被封为济川王;三子刘彭离被封为济东王;四子刘定被封为山阳王;少子刘不识被封为济阴王。

梁孝王未死的时候,财产多得以亿万计算,无法计数。等到梁孝王死后,他的府库里剩余的黄金尚有四十多万斤,其他财物也相当于此。

梁共王三年,景帝去世了。共王在位七年而死,他的儿子刘襄继位,这就是平王。

梁平王刘襄十四年,梁平王的母亲是陈太后。共王的母亲是李太后。李太后,是平王的亲祖母。平王的王后姓任,叫任王后。任王后很受平王刘襄的宠爱。当初,孝王在世时,有一个罍樽,价值千金。孝王告诫后人,要好好地保管罍樽,不能送给别人。任王后听说了却想得到这个罍樽。平王祖母李太后说:"先王有遗命,不得把罍樽送给别人。其他的东西即使价值亿万,任你自取。"任王后执意要得到这个罍樽。平王刘襄于是径直使人开启府库取来罍樽,赐给任王后。李太后大怒,这时朝廷的使者来到梁国,李太后要亲自向使者诉说这件事,平王刘襄和任王后拦阻,关上门,李太后和他们争门夺路,手指被门缝夹住,终于未能见到朝廷的使者。李太后私下和食官长以及郎中尹霸等人通奸,于是平王和任王后派人以此暗示劝阻李太后,李太后因为内有淫乱的行为,也就作罢了。后来李太后病故。她生病的时候,任王后未曾请医问病;去世以后,又不居丧守孝。

到了武帝元朔年间,睢阳有个人叫类犴反,有人侮辱了他的父亲,这个人和淮阳太守的门客一同乘车外出,太守门客下车离去,类犴反在车上杀死他的仇人便逃走了。淮阳太守特别生气,因此责备梁国二千石官员。二千石以下的官员立马开始紧急缉捕类犴反,后来逮捕了类犴反的亲属。类犴反知道梁国宫中的隐秘事,于是向朝廷上书报告,详细说出平王和祖母为罍樽而争执的往事。当时丞相以下的官员都已经知道了这件事,想借此打击梁国的高级官吏,就上奏书告诉了天子。天子派官吏调查审问,果然有这件事。公卿奏请皇上废平王刘襄为平民。皇上说:"李太后有淫乱的行为,梁王刘襄又没有良好的师傅,所以才会陷于不义。"于是削减梁国八城封地,把任王后斩首于市。梁国的封地还剩下十城。刘襄在位三十九年后去世,谥号为平王。他的儿子刘无伤立为梁王。

济川王刘明是梁孝王的儿子,孝景帝中元六年由原来的桓邑侯晋封为济川王。七年后,由于射杀了中尉而犯罪,朝廷中的有关官员奏请皇上要求诛杀济川王,皇上不忍心杀他,就废刘明为平民,贬迁到房陵,收回他的封地,归属朝

入于汉为郡。

济东王彭离者，梁孝王子，以孝景中六年为济东王。二十九年，彭离骄悍，无人君礼，昏暮私与其奴、亡命少年数十人行剽杀人，取财物以为好。所杀发觉者百余人，国皆知之，莫敢夜行。所杀者子上书言。汉有司请诛，上不忍，废以为庶人，迁上庸，地入于汉，为大河郡。

山阳哀王定者，梁孝王子，以孝景中六年为山阳王。九年卒，无子，国除，地入于汉，为山阳郡。

济阴哀王不识者，梁孝王子，以孝景中六年为济阴王。一岁卒，无子，国除，地入于汉，为济阴郡。

太史公曰：梁孝王虽以亲爱之故，王膏腴之地，然会汉家隆盛，百姓殷富，故能植其财货，广宫室，车服拟于天子。然亦僭矣。

褚先生曰：臣为郎时，闻之于宫殿中老郎吏好事者称道之也。窃以为令梁孝王怨望，欲为不善者，事从中生。今太后，女主也，以爱少子故，欲令梁王为太子。大臣不时正言其不可状，阿意治小，私说意以受赏赐，非忠臣也。齐如魏其侯窦婴之正言也，何以有后祸？景帝与王燕见，侍太后饮，景帝曰："千秋万岁之后传王。"太后喜说。窦婴在前，据地言曰："汉法之约，传子適孙，今帝何以得传弟，擅乱高帝约乎！"于是景帝默然无声。太后意不说。

故成王与小弱弟立树下，取一桐叶以与之，曰："吾用封汝。"周公闻之，进见曰："天王封弟，甚善。"成王曰："吾直与戏耳。"周公曰："人主无过举，不当有戏言，言之必行之。"于是乃封小弟以应县。是后成王没齿不敢有戏言，言必行之。孝经曰："非法不言，非道不行。"此圣人之法言也。今主上不宜出好言于梁王。梁王上有太后之重，骄蹇日久，数闻景帝好言，千秋万世之后传王，而实不行。

又诸侯王朝见天子，汉法凡当四见耳。始到，入小见；到正月朔

廷，设为郡县。

济东王刘彭离也是梁孝王的儿子，在孝景帝中元六年的时候被封为济东王。过了二十九年以后，刘彭离骄纵凶悍，没有人君的风范，夜里私下与他的奴仆、以及一些亡命少年一共几十人一起去打劫杀人，以抢劫别人的财物为乐。他所杀的人被发现的就有一百多，全国都知道，再也没有人敢夜间外出。被他杀的人的儿子上书告发。朝廷中有关官员奏请皇上要求诛杀他。皇上也不忍心，把他废为平民，贬迁到上庸，收回封地，归属朝廷，设为大河郡。

山阳哀王刘定是梁孝王的儿子，在孝景帝中元六年的时候被封为山阳王。在位九年以后去世，没有儿子，封国被废除，封地归属朝廷，设为山阳郡。

济阴哀王刘不识是梁孝王的儿子，在孝景帝中元六年的时候被封为济阴王。在位一年后去世，没有儿子，封国被废除，封地归属朝廷，设为济阴郡。

太史公说：梁孝王由于是天子的亲兄弟、太后爱子的缘故，受封于肥沃之地为王，又正赶上国运昌盛、百姓富足，所以能够大量敛财，扩建宫室，车马服饰和天子相似。然而，这样做也属于僭越行为了。

褚少孙先生曾经说：我做郎官的时候，从宫中喜好议论的老郎官那里听说过梁孝王的事迹。我私下里觉得促使梁孝王怨恨不满，准备图谋不轨，想做皇帝的原因，都是从宫廷内部惹出来的。当时的太后是国家的女主，因为疼爱小儿子，想让梁王做太子。朝中大臣不及时劝谏，而是一味地阿谀奉承，净管些无足轻重的小事情，私下讨好太后以求赏赐，这并不是忠臣啊！如果大臣们都能说出像魏其侯、窦婴说出的那些堂堂正正的话，怎么会有后来的祸患呢？景帝与梁孝王举行家宴，侍候太后饮酒，景帝对梁王说："在我去世之后，就把帝位传给你梁王。"太后因此很高兴。窦婴在宴席前，伏地劝谏说："汉朝的法律制度规定，帝位应该传给长子、长孙，现在皇上怎么能够传给弟弟，擅自违背高皇帝的规定呢！"当时景帝沉默不语。太后心里也很不高兴。

当初周成王和他年幼的弟弟站在树下，他拿起一片桐叶告诉弟弟说："我以此封你。"周公听见了，向前拜见道："天王分封弟弟，很好。"成王说："我只不过是开玩笑罢了。"周公说："作为君主没有无故的举动，不应该有开玩笑的话，一旦说了就一定要做到。"于是就把应县封给小弟。在这以后，成王终生不敢再有戏言，说的话就一定会做到。《孝经》上说："不合法度的话不说，不合道理的事不做。"这是圣人的明训啊。当初皇上就不应该用那种好听的话对梁王许愿。梁王因为有太后作为靠山，骄傲纵恣已经很久，多次听景帝许愿之言，要把帝位传给梁王，可是实际上却没有这样做。

另外，诸侯王拜见天子，根据汉朝的规矩，应当一共只见四次。刚到京城

旦，奉皮荐璧玉贺正月，法见；后三日，为王置酒，赐金钱财物；后二日，复入小见，辞去。凡留长安不过二十日。小见者，燕见于禁门内，饮于省中，非士人所得入也。今梁王西朝，因留，且半岁。入与人主同辇，出与同车。示风以大言而实不与，令出怨言，谋畔逆，乃随而忧之，不亦远乎！非大贤人，不知退让。今汉之仪法，朝见贺正月者，常一王与四侯俱朝见，十余岁一至。今梁王常比年入朝见，久留。鄙语曰"骄子不孝"，非恶言也。故诸侯王当为置良师傅，相忠言之士，如汲黯、韩长孺等，敢直言极谏，安得有患害！

盖闻梁王西入朝，谒窦太后，燕见，与景帝俱侍坐于太后前，语言私说。太后谓帝曰："吾闻殷道亲亲，周道尊尊，其义一也。安车大驾，用梁孝王为寄。"景帝跪席举身曰："诺。"罢酒出，帝召袁盎诸大臣通经术者曰："太后言如是，何谓也？"皆对曰："太后意欲立梁王为帝太子。"帝问其状，袁盎等曰："殷道亲亲者，立弟。周道尊尊者，立子。殷道质，质者法天，亲其所亲，故立弟。周道文，文者法地，尊者敬也，敬其本始，故立长子。周道，太子死，立适孙。殷道。太子死，立其弟。"帝曰："于公何如？"皆对曰："方今汉家法周，周道不得立弟，当立子。故《春秋》所以非宋宣公。宋宣公死，不立子而与弟。弟受国死，复反之与兄之子。弟之子争之，以为我当代父后，即刺杀兄子。以故国乱，祸不绝。故《春秋》曰'君子大居正，宋之祸宣公为之'。臣请见太后白之。"袁盎等入见太后："太后言欲立梁王，梁王即终，欲谁立？"太后曰："吾复立帝子。"袁盎等以宋宣公不立正，生祸，祸乱后五世不绝，小不忍害大义状报太后。太后乃解说，即使梁王归就国。而梁王闻其义出于袁盎诸大臣所，怨望，使人来杀袁盎。袁盎顾之曰："我所谓

时，入宫晋见，称为"小见"；正月初一早晨，捧着皮垫摆上璧玉向皇帝道贺正月之喜，称为"法见"；再过三天，皇帝为侯王设下酒宴，赐给他们金银珠宝；再过两天，诸侯王再次入宫"小见"，然后辞别回国。一共留居长安不超过二十天。所谓"小见"，即在宫内不拘大礼相见，饮宴于王宫禁地，这不是一般士人所能进入的。现在梁王西入长安拜见皇上，趁此留居宫中将近半年。他入宫和皇上同辇而坐，出宫与皇上同车而乘。皇上说一些大话，而实际上又不能兑现，以致使梁王口出怨言，图谋叛逆，于是又跟着为他担忧，这不是背离事理太远了吗？不是大贤大德之人，不懂得谦恭礼让。按照汉朝的礼仪制度，朝见皇上庆贺正月，通常是一王和四个列侯一起朝见，十多年才进京一次。而今梁王却常连年入京朝见，并久留于京。俗语说："骄纵的孩子不懂得孝顺。"这话说得非常对啊。所以对诸侯王应当替他们设置好的太师太傅，让忠正敢言之士为相辅佐他，就如汲黯、韩长孺等人那样，敢于直言苦谏，这怎么会有祸患发生呢！

听说梁王西入京师朝见，进见窦太后，一家人相见，和景帝一起陪坐在太后面前，他们母子、兄弟之间高兴地说贴心话。太后对景帝说："听说殷商的制度亲其兄弟，周朝的制度尊其祖先，其道理是相同的。百年之后，我把梁孝王托付给你。"景帝跪在坐席上抬起身子说："是。"宴罢出宫，景帝召集袁盎等精通经术的大臣说："太后说了这样的话，是什么意思？"袁盎等人一齐回答说："太后的意思要立梁王为皇帝的太子。"景帝问其中的道理，袁盎等人回答说："殷商的传统亲近其兄弟，所以传位于其弟。周朝的传统尊崇其祖先，所以传位于其子。殷商的传统崇尚质朴，质朴就能效法上天，亲其亲人，所以传帝位于弟。周朝的传统崇尚华美，华美就效法大地，尊是敬的意思，敬其本原，所以传位于长子。周朝的制度是，太子死了，立嫡孙。殷朝的制度是，太子死了，立其弟。"景帝说："你们的看法怎样？"大家一致回答说："现在汉朝的制度是效法周朝，周朝的制度不能立兄弟，应当立儿子。正因为这样，所以《春秋》以此指责宋宣公。宋宣公死后，不立儿子而传位给弟弟。其弟继位为国君死后，又把君位归给他哥哥的儿子。其弟的儿子争夺君位，认为自己应当接替父亲身后之位，于是杀了宣公的儿子。因此国家大乱，祸患不断。所以《春秋》说：'君子尊崇遵循正道，宋国的祸乱是宣公造成的。'臣等请求谒见太后说明这个道理。"袁盎等人入宫谒见太后说："太后说要立梁王，那么，梁王死后要立谁为太子？"太后说："我再立皇帝的儿子。"袁盎等人向太后陈述了这样一些史实情况：宋宣公不立应当继位的嫡子而发生祸乱，祸乱延续了五代而不断绝，以及不克制小的私心便会遗害大义。太后听了才理解其中的道理，欣然接受，随即让梁王归回自己的封国。梁王听说这种意见出自袁盎等大臣，就怨恨起他们来，于

袁将军者也，公得毋误乎？"刺者曰："是矣！"刺之，置其剑，剑著身。视其剑，新治。问长安中削厉工，工曰："梁郎某子来治此剑。"以此知而发觉之，发使者捕逐之。独梁王所欲杀大臣十余人，文吏穷本之，谋反端颇见。太后不食，日夜泣不止。景帝甚忧之，问公卿大臣，大臣以为遣经术吏往治之，乃可解。于是遣田叔、吕季主往治之。此二人皆通经术，知大礼。来还，至霸昌厩，取火悉烧梁之反辞，但空手来对景帝。景帝曰："何如？"对曰："言梁王不知也。造为之者，独其幸臣羊胜、公孙诡之属为之耳。谨以伏诛死，梁王无恙也。"景帝喜说，曰："急趋谒太后。"太后闻之，立起坐餐，气平复。故曰，不通经术知古今之大礼，不可以为三公及左右近臣。少见之人，如从管中窥天也。

是派人去杀袁盎。袁盎回头看到刺客,说:"我就是所说的袁将军,你不会弄错人吧?"刺客说:"正是你!"刺客杀了袁盎,丢弃了他的剑,剑插在袁盎的身上。仔细看那把剑,是刚刚磨过的。查问长安城中制作或磨砺刀剑的工匠,工匠说:"梁国郎官某人曾来磨过这把剑。"以此得知线索,察觉阴谋,便派遣使者追捕凶手。光是梁王所要杀的大臣就有十多人,执法的官吏穷究其根源,梁王谋反的端倪已经十分明显地显露出来。太后为之食不下咽,日夜哭泣。景帝为此很担忧,想咨询公卿大臣们,大臣认为应派遣精通经术的官吏去处理,才可解除太后之忧虑。于是派遣田叔、吕季主去处理此案。这两人都精通经术,顾全大局。结案归来,走到霸昌厩,取火把梁王谋反的证词全部烧掉,只空手来回奏景帝。景帝问:"案子办得怎么样?"回奏说:"梁王不知情。参与其事的人,只有他的宠臣羊胜、公孙诡等人罢了。臣等谨按律令诛杀了他们,梁王平安无恙。"景帝很高兴,说:"赶快去谒见太后。"太后得知,立刻起来坐着吃饭,心情也变好了。所以说,不精通经术、不懂古今大礼的人,不可以委任为三公和左右近臣。孤陋寡闻之人,如同从竹管中窥天一样。

五宗世家第二十九

孝景皇帝子凡十三人为王，而母五人，同母者为宗亲。栗姬子曰荣、德、阏于。程姬子曰余、非、端。贾夫人子曰彭祖、胜。唐姬子曰发。王夫人儿姁子曰越、寄、乘、舜。

河间献王德，以孝景帝前二年用皇子为河间王。好儒学，被服造次必于儒者。山东诸儒多从之游。

二十六年卒，子共王不害立。四年卒，子刚王基代立。十二年卒，子顷王授代立。

临江哀王阏于，以孝景帝前二年用皇子为临江王。三年卒，无后，国除为郡。

临江闵王荣，以孝景前四年为皇太子，四岁废，用故太子为临江王。

四年，坐侵庙壖垣为宫，上征荣。荣行，祖于江陵北门。既已上车，轴折车废。江陵父老流涕窃言曰："吾王不反矣！"荣至，诣中尉府簿。中尉郅都责讯王，王恐，自杀。葬蓝田。燕数万衔土置冢上，百姓怜之。

荣最长，死无后，国除，地入于汉，为南郡。

右三国本王皆栗姬之子也。

鲁共王余，以孝景前二年用皇子为淮阳王。二年，吴楚反破后，以孝景前三年徙为鲁王。好治宫室苑囿狗马。季年好音，不喜辞辩。为人吃。

二十六年卒，子光代为王。初好音舆马；晚节啬，惟恐不足于财。

江都易王非，以孝景前二年用皇子为汝南王。吴楚反时，非年十五，有材力，上书愿击吴。景帝赐非将军印，击吴。吴已破，二岁，徙为江都王，治吴故国，以军功赐天子旌旗。元光五年，匈奴大

孝景皇帝的儿子共有十三人受封为王，这十三人分别由五位母亲所生，同一母亲所生的为宗亲。栗姬所生的儿子是刘荣、刘德、刘阏于三人。程姬所生的儿子是刘余、刘非、刘端三人。贾夫人所生的儿子是刘彭祖、刘胜两人。唐姬所生的儿子是刘发一人。王夫人儿姁所生的儿子是刘越、刘寄、刘乘、刘舜四人。

　　河间献王刘德在孝景帝前元二年以皇子的身份被封为河间王。他喜好儒学，衣着服饰言行举止都依仿儒生。山东的众儒生多附于他。

　　他在位二十六年去世，其儿子恭王刘不害继位。刘不害在位四年去世，其儿子刚王刘基继位。刘基在位十二年去世，其儿子项王刘授继位。

　　临江哀王刘阏于在孝景帝前元二年以皇子的身份被封为临江王。他在位三年去世，因为没有后代继承王位，封国废除，改为郡县。

　　临江闵王刘荣在孝景帝前元四年被立为皇太子，四年后被废黜，以原太子的身份被封为临江王。

　　他在位四年，因为侵占宗庙墙外的空地，把其扩建为宫殿而获罪，天子征召他。刘荣应召出发，在江陵北门祭祀行路之神。上车之后，轴断车废。江陵父老认为这是不祥之兆，哭泣着私语道："我们的君王恐怕回不来了！"刘荣到了京城，前往中尉府接受审讯。中尉郅都责问他，他很害怕，然后自杀而死。埋葬在蓝田。几万只燕子衔土放在他的坟墓上，百姓都特别哀怜他。

　　刘荣在景帝诸子中年龄最大，死后没有儿子继承王位，封国废除，封地并入朝廷，设为南郡。

　　以上所述三国的第一代国王都是栗姬的儿子。

　　鲁恭王刘余在孝景帝前元二年以皇子的身份受封为淮阳王。第二年，吴、楚七国反叛被击败后，在孝景帝前元三年改封为鲁王。他喜欢建造宫殿、圈地畜养禽兽和狗马。晚年喜好音乐，不善辩说，说话口吃。

　　他在位二十六年去世，其儿子刘光继位为王。刘光最初也喜欢音乐和车马，晚年变得吝啬，唯恐钱财不够用。

　　江都易王刘非在孝景帝前元二年以皇子的身份受封为汝南王。吴、楚七国反叛时，刘非当时十五岁有勇有谋，上书天子，自愿领兵攻打吴国。景帝赐给他将军印，令其攻打吴国，吴国被击败后，第二年，改封为江都王，治理吴国原有的封地，因为有军功受赐天子的旌旗。孝武帝元光五年，匈奴大举入侵汉

入汉为贼，非上书愿击匈奴，上不许。非好气力，治宫观，招四方豪杰，骄奢甚。

立二十六年卒，子建立为王。七年自杀。淮南、衡山谋反时，建颇闻其谋。自以为国近淮南，恐一日发，为所并，即阴作兵器，而时佩其父所赐将军印，载天子旗以出。易王死未葬，建有所说易王宠美人淖姬，夜使人迎与奸服舍中。及淮南事发，治党与颇及江都王建。建恐，因使人多持金钱，事绝其狱。而又信巫祝，使人祷祠妄言。建又尽与其姊弟奸。事既闻，汉公卿请捕治建。天子不忍，使大臣即讯王。王服所犯，遂自杀。国除，地入于汉，为广陵郡。

胶西王端，以孝景前三年吴楚七国反破后，端用皇子为胶西王。端为人贼戾，又阴痿，一近妇人，病之数月。而有爱幸少年为郎。为郎者顷之与后宫乱，端禽灭之，及杀其子母。数犯上法，汉公卿数请诛端，天子为兄弟之故不忍，而端所为滋甚。有司再请削其国，去太半。端心愠，遂为无訾省。府库坏漏尽，腐财物以巨万计，终不得收徙。令吏毋得收租赋。端皆去卫，封其宫门，从一门出游。数变名姓，为布衣，之他郡国。

相、二千石往者，奉汉法以治，端辄求其罪告之，无罪者诈药杀之。所以设诈究变，强足以距谏，智足以饰非。相、二千石从王治，则汉绳以法。故胶西小国，而所杀伤二千石甚众。

立四十七年，卒，竟无男代后，国除，地入于汉，为胶西郡。

右三国本王皆程姬之子也。

赵王彭祖，以孝景前二年用皇子为广川王。赵王遂反破后，彭祖王广川。四年，徙为赵王。十五年，孝景帝崩。彭祖为人巧佞卑谄，足恭而心刻深。好法律，持诡辩以中人。彭祖多内宠姬及子孙。相、

境，刘非又上书愿攻打匈奴，天子没有答应他。刘非喜好使弄气力，建造宫殿，招纳各地豪杰侠士，十分高傲。

他在位二十六年后去世，其儿子刘建继位为王。刘建在位七年自杀而死。在淮南、衡山两国谋反时，刘建略知他们的计谋。他认为自己的封国靠近淮南，恐怕一旦事发，被淮南王并吞，于是暗中偷偷制造兵器，并且经常佩带着天子赐给他父亲的将军印，载着天子的旌旗出外巡游。易王去世，尚未埋葬，刘建看上易王宠爱的美人淖姬，夜里派人把淖姬接来，跟她在守丧的房舍中发生奸情。等到淮南王反叛事败露，朝廷惩治同党、涉嫌者，颇牵连到江都王刘建。于是刘建恐慌，派人多持金钱，想办法平息这件讼案。他又相信巫祝，派人祭祀祷告，编造虚妄不经的话。刘建还跟他的姊妹都有奸情。这些事被朝廷得知后，汉朝的公卿大臣请求逮捕刘建治罪。天子不忍心，派大臣去审讯他。他招认了所有犯罪，畏罪自杀。于是封国废除，封地并入朝廷，设为广陵郡。

胶西王刘端在孝景帝前元三年吴、楚七国反叛被击败后，以皇子的身份受封为胶西王。刘端为人残暴凶狠，又患阳痿病，一接触女人，就要病几个月。他宠爱一个年轻人，任其为郎官。不久这个年轻郎官与后宫有淫乱行为，刘端捕杀了他，并且杀死他儿子和母亲。刘端屡次触犯天子法令，汉朝的公卿大臣多次请求诛杀他，天子因为他是兄弟的缘故不忍心这样做，因而刘端的行为更加过分。有关官员再次请求削夺他的国土，于是皇上削夺了他的大半封地。于是刘端心里怀恨，对封国内的钱财不再计算管理。府库全都倒塌破漏，腐坏的财物以亿万计算，最终也不加以收拾整理。他又命令官吏不准收取租赋。刘端又全部撤除警卫人员，封闭宫门，只留下一门，从那里出宫游荡。屡次改换姓名，假扮为平民，到其他的郡国去。

凡前往胶西任相国、二千石级的官员，如果奉行汉朝法律治理政事，刘端总是找出他们的罪过报告朝廷；如果找不到罪过，就设诡计用药毒死他们。他设的诡计变化多样，他的强横足以拒绝他人的劝谏，他的智巧足以掩饰自己的过错。相国、二千石级官员如果遵从王法治理政事，就中其陷害，被朝廷以法治罪。因此，胶西虽是小国，而被杀受伤害的二千石级官员却特别多。

刘端在位四十七年去世，终于因没有儿子继承王位，封国废除，封地并入朝廷，设为胶西郡。

以上所讲三国的第一代国王都是程姬的儿子。

赵王刘彭祖在孝景帝前元二年的时候，以皇子的身份被封为广川王。赵王反叛被击败后，彭祖依然为广川王。在位第四年，改封为赵王。在位第十五年时，孝景帝去世。彭祖为人巧诈奸佞，卑下奉承，表面上谦卑恭敬讨好别人，

二千石欲奉汉法以治，则害于王家。是以每相、二千石至，彭祖衣皂布衣，自行迎，除二千石舍，多设疑事以作动之，得二千石失言，中忌讳，辄书之。二千石欲治者，则以此迫劫；不听，乃上书告，及污以奸利事。彭祖立五十余年，相、二千石无能满二岁，辄以罪去，大者死，小者刑，以故二千石莫敢治。而赵王擅权，使使即县为贾人榷会，入多于国经租税。以是赵王家多金钱，然所赐姬诸子，亦尽之矣。彭祖取故江都易王宠姬王建所盗与奸淖姬者为姬，甚爱之。

彭祖不好治宫室、禨祥，好为吏事。上书愿督国中盗贼。常夜从走卒行徼邯郸中。诸使过客以彭祖险陂，莫敢留邯郸。

其太子丹与其女及同产姊奸，与其客江充有郤。充告丹，丹以故废。赵更立太子。

中山靖王胜，以孝景前三年用皇子为中山王。十四年，孝景帝崩。胜为人乐酒好内，有子枝属百二十余人。常与兄赵王相非，曰："兄为王，专代吏治事。王者当日听音乐声色。"赵王亦非之，曰："中山王徒日淫，不佐天子拊循百姓，何以称为藩臣！"

立四十二年卒，子哀王昌立。一年卒，子昆侈代为中山王。

右二国本王皆贾夫人之子也。

长沙定王发，发之母唐姬，故程姬侍者。景帝召程姬，程姬有所辟，不愿进，而饰侍者唐儿使夜进。上醉不知，以为程姬而幸之，遂有身。已乃觉非程姬也。及生子，因命曰发。以孝景前二年用皇子为长沙王。以其母微，无宠，故王卑湿贫国。

立二十七年卒，子康王庸立。二十八年，卒，子鲋鮈立为长沙王。

内心却特别刻薄阴毒。喜欢研究法律，用诡辩来中伤人。彭祖有很多宠幸的姬妾和子孙。相国、二千石级的官员如果要想奉行汉朝法律处理政事，就会妨害到王家利益。因此每当相国、二千石级官员到任，刘彭祖便穿着黑布衣扮成奴仆，亲自出去迎接，清扫二千石级官员下榻的住所，多设惑乱之事来迷惑对方，一旦这些官员言语失当，触犯朝廷禁忌，他就记下来。如果这些官员想奉法治事，他就以此相威胁；如果对方不顺从，就上书告发，并以作奸犯法图谋私利之事诬陷他们。刘彭祖在位五十多年期间，相国、二千石级官员没有能任满两年的，经常因为获罪而被罢黜，罪过大的被处死，罪过小的受刑罚，所以二千石级官员没有谁敢再奉法治事。赵王也就因此独揽大权，派使者到属县做买卖，收入比王国正常的租税还多。因此赵王家多有金钱，然而这些金钱也都因为赏赐给姬妾诸子而耗光了。刘彭祖娶以前江都易王的宠姬，也就是后来为刘建所夺取而相奸淫的那位淖姬为姬妾，并且非常宠爱她。

刘彭祖不喜欢营建宫室、不迷信鬼神，而是喜欢做吏人做的事。他上书天子，愿督察王国内的盗贼。经常夜里带兵在邯郸城内巡察。所有的往来使者以及过路旅客都因为刘彭祖险诈邪恶，不敢留宿在邯郸城内。

赵王彭祖的太子刘丹和他的女儿及同胞姐姐通奸。刘丹跟他的门客江充结下怨仇，江充告发刘丹，刘丹因此被废黜。赵国改立太子。

中山靖王刘胜在孝景帝前元三年的时候，以皇子的身份受封为中山王。在位第十四年的时候，孝景帝去世。刘胜这个人喜欢饮酒，爱好女色，他的子孙有一百二十多人。经常和他的哥哥赵王相互指责说："哥哥为王，专门替下级官吏治理政事。为王的人就应当每日听音乐享受歌舞女色。"赵王也指责他，说："中山王只是每天淫乐，不帮助天子抚慰百姓，怎么能称为藩臣！"

刘胜一共在位四十二年，去世以后，由其儿子哀王刘昌继位。刘昌在位一年后去世，由其儿子刘昆侈继位为中山王。

上面所讲到的两国的第一代国王都是贾夫人的儿子。

长沙定王刘发，母亲是唐姬，以前原本是程姬的侍女。景帝召幸程姬的时候，恰好程姬有月事，不便进侍，就把她的侍女唐儿加以装扮，派她夜晚进侍皇上。皇上醉酒不知内情，以为是程姬，就和她同床了，后来就有了身孕。事后皇上才知道并不是程姬。等生下儿子，就取名为刘发。刘发在孝景帝前元二年的时候，以皇子的身份受封为长沙王。由于他的母亲身份卑贱，不得天子宠爱，所以被封在低湿贫困之国为王。

刘发在位二十七之后去世，他的儿子康王刘庸继位。刘庸在位二十八年去世，他的儿子刘鲋鮈继位为长沙王。

右一国本王唐姬之子也。

广川惠王越,以孝景中二年用皇子为广川王。

十二年卒,子齐立为王。齐有幸臣桑距。已而有罪,欲诛距,距亡,王因禽其宗族。距怨王,乃上书告王齐与同产奸。自是之后,王齐数上书告言汉公卿及幸臣所忠等。

胶东康王寄,以孝景中二年用皇子为胶东王。二十八年卒。淮南王谋反时,寄微闻其事,私作楼车镞矢战守备,候淮南之起。及吏治淮南之事,辞出之。寄于上最亲,意伤之,发病而死,不敢置后,于是上。寄有长子者名贤,母无宠;少子名庆,母爱幸,寄常欲立之,为不次,因有过,遂无言。上怜之,乃以贤为胶东王奉康王嗣,而封庆于故衡山地,为六安王。

胶东王贤立十四年卒,谥为哀王。子庆为王。

六安王庆,以元狩二年用胶东康王子为六安王。

清河哀王乘,以孝景中三年用皇子为清河王。十二年卒,无后,国除,地入于汉,为清河郡。

常山宪王舜,以孝景中五年用皇子为常山王。舜最亲,景帝少子,骄怠多淫,数犯禁,上常宽释之。立三十二年卒,太子勃代立为王。

初,宪王舜有所不爱姬生长男棁。棁以母无宠故,亦不得幸于王。王后修生太子勃。王内多,所幸姬生子平、子商,王后希得幸。及宪王病甚,诸幸姬常侍病,故王后亦以妒媢不常侍病,辄归舍。医进药,太子勃不自尝药,又不宿留侍病。及王薨,王后、太子乃至。宪王雅不以长子棁为人数,及薨,又不分与财物。郎或说太子、王后,令诸子与长子棁共分财物,太子、王后不听。太子代立,又不收恤棁。棁怨王后、太子。汉使者视宪王丧,棁自言宪王病时,王后、太子不侍,及薨,六日出舍,太子勃私奸,饮酒,博戏,击筑,与女子载驰,环城过市,入牢视囚。天子遣大行骞验王后及问王勃,请逮

上面所提到的这个国的第一代国王是唐姬的儿子。

广川惠王刘越，在孝景帝中元二年的时候，以皇子的身份受封为广川王。

刘越在位十二年之后去世，他的儿子刘齐继位为王。刘齐有一个宠幸的臣子名叫桑距。后来桑距犯了罪，刘齐想诛杀桑距，桑距逃跑了，刘齐于是抓捕了他的宗族。桑距因此怨恨刘齐，就上书告发刘齐与他的同胞姊妹有奸情的罪行。此后，刘齐为求自保，屡次上书告发汉朝公卿以及宠幸之臣所忠等人。

胶东康王刘寄在孝景帝中元二年的时候，以皇子的身份受封为胶东王。在位二十八年之后去世。在淮南王谋反之时，刘寄暗中听说这件事，就私下制造楼车弓箭，做好了战、守的准备，等候淮南王起事。等到后来官吏在审问淮南王谋反之事的时候，在供词中暴露了这件事情。刘寄与皇上关系十分亲密，心中为参与谋反而感到内疚伤心，病情发作而死，也没敢立传后之人，皇上听说了这件事。刘寄的长子名为贤，他的母亲不受宠爱；小儿子名为庆，很受母亲宠爱，刘寄曾经想立刘庆为传后之人，因为这样不合传承的次第，又因为自己有罪过，始终不敢上言告诉皇上。天子哀怜他，就封刘贤为胶东王，做康王的继承人，把刘庆封在过去衡山王的封地，称为六安王。

胶东王刘贤在位十四年后去世，谥号为哀王。其儿子刘庆继位为王。

六安王刘庆在元狩二年的时候，以胶东康王儿子的身份被封为六安王。

清河哀王刘乘在孝景帝中元三年的时候，以皇子的身份被封为清河王。在位十二年之后去世，没有儿子，封国被废除，封地归属朝廷，设为清河郡。

常山宪王刘舜在孝景帝中元五年的时候，以皇子的身份被封为常山王。刘舜是景帝最宠爱的小儿子，骄纵怠惰，多有淫乱之事，多次触犯法禁，天子常常宽恕赦免他。他在位三十二年后去世，太子刘勃继位为王。

原先宪王刘舜有一个不被宠爱的姬妾生下长子刘棁。刘棁因为生母不被宠爱，也不得宪王的喜欢。王后修生下太子刘勃。宪王姬妾很多，他所宠幸的姬妾为他生下的儿子有刘平、刘商，王后很少得幸。等到宪王病重的时候，那些被宠幸的姬妾常去侍候，王后因为嫉妒，不常去问病侍疾，总待在自己的屋子里。医生呈进医药，太子刘勃也不亲自尝药，同时也不留宿王室侍疾。等到宪王去世之时，王后、太子才过来。宪王一直都不把刘棁当儿子看待，宪王去世以后，也没有分给他财物。郎官中有人劝谏太子、王后，让诸子和长子刘棁共同分财物，太子、王后不肯答应。太子继位之后，又不肯收纳抚恤刘棁。刘棁因此怨恨王后、太子。汉朝使者来料理宪王丧事之时，刘棁亲自告发宪王生病时，王后、太子不在床前侍候，等到宪王去世以后，才刚刚过了六天就离开服丧的屋子，以及太子刘勃私下奸淫、饮酒取乐、赌博为戏、击筑作乐，与女子乘车奔驰、穿城

勃所与奸诸证左，王又匿之。吏求捕勃大急，使人致击笞掠，擅出汉所疑囚者。有司请诛宪王后修及王勃。上以修素无行，使悦陷之罪，勃无良师傅，不忍诛。有司请废王后修，徙王勃以家属处房陵，上许之。

勃王数月，迁于房陵，国绝。月余，天子为最亲，乃诏有司曰："常山宪王蚤夭，后妾不和，嫡孽诬争，陷于不义以灭国，朕甚闵焉。其封宪王子平三万户，为真定王；封子商三万户，为泗水王。"

真定王平，元鼎四年用常山宪王子为真定王。

泗水思王商，以元鼎四年用常山宪王子为泗水王。十一年卒，子哀王安世立。十一年卒，无子。于是上怜泗水王绝，乃立安世弟贺为泗水王。

右四国本王皆王夫人儿姁子也。其后汉益封其支子为六安王、泗水王二国。凡儿姁子孙，于今为六王。

太史公曰：高祖时诸侯皆赋，得自除内史以下，汉独为置丞相，黄金印。诸侯自除御史、廷尉正、博士，拟于天子。自吴楚反后，五宗王世，汉为置二千石，去"丞相"曰"相"，银印。诸侯独得食租税，夺之权。其后诸侯贫者或乘牛车也。

过市、进入监狱探看囚犯的种种罪恶行径。天子派大行张骞验证王后的行为并审讯刘勃，张骞请求逮捕所有与刘勃相奸淫的人作为佐证，刘勃又想方设法把他们藏起来。官吏大举搜捕，刘勃十分着急，派人拷打吏人，擅自释放了朝廷认为可疑曾经囚禁起来的人。官员请求诛杀宪王王后修和刘勃。天子认为修一向品行就不好，才导致刘税告发她有罪，刘勃是因为没有好的师傅辅佐，不忍心诛杀。官员又请求废黜王后修，放逐刘勃，让他的家属和他一起迁居房陵，皇上答应了。

刘勃称王仅仅几个月，之后就被贬迁到房陵，封国绝灭。一个多月后，皇上顾念到他曾经是宪王最宠爱的小儿子，就下诏给官员说："常山宪王去世早，王后与姬妾不和，嫡子和庶子之间互相捏造罪名，互相争斗，因此而陷于不义，封国绝灭，我很哀怜他。封宪王儿子刘平三万户，为真定王；封宪王儿子刘商三万户，为泗水王。"

真定王刘平在元鼎四年的时候，以常山宪王儿子的身份被封为真定王。

泗水思王刘商，在元鼎四年的时候，以常山宪王儿子的身份被封为泗水王。在位十一年后去世，他的儿子哀王刘安世继位。哀王在位十一年去世，他没有儿子。天子怜悯泗水王绝后，就立刘安世的弟弟刘贺为泗水王。

上面所说四国的第一代国王都是王夫人儿姁的儿子。后来汉朝又增封其同族子孙为六安王、泗水王两国。总计儿姁的子孙，到现在一共有六个被封王的。

太史公说：汉高祖在位之时，诸侯的一切赋税都归诸侯王所有，可以自行任命内史以下的官员，朝廷只为他们派遣丞相，授予金印。诸侯王自行任命御史、廷尉正、博士等官员，跟天子相类似。自从吴、楚等国反叛以后，在五宗为王的时代，朝廷为他们派遣二千石级的官员，撤除"丞相"，改为"相"，授予银印。后来有的诸侯王就贫穷了，只能乘坐牛车了。

三王世家第三十

"大司马臣去病昧死再拜上疏皇帝陛下：陛下过听，使臣去病待罪行间。宜专边塞之思虑，暴骸中野无以报，乃敢惟他议以干用事者，诚见陛下忧劳天下，哀怜百姓以自忘，亏膳贬乐，损郎员。皇子赖天，能胜衣趋拜，至今无号位师傅官。陛下恭让不恤，群臣私望，不敢越职而言。臣窃不胜犬马心，昧死愿陛下诏有司，因盛夏吉时定皇子位。唯陛下幸察。臣去病昧死再拜以闻皇帝陛下。"三月乙亥，御史臣光守尚书令奏未央宫。制曰："下御史。"

六年三月戊申朔，乙亥，御史臣光守尚书令、丞非，下御史书到言："丞相臣青翟、御史大夫臣汤、太常臣充、大行令臣息、太子少傅臣安行宗正事昧死上言：大司马去病上疏曰：'陛下过听，使臣去病待罪行间。宜专边塞之思虑，暴骸中野无以报，乃敢惟他议以干用事者，诚见陛下忧劳天下，哀怜百姓以自忘，亏膳贬乐，损郎员。皇子赖天，能胜衣趋拜，至今无号位师傅官。陛下恭让不恤，群臣私望，不敢越职而言。臣窃不胜犬马心，昧死愿陛下诏有司，因盛夏吉时定皇子位。唯原陛下幸察。'制曰'下御史'。臣谨与中二千石、二千石臣贺等议：古者裂地立国，并建诸侯以承天于，所以尊宗庙重社稷也。今臣去病上疏，不忘其职，因以宣恩，乃道天子卑让自贬以劳天下，虑皇子未有号位。臣青翟、臣汤等宜奉义遵职，愚憧而不逮事。方今盛夏吉时，臣青翟、臣汤等昧死请立皇子臣闳、臣旦、臣胥为诸侯王。昧死请所立国名。"

制曰："盖闻周封八百，姬姓并列，或子、男、附庸。礼'支子不祭'。云并建诸侯所以重社稷，朕无闻焉。且天非为君生民也。朕

"大司马臣霍去病冒死再拜上奏皇帝陛下说：承蒙陛下您的错爱，让我霍去病能够在军中供职。本来应该专心处理边防事务，即使战死荒野也不足以报答陛下大恩，居然还敢考虑别的事来打扰陛下。我这样做，主要是因为看到陛下为天下事情操心，因哀怜百姓而忘了自己，减少了食膳音乐，裁减了郎员。皇子们依靠上天保佑，都已长大成人，已经可以行趋拜之礼，但至今都还没有封号，也没有为其设立师傅官，陛下谦恭礼让，不怜悯骨肉之情，群臣私下都希望陛下能够早日给他们封号，但又不敢越职进奏。我不胜犬马之心，冒死建言，希望陛下命令主管官员，趁盛夏吉日早定皇子之位。希望陛下鉴察。霍去病冒死再拜进奏皇帝陛下。"三月乙亥日，御史臣霍光兼尚书令上奏未央宫。皇帝下达命令说："交给御史办理。"

元狩六年三月的戊申朔日，乙亥，御史臣霍光兼尚书令、左右丞非，下批给御史的文书到达，说："丞相臣庄青翟、御史大夫臣张汤、太常臣赵充、太行令臣李息、太子少傅并兼宗正职务臣任安冒死上奏：大司马霍去病上疏说：'承蒙陛下错爱，让我霍去病能够在军中供职。本来应该专心处理边防事务，即使战死在荒野也不足以报答陛下大恩，居然还敢考虑别的事来打扰陛下。我这样做，主要是因为看到陛下为天下事情操心，因哀怜百姓而忘了自己，减少了食膳音乐，裁减了郎员。皇子们依靠上天保佑，都已长大成人，已经可以行趋拜之礼，但至今都还没有封号，也没有为其设立师傅官。陛下谦恭礼让，不怜悯骨肉之情，群臣私下都希望陛下能够早日给他们封号，但又不敢越职进奏。我不胜犬马之心，冒死建言，希望陛下命令主管官员，趁盛夏吉日早定皇子之位。希望陛下鉴察。'皇帝下诏说：'交给御史办理。'臣谨与中二千石、二千石臣公孙贺等商议：自古以来分地立国，同时建立诸侯国以尊奉天子，都是为了尊崇宗庙、重视社稷。现在大司马臣霍去病上奏，不忘其职责，用以宣扬皇恩，称道天子谦让自贬，为天下事烦劳，考虑皇子未封号位。臣庄青翟、臣张汤等本应奉义遵职，却愚昧而不能处理这些事。如今正是盛夏吉时，臣庄青翟、张汤等冒死请立皇子刘闳、刘旦、刘胥为诸侯王。冒死请求能定下所封给他们的国名。"

皇帝下命令说："曾经听说周朝分封八百诸侯，所有姬姓并列，有子爵、男爵、附庸。《礼记》说：'旁支子弟不得奉祭宗庙。'你们所说的同时建立诸侯

之不德，海内未洽，乃以未教成者强君连城，即股肱何劝？其更议以列侯家之。"

三月丙子，奏未央宫。"丞相臣青翟、御史大夫臣汤昧死言：臣谨与列侯臣婴齐、中二千石二千石臣贺、谏大夫博士臣安等议曰：伏闻周封八百，姬姓并列，奉承天子。康叔以祖考显，而伯禽以周公立，咸为建国诸侯，以相傅为辅。百官奉宪，各遵其职，而国统备矣。窃以为并建诸侯所以重社稷者，四海诸侯各以其职奉贡祭。支子不得奉祭宗祖，礼也。封建使守藩国，帝王所以扶德施化。陛下奉承天统，明开圣绪，尊贤显功，兴灭继绝。续萧文终之后于酇，褒厉群臣平津侯等。昭六亲之序，明天施之属，使诸侯王封君得推私恩分子弟户邑，锡号尊建百有余国。而家皇子为列侯，则尊卑相逾，列位失序，不可以垂统于万世。臣请立臣闳、臣旦、臣胥为诸侯王。"三月丙子，奏未央宫。

制曰："康叔亲属有十而独尊者，褒有德也。周公祭天命郊，故鲁有白牡、骍刚之牲。群公不毛，贤不肖差也。'高山仰之，景行乡之'，朕甚慕焉。所以抑未成，家以列侯可。"

四月戊寅，奏未央宫。"丞相臣青翟、御史大夫臣汤昧死言：臣青翟等与列侯、吏二千石、谏大夫、博士臣庆等议：昧死奏请立皇子为诸侯王。制曰：'康叔亲属有十而独尊者，褒有德也。周公祭天命郊，故鲁有白牡、骍刚之牲。群公不毛，贤不肖差也。"高山仰之，景行乡之"，朕甚慕焉。所以抑未成，家以列侯可。'臣青翟、臣汤、博士臣将行等伏闻康叔亲属有十，武王继体，周公辅成王，其八人皆以祖考之尊建为大国。康叔之年幼，周公在三公之位，而伯禽据国于鲁，盖爵命之时，未至成人。康叔后捍禄父之难，伯禽殄淮夷之乱。昔五帝异制，周爵五等，春秋三等，皆因时而序尊卑。高皇帝拨

国用来尊崇社稷,我不曾听说过。再说上天并不是为了君王才降生百姓。我德行浅薄,海内上下未能使之融洽,却勉强使没有学习过教义的皇子做诸侯王,那么大臣对他又能起到什么劝勉作用呢?应重新讨论,以列侯的封号赐予他们。"

三月丙子日又上奏未央宫说道:"丞相臣庄青翟、御史大夫臣张汤冒死进谏:臣谨与列侯臣婴齐、中二千石二千石臣公孙贺、谏议大夫博士臣任安等一起商议说:我们听说周朝分封了八百诸侯,所以姬姓并列,来拱卫天子。康叔依靠他的祖父和父亲得以显贵。伯禽依靠周公受封,他们都是建国的诸侯,以傅相为辅佐。所有官员都遵奉法令,各守其职。国家的统系便完备无缺了。我们私下认为同时建立诸侯之国之所以能使社稷稳重,是因为天下诸侯都能分别按自己的职责向天子朝贡奉祭。旁系子弟不得奉祭宗祖,这是礼仪制度所规定的。对诸侯进行封号建国,使他们守住藩国,帝王就能趁此进行扶德施化。陛下秉承天意统辖天下,把先圣的遗业发扬光大,尊贤礼士,圣功显赫,扶持兴起即将灭绝的国家,使萧何的后代继续受封在鄼邑,褒扬公孙弘等群臣。昭示六亲的尊卑序列,表明上天施予之属,使诸侯王封君能够将私恩分给子弟户邑,赐号尊建一百多个诸侯王。如今却只将皇子封为列侯,这就会使尊卑相逾越,列位失序,不能将基业传给子孙万代。臣等请求立臣刘闳、臣刘旦、臣刘胥为诸侯王。"三月丙子日,进奏未央宫。

皇帝下诏批示说:"康叔有十个兄弟而只有他比较尊贵的原因,是因为他是一个褒扬有德的人。周公被特许在郊外祭祀天神,所以鲁国有白色公畜、赤色牛的祭牲。其他公侯用毛色不纯的祭牲,这是贤者和不肖者的差别。'崇高的道德令人仰慕,正直的行为令人向往',我对他们很敬仰。因此来压制尚未成德的皇子,封他们为列侯就可以了。"

四月戊寅日,进奏未央宫:"丞相臣青翟、御史大夫臣张汤冒死进谏说:臣青翟等和诸位列侯、二千石级官吏、谏大夫、博士臣庆等一同商议:冒死奏请皇上立皇子为诸侯王。皇帝下达命令说:'康叔有十个兄弟而只有他比较尊贵的原因,是因为他是一个褒扬有德之人。周公被特许在郊外祭祀天神,所以鲁国有白色公畜、赤色牛的祭牲。其他公侯用毛色不纯的祭牲,这是贤者和不肖者的差别。崇高的道德令人仰慕,正直的行为令人向往,我对他们很敬仰。因此来压制尚未成德的皇子,封他们为列侯就可以了。'臣青翟、臣张汤、博士臣将行等听说康叔兄弟有十人,武王继位,周公辅佐成王,其他兄弟八人都凭借祖父和父亲的尊贵建立大国。康叔年幼,周公在三公之位,而伯禽在鲁封国,那是因为他在被赐封爵位的时候,还没成年。后来康叔平定禄父之难。伯禽平定淮夷之乱。以前五帝各有不同的体制,周朝设有五等爵位,春秋时期只有三等爵位,这些都是

乱世反诸正，昭至德，定海内，封建诸侯，爵位二等。皇子或在襁褓而立为诸侯王，奉承天子，为万世法则，不可易。陛下躬亲仁义，体行圣德，表里文武。显慈孝之行，广贤能之路。内褒有德，外讨强暴。极临北海，西溱月氏，匈奴、西域，举国奉师。舆械之费，不赋于民。虚御府之藏以赏元戎，开禁仓以振贫穷，减戍卒之半。百蛮之君，靡不乡风，承流称意。远方殊俗，重译而朝，泽及方外。故珍兽至，嘉谷兴，天应甚彰。今诸侯支子封至诸侯王，而家皇子为列侯，臣青翟、臣汤等窃伏孰计之，皆以为尊卑失序，使天下失望，不可。臣请立臣闳、臣旦、臣胥为诸侯王。"四月癸未，奏未央宫，留中不下。

"丞相臣青翟、太仆臣贺、行御史大夫事太常臣充、太子少傅臣安行宗正事昧死言：臣青翟等前奏大司马臣去病上疏言，皇子未有号位，臣谨与御史大夫臣汤、中二千石、二千石、谏大夫、博士臣庆等昧死请立皇子臣闳等为诸侯王。陛下让文武，躬自切，及皇子未教。群臣之议，儒者称其术，或訾其心。陛下固辞弗许，家皇子为列侯。臣青翟等窃与列侯臣寿成等二十七人议，皆曰以为尊卑失序。高皇帝建天下，为汉太祖，王子孙，广支辅。先帝法则弗改，所以宣至尊也。臣请令史官择吉日，具礼仪上，御史奏舆地图，他皆如前故事。"制曰："可。"

四月丙申，奏未央宫。"太仆臣贺行御史大夫事昧死言：太常臣充言卜入四月二十八日乙巳，可立诸侯王。臣昧死奏舆地图，请所立国名。礼仪别奏。臣昧死请。"

制曰："立皇子闳为齐王，旦为燕王，胥为广陵王。"

四月丁酉，奏未央宫。六年四月戊寅朔，癸卯，御史大夫汤下丞相，丞相下中二千石，二千石下郡太守、诸侯相，丞书从事下当用者。如律令。

"维六年四月乙巳，皇帝使御史大夫汤庙立子闳为齐王。曰：于戏，小子闳，受兹青社！朕承祖考，维稽古建尔国家，封于东土，世

根据时代不同来安排尊卑次序的。高皇帝拨乱反正，昭示至德，安定海内，分封诸侯，爵位分为两等。皇子有的尚在襁褓之中也被封立为诸侯王，以承继天子，作为万世的法则，不可改变。现在皇帝躬行仁义，亲播圣德，文治武功相得益彰。推行慈爱孝亲的德行，广拓进贤任能的道路。对内褒扬有德之人，对外讨伐强暴之贼。往北到达翰海，往西到达月氏，匈奴、西域，举国尊奉效法。车舆兵械的费用，从不附加给百姓。拿出朝中府库所藏来奖赏将士，开启宫禁的仓库来救济贫民，戍卒减少了一半。百蛮夷狄的君长，无不敬仰，承受汉朝的教化屈首称赞。远方异域，不辞辛苦前来朝拜，圣上恩泽遍及边远地方。所以四方珍禽异兽不断送来，嘉禾米谷丰收，天道感应十分显著。如今诸侯支子被都封为诸侯王，而皇子却只是被赐封列侯，臣青翟、臣张汤等私下反复商议，都认为这样做有失尊卑次序，使天下百姓失望，这是不可以的。臣请求立臣刘闳、臣刘旦、臣刘胥为诸侯王。"四月癸未日，进奏未央宫，奏章留在宫中没有批示下达。

"丞相臣庄青翟、太仆臣公孙贺、行御史大夫事太常臣赵充、太子少傅臣任安行宗正事冒死进谏：臣青翟等以前进奏大司马臣霍去病上疏说，皇子还没有封号王位，臣谨与御史大夫臣张汤、中二千石、二千石、谏议大夫、博士臣庆等冒死请奏陛下立皇子臣刘闳为诸侯王。陛下谦让自己的文治武功、十分恳切地责备自己，谈到皇子未习教义。群臣的建议，儒者都称扬其说，有时却拂逆其心。陛下坚决推辞，不予同意，只许封皇子为列侯。臣青翟等私下与列侯臣萧寿成等二十七人商议，都认为这样有失尊卑次序。高皇帝创建天下，为汉太祖，封子孙为王，扩大支辅势力。先帝的法则不可轻易更改，这样才能宣示先帝的至尊地位。臣请求陛下让史官选择吉日，开列礼仪奏上，让御史呈上地图，其他都照以前旧例。"皇上下诏批示道："可以。"

四月丙申日，进奏未央宫："太仆臣公孙贺代理御史大夫官职冒死谏言：太常臣赵充说通过占卜得知四月二十八日乙时为吉时，可以立诸侯王。臣冒死进献地图，请给所立封国命名。关于仪式另行上奏。臣冒死请求。"

皇上下诏批示道："封皇子刘闳为齐王，刘旦为燕王，刘胥为广陵王。"

四月丁酉日，进奏未央宫。元狩六年四月初一，癸卯日，御史大夫张汤将皇帝的批示下达丞相，丞相下达中二千石级官员，二千石级官员下达郡太守、诸侯相，丞书从事下达有关办事人员。大家都按章程办。

"元狩六年四月乙巳日，皇帝派遣御史大夫张汤告庙立皇子刘闳为齐王。圣旨道：呜呼，儿子刘闳，接受这包青色的社土！我继承祖先的帝业，依据先王的制度，封你国家，封在东方，世世代代为汉朝藩篱辅臣。呜呼，你切切不要忘

为汉藩辅。于戏念哉！恭朕之诏，惟命不于常。人之好德，克明显光。义之不图，俾君子怠。悉尔心，允执其中，天禄永终。厥有愆不臧，乃凶于而国，害于尔躬。于戏，保国艾民，可不敬与！王其戒之。"

右齐王策。

"维六年四月乙巳，皇帝使御史大夫汤庙立子旦为燕王。曰：于戏，小子旦，受兹玄社！朕承祖考，维稽古，建尔国家，封于北土，世为汉藩辅。于戏！荤粥氏虐老兽心，侵犯寇盗，加以奸巧边萌。于戏！朕命将率徂征厥罪，万夫长，千夫长，三十有二君皆来，降期奔师。荤粥徙域，北州以绥。悉尔心，毋作怨，毋俷德，毋乃废备。非教士不得从征。于戏，保国艾民，可不敬与！王其戒之。"

右燕王策。

"维六年四月乙巳，皇帝使御史大夫汤庙立子胥为广陵王。曰：于戏，小子胥，受兹赤社！朕承祖考，维稽古建尔国家，封于南土，世为汉藩辅。古人有言曰：'大江之南，五湖之间，其人轻心。杨州保疆，三代要服，不及以政。'于戏！悉尔心，战战兢兢，乃惠乃顺，毋侗好轶，毋迩宵人，维法维则。书云：'臣不作威，不作福，靡有后羞。'于戏，保国艾民，可不敬与！王其戒之。"

右广陵王策。

太史公曰：古人有言曰"爱之欲其富，亲之欲其贵"。故王者壇土建国，封立子弟，所以褒亲亲，序骨肉，尊先祖，贵支体，广同姓于天下也。是以形势强而王室安。自古至今，所由来久矣。非有异也，故弗论箸也。燕齐之事，无足采者。然封立三王，天子恭让，群臣守义，文辞烂然，甚可观也，是以附之世家。

褚先生曰：臣幸得以文学为侍郎，好览观太史公之列传。传中称三王世家文辞可观，求其世家终不能得。窃从长老好故事者取其封策书，编列其事而传之，令后世得观贤主之指意。

记！要敬受我的命令，要知道天命并非固定不变的。人要爱好善德，才能昭显光明。如果不图德义，就会使辅臣懈怠。用尽你的心力，全心全意地维护中正之道，就能永保天禄。一旦有邪曲不善的事，就会伤害你的国家，危及你自身。呜呼，保护国家，爱护人民，能够不敬慎吗！齐王你一定要戒慎呀。"

以上是齐王的策文。

"元狩六年四月乙巳日，皇帝派遣御史大夫张汤告庙立皇子刘旦为燕王。圣旨道：呜呼，儿子刘旦，接受这包黑色的社土！我继承祖先的帝业，依照先王的制度，封你国家，封在北方，世世代代为汉朝藩篱辅臣。呜呼！荤粥氏有虐待老人的禽兽之心，到处侵伐掠夺，奸杀边民。呜呼！我命大将率军前去征讨他们的罪行，他们的万夫长、千夫长，共有三十二帅来归降，偃旗息鼓，闻风逃跑。荤粥氏迁到了漠北，从此北方得以安定。竭尽你的全力，不要与人结怨，不要做败坏道德的事情，不要废弃武备。士民未经教习，不得从军出征。呜呼！保护国家，爱护人民，能不敬慎吗！燕王你一定要戒慎呀。"

以上是燕王的策文。

"元狩六年四月乙巳日，皇帝派遣御史大夫张汤告庙立皇子刘胥为广陵王。圣旨道：呜呼，儿子刘胥，接受这包红色的社土！我继承祖先的帝业，依照先王的制度，封你国家，封在南方，世世代代为汉藩篱辅臣。古人曾说过这样的话：'大江以南，五湖之间，这一带的人为人都比较轻浮。扬州地区自三代以来一直是口头上服从，但政教却不能到达这里。'呜呼！竭尽你的全力，小心戒慎，百姓才会顺从。不要蒙蔽无知，不要好玩乐驰骋游猎，不要接近小人，一切都要依照法则行事。《尚书》上说：'臣子不对百姓作威作福，就不会有以后的羞辱。'呜呼，保护国家，爱护人民，能不谨慎吗！广陵王你一定要戒慎呀。"

以上是广陵王的策文。

太史公说：古人曾经有这样一句话说："爱惜他就希望他富有，亲近他就希望他尊贵。"所以君王裂土建国，分封子弟，主要是为了褒扬亲属，分序骨肉，尊崇祖先，使同族显贵，使同姓之人广布于天下。这样一来国势必然强大，王室就安定了。从古到今，这种事情由来已久了。历代没有什么不同，所以不必论述。燕王齐王受封之事，不值得采写。然而封立三王，天子谦恭礼让，群臣坚守道义，文辞灿然照人，很值得观赏，因此将这些都附录在世家里。

褚少孙先生说：我有幸凭借文学成为侍郎，喜欢阅览太史公的列传。传中称赞《三王世家》文辞可观，但寻找三王世家却始终没能找到。我私下在喜欢旧事的长者那里寻得他们所保存的封策书，编写其中的相关事迹以便能够传承下去，使后代世人能知道贤主的旨意。

盖闻孝武帝之时，同日而俱拜三子为王：封一子于齐，一子于广陵，一子于燕。各因子才力智能，及土地之刚柔，人民之轻重，为作策以申戒之。谓王："世为汉籓辅，保国治民，可不敬与！王其戒之。"夫贤主所作，固非浅闻者所能知，非博闻强记君子者所不能究竟其意。至其次序分绝，文字之上下，简之参差长短，皆有意，人莫之能知。谨论次其真草诏书，编于左方。令览者自通其意而解说之。

王夫人者，赵人也，与卫夫人并幸武帝，而生子闳。闳且立为王时，其母病，武帝自临问之。曰："子当为王，欲安所置之？"王夫人曰："陛下在，妾又何等可言者。"帝曰："虽然，意所欲，欲于何所王之？"王夫人曰："原置之雒阳。"武帝曰："雒阳有武库敖仓，天下冲阸，汉国之大都也。先帝以来，无子王于雒阳者。去雒阳，余尽可。"王夫人不应。武帝曰："关东之国无大于齐者。齐东负海而城郭大，古时独临淄中十万户，天下膏腴地莫盛于齐者矣。"王夫人以手击头，谢曰："幸甚。"王夫人死而帝痛之，使使者拜之曰："皇帝谨使使太中大夫明奉璧一，赐夫人为齐王太后。"子闳王齐，年少，无有子，立，不幸早死，国绝，为郡。天下称齐不宜王云。

所谓"受此土"者，诸侯王始封者必受土于天子之社，归立之以为国社，以岁时祠之。春秋大传曰："天子之国有泰社。东方青，南方赤，西方白，北方黑，上方黄。"故将封于东方者取青土，封于南方者取赤土，封于西方者取白土，封于北方者取黑土，封于上方者取黄土。各取其色物，裹以白茅，封以为社。此始受封于天子者也。此之为主土。主土者，立社而奉之也。"朕承祖考"，祖者先也，考者父也。"维稽古"，维者度也，念也，稽者当也，当顺古之道也。

齐地多变诈，不习于礼义，故戒之曰"恭朕之诏，唯命不可为常。人之好德，能明显光。不图于义，使君子怠慢。悉若心，信执其

曾经听说在孝武帝的时候，皇上同一天拜封三个皇子为王：封一个皇子在齐，一个皇子在广陵，一个皇子在燕。分别按照皇子的才力智能，以及土地的贫瘠和肥沃、人民的轻浮和庄重，为他们写下策文来告诫他们，对他们说："世世代代为汉朝的藩篱辅臣，保护国家，爱护人民，能不谨慎吗！诸王一定要戒慎。"一个贤明国君的行为，本来就不是孤陋寡闻之人所能理解的，如果不是博闻强记的君子，是不能透彻理解它的深意的。甚至是诏书的次序分段，语言的上下行文，策文的参差长短，都有深意，别人是不能理解的。谨论定编次这些本稿诏书，编列于下，使读者能自己理解它的深意，进行解读。

王夫人是赵国人，曾与卫夫人一同得到武帝的宠幸，后来生下儿子刘闳。刘闳将要被立为王时，他的母亲生病了，武帝亲自前去探望，问道："儿子应当封王，你想把他封在哪里？"王夫人说："有陛下您在，我又有什么可说的呢？"武帝说："即便如此，就按照你的愿望来说，想封他到什么地方为王？"王夫人说："希望能够封在雒阳。"武帝说："雒阳有武库敖仓，是天下的要害部位，汉朝的大都城。从先帝以来，就没有一个皇子被封在雒阳为王的。除了雒阳这个地方，其他地方都可以。"王夫人默不作声。武帝说："函谷关以东的国家，没有比齐国更大的。齐国东边靠海，而且城郭比较大，古时仅仅临淄城就有十万户，天下肥沃的土地没有比齐国更多的了。"王夫人以手击头，感谢道："太好了。"后来王夫人病故，武帝很伤心，派使者前去祭拜道："皇帝谨派使者太中大夫明捧着璧玉一块，赐封夫人为齐国王太后。"皇子刘闳被封为齐王，他年纪小，没有儿子，立王以后，不幸早死，封国废绝，改为郡。世人都说齐地不宜封王之类的话。

所说的"受此土"的意思，就是诸侯王开始受封时，一定在天子祭祀土神的地方受社土，回到封国再建立自己的国社，并且每年祭祀。《春秋大传》曾有这样的记载："天子之国有泰社，东方为青色，南方为赤色，西方为白色，北方为黑色，中央为黄色。"所以将要被封于东方的就取作青土，被封于南方的就取作赤土，被封于西方的就取为白土。被封于北方的就取为黑土，被封于中央京畿的就取为黄土。各取自己颜色的土，用白茅草包起来，封好以后以之为社。这就是最初受封于天子的情形。叫作主土。对于主土，要建立社坛进行祭祀。"朕承祖考"中，"祖"的意思是祖先，"考"的意思是先父。"维稽古"中，"维"的意思是忖度，考虑，"稽"的意思是应当，就是应当顺从古人之道的意思。

齐地的人都善变奸诈，不崇尚礼义，所以天子告诫齐王说："敬受朕的诏令，要知道天命并非固定不变的。一个人爱好善德，才能昭显光明。如果不图道义，就会使辅臣懈怠。竭尽你的全力，真心实意地维护中正之道，就能永保天

中，天禄长终。有过不善，乃凶于而国，而害于若身"。齐王之国，左右维持以礼义，不幸中年早夭。然全身无过，如其策意。

传曰"青采出于蓝，而质青于蓝"者，教使然也。远哉贤主，昭然独见：诫齐王以慎内；诫燕王以无作怨，无俷德；诫广陵王以慎外，无作威与福。

夫广陵在吴越之地，其民精而轻，故诫之曰"江湖之间，其人轻心。杨州葆疆，三代之时，迫要使从中国俗服，不大及以政教，以意御之而已。无侗好佚，无迩宵人，维法是则。无长好佚乐驰骋弋猎淫康，而近小人。常念法度，则无羞辱矣"。三江、五湖有鱼盐之利，铜山之富，天下所仰。故诫之曰"臣不作福"者，勿使行财币，厚赏赐，以立声誉，为四方所归也。又曰"臣不作威"者，勿使因轻以倍义也。

会孝武帝崩，孝昭帝初立，先朝广陵王胥，厚赏赐金钱财币，直三千余万，益地百里，邑万户。

会昭帝崩，宣帝初立，缘恩行义，以本始元年中，裂汉地，尽以封广陵王胥四子：一子为朝阳侯；一子为平曲侯；一子为南利侯；最爱少子弘，立以为高密王。

其后胥果作威福，通楚王使者。楚王宣言曰："我先元王，高帝少弟也，封三十二城。今地邑益少，我欲与广陵王共发兵云。广陵王为上，我复王楚三十二城，如元王时。"事发觉，公卿有司请行罚诛。天子以骨肉之故，不忍致法于胥，下诏书无治广陵王，独诛首恶楚王。传曰"蓬生麻中，不扶自直；白沙在泥中，与之皆黑"者，土地教化使之然也。其后胥复祝诅谋反，自杀，国除。

燕土墝埆，北迫匈奴，其人民勇而少虑，故诫之曰"荤粥氏无有孝行而禽兽心，以窃盗侵犯边民。朕诏将军往征其罪，万夫长，千夫

禄。一旦有邪曲不善的事，就会伤害你的国家，危及你自身。"齐王到了封国以后，左右大臣能以礼义维系扶持，但不幸齐王中年早逝。然而他一生并无过失，一直遵照天子给他的策文之意治理国家。

古书记载道"靛青从蓝草中提取，而颜色却比蓝草更青"，指的是教化之功使之如此。富有远见的贤主，有自己独到的真知灼见：警诫齐王对内要谨慎；警诫燕王不要与人结怨，不要做败坏道德的事情；警诫广陵王对外要谨慎，不要作威作福。

广陵在吴越之地，这个地方的人精悍而且为人比较轻浮，所以天子告诫广陵王说："江湖之间，人心比较轻浮。扬州自古靠近南部的边荒，自三代之起就要求他们接受中原习俗，但并不严格要求服从内地法令，只在道德上加以感化罢了。不要蒙蔽无知，不要贪图安逸，不要接近小人，一切都要依照法则行事。不要好逸乐驰骋游猎过度安乐，不要接近小人。经常想到法度，就不会被后来之人的羞辱了。"三江、五湖一带有鱼盐的收益，铜山的财富，是天下人所美慕的。所以天子告诫说"臣不作福"，意思是说不要滥用财货钱币，赏赐过分，以此来树立声誉，使四方之人前来归附。又说"臣不作威"，意思是不让他利用当地人的轻浮而背弃礼义。

正当孝武帝去世之时，孝昭帝继位，对前朝广陵王刘胥，赏赐了很多金钱财物，价值三千多万，增加了封地百里，食邑万户。

后来又适逢昭帝去世之时，宣帝刚刚即位，因骨肉恩情，施行道义，在本始元年期间，割裂汉地，全都被用来分封广陵王刘胥的四个儿子：一个封为朝阳侯；一个封为平曲侯；一个封为南利侯；最受宠爱的小儿子刘弘，被封为高密王。

在这之后刘胥果然作威作福，派使者前去勾结楚王。楚王扬言说："我们的祖先元王，是高祖的小弟弟，封有三十二座城。如今封地城邑越来越少，我要与广陵王共同起兵。拥立广陵王为皇上，我要恢复当年封给我楚王的三十二座城，像元王时一样。"后来这件事被发觉，公卿官史请求对他执行诛罚。天子因骨肉至亲的缘故，不忍心对刘胥执法，下诏不处治广陵王，只诛杀了作恶的首领楚王。古书上曾有记载："蓬草生长在麻中，不必扶持自然就挺直；白沙如果处在污泥中，就会与污泥同黑"，指的是水土教化使它如此。此后刘胥又祈神降殃祸谋划反叛，结果东窗事发自杀了，封国被废除。

燕国的土地相对贫瘠，北边邻近匈奴，这一带的人非常勇敢但缺少谋略，所以天子告诫燕王说"荤粥氏没有孝行而且还有禽兽之心，经常盗窃侵犯边民。朕曾派将军前去征讨他们的罪行，统率万人的将官，统率千人的将官，三十二

长，三十有二君皆来，降旗奔师。荤粥徙域远处，北州以安矣"。"悉若心，无作怨"者，勿使从俗以怨望也。"无偩德"者，勿使背德也。"无废备"者，无乏武备，常备匈奴也。"非教士不得从征"者，言非习礼义不得在于侧也。

会武帝年老长，而太子不幸薨，未有所立，而旦使来上书，请身入宿卫于长安。孝武见其书，击地，怒曰："生子当置之齐鲁礼义之乡，乃置之燕赵，果有争心，不让之端见矣。"于是使使即斩其使者于阙下。

会武帝崩，昭帝初立，旦果作怨而望大臣。自以长子当立，与齐王子刘泽等谋为叛逆，出言曰："我安得弟在者！今立者乃大将军子也。"欲发兵。事发觉，当诛。昭帝缘恩宽忍，抑案不扬。公卿使大臣请，遣宗正与太中大夫公户满意、御史二人，偕往使燕，风喻之。到燕，各异日，更见责王。宗正者，主宗室诸刘属籍，先见王，为列陈道昭帝实武帝子状。侍御史乃复见王，责之以正法，问："王欲发兵罪名明白，当坐之。汉家有正法，王犯纤介小罪过，即行法直断耳，安能宽王。"惊动以文法。王意益下，心恐。公户满意习于经术，最后见王，称引古今通义，国家大礼，文章尔雅。谓王曰："古者天子必内有异姓大夫，所以正骨肉也；外有同姓大夫，所以正异族也。周公辅成王，诛其两弟，故治。武帝在时，尚能宽王。今昭帝始立，年幼，富于春秋，未临政，委任大臣。古者诛罚不阿亲戚，故天下治。方今大臣辅政，奉法直行，无敢所阿，恐不能宽王。王可自谨，无自令身死国灭，为天下笑。"于是燕王旦乃恐惧服罪，叩头谢过。大臣欲和合骨肉，难伤之以法。

其后旦复与左将军上官桀等谋反，宣言曰"我次太子，太子不在，我当立，大臣共抑我"云云。大将军光辅政，与公卿大臣议曰："燕王旦不改过悔正，行恶不变。"于是修法直断，行罚诛。旦自

个君长都来归降,偃旗息鼓而逃。荤粥氏远迁到很远的地方,北方因此安定了。""悉若心,无作怨"的意思,就是不让他随从当地习俗而产生怨恨。"无俾德"的意思,就是不让燕王背弃恩德。"无废备"的意思,就是不要削减军备,并且要经常防备匈奴。"非教士不得从征"的意思,是说凡不习礼义之士,不得召之在身边使用。

当武帝年老的时候,太子不幸早亡,那时还没有再立太子,刘旦派使者前来上奏皇上,请求到长安来担任皇上的宿卫。武帝看了他的信,扔到地上,发怒说:"生下儿子就应当把他放在齐鲁这样的礼义之地,竟将他放在燕赵之地,果然有争夺皇位之心,不谦让的端倪已经显露出来了。"于是派人在宫阙之下杀了刘旦的使者。

正当武帝驾崩,昭帝刚刚即位之时,刘旦果然心生怨恨而责怪议事大臣。刘旦认为自己是长子应该被立为皇帝,与齐王之子刘泽等人图谋叛乱,扬言说:"我哪里能让弟弟在!如今登位的是大将军的儿子。"准备发兵之时,事情被发觉,本应该被处死。昭帝出于骨肉恩情的缘故予以宽容,就把这件案子压了下来不使其张扬。公卿派大臣请求处理,朝廷派遣宗正与太中大夫公户满意、两个御史,一同出使燕国,打算劝说燕王。到了燕国,他们分别在不同的时间,轮流前去拜见并责问燕王。宗正是执掌刘氏皇族户籍的,先去拜见燕王,给他列举昭帝确实是武帝儿子的事实。之后,侍御史再去拜见燕王,用国家法制责备他,问道:"燕王你准备起兵造反,罪状明确,应当治罪。汉朝有法制,诸王只要犯下一点儿小罪过,就得依法判处,怎么能宽恕大王呢?"用法律条文使他恐惧震动。燕王情绪逐渐低落,心里十分恐惧。公户满意熟悉儒经义理,最后再去拜见燕王,引述古今道义,国家大礼,言辞华美,喻理庄正。他对燕王说:"自古以来的天子,在朝内一定要有异姓的大夫,这主要是为了可以匡正王族子弟;在朝外也一定有同姓大夫,可以用来匡正异姓诸侯。周公辅佐成王,诛杀了他的两个弟弟,所以天下才得以太平。武帝在位时,还能宽容大王。如今昭帝刚刚即位,还比较年轻,春秋正富,尚未亲自执政,一切大事都委任给大臣们来处理。自古以来诛杀惩罚都不能袒护内亲外戚,所以天下才可以太平。现在大臣们辅佐政事,奉行法律率直办事,不敢对您有所偏袒,所以恐怕不能宽恕您。大王可要自己谨慎,不要使自己身死国灭,被天下人耻笑。"这时燕王刘旦才恐惧认罪,叩头认错。大臣们想使他们骨肉和好,不忍用法律制裁他。

在这以后,刘旦又与左将军上官桀等谋反,扬言说"我的年纪仅次于太子,太子不在了,我应当继位,大臣们却都压抑我"等等。大将军霍光辅政,与公卿大臣们商议道:"燕王刘旦不但不改过自新,依然为恶不断。"于是按法直断,

杀，国除，如其策指。有司请诛旦妻子。孝昭以骨肉之亲，不忍致法，宽赦旦妻子，免为庶人。传曰"兰根与白芷，渐之滫中，君子不近，庶人不服"者，所以渐然也。

宣帝初立，推恩宣德，以本始元年中尽复封燕王旦两子：一子为安定侯；立燕故太子建为广阳王，以奉燕王祭祀。

将要执行被诛杀的惩罚。刘旦自杀，封国被废除，正如给他的策文所指出的一样。主管官员请求处死刘旦的妻子和儿女。汉昭帝顾念他们是骨肉之亲，不忍心对他们执法，就宽恕赦免了刘旦的妻子儿女，将他们削为平民。古籍说的"兰根和白芷，如果是把它们浸泡在臭水里，君子们就不会再接近它们，平民也不再会佩带它们"，就是浸泡使它们如此的。

宣帝刚开始即位，广推恩泽，弘扬德行，在本始元年期间又重新赐封了燕王刘旦的两个儿子：一个儿子封为安定侯；燕王原来的太子刘建封为广阳王，让他承继燕王的祭祀。